Wissenschaftszentrum Berlin für Sozialforschung

Alfred Herrhausen Gesellschaft
Das internationale Forum der Deutschen Bank

Schriften zur Governance-Forschung

herausgegeben von
Prof. Dr. Gunnar Folke Schuppert

Band 1

Prof. Dr. Gunnar Folke Schuppert (Hrsg.)

Governance-Forschung

Vergewisserung über Stand und Entwicklungslinien

2. Auflage

Nomos

Die Deutsche Bibliothek verzeichnet diese Publikation in
der Deutschen Nationalbibliografie; detaillierte bibliografische
Daten sind im Internet über http://dnb.ddb.de abrufbar.

ISBN 3-8329-2149-4

2. Auflage 2006
© Nomos Verlagsgesellschaft, Baden-Baden 2006. Printed in Germany. Alle Rechte, auch die des Nachdrucks von Auszügen, der fotomechanischen Wiedergabe und der Übersetzung, vorbehalten. Gedruckt auf alterungsbeständigem Papier.

Vorwort

Die Governance-Forschung ist eine wahrhaft boomende Branche. Werner Jann (in diesem Bande) belegt diesen Befund eindrücklich. Die boomende Branche der Governance-Forschung hat es dabei – und auch dieser Befund dürfte gänzlich unstreitig sein – mit einem Feld von taigahafter Unendlichkeit und zugleich tropischer Vielfalt zu tun, ein Terrain, in dem man leicht die Übersicht verlieren kann.
Was läge daher mehr im institutionellen Interesse einer am Wissenschaftszentrum Berlin für Sozialforschung im Herbst 2003 errichteten Forschungsprofessur für »Neue Formen von Governance« als sich über Stand und Entwicklungslinien der Governance-Forschung verlässlich zu vergewissern: diese Überlegung war die Geburtsstunde der im März 2004 am WZB abgehaltenen Konferenz mit dem Titel »Governance-Forschung – Vergewisserung über Stand und Entwicklungslinien«. Der vorgelegte Band dokumentiert die auf dieser Konferenz vorgetragenen Referate, die – wie der Herausgeber findet – eine beeindruckend Vielfalt von Aspekten der Governance-Forschung so kompetent abhandeln, dass erläuternde oder hinführende Hinweise an dieser Stelle nicht erforderlich erscheinen. Was aber bei der nachträglichen Würdigung des Konferenzertrages als fehlend empfunden wurde, war eine Art Querschnittsbeitrag, der die einzelnen Wissenschaftsdisziplinen nach ihrem je spezifischen Beitrag zur Governance-Forschung befragt. Der Herausgeber dieses Bandes hat sich überreden können, diesen Part selbst zu übernehmen und ihn nicht als den üblichen Einleitungsbeitrag, sondern als eigenständigen Baustein des vorliegenden Bandes zu konzipieren; da er aus vielerlei Gründen etwas länglich geraten ist, hat er einen eigenen Gliederungspunkt und zur besseren Lesbarkeit ein Inhaltsverzeichnis erhalten.
Ein glücklicher Zufall wollte es, dass die Forschungsprofessur »Neue Formen von Governance« in ihrer wichtigen Start- und Aufbauphase in der Alfred-Herrhausen-Gesellschaft für Internationalen Dialog einen kompetenten Mitstreiter gefunden hat. Da die Herrhausen-Gesellschaft sich als »Jahresmotto 2004« das Thema »Neue Governance-Strukturen« gestellt hatte, lag es nahe, »to join our forces« und gemeinsam eine Konferenzreihe zur Governance-Forschung auf den Weg zu bringen. Ohne ihre tatkräftige finanzielle Unterstützung könnte diese Konferenzreihe einschließlich ihres in diesem Bande dokumentierten »Prototyps« so nicht stattfinden. Dem Sprecher der Herrhausen-Gesellschaft, Herrn Wolfgang Nowak, sei dafür auch an dieser Stelle sehr herzlich gedankt.

Gunnar Folke Schuppert

Inhaltsverzeichnis

I. Alter Wein in neuen Schläuchen oder was ist neu am Konzept von Governance?   9

1. Governance Theory als fortentwickelte Steuerungstheorie?
   Renate Mayntz   11

2. Governance als Reformstrategie – Vom Wandel und der Bedeutung verwaltungspolitischer Leitbilder
   Werner Jann   21

II. Zur Geographie von Governance – Erkundungen und Vermessungen   45

1. Corporate Governance – Anwendungsfelder und Entwicklungen
   Ulrich Jürgens   47

2. European Governance – nicht neu, aber anders
   Tanja A. Börzel   72

3. Governance in Mehrebenensystemen
   Arthur Benz   95

4. Global Governance
   Michael Zürn   121

III. Konzeptualisierungen von Governance   147

1. Governing as Governance
   Jan Kooiman   149

2. Economic Governance
   Birger Priddat   173

3. Governance im Gewährleistungsstaat – Vom Nutzen der Governance-Perspektive für die Rechtswissenschaft
   Wolfgang Hoffmann-Riem   195

4.	Good Governance – Konzepte und Kontexte *Hermann Hill*	220
5.	Governance – aus der Praxis der GTZ *Albrecht Stockmayer*	251
IV.	**Beispiele unterschiedlicher Governancestrukturen**	**275**
1.	Internet Governance *Jeanette Hofmann*	277
2.	Governance internationaler Finanzmärkte – zur Erklärung der Polymorphie *Bernhard Speyer*	302
3.	Governance in der Umweltpolitik *Wolfgang Köck*	322
4.	Zum Werden und Vergehen von Institutionen – Vorschläge für eine dynamische Governanceanalyse *Sigrid Quack*	346
V.	**Governance im Spiegel der Wissenschaftsdisziplinen** *Gunnar Folke Schuppert*	371

I. Alter Wein in neuen Schläuchen oder was ist neu am Konzept von Governance?

Governance Theory als fortentwickelte Steuerungstheorie?

Renate Mayntz

Als Herr Schuppert mich bat, diese um den Leitbegriff Governance kreisende Konferenz mit einem Referat zum Thema »Governance Theory als fortentwickelte Steuerungstheorie« einzuleiten, leuchtete mir die in der Themenformulierung enthaltene These, nämlich daß es sich bei der Governancetheorie um eine Fortentwicklung der Steuerungstheorie handelt, zunächst spontan ein. Daß Sozialwissenschaftler und vor allem Politikwissenschaftler heute auch im Deutschen vielfach eher mit dem Begriff »Governance« als mit »Steuerung« operieren, ist evident. Das könnte auf eine Fortentwicklung der Steuerungstheorie hinweisen, eine weitere Phase in der Entwicklung des bereits mehrfach erweiterten steuerungstheoretischen Paradigmas. Es könnte sich allerdings auch bloß um einen modischen Anglizismus handeln. Tatsächlich werden heute teilweise die gleichen Themen unter den verschiedenen Leitbegriffen »Steuerung« bzw. »Governance« behandelt.[1] Dennoch wird darunter nicht immer dasselbe verstanden. Zwar haben wir, wenn wir Englisch sprechen, schon lange das Wort *governance* benutzt, wenn wir im Deutschen Steuerung gesagt hätten. Aber Governance wird von denen, die Deutsch sprechen bzw. schreiben wollen, umgekehrt nicht einfach mit Steuerung übersetzt. Als mindestes wird ein qualifizierendes Adjektiv hinzugefügt, so wenn Schneider und Kenis (1996, 11) Governance mit »institutionelle Steuerung« übersetzen. Fritz Scharpf und ich haben dagegen schon 1995 für das englische *governance* das Wort »Regelung« benutzt (Mayntz/Scharpf 1995a, 16). *Governance* schien uns mehr zu umfassen als »Steuerung«.

Aber geht es bei dieser semantischen Verschiebung wirklich einfach um eine Begriffserweiterung? Ich behauptete, daß man das bezweifeln kann, und formuliere deshalb den Titel meines Referats als Frage: ist die Governance Theory tatsächlich eine Weiterentwicklung der Steuerungstheorie? Meine These wird sein, daß der mit dem Leitbegriff Governance arbeitende analytische Ansatz eine andere Perspektive repräsentiert als der mit dem Leitbegriff Steuerung arbeitende Ansatz. Governance-Theorie, d.h. die im Rahmen des Ansatzes entwickelte substantielle Theorie, ist keine einfache Fortentwicklung im Rahmen des steuerungstheoretischen Paradigmas; sie befaßt sich mit einem eigenen Satz von Fragen und lenkt dabei das Augenmerk auf andere Aspekte der Wirklichkeit als die Steuerungstheorie.

Der Begriff Steuerung ist erst seit den 70er Jahren für die deutsche Sozialwissenschaft bedeutsam geworden. Dabei gab es einen deutlichen Unterschied zwischen Soziolo-

---

1 Vergleiche etwa den 2001 erschienenen Sammelband »Politische Steuerung in Theorie und Praxis« (Burth/Görlitz 2001a) und den Text, mit dem die VW-Stiftung ihren Förderschwerpunkt »Globale Strukturen und deren Steuerung« erläutert, mit dem unter dem Titel »Governance« im letzten Jahr erschienenen Lehrheft der FernUniversität Hagen (Benz u.a. 2003).

gie und Politikwissenschaft. In die Soziologie fand der Begriff Steuerung im Zusammenhang mit der Systemtheorie von Talcott Parsons Eingang, die ihrerseits Anregungen aus der damals populären Kybernetik aufgenommen hatte. Die Parsons'schen Begriffe *control hierarchy* und *control media* wurden als Steuerungshierarchie und Steuerungsmedien übersetzt und später, im Gefolge der Luhmannschen Systemtheorie, auch in Analysen des politischen Systems benutzt (vgl. Willke 1983). Dabei wurde Steuerung als systemische Funktion, als ein vom Handeln konkreter Akteure abgelöster Prozess gedacht. Systemtheoretische Konzepte spielten zu jener Zeit auch in der Politikwissenschaft eine gewisse Rolle (vgl. Easton 1964, Deutsch 1966). In der sich rasant entwickelnden empirischen Policy-Forschung rückten dagegen Akteure und ihr Handeln in den Vordergrund. Hier bildete sich ein akteurzentrierter Steuerungsbegriff heraus. Der realhistorische Hintergrund dieser Entwicklung war das damals große, praktische und theoretische Interesse an gesamtgesellschaftlicher Planung und Lenkung, an den Möglichkeiten einer »aktiven Politik«, bei der der Staat als zentrale Lenkungsinstanz fungiert. Das kommt gut zum Ausdruck, wenn Burth und Görlitz (2001b, 7) den Begriff der Steuerung als »die fachsprachliche Präzisierung staatlicher Interventionen in die Gesellschaft« bezeichnen und hinzufügen, die Steuerungstheorie beeinhalte unser Wissen über Formen, Prozesse und Wirkungen derartiger Interventionen (ibid., 8). Steuern meint – so habe ich 1987 definiert – ein zielgerichtetes Handeln, das von der Wirkung des Handelns analytisch zu unterscheiden ist; Steuerungshandeln bemißt sich nicht am Steuerungserfolg. Wie jedes Handeln muß Steuern einem Subjekt zuschreibbar sein: Steuerungshandeln impliziert die Existenz von Steuerungsakteuren. Steuerungsobjekt sind existente soziale (Teil-) Systeme, deren autonome Dynamik oder Entwicklung durch das Steuerungshandeln in eine bestimmte Richtung gelenkt werden soll (Mayntz 1987, 93-94). Die für diese Definition zentrale Unterscheidung zwischen Steuerungssubjekt und Steuerungsobjekt lenkt die Aufmerksamkeit zum einen auf die Steuerungsfähigkeit der Akteure und zum anderen auf die Steuerbarkeit der Adressaten ihres Handelns und erlaubt es, systematisch zwischen beidem zu unterscheiden.

Neben dem Denken in Termini von Akteuren gehört zu den kognitiven Prämissen der hier ansetzenden politikwissenschaftlichen Steuerungstheorie ein tradiertes – kontinentaleuropäisches – Staatsverständnis, demzufolge Politik nicht als Herrschaft, als Nutzung von Macht im eigenen oder dem Interesse einer Klasse, sondern als Handeln im öffentlichen Interesse verstanden wird.[2] Dem gegen Ende der 70er Jahre vollendeten steuerungstheoretischen Kernparadigma zufolge bedeutete politische Steuerung demnach die konzeptionell orientierte Gestaltung der Gesellschaft durch – dazu demokratisch legitimierte – politische Instanzen. Es war die damals unproblematisch erscheinende, stillschweigende Annahme demokratischer Legitimität, die es erlaubte, die Steuerungstheorie von demokratietheoretischen Fragen abzukoppeln, den Input-Ast des politischen Prozesses zu vernachlässigen und sich auf den Output-Ast zu kon-

---

2   Die Wurzeln dieses Politikverständnisses reichen bis in die klassische politische Philosophie zurück und lassen sich über die Renaissance bis zu Hegel verfolgen; vgl. Kaufmann 1994 und Münkler/Fischer 1999, zitiert bei Mayntz 2001, 19.

zentrieren, wobei unterstellt wurde, daß das Ziel politischen Handelns die Lösung gesellschaftlicher Probleme ist. Angeregt durch Erkenntnisse der empirischen Implementationsforschung wurde dieses steuerungstheoretische Kernparadigma zunächst dadurch erweitert, daß man das Adressatenverhalten und die strukturellen Besonderheiten verschiedener Regelungsfelder in die Analyse einbezog und die Gesetzgeberperspektive durch eine bottom-up Perspektive ergänzte. Die Eigendynamik des Steuerungsobjekts und die Frage seiner Steuerbarkeit rückten damit ins Zentrum wissenschaftlichen Interesses, wobei sich kurzfristig ein – irritierender – theoretischer Brückenschlag zur Luhmannschen Vorstellung von der Autonomie sozialer Teilsysteme ergab.

In einem zweiten Schritt löste man sich dann von der Konzentration auf die Akteure des politisch-administrativen Systems und bezog die Mitwirkung gesellschaftlicher Akteure an der Entwicklung und Implementation von Politik mit ein. Auch dieser Schritt wurde wieder durch Ergebnisse empirischer Forschung angeregt, die bei der näheren Untersuchung verschiedener Politikfelder auf die Existenz von neokorporatistischen Entscheidungsstrukturen, Politiknetzwerken und *private governments*, also Formen gesellschaftlicher Selbstregelung gestoßen war. Am Ende dieser Erweiterung des steuerungstheoretischen Paradigmas stand das Modell des kooperativen Staats, in dem die klare Unterscheidbarkeit von Steuerungsobjekt und Steuerungssubjekt verschwindet. »Politische« Steuerung konnte dementsprechend auch nicht mehr allein auf das Handeln politischer im Sinne staatlicher Akteure bzw. im Sinne von Mitgliedern des politisch-administrativen Systems bezogen werden, sondern mußte alle Akteure einbeziehen, die mit ihrem Handeln ein »öffentliches Interesse« vertreten und realisieren sollen.[3]

Mit der Vorstellung vom kooperativen Staat hat sich das Paradigma politischer Steuerung aber nicht einfach erweitert. Hier ist vielmehr der Punkt erreicht, an dem die Perspektive sich zu verschieben beginnt und sich nach und nach auch die Terminologie verändert. In den Vordergrund schiebt sich jetzt die Frage nach den verschiedenen Formen der Regelung. Ganz deutlich wurde diese Verschiebung der Perspektive von Steuerung zu Governance allerdings erst mit der nächsten Erweiterung des ursprünglichen analytischen Paradigmas auf die Ebene oberhalb des bislang im Zentrum der Aufmerksamkeit stehenden Nationalstaats. Zwar wurde die Politikentwicklung auf EU-Ebene noch im Rahmen des steuerungstheoretischen Paradigmas, also mit einem akteurzentrierten Ansatz untersucht. Gleichzeitig wurde jedoch immer häufiger die Eigenart der europäischen Regelungsstruktur diskutiert. So hat etwa Benz (1998) die EU als ein System von *multilevel governance* analysiert, während Kohler-Koch (1999) die Governance-Struktur der EU als »network system« beschrieben hat.[4] Beide befassen sich mit den Folgen, die eine derartige Regelungsstruktur für die innerhalb der EU ablaufenden Entscheidungsprozesse hat: Die Regelungsstruktur ist der institutionelle Rahmen, der das Handeln der Akteure lenkt. Selbst dort, wo Auto-

---

3   Einen noch weiteren, nur noch über Macht definierten Politikbegriff vertritt etwa Bang (2003).
4   Die bei Benz (1998) im Mittelpunkt stehende Mehrebenenverflechtung innerhalb der EU ist ihm zufolge ein besonderer Aspekt von »multilevel governance«.

ren das Wort Governance vermeiden, wird jetzt nicht mehr schlicht von Steuerung gesprochen, sondern man wählt solche begrifflichen Verlegenheitslösungen wie »neue Staatlichkeit« (Grande/Prätorius 2003) oder »neue Formen des Regierens« – Formulierungen, an denen noch deutlich die Eierschalen des traditionellen (kontinentaleuropäischen) Staatsverständnisses haften. Mit dem Übergang von der europäischen zur sogenannten »globalen« Ebene wird die Governance-Perspektive schließlich dominant. Auf der globalen Ebene kann man von zentraler politischer Steuerung sinnvollerweise überhaupt nicht mehr sprechen. Auf diesen Tatbestand verweist der oft zitierte Titel des Buches von Rosenau und Czempiel (1992), »*Governance without Government*«. Was heute unter dem Stichwort *global governance* diskutiert wird, ist eine Mischung verschiedener Formen der Regelung – durch internationale Regierungsorganisationen, durch internationale Regime, durch die Kooperation staatlicher und zivilgesellschaftlicher Akteure und schließlich in Form zivilgesellschaftlicher Selbstregelung etwa im Bereich der Wirtschaft. Wenn man mit Rosenau (1992, 4) unter Governance »a system of rule« versteht, dann steht jetzt nicht mehr das Machen, das – polyzentrische, keine erkennbare Einheit mehr bildende – Steuerungshandeln im Zentrum des Interesses, sondern die mehr oder weniger fragmentierte oder integrierte, nach unterschiedlichen Prinzipien gestaltete Regelungsstruktur.

Wie aber kam es, daß der Begriff Governance sich anbot, um etwas auszudrücken, was mit der alten Begrifflichkeit nicht mehr erfaßbar schien? Auch in der Entwicklung der Governance Perspektive gab es verschiedene Stränge. Lange Zeit wurde *governance* im angelsächsischen Sprachbereich nur gelegentlich zur Bezeichnung des Prozeßaspekts von Politik benutzt: *governance* bedeutete *governing*.[5] Ein mit seinem heutigen Sinngehalt benutzter Begriff von Governance gewann dagegen zunächst im Rahmen der ökonomischen Transaktionskostentheorie an Verbreitung. Williamson (1979) kontrastierte hier Markt und (Firmen-)Hierarchie als Möglichkeiten der Koordination ökonomischen Handelns, die unter verschiedenen Bedingungen effizient sind. In den Wirtschaftswissenschaften lenkte der Begriff Governance die Aufmerksamkeit damit auf die »Existenz von Regeln und die Art und Weise der Regeldurchsetzung im Wirtschaftsprozess« (Benz 2003, 18).[6] Bald jedoch wurde Williamsons Begriffspaar Markt und Hierarchie um weitere Typen ergänzt: durch Clans (Ouchi 1980), Verbände (Streeck/Schmitter 1985) und Netzwerke (Powell 1990), die man alle auch im Bereich der Wirtschaft fand (Hollingsworth/Lindberg 1985). Am Ende umfaßte der Begriff Governance alle wesentlichen Formen der Handlungskoordination. Das eigentlich »Politische«, das interventionistische Handeln tritt dabei in den Hintergrund: nicht die Intervention, das Steuerungshandeln von Akteuren, sondern die wie auch immer zustande gekommene Regelungsstruktur und ihre Wirkung auf das Handeln der ihr unterworfenen Akteure steht nun im Vordergrund. Die Governance-Perspektive geht damit nahtlos in eine institutionalistische Denkweise über.

---

5   Dem *Concise Oxford Dictionary* von 1991, S. 511 zufolge bezeichnet governance »the act or manner of governing« (zit. von Benz 2003, 17).
6   Im Gefolge von Williamson untersuchen Wirtschaftswissenschaftler weiterhin die ökonomischen Effekte verschiedener Formen der Wirtschaftsverfassung unter dem Stichwort Governance, so etwa in der Zeitschrift *Economics of Governance*.

Das wird bereits am Konzept der *corporate governance* gut nachvollziehbar, mit dem bestimmte Aspekte der Unternehmensverfassung gemeint sind – also gerade nicht das »Steuerungshandeln« von Managern, sondern die Institutionen, die rationales Handeln über situative Anreize lenken.

Mit der Erweiterung des Governance-Begriffs auf Formen der Handlungskoordination jenseits von Markt und Hierarchie löste sich die Terminologie aus dem Bereich der Ökonomie und wurde zunehmend auch in die Politikwissenschaft übernommen. In den Internationalen Beziehungen diente der Begriff Governance zur Beschreibung von Herrschaftsstrukturen, bei denen eine übergeordnete souveräne Instanz fehlt. In der Policy-Forschung paßte der Begriff gut auf die Besonderheit des »kooperativen Staats«, d.h. der politischen Steuerung unter Mitwirkung zivilgesellschaftlicher Akteure. In beiden Bereichen lassen sich Steuerungssubjekt und Steuerungsobjekt nicht mehr eindeutig unterscheiden, weil die Regelungsadressaten selber am Entwerfen der Regeln und ihrer Durchsetzung mitwirken. Auf den einzelnen Nationalstaat angewandt meint Governance dann »das Gesamt aller nebeneinander bestehenden Formen der kollektiven Regelung gesellschaftlicher Sachverhalte: von der institutionalisierten zivilgesellschaftlichen Selbstregelung über verschiedene Formen des Zusammenwirkens staatlicher und privater Akteure bis hin zu hoheitlichem Handeln staatlicher Akteure« (Mayntz 2003, 72; vgl. auch Benz 2003, 21). Dadurch, daß in dieser Definition nicht vom »Staat«, sondern von staatlichen Akteuren die Rede ist, wird die für die Governance-Perspektive mehr als für die entwickelte Steuerungstheorie charakteristische Einsicht ausgedrückt, daß »der Staat« kein unitarischer Akteur, sondern ein differenziertes Geflecht nur teilweise hierarchisch miteinander verbundener Akteure (Behörden, Ämter usw.) ist. Dadurch, daß nicht einfach von Regelungsstruktur, sondern etwas umständlicher von ›Formen der kollektiven Regelung‹ die Rede ist, wird der Doppelnatur des Begriffs Governance Rechnung getragen: »Governance« kann sich sowohl auf eine Handeln regelnde Struktur als auch auf den Prozeß der Regelung beziehen; unabhängig von der Wortwahl im Einzelfall sind immer beide Aspekte impliziert.

Neben diesem umfassenden Begriff von Governance entwickelte sich in einem anderen Kontext auch eine engere Begriffsvariante. Im Unterschied zu Governance als Sammelbezeichnung für alle Formen sozialer Handlungskoordination diente der Begriff hier dazu, den Gegensatz zwischen hierarchischer Steuerung und kooperativer Regelung zu betonen: *governance* wurde als Gegenbegriff zu hierarchischer Steuerung benutzt. So bedeutet *governance* etwa für Rhodes (1997) eine grundsätzlich nicht-hierarchische Art des Regierens, bei der private korporative Akteure an der Formulierung und Implementation von Politik mitwirken. Ähnlich definiert Héritier (2002, 3): »... governance implies that private actors are involved in decision-making in order to provide common goods and that non-hierarchical means of guidance are employed ...« Den Ausführungen in einem ausschließlich dem Thema *governance* gewidmeten Heft des International Social Science Journal (UNESCO 1998) zufolge wurde der Begriff *governance* in diesem Sinne in den späten 80er Jahren des vorigen Jahrhunderts von der Weltbank eingeführt und in normativer Absicht vor allem auf Entwicklungsländer bezogen. In ihrem Bericht von 1995 hat die *Commission on Glo-*

bal Governance den Begriff dann mit gleicher Bedeutung auf die globale Ebene übertragen (Messner 2003, 251). Als »*good governance*« gilt dabei eine effiziente, rechtsstaatliche und bürgernahe Staats- und Verwaltungspraxis, die die Voraussetzung für eine gedeihliche Wirtschaftsentwicklung ist (vgl. Benz 2003, 20). Die Parallele zum Begriff des »kooperativen Staats« wird offensichtlich, wenn dabei die Bedeutung zivilgesellschaftlicher Mitwirkung am politischen Prozeß als zentrales Merkmal von *good governance* beschrieben wird. Mit dieser normativen Akzentuierung wurde der Begriff dann später auch im sozialwissenschaftlichen Bereich benutzt (z.B. von Kooiman 1993). In der Form von normativ gemeinten Gestaltungsprinzipien wie Transparenz, Partizipation, Verantwortlichkeit usw. diente das Konzept von »*good*« oder auch »*modern*« Governance zugleich als neues Leitbild der Verwaltungsreform und als Bewertungsstandard für die Kreditwürdigkeit Hilfe suchender Entwicklungsländer. Damit haben wir heute sowohl einen weiten, neutralen, als auch einen engeren, zumindest latent normativ akzentuierten Begriff von Governance – was seine Verwendung als analytisches Instrument erschwert. Beide Begriffsvarianten beziehen sich jedoch auf Modi institutionalisierter Regelung von Entscheidungsprozessen über gesellschaftliche (»öffentliche«) Sachverhalte, und unterscheiden sich damit von der steuerungstheoretischen Perspektive.

Faßt man nach diesem Überblick über die Entwicklung der Steuerungstheorie und der Governance-Theorie den Unterschied der beiden Perspektiven noch einmal grob zusammen, dann kann man die Steuerungstheorie als akteurzentriert und die Governance-Theorie als institutionalistisch bezeichnen. Die Steuerungstheorie ist dabei von ihrer Genese her an eine kontinentaleuropäische Staatsvorstellung geknüpft. Bei ihr steht das handelnde Steuerungssubjekt im Vordergrund, bei der Governance-Theorie dagegen die Regelungsstruktur, eine Schwerpunktsetzung, die in beiden Fällen mit der Genese des Ansatzes zusammenhängt. Die Steuerungstheorie hat nie die Nabelschnur zu »Politik« in einem relativ engen Sinn des Begriffs gekappt; sie läßt sich nicht von dem lösen, was von Anfang an mitgedacht wurde – Gesellschaftsgestaltung durch dazu legitimierte politische Instanzen.[7] Die auf die Regelung öffentlicher oder kollektiver Sachverhalte bezogene Governance-Theorie kann umgekehrt ihre Herkunft aus der Wirtschaftswissenschaft nicht verleugnen: sie schaut vor allem auf die Wirkung von verschiedenen Regelungsstrukturen und interessiert sich weniger für ihr Entstehen, das in ökonomischer Perspektive durch rationale Wahl oder den evolutionären Erfolg effizienter Regelungsformen bestimmt ist. Der den Perspektivenwechsel anzeigende, semantische Umschlagspunkt liegt dort, wo die Politikwissenschaft beginnt, sich intensiv mit den politisch zunehmend bedeutsamen Vorgängen auf der europäischen und der internationalen Ebene zu beschäftigen, jenen Ebenen also, auf denen ein »Steuerungssubjekt« nur noch in generalisierter und zugleich fragmentierter Form erscheint. Der Begriffswechsel von Steuerung zu Governance verweist damit auch auf Veränderungen in der politisch relevanten Wirklichkeit, die eben diese neue

---

7 Wegen der Prämisse demokratischer Legitimation im steuerungstheoretischen Kernparadigma ist es auch nicht überraschend, daß ein »Demokratiedefizit« erst im europäischen und globalen Kontext intensiv diskutiert wird.

Sichtweise »realitätsgerechter« erscheinen lassen. Der Perspektivenwechsel von Steuerung zu Governance erschwert es jedoch zugleich, sich mit bestimmten Fragen zu beschäftigen, die für das steuerungstheoretische Paradigma zentral waren. So erschwert es der Wegfall einer klaren Trennung zwischen Steuerungssubjekt und Steuerungsobjekt in der Governance-Perspektive, die »Steuerbarkeitsproblematik« systematisch anzusprechen. Es mag sein, daß auch in der Steuerungstheorie das Auseinanderklaffen von Steuerungsfähigkeit und Steuerungsbedarf theoretisch nicht hinreiched bewältigt ist (Dose 2003, 39-41). Aber mit dem Verschwinden der Differenz zwischen Steuerungssubjekt und Steuerungsobjekt fehlt der Governance-Theorie der analytische Ansatzpunkt, der sie zur Behandlung dieser Frage drängt.

Der Perspektivenwechsel von Steuerung zu Governance ist kein Paradigmenwechsel im radikalen Kuhn'schen Sinne; er läßt sich besser als Akzentverschiebung beschreiben. Die beiden Leitbegriffe Steuerung und Governance lenken die Aufmerksamkeit auf verschiedene Aspekte der Wirklichkeit. Aber in beiden Fällen handelt es sich lediglich um eine unterschiedliche Gewichtung, nicht um eine Verabsolutierung verschiedener Aspekte der Wirklichkeit. Auch in der Governance Theorie spielen Akteure eine wichtige Rolle: Schließlich sind sie es, die im Rahmen einer gegebenen Institution handeln bzw. die durch ihr Zusammenhandeln eine bestimmte Form der Regelung konstituieren. Regelungsstrukturen interessieren nicht per se, sondern aufgrund ihrer ermöglichenden und restringierenden Wirkung auf das Handeln von Akteuren. Die Steuerungsperspektive und die Governance-Perspektive schließen sich gegenseitig nicht aus, sondern können sich gegenseitig ergänzen. Im Ansatz des akteurzentrierten Institutionalismus wird ausdrücklich versucht, beide Perspektiven miteinander zu verbinden (vgl. Mayntz/Scharpf 1995b).

Aber gerade weil es sich eher um eine Akzentverschiebung als um einen radikalen Paradigmenwechsel handelt, kann die Governance-Theorie auch nicht eine zentrale Schwäche der Steuerungstheorie aufheben, ihren »Problemlösungsbias« (Mayntz 2001). Dieser Problemlösungsbias folgt aus der verbreiteten Konzeption von Steuerung und auch von Governance als einem an der Lösung kollektiver Probleme orientierten Handeln bzw. Prozess. Nicht selten kommt dies sogar in Definitionen der beiden Leitbegriffe zum Ausdruck. So definiert z.B. Nicolai Dose in seinem Überblicksaufsatz Steuerung als »eine intentionale und kommunikative Handlungsbeeinflussung mit dem Ziel der gemeinwohl-orientierten Gestaltung« (Dose 2003, 20/21), während Governance in der bereits zitierten Definition von Héritier ». . . implies that private actors are involved in decision-making in order to provide common goods . . .« (Héritier 2002, 3). Nun ist ein selektives Erkenntnisinteresse an Problemlösung und ihren Voraussetzungen durchaus erlaubt, solange nicht *ex definitione* unterstellt wird, dass es in der politischen Wirklichkeit immer um die Lösung kollektiver Probleme und nicht – auch oder primär – um Machtgewinn und Machterhalt geht. Die Gefahr einer solchen Unterstellung setzt in der Steuerungstheorie beim Akteurshandeln, bei der Motivation der Steuerungsakteure an. Die Governance-Theorie, die sich auf Regelungsstrukturen konzentriert, wird dagegen leicht zu dem funktionalistischen Fehlschluss verführt, dass existierende Institutionen im Interesse der Lösung kollektiver Probleme entstanden sind. So erscheinen insbesondere inter- und transnationale Insti-

tutionen in der Sichtweise europapolitischer »Funktionalisten« bzw. des *liberal institutionalism* in der Theorie internationaler Beziehungen als Reaktion auf Probleme, die im nationalstaatlichen Rahmen nicht mehr zu lösen sind (Haas 1990, 2).[8]
Als Aussage über die Beschaffenheit von Wirklichkeit ist eine solche Annahme empirisch falsch.[9] Die partikularen Interessen einzelner Staaten bzw. mächtiger Wirtschaftsakteure haben beim Entstehen internationaler Institutionen eine wichtige Rolle gespielt, und spielen weiterhin eine Rolle für die Art ihres Operierens. Damit ist weder geleugnet, daß partikulare Betroffenheit (z.B. durch Umweltverschmutzung oder eine bestimmte weltwirtschaftliche Entwicklung) dazu motivieren kann, ein gemeinsames Problem zu identifizieren und auf seine Lösung zu drängen. Noch wird behauptet, die Existenz partikularer Interessen würde in Steuerungstheorie und Governance-Perspektive völlig ausgeblendet. Der Steuerungstheorie zufolge können partikulare Interessen die Steuerungsobjekte zum Widerstand bzw. zum Unterlaufen staatlicher Interventionen motivieren, was bei der Wahl geeigneter Steuerungsinstrumente berücksichtigt wird. In der Governance Theorie spielen Verhandlungen zwischen divergierenden partikularen Interessen und ihre Fähigkeit, zum wechselseitigen Ausgleich und damit zur gemeinsamen Problemlösung zu gelangen, eine zentrale Rolle. Aber beiden Ansätzen wohnt die Gefahr inne, die erfolgreiche Kanalisierung bzw. Transformation partikularer Interessen im Interesse des größeren Ganzen als Normalfall anzusehen bzw. sich in der empirischen Analyse auf solche Fälle zu konzentrieren.
In dieser Situation steht die Governance-Theorie vor einer klaren Alternative: Sie muß entweder das selektive Interesse an Problemlösungsprozessen als Auswahlkriterium für Forschungsfragen explizit machen, oder sie muß um einer vollständigeren Erfassung der politischen Wirklichkeit willen ihre Perspektive erweitern. Das allerdings könnte auf einen ziemlich radikalen Paradigmenwechsel hinauslaufen. Die Governance-Theorie mag heute andere Fragen aufwerfen als die Steuerungstheorie, teilt jedoch mit ihr das Interesse an Vorgängen der Regelung kollektiver Sachverhalte. Würde die Governance-Theorie zur modernen Herrschaftstheorie erweitert, könnte die für die Theoriebildung erforderliche Selektivität des Erkenntnisinteresses verloren gehen und die Governance-Theorie würde zu einer sehr viel allgemeineren Theorie sozio-politischer Dynamik auf der Basis eines ganz neuen Paradigmas mutieren. Einer solchen Entwicklung sollte man vielleicht erst dann das Wort reden, wenn die Erkenntnismöglichkeiten im Rahmen der existenten Governance-Theorie erschöpft sind, das heißt wenn wir einen besseren Einblick gewonnen haben in die Zusammenhänge zwischen der Beschaffenheit verschiedener Regelungsfelder, der in ihnen erzeugten Probleme, und den auf sie bezogenen Formen der kollektiven Regelung.

---

8   Diese nicht auf die Motivation von Akteuren, sondern auf die Genese von Regelungsstrukturen bezogene Annahme hängt erkennbar mit dem ökonomischen Hintergrund der Governance-Perspektive zusammen.
9   Ein in die gleiche Richtung zielender Skeptizismus hinsichtlich der Orientierung politischen Handelns kennzeichnete bereits die vor allem mit den Namen Downs und Olson verbundene ökonomische Theorie der Politik, der ein eigeninteressiertes Handeln politischer Akteure allerdings als rational und deshalb nicht zu beanstanden galt.

Literaturverzeichnis

Bang, Henrik P., Governance as social and political communication. Manchester/New York: Manchester University Press
Benz, Arthur, 1998, Mehrebenenverflechtung in der Europäischen Union. In: Markus Jachtenfuchs, Beate Kohler-Koch (Hrsg.) Europäische Integration. Opladen: Leske & Budrich, 317-351
Benz, Arthur, 2003, Governance – Modebegriff oder nützliches sozialwissenschaftliches Konzept? In: ders. et al., Governance. Eine Einführung. Dreifachkurseinheit der FernUniversität Hagen, 13-31
Benz, Arthur, et al., 2003, Governance. Eine Einführung. Dreifachkurseinheit der FernUniversität Hagen
Burth, Hans-Peter, Axel Görlitz (Hrsg.), 2001, Politische Steuerung in Theorie und Praxis. Baden-Baden: Nomos
Burth, Hans-Peter, Axel Görlitz, 2001, Politische Steuerung in Theorie und Praxis. Eine Integrationsperspektive. In: dies., Politische Steuerung in Theorie und Praxis, Baden-Baden: Nomos, 7-15
Deutsch, Karl W., 1970 (zuerst 1966), Politische Kybernetik. Modelle und Perspektiven. Freiburg: Rombach
Dose, Nicolai, 2003, Trends und Herausforderungen der politischen Steuerungstheorie. In: Grande, Edgar, Rainer Prätorius (Hrsg.), Politische Steuerung und neue Staatlichkeit. Baden-Baden: Nomos, 19-55
Easton, David, 1964, A Framework for Political Analysis. Englewood Cliffs: Prentice Hall
Haas, Ernst B., 1990, When Knowledge is Power. Three Models of Change in International Organizations. Berkely etc.: University of California Press
Grande, Edgar, Rainer Prätorius (Hrsg.), 2003, Politische Steuerung und neue Staatlichkeit. Baden-Baden: Nomos
Héritier, Adrienne, 2002, Introduction. In: dies. (Hrsg.), Common Goods. Reinventing European and International Governance. Lanham: Rowman & Littlefield, 1-12
Hollingsworth, J. Rogers, Leon N. Lindberg, 1985, The Governance of the American Economy: The Role of Markets, Clans, Hierarchies, and Associate Behavior. In: Streeck, Wolfgang, Philippe Schmitter (Hrsg.), Private Interest Government. Beyond Market and State. London: Sage, 221-254
Kohler-Koch, Beate, 1999, The Evolution and Transformation of European Governance. In: dies., Rainer Eising (Hrsg.), The Transformation of Governance in the European Union. London/New York: Routledge, 14-35
Kooiman, Jan (Hrsg.), 1993, Modern Governance: New Government – Society Interactions. London: Sage
Mayntz, Renate, 1987, Politische Steuerung und gesellschaftliche Steuerungsprobleme – Anmerkungen zu einem theoretischen Paradigma. In: Jahrbuch zur Staats- und Verwaltungswissenschaft Bd. 1, Baden-Baden: Nomos, 89-110
Mayntz, Renate, 2001, Zur Selektivität der steuerungstheoretischen Perspektive. In: Burth, Hans-Peter, Axel Görlitz (Hrsg.), Politische Steuerung in Theorie und Praxis, Baden-Baden: Nomos, 17-27
Mayntz, Renate, 2003, Governance im modernen Staat. In: Benz, Arthur, et al., Governance. Eine Einführung. Dreifachkurseinheit der FernUniversität Hagen, 71-83
Mayntz, Renate, Fritz W. Scharpf, 1995a, Steuerung und Selbstorganisation in staatsnahen Sektoren. In: dies. (Hrsg.), Gesellschaftliche Selbstregelung und politische Steuerung. Frankfurt/Main: Campus, 9-38

Mayntz, Renate, Fritz W. Scharpf, 1995b, Der Ansatz des akteurzentrierten Institutionalismus. In: dies. (Hrsg.), Gesellschaftliche Selbstregelung und politische Steuerung. Frankfurt/Main: Campus, 39-72

Messner, Dirk, 2003, Das »Global-Governance«-Konzept. Genese, Kernelemente und Forschungsperspektiven. In: Kopfmüller, Jochen (Hrsg.), Den globalen Wandel gestalten. Berlin: edition sigma, 243-267

Ouchi, William G., 1980, Markets, Bureaucracies, and Clans. In: Admininistrative Science Quarterly 25, 129-141

Powell, Walter W., 1990, Neither Market nor Hierarchy: Network Forms of Organization. In: Research in Organizational Behavior 12, 295-336

Rhodes, R.W.A., 1997, Understanding Governance. Policy Networks, Reflexivity and Accountability. Buckingham/Philadelphia: Open University Press

Rosenau, James N., 1992, Governance, Order, and Change in World Politics. In: ders., Ernst-Otto Czempiel (Hrsg.), Governance without Government: Order and Change in World Politics. Cambridge: Cambridge University Press, 1-29

Rosenau, James N., Ernst-Otto Czempiel (Hrsg.), 1992, Governance without Government: Order and Change in World Politics. Cambridge: Cambridge University Press

Schneider, Volker, Patrick Kenis, 1996, Verteilte Kontrolle: Institutionelle Steuerung in modernen Gesellschaften. In: Kenis, Patrick, Volker Schneider (Hrsg.), Organisation und Netzwerk. Institutionelle Steuerung in Wirtschaft und Politik. Frankfurt/Main: Campus, 9-43

Streeck, Wolfgang, Philippe Schmitter (Hrsg.), 1985, Private Interest Government. Beyond Market and State. London: Sage

UNESCO, 1989, Governance. International Social Science Journal, März

Williamson, Oliver E., 1979, Transaction-Cost Economics: The Governance of Contractual Relations. In: Journal of Law and Economics 22, 233-261

Willke, Helmut, 1983, Entzauberung des Staates. Überlegungen zu einer sozietalen Steuerungstheorie. Königstein/Ts.: Athenäum

Governance als Reformstrategie – Vom Wandel und der Bedeutung verwaltungspolitischer Leitbilder

Werner Jann

Governance ist ohne Zweifel das sozialwissenschaftliche Modethema des letzten Jahrzehnts. Dies lässt sich allein an der Verwendung des Begriffs in einschlägigen Zeitschriften und Aufsätzen illustrieren. Abb. 1 zeigt, wie sich die Verwendung des Begriffs *Governance* im *Social Science Citation Index* in den letzten Jahren darstellt. Seit 1990 sind die absolute wie die relative Häufigkeit der Verwendung dieses Begriffs in den dort ausgewählten Zeitschriften (genauer in den dokumentierten Titeln und *abstracts*) etwa um den Faktor 30 gestiegen. Eine vergleichbare Kurve ergibt sich, wenn man die Verwendung von Begriffen wie *Global Governance* oder *Corporate Governance* verfolgt. Gleichzeitig zeigt sich eine hoch signifikante Korrelation der Begriffskonjunkturen der Begriffe *Governance, Network(s)* und *Civil Society*, wobei dies zunächst ja nur bedeutet, dass alle drei zur gleichen Zeit, nämlich ziemlich genau ab 1990, Modebegriffe geworden sind[1]. Dennoch, offenbar gibt es enge Verbindungen zwischen diesen Konzepten, und aus diesem Grund sollte man meinen, eine Konferenz über den Stand der Governance-Forschung oder auch die Einrichtung eines neuen Lehrstuhls bedürften keiner weiteren Begründung – allenfalls könnte man sich fragen, wie lange dieser Trend halten und durch welche Konzepte er ggf. abgelöst werden wird.

Governance reüssiert allerdings nicht nur in der Wissenschaft, sondern, das ist die Grundthese dieses Papiers, ist in den letzten Jahren auch zu einem zentralen Konzept, zur zentralen *catchphrase* der Staats- und Verwaltungsmodernisierer geworden. Das plötzliche Interesse an der Errichtung sog. *Governance-Schools*, sogar mit Hilfe privaten Kapitals und im Schlepptau der populären Elite-Diskussion, ist nur ein Zeichen. Im Folgenden soll es daher nicht, wie im Beitrag von Frau Mayntz, um die Entwicklung und Verwendung dieses Begriffs in der Wissenschaft gehen, sondern um seine Verbreitung, Rezeption und Anwendung in der sog.»Praxis«. Das bedeutet zugleich, dass es um die normativen und präskriptiven Gehalte dieses neuen – oder vielleicht eigentlich alten – Konzepts geht, um *Governance* als dezidierte oder latente Handlungsanleitung für Praktiker.

Ich bin gelegentlich als »Experte für Verwaltungsmoden« bezeichnet worden, und nach kurzem Zögern habe ich mich entschlossen, das als Kompliment zu nehmen. Mich interessieren tatsächlich politische – und natürlich auch wissenschaftliche –

---

[1] Die absolute und die relative Häufigkeit der Begriffe in den Jahren 1980, 1990 und 2003 ist für Governance 33/39/1137 und 0,03/0,03/0,74, Network(s) 349/393/3205 und 0,30/0,32/2,10 und für Civil Society 5/14/263 und 0,00/0,01/0,17.

Abb. 1: *Governance in der wissenschaftlichen Diskussion*

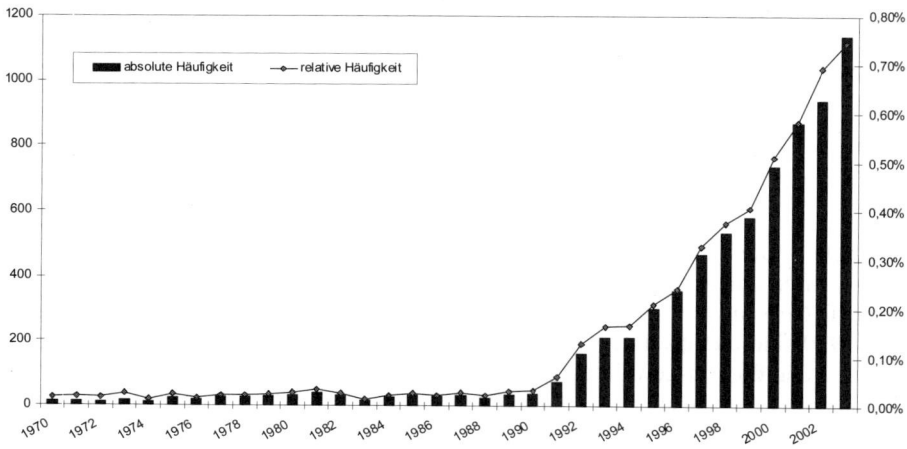

Modethemen, und zwar nicht, weil es darum geht unbedingt bei der allerneuesten Mode mitzumachen, oder sich im Gegenteil darüber lustig zu machen, nach den bekannten Losungen: »alles schon mal dagewesen«, *»nothing new under the sun«*, oder »schon wieder wird eine neue Sau durchs Dorf getrieben«. Das sind verbreitete und verständliche Attitüden, aber die hier zu untersuchende Grundfrage lautet, ob es sich – neben allem notwendigen *Hype*, den natürlich auch unsere Wissenschaft braucht und produziert – bei der Entstehung und Verbreitung von Modethemen nicht doch in aller Regel um Lernprozesse handelt. Neue Begriffe signalisieren einen Wandel der Perzeption und Interpretation gesellschaftlicher Verhältnisse, unabhängig davon, ob sich die Wirklichkeit tatsächlich geändert hat (Mayntz 1983, S. 23). Die Durchsetzung eines neuen *Labels* ist bereits ein signifikanter politischer Prozess. Eine veränderte politische Begrifflichkeit deutet auf gesellschaftliche und politische Lernprozesse, was natürlich nicht ausschließt, dass man auch das Falsche lernen kann, denn es gibt bekanntlich auch pathologisches Lernen. Die Grundthese des folgenden Beitrages ist allerdings, dass das Governance-Konzept in der politisch-administrativen Praxis tatsächlich innovativ und hilfreich ist. Freilich bedeutet es auch hier nicht das »Ende der Geschichte«.

Die Argumentation ist folgendermaßen organisiert: Zunächst wird dargelegt, wie der Gegenstand, also »Governance als Handlungsanleitung für die Praxis«, untersucht werden soll. Wichtig sind hier die Abgrenzung der Akteure, die die »Praxis« ausmachen, die Unterscheidung zwischen *talk, decision and action*, und die Quellen, die der Analyse zugrunde liegen. Als zweites geht es kurz um das Konzept der Verwaltungspolitik, die als Institutionenpolitik definiert wird, und um die Frage, welche Rolle Leitbilder im Rahmen institutioneller Steuerung spielen. Im empirischen Teil geht es drittens zunächst um den Wandel dieser Leitbilder in einer längeren Perspektive seit dem 2. Weltkrieg, um die »langen Wellen« der Leitbildentwicklung, und dann viertens ausführlicher um die Gegenüberstellung von *Management* und *Governance* als verwaltungspolitische Leitbilder der letzten Jahre. Dabei sollen die unterschiedlichen Probleme, Ziele, Werte, Ansatzpunkte und Handlungsmodelle dieser Leitbilder skizziert werden. Abschließend werden fünftens die Verbindungen zu aktuellen politischen Konzepten, insbesondere zur sozial-demokratischen Agenda der »neuen Mitte« oder der sog. »*Progressive Governance*« Agenda aufgezeigt, und der Beitrag schließt dann sechstens, wie es sich gehört, mit einer Zusammenfassung.

1. *Untersuchungsgegenstand: Praktiker und Verlautbarungen*

Zunächst, um wen geht es? Welche Akteure lernen oder könnten Lernprozesse durchlaufen? Es geht ausdrücklich nicht um den wissenschaftlichen Diskurs (siehe dazu den Beitrag von Mayntz in diesem Band, vgl. auch Benz 2004), sondern stattdessen um die Karriere von Begriffen und Konzepten in der sog. Praxis, in diesem Fall in der verwaltungspolitischen Praxis.

Im Zentrum der Analyse stehen daher Policy-Netzwerke, oder auch *Advocacy Coalitions* (Sabatier 1987, Wollmann 1996), die sich mit Staats- und Verwaltungsmodernisierung beschäftigen, oder allgemeiner diejenigen Akteure, die staatliche Organisation als Objekt ihrer Steuerungsbemühungen wahrnehmen. Es geht im Kern um einen Politikbereich, der sich – reflexiv – der Voraussetzungen und Restriktionen von Politikformulierung und -umsetzung annimmt. Das dazu gehörige Netzwerk bevölkern Beamte, Politiker, Interessenvertreter, Berater, Wissenschaftler und einige Journalisten. Bekanntlich sind dies keineswegs diskrete Gruppen, sondern es gibt nach den Regeln der Mengenlehre erhebliche Überschneidungen. Außerdem wissen wir oder sollten nicht verdrängen, dass zumindest einige der Akteure, die den wissenschaftlichen Diskurs vorantreiben, gleichzeitig aktive und relevante Teilnehmer dieser Policy-Netzwerke sind. Es sollte also auch darum gehen, die eigene Rolle in diesen Lernprozessen zu reflektieren – das ganze ist, wie sich zeigen wird, ein mehrfach reflexiver Prozess.

Des weiteren ist Ausgangspunkt der Analyse der klassische organisatorische Reformdreischritt von *talk, decision and action*. Wir wissen, spätestens seit Brunsson (Brunsson 1989, Brunsson/Olsen 1993), dass über etwas Reden noch nicht darüber Entscheiden bedeutet, und dass Entscheiden längst nicht immer Handeln impliziert. Hier interessieren im folgenden nicht veränderte Praktiken, sondern veränderte Verlautbarungen. Wir bewegen uns ganz bewusst auf der Ebene von *talk* und gelegentlich auch *decisions*, aber es geht ausdrücklich nicht um die systematische Analyse veränderter Praktiken (Pollitt/Bouckaert 2004, Jann et.al. 2004). Grundlage der Argumentation ist daher eine veränderte verwaltungspolitische Programmatik, wie sie sich u.a. in den berühmt-berüchtigten Hochglanzbroschüren, *feel-good-documents*, Sonntagsreden und Regierungserklärungen, aber auch in allen möglichen Berichten und Verlautbarungen von Kommissionen, Beratern, *Think Tanks* u.ä. nachvollziehen lässt. Die

neunziger Jahre waren ohne Zweifel eine Hochzeit verwaltungspolitischer Positionspapiere, und es gibt daher keinen Mangel an entsprechendem Material.
Es ist noch einmal zu betonen, dass diese programmatischen und konzeptionellen Äußerungen ausdrücklich ernstgenommen werden. Es geht um den möglichen Nachweis einer reflexiven Institutionenpolitik, und dabei um deren konzeptionelle Grundlagen, die selbstverständlich auch in der nachträglichen Rationalisierung ohnehin stattfindender Veränderungen bestehen können. Quellen sind also verwaltungspolitische Verlautbarungen, zum einen der nationalen Ebene, hier vor allem Deutschland mit gelegentlichen Hinweisen auf Großbritannien, Skandinavien oder die Niederlande, zum anderen auf der internationalen Ebene, hier stehen vor allem die Verlautbarungen der OECD, insbesondere von deren Public-Management Einheit PUMA im Vordergrund.
Das Interesse gilt ausschließlich innenpolitischen Veränderungen. Der normative und politische Diskurs über *Good Governance* und *Global Governance*, wie er durch den Weltbank-Bericht 1989 angestoßen und dann u.a. von der UN und anderen internationalen Organisationen aufgegriffen wurde, wird ausgeklammert (vgl. Theobald 1999). Er spielt hier nur eine Rolle, sofern er innenpolitische Konsequenzen hat. Das gleiche gilt für den Governance-Diskurs der EU, der mit der Veröffentlichung des Weißbuches einen vorläufigen Höhepunkt, aber keineswegs seinen Abschluss gefunden hat (Kommission 2001).

2. *Institutionelle Analyse: Verwaltungspolitik als Public Governance*

Die klassischen Definitionen von Verwaltungspolitik (Böhret 1983, 2002) betonen die intentionale Gestaltung und Veränderung der Strukturen, Kulturen und der Verhaltensweisen der Akteure der öffentlichen Verwaltung, und ohne jeden Zweifel hat es in der Bundesrepublik Deutschland – und selbstverständlich auch in allen möglichen anderen Ländern – unzählige Versuche einer solchen *Verwaltungspolitik als Verwaltungsreform* oder auch Verwaltungsmodernisierung gegeben (als Übersicht Jann 1999).
Verwaltungspolitik ist also der Versuch, durch intentionale Modifikationen der Strukturen und Normen des öffentlichen Sektors (z.B. in den Bereichen Personal, Organisation und Verfahren) Verwaltungshandeln zu verändern und damit im Endergebnis veränderte Politikinhalte und -wirkungen zu erzielen. Ziel von Verwaltungspolitik ist die Beeinflussung von Entscheidungsprämissen, den organisationsinternen Relevanzkriterien und des vorhandenen Verhaltens-Repertoires als Voraussetzungen administrativen Handelns[2]. Man beschäftigt sich mit den Strukturen und Prozessen des

---

2   Allerdings muss Verwaltungspolitik nicht notwendigerweise auf Veränderung gerichtet sein. Ihr implizites oder sogar explizites Ziel kann auch die Bewahrung bestehender Strukturen sein, siehe z.B. die deutsche Personalpolitik und die Verabsolutierung der »hergebrachten Grundsätze des Berufsbeamtentums«. Gleichzeitig ist Verwaltungspolitik, wie jeder andere Politikbereich auch, nicht nur durch intendierte, sondern vor allem auch durch nicht-intendierte, »emergente« Entwicklungen gekennzeichnet (vgl. Jann 2001a).

öffentlichen Sektors (*polity*), um andere oder »bessere« Politikinhalte (*policies*) zu formulieren und umsetzen zu können, oder natürlich auch aus klassischen »politischen« (*politics*) Motiven, aus Gründen des Machterhalts oder um die eigene Position in diesen Strukturen und Prozessen zu stärken. Verwaltungspolitik beschäftigt sich also mit der harten und weichen Infrastruktur des öffentlichen Sektors. Sie ist m.a.W. klassische indirekte und reflexive Steuerung: Akteure denken über ihre Steuerungsfähigkeit nach und versuchen, diese zu steuern. Das Regierungssystem beschäftigt sich mit sich selbst, seinen eigenen Voraussetzungen und Restriktionen. Gerade weil es in der Verwaltungspolitik um den Weg der indirekten Steuerung über Strukturen, Prozesse und Personal geht, im Gegensatz zu anderen, substantiellen Politikfeldern, spielen Reformrhetorik und -symbole eine große Rolle, und damit auch Leitbilder (Christensen/Lægreid 2003).

In einer knappen Definition könnte man zusammenfassen: Verwaltungspolitik ist die (versuchte) Anpassung und Veränderung der formellen und informellen Anreiz- und Regelsysteme sowie der kognitiven und normativen Grundlagen des Verwaltungshandelns. Das ist aber auch die klassische Definition von Institutionenpolitik oder institutioneller Steuerung (siehe als Übersicht Benz 2004 m.w.A.). In den Worten von Tsebelis (1990, S. 96) steht dahinter »the obvious conclusion ... (that) actors maximize their goals either by changing their strategies or by changing the institutional setting that transforms their strategies into outcomes«. Oder wie Bo Rothstein es ausdrückt: die Schaffung neuer institutioneller Arrangements »as the sophisticated equivalent of selecting policies« (1992, S. 35). Es geht darum Bedingungen zu schaffen, die andere Akteure nicht ignorieren können (siehe hierzu insgesamt Jensen 2003).

Hier mag ein Grund für einen Teil der Verwirrung in der aktuellen Diskussion liegen: Verwaltungspolitik ist ohne Zweifel institutionelle Steuerung, aber nach der bekannten Definition von Kenis/Schneider, ist institutionelle Steuerung auch ein Synonym für Governance:

> »Der angelsächsische Begriff Governance wird in den hier vorliegenden Aufsätzen insofern mit ›institutionelle Steuerung‹ übersetzt, weil es im Deutschen keine direkte Entsprechung gibt. Anders als in der technischen Kybernetik meint Steuerung keine präzise Festlegung von Verhaltenszuständen, sondern eine Form von Handlungskanalisierung. Steuerungsinstitutionen sind aus dieser Perspektive aus unterschiedlichsten ›Kanalisatoren‹ zusammengesetzt, wobei zu einer spezifischen Steuerungsmixtur gewisse Anreizstrukturen zählen, die Handlungen motivieren, oder Akteure zur Unterlassung bestimmter Handlungstypen veranlassen. Dies ist jedoch nicht alles. Über Anreize hinaus gibt es institutionelle Komponenten, die Handlungsrechte zuteilen, Handlungsspielräume limitieren und unerwünschte Handlungsmöglichkeiten ausgrenzen. Schließlich gibt es Steuerungselemente, die bestimmte Signalisierungsmedien, Koordinationstechniken und kognitive Rationalisierungsinstrumente bereitstellen, über die sich Rationalität und Leistungsfähigkeit individuellen und kollektiven Handelns beträchtlich steigern lassen.« (Kenis/Schneider 1996, S. 11)

Um zu versuchen, die latente Begriffsverwirrung etwas zu begrenzen, soll kurz angedeutet werden, welche Ansätze institutioneller Analyse zur Verfügung stehen und welche hier verwendet werden. Institutionen können sowohl aufgefasst werden als

Voraussetzungen und Bedingungen sowie als Objekte, Ziele oder Resultate sozialen Handelns, also als unabhängige oder abhängige Variable. Gleichzeitig können sie als formelle und informelle Regelsysteme und als Welt- und Leitbilder oder *cognitive maps*, »generally accepted myths and simple rules of thumb« (wie es im Neo-Institutionalismus heißt), kurz als Strukturen oder Kulturen aufgefasst werden (siehe Abb.2, nach Jensen 2003).

Abb. 2: *Zugänge institutioneller Analyse*

	Regelsysteme »rules of the game«	Leitbilder »cognitive maps«
als Bedingung »unabhängig«	• strukturelle Soziologie • institutionelle Ökonomie	• Diskurstheorie • soziologischer Institutionalismus
als Objekt »abhängig«	• Theorien des Network-Management • Staatsrechtstheorien	• Theorien der Organisationsentwicklung • Lerntheorien

Institutionelle Steuerung und damit Governance kann daher institutionelle Arrangements sowohl als Voraussetzungen wie als Objekte politischer Steuerung meinen. Leitbilder sind nach dieser einfachen Unterscheidung die grundlegenden kausalen und normativen Annahmen, die allgemein akzeptierten Mythen und einfachen Daumenregeln über die Art und Weise, wie Organisationen und Institutionen, z.B. die öffentliche Verwaltung und der Staat, funktionieren bzw. wie sie funktionieren sollten. Sie verkörpern auf anschauliche Weise die Vorstellungen und Handlungsorientierungen von Menschen in Organisationen darüber, was einerseits als machbar und andererseits als wünschenswert anzusehen ist (vgl. auch Quack/Theobald/Tienari 2004 m.w.A.).

Die letzte interessante Frage ist, ob und wie man diese Regelsysteme und Leitbilder zielgerichtet verändern kann, etwa durch das bewusste Design von Leitbildern (»gestaltungsorientierte Leitbildkonzepte«, ebda) und wer dies ggf. könnte. Auch hier gibt es, in Bezug auf Governance, wieder zwei idealtypische Positionen:

- die eine nimmt an, ein bewusstes Design von Regelsystemen und Weltbildern sei möglich, es gibt also so etwas wie einen »*Meta-Governor*« oder zumindest »*Meta-Governance*« (Jessop 1998, ders. 2003) oder auch »*third order governing*« (Kooiman 2000),
- die andere »*transformative perspective*« orientiert sich mehr an Evolution und Transformation, an ermergenten Mustern und geht davon aus, dass institutionelle Arrangements nur sehr schwer bewusst zu verändern sind (Olsen 1992, Christensen/Lægreid 2001).

Zwar können neue, »moderne« institutionelle Leitbilder sich schnell weltweit verbreiten, insbesondere durch Nachahmung, das ist ja die Grundannahme der Theorien organisatorischer Isomorphien von DiMaggio/Powell (1983). Aber dabei handelt es sich nicht um einen einfachen Prozess der Diffusion, des institutionellen Klonens oder Kopierens, sondern Reformen werden übersetzt, bearbeitet und angepasst, »*translated, edited and adapted*« im skandinavischen Jargon (Christensen/Lægreid 2001). Viele Änderungen finden nach dieser Auffassung daher nur auf der Oberfläche statt, sie sind »*window dressing*« oder vor allem symbolisch. Gleichzeitig können Leitbilder aber nicht vollständig kontrolliert werden – auch die scheinbar nur oberflächliche, symbolische Adaption von Reformkonzepten kann unerwartete Effekte, Rückkopplungen und »*reverse effects*« auslösen. Leitbilder stellen daher einen »realen« Faktor der Verwaltungspolitik und der instituionellen Steuerung dar, der analytisch von den weiteren Ebenen organisatorischer Veränderungen (*decisions and action*s) getrennt werden kann.

Für unsere Untersuchung bedeuten diese einfachen Unterscheidungen zweierlei. Zum einen kann Verwaltungspolitik, also der Versuch der bewussten Steuerung administrativer Regelsysteme und Leitbilder, allgemein als institutionelle Steuerung und damit als *governance*, genauer als *public governance* aufgefasst werden. Dazu gehören, darauf hat Arthur Benz verschiedentlich hingewiesen, sowohl die Binnen- wie die Außenbeziehungen von Organisationen, denn in institutionenpolitische Prozesse und Veränderungsversuche sind regelmäßig nicht nur interne, sondern auch externe Akteure und Beziehungen involviert (Benz 2004, S. 23). Zum zweiten kann *Public Governance* (hier bewusst großgeschrieben) aber auch als eine spezifische Reformstrategie der Verwaltungspolitik oder Staatsmodernisierung aufgefasst werden, bei der es ganz bewusst nicht nur um formelle Strukturen, sondern auch um inhaltliche Vorstellungen (*cognitive maps*) und nicht nur um Binnenstrukturen, sondern vor allem um die Außenbeziehungen der öffentlichen Verwaltung geht. Zentrales Element ist hier insbesondere die stärkere Betonung gesellschaftlicher Akteure als Teilnehmer an Steuerungsprozessen und als Träger gesellschaftlicher Selbstregulierung. Diese Reformstrategie kann und soll wiederum durch mehr oder weniger bewusst konstruierte oder propagierte Leitbilder vorangetrieben werden. Leitbilder können also nicht nur Steuerungssubjekt sein (und Veränderungen anleiten), sondern auch Steuerungsobjekt (im Rahmen einer bewussten Reformstrategie).

Genau um die Entwicklung dieser Leitbilder der Verwaltungspolitik, oder allgemeiner der Staats- und Verwaltungsmodernisierung, soll es im folgenden gehen.

3. Die »langen Wellen«: Dominierende politisch-administrative Leitbilder in Deutschland

Zunächst soll kurz der Wandel dieser Leitbilder in einer etwas längeren Perspektive seit dem 2. Weltkrieg nachgezeichnet werden, es geht also um die »langen Wellen« der Leitbildentwicklung (ausführlicher Jann 2003). In einer ganz groben, sicherlich gefährlich vereinfachenden Periodisierung, kann man vier verschiedenartige, aufeinander aufbauende aber auch einander widersprechende Leitbilder unterscheiden: Während die unmittelbare Nachkriegszeit etwa bis in die Mitte der sechziger Jahre von dem klassischen Leitbild »demokratischer Rechtsstaat« geprägt war, ging es danach bis etwa Ende der siebziger Jahre vor allem um den »aktiven Staat«. Dieser wurde wiederum vom »schlanken Staat« abgelöst, bis schließlich Mitte der neunziger Jahre der »aktivierende Staat« als neuartiges Leitbild aus der Taufe gehoben wurde. Weiter vereinfachend kann man für jede der hier unterschiedenen Perioden ein oder zwei Konzepte identifizieren, die als Schlagworte den Diskurs der jeweiligen Periode geprägt haben, nämlich Demokratie, Planung, Management und schließlich Governance.

Die unmittelbare Nachkriegszeit war bis in die sechziger Jahre durch die normativen Konzepte *Demokratie* und *Rechtsstaat* dominiert. Ihr überragender Leitbildcharakter ist nicht schwer zu erklären, denn das Versagen der politischen und besonders auch der administrativen Eliten während der Weimarer Republik und der Zeit des Nationalsozialismus war das grundlegende Trauma der Nachkriegszeit (und prägt noch heute viele Diskurse der Bundesrepublik). Da »Demokratieversagen« und »Unrechtsstaat« als die grundlegenden Probleme der »alten« deutschen Verwaltung angesehen wurden, sollte die »neue« deutsche Verwaltung der Bundesrepublik vor allem demokratisch und rechtsstaatlich gesteuert und kontrolliert sein[3]. Die Steuerungsfähigkeit der Verwaltung, ihre Effizienz und Effektivität waren daher erst einmal nachrangig, die Verwaltung war mehr Objekt als Subjekt demokratischer Steuerung. In der Staatsrechtslehre ging es um die Durchsetzung liberaler Elemente wie Parlamentarismus, Parteien und Pluralismus, im Verwaltungsrecht um die Stärkung des allgemeinen Rechtschutzes durch Verwaltungsgerichte und den Status der politischen Beamten, in der Politikwissenschaft um legislative Programmsteuerung und exekutive Führerschaft. Staatliche Steuerung war ganz selbstverständlich geprägt durch Recht, externe und interne Regeln und durch Hierarchie.

Mitte der sechziger Jahre begann bekanntlich die Phase des »aktiven Staates«, oder wie man dann, in bewusster Abkehr vom überkommenen Staatsbegriff formulierte, der »aktiven Politik«. *Planung* war das inspirierende Schlagwort dieser Periode, zunächst propagiert durch konservative Staatsrechtler in der Tradition der Daseinsvorsorge, aber dann sehr schnell vom sozial-liberalen Diskurs übernommen und ausgeweitet. Diese staatliche Planung zur Korrektur der Folgen von Marktversagen im »Spätkapitalismus« sollte durch eine gesteigerte Problemverarbeitungskapazität des politisch-administrativen Systems ermöglicht werden, begleitet durch eine Politik der »inneren Reformen«. Dies war die erste Hochzeit konzeptioneller Regierungskommissionen (Projektgruppe Regierungs- und Verwaltungsreform, Dienstrechtsreformkommission, Kommission wirtschaftlicher und sozialer Wandel etc.), eng gekoppelt mit Vorstellungen wirtschaftlicher Globalsteuerung bis hin zu detaillierten Diskussionen über »Investitionslenkung« in weiten Teilen der SPD. Staatliche Steuerung war immer noch rechtlich dominiert, aber die bevorzugten Steuerungsinstrumente wurden zunehmend finanzielle Anreize, Transfers und vor allem die eigene staatliche Leistungserstellung.

---

3   In der »Sowjetzone« und der nachfolgenden DDR wurden auf ähnlicher Grundlage ganz andere Leitbilder propagiert und durchgesetzt (demokratischer Zentralismus, Avantgardepartei), deren Bedeutung hier nicht weiter verfolgt werden kann.

Das weitgehende Scheitern dieser ambitionösen Reformpläne, nicht zuletzt im Gefolge der »Ölkrisen« Anfang der siebziger Jahre ist oft beschrieben worden. Im wissenschaftlichen Diskurs war dies die Geburtsstunde umfassender empirischer Implementations- und Evaluationsstudien und der Unregierbarkeitsdebatte, während der politische Diskurs Ende der siebziger Jahre Privatisierung, Entbürokratisierung und den »schlanken Staat« entdeckte. Wiederum gab es eine ganze Reihe von Regierungskommissionen, jetzt allesamt unter der Überschrift »Entbürokratisierung« (als Übersicht Seibel 1986), es begannen die ersten Versuche von Aufgabenkritik und Verwaltungsvereinfachung (KGSt 1976) und die ersten erbitterten Diskussionen über Privatisierung (Schriftenreihe des DGB seit 1975). Die Parteien entdeckten Staats- und Bürokratieversagen als die zentrale Wurzel allen Übels (CDU 1978, SPD 1979) und das Bundesinnenministerium veranstaltete eine erste große Anhörung zum Thema Bürokratisierung (Mayntz 1980).

Diese Phase, zunächst unter den Überschriften »Entbürokratisierung« und »Verwaltungsvereinfachung«, verband sich in Deutschland erst verhältnismäßig spät mit der internationalen Bewegung des New Public Management (NPM). Aber nachdem die Kommunale Gemeinschaftsstelle für Verwaltungsvereinfachung (KGSt) und vor allem ihr Vorstand Gerhard Banner (1991) das »neue Steuerungsmodell« aus der Taufe gehoben hatten, verbreitete sich dieses neue Leitbild wie ein Buschfeuer (Reichard 1997). *Management* wurde der neue Symbolbegriff, und die bevorzugten Steuerungsinstrumente wurden jetzt die Mechanismen des Marktes, also Kontrakte, Wettbewerb und Anreize, wo immer möglich monetäre Anreize. Bekanntlich nahm diese Bewegung ihren Ausgangspunkt auf der kommunalen Ebene, die Länder folgten erst später und einigermaßen zögerlich, während der Bund erst mit einer eigenen Kommission »Schlanker Staat« (1995) reagierte, als diese Bewegung ihren Zenit bereits überschritten hatte (ausführlich Jann/Wewer 1998, Jann et.al. 2004).

Denn bereits Mitte der neunziger Jahre gab es erste Bestrebungen, dem managerialistischen Leitbild des schlanken Staates ein neues Leitbild, nämlich das des »aktivierenden Staates« entgegenzusetzen (siehe einige Beiträge in Behrens 1995, darin auch ein programmatischer Beitrag des damaligen niedersächsischen Regierungschefs Schröder). Und genau in diesem Zusammenhang bekommt das neuartige Governance-Konzept seine politische und praktische Relevanz. Die Problemsicht dieses Leitbildes betont nicht mehr nur Staats- und Bürokratieversagen, sondern richtet die Aufmerksamkeit wiederum auf die gesellschaftlichen Voraussetzungen und Bedingungen staatlicher Steuerung. Nicht allein der Staat ist für die Lösung gesellschaftlicher Probleme zuständig, sondern diese sollen, wo immer möglich, an die Zivil- oder Bürgergesellschaft zurückgegeben werden.

Dieses neuartige Governance-Konzept richtet die Aufmerksamkeit zum einen (wieder) auf die institutionellen Grundlagen von Organisationen, insbesondere von Regierung und Verwaltung (formale und informelle Regeln und Werte), zum anderen auf deren Umweltbeziehungen, also auf die Verbindungslinien zu Bürger- und Zivilgesellschaft, zu Unternehmen und Marktwirtschaft, zu Politik und Demokratie. In der aktuellen politischen Diskussion bezieht sich der Diskurs über den »aktivierenden Staat« daher vor allem auf eine programmatische Neubestimmung des Verhältnisses von Staat, Markt und Zivilgesellschaft. Lösungsvorschläge gehen in die Richtung einer neuen Arbeits- und Verantwortungsteilung zwischen Staat, Wirtschaft und Gesellschaft (Gewährleistungsstaat), staatliche Steuerung soll durch die Kombination unterschiedlicher Steuerungsmodi erhöht werden.

Die Entstehung dieses Leitbildes als Folge und Reaktion auf die als übertrieben binnenorientierten und managerialistisch empfundene Ausrichtung der Verwaltungspolitik der letzten Jahre soll im folgenden Abschnitt detaillierter betrachtet werden, und zwar anhand der unterschiedlichen Probleme, Ziele, Werte, Ansatzpunkte und Handlungsmodelle dieser Leitbilder.

4. *Die letzten Jahre: Management und Governance als verwaltungspolitische Leitbilder*

Das dominierende und definierende Konzept des *schlanken Staates* war ohne jeden Zweifel das *Neue Steuerungsmodell* (NSM), wie es Anfang der neunziger Jahre von der KGSt (1991, 1993, zusammenfassend Jann 2001) entwickelt und propagiert wurde. Der Begriff wird seitdem in so vielen Bedeutungszusammenhängen und mit so vielen Konnotationen verwendet, dass er weitgehend identisch wurde mit der gesamten Diskussion über Verwaltungsmodernisierung und -reform. Es gab praktisch keine Modernisierungsstrategie, sei es im Bereich des Personals (leistungsgerechte Bezahlung, Personalentwicklung und Mitarbeiterführung, Spitzenpositionen auf Zeit, Qualifizierung), der Organisation (flachere Hierarchie, Projektorganisation, Bürgerämter), der Verfahren (Kennzahlen, Berichtspflichten, Kundenorientierung, Leistungsvergleiche) oder der Finanzen (Budgetierung, Kostenrechnung, Globalhaushalt), die nicht unter dieser Überschrift zusammengefasst wurde – einerlei, ob es sich um neuartige oder, wie es nicht selten der Fall war, im Prinzip um altbekannte Reformvorschläge handelte. Unterstützt wurde dies durch eingängige Schlagworte wie *Unternehmen Verwaltung* oder *Dienstleistungskommune*.

Im Kern richtete sich das neue Leitbild gegen die klassische bürokratische Steuerung der Verwaltung. Dem negativ besetzten – und schon beinahe karikiertem – Leitbild überkommener bürokratischer und zentralistischer Steuerung wurde das neue Leitbild einer ergebnisorientierten und dezentralen Steuerung entgegengesetzt. So gesehen waren die einzelnen Elemente des neuen Leitbilds zunächst nichts anderes als bloße – ideale – Gegenentwürfe zu den eklatanten oder behaupteten Mängeln der vorhandenen Steuerungspraxis. Das NSM war weniger ein konkreter Entwurf administrativer Steuerung, als das Gegenbild realer oder perzipierter Mängel der derzeitigen Steuerungspraxis.

Als grundlegendes Problem wurde daher *Bürokratieversagen* identifiziert. Die Ursache der Probleme der Leistungsfähigkeit des öffentlichen Sektors und damit der staatlichen Steuerungsfähigkeit, so die implizite Diagnose, bestand vorrangig in einer Reihe von »Steuerungslücken« (KGSt 1993), z.B. in der Form einer
- Effizienzlücke: fehlende Anreize zur ständigen, effizienten Mittelverwendung,

- Strategielücke: fehlende Orientierung an klaren, mittelfristigen Entwicklungszielen und Prioritäten,
- Managementlücke: fehlender Zwang und fehlende Instrumente zur Leistungsverbesserung, zur Strukturanpassung, zu Ressourcenumschichtungen und zur Anpassung an Nachfrageänderungen,
- Attraktivitätslücke: sinkende Attraktivität des öffentlichen Sektors für engagierte Mitarbeiter, unzureichende Nutzung der vorhandenen Bereitschaft zu Engagement und Kreativität,
- Legitimitätslücke: Unfähigkeit nachzuweisen, dass öffentliche Leistungen durchaus ihr Geld wert sind, fehlende kontinuierliche Rechenschaftslegung über Effizienz, Zielgenauigkeit und Qualität öffentlicher Leistungen und daher schwindende Akzeptanz in der Öffentlichkeit.

Zusammengefasst wurde diese Problemdiagnose im Schlagwort der »organisierten Unverantwortlichkeit« des öffentlichen Sektors in Deutschland, dessen Strukturen mehr oder weniger explizit mit denen des Staatssozialismus der untergegangenen DDR verglichen wurden (Banner 1991). Während das Konzept des NSM zunächst ohne direkte Verweise auf die internationale Entwicklung propagiert wurde (es gab nur einen Hinweis auf die Niederlande, das berühmte *Tillburger-Modell*), wurden von der Verwaltungswissenschaft sehr schnell die Beziehungen zur internationalen *New Public Management* (NPM) Diskussion gezogen (Budäus 1993).
Aber auch ohne Hinweis auf NPM war Management das dominierende Schlagwort dieses Leitbildes, denn die entscheidenden Vorbilder und Ziele kamen aus dem Privatsektor. Der öffentliche Sektor der Zukunft sollte *value for money* bieten, er sollte sich durch Dienstleistungs- und Serviceorientierung, durch Kundenfreundlichkeit und Qualitätsmanagement auszeichnen, durch *Lean Management, Total Quality Management, Business Process Reengeneering* und ähnliche importierte Konzepte. Die zentralen Instrumente, die dieses erreichen sollten, waren die Instrumente des Marktes, also Konkurrenz und Geld als entscheidende »Muntermacher«. Wo direkte marktliche Instrumente nicht möglich schienen, sollten zumindest quasi-marktliche Äquivalente eingeführt werden, also etwa Vergleichsringe, *Benchmarking, League Tables* etc.
Der Focus dieses Leitbildes der Staats- und Verwaltungsmodernisierung war daher eindeutig intra-organisatorisch, auf einzelne öffentliche Organisationen und Behörden gerichtet. Zentrales Ziel war die Verbesserung der Binnensteuerung, die selbstverständlich auf externe Zwecke ausgerichtet werden sollte, aber deren zentrale Probleme doch in der Anreizkompatibilität der internen Instrumente und deren Ineffizienz gesehen wurde. Wo diese internen Anreizinstrumente nicht zu schaffen waren, blieb der Weg der Privatisierung und des *Outsourcing*. Der entscheidende Ansatz des Managementleitbildes kann daher als »getting incentives right« zusammengefasst werden. Es kommt darauf an, die richtigen Anreize zu finden und einzusetzen, möglichst monetäre Anreize (»getting prices right«) oder deren Äquivalente (z.B. Kontrakte), um staatliche Steuerung zu verbessern.

Genau diese Binnensicht wurde dann ab Mitte der neunziger Jahre durch das neue Leitbild »aktivierender Staat« kritisiert und ergänzt. Die internen Probleme staatlicher Steuerung werden hier nicht geleugnet, aber ihnen wird eine externe, umweltbezogene Sicht entgegengesetzt. Der Focus ist nicht mehr die einzelne öffentliche Behörde, sondern die Kombination und Koordination öffentlicher, privater und zivilgesellschaftlicher Akteure, im Zentrum stehen nicht mehr fast ausschließlich marktliche und monetäre Leistungsanreize, sondern die intelligente Kombination unterschiedlicher Steuerungsformen. Die zentrale Steuerungsmetapher ist weder die Hierarchie noch der Markt, sondern das Netzwerk und die intelligente Verknüpfung unterschiedlicher Steuerungsmodi.

In diese neue Konzeption sind Erkenntnisse und Entwürfe der sozialwissenschaftlichen Steuerungsdiskussion eingegangen, insbesondere Konzepte wie kooperativer Staat, Netzwerkmanagement, Verhandlungsdemokratie und Gewährleistungsstaat (und die dort ausgeführten Beobachtungen und Theoreme), und gleichzeitig wurde als weiteres entscheidendes Schlagwort das der Bürger- oder Zivilgesellschaft aufgegriffen. In der politischen Debatte lässt sich dies durch das Programm der ersten Regierung Schröder-Fischer »Moderner Staat-Moderne Verwaltung« vom 1. Dezember 1999 illustrieren, in dem die Schlagworte »Neue Verantwortungsteilung«, »Stärkung der Bürgergesellschaft« etc. ausdrücklich aufgegriffen werden und es unter Berufung auf die Koalitionsvereinbarung heißt:

> »Staat und Verwaltung müssen ihre Aufgaben und ihre Verantwortung unter veränderten gesellschaftlichen Bedingungen neu definieren. Der aktivierende Staat wird die Übernahme gesellschaftlicher Verantwortung dort fördern, wo dies möglich ist. So wird sich die Erfüllung öffentlicher Aufgaben nach einer neuen Stufung der Verantwortung zwischen Staat und Gesellschaft richten: ... Der Staat ist weniger Entscheider und Produzent, als vielmehr Moderator und Aktivator der gesellschaftlichen Entwicklungen, die er nicht allein bestimmen kann und soll. Aktivierender Staat bedeutet, die Selbstregulierungspotentiale der Gesellschaft zu fördern und ihnen den notwendigen Freiraum zu schaffen. Im Vordergrund muss deshalb das Zusammenwirken staatlicher, halbstaatlicher und privater Akteure zum Erreichen gemeinsamer Ziele stehen« (BMI 1999).

Die Probleme politischer Steuerung, also die Unzulänglichkeiten des öffentlichen Sektors politische Ziele umzusetzen und gesellschaftliche Veränderungen zu erreichen, werden nicht mehr nur dem Staat oder der Bürokratie zugewiesen, sondern auch der Gesellschaft selbst (»Gesellschaftsversagen«). Die Einsichten der sozialwissenschaftlichen Steuerungstheorie sind offenbar inzwischen so weit in das politische System »eingesickert«, dass nicht mehr allein die Steuerungsfähigkeit des Staates, sondern auch und zunehmend die Steuerbarkeit gesellschaftlicher Subsysteme problematisiert wird. Gesellschaftliche Subsysteme, so die Erkenntnis, sind eigensinnig und staatlichen Interventionen gegenüber oft resistent, die Bewältigung gesellschaftlicher Probleme ist ohne die aktive Einbeziehung und Stärkung der gesellschaftlichen Akteure zum Scheitern verurteilt.

Zugespitzt – und zugegeben leicht karikiert – kann man diese veränderte Problemsicht gegenüber der managerialistischen Orientierung am Beispiel der Bewältigung eines typischen Problems wie etwa der Verwahrlosung öffentlicher Parks und Spielplätze illustrieren. Um einen verwahrlosten Park oder Spielplatz wieder attraktiv für Bewohnerinnen und Bewohner zu machen, setzt NPM auf eine Leistungssteigerung der öffentlichen Verwaltung, also neue Steuerungsinstrumente, mehr Selbstverantwortung, bessere Anreize im städtischen Grünflächenamt, bis hin zum möglichen Outsourcing der Aufgabe. Die veränderte Sicht des »aktivierenden Staates« leugnet nicht die Relevanz dieser Instrumente, aber sie geht davon aus, dass, ohne Beteiligung und Interesse der betroffenen Nachbarschaften, öffentlicher Vandalismus nicht zu bekämpfen ist. Mit einem anderen Beispiel: Um die durch den PISA-Schock in das öffentliche Bewusstsein gelangten Lern- und Leseschwächen unserer Grundschüler zu bekämpfen, genügt es nicht, die Schulen zu modernisieren und neu zu steuern. Notwendig ist eine gesamtgesellschaftliche Strategie, die die Lese- und Konzentrationsfähigkeit von Kindern stärkt und z.B. bei den Familien ansetzt sowie die Ko-Produktion von Bildung und Erziehung fördert, beispielsweise durch aktive Beteiligung von Eltern und allgemein Bürgern innerhalb von Schulen, Kindergärten etc..

Es kommt also entscheidend darauf an, gesellschaftliche Akteure in die Problembewältigung einzubinden, sie zu motivieren und aktivieren, um sie nicht länger von oben herab, *top down*, zu steuern oder zu versorgen (und damit abhängig zu halten, wie dem klassischen Wohlfahrtsstaat vorgehalten wird). Das Bild des Bürgers als Kunden ist daher genauso problematisch wie das des abhängigen Klienten. Ein zentrales Ziel wird daher die Überwindung der sozialen »Exklusion« gesellschaftlicher Gruppen, ganzer Nachbarschaften oder Regionen[4]. Niemandem, weder am unteren Ende der Sozialskala (z.B. Langzeitarbeitslose, Obdachlose), noch am oberen Ende (Abschottung durch »*gated communities*«, Privatschulen etc.) soll erlaubt werden, sich aus der gesellschaftlichen Verantwortung herauszustehlen. Die neuen Ziele lauten also – neben Effizienz und Dienstleistungsorientierung, die durchaus weiter gelten sollen – Stärkung von sozialer, politischer und administrativer Kohäsion, von politischer und gesellschaftlicher Beteiligung, von bürgerschaftlichem und politischem Engagement.

Die zentrale Frage ist nicht mehr »getting prices right«, sondern »getting institutions right«. Wie könnten und sollten institutionelle Arrangements ausgestaltet sein, die zivilgesellschaftliches Engagement, gesellschaftliche Selbstregelung und Selbstorganisation stärken und anregen und nicht verhindern und dämpfen. Genau hier wird die Übereinstimmung mit der Frage nach der »institutionellen Steuerung« des Governance-Diskurses deutlich, es geht nicht nur um formelle Regelsysteme, sondern vor allem auch um *cognitive maps*. Deutlich wird auch die gewandelte wissenschaftliche und disziplinäre Verankerung und Inspiration des neuen Konzepts. Während die zentralen wissenschaftlichen Protagonisten des NPM aus der Ökonomie kamen, und zwar sowohl aus der eher volkswirtschaftlichen Institutionenökonomie wie dem betriebswirtschaftlichen Managerialismus (auf die inhärenten Widersprüche beider Ansätze ist wiederholt hingewiesen worden), werden jetzt wieder Ansätze und Erkenntnisse

---

4   Ein Zeichen für diesen Wandel der Problemsicht war, dass die neue Blair-Regierung in Großbritannien nach ihrem Regierungsantritt in der Regierungszentrale zwei neue Einheiten etablierte, und zwar neben dem »*Modernizing Government*« die »*Social Exclusion Unit*«.

der Sozialwissenschaften aufgegriffen, insbesondere aus dem sozialwissenschaftlichen Neo-Institutionalismus und dem philosophischen Kommunitarismus. Während NPM die Glanzzeit professioneller und kommerzieller Managementberater war, versuchen sich jetzt wiederum non-profit basierte, »gemeinwohlorientierte« *Think Tanks* und *NGO's* Gehör zu verschaffen.

Interessant ist allerdings auch, dass es weitgehend die gleichen gesellschaftlichen Protagonisten sind, die diesen Leitbildwechsel propagieren – offenbar handelt es sich tatsächlich um gemeinsame Lernprozesse. Während Gerhard Banner 1991 das neue Steuerungsmodell und das Leitbild der *Dienstleistungskommune* propagiert, erklärt er es 1998 als nicht ausreichend und entwirft als Gegenbild die *Bürgerkommune*. Die KGSt folgt beinahe umgehend (vgl. KGSt 1991 und 1993 vs. 1999), ebenso wie der zentrale nicht-staatliche Protagonist des NPM in Deutschland, die Bertelsmann-Stiftung, die, nachdem sie 1993 durch ihren Wettbewerb und vielfältige weitere Aktivitäten den Siegeszug des NPM in Deutschland nicht unerheblich unterstützt hatte, 2002 ein neues Programm CIVITAS auflegt, dass ausdrücklich die Stärkung zivilgesellschaftlicher Elemente auf der kommunalen Ebene zum Ziel hat (vgl. auch Pröhl (Hrsg.) 2002). Während die Bundesregierung mit ihrer Kommission »Schlanker Staat« 1995 noch einmal ein umfassendes Kompendium vorgelegt hatte, in dem kein Schlagwort, kein Instrument und keine Begründung des managerialistischen Ansatzes fehlte, rief die neue Bundesregierung im Jahre 2002 eine Enquete-Kommission »Bürgerschaftliches Engagement« ins Leben. Der Bundeskanzler hatte bereits einige Jahre vorher versucht, eine programmatische Diskussion über die Bedeutung der Zivilgesellschaft anzustoßen (siehe Schröder 2000 und die sich daran anschließende Debatte).

Ähnliches gilt für die internationale Debatte. Im Jahre 1989 hatte die OECD eine eigene Einheit für Public Management (PUMA) gegründet, die in den folgenden Jahren durch eine Vielzahl von Publikationen und Aktivitäten den NPM-Diskurs unterstützte und anregte, und die ohne Zweifel der wichtigste Akteur der internationalen Bewegung war. Im Jahre 2002 wurde diese Einheit in »Governance« umbenannt (siehe auch die programmatische Rede des damaligen *Chairman of the OECD Public Management Committee* auf der *First European Union Conference on Best Practices in Public Administration* in Lissabon, Wolf 2000). In Großbritannien waren zentrale Dokumente der Public Management Bewegung z.B. die *Rayner-Scrutinies* (ab 1979) und das berühmte *Next-Steps* Weißbuch (Efficiency Unit 1988), während dann mit dem Weißbuch über *Joined Up Government* (Prime Minister and Minister for the Cabinet Office, 2001) eine Wendung in Richtung des Governance-Diskurses deutlich wird. International waren es in den achtziger Jahren vor allem die Verlautbarungen aus Neuseeland (NZ 1988), die die Diskussionen über NPM inspirierten (und einen gewissen Wissenschaftstourismus induzierten), und hier sind es vor allem die vielbeachteten Governance-Initiativen der finnischen Regierung (*Guidelines of the Policy of Governance*), die den Wechsel symbolisieren (SF 1998[5], Tiihonen 2001, 2004).

---

5 Unterstützt durch ein gemeinsames Gutachten von Geert Bouckaert, Derry Ormond und Guy Peters. Ormond war zu dieser Zeit Chef von OECD-PUMA.

Inzwischen ist diese normative und institutionelle Wende der Public Management Debatte auch auf der Ebene der Lehrbücher (Boivard/Löffler 2003) und Zeitschriften angekommen (International Review of Administrative Sciences 2003), von den vielfältigen Konferenzen und *Summer-Schools* zum Thema gar nicht zu reden. Die interessante Frage ist, wie ernst diese Veränderungen auf der Verlautbarungsebene zu nehmen sind. Ist eine zynische Interpretation angebracht, bei der es tatsächlich darum geht, einen missglückten Reformversuch möglichst schnell durch eine neue Ankündigung zu ersetzen, nach dem Motto, »the best way to get rid of a reform is to launch a new one« und »reforms always look better ex ante than ex post« (Brunsson/Olsen 1993), oder handelt es sich tatsächlich um Lernprozesse? Bevor diese Frage im letzten Teil diskutiert werden kann, ist noch die weitere normative Verankerung dieses neuen Diskurses auf der Ebene der »großen Politik« zu betrachten.

5. Der ideologische Hintergrund: Governance und aktuelle Politik

Gemeint sind die Verbindungen zu aktuellen politischen Konzepten, insbesondere zur sozial-demokratisch inspirierten Agenda der »neuen Mitte«, die international unter dem Schlagwort »*Progressive Governance*« lanciert wurde und wird. Die zentralen Protagonisten waren anfangs der amerikanische Präsident Clinton, der britische Premier Blair und Bundeskanzler Schröder, die diese Initiative auf einer Konferenz 1999 in Florenz aus der Taufe gehoben hatten[6] (Progressive Governance 2000), und die dann mit einer großen Konferenz in Berlin »Progressive Governance for the XXI Century« (unter Beteiligung von insgesamt 13 Regierungschefs; Schröder (Hrsg.) 2002[7]) und weiteren Konferenzen in Stockholm 2001 (Regeringskansliet 2001) und London 2002 (Progessive Governance London 2002) fortgesetzt wurden. Die umfangreichen Materialien dieser Konferenzen und die um Umfeld relevanten programmatischen Positionspapiere sowohl aus den Regierungszentralen wie verschiedenen beteiligten Think Tanks (in Großbritannien vor allem *Policy Network* und *Institute for Public Policy Research,* in den USA das *Progressive Policy Institute*[8]) können hier nicht umfassend gewürdigt werden. Stattdessen soll aber kurz versucht werden, einige wiederum sicherlich zugespitzte gemeinsame Grundgedanken dieser Ansätze zusammenzufassen.

Gemeinsam ist diesen Ansätzen, dass sie sowohl das Leitbild des »aktiven« wie das des »schlanken« Staates kritisieren und beide als überholte Vorstellungen traditionellen Regierens betrachten. Beide werden, trotz aller Gegensätze, als staatsfixierte Government-Positionen abgelehnt. Ihnen entgegengesetzt soll sich *Progressive Governance* dadurch auszeichnen, dass hier der Staat zukünftig andere Aufgaben

---

6   Vorausgegangen war eine erste Konferenz 1998 in New York, die allerdings noch unter der kontroversen Überschrift des »Third Way« lief.
7   Zu den deutschen Beteiligten an dieser Konferenz gehörten u.a. Jürgen Kocka, Birger Priddat, Thomas Risse, Wolfgang Seibel, Gunnar Folke Schuppert, Bert Rürup, Wolfgang Merkel, Manfred G. Schmidt, Günther Schmid, Josef Schmid und der Verf.
8   www.progressive-governance.net, www.ippr.org.uk, und www.ppionline.org.

wahrnehmen soll und in andere institutionelle Arrangements eingebunden ist, eben als aktivierender oder Gewährleistungsstaat, auf Englisch als *enabling* oder *ensuring state* (so die englische Übersetzung des Gewährleistungsstaates). Klassische Werte des sozialdemokratischen Konsensus, wie wirtschaftlicher Wohlstand, politische Freiheit, soziale Gerechtigkeit oder gesellschaftliche Solidarität, werden keineswegs aufgegeben, aber sie werden als ökonomische Dynamik, bürgerschaftliche Teilhabe, Chancengerechtigkeit und soziale Kohäsion und Inklusion uminterpretiert oder zumindest konkretisiert (Giddens 1998). Die überkommene Sozialpolitik ist ein gutes Beispiel: Die dort praktizierte soziale Kompensation wird entweder (von links) als löchriges soziales Netz oder (von rechts) als zu komfortable soziale Hängematte diffamiert. Das Lieblingssymbol der Anhänger von *Progressive Governance* ist demgegenüber das Trampolin, Sozialpolitik also als soziale Investition.

Während traditionelles Regieren Bürgerinnen und Bürger entweder als Wähler, als Klienten oder als Kunden betrachtet, und das Leitbild des »Bürger als Kunden« zu vielen fruchtlosen Diskussionen im Rahmen des NSM geführt hatte, werden Bürger jetzt als potentielle Aktivisten und Ko-Produzenten, als soziale Kooperations- und Verhandlungspartnern konzipiert, und das entscheidende Schlagwort ist daher »bürgerschaftliche Beteiligung«, *empowerment*. Die Gesellschaft, so die Kritik des *Progressive Governance*, wird im Verständnis des traditionellen Regierens nur als Adressat staatlicher Interventionen wahrgenommen, sowohl im Rahmen pluralistischer Interessenvermittlung und -ausgleichs wie als korporatistische Verhandlungssysteme. Stattdessen, so die normative Alternative, muss sie als Ort gesellschaftlicher Selbststeuerung gestärkt und aktiviert werden. Überragendes Ziel ist daher die aktive Zivil- und Bürgergesellschaft. Traditionelles Regieren als Government begreift den Staat zentripetal, er ist, zumindest dem Anspruch nach, intern und extern souverän und damit auch die zentrale und eigentlich einzige Quelle legitimer kollektiver institutioneller Arrangements. Die Produktion staatlicher Dienstleistungen ist daher horizontal und vertikal hoch-integriert. Demgegenüber steht wiederum das zentrifugale Bild des modernen Staates im Rahmen von Governance. Konstatiert wird die Erosion traditioneller innen- und außenpolitischer Souveränität, die aber nicht einfach nur beklagt wird sondern dazu führt, dass der moderne Sozialstaat als ein gesellschaftliches Steuerungssystem unter anderen betrachtet wird. Die Produktion staatlicher Regulierungen und Dienstleistungen muss daher zunehmend in pluralen Netzwerken erfolgen.

Die Artikulation und Koordination relevanter kollektiver Interessen erfolgt im traditionellen Government durch Parteien, Interessengruppen, Parlamente und letztendlich durch die Regierung, es gibt ein staatliches Monopol des offiziellen Regierungssystems. Das Lieblingsbild der Governance-Agenda sind demgegenüber »negotiated patterns of public-private coordination«, die direkte Teilnahme aller möglichen gesellschaftlichen Akteure in Netzwerken und Verhandlungen. Die Grundannahme besagt, dass es nicht nur ein, sondern viele, konkurrierende institutionelle Arrangements zur Formulierung und Durchsetzung kollektiver Gemeinwohlansprüche gibt.

Dies wiederum bedeutet die zunehmende Auflösung der klassischen Trennung zwischen öffentlich und privat. Die Grenzen zwischen beiden Sektoren werden undeutlich und verschwimmen. Gleichzeitig wird die klare Trennung zwischen staatlichen und politischen *Inputs* und *Outputs*, also zwischen Politikformulierung in klassischen politischen Institutionen (z.B. Parlamente, Regierungen) und Politikdurchführung und Leistungserstellung durch Verwaltungen, wie sie ja gerade noch einmal vom neuen Steuerungsmodell und dem *New Public Management* propagiert wurde, weiter in Frage gestellt. Da Bürger und der Dritte Sektor als Ko-Produzenten öffentlicher Güter agieren und vor allem agieren sollen, oder deren Produktion sogar vollständig der gesellschaftlichen Selbststeuerung überlassen wird, wird auch das »wie« der öffentlichen Leistungserstellung politisch. Informelle Arrangements, die es zwar immer gegeben hat, die aber die klassische Regierungslehre mit Skepsis und im Prinzip als irregulär betrachtet hat, müssen anerkannt und im Sinne umfassender institutioneller Arrangements genutzt werden.

Regieren ist also nicht mehr allein die Beherrschung und Weiterentwicklung des Regierungsapparats, die Verhaltensbeeinflussung durch eine Vielzahl von Steuerungsinstrumenten, sondern *Modern (Public) Governance* ist gekennzeichnet durch die bewusste Organisation und das Management der Netzwerke und Interaktionen zwischen Staat, Wirtschaft, Zivilgesellschaft und Individuen, durch institutionelle Steuerung und die Integration unterschiedlicher Steuerungsformen – nicht zuletzt durch den Einsatz von Leitbildern. Zugespitzt kann Regieren im Sinne von *Governance* durch die Kombination von weniger Staat mit mehr Politik gekennzeichnet werden (Ewers/Leggewie 1999). Und diese Kombination ist sicherlich neu, denn sie ist eine echte Alternative zu den bekannten Konzeptionen des schlanken Minimalstaats (weniger Staat, weniger Politik), des aktiven Wohlfahrtsstaats (mehr Staat, mehr Politik) und natürlich auch des technokratischen und autoritären Sozialstaats (mehr Staat, weniger Politik).

6. *Zusammenfassung: Leitbilder als Surrogat oder Basis von Reformen?*

Ausgangspunkt dieser Bestandsaufnahme war die Grundannahme, dass *Governance* nicht nur in der Wissenschaft reüssiert, sondern in den letzten Jahren zu einem zentralen Konzept, zur zentralen *catchphrase* der Staats- und Verwaltungsmodernisierer geworden ist. Tatsächlich ist dieses normative, handlungsanleitende Bild des *Progressive Governance* vermutlich nirgendwo in der oben skizzierten, verdichteten, zugespitzten Version »verkündet« worden, aber dennoch scheint es eine vertretbare Zusammenfassung aktueller politischer Konzeptionen zu sein, wie sie seit dem bekannten Schröder-Blair Papier (Schröder/Blair 1999) bis hin zur Agenda 2010 aus verschiedenen offiziellen und offiziösen Dokumenten zu erkennen sind. Und nicht nur die offizielle Politik entfaltet und verkündet dieses Leitbild, wie aus einschlägigen Veröffentlichungen der Bertelsmann-Stiftung (Pröhl 2002), der Hans-Böckler-Stiftung (Mezger/West 2000), der Friedrich-Ebert-Stiftung (Lamping et.al. 2002) oder auch der Hanns-Martin-Schleyer-Stiftung (2000) hervorgeht. Dieses neue Leitbild nimmt konkret Bezug auf die aktuellen sozialwissenschaftlichen Governance-Diskussionen, sowohl bezüglich der inhaltlichen Elemente einer neuen Steuerung, wie auch

systematisch, denn es wird ausdrücklich eine neue institutionelle Steuerung angestrebt. Für die Praxis ist dies damit eindeutig eine neue Form der Steuerung und ein neues Leitbild.
Bleibt die Frage, ob es auch hilfreich ist? Handelt es sich nur um »talk«, um »image crafting« als »substitute for performance und policy benefits« (Christensen/Lægreid 2003), wie es den modernen »spin doctors« unterstellt wird, oder gibt es robuste Verbindungen zu »decisions« und »action«. Aus der Sicht der skandinavischen Schule der neo-institutionalistischen Theorie sind drei Hypothesen möglich (ebda S.10ff). Zum einen können normative Leitbilder als reine Reform-Symbole, als Surrogat für Implementation und Reform-Resultate angesehen werden. Politiker und andere Akteure haben erhebliche Probleme mit den Zielen, Instrumenten und der Kontrolle von Reformprozessen, und sie versuchen daher politische Unterstützung durch umfassende Pläne und Versprechungen zu generieren, ausgehend von der Überzeugung, dass Wählerinnen und Wähler sich mehr für Reformversprechungen interessieren als für das, was am Ende herauskommt (Brunsson 1989). Eine zweite Hypothese nimmt an, dass es eine lose Kopplung zwischen Leitbildern und Resultaten gibt. Politiker versuchen eine Doppelstrategie, in der eingängige Leitbilder und Symbole den Reformprozess unterstützen sollen, auch wenn tatsächliche Reformen und Veränderungen inhaltlich wenig mit den Leitbildern zu tun haben (March 1986, S. 33f). Nach der dritten Hypothese haben Leitbilder tatsächlich einen direkten Einfluss auf die Formulierung, Implementation und Wirkung von Reformen. Die Reform-Praxis kann die Leitbilder als konkrete Anhaltspunkte benutzen, und da Leitbilder eher abstrakt sind, können sie zur Vereinheitlichung und Stabilisierung der Reformpraxis beitragen. Reform-Leitbilder werden als institutionalisierte Standards an die Bedürfnisse der jeweiligen Organisation angepasst, übersetzt und redigiert, aber sie können gerade daher dennoch den Reformpfad anleiten. Oder sie können sogar als »Reform-Viren« wirken, d.h. sie entfalten ihre Bedeutung erst nach geraumer Zeit, wenn die eingebauten Blockaden der Organisationen überwunden sind und sich die Akteure an die neuen Ideen gewöhnt und mehr über sie gelernt haben (March/Olsen 1983, S. 287f).
Wie lässt sich die deutsche Entwicklung interpretieren? Die zynische Sichtweise sieht vor allem den symbolischen Wert des neuen Leitbildes. Der »aktivierende Staat« mag ein »*catchy slogan*« sein, aber er erzeugt vor allem das bekannte Problem des reformatorischen »*oversell*«, wiederum sehen die Reformen ex ante viel beeindruckender aus als ex post. Oder aber der »aktivierende Staat« ist sogar nur der ideologische Weichspüler einer neo-liberalen Politik. Die politische Führung entdeckt schnell, dass es erhebliche Abstände gibt zwischen den guten Intentionen und dem tatsächlichen Planen und Umsetzen von Reformprozessen. Darüber hinaus sind Politiker mit vielen anderen Aufgaben überlastet, sie haben Kapazitäts-, Aufmerksamkeits- und Autoritätsprobleme. Sie sind allenfalls Teilzeit-Reformer, die daher in komplizierten und langwierigen Veränderungsprozessen oft unterliegen. Aus allen diesen Gründen verstärken die Probleme der Definition und Kontrolle entsprechender Reformprozesse die Versuchungen und Neigungen der Politik, die Diskussion umfassender Leitbilder zu nutzen um zu verbergen, dass handfeste Resultate kaum vorhanden sind.

In einer norwegischen Untersuchung (allerdings über MPM-Refomen) wurde das zuständige Ministerium (für Arbeit und Regierungsorganisation) von den beteiligten Ministern und Top-Bürokraten genau in dieser Weise kritisiert: es habe Reformmythen geschaffen und die Reform zu stark »verkauft«, es habe keine realistischen Pläne für die Implementation gehabt, die konkrete Reformpolitik sei widersprüchlich gewesen und schließlich sei es nicht gelungen, wichtige andere Akteure (etwa das Finanzministerium oder die Gewerkschaften) als Verbündete zu gewinnen (Christensen/ Lægreid 2003, S. 18). So ähnlich ist auch die Politik des Bundesinnenministeriums bei der Umsetzung des Leitbildes des »aktivierenden Staates« kritisiert worden (Reichard/Schuppan 2000), bei der allenfalls eine »lose Kopplung« zwischen ohnehin notwendigen (und durchaus sinnvollen) Reformen und dem übergreifenden Leitbild konstatiert wurde.

Allerdings ist auch eine alternative Interpretation möglich, bei der die Diskussion neuartiger Leitbilder hilft, zentrale Intentionen zu kommunizieren und wichtige Akteure als Verbündete zu gewinnen. Sinngebung und Legitimation von Verhalten und Aktionen werden als notwendige Elemente der Staats- und Verwaltungsmodernisierung gesehen, und politische Führung ist daher eine Frage des Schaffens, Aufrechterhaltens und der Entwicklung von Sinn, Bildern, Doktrinen und Begründungen für Reformprozesse in unsicheren und ambiguösen Situationen. Substantielle Politik und symbolische Interpretation können sich gegenseitig verstärken und so eine solide Basis für die Autorität und Legitimität von Reformen schaffen. Ob dies in der derzeitigen deutschen Situation der Fall ist, ist allerdings mehr als fraglich. Die Reformpolitik der Regierung Schröder-Fischer ist in letzter Zeit zunehmend kritisiert worden, weil sie es gerade nicht schafft, eine überzeugende »Geschichte«, ein *narrative* ihrer Reformen und damit ein überzeugendes Leitbild zu produzieren.

Dennoch wird deutlich, dass es nicht ausreicht, den Wandel verwaltungspolitischer Leitbilder als mehr oder weniger erratische, postmoderne Verwaltungsmoden zu interpretieren. Die Abfolge der zentralen Schlagworte und Probleme in der bundesrepublikanischen Geschichte, vom demokratischen über den aktiven, schlanken bis hin zum aktivierenden Staat, illustriert Veränderungen der Problemsichten und damit auch Lernprozesse der verwaltungspolitischen Akteure. Diese Lernprozesse werden durch wissenschaftliche Diskurse begleitet und oft auch auf den begrifflichen Punkt gebracht, aber insgesamt scheint die Hypothese gerechtfertigt, dass Sozial- und Verwaltungswissenschaften die realen Prozesse eher nachvollziehen als anstoßen. Nicht wissenschaftliche Beiträge, sondern vor allem der politische Wettbewerb sorgt dafür, dass veränderte, »bessere« Problemsichten und Lösungsansätze kontinuierlich nachgefragt werden. Der Prozess ist eher nachfrage- als angebotsgesteuert.

Eine wichtige Frage ist, wo diese Leitbilder und Diskurse eigentlich herkommen, wer sie ggf. »macht«, ob und wie sie bewusst gesteuert werden können? Welche Rolle spielen sie in taktischen und strategischen Kalkülen relevanter Akteure? Inwieweit werden Leitbilder, hier verwaltungspolitische Leitbilder, tatsächlich bewusst zur politischen Steuerung, z.B. zur Organisationsentwicklung eingesetzt, inwieweit gibt es also etwa auf der Ebene der Zentralregierungen tatsächlich »*Meta-Governance*« und wer sind die entscheidenden Akteure, etwa Regierungszentralen, Finanzministerien oder andere Akteure? Eine solche Meta-Steuerung von Reformprozessen scheint in einigen typischen »Reformländern«, z.b. in Großbritannien und vor allem in den skandinavischen Ländern durchaus mit Erfolg praktiziert worden sein, während die Erfahrungen in Deutschland und etwa Frankreich eher gemischt sind. Leider liegen empirisch vergleichende Untersuchungen, wie so oft, zu dieser Problematik bisher noch nicht vor[9].

Literaturverzeichnis

Banner, Gerhard, 1991: Von der Behörde zum Dienstleistungsunternehmen: Die Kommunen brauchen ein neues Steuerungsmodell, in: Verwaltung, Organisation, Personal, 6-11.
Banner, Gerhard, 1998: Von der Ordnungskommune zur Dienstleistungs- und Bürgerkommune, in: Der Bürger im Staat, 179 – 186.
Behrens, Fritz u.a. (Hrsg.), 1995: Den Staat neu denken: Reformperspektiven für die Landesverwaltungen. Berlin.
Benz, Arthur, 2004 (Hrsg.): Governance – Regieren in komplexen Regelsystemen: Eine Einführung. Wiesbaden.
BMI (Bundesministerium des Innern) 1999, Moderner Staat-Moderne Verwaltung. Das Programm der Bundesregierung, Berlin 1999.
Böhret, Carl, 1983: Politik und Verwaltung. Beiträge zur Verwaltungspolitologie. Opladen.
Böhret, Carl, 2002: Verwaltung und Verwaltungspolitik in der Übergangsgesellschaft, in: Klaus König (Hrsg.): Deutsche Verwaltung an der Wende zum 21. Jahrhundert, Baden-Baden, 59-75.
Bovaird, Tony/Löffler, Elke 2003: Public Management and Governance, London.
Brunsson, Nils, 1989: The organization of hypocricy: Talk, Decisions and Actions in Organizations. Chichester etc..
Brunsson, Nils/Olsen, Johan P., 1993: The Reforming Organization. London u. New York.
Budäus, Dietrich, 1993: Public Managment: Konzepte und Verfahren zur Modernisierung öffentlicher Verwaltungen. Berlin.
Christensen, Tom/Lægreid, Per, 2003: Administrative Reform Policy: The Challenges of Turning Symbols into Practice, in: Public Organisation Review, 3, 3-27.
Christensen, Tom/Lægreid, Per, 2004: Autonomization and policy capacity – the dilemmas and challenges facing political executives, MS, Oslo and Bergen.
Christensen, Tom/Lægreid, Per (eds.), 2001: New Public Management: The Transformation of Ideas and Practice, Aldershot.
DiMaggio, Paul J./Powell, Walter W., 1983: The iron cage revisited: Institutional isomorphism and collective rationality in organizational fields, in: American Sociological Review 48, 147-160.
Efficiency Unit, 1988: Improving Management in Government: The Next Steps (Ibbs Report), London: HMSO.
Evers, Adalbert/Leggewie, Claus, 1999: Der ermunternde Staat – Vom aktiven Staat zur aktivierenden Politik, in: Gewerkschaftliche Monatshefte 50, 332-340.
Giddens, Anthony, 1998: The Third Way: the Renewal of Social Democracy. Cambridge.

---

9 An der Universität Potsdam wird hierzu derzeit ein umfassendes Forschungsprojekt zum Thema »Regierungsorganisation und institutionelle Steuerung im westeuropäischen Vergleich« vorbereitet.

Hanns-Martin-Schleyer-Stiftung, 2000: Vom Betreuungsstaat zur Bürgergesellschaft: Kann die Gesellschaft sich selbst regeln und erneuern?. Köln.
International Review of Administrative Sciences, 2003: Evaluating the Quality of Governance, Vol. 69/3, 311-364.
Jann, Werner, 1999: Zur Entwicklung der öffentlichen Verwaltung, in: Everhard Holtmann/ Thomas Ellwein (Hrsg.): 50 Jahre Bundesrepublik Deutschland. Opladen (PVS-Sonderheft), 520-543.
Jann, Werner, 2001: Neues Steuerungsmodell, in: Blanke, Bernhard u.a. (Hrsg.), Handbuch zur Verwaltungsreform, 2. Auflage, Opladen, 82-91.
Jann, Werner, 2001a: Verwaltungsreform als Verwaltungspolitik: Verwaltungsmodernisierung und Policy-Forschung, in: Eckhard Schröter (Hrsg.), Empirische Policy- und Verwaltungsforschung. Lokale, nationale und internationale Perspektiven. Opladen, 321-344.
Jann, Werner, 2002: Der Wandel verwaltungspolitischer Leitbilder: Von Management zu Governance, in: Klaus König (Hrsg.), Deutsche Verwaltung an der Wende zum 21. Jahrhundert. Baden-Baden, 279-303.
Jann, Werner et. al., 2004: Status-Report Verwaltungsreform: Eine Zwischenbilanz nach zehn Jahren. Berlin.
Jann, Werner/Wewer, Göttrik, 1998: Helmut Kohl und der »schlanke Staat«: Eine verwaltungspolitische Bilanz, in: Göttrik Wewer (Hrsg.), Bilanz der Ära Kohl: Christlich-liberale Politik in Deutschland 1982-1998. Opladen, 229-266.
Jensen, Lotte, 2003: Den store koordinator. Finansministeriet som moderne styrningsaktør. Kopenhagen.
Jessop, Bob, 1998: The Rise of Governance and the Risks of Failure: The Case of Economic Development, in: International Social Science Journal 155, 29-46.
Jessop, Bob 2003: Governance and meta-governance: on reflexivity, requisite variety and requisite irony, in: Henrik P. Bang (ed): Governance as social and political communication, Manchester, 101-116.
Kommission der Europäischen Gemeinschaften, 2001: Europäisches Regieren. Ein Weissbuch. KOM(428)endg., Brüssel.
KGSt (Kommunale Gemeinschaftsstelle für Verwaltungsvereinfachung), 1991: Dezentrale Ressourcenverantwortung: Überlegungen zu einem neuen Steuerungsmodell, Köln.
KGSt (Kommunale Gemeinschaftsstelle für Verwaltungsvereinfachung), 1993: Das neue Steuerungsmodell: Begründung, Konturen, Umsetzung, KGSt-Bericht, Nr. 5/1993, Köln.
KGSt (Kommunale Gemeinschaftsstelle für Verwaltungsvereinfachung), 1999: Bürgerengagement – Chance für die Kommunen, KGSt-Bericht 6/1999, Köln.
Kooiman, Jan, 2000: Societal Governance: Levels, Modes, and Orders of Socio-Political Interaction. In: Pierre, Jean (Hrsg.): Discussing Governance, Oxford, 138-164.
Kooiman, Jan, 2003: Activation in governance, in: Henrik P. Bang (ed): Governance as social and political communication, Manchester, 79-100.
Lamping, Wolfgang et.al. 2002, Der aktivierende Staat: Positionen, Begriffe, Strategien, Bonn
March, James, 1986: How We Talk and How we Act: Administrative Theory and Administrative Life, in: T.G. Sergiovanni/J.E. Corbally (eds): Leadership and Organizational Culture. New Perspectives on Administrative Theory and Practice, Urbana and Chicago.
March, James G./Olsen, Johan P., 1983: Organizing Political Life: What Administrative Reorganization Tells Us About Government, in: American Political Science Review 77 (2), 281-296.
Mayntz, Renate, 1983: Zur Einleitung: Probleme der Theoriebildung in der Implementationsforschung, in: dies. (Hrsg.): Implementation politischer Programme II: Ansätze zur Theoriebildung. Opladen, 7-24.

Mayntz, Renate, 1980: Gesetzgebung und Bürokratisierung: Wissenschaftliche Auswertung der Anhörung zu Ursachen einer Bürokratisierung in der öffentlichen Verwaltung durchgeführt im Auftrag des Bundesministeriums des Innern, Bonn.

Mezger, Erika/West, Klaus-W. (Hrsg.), 2000: Aktivierender Sozialstaat und politisches Handeln. Marburg.

NZ 1988, The State Sector Act (SSA), Wellington.

Olsen, Johan P., 1992: Organized Democracy: Political Institutions in a Welfare State; the case of Norway. Oslo.

Pollitt, Christopher/Bouckaert, Geert, 2004: Public Management Reforms: a Comparative Analysis. 2.ed. Oxford etc..

Prime Minister and Minister for the Cabinet Office, 2001: Modernising Government, Cm 4310, London: The Stationery Office.

Pröhl, Marga (Hrsg.), 2002: Good Governance vor Ort: Internationale Praxisbeispiele für Kommunen. Gütersloh.

Progressive Governance for the XXI Century, Conference Proceedings, Florence, 20th and 21st November 1999, Firenze.

Progressive Governance London 2003, in: progressive politics, vol.2.3, September 2003.

Quack, Sigrid/Theobald, Hildegard/Tienari, Janne, 2004: Beharrung oder Wandel?: Zur Bedeutung des emergenten Leitbildwandels für Geschlechterverhältnisse in Organisationen, in: Maria Oppen/Dagmar Simon (Hrsg.): Verharrender Wandel? Institutionen und Geschlechterverhältnisse. Berlin, 195-220.

Regeringskansliet 2001: Best Practices in Progressive Governance – Expert conference, Stockholm, June 28-29 2002 in preparation for Stockholm Progressive Summit, Stockholm.

Reichard, Christoph, 1997: Neues Steuerungsmodell – Local Reform in Germany, in: Walter J.M. Kickert (Hrsg.), Public Management and Administrative Reform in Western Europe. Cheltenham, 61-82.

Reichard, Christoph/Schuppan, Tino, 2000: Wie ernst ist es der Bundesregierung mit dem Thema »Aktivierender Staat«?: Anmerkung zum Konzept der Bundesregierung zur Staats- und Verwaltungsmodernisierung, in: Erika Mezger, Klaus-W.: Aktivierender Sozialstaat und politisches Handeln. Marburg, 81-97.

Rothstein, Bo, 1992: The rules of the game: The logic of health policy-making in France, Swizerland, and Sweden, in: F. Longstreth/S. Steinmo/K. Thelen (eds.), Structuring Politics. Historical Institutionalism in Comparative Analysis, Cambridge, 33-56.

Sabatier, Paul A., 1987: Knowledge, Policy-Oriented Learning and Policy Change: An Advocacy Coalition Framework, in: Knowledge: Creation, Diffusion, Utillization 8, 649-692.

Schneider, Volker/Kenis, Patrick, 1996: Verteilte Kontrolle: Institutionelle Steuerung in modernen Gesellschaften, in: dies. (Hrsg.): Organisation und Netzwerk: Institutionelle Steuerung in Wirtschaft und Politik. Frankfurt a.M. u. New York, 9-43.

Schröder, Gerhard, 2000: Die zivile Bürgergesellschaft: Zur Neubestimmung der Aufgaben von Staat und Gesellschaft, in: Neue Gesellschaft 4, 200-207.

Schröder, Gerhard (Hrsg.), 2002: Progressive Governance for the XXI Century: Contributions to the Berlin Conference (2.-3. June 2000), München usw..

Schröder, Gerhard/Blair, Tony, 1999: Der Weg nach vorne für Europas Sozialdemokraten. in: Blätter für Deutsche und Internationale Politik, 7/99, 885-888.

SF 1998: High-Quality Services, Good Governance and a Responsible Civic Society – Guidelines of the Policy of Governance.The Government Resolution, Helsinki.

Seibel, Wolfgang, 1986: »Steuerungsversagen des Rechts«: Auf der Suche nach Abhilfe: Eine kritische Durchsicht der »Entbürokratisierungsberichte« der Bundesländer, in: Rüdiger Voigt (Hrsg.): Recht als Instrument der Politik. Opladen, 256-278.

Theobald, Christian, 1999: The World Bank: Good Governance and the New Institutional Economics, in: Law and State, 59/60, 17-39.

Tiihonen, Seppo 2001: From Uniform Administration to Governance and Management of Diversity. Reforming State Functions and Public Administration in Finland, Helsinki (Ministry of Finance).
Tiihonen, Seppo 2004: From Governing to Governance, Tampere.
Tsebelis, George, 1990: Nested Games: Rational Choice in Comparative Politics. Berkeley.
Wolf, Adam, 2000: Trends in public administration – a practitioner's view, in: International Review of Administrative Sciences, 66, 689-696.
Wollmann, Hellmut 1996: Verwaltungsmodernisierung: Ausgangsbedingungen, Reformanläufe und aktuelle Modernisierungsdiskurse, in: Christoph Reichard/ders. (Hrsg.), Kommunalverwaltung im Modernisierungsschub?, Basel, 24-36.

II. Zur Geographie von Governance – Erkundungen und Vermessungen

Corporate Governance –
Anwendungsfelder und Entwicklungen

Ulrich Jürgens

1. Einleitung

Corporate Governance behandelt Fragen der Unternehmensverfassung, der Aufgaben und Ziele sowie Kontrolle der Unternehmensführung. Es ist eines der derzeit am heißesten diskutierten Themen in den Sozial- und Wirtschaftswissenschaften. Diese Diskussionen finden statt vor dem Hintergrund tiefgreifender Wandlungsprozesse in der Weltwirtschaft, die Fragen der Eigentumsverhältnisse, der Struktur und Organisation von Unternehmungen und der Unternehmensführung grundlegend berühren.
Corporate-Governance-Fragen sind letztlich Fragen des Verhältnisses politischer und ökonomischer Macht. Dies war auch die Perspektive, aus der heraus bereits Franz Neumann, der Politologe und Rechtstheoretiker, den Begriff der »Governance« verwandte. In seiner 1936 an der London School of Economics erschienenen Dissertation »The Governance of the Rule of Law« ging es ihm um die Frage, inwieweit unter den Bedingungen einer, wie er formulierte, monopolkapitalistisch organisierten Ökonomie die Grundsätze des liberalen Rechtsstaates weiterhin Geltung behalten können (Neumann 1980).
Die aktuelle Corporate-Governance-Diskussion umfasst Fragen, die von den grundlegenden Zielorientierungen von Unternehmen, ihrer gesellschaftlichen Verantwortlichkeit bis hin zu konkreten Fragen der Regelung zur Transparenz der Rechnungslegung, der Anreizsysteme für das Management und der Organisation der Aufsichtsratsfunktionen reichen. In diesem Beitrag sollen die grundlegenden gesellschaftspolitischen Fragen der Corporate Governance im Vordergrund stehen, auf die Vielzahl detaillierter Regelungspunkte aktuell diskutierter Corporate-Governance-Codes soll demgegenüber kaum eingegangen werden. Entsprechend wird auch – dem Ansatz Mary O'Sullivans folgend – ein Begriff der Corporate Governance gewählt, der Wirkungsbeziehungen auf die Unternehmenstätigkeit und das gesellschaftliche Umfeld miteinbezieht:

> »Corporate governance is concerned with the institutions that influence how business corporations allocate resources and returns. Specifically, a system of corporate governance shapes who makes investment decisions in corporations, what types of investments are made, and how returns from investments are distributed. My interest in corporate governance (...) is with its implications for economic outcomes at the enterprise and societal levels.« (O'Sullivan 2000: 1)

Zum Inhalt des Folgenden: Im ersten Schritt soll der Verlauf der Corporate-Governance-Diskussion vor dem Hintergrund sozioökonomischer Entwicklungen – von der Managerial zur Shareholder Revolution – nachvollzogen werden. Im Anschluss werden Problemstellungen im Zusammenhang mit der Übertragung angelsächsischer Prinzipien der Corporate Governance diskutiert. Im dritten Schritt soll die Perspektive der Corporate-Governance-Diskussion auf Fragen der Industrieorganisation ausgeweitet werden, im vierten abschließenden Schritt werden Ansätze einer Stakeholder-Orientierung und der Corporate Social Responsibility behandelt. Am Schluss steht eine Zusammenfassung.

2. Von der Managerial zur Shareholder Revolution

Die klassische ökonomische Problemstellung der Corporate Governance hat schon Adam Smith 1776 formuliert, indem er sich heftig gegen die »stock corporation« wandte mit dem Argument, dass die gestreuten Eigentumsverhältnisse solcher Unternehmen eine effiziente Unternehmensführung unmöglich machten.

> Adam Smith: »The directors of such companies« (gemeint sind die stock corporations) »being the managers rather of other people's money than of their own, it cannot well be expected that they should watch over it with the same anxious vigilance with which the partners in a private copartnery frequently watch over their own. Like the stewards of a rich man, they are apt to consider attention to small matters as not for their master's honour, and very easily give themselves a dispensation from having it. Negligence and perfusion, therefore, must always prevail, more or less, in the management of the affairs of such a company.« (Smith 1937: 700)

Ausgangspunkt für die moderne Corporate-Governance-Diskussion bildeten die großen Umbrüche in den Eigentumsstrukturen und die Konzentration und Zentralisierung von Kapital in Großunternehmen bzw. Banken mit kollektiven Eigentumsstrukturen, geführt durch Manager, die zunehmend weniger als »Stewards« ihrer Eigentümer auftraten.

Diese Entwicklungen verliefen unterschiedlich in den USA und Europa. Die Studie des Rechtswissenschaftlers Adolf Berle und des Ökonomen Gardiner Means »The Modern Corporation and Private Poperty«, zuerst erschienen 1932, spielte für die weitere theoretische Diskussion wie praktische Politik in den USA eine wichtige Rolle. Berle und Means beschreiben den Wandel der Eigentumsstrukturen an dem gesellschaftlichen Produktivvermögen von den großen Unternehmerpersönlichkeiten, den Rockefellers und Carnegies hin zu einem System des »kollektiven Kapitalismus«, in dem die Kontrolle über die Großunternehmen in den Händen von Managern liegt. Berle und Means verwenden – zeitgemäß – das Bild der Atomspaltung des Eigentums: Eigentums- und Kontrollfunktion werden voneinander getrennt. Mit der zunehmenden Verbreitung von Aktien- und Wertpapierbesitz in der Bevölkerung geht die zunehmende Bedeutungslosigkeit ihres Einflusses als Eigentümer auf die Unternehmensführung einher.

»The stockholder is therefore left as a matter of law with little more than a lose expectation that a group of men, under a nominal duty to run the enterprise for his benefit and that of others like him, will actually observe this obligation. In almost no particular is he in a position to demand that they do or refrain from doing any given thing ... As a result, we have reached a condition in which the individual interest of the shareholder is definitely made subservient to the will of a controlling group of managers even though the capital of the enterprise is made up out of the aggregated contributions of perhaps many thousands of individuals.« (Berle and Means 1968: 244)

Dieser Machtwechsel, so Berle und Means, lässt sich durchaus als Revolution bezeichnen, als *Managerial Revolution*. Zwar habe das Management gesetzliche Verpflichtungen und unterliege in seiner treuhänderischen Rolle für das Unternehmen bestimmten »standards of conduct«, aber angesichts der Eigentumsstreuung bei den Aktionären gibt es wenig Schutz davor, dass die Gruppe der Manager ihre eigenen Interessen in den Vordergrund stellt. Angesichts dieser Situation, so Berle und Means, müsse die amerikanische Gesellschaft und der Staat sich für eine von drei Alternativen entscheiden: Entweder wird das Recht der Aktionäre wieder verstärkt und das Management der Unternehmen auf die Treuhänderrolle begrenzt – »were this followed, the bulk of American industry might soon be operated by trustees for the sole benefit of inactive and irresponsible security owners« (ebd.: 311), oder es wird dem Unternehmensmanagement freie Hand bei der Führung der Unternehmen gegeben ... »with the corresponding danger of a corporate oligarchy coupled with the probability of an era of corporate plundering« (ebd.: 312), oder, so die dritte Alternative, für die sich die beiden Autoren aussprechen, das Unternehmen wird in den Dienst gesellschaftlicher Zielsetzungen gestellt: »Neither the claims of ownership nor those of control can stand against the paramount interests of the community« (Ebd.).

Zentraler Bezugspunkt der Corporate-Governance-Diskussion, wie sie mit diesem klassischen Problemszenario beschrieben wird, ist die Herausbildung des modernen Großunternehmens mit einer Konzentration ökonomischer Macht, die, so Berle und Means, es durchaus auf gleiche Stufenleiter mit dem modernen Staat stellt und in Zukunft möglicherweise zu der *dominanten* Form sozialer Organisation werden lässt. Zum Klassiker für die Analyse der Herausbildung und der internen Organisation des modernen Großunternehmens ist Alfred Chandler mit seiner Studie »Strategy and Structure« (1962 – hier: 1970) geworden. Für Chandler spielt die klassische Corporate-Governance-Frage der Trennung von Eigentum und Kontrolle keine Rolle mehr. Kennzeichen des modernen industriellen Großunternehmens ist es, so Chandler, dass es dem Management gelingt, das Wachstum dieser Unternehmen strategisch zu steuern. Die Voraussetzungen hierfür sieht Chandler vor allem in den »organizational capabilities«, die es ermöglichen, die unternehmensinternen Organisations- und Managementstrukturen den wechselnden Wachstumsbedingungen anzupassen (Chandler 1970). Chandlers zentrale Akteure sind die »organization builders« und nicht die »private adventurers« eines Adam Smith. Dementsprechend beschreibt er die Herausbildung der multidivisionalen, dezentralisierten, aber gleichwohl hierarchisch strukturierten Organisation moderner Unternehmen als das Ergebnis bewusster Gestaltung des Managements. »The Visible Hand« ist denn auch der Titel, den

Chandler für sein zweites Hauptwerk gewählt hat, das sich mit der Managerial Revolution in der amerikanischen Wirtschaft befasst (Chandler 1977).
Für Chandler stellen sich die Fragen der Unternehmensgovernance damit ganz in der Binnenperspektive der Management-Aufbauorganisation, Kompetenzentwicklung und der Etablierung von Systemen der Erfolgskontrolle. Als vorbildhaft wird das von Alfred Sloan bei General Motors entwickelte System der dezentralen Budgetierung und Erfolgskontrolle beschrieben:

> »In this way then, between 1921 and 1925, General Motors had worked out highly rational and systematic procedures that permitted it, on the one hand, to coordinate and appraise the operation divisions and to plan policy for the coordination as a whole, and, on the other hand, to assure a smooth product flow from supplier to customer and fairly steady use of plants, facilities and personnel in an industry where the market fluctuated rapidly. Each division's actual costs and profits could be viewed against a standard of average cost and profit, and, with truly comparable figures, the performance of one division could be accurately measured with that of another«. (Chandler 1970: 152)

Für solcherart geführte Großunternehmen sieht Chandler denn auch keine prinzipiellen Grenzen des Wachstums und der Unternehmensgröße. Edith Penrose, die 1958 ihre »Theory of the Growth of the Firm« vorlegt und wie Chandler das Gewicht auf die Entwicklung firmeninterner Ressourcen legt, kommt zum selben Ergebnis (Penrose 1972: 98).
Wenden wir uns kurz der europäischen Entwicklung zu. Diese nahm einen anderen, allerdings in den europäischen Ländern auch wieder unterschiedlichen Verlauf (vgl. Gershenkron 1962). Ein wichtiger Unterschied zu der amerikanischen Entwicklung war, dass die Banken – mit Ausnahme von Großbritannien – unter den Bedingungen nachholender Industrialisierung eine zentrale Rolle als Institutionen zur Kollektivierung des gesellschaftlichen Reichtums spielten. Eine Entmachtung der Unternehmerkapitalisten hatte damit hier – soweit sie überhaupt eine Rolle spielten – bereits frühzeitiger stattgefunden. Dem entsprach eine breite und kritische Debatte über die Macht der Banken bzw. des Finanzkapitals. Ein zweiter Unterschiedsfaktor war durch die große Bedeutung sozialistischer und sozialdemokratischer Positionen in Theorie und Praxis gegeben – daneben aber auch wertkonservativer Positionen, insbesondere der katholischen Soziallehre. Anstelle einer Managerrevolution stand im gesellschaftspolitischen Diskurs die Frage der Sozialisierung im Vordergrund. Dementsprechend sah Hilferding (1910 – hier: 1978) die Konzentration wirtschaftlicher und finanzieller Macht und die damit verbundene Herausbildung von »Kommandohöhen der Wirtschaft« als organisatorische Voraussetzung für ein wirtschaftliches Rätesystem. In dieser Perspektive stand auch das Konzept der Wirtschaftsdemokratie, das von Naphtali als Ergebnis der Beratungen einer vom Allgemeinen Deutschen Gewerkschaftsbund eingesetzten Kommission, der auch Hilferding angehörte (Naphtali 1928, hier: 1966; vgl. auch Kuda 1975; Bieber 1999).
Mit der Gesetzgebung zur Mitbestimmung in Deutschland wurde 1952 – nach einer langen Phase der Auseinandersetzung – die Beteiligung von Arbeitnehmer- und Gewerkschaftsvertretern an Entscheidungen der Betriebs- und Unternehmensführung

institutionalisiert. Getragen wurde dieses System einerseits von Zielvorstellungen der Kontrolle wirtschaftlicher Macht und gewerkschaftlicher Gegenmacht, andererseits von Zielen der sozialen Integration der Arbeitnehmer durch Übertragung von wirtschaftlicher Mitverantwortung. Interessenpluralistische Argumentationsmuster im Sinne späterer Stakeholder-Theorien hatten bei der Begründung dieses Systems kaum eine Bedeutung.

Forderungen und Konzepte der Mitbestimmung spielten in den USA – selbst in der gewerkschaftspolitischen Programmatik – zu keinem Zeitpunkt eine wichtige Rolle. Die konzeptionelle Entwicklung wurde vor allem von Überlegungen im Umfeld der neoklassischen Ökonomie geprägt. Zur gleichen Zeit, als Berle und Means und andere die Ära der »modern corporation« ausriefen und damit die große Traditionslinie der Diskussion über die Macht der Großunternehmen und später der multinationalen Konzerne begründeten, erschien die mittlerweile ebenfalls klassische Studie von Ronald Coase »The Nature of the Firm« (1937). Die Ausgangsfrage von Coase – nur aus der neoklassischen Modellwelt verständlich – war: Wenn denn der Preismechanismus die überlegene Form der Koordination marktwirtschaftlicher Prozesse ist, warum gibt es dann überhaupt Unternehmen?

Seine Antwort auf diese Frage beruht auf der Unterscheidung zwischen den beiden Koordinationsformen Markt und Unternehmen bzw. des Preismechanismus und der Hierarchie. Die Entscheidung für eine der beiden Koordinationsformen ist für ihn eine Frage der Kostenoptimierung.

> »At the margin, the costs of organising within the firm will be equal either to the costs of organising in another firm or to the costs involved in leaving the transaction to be ›organised‹ by the price mechanism«. (Coase 1988: 55)

Entscheidend ist die Art der Vertragsbeziehung. Die firmeninterne Allokation von Ressourcen ist dann angebracht, wenn langfristige Vertragsbeziehungen vorteilhafter sind – sei es aus Risikogründen, Zukunftsunsicherheit oder aufgrund von Problemen bei der Spezifizierung der Aufgaben.

Die Entscheidung über die Koordinationsform liegt, so Coase, bei dem »Business Man«, der, im Falle der Entscheidung für die Firma, zugleich auch als Manager auftritt. Die Kontrollproblematik Eigentümer – Manager spielt hier also ebenfalls keine Rolle. Die Coase'schen Überlegungen über die Organisation ökonomischer Transaktionen und die Bedeutung von Vertragsbeziehungen sollten vor allem für die Theorierichtung des ökonomischen Institutionalismus, die sich in den 1970ern herausbildete, eine zentrale Rolle spielen. Hierauf wird später noch einmal zurückzukommen sein. Die ursprüngliche Problematik der Kontrolle des Managements wird im Rahmen der Prinzipal-Agent-Theorie Anfang der 1970er wieder aufgeworfen. Die Agency-Theorie geht von der Überlegung aus, dass Agenten, in unserem Falle die Manager, aufgrund ihres diskretionären Handlungsspielraums dazu veranlasst werden müssen, gemäß dem Auftrag des Prinzipals, also der Aktionäre, zu handeln. Dafür sind vertragliche und organisatorische Regelungen zu vereinbaren, entsprechende Informationen bereitzustellen, die Einhaltung der Regeln zu kontrollieren und ein entsprechendes Anreiz- und Sanktionssystem zu schaffen. Praktische Konsequenzen der Prinzipal-Agent-Forschung liegen vor allem in der Gestaltung von Arbeitsverträgen, von leistungsorientierten Anreizsystemen – auf Shareholderinteressen ausgerichtet – und von Informationssystemen, mit deren Hilfe dem Prinzipal die Überwachung des Agenten gelingen soll.

Die zentrale Stellung des Aktionärs als Prinzipal erhielt zugleich ein neues theoretisches Begründungsmuster, in dem die klassische Problematik der Unterscheidung von Eigentümerkapitalisten und passiveren Eigentümern keine Rolle mehr spielte. Auf der Grundlage der neoklassisch abgeleiteten Vertrags- und Effizienztheorie unterschieden sich die Aktionäre von allen anderen Stakeholder-Gruppen. Als einzige Gruppe, die Einkommen aus der Unternehmenstätigkeit bezieht, das nicht durch eine Vertragsbeziehung festgelegt ist, liege letztlich das Risiko des Scheiterns der Unternehmung bei ihnen. Dies begründe das Recht dieser Gruppe, auch über die entscheidenden Fragen der Unternehmung, so insbesondere auch über die Frage des Eigentümerwechsels im Falle von Übernahmeangeboten, allein die Entscheidung zu treffen. Diese vertrags- und risikotheoretische Ableitung der dominanten Position der Shareholder in Fragen der Unternehmenskontrolle hat sich als herrschende Meinung durchgesetzt (vgl. O'Sullivan 2000: 52ff.). Sie liegt auch den Empfehlungen zugrunde – dies im Vorgriff auf die aktuelle Diskussion –, die von der High Level Group of Company Law Experts der EU-Kommission für die Erarbeitung der Übernahmerichtlinie empfohlen wurde:

»In the Group's view, proportionality between ultimate economic risk and control means that share capital which has an unlimited right to participate in the profits of the company or in the residue on liquidation, and only such share capital, should normally carry control rights. (. . .) The holders of these rights to the residual profits and assets of the company are best equipped to decide on the affairs of the company as the ultimate effects of their decisions will be borne by them« (The High Level Group of Company Law Experts 2002: 21).

Praktische Relevanz erhielten diese theoretischen Positionen durch zwei Entwicklungen, die in den 1970ern in den USA eine zunehmende Dynamik entfalten und tiefgreifende, wiederum vielfach mit der Revolutionsmetapher belegte Veränderungen bewirkten. Zum einen betraf dies – wie schon in den 1920ern – Veränderungen in den Eigentumsstrukturen: Mit der zunehmenden Bedeutung institutioneller Investoren gewann eine neue Akteursgruppe an Bedeutung, um Aktionärsinteressen in neuer Form und mit großer Macht zur Geltung zu bringen; diese Vorstöße trafen eine Realökonomie – und dies ist der zweite Entwicklungsstrang – die zunehmend durch Anzeichen einer sich vertiefenden Krise gekennzeichnet war. Sinkende Produktivitätsraten und niedrige Wachstumsdynamik verwiesen auf Schwächen des US-amerikanischen Wirtschaftsmodells, die offensichtlich nicht nur konjunktureller Natur waren. Die aus diesen Entwicklungen resultierende »shareholder revolution« richtete sich diametral gegen die Veränderungen, die mit der Managerial Revolution der 1920er eingeleitet worden sind. Wie die erste, so war auch die zweite vornehmlich eine US-amerikanische Revolution. Aber wie die erste weitete sich auch die zweite rasch aus und versetzte andere Systeme, insbesondere in Europa und Japan, unter Anpassungsdruck.

Die zunehmende Bedeutung institutioneller Investoren stellt eine neue Stufe der von Berle und Means beschriebenen Marginalisierung des Individualeigentümers dar. Getragen wurde dies insbesondere von der zunehmenden Bedeutung von Pensionsfonds, die sich aufgrund von Reformen der 1970er Jahre zur vorherrschenden Form der Alterssicherung der Beschäftigten im privatwirtschaftlichen wie staatlichen Bereich herausbildeten.

Einige Daten und Fakten: 1950 lagen in den USA noch 91 % der Aktienanteile an Unternehmen im Besitz von Privathaushalten. 1965 betrug dieser Anteil immer noch 84 %, der von institutionellen Anlegern 16 %. 1990 war der Anteil der Privathaushalte auf 54 % gesunken, der Anteil institutioneller Anleger auf 46 % gestiegen. In diesem Jahr wurde bei den größten 1000 an der Börse gehandelten Unternehmen die 50 %-Schwelle zugunsten der institutionellen Anleger überschritten, 1994 hielten diese 57 % der Anteile an diesen Unternehmen.

Die größte Gruppe unter den institutionellen Anlegern gemessen am Aktienanteil sind Pensionsfonds. Im Jahre 1992 belief sich der Wert der Aktienanteile auf 4,1 Trillionen Dollar, die zweitgrößte Gruppe, die der Investmentbanken und -fonds, hielt insgesamt einen deutlich geringeren Anteil, die Zuwachsraten der führenden Unternehmen sind hier jedoch besonders spektakulär. So hatte Fidelity Investments, damals das größte dieser Unternehmen, 1995 ein Anlageportfolio von über 390 Milliarden Dollar, 1972 waren es erst 3,9 Milliarden (Useem 1996: 254); inzwischen (2004) ist das Anlagevermögen auf 730 Milliarden angestiegen, wird jedoch von State Street Global Advisors und Barkleys Global Investors mit jeweils um die 1.000 Milliarden Dollar noch bei Weitem übertroffen (Pensions & Investments Online, 20.8.2004).

Bei US-amerikanischen und britischen institutionellen Anlegern, insbesondere den Pensionsfonds, kann seit Mitte der 80er Jahre die Tendenz festgestellt werden, sich aktiv für die originären Belange von Minderheitsaktionären gegenüber den Unternehmensleitungen einzusetzen. Die Stoßrichtungen ihrer Forderungen waren zum ersten eine Erhöhung der Transparenz in der Berichterstattung und Rechnungslegung, zweitens die Verpflichtung der Unternehmensführung, auf die primäre Wahrnehmung von Aktionärsinteressen und die Einrichtung entsprechender Ziel- und Anreizsysteme und drittens die Erhöhung der Rendite und Kursperformanz und damit die Steigerung des Shareholder Value der Unternehmen. Als ein Vorreiter der Politik aktiver Unternehmenskontrolle, dem »Shareholder Activism«, gilt der kalifornische Pensionsfond Calpers (California Public Employees Retirement System). Die von Calpers entwickelten Corporate-Governance-Standards spielten eine wichtige Rolle in der internationalen Debatte über gute Corporate Governance. Ein Instrument zur Druckausübung auf die Unternehmen, mit dem Calpers Aufsehen erregt hat, ist die Veröffentlichung einer »Target List« von 10-20 Unternehmen, deren Kursperformanz unbefriedigend ist, die seit 1992 jährlich erfolgt. Nach schriftlicher Vorankündigung wird in persönlichen Gesprächen mit dem Management versucht, Veränderungen im Sinne des SV herbeizuführen. Gehen die Unternehmen nicht auf Calpers ein, so lanciert Calpers auf Hauptversammlungen Gegenanträge und Gegenwahlvorschläge (Steiger 2000: 94).

Die Einforderung von Shareholder Value verfolgt auf breiterer Basis der Council of Institutional Investors, ein Zusammenschluss von über 100 institutionellen Investoren in den USA, der eine »Focus List« mit schwachen Unternehmensperformanzen erstellt. Eine Studie hat gezeigt, dass Unternehmen, die in die Fokus List aufgenommen werden, nach einem Jahr eine durchschnittliche um rund 8 Prozentpunkte höhere Rendite aufweisen als ein marktweiter Index, der als Vergleichsmaßstab dient (ebd. 96f).

Die Rolle der Pensionsfonds als Speerspitze der »shareholder revolution« ist umso bemerkenswerter, als die Pensionsfonds wesentlich aus den Altersersparnissen von Arbeitern und Angestellten des privaten wie öffentlichen Sektors gespeist werden. Diese Tatsache hatte schon frühzeitig Befürchtungen laut werden lassen (vgl. Clark 2000). So hatte Peter Drucker schon 1976 in seinem Buch »The Unseen Revolution« vor der Entwicklung gewarnt, dass sich die Pensionsfonds zu einer dominanten Macht herausbilden würden, und die Gefahr eines »Pensionsfonds-Sozialismus« beschworen. Das Zusammenspiel sozialer Kräfte und wissenschaftlicher Konzepte (die Prinzipal-Agent- und die Risk-Bearing-Capital-Theorie) hat es jedoch nicht dazu kommen lassen, dass die Fonds, wie von Drucker befürchtet, unter »collectivist worker guidance« gelangt sind. Stattdessen wurden die Pensionsfonds zu den Vorreitern einer Bewegung, die auf Reformen der Corporate-Governance-Systeme mit dem Ziel der Erhöhung des Shareholder Value drängten.

Die Machtverschiebungen zugunsten der Interessenvertretung von Beziehern von Rentiereinkommen mit dem Schlachtruf des Shareholder Value erfasst jedoch nur die eine Seite der mit dem Corporate-Governance-Thema verbundenen Umbrüche der 1980er Jahre. Die andere betrifft die dramatischen Veränderungen von Industrie- und Unternehmensstrukturen als Folge der Aktivierung des Kapitalmarktes als »Markt für Unternehmenskontrolle«. Im Zentrum des Veränderungsdrucks standen die Großunternehmen. Nun mehrten sich die Fälle, in denen führende Manager gefeuert, Unternehmensstrukturen aufgebrochen und neu kombiniert wurden. Von den größten 500 Industrieunternehmen des Jahres 1980 verlor ein Drittel in diesem System seine Existenz, die Beschäftigtenzahlen der größten 500 fielen in dieser Zeit von 16 auf 12 Millionen; die Produktdiversifizierung wurde auf Druck der Kapitalmarkterwartungen halbiert (Useem 1996). Jensen erklärt dazu in seiner berühmt gewordenen Presidential Address an die American Finance Association im Jahr 1993:

> »We have not seen such a metamorphosis of the economic landscape since the Industrial Revolution of the 19th century. The scope and pace of the changes over the past two decades qualify this period as a modern industrial revolution, and I predict it will take decades more for these forces to be worked out fully in the worldwide economy.« (Jensen 1993: 1)

Mit Blick auf die Strukturprobleme der amerikanischen Wirtschaft hebt Jensen die Schlüsselrolle hervor, die der Kapitalmarkt bei der notwendigen Stilllegung von überschüssigen Kapazitäten und – wenn auch schmerzhaften – Strukturreformen der Wirtschaft gespielt hat. So führte der Boom von Unternehmensaufkäufen und -zusammenschlüssen zu einer massiven Konsolidierung und zur Stilllegung unrentabler Anlagen. Kapitalmarktfinanzierte Übernahmen, »stock buy-outs«, feindliche Übernahmen, »leveraged buy-outs« und der Verkauf von Geschäftsfeldern halfen auf diese Weise, überschüssige Kapazitäten zu verringern. Die weit verbreitete Kritik an diesen Entwicklungen weist Jensen zurück. Unter den insgesamt 35.000 Unternehmenskäufen und -zusammenschlüssen in der Zeit 1976 bis 1990 seien nur 364 umstritten gewesen und nur in 175 Fällen kam es zu erfolgreichen feindlichen Übernahmen. Jensen bestreitet energisch, dass diese Prozesse zu Lasten von Forschung, Entwicklung und Kapitalinvestitionen sowie zur Schwächung der Wettbewerbsfähigkeit der USA geführt hat. Er verteidigt auch Junkbonds als Übernahmeinstrument als ein legitimes Mittel der »leveraged restructuring«. »In fact, takeover activities were addressing an important set of problems in corporate America, and doing it before the companies faced serious trouble in the product markets.« (Jensen 1993: 9)

Mit Blick auf die Probleme der japanischen Wirtschaft sieht Jensen auch hier wesentlich das Problem des Exit, der systemischen Unfähigkeit der Strukturbereinigung und des Abbaus von Überkapazitäten. Dieses Problem gewinnt, wie er annimmt, angesichts technologischer und organisatorischer Innovationen und angesichts der Globalisierung in Zukunft noch sehr viel größere Bedeutung:

> »While the changes associated with bringing a potential 1.2 billion low-cost laborers onto world markets will significantly increase average living standards throughout the world, they will also bring massive obsolescence of capital (manifested in the form of excess capacity) in Western economies as the adjustments sweep through the system. (...) The bottom line, of course, is that with even more excess capacity and the requirement for additional exit, the strains put on the internal control mechanisms of Western corporations are likely to worsen for decades to come.« (Ebd.: 16f.)

Anfang der 1990er begannen die US-amerikanischen Investment Fonds sich zu internationalisieren. Waren es im Durchschnitt der 1980er 4 Milliarden Dollar, die sie von Nicht-US-Amerikanern einwarben, so waren es 1991 schon 32 Milliarden, 1993 63 Milliarden Dollar (Useem 1996: 263). Mit dieser Internationalisierung der Anlagestrategie einer gingen Forderungen nach Reformen der Corporate-Governance-Systeme und ihrer Angleichung an das »dominante Design«, das sich in den USA herausgebildet hatte. Zu dieser Schlussfolgerung kommt auch Useem in seiner Analyse des »Investor Capitalism«:

> »The days of divergent governance systems presiding over convergent organisational forms are numbered. As U.S. investors insert their money into other national economies, they are certain to insert themselves into other companies' management as well ... in time, company governance and investor relations seem likely to move toward a dominant design evolved in the American market ...« (Useem ebd.: 266f.)

Diese Forderungen wurden verstärkt durch die nunmehr auch in Europa stark wachsenden Investmentfonds.

3. Corporate-Governance-Systeme unter Anpassungsdruck

Die Shareholder-Revolution und ihre Internationalisierung setzt die bestehenden nationalen Coporate-Governance-Systeme unter starken Anpassungsdruck. Dies ist ein weltweiter Prozess, der seit den 1990er Jahren zu beobachten ist und in den asiatischen Ländern durch die Asien-Krise eine besondere Dramatik erfahren hat. Besonderem Druck unterlagen dabei die Länder des »rheinischen Kapitalismus« aufgrund der eigenständigen Ausprägung ihrer Corporate-Governance-Systeme. Anpassungsdruck zielte insbesondere auf drei neuralgische Bereiche:

(1) Die Ausrichtung der Zielsysteme der Unternehmen auf den Shareholder Value als dem Hauptziel der Unternehmen und die Einführung entsprechender Ziel- wie Kontroll- und Anreizsysteme im Unternehmen.

(2) Die Gewährleistung der Funktion des Aktienmarktes als »Markt für Unternehmenskontrolle«. Gutes Management im Sinne der Shareholder-Interessen reflektiert sich, so die Ausgangsannahme, in der Entwicklung der Aktienkurse (bzw. der Risikobewertung durch Rating-Agenturen) und umgekehrt ist es mit schlechtem Management. Der Markt für Unternehmenskontrolle funktioniert, wenn es den erfolgreichen Unternehmen möglich ist, ihre Aktien als »Währung« für die freundliche oder feindliche Übernahme anderer Unternehmen zu nutzen. Die Entscheidung darüber hat allein die Mehrheit der Aktionäre zu treffen, das Management hat sich bei diesem Prozess passiv zu verhalten.

(3) Die Durchsetzung von Prinzipien der Transparenz hinsichtlich der Geschäftsergebnisse, der Risikolagen und zukünftiger Unternehmensstrategien. Diese Forderungen gelten den Systemen der Rechnungslegung (accounting standards, Quartalsberichterstattung), dem Grad ihrer Detaillierung nach Geschäftsbereichen und der Ausgestaltung der »Investor Relations«.

Diese Forderungen ließen sich schon in den angelsächsischen Ländern nur mit großem Widerstand und bedingt durchsetzen. Für die Länder des rheinischen Kapitalismus bieten sie eine ungleich größere Herausforderung. Hier stoßen sie auf in hohem Grade unterschiedliche Strukturvoraussetzungen und Regelungssysteme. Unterschiedliche historische Verläufe der Industrialisierung (siehe Gershenkron 1962) und unterschiedliche Sozialversicherungssysteme haben zu tief greifenden Unterschieden in den Eigentumsstrukturen am Produktivkapital sowie den Funktionsweisen des Kapitalmarktes geführt. Auf diese Unterschiede näher einzugehen, ist im Rahmen dieses Beitrages nicht möglich. Ein kurzer Blick auf die Unterschiede in den Eigentümerstrukturen in den USA und Deutschland soll helfen, den prinzipiellen Punkt, der gemacht werden soll, zu verdeutlichen.

Wie aus Tabelle 1 hervorgeht, halten die Investitions- und Pensionsfonds in den USA mit 40 % den größten Anteil am Aktienbesitz. Gegenüber 1970 hat sich dieser Anteil verzehnfacht. In Deutschland spielen Investmentfonds und schon gar Pensionsfonds mit 14 % eine weitaus geringere, aber durchaus wachsende Rolle.

Tabelle 2 zeigt die Unterschiede im Konzentrationsgrad des Aktienbesitzes. Auch hier kommen die Fundamentalunterschiede wieder zum Ausdruck. Wenn in Deutsch-

Tab. 1: *Aktionärsstruktur in Prozent des gesamten Aktienumlaufs*

	In den USA 2002 (1970)	In Deutschland 2002 (1970)
Haushalte und Organisationen ohne Erwerbszweck	36,7 (68,0)	13,0 (31,26)
Unternehmen	– –	33,1 (37,4)
Staat	– –	0,8 (9,5)
Banken (inkl. Bausparkassen)	2,1 (10,4)	10,8 (9,1)
Pensions- und Investmentfonds (privat und staatlich)	39,9 (3,9)	14,0 –
Versicherungen und Lebensversicherungen	7,8 (3,3)	14,2 (4,2)
Übrige Welt	10,9 (2,0)	14,2 (8,5)
Sonstiges	2,6 (0,6)	– –

Quellen: DAI 2003: 08.1-2 und 08.7; 08.7

Tab. 2: *Konzentration der Eigentumsstrukturen an Unternehmen*

Prozentsatz Aktien im Besitz von (in %)	Verteilung (%)					
	D	F	US	UK	CH	NL
–4,9	9,5	37,3	95,0	48,6	17,8	23,7
5-9,9	7,8	14,2	3,5	31,0	17,6	30,0
10-24,9	17,8	15,1	1,4	10,5	17,9	9,6
25-49,9	13,9	9,4	0,1	2,6	15,6	10,1
50-74,9	12,9	8,1	–	2,4	8,0	6,8
75+	38,1	15,8	–	4,9	23,1	19,7
N=100 %	821,0	1.224,0	5.925,0	1.859,0	614,0	603,0

z.B.: In den USA hielten 95 % der Eigentümer (Investmentfonds) weniger als 5 % der Aktien an einem Unternehmen.

Quelle: Windolf (2002: 38)

land nur 5 % des von Paul Windolf untersuchten Unternehmenssamples Eigentumsstrukturen mit Streubesitz (d.h. der größte Aktionär hat weniger als 5 % des Aktienanteils am Unternehmen) liegt, ist dies in den USA in 95 % der Unternehmen der Fall. Tabelle 3 schließlich zeigt die unterschiedliche Bedeutung von Pensionsfonds als Form der Kapitalanlage in unterschiedlichen Ländern. Wiederum werden die drastischen Unterschiede insbesondere in der Entgegensetzung kontinentaleuropäischer Länder und angelsächsischer Länder deutlich. Als Folge vor allem der unterschiedlichen Finanzierung sozialer Sicherungssysteme mangelt es der Börse etwa in Deutschland an Liquidität, um den Wechsel von Eigentumsverhältnissen so reibungslos zu gestalten, wie es in den angelsächsischen Ländern in der Regel möglich ist.

Tab. 3: *Anlagekapital in Pensionsfonds 1996*

	Gesamtsumme (Milliarden US$)	Prozent des BSP
Deutschland	131	5,6
Frankreich	74	4,8
Großbritannien	1.056	93,2
Italien	80	6,7
Niederlande	350	88,9
Schweden	109	43,0
Schweiz	257	87,2
Japan	1.142	24,9
USA	4.352	57,5

Quelle: Nürk (1998: 181)

Auf der Grundlage dieser unterschiedlichen Strukturvoraussetzungen und diese umgekehrt wiederum bestärkend – haben sich unterschiedliche Systeme der Corporate Governance herausgebildet. In der Literatur findet sich in diesem Zusammenhang häufig die Unterscheidung zwischen dem »Outsider«-Modell der angelsächsischen Länder und dem »Insider-Modell« der Länder des rheinischen Kapitalismus miteinander konfrontiert. Eine idealtypische Gegenüberstellung findet sich in der Abbildung 1.
Das »Insidermodell« gilt für die Corporate-Governance-Systeme Japans, Deutschlands, der Niederlande, der Schweiz, Schwedens. Das Modell beruht auf der direkten Repräsentanz spezifischer Interessen in dem Board of Directors, dem Aufsichtsrat, der in diesen Ländern meist als getrennte Instanz organisiert ist (Dual Board System). Die Überwachung und Sanktionierung des Managements im Sinne der einzelnen Interessengruppen obliegt dem Aufsichtsrat, in dem neben Vertretern der Kapitaleigner und vor allem Banken, in einigen Ländern auch Vertreter der Arbeitnehmer und Gewerkschaften repräsentiert sind. Eine Disziplinierung des Managements über

Abb. 1: *Idealtypische Merkmale angelsächsischer und rheinischer Corporate-Governance-Systeme*

	Angelsächsisch	Rheinisch
Dominanter Eigentümertyp	Institutionelle Investoren/ Pensionsfonds	Andere Nichtfinanz-Unternehmen
Streubesitz	Sehr hoch	Gering, hohe Konzentration
Sanktionierung von Unternehmens-management	Exit – über Verkauf der Aktien	Voice – über Repräsentanz im Aufsichtsrat, Kreuzverflechtungen
Feindliche Übernahme	Reale Bedrohung	Extrem selten
Zielorientierung der Aktionäre	Hohe Returns (impatient capital)	Absicherung der Geschäftsbeziehungen (patient capital)
Management-orientierung	Finanzorientiert	Technik-/wachstumsorientiert
Unternehmens-struktur	Fokussiert	Konglomerat
Personal-system	Geringe Beschäftigungssicherheit Individualisiert, marktorientierte Anreize	Hohe Beschäftigungssicherheit Kollektiv/bürokratisch
Produktions-systeme	Kostenführerschaft und/oder science-based	Diversifizierte Qualitätsproduktion

Kapitalmärkte erfolgt in der Regel nicht. Insidersysteme sind zumeist charakterisiert durch konzentrierten Aktienbesitz, und Kreuzverflechtungen zwischen Unternehmen sind weit verbreitet. Der Markt für Unternehmenskontrolle (d.h. feindliche Übernahmen) ist schwach entwickelt. Die Banken spielen eine wichtige Rolle in den meisten Varianten des Insidermodells nicht nur als Kreditgeber, sondern auch als Aktionäre, als Vertreter von anderen Aktionären (Depotstimmrecht) und durch aktive Beteiligung im Aufsichtsrat der Unternehmen.

In dem »Outsidermodell« der angelsächsischen Länder ist die Kontrolle des Managements durch den Board of Directors schwach ausgeprägt, zuweilen sind Letztere sozial und über informelle Netzwerke auch zu stark mit dem Management selbst liiert. Die Aufsichtsratsfunktion wird hier in der Regel im Rahmen eines erweiterten Vorstandsmodells (Single Board System) ausgeübt. Die Disziplinierung des Managements erfolgt über den Kapitalmarkt. Wenn ein Unternehmen schlecht geführt wird und der Shareholder Value nicht maximiert wird, dann reagieren die Investoren damit, dass sie ihre Aktien verkaufen. Dies führt dann zum Druck auf die Aktienkurse und erhöht das Risiko für eine feindliche Übernahme. Das adäquate Funktionieren dieses Modells setzt strenge Buchhaltungs- und Publizitätsrichtlinien, Emissions- und Handelsvorschriften und, vor allem, liquide Aktienmärkte voraus (vgl. Blommestein 1998: 62).

Charakteristisch für die Insidersysteme ist »geduldiges Kapital«. Banken oder andere Unternehmen halten ihre Aktienanteile zur Festigung langfristiger Kooperationsbeziehungen, im Gegensatz zu den Systemen mit ungeduldigem Kapital, das auf Maximierung der Shareholder Returns drängt. Oft wird zur Kennzeichnung dieser Systemunterschiede auch von Shareholder- versus Stakeholdersystemen gesprochen, und Deutschland vor allem aufgrund seines Systems der Mitbestimmung wird dabei in der Regel als prominentes Beispiel eines Stakeholder-systems angeführt.

Die gezeigten Unterschiede zwischen Ländern und Ländergruppen hinsichtlich der Eigentumsstrukturen, der Institutionen und Regelungen zur Kontrolle der Unternehmensführung hängen – folgt man dem Ansatz der »Varieties of Capitalism« von Hall und Soskice – eng mit anderen Merkmalen der Kapitalismen zusammen: Der Systeme der Produktion und Innovation und der Regulierung von Arbeit. Reformen der Corporate Governance können damit leicht unerwartete und auch ungewünschte Tiefeneffekte zur Folge haben. Diese Zusammenhänge demonstrieren Hall und Soskice in der folgenden Darstellung:

Abb. 2: *Complementarities across Subsystems in the German Coordinated Market Economy*

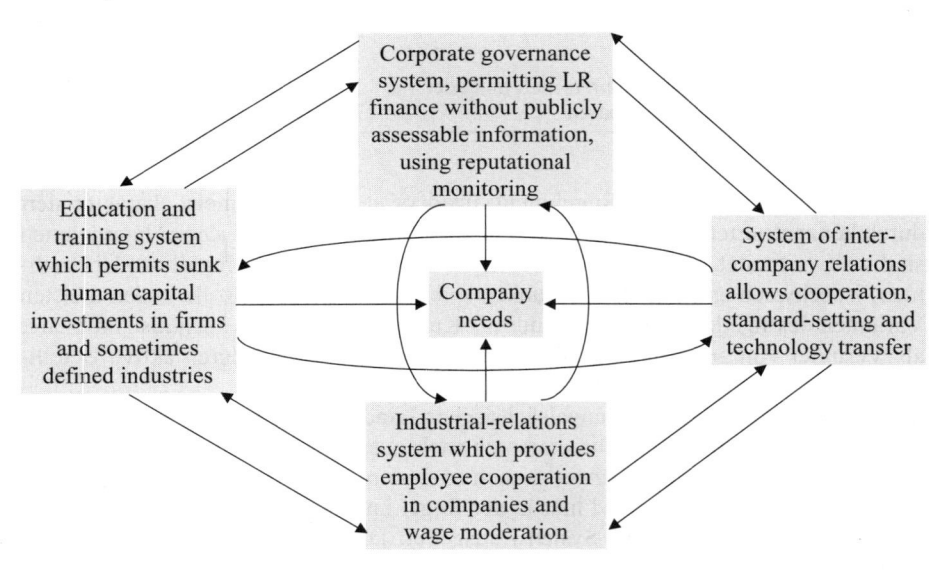

Quelle: Hall/Soskice (2001: 28) – vereinfachte Darstellung

Die politische und gesellschaftliche Brisanz der Forderungen nach Übernahme zentraler Prinzipien angelsächsischer Corporate-Governance-Systeme – liegt in den Auswirkungen auf Innovationsverhalten und Sozialverfassung von Unternehmen. Fragen der Auswirkungen unterschiedlicher Corporate-Governance-Systeme auf die Wirtschaftsstrukturen und die Abläufe in den Unternehmen sind insgesamt wissenschaftlich hoch kontrovers, und der Forschungsstand ist noch wenig entwickelt. Der Senior Financial Economist und Leiter des Kapitalmarktprogramms der OECD, Blommestein stellt hierzu fest: »There is no consensus among analysts how to identify the effects of changes in governance on performance. Moreover, evidence on the effects of different governance systems is very scarce.« (Blommestein 1998: 60)
Kontroverse Fragen sind vor allem:
– Die Vorteilhaftigkeit der Auflösung von Konglomeratstrukturen auf Druck der Shareholder-Bewegung. Diese gelten als intransparent und als Vernichter von Shareholder Value aufgrund ihrer Tendenz zur Querfinanzierung und internen Subvention schwacher Geschäftsfelder in den Unternehmen. In der deutschen Population von Großunternehmen ist das Konglomerat-Unternehmen der dominierende Typus. In den USA ist dieser Typus aufgrund kapitalmarktforcierter Umstrukturierungen inzwischen weit weniger verbreitet.
– Die Frage der Auswirkungen auf Innovationsverhalten: Inwieweit führen die auf Shareholder Value ausgerichteten Zielsysteme in den Unternehmen zu einer Schwächung langfristig angelegter Innovations- und Humanressourcenentwicklungen? Aus den bisher durchgeführten Untersuchungen lassen sich durchaus Gefährdungspotentiale erkennen (Jürgens et al. 2002; Jürgens 2002). Die Ansprüche der Shareholder und der Aufwand, der zur Sicherung der Unternehmensautonomie gegenüber der Gefahr feindlicher Übernahmen getroffen werden (Aktienrückkäufe), reduzieren zukunftsgerichtete produktive Investitionen. Langfristig angelegte Maßnahmen der Humanressourcenentwicklung (die Ausbildung für Facharbeiterberufe als Beispiel) gilt als eines der möglichen Opfer dieser Orientierung.
– Auswirkungen auf die Sozialverfassung der Unternehmen, auf die Wahrnehmung von Fairness- und Gerechtigkeitsvorstellungen und auf die Unternehmenskultur. Die wachsende Ungleichheit der Einkommen zwischen den Höchst- und den Niedrigstverdienern in den Unternehmen ist ein Anhaltspunkt für das Aufbrechen von Fairness- und Abstimmungslogiken in den Unternehmen: Die Differenz top-to-bottom der britischen Großunternehmen hat sich von 10 (der CEO verdient zehnmal so viel wie der einfache Arbeiter) im Jahr 1983 auf das 76fache im Jahr 2002 erhöht; in den USA, wo der CEO schon 1983 50 mal so viel wie der einfache Arbeiter verdiente, war es im Jahr 2002 an die 300 mal so viel (Erturk et al. 2003).

Dies alles lässt die hohe Brisanz des Corporate-Governance-Themas deutlich werden. Immanente Reformerfordernisse werden überlagert durch Einflussinteressen institutioneller Investoren, vor allem angelsächsischer Investmentbanken, die sich durch das Aufbrechen bestehender Governancesysteme besondere Vorteile ausrechnen. Das Fehlen entsprechender Strukturvoraussetzungen sowie die möglichen langfristigen

Folgen auf Industriestrukturen und Sozialbeziehungen lassen eine Übertragung des angelsächsischen Modells in andere Länder zugleich in hohem Grade fragwürdig werden. Die Welle von spektakulären Bilanzskandalen und Unternehmenszusammenbrüchen sowie die Vielzahl von Fällen spektakulärer Selbstbereicherung des Unternehmensmanagements bestärken diese Zweifel (Sablowski 2003).

4. *Unternehmensentgrenzung und Corporate Governance*

Eine Verbindung mit der breiteren sozialwissenschaftlichen Diskussion über Governance ergibt sich aus der Verknüpfung von Aspekten der Unternehmens- und der Industrieorganisation. Insbesondere in der Theorieentwicklung des ökonomischen Institutionalismus waren unternehmens- und industrieorganisatorische Aspekte seit je im Governance-Begriff miteinander verknüpft. Die Grundlage dafür wurde schon bei Coase gelegt mit der Frage nach den Entscheidungskriterien für die kostengünstigste Organisation ökonomischer Transaktionen – über die Firma oder über den Markt.
Coases Überlegungen wurden von Oliver Williamson aufgegriffen, der mit seinen Veröffentlichungen ab den 1970er Jahren wesentlich zur Herausbildung der institutionalistischen Schule der Ökonomie, der Institutional Economics, beitrug. Die Koordinationsmechanismen »Markt und Hierarchie« wurden von ihm explizit als alternative Mechanismen der *Governance* bezeichnet (Williamson 1979; 1983). Die Wahl der »most economical governance structure« (Williamson 1979, S. 234) ist für ihn eine strategische Entscheidung des Managements, und sie ergibt sich aus dem Ziel der Minimierung von Transaktionskosten. Williamsons Theoriebeitrag liegt vor allem in der Spezifizierung der Faktoren, die die Transaktionskosten bestimmen: Auf dieser Grundlage entwickelt er mit Blick auf Informationsverhalten und Informationsqualität sein »organisational failures framework«. Mit diesem Instrumentarium untersuchte er in zahlreichen Anwendungsfeldern Bedingungen für Organisations- oder Marktversagen bei der Leistungserstellung: So vor allem in Fragen des Grades der vertikalen Integration von Unternehmen (also die Abgrenzung zwischen den unternehmensintern organisierten und den in anderen Unternehmen zugekauften Leistungsumfängen, Kooperation zwischen Unternehmen in den unterschiedlichsten Formen). Immer stärker gerieten dabei solche Formen von Governance in das Zentrum seiner Untersuchung, die weder eindeutig der einen oder anderen Governanceform zuzurechnen ist. Williamson sieht sie als Hybridformen auf einem Kontinuum zwischen den beiden Polen der Governance qua Markt oder Hierarchie.
Diese Untersuchungen gewannen durch die Realentwicklungen große Bedeutung. Die Welle von Umstrukturierungen von Unternehmen seit den 1980ern ist nicht allein und in erster Linie auf Veränderungen im Bereich der Kapitalmärkte und durch die Shareholder-Revolution verursacht worden. Entwicklungen der Verschärfung der Konkurrenz auf den Produktmärkten, neue Management- und Produktionskonzepte (z.B. Lean Production), die Privatisierung staatlicher Unternehmen und Aufgabenbe-

reiche und Prozesse der Internationalisierung und Globalisierung waren wesentliche Triebkräfte für Veränderungen im Unternehmensbereich. Ganz allgemein geht es dabei um die Neustrukturierung von Arbeitsteilung – Arbeitsteilung innerhalb und zwischen Organisationen, Sektoren, Ländern. Es kommt zu einer zunehmenden Separierung und Fragmentierung bisheriger Beziehungsmuster in der Industrie und zugleich zur Herausbildung neuer Formen, der Koordination, also der »Governance« der veränderten Arbeitsteilungsstrukturen. In den Prozessen der Leistungserstellung in diesen neuen Arbeitsteilungs- und Kooperationsstrukturen verschwimmen die Grenzen zwischen Unternehmen und Zuständigkeitsbereichen (vgl. Picot/Reichwald/Wigand 2001). Hierarchische, von den Fokalherstellern ausgehende Koordinationsformen entsprechen immer weniger den realen Arbeitsanforderungen in verstärkt netzförmig organisierten Kooperationsprozessen. Die bislang von den Fokalherstellern »beherrschten« hierarchischen Koordinationsformen entsprechen immer weniger den Anforderungen an die Leistungserstellung im Rahmen von interorganisationalen Netzwerkbeziehungen.

Angesichts der großen und ständig wachsenden Anzahl neuer Formen interorganisationaler Kooperation – Joint Ventures und Allianzen, Konsortien, Unternehmenscluster und virtuelle Unternehmen, Simultaneous-Engineering-Projekte (vgl. Sydow 1992) – verliert die Williamson'sche Lösung der Hybridformen »zwischen Markt und Hierarchie« immer mehr an Erklärungskraft. Mit Recht kritisiert Powell das Konzept der Misch- oder Hybridformen als »historisch ungenau, überaus statisch und schmälern unsere Erklärungskraft für viele Kooperationsformen« (1996: 216).

Ein Ansatz der Erweiterung der Governance-Systematik besteht in der Hinzufügung der Netzwerke als eigenständiger Governanceform neben Markt und Hierarchie. Powell schlägt vor, Netzwerke als eigenständige ökonomische Organisationsform zu analysieren und fügt damit den Williamson'schen Governanceformen eine dritte hinzu. Abbildung 3 erfasst einige der zentralen Unterschiede:

Abb. 3: *Ein stilisierter Vergleich ökonomischer Organisationsformen*

Hauptmerkmale:	*Organisationsformen*		
	Markt	*Hierarchie*	*Netzwerk*
Normative Basis	Verträge; Eigentumsrechte	Arbeitsverhältnis	Komplementäre Stärken
Kommunikationswege	Preise	Routine	Beziehungen
Methoden der Konfliktbewältigung	feilschen; Gerichtsverfahren	administrativer Befehl und Kontrolle	Norm der Gegenseitigkeit, Fragen der Reputation

Quelle: Powell (1996: 221) – vereinfachte Darstellung

Die Besonderheit der Netzwerke besteht nach Powell darin, dass einzelne Parteien von den Ressourcen der anderen abhängig sind und dass durch die Kombination der Ressourcen Vorteile erzielt werden können. Im Kern heißt dies, dass die Teilnehmer eines Netzwerkes darin übereinstimmen, auf ihr Recht, den eigenen Vorteil auf Kosten anderer zu nutzen, verzichten (Powell, ebd.: 224).

Im Rahmen dieses Beitrags ist es nicht möglich, die Zusammenhänge zwischen Unternehmens- und Netzwerkgovernance tiefer gehend zu behandeln. Dabei erscheint insbesondere die Frage nach den – durch die realwirtschaftlichen Arbeits- und Kooperationserfordernisse bedingten – Netzwerkbeziehungen und den zuvor diskutierten Kapitalmarktansprüchen der Transparenz- und Exit-Flexibilität widersprüchlicher Handlungsanforderungen deutlich zu werden.

5. *Stakeholder-Konzepte und Corporate Social Responsibility*

Zum Schluss soll auf zwei Ansätze der aktuellen Corporate-Governance-Diskussion eingegangen werden, die sich gegen Verkürzungen und Verengungen der Main-Stream-Debatte auf Fragen des Shareholder Value und Effizienzsteigerung der Kapitalmärkte wenden. Es handelt sich um das Feld der Stakeholder-Theorien und Corporate Social Responsibility. Beiden Ansätzen gemeinsam ist die Betonung sozialer Aspekte der Corporate Governance.

Der Stakeholder-Begriff wird in der Regel als Sammelbegriff für Corporate-Governance-Systeme genommen, die abweichend sind von den Shareholdersystemen der angelsächsischen »free market economies«. Und die Stakeholderorientierung dieser Länder wird in der öffentlichen Diskussion wie oft auch in der Literatur als primäre Ursache für ihr schwaches ökonomisches Wachstum angesehen (so z.B. Minford 1998).

Die Stakeholder-Theorie ist keine einheitliche Theorie und bildet kein vergleichbar konsistentes Modell wie das Prinzipal-Agent- und Risk-Baring-Capital-Modell der Shareholder-Value-Protagonisten. Stakeholder-Modelle betonen den Charakter der Unternehmen als soziale Institution und ihre Einbettung in soziale Kontexte mit einer Vielzahl von »Stakeholdern« (Abb. 3).

Donaldson/Preston (1995: 73) kritisieren ein »muddling of theoretical bases and objectives« bei den Stakeholder-Ansätzen. Dennoch sprechen aus ihrer Sicht drei Gründe für einen Stakeholder-Ansatz: Zum ersten sei er eine bessere Wiedergabe der Unternehmenspraxis, in der das Management ständig zwischen den Interessen unterschiedlicher Bezugsgruppen seine Balance finden müsse; zum zweiten sprächen Performanzgründe dafür, wie sie durch Beispiele erfolgreicher Unternehmen belegen, und drittens ließen sich gewichtige normative Gründe dafür anführen, dass eine ausschließliche Fokussierung auf Shareholder-Interessen moralisch nicht haltbar ist.

Die letztere Position wird durch die vom American Law Institute erarbeiteten Principles of Corporate Governance (1992) unterstützt. In einem entsprechenden Bericht des Instituts wird gefordert, dass soziale und ethische Aspekte in Unternehmensentscheidungen einfließen müssten, auch wenn dies nicht zur Vermehrung von Unternehmensgewinnen oder Shareholder Value beiträgt (Donaldson/Preston 1995: 82).

> »... observation suggests that corporate decisions are not infrequently made on the basis of ethical consideration even when doing so would not enhance corporate profit ore shareholder gain. Such behavior is not only appropriate, but desirable. Corporate officials are not less morally obliged than any other citizens to take ethical considerations into account, and it would be unwise social policy preclude them from doing so« (American Law Institute 1992; zit. nach Donaldson/Preston 1995: 82).

In Reaktion auf die Shareholder Revolution der 1980er und aufgrund der Erfolge der Stakeholder-Ökonomien kam es zu einer raschen Verbreitung von Stakeholder-Theorien. Donaldson und Preston sehen die Veröffentlichung von Freeman, R. E. Strategic Management: A Stakeholder Approach von 1984 als Ausgangspunkt einer breiten Diskussion in den USA. In Europa war es insbesondere Margret Blair, die mit ihren Veröffentlichungen die Stakeholder-Diskussion vorantrieb (Blair 1995; vgl. auch O'Sullivan 2000: 52ff.). Gemeinsam ist diesen Stakeholder-Ansätzen die Betonung des Charakters der Unternehmen als soziale Institution mit einer Vielzahl von »Stakeholdern«, wie exemplarisch in der Abbildung von Donaldson und Preston wiedergegeben.

Abb. 4: *Contrasting Models of the Corporation: The Stakeholder Model*

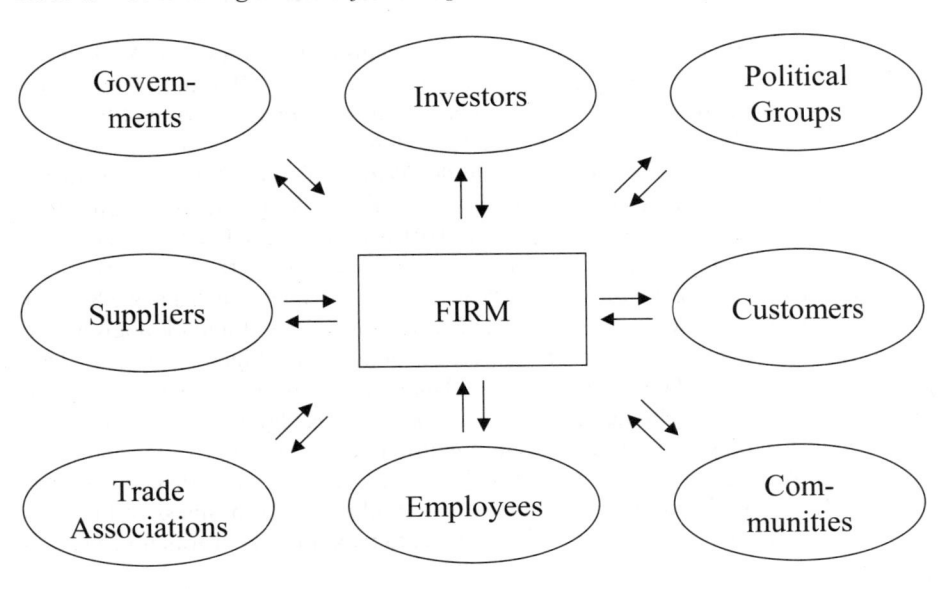

Quelle: Donaldson/Preston (1995: 69)

Die Abbildung lässt allerdings auch das Dilemma der Stakeholdertheorie im Hinblick auf die Einbeziehung aller relevanten gesellschaftlichen Gruppen und im Hinblick auf die Gewichtung ihrer Interessen deutlich werden. Sie zeigt auch, dass der Stakeholder Ansatz klar von einem System der Mitbestimmung abzugrenzen ist, dass, wie es in Deutschland der Fall ist, Gegenmachtvorstellungen im Hinblick auf das Verhältnis von Arbeit und Kapital beruht.

Der zweite Ansatz beruht auf dem Versuch, die sich die neu herausgebildeten Formen und Institutionen der Corporate Governance gezielt zunutze machen, um Prinzipien der Sozialverantwortlichkeit durchzusetzen. Ansatzpunkte für diese Strategie sind zum einen die gestiegene Macht der institutionellen Investoren und die Tatsache, dass deren Klienten, die eigentlichen Eigentümer, durchaus für die Unterstützung von Zielen der sozialen Verantwortung und anständiger Arbeitsbedingungen (der ILO-Term: »decent work«) zu gewinnen sind; sie bestehen zum anderen in dem Umstand, dass die großen Fokalhersteller sich zunehmend auf die Bereiche der Entwicklung und des Marketings zurückziehen und das Markenimage für sie eine immer stärkere Bedeutung gewinnt. Damit wächst ihre Sensitivität für Forderungen nach sozial verantwortlichem Handeln. Durch Entwicklung entsprechender sozialethischer Unternehmenscodizes, die Einrichtung von Rating-Agenturen zur Bewertung von Unternehmen in dieser Hinsicht und durch organisierten Druck auf institutionelle Investoren zur Auflage entsprechender Fonds sucht damit die Corporate-Social-Responsibility-(CSR-) Bewegung genau die Principal-Agent-Prinzipien in ihrem Sinne zu nutzen, die von der Shareholder-Bewegung in den 1980er Jahren geschaffen wurden.

Im Mittelpunkt der CSR-Arbeit stehen bislang hauptsächlich freiwillige Verhaltenskodizes und Partnerschaftsinitiativen zwischen Wirtschaft und Politik (vgl. zum Folgenden Jörgensen 2004). Der von Kofi Annan initiierte Global Compact (1999) zwischen UNO und Wirtschaft ist das bekannteste Beispiel für eine politische Strategie, die vorrangig auf die freie Selbstkontrolle der Wirtschaft setzt. Im Zentrum stehen dabei bislang neun ökologische und soziale Mindeststandards, die große Unternehmen in der ganzen Welt (Nike, VW, Nokia, HP) sich verpflichtet haben einzuhalten. Kontrovers ist allerdings die Frage, ob diese Variante der (Netzwerk-)Governance ohne staatliche Beteiligung funktioniert bzw. funktionieren könnte. Kann sie Normen setzen, und kann sie sie durchsetzen? Befürworter sehen sozial und ökologisch verantwortliche Unternehmen als Hoffnungsträger einer nachhaltigen Wirtschaft. Daraus könnte ein großes Potenzial erwachsen: Unternehmen haben das Know-how, das Kapital und die Verflechtungen, um Gesellschaften in Richtung einer nachhaltigen sozialen und ökologischen Entwicklung mitzusteuern. Es bedeutet gleichzeitig eine klare Kampfansage an ein Grundverständnis von Corporate Governance, wonach, wie es Milton Friedmann klar und eindeutig formulierte, »the business of the business and the sole responsibility of a company is to maximize its profits for shareholders«. Friedmann 1970: 32

Abb. 5: *Akteure im Markt für nachhaltigkeitsorientierte Kapitalanlagen*

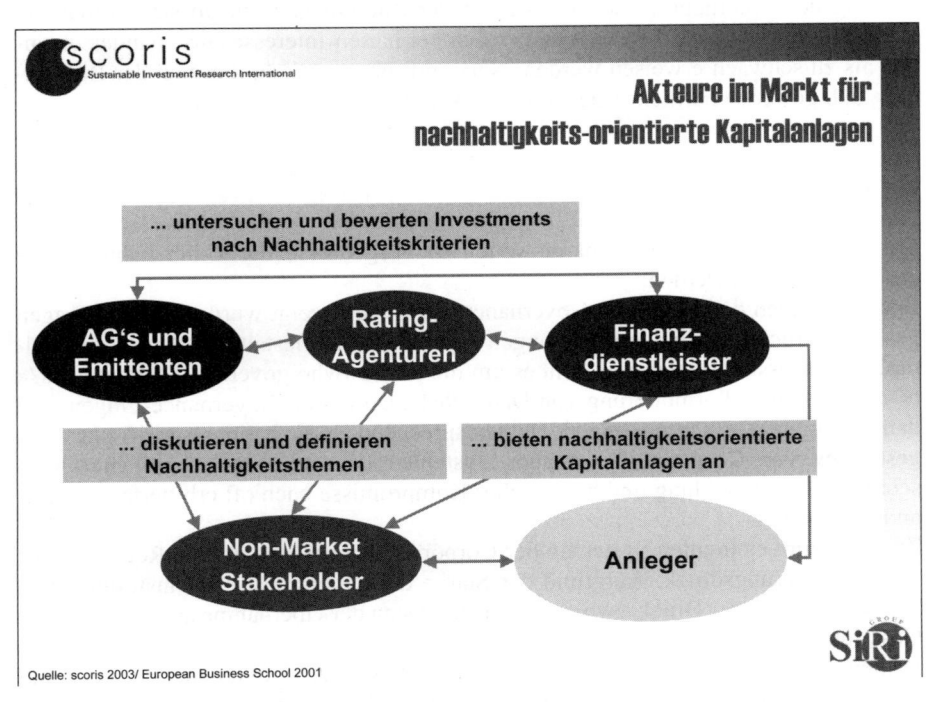

Quelle: Sustainable Investment Research International (scoris), Vortrag German Watch, Berlin, 1.2.2003

Die bisherige Entwicklung zeigt, dass die CSR-Bewegung dort erfolgreich ist, wo zivilgesellschaftliche Bewegungen und etablierte arbeitspolitische Institutionen (Gewerkschaften, ILO) sich miteinander verbünden. Dies lässt sich an der Entwicklung der »Codes of Conduct« transnationaler Konzerne und an der Umsetzung der OECD-Leitlinien für sozial verantwortliches Supply-Chain-Management zeigen (vgl. OECD 2002). Hier geht es um die Frage der Verantwortung für Sozialverhalten und Arbeitsbedingungen in Zulieferfirmen auch in entfernten Weltregionen ihrer Lieferketten und auch wenn keine direkte Eigentumsbeteiligung vorliegt (vgl. auch Fichter/ Sydow 2002).

In den späten 1990ern hat sich die Codes-of-Conduct-Debatte von der Idee freiwilliger Commitments der Unternehmen weg bewegt hin zu der Festlegung konkreter unternehmerischer Rechenschaftspflichten. Zu den an der Code-Formulierung beteiligten Akteuren gehören nicht mehr nur die Unternehmen selbst und ihre Verbände, sondern auch Nicht-Regierungsorganisationen (NGOs) und Gewerkschaften. Die Möglichkeiten und Grenzen dieser immanenten, neue Handlungsmöglichkeiten auf Basis der neuen angelsächsisch geprägten Corporate-Governance-Konzepte aufsetzenden Versuche der gesellschaftlichen Rückbindung und sozial verpflichtenden Einbindung der Unternehmen werden sich in der Zukunft noch herausstellen müssen. Wahrscheinlich ist, dass diese Ansätze sich bei harten Interessenauseinandersetzungen als zu schwach erweisen werden. Neue ggf. überstaatliche Formen der Regulierung und gewerkschaftlicher Gegenmacht wären eine alternative Antwort.

6. *Zusammenfassung*

Mit den folgenden sechs Punkten sollen die Ergebnisse der Untersuchung kurz zusammengefasst werden:
Erstens: Fragen der Corporate Governance sind, wie gezeigt wurde, aktuelle Fragen gesellschaftlicher Auseinandersetzungen und politischer Gestaltung. Wie in der politischen Verfassungsdiskussion geht es um die Frage »who governs – to what ends?« (s. die klassische Formulierung von Dahl 1961). Corporate-Governance-Fragen sind damit zentrale Verfassungsfragen. Dementsprechend ist die nationalspezifische Ausgestaltung von Corporate-Povernanca Systemen Ergebnis unterschiedlicher wirtschaftlicher Entwicklung und historischer Kompromisse nach oft erbitterten Auseinandersetzungen.
Zweitens gibt es in allen Systemen der Corporate Governance großen Reformbedarf und Veränderungsdruck. Aufgrund der Stärke der angelsächsischen institutionellen Investoren ist dieser Druck asymmetrisch zugunsten der Übernahme angelsächsischer Gestaltungsprinzipien ausgerichtet.
Drittens: Die Auswirkungen unterschiedlicher Corporate-Governance-Systeme auf Unternehmensperformanz, Innovativität und Sozialbeziehungen sind kontrovers und offen. Es gibt keine gesicherten Befunde, um die Überlegenheit des angelsächsischen Modells wissenschaftlich zu begründen.
Viertens die theoretische Konstruktion, die den Aktionären als Trägern des »Restrisikos« auch die Entscheidungsrechte über die Schicksalsfragen von Unternehmen zuspricht, wird nicht das letzte Wort sein können. Faktisch werden die Kontrollrechte damit an das Management von Pensions- und Investmentfonds übergeben. Die Frage, welches Wissen, welche Konzepte diese Akteure im Hinblick auf den Umgang mit dem gesellschaftlichen Produktivvermögen haben, wird eine wichtige Zukunftsfrage sein.
Sechstens: Fragen der sozialen Sicherung und des demografischen Wandels bilden hintergründig die wichtigste Triebkraft hinter dem Wandel der Corporate-Governance-Systeme. Dieser Faktor wird in Zukunft an Bedeutung noch gewinnen. Institutionelle Investoren werden mit dem Ziel der sozialen Sicherung, insbesondere der Altersrenten, weiterhin hohe Rückflüsse aus ihren Anlagen im produktiven Sektor erwarten. Es muss sichergestellt sein, dass dieser Druck nicht zur Aushöhlung der produktiven und innovativen Potentiale in dem produktiven Sektor führt.
Um das letztere Ziel zu erreichen, muss das auf Effizienz und Kontrollziele spezialisierte Paradigma des ökonomischen Institutionalismus erweitert werden, um Governance-Mechanismen, die die soziale Qualität der Interaktionen stärker berücksichtigen.

Literaturverzeichnis

American Law Institute (1992): Principles of Corporate Governance: Analysis and Recommendations. Philadelphia, PA: Author.

Beer, Elisabeth (2000): Spielregeln für und von Global Players. Multinationale Unternehmen und internationale Regime vor dem Hintergrund der MAI-Affäre, in: Christoph Dörrenbächer, Dieter Plewe (Hg.), Grenzenlose Kontrolle? Organisatorischer Wandel und politische Macht multinationaler Unternehmen, Berlin: edition sigma, S. 269-287.

Berle, Adolf A.; Means, Gardner C. (1968): The Modern Corporation and Private Property, Harcourt, Brace & World, Inc. New York (first edition 1932).

Bieber, Hans-Joachim (1999): Zwischen Kasernenhof und Rätesystem. Der schwierige Weg zu gesetzlichen Regelungen industrieller Mitbestimmung in Deutschland vom 19. Jahrhundert bis 1933, in: Hans G. Nutzinger (Hrsg.): Perspektiven der Mitbestimmung. Historische Erfahrungen und moderne Entwicklungen vor europäischem und globalem Hintergrund, Marburg: Metropolis Verlag, 11-126.

Blair, Margaret (1995): Ownership and Control: Rethinking Corporate Governance for the Twenty-first Century, Washington, DC: Brookings Institution.

Blommestein, Hans (1998): Impact of Institutional Investors on Financial Markets, in: OECD Proceedings: Institutional Investors in the New Financial Landscape. OECD Publications, Paris, S. 29-108.

Blommestein, Hans; Funke, Norbert (1998): Introduction to Institutional Investors and Institutional Investing, in: OECD Proceedings: Institutional Investors in the New Financial Landscape. OECD Publications, Paris, S. 15-28.

Chandler, Alfred D. (1970): Strategy and Structure. Chapters in the History of the Industrial Enterprise. Cambridge, MA/London, Engl.: The MIT Press (first edition 1962).

Chandler, Alfred D. (1977): The Visible Hand. The Managerial Revolution in American Business. Cambridge, MA/London, Engl.: Harvard Business Press.

Clark, Gordon L. (2000): Pension Fund Capitalism, Oxford: Oxford University Press.

Coase, Ronald H. (1988): The Firm, the Market and the Law, The University of Chicago Press: Chicago and London (first edition 1937).

Collins, James C.; Porras, Jerry I. (1997): Built to Last. Successful Habits of Visionary Companies, Harper Business New York (first edition 1997).

Dahl, Robert (1961): Who Governs? Democracy and Power in an American City, New Haven: Yale University Press.

Donaldson, Thomas; Preston, Lee E. (1995): The Stakeholder Theory of the Corporation: Concepts, Evidence and Implications, The Academy of Management Review, Vol. 20, No. 1, Jan. 1995, S. 65-91.

Drucker, Peter F. (1976): The Unseen Revolution: How Pension Fund Socialism Came to America, New York: Harper & Row.

Erturk, Ismail et al. (2003): Corporate Governance and Disappointment, Manchester Business School, Unpublished Paper.

Fichter, Michael; Sydow, Jörg (2002): Using Networks Towards Global Labor Standards? Organizing Social Responsibility in Global Production Chains, in: Industrielle Beziehungen, Jg. 9, H. 4, S. 357-380.

Freeman, R. Edward (1984): Strategic Management: A Stakeholder Approach, Boston: Pittman.

Friedman, Milton (1970): »The Social Responsibility of Business Is to Increase Profits«, New York Sunday Times Magazine, 13. September 1970, S. 32.

Gershenkron, Alexander (1962): Economic Backwardness in Historical Perspective. Cambridge, Mass.: Harvard University Press.
Hall, Peter A., Soskice, David (Eds.) (2001): Varieties of Capitalism. The Institutional Foundations of Comparative Advantage, Oxford/New York: Oxford University Press.
Hilferding, Rudolf (1978): Das Finanzkapital. Eine Studie über die jüngste Entwicklung des Kapitalismus, Wien (Erstausgabe 1910).
Höpner, Martin (2003): Wer beherrscht die Unternehmen? Shareholder Value, Managerherrschaft und Mitbestimmung in Deutschland, Frankfurt a. M.: Campus.
Jensen, Michael C. (1993): The Modern Industrial Revolution, Exit, and the Failure of Internal Control Systems, Presidential Address to the American Finance Association (ursprünglich veröffentlicht im Journal of Finance, Juli 1993, S. 831-880),
http://www. ssrn.com/sol3/paper/taf?Abstract_id=93988, S. 1-64.
Jörgensen, Jeppe (2004): Einleitung – Kommunikation für Corporate Citizenship, Kap. 2, in: Dettling, Daniel et al. (Hg.): Lust auf Zukunft, Norderstedt: Books on Demand.
Jürgens, Ulrich, Yannick Lung, Giuseppe Volpato, Vincent Frigant, »The Arrival of Shareholder Value in the European Auto Industry a Case Study Comparison of Four Car Makers«, in: Competition & Change, Vol. 6, No. 1, March 2002, S. 61-80.
Jürgens, Ulrich, »Corporate Governance, Innovation, and Economic Performance – A Case Study on Volkswagen«, Discussion Paper FS II 02-205, 2002.
Kuda, Rudolph (1975): Das Konzept der Wirtschaftsdemokratie, in: Vetter, Heinz-Oskar (Hrsg.): Vom Sozialistengesetz zur Mitbestimmung. Zum 100. Geburtstag von Hans Böckler, Köln: Bund-Verlag, 253-274.
Minford, Patrick (1998): Markets Not Stakes: The Triumph of Capitalism and the Stakeholder Fallacy, London: Orion Business Books.
Naphtali, Fritz (1966): Wirtschaftsdemokratie – Ihr Wesen, Weg und Ziel, Frankfurt a. M. (zuerst erschienen 1928).
Neumann, Franz L. (1980): Die Herrschaft des Gesetzes. Eine Untersuchung zum Verhältnis von politischer Theorie und Rechtssystem in der Konkurrenzgesellschaft, Frankfurt a. M., Suhrkamp.
Nürk, Bettina (1998): Institutional Investors and their Implications for Financial Markets in Germany, in: OECD (1998): Institutional Investors in the New Financial Landscape. OECD Publications, Paris, S. 179-196.
O'Sullivan, Mary (2000): Contests for Corporate Control. Corporate Governance and Economic Performance in the United States and Germany, Oxford/New York: Oxford University Press.
OECD Guidelines for Multinational Enterprises. Focus on Responsible Supply-Chain Management, OECD, Annual Report 2002.
Penrose, Edith (1972): The Theory of the Growth of the Firm, Oxford: Basil Blackwell (first edition 1959).
Pensions & Investments online, 20.8.2004:
http://www.pionline.com/directory.cms?directoryID=1&asset=1
Picot, Arnold, Reichwald, Ralf, Wigand, Rolf T. (2001): Die grenzenlose Unternehmung. Information, Organisation und Management, Wiesbaden: Gabler Verlag.
Powell, Walter W. (1996): Weder Markt noch Hierarchie: Netzwerkartige Organisationsformen, in: Patrick Kenis, Volker Schneider (Hrsg.): Organisation und Netzwerk, Institutionelle Steuerung in Wirtschaft und Politik, Frankfurt/New York: Campus Verlag, 213-271.
Sablowski, Thomas (2003): Bilanz(en) des Wertpapierkapitalismus. Deregulierung, Shareholder Value, Bilanzskandale, in: Prokla 131, 33. Jg., Nr. 2, S. 201-233.
Sklaire, Leslie (2001): The Transnational Capital Class, Oxford: Oxford University Press.
Smith, Adam (1937): An Inquiry into the Nature and Causes of the Wealth of Nations, New York: Modern Library (Erstausgabe 1776).

Steiger, Max (2000): Institutionelle Investoren im Spannungsfeld zwischen Aktienmarktliquidität und Corporate Governance, ZEW-Wirtschaftsanalysen, Baden-Baden: Nomos Verlagsgesellschaft.

Sydow, Jörg (1992): Strategische Netzwerke. Evolution und Organisation, Wiesbaden: Gabler Verlag.

The High Level Group of Company Law Experts (2002): Report of the High Level Group of Company Law Experts on Issues Related to Take Over Bids, Brüssel.

Useem, Michael (1996): Investor Capitalism. How Money Managers are Changing the Face of Corporate America, New York: Basic Books.

Williamson, Oliver E. (1979): Transaction Costs Economics: The Governance of Contractual Relations, in: Journal of Law and Economics 22, S. 233-261.

Williamson, Oliver E. (1983): Markets and Hierarchies: Analysis and Antitrust Implications. A Study in the Economics of Internal Organisation, New York/London: The Free Press/Collier Macmillan Publishers.

Windolf, Paul (2002): Corporate Networks in Europe and the United States, Oxford/New York: Oxford University Press.

European Governance – nicht neu, aber anders

Tanja A. Börzel

1. Einleitung[1]

Die Beschreibung und Erklärung der europäischen »would-be polity« (Lindberg und Scheingold 1970) stellte von Anfang an eine zentrale Herausforderung für die Europäische Integrationsforschung dar. Bereits 1972 beklagte der amerikanische Politikwissenschaftler Donald Puchala, dass »more than fifteen years of defining, redefining, refining, modeling and theorizing have failed to generate satisfactory conceptualizations of (...) ›international integration‹« (Puchala 1972: 267). Die Konzepte und Theorien der Internationalen Beziehungen schienen wenig geeignet, den »Elefanten«, mit dem Puchala die Europäische Gemeinschaft in seiner berühmten Allegorie verglich, in seiner Gesamtheit zu erfassen. Als sich die Komparatisten und Policy-Forscher in den 90er Jahren zunehmend für die EU zu interessieren begannen, konnten sie zunächst auch nur bestätigen, dass diese sicherlich mehr als eine Internationale Organisation oder ein Staatenbund, aber weniger als einen Staat darstellte und somit kaum in Kategorien von Staatlichkeit zu fassen war. Die EU wurde damit endgültig als politisches System eigener Art (*sui generis*) verstanden und mit Begrifflichkeiten wie »neue, post-Hobbesianische Herrschaftsform« (Schmitter 1991), »post-moderner Staat« (Ruggie 1993; Caparaso 1996), »Netzwerk gepoolter und geteilter Souveränität« (Keohane und Hoffmann 1991) oder »Mehrebenenverhandlungssystem« (Jachtenfuchs und Kohler-Koch 1996; Grande 2000) umschrieben. Den unterschiedlichen Terminologien liegt die gemeinsame Annahme zugrunde, dass die EU eine neue Herrschaftsstruktur (*new governance system*) darstellt, die sich als »a unique set of multilevel, non-hierarchical and regulatory institutions, and a hybrid mix of state and non-state actors« (Hix 1998: 39) beschreiben lässt und sich damit signifikant von klassischen Formen politischer Herrschaft unterscheidet.

Dieser Beitrag vertritt hingegen die These, dass die EU aus vergleichender Perspektive gar nicht so neuartig ist, obgleich gewisse Unterschiede zu herkömmlichen Herrschaftsstrukturen bestehen. Erstens findet sich in der EU genauso wie in den Nationalstaaten eine Kombination verschiedener Steuerungsstrukturen, die das gesamte Spektrum zwischen Markt und Hierarchie abdeckt. Zweitens hat sich die EU – und hier liegt ein wesentlicher Unterschied zu den Nationalstaaten – bisher kaum der so

---

1 Renate Mayntz und Gunnar Folke Schuppert sowie den Teilnehmer(inne)n des vom Wissenschaftszentrum Berlin im März 2004 organisierten Workshops zum Stand der *Governance*- Forschung danke ich für hilfreiche Anregungen. Zu besonderem Dank bin ich Tobias Hofmann, Diana Panke, Thomas Risse und Carina Sprungk verpflichtet, von deren kritischen Kommentaren das Papier besonders profitiert hat.

genannten »modernen« (Kooiman 1993) oder »kooperativen« (Mayntz 1998) Steuerungsformen bedient, die häufig auch als Netzwerke bezeichnet werden (Rhodes 1996; Eising und Kohler-Koch 1999; Kohler-Koch 1999). Es ist kein Zufall, das die Offene Methode der Koordinierung in der Literatur als »*new mode of governance*« von traditionellen Steuerungsformen in der EU wie der Gemeinschaftsmethode und dem regulativen Wettbewerb abgegrenzt wird (Eberlein und Kerwer 2002; Héritier 2002). Empirische Untersuchungen zeigen in der Tat, dass in der EU immer noch häufig über traditionelle hierarchische Steuerung regiert wird bzw. »neue« oder »weiche« (nicht-hierarchische) Steuerungsformen nur im »Schatten der Hierarchie« der supranationalen Institutionen funktionieren (Héritier 2003).

Obwohl die Art des Regierens in der EU nicht unbedingt neu ist, unterscheidet sie sich doch sowohl vom Regieren jenseits als auch diesseits des Nationalstaats. Jenseits des Nationalstaates verfügt die EU im Gegensatz zu anderen Formen des »*governance without government*« (Rosenau und Czempiel 1992) mit ihren supranationalen Institutionen über hoheitliche Entscheidungsmechanismen, die zumindest einen Schatten der Hierarchie werfen. Aber anders als diesseits moderner (föderaler) Staaten beruht dieser Schatten der Hierarchie nicht auf einem legitimen Gewaltmonopol. Zur Durchsetzung (*enforcement*) europäischen Rechts ist die EU letztendlich auf die Mitgliedsstaaten angewiesen, da sie nicht über eine kasernierte Polizeigewalt verfügt, mit der sie gegebenenfalls die Einhaltung ihrer verbindlichen Normen und Regeln erzwingen kann. Angesichts ihres immer wieder beklagten Demokratiedefizits ist es fraglich, inwieweit die Legitimität der EU auf Dauer ausreicht, freiwillige Folgebereitschaft zu generieren. Die begrenzte Fähigkeit der EU zur hierarchischen Steuerung gibt der Politikwissenschaft ein interessantes Rätsel auf: Obwohl zu erwarten wäre, dass die EU verstärkt über nicht-hierarchische Netzwerke regiert, finden sich im Vergleich zur nationalen und internationalen Ebene immer noch überraschend wenig Strukturen, in denen öffentliche und private Akteure in gemischten öffentlich-privaten Netzwerken bei der Entscheidungsfindung und Implementation gleichberechtigt zusammen wirken. Tripartistische Verhandlungssysteme sowie andere Formen öffentlich-privater Partnerschaften wie sie in den Mitgliedsstaaten seit langem bestehen und letztere sich zunehmend auch in der internationalen Politik herausbilden (Börzel und Risse 2005), sind auf europäischer Ebene nur begrenzt zu finden. Dies ist umso erklärungsbedürftiger als dass die EU – anders als internationale Organisationen und Regime – zumindest einen Schatten der Hierarchie erzeugen kann, der in der Steuerungstheorie als eine wichtige Voraussetzung für die Effektivität nicht-hierarchischer Steuerungsformen identifiziert wurde (Scharpf 1993; Mayntz 1995; Streeck und Schmitter 1985).

Der Beitrag will diesem Rätsel nachgehen und verfährt dabei in drei Schritten. Der erste Teil entwickelt mit Hilfe der *Governance*-Literatur einen analytischen Rahmen, der es erlaubt, das Wesen des »Regierens in der EU« (*European Governance*) zu erfassen. Der Analyserahmen legt einen breiten *Governance*-Begriff zugrunde, der verschiede Formen (hierarchisch/nicht-hierarchisch) und Akteurskonstellationen (öffentlich/privat) umfasst sowie zwischen einer vertikalen (zwischen verschiedenen Regierungsebenen) und horizontalen (innerhalb einer Regierungsebene) Dimension unterscheidet. Im zweiten Teil werden mit Hilfe des Analyserahmens Strukturen und Prozesse des Regierens in der EU auf ihr Wesen und mögliche Veränderungen untersucht. Inwiefern wird in der EU anders regiert als in den Mitgliedsstaaten? Hat sich die Art des Regierens im Lauf der Zeit verändert? Gibt es eine Annäherung zwischen der europäischen und der nationalen Ebene? Die Analyse wird zeigen, dass auf der vertikalen Dimension die EU ihre Kapazität zur hierarchischen Steuerung gegenüber den Mitgliedsstaaten zunehmend ausdehnen konnte, ohne dass dadurch jedoch auf der horizontalen Dimension die zwischenstaatliche Kooperation als wichtigste nicht-hierarchische Steuerungsform verdrängt worden ist. Während das Pendeln zwischen supranationalen (hierarchischen) und inter- und transgouvernementalen (nicht-hierarchischen) Steuerungsformen zu einer der markantesten Eigenarten des Regierens in der EU geworden ist (Wallace und Wallace 1996: 12-13), fallen die Entwicklungen hinsichtlich der Beziehungen zwischen öffentlichen und privaten Akteuren sowohl auf der horizontalen als auch auf der vertikalen Dimension bescheidener aus. Bisher gibt es auf der europäischen Ebene keine den in den Mitgliedsstaaten vergleichbaren Formen öffentlich-privater Ko-Regulierung. Noch findet eine ebenenübergreifende Kooperation zwischen supranationalen Entscheidungsträgern und privaten Akteuren aus den verschiedenen Mitgliedsstaaten und deren Regionen statt, die letztere gleichberechtigt in die Setzung und Umsetzung europäischer Politikprogramme einbeziehen würde. Der Beitrag schließt mit einigen Überlegungen zu möglichen Antworten auf das hier aufgeworfene Rätsel: Wieso haben sich nicht-hierarchische Steuerungsformen in Form von inter- und transgouvernementalen Netzwerken herausgebildet, während sich öffentlich-private Netzwerkstrukturen des Regierens im EU-Mehrebenensystem bisher kaum finden lassen?

2. *Governance-Ansätze in der Integrationsforschung*

Der Versuch einer Begriffsklärung

Der *Governance*-Begriff hat in den letzten Jahren einen rasanten Aufstieg erfahren, nicht nur in der Integrationsforschung, sondern auch in anderen Teildisziplinen der Politikwissenschaft.[2] Die disziplinenübergreifende Attraktivität des Konzepts liegt vor allem darin begründet, dass der *Governance*-Begriff eine Perspektive ermöglicht, die das Regieren sowohl im internationalen System (jenseits des Staates) als auch innerhalb des Staates (diesseits des Staates) erfassen kann. Dahinter steckt die Einsicht, die sich in den internationalen Beziehungen zunehmend durchsetzt, dass im internationalen System trotz der Abwesenheit einer sanktionsbewährten Zentralgewalt in Form eines legitimen Gewaltmonopols regiert werden kann und auch regiert wird (z.B. Zürn 1997). Die *Governance*-Perspektive überwindet somit die kategoriale

---

[2] Einen Überblick über den *Governance*-Begriff in den Internationalen Beziehungen und der Integrationsforschung findet sich bei Jachtenfuchs 1998. Für die *Governance*-Diskussion in anderen Teildisziplinen der Politikwissenschaft siehe Mayntz 1998.

Trennung zwischen innerstaatlicher und internationaler Politik, zwischen nationaler Hierarchie und internationaler Anarchie, welche die Politikwissenschaft traditionell geprägt hat. Trotz oder gerade wegen seines Erfolgs wird der *Governance*-Begriff jedoch recht unterschiedlich verstanden und häufig nicht klar definiert, was nicht selten für Verwirrung sorgt. In den Internationalen Beziehungen stehen den eher präskriptiv orientierten Arbeiten in der Diskussion um *Global Governance* (Reinicke 1998; Commission on Global Governance 1995) die primär analytisch orientierten Ansätze des Regierens jenseits der Staatlichkeit (Jachtenfuchs 2003; Zürn 1998; Kohler-Koch 1998) gegenüber. Wichtiger ist jedoch zum einen die Unterscheidung zwischen prozess-orientierten und strukturorientierten *Governance*-Konzepten, die sich auf unterschiedliche Forschungsstränge zurückführen lassen. Zum anderen hat der *Governance*-Begriff in den letzten Jahren eine Engführung erfahren, indem er häufig nur noch für eine bestimmte,»neue« Form des kooperativen Regierens unter der systematischen Einbeziehung privater Akteuren verwendet wird.

Governance als Prozess politischer Steuerung vs. Governance als Struktur sozialer Ordnung

In der deutschsprachigen Literatur ist *Governance* mit politischer Steuerung (*political steering*) übersetzt worden. Dies mag auch daran liegen, dass es im Deutschen eine Unterscheidung zwischen *government* und *governance* nicht gibt. Wer den englischen Begriff *Governance* vermeiden will, spricht mittlerweile allerdings eher von »Regieren mit großem R« (vgl. Kohler-Koch 1998) als von politischer Steuerung und meint damit – in Anlehnung an die Politikdefinition von David Easton (Easton 1965) – die Formulierung und Durchsetzung allgemeinverbindlicher Regeln für ein Gemeinwesen (z.B. Kohler-Koch 1998; Zürn 1998). Die Definition entspricht jedoch weitgehend dem Begriff der politischen Steuerung, wie ihn Renate Mayntz für die politikwissenschaftliche Steuerungstheorie formuliert hat: die »(Fähigkeit zur) konzeptionell orientierten Gestaltung der gesellschaftlichen Umwelt durch politische Instanzen« (Mayntz 1997: 189, vgl. Mayntz 1995). Politische Steuerung und Regieren bezeichnen mithin Prozesse, die nicht nur ein Steuerungsobjekt, sondern auch ein zum Steuerungshandeln fähiges Steuerungssubjekt voraussetzen. Darin liegt ein entscheidender Unterschied zu eher struktur-orientierten *Governance*-Ansätzen, die in der englischsprachigen Literatur vorherrschen und von der Transaktionskostenökonomie beeinflusst wurden. Hier wird *Governance* als Struktur oder Form sozialer Ordnung verstanden. Neben Markt und Hierarchie (Bürokratie) als alternative Formen der wirtschaftlichen Organisation (Williamson 1979) bzw. sozialen Ordnung (Lindblom 1977) traten andere Formen sozialer Ordnung wie Gemeinschaften/Klans (Ouchi 1980), Verbände (Streeck und Schmitter 1985) und Netzwerke (Powell 1990; Börzel 1998). Dieser *Governance*-Begriff ist weiter gefasst als jener der politischen Steuerung. Weil letzterer ein zielgerichtet handelndes Steuerungssubjekt erfordert, stellen Markt und Gemeinschaft zwar Strukturen sozialer Handlungskoordination, aber keine politischen Steuerungsformen dar, sondern können lediglich als Steuerungsinstru-

mente fungieren, wenn Marktprinzipien oder Gemeinschaftsbindung zu politischen Steuerungszwecken eingesetzt werden (Mayntz 1997: 190-191).
Natürlich gibt es eine logische Verbindung zwischen bestimmten *Governance*-Strukturen und Prozessen. Während innerhalb des Staates sowohl hierarchisch als auch nicht-hierarchisch gesteuert werden kann, zeichnen sich Netzwerke und Verhandlungssysteme *per definitionem* dadurch aus, dass öffentliche und private Akteure ihre Handlungen auf nicht-hierarchische Weise koordinieren. Trotzdem ist es sinnvoll, Struktur und Prozess analytisch zu unterscheiden. Die *Governance*-Struktur ergibt sich aus den Akteuren und den Beziehungsmustern zwischen ihnen. Märkte sind spontane Ordnungen, deren (private) Akteure sich gleichberechtigt gegenüber stehen und ihre Handlungen autonom koordinieren (keine strukturelle Kopplung). In Staaten/Bürokratien besteht hingegen eine Über-/Unterordnung zwischen den (öffentlichen) Akteuren, die deren Handlungsautonomie entscheidend einschränkt (feste Kopplung). Dafür können Staaten – anders als Märkte – nach innen und außen intentional handeln, also als Steuerungsakteure auftreten, indem sie das Handeln anderer (privater) Akteure per hoheitlicher Weisung (hierarchisch) koordinieren (sanktioniert durch die Möglichkeit, Zwang auszuüben). In Netzwerken stehen sich schließlich private und öffentliche Akteure gleichberechtigt gegenüber. Grundsätzlich lassen sich drei Formen von Netzwerken unterscheiden: 1) gouvernementale Netzwerke zwischen rein öffentlichen Akteuren, die auf verschiedenen Regierungsebenen angesiedelt sein können (international, europäisch, national, regional, lokal); 2) gesellschaftliche Netzwerke, die nur private Akteure aus Wirtschaft und/oder Zivilgesellschaft einbeziehen; und 3) öffentlich-private Netzwerke, in denen sowohl öffentliche als auch private Akteure gleichberechtigt miteinander interagieren. In der politikwissenschaftlichen Literatur werden Netzwerke als *Governance*-Struktur jedoch häufig nur als die nicht-hierarchischen Beziehungen von öffentlichen und privaten Akteuren verstanden. Dies gilt vor allem für den eng geführten *Governance*-Begriff (siehe unten). Der Fokus auf öffentlich-private Netzwerke hängt damit zusammen, dass sich der Netzwerkbegriff aus der Debatte um das staatliche Steuerungsversagen in den 70er Jahren heraus entwickelt hat (Mayntz 1987, Mayntz 1995).
In (öffentlich-privaten) Netzwerken haben öffentliche Akteure zwar die Möglichkeit zur hoheitlichen Entscheidung, machen davon aber keinen Gebrauch, sondern rekurrieren auf nicht-hierarchische Koordinationsmechanismen, die auf dem Austausch von materiellen und immateriellen Ressourcen beruhen. Private Akteure bieten öffentlichen Akteuren Informationen, Expertise, finanzielle Mittel oder politische Unterstützung (Legitimität), die letztere brauchen, um verbindliche Regeln zu setzen und durchzusetzen. Im Gegenzug erhalten private Akteure einen substantiellen Einfluss auf den Inhalt der Regeln, da öffentliche Akteure keine politischen Entscheidungen gegen die Interessen der beteiligten privaten Akteure treffen. Der Vorteil der direkten Einbeziehung privater Akteure in den Politikprozess wird in problemadäquateren Politikprogrammen sowie deren effektiveren Umsetzung gesehen, weil die Zielgruppen der Politik ihr Wissen und ihre Interessen einbringen können (Mayntz 1997: 193-198).

Hinsichtlich *Governance* als *Prozess* lassen sich hierarchische und nicht-hierarchische Formen der Handlungskoordination oder Steuerungsmodi unterscheiden. Hierarchische Steuerung wird in der Regel mit hoheitlicher Weisung (z.b. Verwaltungsakt; Gerichtsurteil) gleichgesetzt, der sich Akteure unterwerfen müssen. Aber auch Mehrheitsentscheidungen (z.b. Gesetze) enthalten Elemente hierarchischer Steuerung, weil sich die Minderheit der Mehrheitsentscheidung beugen muss (Scharpf 1992). Während rationalistische Handlungstheorien auf Anreizsteuerung sowie das Aushandeln und Vereinbaren von Kompromissen vor dem Hintergrund feststehender Akteursinteressen abheben (*bargaining*), betonen soziologische Handlungstheorien nicht-manipulative Überzeugungs- und Lernprozesse als nicht-hierarchische, »weiche« Steuerungsformen, über die Akteure in neue Normen und Regeln hinein sozialisiert werden und ihre Interessen entsprechend ändern (vgl. Börzel 1998; Börzel und Risse 2005).

Governance: Struktur und Prozess

Akteurskonstellation / Steuerungsmodi	Öffentliche Akteure	Öffentlich-Private Akteure	Private Akteure
Hierarchisch – Mehrheitsentscheidung – Hierarchische Weisung	Hierarchische Setzung – Staat – Unabhängige Regulierungsbehörden – Supranationale Institutionen		
Nicht-hierarchisch – Verhandeln – Argumentieren	Zwischenstaatliche Kooperation – Internationale Organisationen – Zwischenstaatliche Verhandlungen – Intergouvernementale Verhandlungen im Bundesstaat	Kooperation zwischen öffentlichen und privaten Akteuren – Tripartistische Verhandlungssysteme – Öffentlich-private Partnerschaften Regulierte Selbstregulierung[3] – Tarifautonomie – Berufsverbände, Kammern – Technische Normierung	Gesellschaftliche Selbstregulierung – private Regime – freiwillige Selbstverpflichtung

---

3 Regulierte Selbstregulierung ist keiner der beiden Akteursebenen klar zuzuordnen, weil sie einerseits ohne direkte Mitwirkung öffentlicher Akteure stattfindet, aber andererseits eine Delegation (Beleihung, Verkammerung) von öffentlichen Aufgaben an Selbstregulierungsinstitutionen durch öffentliche Akteure vorangegangen ist und damit ein rechtlicher Rahmen sowie eine hoheitliche Aufsicht über die Selbstregulierung existieren, die häufig ein Letztentscheidungsrecht bei Nichteinigung bzw. eine »Ersatzvornahme« einschließen (Mayntz 1995).

Alte vs. neue Governance-Formen

In den letzten Jahren hat sich die *Governance*-Forschung verstärkt mit einer bestimmten Form des Regierens beschäftigt, die ohne hierarchische Steuerungsformen auskommt und auf der Kooperation öffentlicher und privater Akteure in formalisierten Verhandlungssystemen oder informellen Netzwerken beruht. Diese Form des *Governance without Government* (Rosenau und Czempiel 1992) hat die Attribute »kooperativ« (Mayntz 1998), »modern« (Kooiman 1993), »interaktiv« (Kohler-Koch 1997) oder einfach »neu« (z.B. Héritier 2003; vgl. auch das vom EHI koordinierte integrierte Projekt »New Modes of Governance in Europe«) erhalten. Diese »neuen Formen des Regierens« (*new modes of governance*) zeichnen sich erstens dadurch aus, dass nicht-staatliche Akteure direkt in die Formulierung und Umsetzung verbindlicher Regeln einbezogen werden. Zu diesen nicht-staatlichen Akteuren gehören sowohl Wirtschaftsunternehmen als auch Nicht-Regierungsorganisationen. Anders als beim Lobbying agieren nicht-staatliche Akteure als Träger politischer Autorität und regieren insofern als ebenbürtige Partner öffentlicher Akteure mit. Die »neuen Formen des Regierens« zeichnen sich zweitens dadurch aus, dass nicht klassisch hierarchisch »von oben nach unten« regiert wird, sondern auf so genannte »weiche« Formen politischer Steuerung wie materielle Anreize und Überzeugung zurückgegriffen wird (siehe oben). Damit wird der *Governance*-Begriff auf Netzwerke und Verhandlungssysteme zwischen öffentlichen und privaten Akteuren verengt, weshalb häufig auch von *network governance* gesprochen wird (Rhodes 1997; Eising und Kohler-Koch 1999). Dies führt jedoch bei einem enger gefassten *Governance*-Begriff zu einer Tautologie, es sei denn, die nicht-hierarchischen Beziehungen zwischen rein öffentlichen Akteuren werden ausdrücklich mit eingeschlossen, was außerhalb der Internationalen Beziehungen jedoch nicht üblich ist (Mayntz 2002). Auch scheint es nicht mehr sinnvoll, zwischen alten und neuen Formen des Regierens zu unterscheiden.

Der Governance-Begriff in seiner Vielfalt

Die semantischen Unschärfen des *Governance*-Begriffs machen deutlich, wie wichtig es ist, Konzepte klar zu definieren, insbesondere wenn wir Mehrebenensysteme betrachten, in denen nicht nur unter Einbeziehung privater Akteure, sondern auch über mehrere Regierungsebenen regiert wird. Neben der Unterscheidung zwischen Prozess und Struktur einerseits und Akteurskonstellationen andererseits erscheint deshalb eine weitere analytische Differenzierung sinnvoll, die zwischen der vertikalen Dimension der Beziehungen zwischen verschiedenen Regierungsebenen und der horizontalen Dimension der Beziehungen innerhalb einzelner Regierungsebenen trennt. Wie wir im nächsten Abschnitt sehen werden, verfügt die EU hinsichtlich der vertikalen Dimension zunehmend über die Fähigkeit, hierarchisch zu steuern, ohne dabei inter- und transgouvernementale Formen der nicht-hierarchischen Koordination auf der horizontalen Dimension zu verdrängen. Die nicht-hierarchische Koordination privater und öffentlicher Akteure entlang beider Dimensionen fällt hingegen sehr viel

Der Governance-Begriff in seiner Vielfalt

	Prozess-orientiert	Struktur-orientiert
Breit gefasst	Hierarchische Koordination – hoheitliche Weisung – Mehrheitsentscheidung	Hierarchie/Staat/Bürokratie Unabhängige Regulierungsbehörden Supranationale Institutionen
	Nicht-hierarchische Koordination zwischen öffentlichen und privaten Akteuren – Verhandlung – Überzeugung	Netzwerke Tripartistische Verhandlungssysteme Öffentlich-private Partnerschaften
	Regulierte Selbstregulierung (im Schatten der Hierarchie)	Neokorporatische Verhandlungssysteme Verbände
	Gesellschaftliche Selbst-Regulierung	Gemeinschaft/Klan Markt (spontane Ordnung, Anarchie)
Eng gefasst *»Neue«* *Formen des* *Regierens in* *Netzwerken*	Nicht-hierarchische Koordination zwischen öffentlichen und privaten Akteuren über Prozesse des Argumentierens und Verhandelns	Netzwerke Tripartistische Verhandlungssysteme Öffentlich-private Partnerschaften

bescheidener aus, so dass von *network governance* in der EU – wenn überhaupt – nur in Ansätzen gesprochen werden kann, insbesondere, wenn rein gouvernementale Netzwerke in die Betrachtung nicht miteinbezogen werden.

3. European *Governance*

Es ist kaum überraschend, dass der verengte *Governance*-Begriff auf die Europäische Union angewandt worden ist, scheint er doch das Wesen von *European Governance*, das sich mit »Regieren im Europäischen Mehrebenensystem« übersetzen lässt (Jachtenfuchs und Kohler-Koch 1996), am ehesten zu erfassen. In der EU wird regiert, allerdings können europäische Akteure bei der Durchsetzung verbindlicher Regeln nur begrenzt auf hierarchische Koordinationsformen zurückgreifen, da es an einer sanktionsbewehrten Zentralgewalt fehlt. Weil sie zwar Recht setzt, aber zu dessen Durchsetzung anders als der moderne Staat nicht über ein legitimes Gewaltmonopol verfügt, wird die EU als politisches System eigener Art bezeichnet, in dem auf besondere Weise regiert wird. Die Literatur macht drei wesentliche Merkmale aus, die als charakteristisch für das Regieren in der EU gelten:

1) Die Zuständigkeiten für das Setzen und Durchsetzen Europäischen Rechts sind nicht ausschließlich bei der EU angesiedelt, sondern über mehrere Regierungsebenen – EU, national, regional, lokal – verteilt (Marks 1993, Marks 1992).
2) An der Regelsetzung und -durchsetzung sind nicht nur öffentliche, sondern auch private Akteure maßgeblich beteiligt (Mazey und Richardson 1993; Peterson und Bomberg 1998). Dabei stehen öffentliche und private Akteure nicht in einer hierarchischen Beziehung zu einander, sondern ihr Verhältnis ist durch eine wechselseitige Abhängigkeit gekennzeichnet, weil beide über Ressourcen verfügen, die für das effektive und legitime Regieren in der EU notwendig sind (Jachtenfuchs 1997).
3) Die EU setzt vor allem regulative Politik. Statt auf die Umverteilung von Ressourcen zielt diese auf die technische Regulierung sozialer und politischer Risiken ab (Majone 1993, Majone 1994, Majone 1996). Aufgrund geringer Verteilungskonflikte sowie des hohen Stellenwertes wissenschaftlicher Expertise bei regulativen Politiken sind Entscheidungsprozesse eher an der sachgerechten Lösung von Problemen denn an individueller Nutzenmaximierung orientiert (Joerges und Neyer 1998). Diese Entpolitisierung begünstigt auch die Delegation regulativer Kompetenzen an unabhängige Regulierungsbehörden (Majone 1994, Majone 1996: 28-46, 61-79).

Die wechselseitige Abhängigkeit zwischen verschiedenen Regierungsebenen einerseits und zwischen öffentlichen und privaten Akteuren andererseits, sowie die dominierende Problemlösungsorientierung in Prozessen regulativer Politik haben zur Herausbildung von »netzwerkartigen« Mustern des Regierens in der EU geführt (Eising und Kohler-Koch 1999), die sich von den klassischen Formen des Regierens sowohl jenseits als auch diesseits des Nationalstaates grundsätzlich unterscheiden und deshalb auch als »neu« bezeichnet wurden (Jachtenfuchs 1995; Hurrell und Menon 1996; Kohler-Koch 1999).

> »Europe's supranational Community functions according to a logic different from that of the representative democracies of its member states. Its purpose and institutional architecture are distinctive, promoting a particular mode of [network TAB] governance« (Kohler-Koch 1999: 14-15).

Das Regieren in Netzwerken (*network governance*) zeichnet sich dadurch aus, dass erstens Politik vorwiegend an Problemlösung orientiert ist und zweitens der Politikprozess durch hoch organisierte gesellschaftliche Subsysteme bestimmt wird. Drittens weicht die hierarchische Über-/Unterordnung zwischen öffentlichen und privaten Akteuren einem stärker gleichberechtigten Austausch, der die Grenzen zwischen öffentlicher und der privater Sphäre verwischt (Kohler-Koch 1999: 25-26). *Network governance* ist nicht die einzige Regierungsform in der EU, aber sie gilt zumindest in den vergemeinschafteten Politikbereichen der so genannten ersten Säule als dominant (Eising und Kohler-Koch 1999; Jachtenfuchs und Kohler-Koch 2004). Mit der Diagnose der Entwicklung und Verbreitung des *network governance* im europäischen

Mehrebenensystem verband sich auch die Erwartung einer Transformation des Regierens in den Mitgliedsstaaten, die sich in der Entstehung neuer, kooperativer Formen politischer Steuerung auf der nationalen und regionalen Ebene niederschlagen sollte und die Castells als *network state* bezeichnet (Castells 1998; Kohler-Koch 1996, Kohler-Koch 1999, Kohler-Koch 1998; Rhodes 1997). Die Europäisierungsforschung hat mittlerweile gezeigt, dass die von Europa induzierte »Transformation von Staatlichkeit« (Jachtenfuchs 1995; Jachtenfuchs und Kohler-Koch 1996; Grande 1993; vgl. bereits Héritier, et al. 1994), in der sich der Staat zunehmend vom Steuerungsakteur zum Vermittler und Koordinator gesellschaftlicher Interessen wandelt, so nicht eingetroffen ist (Kohler-Koch 1998; Cowles, et al. 2001; für einen Überblick über die Europäisierungsforschung vgl. Börzel 2005a). Dies mag daran liegen, dass *network governance* keineswegs die für die EU typische Regierungsform ist, auch nicht in den vergemeinschafteten Bereichen.

Zum einen wird diesseits des Nationalstaates schon lange in Netzwerken regiert. Bereits in den 70er Jahren hat die Debatte um das Steuerungsversagen gezeigt, dass der Staat kaum mehr in der Lage ist, gesellschaftliche Probleme nur über hierarchische Steuerung zu lösen (für einen Überblick vgl. Mayntz 1995). Damit wurde der Blick auf alternative, nicht-hierarchische Steuerungsformen gelenkt, die in Deutschland vor allem am Max-Planck-Institut für Gesellschaftsforschung in Köln systematisch untersucht worden sind (Mayntz und Scharpf 1995; Streeck und Schmitter 1985). Selbst in verhältnismäßig stark zentralisierten Staaten wie Frankreich oder Großbritannien wirken öffentliche und private Akteure beim Setzen und Durchsetzen verbindlicher Regeln über mehrere Regierungsebenen hinweg zusammen (Müller und Wright 1994). Das Ausmaß (re-)distributiver Politik mag in den Mitgliedsstaaten um ein Vielfaches größer sein als in der EU. Doch selbst regulative Entscheidungen haben häufig redistributive Wirkung (Windhoff-Héritier 1980). Das Prinzip der wechselseitigen Anerkennung und die Harmonisierung nationaler Standards im Binnenmarkt sowie die Wettbewerbskontrolle oder die Konvergenzkriterien beschränken die redistributiven Kapazitäten der Mitgliedsstaaten (Scharpf 1996). Die Regulierung von Umwelt- und Gesundheitsrisiken oder die Harmonisierung nationaler Standards für die Anerkennung von Flüchtlingen und Asylbewerbern gehen mit einer zunehmenden Politisierung der EU-Entscheidungsprozesse einher und haben nur noch wenig mit der technokratischen Allokation von Werten, in der es keine eindeutigen Gewinner und Verlierer gibt, zu tun (Hix 1998: 40-42). Darüber hinaus wird das Regieren in Netzwerken in der EU von der Literatur ja keineswegs auf die regulative Politik beschränkt – das Konzept des *multilevel governance* wurde schließlich im Bereich der EU-Strukturpolitik entwickelt (Marks 1993 und dort auch am häufigsten empirisch untersucht (Heinelt 1996; Hooghe 1996; Kohler-Koch 1998).

Zum anderen wird in der EU wesentlich mehr hierarchisch als in Netzwerken regiert.[4] Die EU verfügt zwar nicht über ein legitimes Gewaltmonopol, wie es klassischerweise im modernen Staat zu finden ist. Doch aufgrund ihres supranationalen Charak-

---

4 Auf Formen des Regierens in der EU, die auf Marktprinzipien rekurrieren, kann hier nicht näher eingegangen werden (vgl. Sun und Pelkmans 1995).

ters kann sie durchaus hierarchisch steuern. Das geltende Gemeinschaftsrecht umfasst über 10.000 verbindliche Rechtsakte, von denen die meisten über die so genannte Gemeinschaftsmethode erlassen wurden. In dem Standardgesetzgebungsverfahren der EU, wie es auch im Art. III-302 des Verfassungsvertrags festgeschrieben wurde, hat die Kommission das Initiativmonopol, während der Rat der EU und das Europäisch Parlament als Ko-Gesetzgeber tätig sind. Die verabschiedeten Richtlinien und Verordnungen genießen Vorrang vor nationalem Recht. Zwar obliegt die Umsetzung Europäischen Rechts den Mitgliedsstaaten. Verordnungen sind aber unmittelbar anwendbar, und auch Richtlinien können häufig von Bürgern vor nationalen Gerichten eingeklagt werden, selbst wenn sie noch nicht in nationale Gesetze überführt wurden. Außerdem wacht die Kommission als Hüterin der Verträge über die effektive Anwendung des Gemeinschaftsrechts und kann jeden Mitgliedsstaat vor den Europäischen Gerichtshof bringen, der gegen EU-Gesetze verstößt. Mit der zunehmenden Ausdehnung von Mehrheitsentscheidungen im Rat sowie der schrittweisen Aufwertung des Europäischen Parlaments zu einem dem Rat nahezu gleichberechtigten Mitgesetzgeber kann die EU also einzelne Mitgliedsstaaten gegen deren Willen binden. Während die Regierungen der Mitgliedsstaaten in den überwiegenden Fällen an der Setzung und Umsetzung verbindlicher EU-Entscheidungen *mit*wirken, unterliegen sie in der Währungspolitik und Teilen der Wettbewerbskontrolle den hoheitlichen Weisungen der Europäischen Zentralbank bzw. der Europäischen Kommission. Natürlich sind die nationalen Regierungen in den gesamten supranationalen Politikprozess maßgeblich eingebunden, z.B. über die Expertenausschüsse der Kommission zur Vorbereitung von Gesetzesvorlagen oder über die Komitolgie zur Konkretisierung verabschiedeter Normen. Selbst der offiziellen Eröffnung eines Vertragsverletzungsverfahren geht immer eine informelle Verhandlungsphase voraus, in der die Kommission und die Regierungen der Mitgliedsstaaten über 60 Prozent aller strittigen Fälle beilegen (Börzel 2003). Transgouvernementale Politiknetzwerke, die sich meist über mehrere Regierungsebenen spannen, verschaffen den Mitgliedsstaaten einschließlich ihrer regionalen und lokalen Gebietskörperschaften Zugang zu allen Phasen des Europäischen Politikprozesses. In diesen Netzwerken koordinieren supranationale, nationale und sub-nationale Funktionsträger ihre Interessen über den Austausch von Ressourcen. Inwieweit dort eher problemlösungsorientiert gehandelt als dem individuellen Nutzen folgend verhandelt wird, ist eine empirische Frage (und sollte nicht Teil der Definition von *network governance* sein), die hier nicht weiter erörtert werden kann. Entscheidend ist viel mehr, dass es sich hier um transgouvernementale Politiknetzwerke handelt, die – ähnlich wie in den Mitgliedsstaaten – im Schatten der Hierarchie majoritärer Entscheidungsprozesse bzw. hoheitlicher Weisung operieren. Auch wenn im Rat in weniger als Dreiviertel aller möglichen Fälle formal abgestimmt wird (Hayes-Renshaw und Wallace 1997: 18-19), das Europäische Parlament nur selten sein aufschiebendes bzw. abschließendes Veto im Zusammenarbeits- bzw. Mitentscheidungsverfahren einlegt und nur 10 Prozent aller offiziell eröffneten Vertragsverletzungsverfahren vom Europäischen Gerichtshof entschieden werden (Börzel 2003: 216-217), beeinflusst der »shadow of the Council vote, of the Parliament veto, and of the Court sanctions« die Dynamik und das Ergebnis transgouvernementaler Verhandlungsprozessen erheblich (Golub 1999; Garrett 1995; Tsebelis und Garrett 1997; Börzel 2003: 202-204). Die mit der fortschreitenden Supranationalisierung einhergehende Ausdehnung des Schattens der Hierarchie auf der vertikalen Dimension unterscheidet die EU von internationalen Organisationen und Regimen, die nicht über die Fähigkeit zur hierarchischen Koordination qua Mehrheitsentscheidung oder hoheitlicher Weisung gegenüber Staaten verfügen. Dabei haben supranationale Institutionen die klassischen Formen des Regierens jenseits des Nationalstaats keineswegs verdrängt. Die nicht-hierarchische Koordination und Kooperation zwischen Staaten auf der horizontalen Ebene dominiert nicht nur die gemeinsame Außen- und Sicherheitspolitik, sondern z.b. auch Teile der Sozial-, Beschäftigungs-, Bildungs- und Kulturpolitik. In diesen Bereichen hat die EU, wenn überhaupt, nur ergänzende Kompetenzen, und der formale Einfluss des »supranationalen Dreigestirns« (Kommission, Parlament, Gerichtshof) ist äußerst begrenzt. Gemeinsame Maßnahmen beruhen auf der freiwilligen Zusammenarbeit der Mitgliedsstaaten und haben nicht selten keinen rechtlich bindenden Charakter (*soft law*). Sie werden von inter- und transgouvernementalen Netzwerken vorbereitet und begleitet, die frei vom Schatten der Hierarchie supranationaler Institutionen agieren. Der Bologna-Prozess, der die europaweite Einführung einheitlicher Bachelor- und Master-Studiengänge eingeleitet hat, ist ein Beleg für die Effektivität zwischenstaatlicher Koordination auf freiwilliger Basis, die sich sogar außerhalb der EU- Institutionen vollzieht.

Zusammenfassend kann festgehalten werden, dass das Regieren im EU-Mehrebenensystem auf der Kombination und Durchdringung zweier Steuerungsformen beruht: der hierarchischen Koordination über supranationale Entscheidungsprozesse (Mehrheitsentscheidungen und hoheitliche Weisung) auf der vertikalen Dimension einerseits, und der nicht-hierarchischen Koordination über die freiwillige Zusammenarbeit zwischen den Mitgliedsstaaten über inter- und transgouvernementale Netzwerke auf der horizontalen Dimension andererseits. Entgegen den Erwartungen von Verfechtern eines »Europa der Regionen« konnten sich die regionalen bzw. lokalen Gebietskörperschaften nicht als dritte Regierungsebene in der EU etablieren. Ihre Vertreter sind in den EU-Politikprozess eingebunden, allerdings vordringlich über die Zusammenarbeit mit ihren nationalen Regierungen auf innerstaatlicher Ebene (Jeffery 2000; Börzel 2002). Deshalb spielen inter- und transgouvernementale Netzwerke auf der vertikalen Dimension nur eine untergeordnete Rolle. Vertreter nationaler und regionaler Regierungen begleiten zwar das (hierarchische) Setzen und Durchsetzen von EU-Politiken. Doch die Vorbereitung und Ausführung politischer Entscheidungen durch transgouvernementale Politiknetzwerke ist weder eine Besonderheit der EU noch macht sie die Essenz des Regierens in Netzwerken aus. (*Network*) *governance* hebt vielmehr auf die gleichberechtigte Einbeziehung privater Akteure in politische Entscheidungsprozesse ab. Selbst wenn rein öffentliche Akteurskonstellationen in die Definition miteinbezogen werden, verfügen nationale Beamte und Regierungsmitglieder in der Gemeinschaftsmethode – anders als im Bereich der intergouvernementalen Zusammenarbeit – nicht über die Möglichkeit, Politikergebnisse, die ihren Interessen zuwider laufen, zu verhindern.

Auch private Akteure sind natürlich auf vielfältige Weise in den EU-Politikprozess eingebunden. Vor allem die Kommission ist aufgrund ihrer begrenzten Ressourcen auf die Zusammenarbeit mit wirtschaftlichen und gesellschaftlichen Akteuren angewiesen, die sie mit den für die Formulierung effektiver Politiken notwendigen Informationen und Sachverstand versorgen. Das gleiche gilt für die Konkretisierung europäischer Gesetze in den Ausschüssen der Komitologie (Joerges und Neyer 1997) oder die Überwachung der Regelbefolgung in den Mitgliedsstaaten (Richardson 1996; Börzel 2003: 203-205). Auch der Rat mit seinen Arbeitsgruppen und dem Ausschuss der Ständigen Vertreter sowie das Europäische Parlament eröffnen Experten und Interessengruppen Zugangsmöglichkeiten zum Europäischen Entscheidungsprozess. Bei den Kontakten zwischen europäischen Entscheidungsträgern und privaten Akteuren handelt es sich nicht nur um Lobbying, also um Versuche der einseitigen Einflussnahme seitens des Privatsektors und der Zivilgesellschaft auf politische Entscheidungen der EU. Es bilden sich informelle Beziehungen heraus, die nicht selten in die Entstehung von Politiknetzwerken münden, in denen öffentliche und private Akteure Ressourcen (Informationen, Expertise, Legitimität) austauschen. Solche Politiknetzwerke, die nach Form und Dichte zwischen den verschiedenen Politiksektoren variieren, sind ein wichtiges Merkmal des Regierens im EU-Mehrebenensystem (Peterson 2004; vgl. Peterson und Bomberg 1998). Aber Politiknetzwerke sind nichts für die EU eigentümliches, sondern fester Bestandteil nationaler Politikprozesse (Atkinson und Coleman 1989; Marin und Mayntz 1991; Marsh und Rhodes 1992; Le Galès und Thatcher 1995; Jansen und Schubert 1995). Auch sind Politiknetzwerke nicht gleichbedeutend mit *network governance* oder Regieren in Netzwerken. Es gibt eine nahezu babylonische Vielfalt von Definitionen des Politiknetzwerkbegriffs (vgl. Börzel 1998). Gemeinsam ist ihnen der Bezug auf relativ stabile, vorwiegend informelle Beziehungen zwischen Akteuren (öffentliche und/oder private), die ein kollektives Interesse an einem bestimmten Politikergebnis teilen und zu dessen Verfolgung Ressourcen austauschen in dem Bewusstsein, dass Kooperation der beste Weg zur gemeinsamen Zielerreichung ist. *Network governance* hebt ebenfalls auf die Bedeutung nicht-hierarchischer Beziehungen zwischen Akteuren ab, die sich aber nicht nur auf eine wechselseitige Ressourcenabhängigkeit gründen, sondern auf der Anerkennung *privater* Akteure als *gleichberechtigte Verhandlungspartner*. Dies schließt aus, dass öffentliche Akteure verbindliche Regeln qua Mehrheitsbeschluss oder hoheitliche Weisung hierarchisch gegen die Interessen privater Akteure setzen bzw. durchsetzen. Anders als in Politiknetzwerken haben private Akteure also aufgrund der von ihnen bereit gestellten Ressourcen nicht nur einen inhaltlichen Einfluss auf Politikergebnisse. In tripartistischen (z.B. Bündnis für Arbeit) und öffentlich-privaten Partnerschaften (z.B. LKW-Maut) verfügen private Akteure über ein formales bzw. faktisches Vetorecht.

Die Übergänge zwischen dem »Regieren mit Politiknetzwerken« und dem »Regieren in Netzwerken« sind fließend, wenn majoritäre oder hierarchische Institutionen lediglich die in Politiknetzwerken ausgehandelten Ergebnisse umsetzen.[5] Dies ist jedoch in der EU keineswegs der Fall, auch wenn Politiknetzwerke einen wichtigen Einfluss auf politische Entscheidungen ausüben können. Während Politiknetzwerke die Formulierung und Umsetzung von EU Politik in vielen Bereichen begleiten, sind Formen des *network governance* auf europäischer Ebene kaum zu finden. Es gibt keine tripartistischen Verhandlungssysteme, die politische Parteien, Interessengruppen und Kommissionen zur Setzung und Durchsetzung Europäischer Regeln zusammenbringen. Ansätze lassen sich lediglich im Bereich der Sozialpolitik erkennen. Im Rahmen des mit dem Maastrichter Vertrag eingeführten Sozialdialogs können Arbeitgeber und Arbeitnehmer verbindliche Abkommen schließen und auf ihren Wunsch in EU Recht überführen lassen. Das Verfahren kam bisher nur zweimal zur Anwendung. Viel entscheidender ist aber, dass die Einführung des Verfahrens ohne den Schatten der Hierarchie nicht möglich gewesen wäre. Erst nach dem Übergang zu Mehrheitsentscheidungen in Teilen der Sozialpolitik haben die Arbeitgeberverbände ihren Widerstand gegen Vorstöße der Kommission in Richtung neokorporatistischer Formen der Sozialgesetzgebung aufgegeben und der Einführung des Sozialpartnerschaftsverfahrens zugestimmt, das ihnen ein Mitentscheidungsrecht einräumt während das (hierarchische) Mehrheitsverfahren im Rat ihre Einflussmöglichkeiten über die nationalen Regierungen erheblich mindert (Falkner 1999: 96).

Die gleichberechtigte Einbeziehung privater Akteure in den EU-Politikprozess hat erst mit der Einführung so genannter »neuer (*sic*) Formen des Regierens« (*new modes of governance*) an Bedeutung gewonnen. Wachsende Effektivitäts- und Legitimitätsprobleme der EU haben den Ruf nach Alternativen zur traditionellen Gemeinschaftsmethode mit ihrer hierarchischen Regulierung durch Gesetzgebung laut werden lassen (Héritier 2003: 105-106; Scott und Trubek 2002: 2; Commission 2001: 8). Die neuen Formen des Regierens in der EU zeichnen sich – neben der rechtlichen Unverbindlichkeit der getroffenen Entscheidungen – durch die systematische Einbeziehung privater Akteure in die Politikformulierung aus (vgl. Eberlein und Kerwer 2004). Das prominenteste Beispiel ist die offene Methode der Koordinierung (dazu ausführlich Hodson und Maher 2001). An die Stelle einheitlicher, rechtlich sanktionierter Standards treten mit den wichtigsten *Stakeholdern* gemeinsam festgelegte Ziele, deren Erreichung mit Hilfe so genannter *Scoreboards* befördert werden soll. Die regelmäßige Veröffentlichung des Zielerreichungsgrades soll nicht nur Ansporn für die Adressaten sein, sondern auch Lernprozesse im Sinne der Diffusion von *best practice* freisetzen. Während in der Literatur Uneinigkeit darüber herrscht, inwieweit die neuen Formen des Regierens tatsächlich eine geeignete Alternative zur traditionellen Gemeinschaftsmethode bieten (stellvertretend Eberlein und Kerwer 2004 und Héritier 2003), zeigen empirische Studien, dass von einer systematischen Einbeziehung privater Akteure im Sinne einer gleichberechtigten Teilhabe am Entscheidungsprozess kaum die Rede sein kann (Hodson und Maher 2001; Héritier 2003; Armstrong 2003). Das mag daran liegen, dass die Einbeziehung privater Akteure die Entscheidungsfindung häufig erschwert und damit den Zweck der neuen Formen des Regierens konterkariert. Während die Mitwirkung privater Akteure die demokratische Legitimität europäischer Politik erhöhen soll (was angesichts sinkender Transparenz politischer

---

5   Zur Wechselwirkung zwischen hierarchischer Steuerung und Verhandlungen zwischen öffentlichen und privaten Akteuren in Netzwerken vgl. Mayntz 1995.

Entscheidungen sowieso als fraglich gelten kann), richten sich die meisten Erwartungen auf die größere Effektivität der neuen, weichen Steuerungsformen, weil sie aufgrund ihrer Unverbindlichkeit Entscheidungsblockaden vermeiden helfen und den Mitgliedsstaaten erheblichen Spielraum bei der Umsetzung lassen. Aber gerade hier zeigt sich, dass eine schnellere Entscheidungsfindung und bessere Zielerreichung vor allem dann gegeben ist, wenn die neuen Formen des Regierens im Schatten der Hierarchie, der durch die Möglichkeit der Gesetzgebung per Mehrheitsentscheidung erzeugt wird, zum Einsatz kommen. Der Schatten der Hierarchie, d.h. die Aussicht auf eine verbindliche Entscheidung, deren Ergebnis sich ihrem Einfluss weitgehend entzieht, hat eine ausschlaggebende Wirkung auf die Kompromissbereitschaft der beteiligten Akteure (Héritier 2003: 125-126). Die empirischen Befunde werden von der Forschung zur politischen Steuerung im Bereich der Innenpolitik gestützt, die auf den Schatten der Hierarchie als Voraussetzung für die Effektivität und Legitimität nichthierarchischer Formen des Regierens hingewiesen hat (z.B. Streeck und Schmitter 1985: 26; Mayntz 1995: 163; vgl. auch Scharpf 1993). Auf das sich daraus ergebende Steuerungsparadox – die Ineffektivität hierarchischer Steuerung erfordert den Einsatz nicht-hierarchischer Steuerungsformen, deren Effektivität wiederum vom Schatten der Hierarchie abhängt – kann hier nicht weiter eingegangen werden. Es ging vielmehr darum aufzuzeigen, dass in der EU kaum in (öffentlich-privaten) Netzwerken regiert wird und dass die Effektivität der bisher nur in Ansätzen bestehenden Formen des *network governance* von der Fähigkeit der EU, hierarchisch zu regieren, abhängt.

3. *Schlussbemerkungen: European Governance – Viel Lärm um nichts?*

Die Europäische Union hat sich ohne Frage zu einem eigenständigen System politischer Herrschaft entwickelt. Mit ihren über 10.000 verbindlichen Rechtsakten, die das geltende Gemeinschaftsrecht ausmachen, regiert sie mittlerweile in fast alle Bereiche des öffentlichen Lebens hinein. Das geschieht überwiegend über Formen der hierarchischen Steuerung. In den Bereichen Binnenmarkt, Landwirtschaft, Verkehr, Energieversorgung, Umwelt-, Verbraucher- und Arbeitsschutz, Forschung und technologische Entwicklung, Entwicklungszusammenarbeit, Struktur- und Industriepolitik sowie Teilen der Sozial-, Asyl- und Visumspolitik werden Regeln auf Vorschlag der Kommission und qua Mehrheitsentscheidungen in Rat und Parlament gesetzt, während die Europäische Zentralbank bzw. die Kommission die Währungs- und Wettbewerbspolitik weitgehend durch hierarchische Weisung bestimmen. Die Um- und Durchsetzung der Regeln obliegt zwar den Mitgliedsstaaten, aber die Kommission und der Europäische Gerichtshof wachen über deren Einhaltung, und die Bürger haben die Möglichkeit, die ihnen eingeräumten Rechte vor nationalen Gerichten einzuklagen. Während hierarchische Formen des supranationalen Regierens auf der vertikalen Dimension mit dem Verfassungsvertrag fortgeschrieben werden, hat sie entlang der horizontalen Dimension die nicht-hierarchische Koordination zwischen den Mitgliedsstaaten bei weitem nicht verdrängt. Die intergouvernementale Zusammenarbeit auf europäischer Ebene wird auch in Zukunft die Außen-, Sicherheits- und Verteidigungspolitik, aber auch die Wirtschafts- und Beschäftigungspolitik sowie Teile der justitiellen Zusammenarbeit in Strafsachen und der Kultur- und Bildungspolitik bestimmen (Börzel 2005b).

Die EU regiert also mit Hilfe einer Kombination zweier Steuerungsformen, der hierarchisch-supranationalen Rechtssetzung und nicht-hierarchisch intergouvernementalen Zusammenarbeit. Will man die nicht-hierarchische Steuerung in inter- und transgouvernmentalen Netzwerken nicht unter den Begriff von *network governance* fassen, weil hier alleine öffentliche Akteure beteiligt sind, finden sich sowohl entlang der horizontalen wie auch der vertikalen Dimension nur sehr wenig Ansätze für das Regieren in Netzwerken in der EU. Mit Ausnahme der Sozialpolitik gibt es keine institutionalisierten Formen der Kooperation zwischen öffentlichen und privaten Akteuren, über die private Akteure gleichberechtigt in die Setzung und Umsetzung von EU Regeln auf der europäischen Ebene einbezogen würden. Auch transnationale Netzwerke, über die wirtschaftliche und zivilgesellschaftliche Akteure aus einzelnen Mitgliedsstaaten im EU Politikprozess *mitentscheiden*, haben sich kaum herausgebildet. Das bedeutet nicht, dass private Akteure in der EU keine Rolle spielen. Über die formale Mitwirkung in Gremien der Kommission und des Rates sowie über die Mitgliedschaft in informellen Politiknetzwerken versorgen sie europäische Entscheidungsträger mit wichtigen Ressourcen. Der Unterschied des Regierens *in* Netzwerken (*network governance*) und des Regierens *mit* Netzwerken ist, dass im zweiten Fall Politiknetzwerke politische Entscheidungen zwar mit vorbereiten und auch deren Umsetzung begleiten, jedoch die eigentlichen Entscheidungen nach wie vor hierarchisch getroffen werden. Dehnt man hingegen den *network goverance*-Begriff auf alle politischen Prozesse aus, an denen private Akteure über Politiknetzwerke mitwirken und schließt auch noch die gouvernementalen Netzwerke mit ein, lässt sich eine Abgrenzung gegenüber alternativen (hierarchischen) Steuerungsformen kaum mehr vornehmen, und das Regieren in Netzwerken ist allgegenwärtig, sowohl diesseits als auch jenseits des Nationalstaates.

Ein (zu) weit gefasster Netzwerkbegriff verstellt den Blick auf ein interessantes Rätsel, das die EU der *Governance*-Forschung aufgibt: Zum einen ist die EU stärker als der Nationalstaat auf nicht-hierarchische Steuerungsformen angewiesen. Angesichts der Abwesenheit eines legitimen Gewaltmonopols muss sich die EU auf die freiwillige Folgebereitschaft der Mitgliedsstaaten verlassen, die durch die abnehmende Problemlösungsfähigkeit (output Legitimität) und das wachsende Demokratiedefizit der EU (input Legitimität) herausgefordert wird (vgl. Scharpf 1999). Während das Regieren in Netzwerken sowohl aus Effektivitäts- als auch aus Legitimitätserwägungen heraus zu erwarten wäre und auch erwartet wurde (Kohler-Koch 1999; Jachtenfuchs 1997), sind entsprechende Formen der Ko-Regulierung zwischen öffentlichen und privaten Akteuren oder tripartistische Verhandlungssysteme wie wir sie aus den Mitgliedsstaaten kennen in der EU kaum zu finden. Wie lässt sich das erklären?

Aus der Perspektive der Steuerungstheorie ließe sich argumentieren, dass die Abhängigkeit europäischer Entscheidungsträger von den Ressourcen, die private Akteure bereitstellen, nicht so groß ist, wie in der Regel angenommen wird. Zwar liefern letztere der Kommission, dem Parlament und auch dem Rat wichtige Informationen und

Expertise, die für die Formulierung effektiver Politik notwendig sind. Allerdings können diese institutionellen Akteure unter einer großen Vielzahl von »Anbietern« auswählen und sind somit nicht auf einzelne Akteure angewiesen. Hinzu kommt, dass wirtschaftliche und gesellschaftliche Interessen auf EU Ebene eher pluralistisch organisiert sind (Mazey und Richardson 1993; Greenwood und Aspinwall 1998). Zwar gibt es verschiedene europäische Dachverbände, aber sie sind meist zu schwach, um als zentrale Ansprechpartner gegenüber europäischen Entscheidungsträgern aufzutreten. Die Kombination von politischer Steuerung und gesellschaftlicher Selbstregulierung setzt ein gewisses Kräftegleichgewicht voraus, das nicht nur einen »starken Staat«, sondern auch eine »starke Gesellschaft« verlangt (Mayntz 1995: 163). Die kollektiven Handlungsprobleme, mit der die Organisation wirtschaftlicher und gesellschaftlicher Interessen behaftet ist, werden auf der EU-Ebene noch durch die transnationale Dimension verstärkt. Deutsche, spanische und tschechische Arbeitnehmer verfolgen nicht immer die gleichen Anliegen. Auch ist es beispielsweise schwierig, die Interessen der lederverarbeitenden Industrie von 25 Mitgliedsstaaten so einfach auf einen Nenner zu bringen. Deshalb macht es für die Kommission auch nur selten Sinn, die Zielgruppen europäischer Regeln systematisch in die Formulierung mit ein zu beziehen, um eine effektivere Umsetzung zu erreichen. Die Interessengruppen nutzen ihrerseits nach wie vor nationale Einflusskanäle, um ihre Belange in den EU-Prozess einzuspeisen und suchen ansonsten den direkten Kontakt mit europäischen Entscheidungsträgern (Eising 2003, Eising 2004). So kommt es in der Tat häufig zur Kooperation zwischen öffentlichen und privaten Akteuren in der Formulierung und Umsetzung Europäischen Rechts, die zum Teil auch netzwerkartige Formen annimmt. Allerdings findet das Regieren in Netzwerken *innerhalb* der Mitgliedsstaaten statt, meistens unter Nutzung bereits bestehender Strukturen. Aufgrund dieser institutionellen Pfadabhängigkeiten lässt sich auch keine Konvergenz hin zu einer europainduzierten Transformation von Staatlichkeit beobachten.
Daran ändern auch die Versuche der Kommission nichts, Regieren in Netzwerken als Leitidee legitimen Regierens in der EU zu verbreiten und damit den Mangel an demokratischer Legitimität auszugleichen (Kohler-Koch 1998, Kohler-Koch 2000; Commission 2001). Der Kommission auf europäischer Ebene scheint es aber auch weniger um die gleichberechtigte Einbeziehung privater Akteure in die Formulierung von EU-Politik zu gehen als um die verstärkte Konsultation von Experten und Vertretern der Zivilgesellschaft, die die Rolle der Kommission in der Gemeinschaftsmethode stärken soll (Scharpf 2001). Auch auf Ebene der Mitgliedsstaaten hat sich die Leitidee des Regierens in Netzwerken als nur bedingt durchsetzungsfähig erwiesen. Zwar erfreut sich das »kooperative« oder »interaktive« Regieren, wie es dem Partnerschaftsprinzip in der Strukturpolitik zugrunde liegt, allgemeiner Unterstützung. Eine entsprechende Veränderung der Beziehungsmuster zwischen öffentlichen und privaten Akteuren lässt sich in den Mitgliedsstaaten aber nicht feststellen (Kohler-Koch 1998). Die Erfahrungen mit der offenen Methode der Koordinierung zeigen schließlich, dass sowohl die Kommission als auch die Regierungen der Mitgliedsstaaten der Mitwirkung privater Akteure an politischen Entscheidungen nur dann gegenüber offen sind, wenn dadurch keine langwierigeren Entscheidungsprozesse zu erwarten sind. Der

erhoffte Gewinn an Legitimität scheint nicht auszureichen, um solche Effektivitätsverluste aufzuwiegen. Angesichts der Selektivität der Beteiligung vor allem zivilgesellschaftlicher Akteure sowie der mangelnden Transparenz insgesamt mag dies nicht weiter verwundern. Und so ist auch in Zukunft kaum davon auszugehen, dass Netzwerke zur dominanten Regierungsform in der EU werden. Mit der Osterweiterung hat die »Hierarchisierung« des Regierens in der EU eher zu als abgenommen. Das strikt konditionale Vorgehen der Kommission gegenüber den Bewerberstaaten ließ kaum Raum für nicht-hierarchische Koordination im Rahmen der Beitrittsverhandlungen (Grabbe 2001; Schimmelfennig, et al. 2003). Auch wenn nach dem Beitritt aufgrund der größeren Heterogenität der Mitgliedsstaaten der Bedarf an flexibler, weicher Steuerung zugenommen hat, führt dies eher zu einer Ausweitung transgouvernementaler Netzwerke, nicht zuletzt deshalb, weil es häufig an der kritischen Masse regionaler, kommunaler und zivilgesellschaftlicher Akteure mangelt (Jachtenfuchs und Kohler-Koch 2004: 112-113).

In der EU wird also keineswegs »neu« regiert, weil die dafür typischen Netzwerkstrukturen wie wir sie diesseits, aber auch zunehmend jenseits des Nationalstaates auf internationaler Ebene finden (Börzel und Risse i.E.), fehlen. Trotzdem gleicht das Regieren in der EU weder dem Nationalstaat noch internationalen Organisationen. Der Unterschied liegt darin, dass die EU zwar – anders als der moderne Staat – nicht über ein legitimes Gewaltmonopol verfügt. Trotzdem kann sie – anders als internationale Organisationen und Regime – im großen Umfang hierarchisch steuern. Als supranationale Institution vermag sie nicht nur Regeln gegen den Willen von Regierungen einzelner Staaten zu setzen, sondern diese dank des Vorrangs und der unmittelbaren Durchgriffswirkung des Gemeinschaftsrechts auch über nationale Gerichte durchzusetzen. Es ist der Dualismus zwischen Supranationalismus und Intergouvernementalismus, der die Andersartigkeit der EU ausmacht. Die zukünftige Forschung wird zeigen müssen, welche Wechselwirkung zwischen diesen beiden Regierungsformen in der EU bestehen und wieso das »Pendel« (Wallace und Wallace 1996) in den verschieden Politikbereichen im Laufe der Zeit unterschiedlich ausschlägt.

Literaturverzeichnis

Armstrong, Kenneth A. 2003. Tackling Social Exclusion Through OMC: Reshaping the Boundaries of EU Governance. In: The State of the European Union, Vo. VI: Law, Politics and Society, hrsg. von Tanja A. Börzel und Rachel Cichowski, Oxford.
Atkinson, Michael M., und William D. Coleman 1989. Strong States and Weak States: Sectoral Policy Networks in Advanced Capitalist Democracies. British Journal of Political Science 19, 47-67.
Börzel, Tanja A. 1998. Organising Babylon. On the Different Conceptions of Policy Networks. Public Administration 76: Nr. 2, 253-273.
Börzel, Tanja A. 2002. States and Regions in the European Union. Institutional Adaptation in Germany and Spain, Cambridge.

Börzel, Tanja A. 2003. Guarding the Treaty: The Compliance Strategies of the European Commission. In: The State of the European Union VI: Law, Politics, and Society, hrsg. von Tanja A. Börzel und Rachel Cichowski, Oxford, 197-220.

Börzel, Tanja A. 2005a. How the European Union Interacts with its Member States. In Member States and the European Union, hrsg. von Simon Bulmer und Christian Lequesne, Oxford, 45-69.

Börzel, Tanja A. 2005b. Mind the Gap! European Intergration between Level and Scope, In: Journal of European Puplic Policy 12, 1-20.

Börzel, Tanja A., und Thomas Risse 2005. Public-Private Partnerships: Effective and Legitimate Tools for International Governance? In Complex Sovereignty: On the Reconstitution of Political Authority in the 21st Century, hrsg. von Edgar Grande und Louis Pauly, Toronto.

Caparaso, James A. 1996. The European Union and forms of state: Westphalian, regulatory or post-modern? Journal of Common Market Studies 34: Nr. 1, 29-52.

Castells, Manuel 1998. End of Millenium, Oxford/Malden MA.

Commission, of the European Communities 2001. European Governance: A White Paper. COM (2001) 428 final, 25 July.

Commission on Global Governance 1995. Nachbarn in Einer Welt. Der Bericht der Kommission für Weltordnungspolitik, Bonn.

Cowles, Maria Green, James A. Caporaso, und Thomas Risse, (Hrsg.) 2001. Transforming Europe. Europeanization and Domestic Change, Ithaca, NY.

Easton, David 1965. A Systems Analysis of Political Life, New York.

Eberlein, Burkhard, und Dieter Kerwer 2004. New Governace in the European Union: A Theoretical Perspective. Journal of Common Market Studies 42: Nr. 1, 121-142.

Eberlein, Burkhard, und Dieter Kerwer 2002. Theorising the New Modes of European Union Governance. EIoP 6: Nr. 5, http://eiop.or.at/eiop/texte/2002-005a.htm.

Eising, Rainer 2004. Interessenpolitik im europäischen Mehrebenensystem. In Interessenpolitik in Europa, hrsg. von Rainer Eising und Beate Kohler-Koch, Baden-Baden, i.E.

Eising, Rainer 2003. Interest Groups in the European Union. In European Union Politics, hrsg. von Michelle Cini, Oxford, 192-207.

Eising, Rainer, und Beate Kohler-Koch 1999. Governance in the European Union. A Comparative Assessment. In The Transformation of Governance in the European Union, hrsg. von Beate Kohler-Koch und Rainer Eising, London, 267-285.

Eising, Rainer, und Beate Kohler-Koch 1999. Introduction. Network Governance in the European Union. In The Transformation of Governance in the European Union, hrsg. von Beate Kohler-Koch und Rainer Eising, London, 3-13.

Falkner, Gerda 1999. European Social Policy: Towards Multi-Level and Multi-Actor Governance. In The Transformation of Governance in the European Union, hrsg. von Beate Kohler-Koch und Rainer Eising, London, 83-97.

Garrett, Geoffrey 1995. From the Luxembourg Compromise to Codecision: Decision Making in the European Union. Electoral Studies 14: Nr. 3, 289-308.

Golub, Jonathan 1999. In the Shadow of the Vote? Decision Making in the European Community. International Organization 53: Nr. 4, 733-764.

Grabbe, Heather 2001. How does Europeanization affect CEE Governance? Conditionality, Diffusion and Diversity. Journal of European Public Policy 8: Nr. 6, 1013-1031.

Grande, Edgar 1993. Die neue Architektur des Staates. Aufbau und Transformation nationalstaatlicher Handlungskapazität – untersucht am Beispiel der Forschungs- und Technologiepolitik. In Verhandlungsdemokratie, Interessenvermittlung, Regierbarkeit, hrsg. von Roland Czada und Manfred G. Schmidt, Opladen, 51-71.

Grande, Edgar 2000. Multi-Level Governance: Institutionelle Besonderheiten und Funktionsbedingungen des europäischen Mehrebenensystems. In Wie problemlösungsfähig ist die EU?, hrsg. von Edgar Grande und Markus Jachtenfuchs, Baden-Baden,
Greenwood, Justin, und Marc Aspinwall, (Hrsg.) 1998. Collective Action in the European Union: Interests and the New Politics of Associability, London.
Hayes-Renshaw, Fiona, und Helen Wallace 1997. The Council of Ministers, London.
Heinelt, Hubert, (Hrsg.) 1996. Politiknetzwerke und europäische Strukturfondsförderung ein Vergleich zwischen EU-Mitgliedstaaten, Opladen.
Héritier, Adrienne 2003. New Modes of Governance in Europe: Increasing Political Capacity and Policy Effectiveness? In The State of the European Union Vol. 6. Law, Politics, and Society, hrsg. von Tanja A. Börzel und Rachel Cichowski, Oxford, 105-126.
Héritier, Adrienne 2002. New Modes of Governance in Europe: Policy-Making without Legislating? In Common Goods. Reinventing European and International Governance, hrsg. von Adrienne Héritier, Langham, MD, 185-206.
Héritier, Adrienne, Christoph Knill, Susanne Mingers, und Martina Becka 1994. Die Veränderung von Staatlichkeit in Europa. Ein regulativer Wettbewerb. Deutschland, Großbritannien, Frankreich, Opladen.
Hix, Simon 1998. The Study of the European Union II: The »New Governance« Agenda and Its Rival. Journal of European Public Policy 5: Nr. 1, 38-65.
Hodson, Dermont, und Imelda Maher 2001. The Open Method as a New Mode of Governance: The Case of Soft Economic Policy Co-ordination. Journal of Common Market Studies 39: Nr. 4, 719-746.
Hooghe, Liesbet, (Hrsg.) 1996. Cohesion Policy and European Integration: Building Multi-Level Governance, Oxford.
Hurrell, Andrew, und Anand Menon 1996. Politics like any other? Comparative politics, international relations and the study of the EU. West European Politics 19: Nr. 2, 386-402.
Jachtenfuchs, Markus 1995. Theoretical Perspectives on European Governance. European Law Journal 1: Nr. 2, 115-133.
Jachtenfuchs, Markus 1997. Democracy and Governance in the European Union. European Integration Online Papers (EioP) http://eiop.or.at/eiop/texte/1997-002a.htm.
Jachtenfuchs, Markus 2003. Regieren jenseits der Staatlichkeit. In Die neuen internationalen Beziehungen, hrsg. von Gunther Hellmann, Klaus Dieter Wolf und Michael Zürn, Baden-Baden, 495-518.
Jachtenfuchs, Markus, und Beate Kohler-Koch 1996. Einleitung: Regieren im dynamischen Mehrebenensystem. In Europäische Integration, hrsg. von Markus Jachtenfuchs und Beate Kohler-Koch, Opladen, 15-44.
Jachtenfuchs, Markus, und Beate Kohler-Koch 2004. Governance and Institutional Development. In European Integration Theory, hrsg. von Antje Wiener und Thomas Diez, Oxford, 97-115.
Jansen, Dorothee, und Klaus Schubert, (Hrsg.) 1995. Netzwerke und Politikproduktion. Konzepte, Methoden, Perspektiven, Marburg.
Jeffery, Charlie 2000. Sub-National Mobilization and European Integration. Journal of Common Market Studies 38: Nr. 1, 1-23.
Joerges, Christian, und Jürgen Neyer 1997. Transforming Strategic Interaction into Deliberative Problem-Solving: European Comitology in the Foodstuffs Sector. Journal of European Public Policy 4: Nr. 4, 609-625.
Joerges, Christian, und Jürgen Neyer 1998. Von intergovenementalen Verhandlungen zur deliberativen Politik: Gründe und Chancen für eine Konstitutionalisierung der europäischen Komitologie. In Regieren in entgrenzten Räumen. PVS Sonderheft Nr. 29, hrsg. von Beate Kohler-Koch, Opladen, 207-233.

Keohane, Robert O., und Stanley Hoffmann 1991. Institutional Change in Europe in the 1980s. In The New European Community: Decisionmaking and Institutional Change, hrsg. von Robert O. Keohane und Stanley Hoffmann, Oxford, Boulder, CO, 1-39.
Kohler-Koch, Beate 1996. The Strength of Weakness. The Transformation of Governance in the EU. In The Future of the Nation State. Essays on Cultural Pluralism and Political Integration, hrsg. von Sverker Gustavsson und Leif Lewin, Stockholm, 169-210.
Kohler-Koch, Beate 1997. Interactive Governance: Regions in the Network of European Politics. paper presented at the European Community Studies Association, Seattle, 28 May – 1 June 1997, Universität Mannheim.
Kohler-Koch, Beate 1999. The Evolution and Transformation of European Governance. In The Transformation of Governance in the European Union, hrsg. von Beate Kohler-Koch und Rainer Eising, London, 14-35.
Kohler-Koch, Beate 2000. Regieren in der Europäischen Union. Auf der Suche nach demokratischer Legitimität. Aus Politik und Zeitgeschichte B 6, 30-38.
Kohler-Koch, Beate, (Hrsg.) 1998. Regieren in entgrenzten Räumen, PVS Sonderheft 29/1998, Opladen.
Kohler-Koch, Beate et al. 1998. Interaktive Politik in Europa. Regionen im Netzwerk der Integration, Opladen.
Kooiman, Jan, (Hrsg.) 1993. Modern Governance. New Government-Society Interactions, London.
Le Galès, Patrick, und Mark Thatcher, (Hrsg.) 1995. Les réseaux de politique publique. Débat autour des policy networks, Paris.
Lindberg, Leon N., und Stuart A. Scheingold 1970. Europe's Would-Be Polity, Englewood Cliffs.
Lindblom, Charles E. 1977. Politics and Markets, New York.
Majone, Giandomenico 1993. The European Community between Social Policy and Social Regulation. Journal of Common Market Studies 11: Nr. 1, 79-106.
Majone, Giandomenico, (Hrsg.) 1996. Regulating Europe, London and New York.
Majone, Giandomenico 1994. The Rise of the Regulatory State in Europe. West European Politics 17: Nr. 3, 77-101.
Marin, Bernd, und Renate Mayntz, (Hrsg.) 1991. Policy Network: Empirical Evidence and Theoretical Considerations, Frankfurt a.M.
Marks, Gary 1993. Structural Policy and Multilevel Governance in the European Community. In The State of the European Community II: Maastricht Debates and Beyond, hrsg. von Alan Cafruny und Glenda Rosenthal, Boulder, 391-410.
Marks, Gary 1992. Structural Policy in the European Community. In Europolitics: Institutions and Policymaking in the New European Community, hrsg. von Alberta Sbragia, Washington, D.C., 191-224.
Marsh, David, und R.A.W. Rhodes, (Hrsg.) 1992. Policy Networks in British Government, Oxford.
Mayntz, Renate 1987. Politische Steuerung und gesellschaftliche Steuerungsprobleme – Anmerkungen zu einem theoretischen Paradigma. Jahrbuch zur Staats- und Verwaltungswissenschaft 1, 89-110.
Mayntz, Renate 1995. Politische Steuerung: Aufstieg, Niedergang und Transformation einer Theorie. In Politische Theorien in der Ära der Transformation. PVS Sonderheft 26, hrsg. von Klaus von Beyme und Claus Offe, Opladen, 148-168.
Mayntz, Renate 1997. Soziale Dynamik und politische Steuerung. Theoretische und methodologische Überlegungen, Frankfurt und New York.
Mayntz, Renate 1998. New Challenges to Governance Theory. Jean Monnet Chair Paper Series European University Institute, Florence: Nr. RSC 98/50.

Mayntz, Renate 2002. Common Goods and Governance. In Common Goods, Reinventing European and International Governance, hrsg. von Adrienne Heritier, Langham, MD, 15-27.
Mayntz, Renate, und Fritz W. Scharpf, (Hrsg.) 1995. Gesellschaftliche Selbstregulierung und politische Steuerung, Frankfurt/M.
Mazey, Sonia, und Jeremy Richardson, (Hrsg.) 1993. Lobbying in the European Community, Oxford and New York.
Müller, Wolfgang C., und Vincent Wright, (Hrsg.) 1994. The State in Western Europe. Retreat or Redefinition, London.
Ouchi, William G. 1980. Market, Bureaucracies, and Clans. Administrative Science Quaterly 25, 129-141.
Peterson, John 2004. Policy Networks. In European Integration Theory, hrsg. von Antje Wiener und Thomas Diez, Oxford, 117-135.
Peterson, John, und Elizabeth Bomberg 1998. Decision-Making in the European Union, London.
Powell, Walter W. 1990. Neither Market Nor Hierarchy: Network Forms of Organization. Research in Organizational Behavior: Nr. 12, 295-336.
Puchala, Donald J. 1972. Of Blind Men, Elephants and International Integration. Journal of Common Market Studies 10: Nr. 3, 267-284.
Reinicke, Wolfgang H. 1998. Global Public Policy. Governing without Government?, Washington, D.C.
Rhodes, R.A.W. 1996. The New Governance: Governing without Governance. Political Studies 44: Nr. 4, 652-67.
Rhodes, R.A.W. 1997. Understanding Governance. Policy Networks, Governance, Reflexivity and Accountability, Buckingham and Philadelphia.
Richardson, Jeremy J. 1996. Eroding EU Policies: Implementation Gaps, Cheating and Re-Steering. In European Union: Power and Policy-Making, hrsg. von Jeremy J. Richardson, London, 278-294.
Rosenau, James N., und Ernst-Otto Czempiel, (Hrsg.) 1992. Governance Without Government: Order and Change in World Politics, Cambridge.
Ruggie, John G. 1993. Territoriality and Beyond: Problematizing Modernity in International Relations. International Organization 47: Nr. 1, 139-174.
Scharpf, Fritz W. 1992. Koordination durch Verhandlungssysteme: Analytische Konzepte und institutionelle Lösungen. In Horizontale Politikverflechtung. Zur Theorie von Verhandlungssystemen, hrsg. von Arthur Benz, Fritz W. Scharpf und Reinhard Zintl, Frankfurt aM, New York, 51-96.
Scharpf, Fritz W. 1996. Politische Optionen im vollendeten Binnenmarkt. In Europäische Integration, hrsg. von Markus Jachtenfuchs und Beate Kohler-Koch, Opladen, 109-140.
Scharpf, Fritz W. 1993. Positive und negative Koordination in Verhandlungssystemen. In Policy-Analyse. Kritik und Neuorientierung. PVS Sonderheft 24, hrsg. von Adrienne Héritier, Opladen, 57-83.
Scharpf, Fritz W. 1999. Regieren in Europa. Effektiv und demokratisch?, Frankfurt a/M, New York.
Scharpf, Fritz W. 2001. European Governance: Common Concerns vs. the Challenge of Diversity. In Symposium: Responses to the European Commission's White Paper on Governance, hrsg. von Christian Joerges, Yves Mény und Joseph H. H. Weiler, Florence.
Schimmelfennig, Frank, Stefan Engert, und Heiko Knobel 2003. Costs, Commitment and Compliance. The Impact of EU Democratic Conditionality on Latvia, Slovakia and Turkey. Journal of Common Market Studies 41: Nr. 3, 495-518.
Schmitter, Philippe C. 1991. The European Community as an Emergent and Novel Form of Political Domination. Juan March Institute.

Scott, Joanne, und David M. Trubek 2002. Mind the Gap: Law and New Approaches to Governance in the European Union. European Law Journal 8: Nr. 1, 1-18.

Streeck, Wolfgang, und Philippe C. Schmitter 1985. Community, Market, State – and Associations? The Prospective Contribution of Interest Governance to Social Order. In Private Interest Government. Beyond Market and State, hrsg. von Wolfgang Streeck und Philippe C. Schmitter, London et al., 1-29.

Streeck, Wolfgang, und Philippe C. Schmitter, (Hrsg.) 1985. Private Interest Government. Beyond Market and State, London et al.

Sun, J.-M., und John Pelkmans 1995. Regulatory Competition in the Single Market. Journal of Common Market Studies 33: Nr. 1, 67-89.

Tsebelis, George, und Geoffrey Garrett 1997. Agenda-Setting, Vetoes and the European Union's Codecision Procedure. Legislative Studies 3: Nr. 3, 74-92.

Wallace, Helen, und William Wallace 1996. Politics and Policy in the EU: The Challenge of Governance. In Policy-Making in the European Union, hrsg. von Helen Wallace und William Wallace, Oxford, 3-36.

Williamson, Oliver E. 1979. Tranaction Cost Economics: The Governance of Contractual Relations. Journal of Law and Economics 22, 233-261.

Windhoff-Héritier, Adrienne 1980. Politikimplementation: Ziel und Wirklichkeit politischer Entscheidungen, Königstein/Taunus.

Zürn, Michael 1997. »Positives Regieren« jenseits des Nationalstaates. Zeitschrift für Internationale Beziehungen 4: Nr. 1, 41-68.

Zürn, Michael 1998. Regieren jenseits des Nationalstaates, Frankfurt a/M.

Governance in Mehrebenensystemen

Arthur Benz

1. Definition

Der Begriff Governance im Mehrebenensystem stellt eine Übersetzung des englischen Ausdrucks multi-level governance dar. Er bezeichnet politische Strukturen und Prozesse, die Grenzen staatlicher Gebietskörperschaften mit dem Zweck überschreiten, Interdependenzen der gesellschaftlichen Entwicklung und politischer Entscheidungen zu bewältigen, die zwischen den einzelnen Territorien bestehen. Obwohl der Begriff in der politikwissenschaftlichen Literatur erst seit einiger Zeit verwendet wird, befasste sich die Föderalismusforschung schon seit längerem mit diesem Phänomen, wobei man in den USA von »intergovernmental relations« (Wright 1988) und in Deutschland von »Politikverflechtung« sprach (Scharpf/Reissert/Schnabel 1976). Auch in der Implementationsforschung finden wir schon in den 1970er Jahren Analysen von Governance in Mehrebenensystemen, ohne dass diese so bezeichnet worden wären. Grundlage dieser Untersuchungen war aber ein Begriff der Implementationsstruktur, der nicht nur den interorganisatorischen Charakter der Vollzugsverwaltung erfasste, sondern auch die Wechselbeziehungen zwischen Programmentwicklung und Programmvollzug, also zwischen zentralen und dezentralen Institutionen (Mayntz 1983). Solche Strukturen wurden auch in Einheitsstaaten beobachtet. In Großbritannien griff man Konzepte der amerikanischen Forschung zu »intergovernmental relations« auf, um die Beziehungen zwischen Staat und Lokalverwaltungen zu erfassen (z.B. Rhodes 1981). Einen eigenständigen analytischen Ansatz entwickelte eine Gruppe von Organisationssoziologen um Michèl Crozier in Frankreich, die ausgeprägte Verbindungen zwischen Ebenen in Form der Ämterkumulation, der intermediären Rolle der Präfekten sowie der eigentümlichen indirekten, durch neutrale Akteure vermittelten politischen Beziehungen zwischen dem Zentralstaat und den regionalen und lokalen Verwaltungen erkannte (*régulation croisée*; Crozier/Thoenig 1976; Thoenig 1978).

Die Bezeichnung »multi-level governance« wurde in der Europaforschung geprägt (Bache/Flinders 2004; Benz 2003), nachdem Fritz Scharpf schon früher seine Politikverflechtungsanalyse auf die EU übertrug (Scharpf 1985). Es war vor allem die Ausdifferenzierung der EU durch die zunehmende Beteiligung der Regionen sowie die Regionalisierung der Strukturpolitik, auf die mit dem Begriff reagiert wurde (Gualini 2004; Hooghe 1996; Hooghe/Marks 2001; Marks/Hooghe/Blank 1996; Rhodes 1997: 157-159). Die Begriffsbestimmungen blieben allerdings relativ vage. Multi-level governance wurde folgendermaßen umschrieben: »...variable combinations of governments on multiple layers of authority – European, national, and subnational – form policy networks for collaboration. The relations are characterized by mutual interdependence on each others' resources, not by competition for scarce resources« (Hooghe 1996a: 18). Auch in Untersuchungen von internationalen Beziehungen wurde das Konzept aufgegriffen, um den Zusammenhang zwischen nationaler und internationaler Politik zu erfassen. Während sich Vertreter der »realistischen« Theorie bestenfalls für die innerstaatliche Präferenzbildung interessierten, die dann in der internationalen Machtpolitik als gegeben betrachtet wurde, befassten sich Vertreter des Intergouvernementalismus mit den Wechselbeziehungen zwischen nationaler und internationaler Ebene. Mit dem – von ihm explizit als Metapher bezeichneten – Begriff des »Zwei-Ebenen Spiels« (»two-level game«) brachte Robert Putnam (1988) diese Sichtweise des sogenannten »linkage approach« auf eine weiterführende konzeptionelle Grundlage (vgl. auch Evans/Jacobson/Putnam 1993). Ihm ging es dabei um die Tatsache, dass Führer von Nationalstaaten ihre Politikstrategien unter der Bedingung entwickeln, dass sie gleichzeitig auf zwei Ebenen agieren:

> »Each national political leader appears at both game boards. Across the international table sit his foreign counterparts, and at his elbow sit diplomats and other international advisors. Around the domestic table behind him sit party and parliamentary figures, spokespersons for domestic agencies, representatives of key interest groups, and the leader's own political advisors. The unusual complexity of this two-level game is that moves that are rational for a player at one board (such as rising energy prices, conceding territory or limiting auto imports) may be impolitic for that same player at the other board. Nevertheless there are powerful incentives for consistency between the two games« (Putnam 1988: 434).

Mehrebenensysteme entstehen durch Aufteilung von Macht oder Kompetenzen auf territorial abgegrenzte Organisationen, seien es lokale oder regionale Körperschaften, Nationalstaaten oder internationale Organisationen. Von Governance in Mehrebenensystemen sollten wir nur dann sprechen, wenn politische Prozesse Ebenen überschreiten. Was auf den ersten Blick als tautologische Aussage erscheinen mag, ist tatsächlich ein wichtiges Definitionsmerkmal. Unterstellt wird damit nämlich nicht einfach eine organisatorische Gliederung eines politischen Systems in Ebenen, auf denen jeweils getrennte Aufgaben erfüllt werden. Mehrebenensysteme der Politik entstehen, wenn die Ebenen in Beziehung zueinander treten, weil eine Trennung der Aufgaben nicht möglich ist, wenn also Entscheidungen zwischen Ebenen koordiniert werden müssen. Die in der Föderalismusdiskussion vielfach negativ bewertete »Verflechtung« stellt somit das entscheidende Merkmal von Governance im Mehrebenensystem dar. Zentraler Gegenstand der Analyse sind die Ursachen, die Formen und die Folgen der Verflechtung. Der Begriff »multi-level governance« erfasst aber auch die Tatsache, dass neben den Regierungen noch andere Akteure aus Staaten, internationalen Organisationen und dem privaten Sektor beteiligt sein können.

2. *Ursachen von Mehrebenenverflechtung*

Anders als es normative Föderalismustheorien suggerieren, sind Verflechtungen zwischen Ebenen eher die Regel als die Ausnahme (Chapman 1993; Rodden/Rose

Ackerman 1997: 1527-1528). Schon aus sachlichen Gründen ist eine strikte Kompetenztrennung nicht zu verwirklichen, da die Abwägung zwischen Zentralisierungs- und Dezentralisierungskosten oft zu differenzierten Kompetenzzuweisungen führt. Generell kann man feststellen, dass wegen der Interdependenzen zwischen lokalen, regionalen, nationalen und internationalen Entwicklungen der Bedarf für Mehrebenenkoordination zunimmt. Dieser ist umso größer, je mehr Aufgaben dezentral erfüllt werden, da Interdependenzen zwischen Territorien durch zentrale Steuerung nur begrenzt bewältigt werden können. Koordination ist zudem erforderlich, wenn zwischen kleinen Raumeinheiten Disparitäten bestehen, die in einer Gesellschaft nicht akzeptiert werden. In diesem Fall muss die dezentrale Aufgabenerfüllung durch einen Finanz- oder Lastenausgleich zwischen den Gebietskörperschaften ergänzt werden. Hinzu kommt, dass wechselseitige Einwirkungen zwischen den Ebenen der Verwirklichung von Gewaltenbegrenzung dienen, weil nur sie sicherstellen, dass zwischen Ebenen aufgeteilte Machtbefugnisse auch durch Gegenmacht gemäßigt werden können.

Verflechtungen sind vielfach auch in den institutionellen Strukturen eines Mehrebenensystems angelegt. In Bundesstaaten werden meistens Vertreter der Gliedstaaten an der Gesetzgebung des Bundes beteiligt. Das Ausmaß der Verflechtung variiert dabei je nachdem, wie diese Vertretung organisiert ist und wie stark Vertreter dezentraler Einheiten in politische Prozesse auf der zentralen Ebene eingebunden sind. Repräsentanten im direkt gewählten amerikanischen Senat sind weitgehend unabhängig von der Politik in den Einzelstaaten, zum einen weil ihre Wahlperiode relativ lang ist und zum anderen, weil die Parteibindungen in den USA generell schwach sind. Die ebenfalls direkt gewählten Abgeordneten im Schweizerischen Ständerat müssen demgegenüber auf Willensbildungsprozesse in den Kantonen Rücksicht nehmen. Noch stärker sind die Verflechtungen zwischen den Ebenen im deutschen Bundesstaat, in dem die Länder durch ihre Regierungen an der Gesetzgebung des Bundes mitwirken.

In der Politik, die die Grenzen des Nationalstaats überschreitet, lässt sich eine Ebenentrennung schon deswegen nicht realisieren, weil internationale Organisationen keine autonomen Kompetenzen ausüben können, da diese von Nationalstaaten abgeleitet sind. Internationale Politik ist per se Mehrebenenpolitik, da nationale (oder auch subnationale Akteure) in ihr zusammenwirken. Selbst die Europäische Union, die in bestimmten Politikfeldern den Charakter eines supranationalen politischen Systems hat, stellt eine Kreation der Mitgliedstaaten dar, die an der Ausübung europäischer Gesetzgebungsgewalt mitwirken.

Neben diesen sachlichen Gründen für einen Politikverbund zwischen den Ebenen tendieren auch die politischen Prozesse zu einer Verflechtung, weil maßgebliche Akteure im politischen System ein Interesse an der Kooperation über die Ebenen hinweg haben (vgl. Scharpf/Reissert/Schnabel 1976: 236-243; Marks 1997; Wolf 2000):

– Regierungen können durch Politikverflechtung bzw. durch Kooperation mit Regierungen auf anderen Ebenen oder in anderen Einheiten Autonomie gegenüber ihren Parlamenten gewinnen. Die in der »intergouvernementalen« Zusammenar-

beit erzielten Politikergebnisse können als Sachzwänge präsentiert werden, für die Regierungen nur teilweise verantwortlich sind.
- Akteure in der Verwaltung profitieren von der Verflechtung ihrer Aufgaben zwischen Ebenen, weil sie durch interadministrative Vereinbarungen ihren Bestand an Programmen und Ressourcen gegen die Ansprüche anderer Ressorts absichern können. Vertikal verflochtene Programme sind in der Regel stabil und können auch in Phasen der Finanzknappheit gegen Kürzungen behauptet werden. Ferner können kooperierende Verwaltungen Gesetzgebungsvorschläge erarbeiten, die von den Parlamenten dann nur noch schwer zur Disposition gestellt werden können.
- Parteien und Verbände sind durch Verflechtungsstrukturen weniger begünstigt, vor allem dann nicht, wenn sich kooperierende Regierungen und Verwaltungen gegen ihren Einfluss abschotten (Grande 1994). Allerdings können sie zu zentralen Akteuren in der Politikverflechtung werden, wenn Regierungen ihre Konflikte nicht lösen können und dann Parteien oder Verbände Vermittlungsfunktionen übernehmen. Das kann der Fall sein, wenn zwischen Gebieten Verteilungskonflikte zu lösen sind, während Parteien oder Verbände die entsprechenden Probleme eher nach fachpolitischen Aspekten behandeln. Somit kann jedenfalls nicht generell davon ausgegangen werden, dass Parteien oder Verbände Verflechtungsstrukturen ablehnen, vielmehr ist damit zu rechnen, dass sie sich an sie anpassen.
- Damit scheinen lediglich die Parlamente in den einzelnen Gebietskörperschaften als Gegner der Politikverflechtung zu handeln. Tatsächlich erleiden sie einen Machtverlust gegenüber den Regierungen und Verwaltungen. Die Klagen von Parlamentariern über Verflechtungsstrukturen im nationalen und internationalen Kontext haben allerdings vielfach symbolischen Charakter. Parlamente neigen zur »Selbstentmachtung« (Klatt 1989), weil gewählte Repräsentanten damit genauso wie Regierungen Verantwortlichkeit für konkrete Entscheidungen abwälzen können, für die dann die Regierungen oder Verwaltungen einstehen müssen.

Für die Akteure im politischen System sind also Strukturen der Mehrebenenverflechtung nicht nachteilig. Nicht zuletzt bieten sie für demokratisch gewählte und verantwortliche Repräsentanten die Chance, die Schuld für eine schlechte Politik oder für ungelöste Probleme auf andere Akteure oder auf die Schwierigkeiten des Systems abzuschieben. Vor allem das Argument der mangelnden Steuerbarkeit verflochtener Entscheidungsstrukturen gehört zu den beliebten Begründungen, wenn Politiker oder Verwaltungen nicht die Leistungen erbringen, die von ihnen erwartet werden oder die sie selbst versprochen haben. Tatsächlich verursachen Mehrebenenverflechtungen hohe Entscheidungskosten, aber sie führen nicht zwingend zu Politikblockaden, da Akteure mit den Schwierigkeiten der Entscheidungsfindung strategisch umgehen können. Allerdings ist die eigentümliche Logik der Mehrebenenpolitik für Wähler und ihre Repräsentanten in Kontrollorganen nicht leicht zu durchschauen, weshalb die Taktik der Verantwortungsabwälzung zugunsten der Akteure im Mehrebenensystem funktioniert.

Wenn Verflechtungsstrukturen bestehen, dann sind sie schwer aufzulösen, weil jede Änderung das Machtgleichgewicht sowie Kompetenz- und Ressourcenverteilungen zwischen Akteuren tangiert und damit schwierig zu bewältigende Konflikte erzeugt, die in politischen Systemen vermieden werden. Akteure befinden sich damit in der »Politikverflechtungsfalle« (Scharpf 1985). Dies erklärt, warum Mehrebenensysteme sich durch eine ausgeprägte Pfadabhängigkeit auszeichnen.

Territorial gegliederte politische Systeme unterliegen also aus drei Gründen einer Tendenz zur Verflechtung und zur Mehrebenenpolitik: Zum einen entstehen zwischen organisatorisch getrennten Aufgabenbereichen vielfach Interdependenzen, die eine Koordination zwischen den Ebenen erfordern. Zum zweiten verfolgen Akteure in Parlamenten, Parteien, Regierungen, Verwaltungen und Verbänden Eigeninteressen, die eher zur Verstärkung als zur Abschwächung von Verflechtungen beitragen. Drittens lassen sich bestehende Verflechtungen schwerlich rückgängig machen. Selbst wenn in verfassungspolitischen Reformen die Idee einer Ebenentrennung leitend ist, bewirkt die Pfadabhängigkeit der Institutionen, dass diese schwer durchzusetzen ist.

3. *Governance-Modi und Regierbarkeit in Mehrebenensystemen*

Der Begriff Governance erfasst Formen der Koordination zwischen individuellen und kollektiven Akteuren. Die Besonderheit von Governance in Mehrebenensystemen liegt darin, dass Koordination unter der Bedingung unterschiedlicher institutioneller Kontexte stattfindet. Dies ergibt sich aus der Verbindung von Strukturen und Prozessen innerhalb von Ebenen (»intragouvernemental«) und zwischen Ebenen (»intergouvernemental«). Die konkrete Form eines Mehrebenensystems resultiert aus der Kombination von institutionellen »Regelsystemen« (Lehmbruch 2000) der jeweiligen Ebenen und der Beziehungen zwischen ihnen. Regelsysteme entstehen aus dem Zusammenwirken von formalen Regeln der Institutionen und den Regeln, die sich in der praktischen Interaktion bilden (Rosenau 2004: 32). Sie erzeugen bestimmte »Mechanismen« der Politik, die mehr oder weniger miteinander kompatibel sind. Die daraus resultierenden Entscheidungskosten[1] wie die Schwierigkeiten, den Anforderungen an demokratische Verfahren[2] gerecht zu werden, wirken sich auf die Interaktionsprozesse zwischen öffentlichen Akteuren, aber auch auf die Beteiligung privater Akteure aus. Governance im Mehrebenensystem bietet für Private mehr Zugangspunkte als Governance in einer Organisation oder einer Gebietkörperschaft, aber je nach Governanceform können staatliche Akteure auch leichter die Beteiligungsan-

---

1 Entscheidungskosten werden hier in Anlehnung an die Terminologie der Transaktionskostenökonomie definiert. Sie umfassen die Kosten der Suche nach Entscheidungsalternativen und die Kosten der Konfliktregelung.
2 Demokratische Legitimation erfordert, dass Akteure, die politische Entscheidungen treffen oder an ihnen maßgeblich mitwirken, als Repräsentanten von Gruppen oder Bürgerschaften handeln und ihnen gegenüber verantwortlich sind. Die Repräsentierten müssen also die Chance haben, das Handeln ihrer Vertreter wirksam zu beeinflussen, sei es durch Vermittlung von Interessen oder durch Sanktionierung einer Politik, die nicht ihren Interessen gerecht wird. Das besondere Demokratieproblem von Governance im Mehrebenensystem besteht darin, dass Entscheidungen meistens formal oder faktisch in Ebenen übergreifenden Organisationen oder Verfahren getroffen werden, während Prozesse der demokratischen Repräsentation innerhalb der territorialen Einheiten organisiert sind (vgl. Benz 2004; Zürn 1996).

sprüche von Privaten abwehren bzw. kann die Kooperation zwischen öffentlichen und privaten Akteuren die Schwierigkeiten der Entscheidungsfähigkeit und Legitimation noch verstärken.

Die folgende Analyse konzentriert sich auf die Probleme der Regierbarkeit (Entscheidungs- und Gestaltungsfähigkeit) und die Beteiligung privater Akteure. Angesichts der Vielfalt der Governance-Formen in Mehrebenensystemen beschränke ich mich auf die beiden, die in der Praxis am wichtigsten sind. Die Modalitäten von Governance im Mehrebenensystem lassen sich zunächst nach den dominierenden Regeln der Koordination zwischen den Ebenen charakterisieren. Regeln der Über- und Unterordnung, die in einem hierarchischen Staatsaufbau gelten, spielen in der Praxis keine wichtige Rolle und wirken bestenfalls als »Schatten« für Verhandlungen oder dienen der Festlegung von Rahmenvorgaben für Koordination durch dezentralen Wettbewerb. Wenn dezentrale Einheiten nicht über institutionalisierte Rechte oder faktische Macht verfügen, ihre Interessen gegenüber der »übergeordneten« Ebene durchzusetzen, dann findet die Durchsetzung der Politik einer Zentralinstanz ihre Grenzen in Informationsasymmetrien. Wir können uns daher auf folgende zwei Modi von Governance im Mehrebenensystem konzentrieren, nämlich auf Verhandlungen und dezentralen Politikwettbewerb.

3.1 *Verhandlungssysteme*

In den meisten Mehrebenensystemen erfolgt die Koordination durch Verhandlungen zwischen Vertretern der einzelnen Ebenen, unabhängig von der formalen Verfassung des politischen Systems. Verhandlungen erzeugen grundsätzlich hohe Entscheidungskosten und beschränken die Autonomie der Beteiligten, allerdings je nach Form von Verhandlungssystemen in unterschiedlichem Maße: Bei *bilateralen Verhandlungen*, in denen eine Zentralinstanz sich um eine Einigung mit jeweils einzelnen dezentralen Einheiten bemüht, sind diese Kosten noch relativ gering, weil nur wenige Interessen involviert sind. Höher sind die Entscheidungskosten in *multilateralen Verhandlungen*, und sie steigen mit zunehmender Zahl der Beteiligten. Zu unterscheiden ist auch danach, ob die Verhandlungspartner über exit-Optionen verfügen, d.h. grundsätzlich ihre Kompetenzen auch außerhalb von Verhandlungen ausüben können (*freiwillige Verhandlungen*) oder ob ihnen diese Option durch den Zwang zur Einigung verstellt ist (*Zwangsverhandlungen;* Scharpf 1992. Dieser Typ von Mehrebenensystem entspricht dem, was in der deutschen Föderalismusliteratur als *Politikverflechtung* bezeichnet wird). Darüber hinaus variieren Entscheidungskosten je nach der Entscheidungsregel und sind höher, wenn *Einstimmigkeit* erforderlich ist als wenn nach der *Mehrheitsregel* verfahren wird. Im ersten Fall können alle Beteiligten Vetomacht ausüben, im zweiten Fall trifft dies nicht zu, weil jeder überstimmt werden kann. Wir können also vier Typen multilateraler Verhandlungen danach unterscheiden, ob die Beteiligten, wenn sie sich im Dissens mit anderen Verhandlungspartnern befinden, exit-Optionen oder Vetomacht nutzen können. Die Entscheidungskosten sind am höchsten in Zwangsverhandlungen, die einstimmige Beschlüsse verlangen.

Übersicht 1: *Verhandlungssysteme*

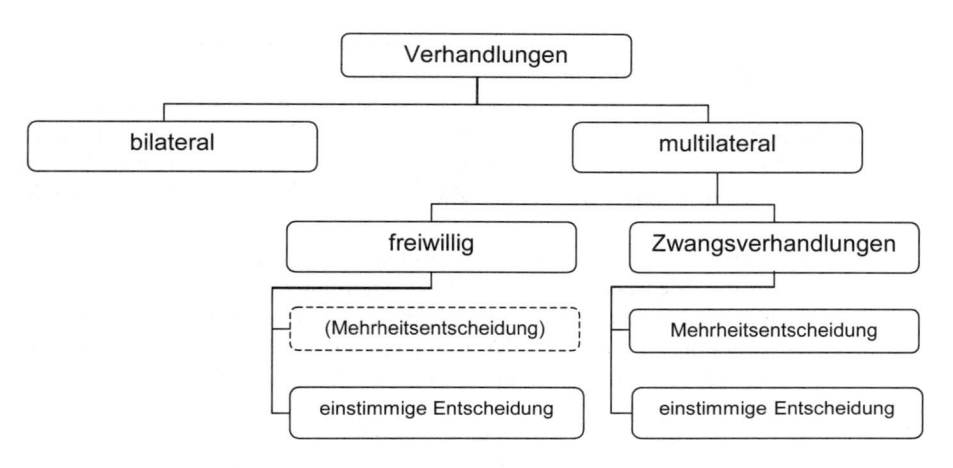

```
                        ┌─────────────────┐
                        │  Verhandlungen  │
                        └─────────────────┘
                   ┌────────────┴──────────────┐
          ┌────────────────┐          ┌────────────────┐
          │   bilateral    │          │   multilateral │
          └────────────────┘          └────────────────┘
                                    ┌──────────┴──────────────┐
                           ┌────────────────┐       ┌────────────────────┐
                           │   freiwillig   │       │ Zwangsverhandlungen│
                           └────────────────┘       └────────────────────┘
                              │                            │
                              ├─ (Mehrheitsentscheidung)   ├─ Mehrheitsentscheidung
                              │                            │
                              └─ einstimmige Entscheidung  └─ einstimmige Entscheidung
```

Verhandlungen können mehr oder weniger institutionalisiert sein. Zwangsverhandlungen beruhen auf formalen Regeln, während bilaterale und freiwillige multilaterale Verhandlungen oft nicht in der Institutionenordnung verankert sind. Verhandlungen können auch durch Netzwerke gestützt werden, die tendenziell kooperative Handlungsorientierungen und »arguing« statt »bargaining« fördern, aber nur unter den Partnern, die zu einem Netzwerk gehören. Schließlich können Verhandlungen in eine hierarchische Struktur eingebettet sein.

Typisch für Mehrebenensysteme sind multilaterale Verhandlungssysteme. Das gilt vor allem für die Bund-Länder-Beziehungen in Deutschland. Hier existieren in vielen Bereichen der Gesetzgebung institutionalisierte, multilaterale Zwangsverhandlungen zwischen Bund und Ländern mit der Folge, dass sich die Regierungsfraktionen im Bund und wenigstens eine Mehrheit der Ländervertreter im Bundesrat einigen müssen. Wenn die Verabschiedung eines Gesetzes die Zustimmung des Bundesrats erfordert, so ist die Bundesregierung gezwungen, mit den Landesregierungen zu verhandeln, wenn sie ihre Gesetzgebungsvorhaben verwirklichen will, und die Mehrheitsfraktionen müssen mit der großen Oppositionsfraktion verhandeln. Sind Gesetzgebungsverfahren eingeleitet, so ist den Landesregierungen die exit-Option faktisch verschlossen. Im Bereich der konkurrierenden Gesetzgebung wäre denkbar, dass die Länder durch Verweigerung von Verhandlungen ein Bundesgesetz verhindern und sich so ihre eigenen Kompetenzen erhalten können. Tatsächlich hat der Bund aber in fast allen Bereichen der konkurrierenden Gesetzgebung inzwischen die Zuständigkeit übernommen. Die Verhandlungen in der Gesetzgebung enden mit Entscheidungen im Bundestag und im Bundesrat, die mit einer »doppelten« Mehrheit in den beiden Gesetzgebungsinstitutionen getroffen werden. Dies bedeutet, dass sich bei entgegengesetzten Mehrheitsverhältnissen zumindest die Vertreter der großen Parteien einigen müssen, es sei denn, einzelne Landesregierungen weichen von einer Parteilinie ab, was durchaus vorkommt, wenn Bundesgesetze sich unterschiedlich auf regionale Verhältnisse in den Ländern auswirken.

Multilaterale Verhandlungen, die für die Regierungen freiwillig sind, finden wir in der EU. Zwar bildet der Ministerrat ein Zwangsverhandlungssystem, im Verfahren der verstärkten Zusammenarbeit zwischen Mitgliedstaaten sowie in der Regierungszusammenarbeit außerhalb der formalen Räte gilt dieser Zwang aber nicht. Freiwillige Verhandlungen erfordern in der Regel einstimmige Entscheidungen und einen Konsens zwischen den Akteuren über den Zweck und die Prinzipien der Zusammenarbeit.

Verhandlungssysteme erzeugen relativ hohe Entscheidungskosten. Die eigentlichen Schwierigkeiten der Mehrebenenpolitik hängen allerdings davon ab, mit welchen Regelsystemen der Regierungssysteme innerhalb der Ebenen sie verbunden sind. Da uns hier nur demokratische Formen des Regierens interessieren, ist zwischen den bekannten Typen der Konkurrenzdemokratie und der Verhandlungsdemokratie (Lijphart 1999) zu unterscheiden.

Eine besonders problematische institutionelle Konfiguration stellt die Kombination von Governance in multilateralen Mehrebenenverhandlungen und einer Konkurrenzdemokratie dar. Letztere impliziert, dass die Regierung auf die Unterstützung der gewählten Mehrheitsfraktionen im Parlament angewiesen ist, wobei die Opposition die Funktion der Kritik und Kontrolle ausübt und versucht, im Wettbewerb der Parteien um Wählerstimmen die Regierung abzulösen. Diese Konfiguration kennzeichnet etwa den deutschen Bundesstaat, für den Gerhard Lehmbruch (2000) das Zusammenwirken von Parteienwettbewerb und Politikverflechtung eindrücklich analysiert hat. Er kombiniert die Wettbewerbslogik in den parlamentarischen Systemen des Bundes und der Länder mit der Verhandlungslogik zwischen den Ebenen des Bundesstaats. Der deutsche Bundesstaat zeichnet sich gleichzeitig durch eine enge Kopplung[3] der parlamentarischen und föderativen Arenen aus: Die Regierungen des Bundes und der Gliedstaaten unterliegen der Kontrolle der im Parlament vertretenen Parteien. Sie sind auf die Zustimmung durch die Mehrheitsfraktionen angewiesen, gleichzeitig ist ihre Politik der öffentlichen Kritik durch die Opposition ausgesetzt. Für Verhandlungen im Bundesstaat hat dies zweierlei zur Folge: Erstens bewirkt die Bindung an die Parlamentsmehrheit, dass Verhandlungspositionen nur begrenzt flexi-

---

3   Ich spreche von einer *engen Kopplung*, wenn die Regeln starke verhaltensprägende Wirkungen auslösen mit der Folge, dass die Entscheidungen in einer institutionellen Arena den Ablauf und die Ergebnisse von Prozessen in einer anderen Arena determinieren. *Lose Kopplung* liegt vor, wenn Regeln das Verhalten beeinflussen, sich Akteure ihrer Wirkung aber leicht entziehen können. Enge Kopplung macht Akteure also abhängig, lose Kopplung ermöglicht autonomes Handeln (Benz 2000). Da die Art der Kopplung von den durch die Regelsysteme erzeugten Bindungen abhängt, kann sie im Mehrebenensystem sowohl von den einzelnen Ebenen als auch durch die Regeln der Mehrebenenkoordination oder auch von beiden ausgehen. Gewaltenteilige Differenzierung, wie sie etwa zwischen Regierung und Parlament in einem präsidentiellen Regierungssystem oder in der direkten Demokratie verwirklicht ist, erzeugt nur lose Kopplungen. Stärker sind die Bindungen der Akteure in der Verhandlungsdemokratie, wenngleich auch diese Flexibilität in den Verfahren zulässt. Im parlamentarischen Regierungssystem ist wegen der Verantwortlichkeit der Regierung gegenüber dem Parlament die Exekutive relativ eng an den nationalen parlamentarischen Parteienwettbewerb gekoppelt. Im Mehrebenensystem bilden Zwangsverhandlungen enge Kopplungen aus, während freiwillige Verhandlungen nur lose Kopplung erzeugen.

bel sind. Zweitens veranlassen Einflüsse des Parteienwettbewerbs die Regierungen, bei der Definition von Verhandlungspositionen die Nutzen und Kosten für den eigenen Zuständigkeitsbereich vorrangig zu beachten und damit eine verteilungsorientierte »bargaining«-Strategie zu verfolgen. Eine Einigung ist also aus zwei Gründen schwierig: Zum einen wegen der Unterschiede der im Parteienwettbewerb definierten, tendenziell als antagonistisch wahrgenommenen Interessen, zum anderen wegen der geringen Flexibilität der Verhandlungspositionen. Die Koordination zwischen Bund und Ländern im deutschen Bundesstaat wird durch eine »Inkongruenz« zwischen dem Parteienwettbewerb und dem bundesstaatlichen Verhandlungssystem gestört. Hieraus resultieren beträchtliche Entscheidungsprobleme: Die Suche nach Kompromissen ist in der Regel aufwändig und das politische System ist ständig in der Gefahr, durch Blockaden handlungsunfähig zu werden.

Nun weisen nicht alle Mehrebenensysteme eine derart störungsanfällige Kombination von Regelsystemen auf. Erfolgt die Koordination zwischen Ebenen aber durch Verhandlungen, so haben demokratische Regierungssysteme grundsätzlich Auswirkungen auf das Verhalten der Akteure, die die Koordinationskosten tendenziell steigern. In Konkurrenzdemokratien parlamentarischer Regierungssysteme entstehen meistens die von Lehmbruch genannten Folgen: Regierungen neigen wegen des Parteienwettbewerbs in Verhandlungen zu bargaining, also zu einer »egoistischen Verfolgung« von begrenzten territorialen Interessen und zu kompetitiven Handlungsorientierungen. In verhandlungsdemokratischen Verfahren, in denen die ex-post-Kontrollen der Mehrebenenakteure eher schwach sind, weil man auf Konsensbildung im Vorfeld der formalen Entscheidung setzt, binden die Kooperationspartner in den betroffenen Nationen, Regionen oder Kommunen ihre Vertreter meistens an ein Verhandlungsmandat, das mehr oder weniger enge Spielräume vorgibt und ein dementsprechend flexibles Verhandlungsverhalten ermöglicht. Die Handlungsorientierungen, d.h. die Bewertung der Konfliktkonstellation und die daraus abgeleitete Handlungsweise gegenüber den anderen Akteuren können je nach Interessenkonstellation und Situation eher kompetitiv oder eher kooperativ sein. Werden Mandate flexibel formuliert, so ist allerdings für die Partner im Mehrebenensystem schwerlich zu kalkulieren, welches Ergebnis auf den betreffenden Ebenen auf Zustimmung trifft. Auch dies erhöht die Koordinationskosten zwischen Ebenen und die Gefahr eines Scheiterns von Verhandlungen.

Wenig blockadeanfällig sind Mehrebenenverhandlungen im präsidentiellen Regierungssystem, in dem ein direkt gewählter Regierungschef die Politik im Mehrebenensystem bestimmt und allenfalls auf die nachträgliche Ratifikation der Ergebnisse im Parlament angewiesen ist. Letzteres kann Unsicherheit erzeugen, jedoch ist das Entscheidungsverhalten von Parlamenten angesichts der Mehrheitsverhältnisse in der Regel gut kalkulierbar. In der Situation eines »divided government«, also wenn die Regierung von einer Partei gestellt wird oder ihr nahe steht, die im Parlament nicht über die Mehrheit der Stimmen verfügt, entspricht ein präsidentielles Regierungssystem einer Verhandlungdemokratie, weil die Exekutive mit der Parlamentsmehrheit Kompromisse aushandeln muss. In demokratischen präsidentiellen Regierungssystemen kommt diese Situation eines parteipolitisch gespaltenen Regierungssystems nicht selten vor, da die Wählerschaft dazu tendiert, durch entsprechendes Wahlverhalten die Wirkungen der institutionellen Gewaltenteilung zu verstärken. Direkte Demokratie erzeugt ähnlich wie die parlamentarische Demokratie einen Politikwettbewerb, der hier allerdings nicht durch das Parteiensystem institutionalisiert ist, sondern sich themenbezogen entwickelt. Die Wirkungen dieser Verfahren entsprechen daher denen von Verhandlungsdemokratien. Direktdemokratische Verfahren binden die in der Mehrebenenpolitik verhandelnden Regierungen nicht an eng definierte Mandate, aber die Zustimmung oder Ablehnung ist unsicher. Dies beeinflusst die Verhandlungen im Mehrebenensystem, besonders wenn Vereinbarungen in Referenden ratifiziert werden müssen. In der Tendenz ist mit kompetitivem Verhandlungsverhalten der Regierungen zu rechnen. Zwar können sich Regierungsvertreter aktiv um Zustimmung bemühen, sie konkurrieren dabei in der Regel aber mit Vertretern opponierender Gruppen. Während der Parteienwettbewerb im parlamentarischen Regierungssystem jedoch für Regierungen wie für externe Akteure aus anderen Ebenen oder Gebietseinheiten transparent und kalkulierbar ist, sind die Auswirkungen des Politikwettbewerbs in der direkten Demokratie unberechenbar. Dementsprechend schwierig ist die Koordination, wenn sie unter der Bedingung der Zustimmung durch das Volk erfolgen soll.

Übersicht 2: *Auswirkungen demokratischer Regierungssysteme auf Mehrebenenverhandlungen*

	Konkurrenzdemokratie	*Verhandlungsdemokratie*
Bindung der Akteure an Positionen	stark	schwach
Handlungsorientierungen	kompetitiv	kompetitiv/ kooperativ
Unsicherheit über Akteursverhalten	gering	groß
daraus folgend: *Blockadegefahr*	sehr groß	groß

Wenn wir davon ausgehen, dass die Koordination in Mehrebenensystemen in der Regel Verhandlungen erfordert, dann haben die Regelsysteme beider Demokratietypen problematische Konsequenzen. Je stärker die Akteure an Positionen gebunden sind und je mehr sie veranlasst werden, die spezifischen Interessen ihrer eigenen Einheit über die gemeinsamen Interessen bzw. die Erfordernisse der Mehrebenenkoordination zu stellen, desto schwieriger werden Entscheidungen im Mehrebenensystem und desto größer ist die Gefahr, dass diese durch interne Vetos blockiert werden. Flexible Verhandlungspositionen tragen dagegen zur Entscheidungsfähigkeit bei, aber wenn unsicher ist, welche Ergebnisse in den demokratischen Verfahren der einzelnen Einheiten akzeptiert werden, dann leidet darunter ebenfalls die Effektivität von

Verfahren, weil Koordination durch Verhandlungen ein Mindestmaß an Berechenbarkeit der Akteure voraussetzt.

Die strukturell angelegten Blockadegefahren von Governance in Mehrebenensystemen, die auf Verhandlungen beruhen, bedeuten aber nicht, dass die Politik deswegen tatsächlich blockiert wird. Vielmehr werden diese Gefahren durch institutionelle Vorkehrungen verringert, vor allem aber durch strategische Interaktionen der Akteure. Beispiele für institutionelle Vorkehrungen sind unabhängige Organisationen, die die Agenda der Verhandlungen definieren und damit das Konfliktniveau eingrenzen (diese Funktion erfüllt etwa die Kommission im europäischen Mehrebenensystem), Akteure mit Moderationsfunktion (etwa die Präsidentschaft in der EU oder Vorsitzende von Bund-Länder-Gremien), Differenzierungen von Verhandlungssystemen, in denen Konflikte segmentiert bearbeitet werden können, oder Entscheidungsregeln bzw. Vermittlungsausschüsse, durch die blockierte Situationen aufgelöst werden können.

Unabhängig von institutionellen Regeln, welche für Entscheidungsfähigkeit sorgen sollen, funktioniert Governance durch Mehrebenenverhandlungen nur, wenn Akteure die strukturell angelegten Blockadegefahren durch intelligente Strategien vermeiden (Benz 2003a). Der Umgang mit mehreren Ebenen und ihren Regelsystemen erfordert ein geschicktes Agieren in mehreren institutionellen Kontexten mit jeweils unterschiedlichen Akteuren (»double-edged diplomacy«; Evans/Jacobson/Putnam 1993). Strategien können auch bewirken, dass zwar Blockaden vermieden werden, aber gleichwohl die Steuerungsfähigkeit und die Qualität der Politikergebnisse unzureichend ausfallen. Diese Möglichkeit hat Fritz W. Scharpf in seiner Theorie der Politikverflechtung erkannt und am Beispiel der Gemeinschaftsaufgaben und Finanzhilfen belegt (Scharpf/Reissert/Schnabel 1976; Scharpf 1987). Ausgehend von der Erkenntnis, dass die Politikverflechtung im deutschen Bundesstaat strukturell für Blockaden anfällig ist, versuchte Scharpf zu erklären, wie die verhandelnden Akteure diese – in der Regel für alle Beteiligten negative – Situation vermeiden können. Seine theoretischen Überlegungen zeigen drei grundlegende Wege auf, die strategisch handelnde Akteure einschlagen können: Zum einen können Akteure die Entscheidungsstrukturen so verändern, dass nicht alle Interessen gleichzeitig berücksichtigt werden müssen. Zum zweiten können sie die Komplexität der Entscheidung reduzieren, z.B. indem das Problem aufgespalten oder eine sequenzielle Behandlung zugelassen wird. Drittens können sie das Problem so definieren, dass Konflikte reduziert werden, etwa indem auf Strukturveränderungen und Umverteilungen verzichtet wird. Scharpf zeigte, dass diese Strategien der Blockadevermeidung bei bestimmten Aufgaben den Anforderungen an eine angemessene Problembearbeitung nicht gerecht werden.

Angesichts der Probleme, die in Mehrebenenverhandlungen angelegt sind, ist es nicht erstaunlich, dass nach alternativen Formen von Governance in Mehrebenensystemen gesucht wird. Dabei kommen Theorien des Wettbewerbsföderalismus in den Blick. Bei genauer Betrachtung dieser Theorien, der Voraussetzungen des Wettbewerbs und praktischer Beispiele dieses Governance-Modus zeigt sich aber, dass Governance meistens im Rahmen von Regeln und Standards stattfindet, die zwischen Akteuren unterschiedlicher Ebenen ausgehandelt werden. Governance durch Verhandlungen ist also auch in diesem zweiten Modus bedeutsam.

3.2 Politikwettbewerb im Mehrebenensystem

Die politikwissenschaftliche Theorie und empirische Forschung zu Governance in Mehrebenensystemen hat sich in der Vergangenheit fast ausschließlich mit Verhandlungssystemen befasst. Sie hat damit den dezentralen Politikwettbewerb vernachlässigt, einen Modus der Mehrebenenpolitik, der in der Praxis unabhängig von der jeweiligen Verfassung eines politischen Systems wichtig ist. In der ökonomischen Theorie des Wettbewerbsföderalismus wiederum hat man diesen Governance-Modus meistens in seiner realen Komplexität zu sehr reduziert und nicht beachtet, dass er nicht nur in sogenannten Trennsystemen eines Bundesstaats, sondern auch in Verbundsystemen anzutreffen ist. Nach der ökonomischen Theorie des Föderalismus sollen Mehrebenensysteme per se Wettbewerb zwischen Gebietskörperschaften generieren, in der Praxis ist dieser Koordinationsmodus aber nur unter politisch gesetzten Rahmenbedingungen als Regulierungs- oder organisierter Leistungswettbewerb bedeutsam.

Regulierungswettbewerb finden wir besonders in internationalen Mehrebenensystemen, wobei er hier aber als unkoordinierte Politik abläuft. Als Governance-Modus zu betrachten ist der Regulierungswettbewerb, der in der Europäischen Union zur Verwirklichung des Binnenmarkt-Programms eingesetzt wurde, seit die Koordination von nationaler Regulierung in Prozessen der gegenseitigen Anerkennung angestrebt wurde (zum Folgenden Schmidt 2004). Die Kommission griff diesen Ansatz auf, als erkennbar wurde, dass die Herstellung des Binnenmarktes nicht durch eine Harmonisierung von Regeln aller Mitgliedstaaten zu verwirklichen war, da die Gesetzgebung im Verhandlungssystem (trotz des Übergangs zu Mehrheitsentscheidungen) der europäischen Mehrebenenpolitik zu hohe Entscheidungskosten erzeugte. Sie setzte daher nur in zwingenden Fällen auf Harmonisierung, die sich insbesondere auf die Festlegung von Mindeststandards für die Herstellung von Waren und Dienstleistungen beschränken soll. Im Rahmen der Standards sollen die Mitgliedstaaten ihre nationalen Regulierungen als gleichwertig anerkennen und Produkte und Leistungen von Ausländern nach den Regelungen des Herkunftslandes zulassen. Die gegenseitige Anerkennung besteht damit zunächst im Verzicht auf Koordination und der Bereitschaft von Staaten, unterschiedliches und von anderen Staaten gesetztes Recht auf ihrem Territorium zu implementieren. Die eigentliche Zielsetzung der gegenseitigen Anerkennung ist aber, dass Mitgliedstaaten zu einer wechselseitigen Anpassung ihrer Regulierungen veranlasst werden. Als treibendes Moment der Anpassung wirkt der Markt, in dem unterschiedlich regulierte Waren und Dienstleistungen angeboten werden. In dieser Konkurrenz können sich entweder Produkte und Dienste, die nach hohen Standards reguliert werden, durchsetzen, weil die Konsumenten diese als höherwertig nachfragen, oder es setzen sich wenig regulierte Güter und Leistungen durch, weil diese zu einem niedrigeren Preis angeboten werden. Staaten, deren Wirt-

schaft in diesem Wettbewerb benachteiligt ist, werden sich an die Regulierung der erfolgreichen nationalen Wirtschaften anpassen.
Der Regulierungswettbewerb kann nicht ohne die Festlegung von Mindeststandards funktionieren. Sie sind aus zwei Gründen erforderlich: Zum einen können Regeln nur anerkannt werden, wenn sie gleichwertig sind, wenn also keine zu großen Unterschiede den Markt verzerren. Zum anderen verhindern Mindestregulierungen ein »race to the bottom«, in dem der Markt die Handlungsfähigkeit des Staates immer mehr zurückdrängt. Der dezentrale Regulierungswettbewerb bedarf also einer Ordnungspolitik, die verhindert, dass Regulierung unmöglich gemacht wird. Strukturell ähnelt dieser Governance-Modus daher stark dem Modus des Leistungswettbewerbs.
Governance durch *Leistungswettbewerb* findet in der EU unter der Bezeichnung der »offenen Methode der Koordinierung« (Göbel 2002; Héritier 2002; Hodson/Maher 2001; Mosher/Trubek 2003) statt, vor allem in den Bereichen der Wirtschafts-, Beschäftigungs-, Sozial- und Umweltpolitik. Die Steuerung der europäischen Ebene gegenüber den Mitgliedstaaten funktioniert, indem die Europäische Kommission Ziele und Standards definiert und den Mitgliedstaaten die Umsetzung einschließlich der Wahl der Instrumente überlässt. Anreize für die Mitgliedstaaten, die Ziele und Standards zu erfüllen, resultieren aus dem Leistungsvergleich (»benchmarking«), den Experten der Mitgliedstaaten und der Kommission durchführen. Durch Publikation von »best practices« sollen Lernprozesse induziert werden und durch öffentliche Kritik von schlechten Praktiken die betreffenden Staaten angehalten werden, ihre Politik zu ändern und den Erfordernissen der europäischen Standards anzupassen. Die Kommission setzt auch in ihrer Strukturpolitik zunehmend auf Steuerung durch dezentralen Wettbewerb. So fördert sie etwa seit 1994 im Rahmen ihrer Technologie- und Regionalpolitik Projekte des regionalen Technologietransfers und der Technologieentwicklung sowie regionale Innovationsstrategien in strukturschwachen Räumen (RITTS – Regional Innovation and Technology Transfer Strategies and Infrastructure; RIS- Regional Innovation Strategies). Die Mittel aus diesen Programmen werden nicht nach traditionellen Bedarfsindikatoren, sondern in einem Wettbewerbsverfahren und nach Auswahl von besten Praktiken vergeben. Leistungsvergleiche bewerten zudem Regionen nach verschiedenen Bewertungsindikatoren (»benchmarks«).
Ähnliche Formen der Koordination im Mehrebenensystem finden wir auch im deutschen Bundesstaat, besonders in der Raumentwicklungs- und Regionalpolitik sowie im Bereich der Technologiepolitik (Benz 2004a). Der Wettbewerb »Regionen der Zukunft« bildet einen wichtigen Pfeiler der Raumordnungspolitik des Bundes, die dem Ziel der nachhaltigen Entwicklung in Regionen dient (Adam/Wiechmann 1999). Das Bundesministerium für Verbraucherschutz, Ernährung und Landwirtschaft hat im September 2001 den Wettbewerb »Regionen aktiv« gestartet, in dem neue Wege der ländlichen Entwicklung und Möglichkeiten einer wirtschaftlich tragfähigen, sozial ausgewogenen und umweltverträglichen Landwirtschaft gesucht werden sollten. Mit dem Wettbewerb »InnoRegio« des Bundesministeriums für Bildung und Forschung wurden Regionen in Ostdeutschland zur Bildung von Innovationsnetzwerken motiviert. Davor, ab Herbst 1995, veranstaltete das Forschungsministerium einen Wettbe-

werb der »Bio-Regionen« zwischen Wirtschaftsräumen, welche Produktionscluster im Bereich der Biotechnologie entwickeln sollten. Auch in einzelnen deutschen Ländern nutzte man den Wettbewerbsansatz, um die raumordnungs- und regionalpolitischen Ziele des Landes gegenüber den Regionen und Kommunen besser zu erreichen. Alle diese Governance-Modi stützen sich auf die Koordination durch dezentralen Wettbewerb, verbinden diesen aber mit Formen der vertikalen Koordination, in denen Mindeststandards, Ziele oder Leistungsindikatoren definiert werden. Der europäische Regulierungswettbewerb nach dem Verfahren der wechselseitigen Anerkennung zielt auf Angleichung von Regelungen, die einerseits durch Mindestharmonisierung über europäisches Recht und andererseits durch wechselseitige Anpassung der Mitgliedstaaten zustande kommen soll. In Leistungswettbewerben sollen hingegen zunächst unterschiedliche Praktiken gefördert und miteinander verglichen werden, wobei der Vergleich sich auf Kriterien bezieht, die entweder zentral festgelegt oder zwischen den zuständigen zentralen und dezentralen Akteuren ausgehandelt werden.

Übersicht 3: *Koordination regulativer Politik durch gegenseitige Anerkennung und Koordination durch Leistungswettbewerbe*

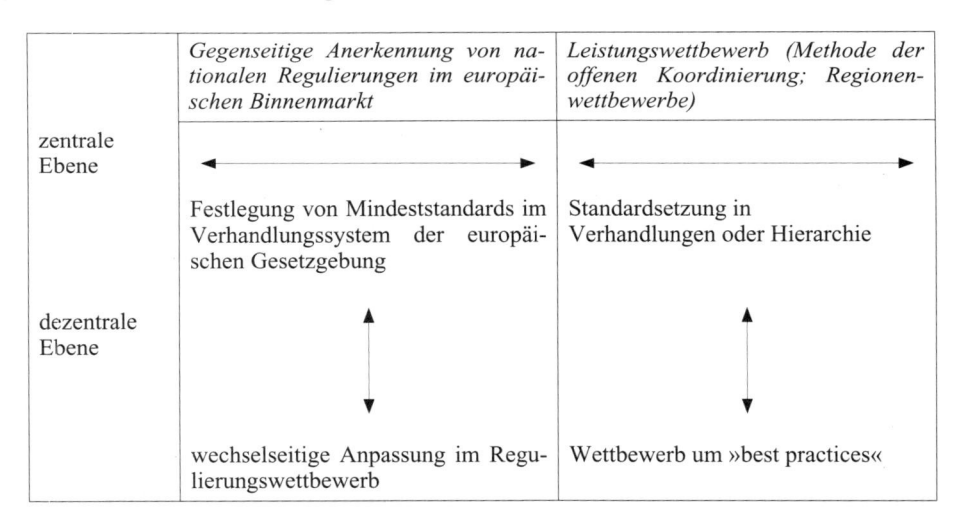

	Gegenseitige Anerkennung von nationalen Regulierungen im europäischen Binnenmarkt	*Leistungswettbewerb (Methode der offenen Koordinierung; Regionenwettbewerbe)*
zentrale Ebene	◄──────►	◄──────►
	Festlegung von Mindeststandards im Verhandlungssystem der europäischen Gesetzgebung	Standardsetzung in Verhandlungen oder Hierarchie
dezentrale Ebene	↕	↕
	wechselseitige Anpassung im Regulierungswettbewerb	Wettbewerb um »best practices«

Governance durch dezentralen Wettbewerb verwirklicht eine »autonomieschonende« Mehrebenenkoordination (Scharpf 1993), welche die Selbststeuerung der dezentralen Politik fördert. Die Koordination funktioniert dabei in folgender Weise:
– Es handelt sich um einen organisierten Wettbewerb dezentraler Einheiten, also um ein durch eine übergeordnete Instanz gestaltetes Verfahren.
– Gegenstand des Wettbewerbs sind Politikinhalte (policies), also rechtliche Regeln, Programme, Maßnahmen, Organisationsformen oder Verfahrensweisen, seltener hingegen Wirkungen (outcomes).

- Die Steuerung beruht auf Anreizen, wobei die Anreize in der Auszeichnung von Leistungen oder in Ressourcenzuwächsen beruhen. Motivierend wirkt für die verantwortlichen Akteure aber primär die Aussicht, durch Erfolg im Wettbewerb Zustimmung im demokratischen Prozess zu gewinnen.

Die Wirkungen dieser Wettbewerbe sind bislang nicht systematisch untersucht worden (vgl. aber Schmidt 2004; Wegener 2002). In der Theorie verspricht dieser Steuerungsmodus eine effektive Koordination zwischen den Ebenen, die als Kontextsteuerung die Autonomie dezentraler Gebietskörperschaften weitgehend erhält. Angesichts der im Vergleich zu Verhandlungssystemen geringen Entscheidungskosten soll er die Innovationen und Lernfähigkeit der Politik steigern. Aus den wenigen vorliegenden Untersuchungen lässt sich allerdings entnehmen, dass die Dinge in der Praxis komplizierter sind. Das Verfahren der gegenseitigen Anerkennung im europäischen Binnenmarkt hat nicht die Angleichung von Regulierungen erbracht, die man sich erhofft hat (Schmidt 2004). Die offene Methode der Koordinierung ist höchst umstritten und ihre Wirkungen scheinen begrenzt zu sein. Und auch die Regionenwettbewerbe im deutschen Bundesstaat geben bislang zu eher ambivalenten Bewertungen Anlass.
Zweifellos tragen Wettbewerbsverfahren im Mehrebenensystem zur Verbesserung der Entscheidungsfähigkeit bei. Zwar können in den Verhandlungen über Standards und Vergleichsindikatoren die Blockadegefahren auftreten, die für Verhandlungssysteme dargestellt wurden. Gegenstand der Entscheidung sind hier aber abstrakte Normen, deren Implikationen auf die Kosten- und Nutzenverteilungen zwischen den dezentralen Einheiten oft nicht eindeutig festzustellen sind. Auch unter der Bedingung enger Kopplung an Kontrollgremien in den Gebietskörperschaften ist also mit einer Einigung ohne den Rückgriff auf eine konfliktminimierende Umdefinition der Politikinhalte zu rechnen. Noch geringer sind die Entscheidungskosten, wenn Standards und Maßstäbe zentral festgelegt werden, Wettbewerbe also im Schatten der Hierarchie stattfinden.
Voraussetzung für eine effektive Koordination ist, dass die durch den Wettbewerb gesetzten Anreize stark genug sind, um die dezentralen Regierungen zu Politikänderungen zu veranlassen und die dezentrale Politik in die erwünschte Richtung zu lenken. Im Regulierungswettbewerb erzeugen die Zwänge des Marktes, die in der Regel relativ stark sind, allerdings nicht immer die erwünschten Effekte. Neben den Gefahren eines »race to the bottom« können sie auch soziale Ungleichheiten bewirken, die Folgen in anderen als den regulierten Politikfeldern auslösen können. Leistungswettbewerbe wirken über materielle wie immaterielle Anreize auf das Verhalten der Adressaten. Mit letzteren ist gemeint, dass Akteure einfach »gut« oder »besser« sein wollen und durch symbolische Auszeichnungen zu bestimmten Leistungen oder den erwünschten Politikänderungen veranlasst werden können. Materielle Anreize in Form von unmittelbaren Ressourcengewinnen sind praktisch ohne Bedeutung, wichtig ist aber, dass Akteure durch das Streben nach Zustimmung derer, die sie vertreten, motiviert werden. Die Wirkung eines Leistungswettbewerbs hängt dann davon ab, ob die Information darüber, wo eine Gebietseinheit im Wettbewerb mit anderen steht, in die zuständigen Kontrollinstanzen oder in die Öffentlichkeit transportiert wird, ob

also eine erreichte Auszeichnung oder Kritik durch ein externes Bewertungsgremium in interne Zustimmung übersetzt werden kann. Dazu aber müssten Ergebnisse öffentlich bekannt und diskutiert werden, und zwar nicht nur dann, wenn sie positiv ausfallen, sondern auch dann, wenn über Defizite zu berichten ist. Nach aller Erfahrung widerspricht jedoch die Forderung nach Transparenz der Handlungsrationalität in Politik und Verwaltung, die darin besteht, schlechte Ergebnisse nicht zu veröffentlichen und Kritik zu vermeiden.[4] Auszeichnungen stellen zudem ein »Positionsgut« (Hirsch 1980: 43) dar, dessen Wert von der relativen Position der Begünstigten in einer Rangordnung abhängt und daher umso geringer ausfällt, je häufiger das Prädikat vergeben wird. Die ungezügelte Vermehrung von Leistungswettbewerben, die sich, wenn auch mit unterschiedlichen Zielen und Themen an die gleichen Akteure richten, stellt also den Steuerungsmechanismus selbst in Frage. Diese Überlegungen begründen die Vermutung, dass die Anreize von Leistungswettbewerben zwar tendenziell in die richtige Richtung wirken, sie aber eher schwach sind und deswegen unsicher ist, ob Politikänderungen und Koordination erreicht werden können.

Der entscheidende Vorteil des dezentralen Wettbewerbs im Mehrebenensystem liegt nach herrschender Auffassung darin, dass er Politikinnovationen erzeugt. Die These ist gut begründet: Wettbewerbsverfahren geben Anstöße zu Veränderungen, erzeugen zugleich Anreize, neue Lösungen zu entwickeln oder zu unterstützen, und sie setzen die Beteiligten in Regionen unter Veränderungsdruck. Ferner induzieren sie Nachahmungsprozesse, und über den Vergleich der Leistungen unterschiedlicher regionaler Praktiken kommt es zur Diffusion von Innovationen.

Im Regulierungswettbewerb sind Innovationswirkungen jedoch aus mehreren Gründen beschränkt: Zum einen werden Regierungen unter dem Druck des Marktes zwar veranlasst, ihre bestehenden Regulierungen anzupassen, aber aus institutionellen Eigeninteressen, nämlich dem Bestreben, ihre Kompetenzen möglichst weitgehend zu erhalten, sowie wegen politischer Ziele (etwa des Umwelt-, Gesundheits- oder Verbraucherschutzes) bemühen sie sich, möglichst wenig von bestehenden Regeln abzuweichen. Verstärkt wird diese Tendenz, wenn innerhalb des Regierungssystems »Vetospieler« Veränderungen verhindern. Hier ist wiederum die Rolle der Parlamente und des Parteienwettbewerbs zu beachten, der die Spielräume für Anpassungen begrenzt, auch wenn Regierungen die Konkurrenz mit anderen Staaten als Sachzwang vorgeben und damit die Strategie der Selbstbindung ausnutzen können. Solange die Koordination im Regulierungswettbewerb durch wechselseitige Anpassung erfolgt, sind kollektive Lernprozesse und die Entwicklung neuer Arten oder Inhalte von Regulierungen unwahrscheinlich, zumindest nicht kurzfristig realisierbar. All dies spricht dafür, dass Änderungen des Status quo bei diesem Modus der Koordination begrenzt sind.

Für Leistungswettbewerbe gibt es empirische Untersuchungen, die diese These der Innovation unterstützen. Für die regionale Arbeitsmarktpolitik in Deutschland haben Josef Schmid und Susanne Blancke herausgefunden, dass in der Konkurrenz der Län-

---

4 Von kommunalen Leistungsvergleichen wird berichtet, sie seien »vorrangig auf eine interne Leistungseinschätzung für die Verwaltungen und weniger auf die Informierung der Öffentlichkeit und die Verbesserung der Stellung des Verwaltungsklienten« (Kuhlmann 2003: 125) gerichtet.

der neue Problemlösungen erzeugt werden (Schmid/Blancke 2001). Unterstützt wird der Wettbewerb hier durch die bestehenden Netzwerke der Fachverwaltungen im kooperativen Bundesstaat, in denen dezentral erzeugte Innovationen rasch diffundieren und zu Veränderungen in zunächst weniger innovativen Regionen führen, die neue Lösungen an ihre eigenen Bedürfnisse anpassen. Auch in organisierten Regionenwettbewerben in der Raumentwicklungspolitik lassen sich diese Effekte erkennen. Hier sind im Anschluss an Wettbewerbe Netzwerke von Regionen entstanden, welche dem Austausch von Erfahrungen dienen (Adam 2001). Sie verstärken die Kommunikation, die Lernprozesse fördert.

Innovationswirkungen sind allerdings auch in diesem Fall nicht selbstverständlich. Sie können einerseits verhindert werden, wenn der Wettbewerb innerhalb der dezentralen Einheiten Netzwerke erzeugt, die eine hohe Selektivität aufweisen und mittelfristig ein konservatives Gruppendenken fördern. Andererseits können ebenenübergreifende Netzwerke von Experten den Wettbewerb unterminieren und gleichsam zur Kartellierung von Vertretern fachpolitischer Interessen führen, die, gegebenenfalls mit Unterstützung von Verbänden, ihre Programme gegen Veränderungen verteidigen. Leistungswettbewerbe fördern Innovationen vor allem dann, wenn sie neue Akteure zur Beteiligung an der dezentralen Politik mobilisieren. Sie können aber auch exklusive Netzwerke verstärken, wenn sie zu speziellen Themen veranstaltet werden, die eine übergeordnete Stelle definiert.

Ob und wie der dezentrale Wettbewerb im Mehrebenensystem funktioniert, hängt also von dessen Anreizwirkungen für Akteure ab. Die Akteure unterliegen aber auch den Regeln der Politik in ihrer Gebietskörperschaft. Zwar besteht die bereits genannte Möglichkeit, dass sich Eliten in den dezentralen Einheiten den Bindungen an demokratische Verfahren und Kontrollen entziehen, indem sie behaupten, die von ihnen verfolgte Politik sei durch den Wettbewerb erzwungen. In Konkurrenzdemokratien lässt sich diese Strategie allerdings weniger leicht einsetzen, weil hier die Frage, mit welcher Politik eine Gebietskörperschaft wettbewerbsfähig ist, den Kontroversen zwischen Parteien unterliegt. Der Wettbewerb scheint eher mit einer Verhandlungsdemokratie kompatibel zu sein, weil er den Druck auf Konsensbildung in den konkurrierenden Einheiten erhöht und damit deren Anpassung erleichtert.

Allerdings können wir auch in diesem Fall nicht von einer direkten Wirkung von Strukturen auf Politikergebnisse ausgehen. Auch bei Governance durch dezentralen Wettbewerb liegen unterschiedliche Regelsysteme zugrunde, die für die Akteure komplizierte Anforderungen stellen. Es hängt dann wiederum von den strategischen Interaktionen ab, ob im Mehrebenensystem die Koordinierung durch dezentralen Wettbewerb gelingt. Im Unterschied zu Verhandlungssystemen dürften hierbei allerdings konfliktminimierende Entscheidungen keine Bedeutung haben, vielmehr kommt es darauf an, innerhalb der dezentralen politischen Strukturen jene Akteure zu mobilisieren und in die Konsensfindung einzubinden, die zur Wettbewerbsfähigkeit beitragen können. Dies gelingt nach den Erfahrungen in der Regionalpolitik leichter, wenn überzeugungsfähige Leitprojekte definiert werden, wenn effektive Leitungsstrukturen aufgebaut werden und wenn öffentliche und private Akteure in flexiblen Netzwerken zusammenwirken. Aber gerade diese auf neue Politikformen zielenden

Strategien können in Konflikt mit den etablierten Verfahren der Konkurrenz- oder Verhandlungsdemokratie geraten und dann scheitern. Das in der Theorie des Wettbewerbsföderalismus angebotene Modell von multi-level governance durch Wettbewerb erweist sich in der Praxis also in der Regel als eine Kombination mehrerer Governance-Modi. Es ist eingebettet in Verhandlungssysteme zwischen Ebenen und verbunden mit unterschiedlichen Entscheidungsstrukturen innerhalb der Ebenen. Die notwendige Kombination aus dezentralem Wettbewerb und Verhandlungen (oder zentraler Steuerung, d.h. der Koordination in einem mehr oder weniger starken Schatten der Hierarchie), aber auch die »intragouvernementalen« Bedingungen der Politik, die auf die Anreize des Wettbewerbs reagieren muss, macht dieses Governance-Regime anfällig für die generellen Probleme der Mehrebenenpolitik. Der Wettbewerb als solcher vermag die Entscheidungskosten nur partiell zu reduzieren: Im Regulierungswettbewerb kann die Entscheidungsfreiheit der dezentralen Politik beträchtlich beschränkt werden, während in Leistungswettbewerben die Koordination an der unzureichenden Stärke der Anreize scheitern kann. Wie dezentraler Politikwettbewerb letztlich funktioniert und ob er als Koordinations- und Steuerungsmechanismus die in ihn gesetzten Erwartungen erfüllt, hängt auch von den institutionellen Bedingungen und den Strategien der Akteure ab.

4. *Beteiligung privater Akteure in der Mehrebenenpolitik*

Governance wurde eingangs definiert als politische Steuerung und Koordinierung in komplexen Regelsystemen, wobei in der Regel private Akteure beteiligt sind. Der Begriff bezieht sich somit ausdrücklich nur auf spezifische Formen der politischen Steuerung zwischen Staat und Gesellschaft, also auf die Realität des »kooperativen Staates« (Mayntz 2002: 21) oder auf die Selbstregulierung privater Akteure im oder jenseits des Schattens des Staates:

> ». . . governance implies that private actors are involved in decision-making in order to provide common goods and that nonhierarchical means of guidance are employed . . . Where there is governance, private actors may independently engaged in self-regulation, or a regulatory task may have been delegated to them by a public authority, or they may be regulating jointly with a public actor. This interaction may occur across levels (vertically) or across arenas (horizontally)« (Héritier 2002: 3).

Wenn, wie dargestellt, Governance im Mehrebenensystem wegen der Komplexität und zum Teil wegen der Inkompatibilität der institutionellen Kontexte erhebliche Schwierigkeiten der Entscheidungsfindung aufwirft, stellt sich die Frage, ob die Kooperation mit privaten Akteuren die Entscheidungskosten und die Steuerungsfähigkeit nicht noch weiter reduzieren muss. Diese Frage wird in der Literatur zu Governance im Mehrebenensystem nur am Rande diskutiert und die Forschung in diesem Bereich zeichnet sich nach wie vor durch eine starke Staats- und Institutionenzentriertheit aus (Eising 2004). Gleichwohl lassen sich zumindest Hypothesen formulieren.

Private erfüllen zwei wesentliche Leistungen, die für Governance im Mehrebenensystem relevant sind. Zum einen liefern sie Fachwissen, über das besonders Experten aus Verbänden und Unternehmen verfügen. Zum anderen aggregieren Verbände unterschiedliche Interessen innerhalb eines Politikfelds, und zwar sowohl in funktionaler wie in territorialer Hinsicht. Sie verhindern also, dass politische Entscheidungsträger mit einer Vielzahl von Interessen konfrontiert werden, und sie sorgen auch dafür, dass die Interessen über die Ebenen eines politischen Systems hinweg homogenisiert werden.

Ihre Informations- und Bündelungsfunktion über die Ebenen hinweg können private Akteure aber nur erfüllen, wenn sie ihre Organisation an die Mehrebenenstruktur des politischen Systems anpassen, sei es durch eine einheitliche, zentralisierte Organisation für den Gesamtraum oder durch eine föderative Struktur. Zentralisierte Verbände und große Unternehmen erreichen leichter eine über verschiedene Ebenen hinweg vereinheitlichte Interessenformierung als föderativ gegliederte Organisationen. Dies geht allerdings in der Regel auf Kosten der internen Demokratie und des Minderheitenschutzes, ohne die Verbände keinen Beitrag zu einer effektiven und demokratischen Governance leisten können, da sie die Folgebereitschaft ihrer Mitglieder nicht gewährleisten können. Föderativ organisierte Verbände stehen vor den gleichen Schwierigkeiten der Koordination im Mehrebenensystem wie staatliche Akteure im politischen System, allerdings fällt das Konfliktniveau in Verbänden wegen ihrer Spezialisierung auf besondere Interessen geringer aus. Die ebenenspezifische Differenzierung hat zudem den Vorteil, dass sich Verbände auf allen Ebenen an staatliche Akteure wenden können und dadurch die Chancen erfolgreicher Interessenvermittlung steigen.

Im Mehrebenensystem, das Zugänge zur Politik auf unterschiedlichen Ebenen eröffnet, stehen Private also vor der Alternative, ihre organisatorischen Ressourcen und Strategien auf die Zentralebenen zu konzentrieren oder auf unterschiedlichen Ebenen Zugang zu politischen Prozessen zu finden. Im ersten Fall ist eine einheitliche Vertretung gewährleistet, während im zweiten Fall die Gefahr besteht, dass sie mit divergierenden Strategien und Forderungen auftreten und sich dadurch schwächen. Zentralisierte Interessenvermittlung setzt aber voraus, dass interne Konflikte gelöst werden, während eine auf mehreren Ebenen ansetzende Interessenvermittlung einen begrenzten Pluralismus zulassen kann. Abgesehen von den Organisations- und Entscheidungskosten dürfte die Entscheidung zwischen diesen beiden Varianten der Interessenvermittlung im Mehrebenensystem davon abhängen, wie stark gesellschaftliche Interessen territorial unitarisiert oder differenziert sind (Armingeon 2002).

Der Erfolg der Interessenvermittlung hängt allerdings nicht nur vom Fachwissen und der Organisations- und Entscheidungsfähigkeit von privaten Organisationen ab, und allein die Zahl der möglichen Zugangspunkte zu einem territorial differenzierten politischen System gewährleistet noch keinen Einfluss von Privaten. Vielmehr verfügen auch staatliche Akteure im Mehrebenensystem über strategische Möglichkeiten, sich dem Druck von Interessengruppen oder anderen privaten Akteuren entweder zu entziehen oder sich ihn zu Nutzen zu machen. Über deren Effektivität gibt es jedoch unterschiedliche Auffassungen. Für die europäische Politik vertreten Marks und

Hooghe die These, dass im vertikal und horizontal differenzierten europäischen Mehrebenensystem die Regierungen der Mitgliedstaaten nicht mehr kontrollieren können, ob und wie Verbände Zugang zum politischen Prozess erreichen können. »With its dispersed competencies, contending but interlocked institutions and shifting agendas, multilevel governance opens multiple points of access for interests. In this process of mobilization and counter-mobilization, national governments no longer serve as exclusive nexus between domestic politics and international relations« (Hooghe/Marks 2001: 28). Demgegenüber stellte Edgar Grande fest, dass es den nationalen Regierungen durch Kooperation im Mehrebenensystem gelingen könne, sich gegen den Einfluss von mächtigen Interessen abzuschotten. Nach dieser These können Regierungen den Machtverlust in der Politikverflechtung durch Machtgewinn gegenüber Verbänden kompensieren (»Paradox der Schwäche«; Grande 1994; 1996). Verhandlungssysteme in der Mehrebenenpolitik würden dann aber dazu beitragen, die Entwicklung von Public-Private Governance zu verhindern, ja selbst die traditionellen Wege der pluralistischen Interessenvermittlung zu schwächen.

Die Beteiligung von Privaten ist gleichwohl in nationalen, europäischen wie internationalen Mehrebenensystemen nicht ungewöhnlich (Knill/Lehmkuhl 2002; Mayntz 1993; Kohler-Koch/Eising 1999; Wolf 2004). Allerdings kann man eine Korrespondenz zwischen der Struktur eines Mehrebenensystems und der Art der Interaktion zwischen öffentlichen und privaten Akteuren feststellen. Umgekehrt bedeutet dies, dass bestimmte Formen der Interessenvermittlung mit den Strukturen eines Mehrebenensystems nicht kompatibel sind.

Der These Grandes entspricht die Erkenntnis, dass Verhandlungssysteme zwischen Regierung und Verbänden (*korporatistische Interessenvermittlung*) in Mehrebenensystemen störungsanfällig sind. Besonders wenn Vertreter einer Regierung in Zwangsverhandlungen ihre Politik mit Regierungen anderer Gebietskörperschaften koordinieren müssen, sind sie in korporatistischen Verhandlungssystemen nicht in der Lage, verlässliche Zusagen zu machen und Verpflichtungen einzugehen. Wie Fritz W. Scharpf gezeigt hat, ist die konzertierte Aktion in der Bundesrepublik auch an diesem Problem gescheitert (Scharpf 1987). Funktionierender Korporatismus setzt eine Zentralisierung im Mehrebenensystem voraus, oder er wird auf dezentralen Ebenen praktiziert, sofern sich die Zentralregierung auf Rahmensetzung zurückzieht, wie es in der Wirtschaftspolitik seit den 1980er Jahren festzustellen ist (Karlhofer 2002).

Sektorale Formen der Politikverflechtung sind vielfach mit engen Beziehungen zwischen Fachressorts auf den einzelnen Ebenen und Verbänden verbunden, die besondere Interessen vertreten. Aus der Sicht der Ressorts dienen sie dazu, Unterstützung für ihre Aufgaben zu sichern und die Qualität der Aufgabenerfüllung zu verbessern, während sich Verbänden privilegierte Einflusskanäle eröffnen. Dabei entstehen oft *klientelistische Beziehungen*, und Governance-Strukturen entwickeln sich zu Netzwerken von Spezialisten (in Deutschland spricht man von Fachbruderschaften und in der amerikanischen Literatur findet sich die Bezeichnung »technocrats«; Beer 1978). Solche Netzwerke sind im Hinblick auf die Mehrebenenkoordination effektiv, aber sie führen zur Verselbständigung von Fachpolitiken, wodurch Kontrollen durch demokratische Organe und Verfahren beeinträchtigt und allgemeine Interessen geschwächt werden.

Somit scheinen vor allem *pluralistische Formen der Interessenvermittlung* mit den Anforderungen von Governance in Mehrebenensystemen kompatibel zu sein. Wenn Private hier ihre Interessen gegen die in Verhandlungssystemen zusammengeschlossenen öffentlichen Akteure durchsetzen wollen, so sind sie zu einer Interessenvermittlung auf mehreren Ebenen gezwungen. Dem »Paradox der Schwäche«, d.h. der Gefahr abgeschotteter Verflechtungsstrukturen der Regierungen und Verwaltungen begegnen sie dann durch Interessenvermittlung über verschiedene Zugangspunkte zum politischen System (Eising 2004: 236). Die Verhandlungssysteme der Mehrebenenpolitik und die Interessenvermittlung sind in dieser Konstellation nur lose gekoppelt.

Die bisher dargestellten Thesen wurden für Governance in Verhandlungssystemen entwickelt. Sie treffen grundsätzlich auch für Mehrebenensysteme zu, in denen in Mehrebenenverhandlungen Standards für den Regulierungs- und Leistungswettbewerb festgelegt werden. Leistungswettbewerbe wiederum tragen oft dazu bei, öffentliche und private Akteure zur Kooperation bei der Problemlösung und der Leistungssteigerung zu motivieren. Erfahrungen zeigen aber, dass dieser Effekt nur begrenzt erreicht wird. Zwar können je nach thematischer Ausrichtung des Wettbewerbs neue Akteure ins Spiel kommen und bestehende Netzwerke aufgebrochen werden. Insbesondere scheinen sich Leistungswettbewerbe positiv auf die Mobilisierung zivilgesellschaftlicher Akteure auszuwirken. Eine breite Partizipation von Privaten erreichen sie in der Regel aber nicht. Oft bewirken Leistungswettbewerbe sogar eine »Entpolitisierung« von Entscheidungen und leisten einer Verwissenschaftlichung der Politik Vorschub. Das ist der Fall, wenn Standards und Vergleichsmaßstäbe durch Experten oder (wie etwa bei der offenen Methode der Koordinierung in der EU) durch Verwaltungen definiert werden und sie dann als gleichsam objektive Kriterien für eine richtige Politik dem demokratischen Prozess entzogen sind. Diese vermeintliche Objektivierung von politischen Entscheidungen können Eliten ausnutzen, um sich der Kontrolle durch Parlamente oder Verbandsversammlungen, durch Parteien und durch die Öffentlichkeit zu entziehen. In Regionenwettbewerben werden oft auch Unternehmen und Verbände mobilisiert, die dann in Politiknetzwerken oder korporatistischen Verhandlungssystemen mit Verwaltungen zusammenarbeiten. Dadurch werden in der Tendenz elitäre Netzwerke gefördert, die einer flexiblen Kooperation und Lernprozessen entgegenstehen. Erfahrungen zeigen zudem, dass Netzwerke, die durch entsprechende Leistungswettbewerbe angestrebt werden, sich nicht ohne weiteres in gewachsenen regionalen Strukturen verankern lassen und bestehende Machtverhältnisse nicht auflösen können (Müller/Wiechmann/Löwis 2001).

5. *Governance in Mehrebenensystemen als akteurszentrierte Politik*

Governance in Mehrebenensystemen verlangt von öffentlichen wie privaten Akteuren, dass sie sich in mehreren institutionellen Kontexten zurecht finden und mit den

Anforderungen unterschiedlicher Regelsysteme umgehen. Dabei müssen sie die hohen Kosten der Entscheidungsfindung bewältigen und stehen oft vor drohenden Blockaden, oder sie müssen mit unintendierten Effekten ihres Handelns in anderen Arenen rechnen. Allerdings ist deswegen die Politik in Mehrebenensystemen nicht anfälliger für Blockaden und Defizite als Politik in demokratischen Regierungssystemen auf einer Ebene. Aber sie ist stärker von den Strategien der Akteure abhängig, die diese entwickeln, um mit den divergierenden Anforderungen fertig zu werden.

Mögen Akteure auch nicht die genaue Logik der Mehrebenenpolitik durchschauen, so erkennen sie doch die grundsätzliche Problematik und reagieren darauf (Pierson 1995; Héritier 2000). Aufgrund praktischer Erfahrungen lernen sie und entwickeln heuristische Verfahrensweisen und Strategien, mit welchen Entscheidungsblockaden vermieden werden können (Ostrom 1998: 9). Über die Funktionsweise von Politik im Mehrebenensystem entscheiden mithin nicht allein die Strukturen, sondern auch die Strategien der Akteure, mit denen sie den Schwierigkeiten der Mehrebenenstrukturen zu entkommen suchen. Governance im Mehrebenensystem wird damit zu einem »Spiel«, in dem die Beteiligten nicht einfach ihre Interessen oder Aufträge direkt zu verwirklichen suchen, sondern ihre Verhaltensweisen an die jeweilige Interaktionssituation anpassen und sich bemühen, mögliche Blockadesituationen oder negative Eigendynamiken politischer Prozesse zu vermeiden. In diesem Sinn ist multi-level governance als »political game« zu betrachten. Diese Perspektive fassen B. Guy Peters und Jon Pierre wie folgt zusammen:

> »This notion refers less to ... the idea that the relaxation of regulatory frameworks opens up for more strategic and autonomous behaviour among actors. Another important aspect of game-like nature of governance, as opposed to the conventional view of intergovernmental relationships, is that the definition of who is a player becomes an empirical question, as does the definition of the stakes. Furthermore, as in networks of all sorts, playing the game may be as important as winning in each iteration of the game. Therefore, multi-level governance can be associated with some moderations of demands by actors in order to maintain their favoured position as players« (Peters/Pierre 2004: 81).

Der Erfolg wie das Scheitern von Governance (»governance failure«; Jessop 1998; 2002: 236), das gerade in komplexen Mehrebenensystemen immer eine reale Gefahr darstellt, werden in letzter Instanz durch dieses Spiel und nicht durch Institutionen bestimmt. Die Eigendynamik von Governance kann nur partiell durch Verfassung oder Recht gesteuert werden, vielmehr bedarf es einer ständigen Revision von Machtgleichgewichten (»collibration«; Dunsire 1996), eines Austarierens der Arenen und der in ihnen geltenden Koordinationsmodi. Ob dies gelingt, hängt wesentlich von den handelnden Akteure ab. In analytischer Hinsicht muss daher die Dynamik von Governance beachtet werden, wenn man die Funktionsweise von Politik in Mehrebenensystemen verstehen will. Und es muss beachtet werden, dass Governance im Mehrebenensystem zwar institutionell geprägte, aber stark *akteurszentrierte Politik* darstellt. Überspitzt ausgedrückt kann man behaupten, dass die Entstehung von Mehrebenensystemen der Politik die Institutionalisierung von Herrschaft, die der moderne Territorialstaat hervorbrachte, ein beträchtliches Stück weit rückgängig gemacht hat.

Literaturverzeichnis

Adam, Brigitte (Red.) (2001): Bilanz des Wettbewerbs – Fachliche Perspektiven (hrsg. vom Bundesamt für Bauwesen und Raumordnung, Projektgruppe »Regionen der Zukunft«), Bonn: BBR.
Adam, Brigitte, Thorsten Wiechmann (1999): Neue Formen regionaler Kooperation für eine nachhaltige Entwicklung – diskutiert am Beispiel des Bundeswettbewerbes »Regionen der Zukunft« (IÖR-Texte Band 121), Dresden: Institut für ökologische Raumentwicklung.
Armingeon, Klaus (2002): Verbändesysteme und Föderalismus. Eine vergleichende Analyse, in: Arthur Benz, Gerhard Lehmbruch (Hrsg.), Föderalismus. Analysen in entwicklungsgeschichtlicher und vergleichender Perspektive (Politische Vierteljahresschrift-Sonderheft 32), Wiesbaden: Westdeutscher Verlag, 213-233.
Bache, Ian, Matthew Flinders (Hrsg.) (2004): Multi-level Governance, Oxford: Oxford University Press.
Beer, Samuel H. (1978): Federalism, Nationalism, and Democracy in America, in: American Political Science Review 72, 9-21.
Benz, Arthur (2000): Politische Steuerung in lose gekoppelten Mehrebenensystemen, in: Raimund Werle, Uwe Schimank (Hrsg.), Gesellschaftliche Komplexität und kollektive Handlungsfähigkeit, Frankfurt/New York: Campus, 99-126.
Benz, Arthur (2003): Mehrebenenverflechtung in der Europäischen Union, in: Markus Jachtenfuchs, Beate Kohler-Koch (Hrsg.), Europäische Integration (2. Aufl.), Opladen: Leske + Budrich, 327-361.
Benz, Arthur (2003a): Konstruktive Vetospieler in Mehrebenensystemen, in: Renate Mayntz, Wolfgang Streeck (Hrsg.), Die Reformierbarkeit der Demokratie: Innovationen und Blokkaden, Frankfurt/New York: Campus, 205-236.
Benz, Arthur (2004): Multilevel Governance – Governance in Mehrebenensystemen, in: Arthur Benz (Hrsg.), Governance – Regieren in komplexen Regelsystemen, Wiesbaden: Verlag für Sozialwissenschaften, 125-146.
Benz, Arthur (2004a): Leistungswettbewerbe in der regionalen Raumentwicklungspolitik, in: DISP – Dokumente und Informationen zur Schweizerischen Orts-, Regional- und Landesplanung 157 (i.E.) (online: http://www.nsl.ethz.ch/index.php/de/content/view/full/875/).
Chapman, Ralph J.K. (1993): Structure, Process and the Federal Factor: Complexity and Entanglement in Federations, in: Michael Burgess, Alain-G. Gagnon (Hrsg.), Comparative Federalism and Federation, Toronto: University of Toronto Press, 69-77.
Crozier, Michèl, Jean-Claude Thoenig (1976): The Regulation of Complex Organized Systems, in: Administrative Science Quarterly 21, 547-570.
Dunsire, Andrew (1996): Tipping the balance: Autopoiesis and governance, in: Administration and Society 28, 299-334.
Eising, Rainer (2004): Multilevel Governance and Business Interests in the European Union, in: Governance 17, 211-245.
Evans, Peter B., Harold Jacobson, Robert D. Putnam (Hrsg.) (1993): Double-Edged Diplomacy. International Bargaining and Domestic Politics, Berkeley: University of California Press.
Göbel, Marcus (2002): Von der Konvergenzstrategie zur offenen Methode der Koordinierung, Baden-Baden: Nomos.
Grande, Edgar (1994): Vom Nationalstaat zur europäischen Politikverflechtung. Expansion und Transformation moderner Staatlichkeit – untersucht am Beispiel der Forschungs- und Technologiepolitik, Habilitationsschrift: Universität Konstanz.

Grande, Edgar (1996): Das Paradox der Schwäche. Forschungspolitik und die Einflußlogik europäischer Politikverflechtung, in: Markus Jachtenfuchs, Beate Kohler-Koch, Europäische Integration (1. Aufl.), Opladen: Leske + Budrich, 373-399.

Gualini, Enrico (2004): Multi-level Governance and Institutional Chance. The Europeanization of Regional Policy in Italy, Aldershot: Ashgate.

Héritier, Adrienne (2000): Policy-Making and Diversity in Europe. Escaping Deadlock, Cambridge: Cambridge University Press.

Héritier, Adrienne (2002): New Modes of Governance in Europe: Policy-Making without Legislating, in: Adrienne Héritier (Hrsg.), Common Goods. Reinventing European and International Governance, Lanham: Rowman and Littlefield, 185-206.

Hirsch, Fred (1980): Die sozialen Grenzen des Wachstums. Eine ökonomische Analyse der Wachstumskrise, Reinbek bei Hamburg: Rowohlt.

Hodson, Dermont, Imelda Maher (2001): The Open Method as a New Mode of Governance: The Case of Soft Economic Policy Coordination, in: Journal of Common Market Studies 39, 719-746.

Hooghe, Liesbet (Hrsg.) (1996): Cohesion Policy and European Integration, Oxford: Clarendon Press.

Hooghe, Liesbet (1996a): Introduction: Reconciling EU-Wide Policy and National Diversity, in: Liesbet Hooghe (Hrsg.), Cohesion Policy and European Integration, Oxford: Clarendon Press, 1-24.

Hooghe, Liesbet, Gary Marks (2001): Multi-level Governance and European Integration, Lanham: Rowman and Littlefield.

Jessop, Bob (1998): The rise of governance and the risks of failure: the case of economic development, in: International Social Science Journal 155, 29-45.

Jessop, Bob (2002): The Future of the Capitalist State, Cambridge: Polity Press.

Karlhofer, Ferdinand (2002): Sozialpartnerschaftliche Interessenvermittlung in föderativen Systemen. Ein Vergleich Deutschland – Österreich – Schweiz, in: Arthur Benz, Gerhard Lehmbruch (Hrsg.), Föderalismus. Analysen in entwicklungsgeschichtlicher und vergleichender Perspektive (Politische Jahresschrift-Sonderheft 32), Wiesbaden: Westdeutscher Verlag, 234-252.

Klatt, Hartmut (1989): Die Rolle der Parlamente im föderalen Entscheidungsprozess, in: Thomas Ellwein, Joachim Hens Hesse, Renate Mayntz, Fritz W. Scharpf (Hrsg.), Jahrbuch für Staats- und Verwaltungswissenschaft (Band 3), Baden-Baden: Nomos, 119-156.

Knill, Christoph, Dirk Lehmkuhl (2002): Governance and Globalization: Conceptualizing the Role of Public and Private Actors, in: Adrienne Héritier (Hrsg.), Common Goods. Reinventing European and International Governance, Lanham: Rowman and Littlefield, 85-104.

Kohler-Koch, Beate, Rainer Eising (Hrsg.) (1999): The Transformation of Governance in the European Union, London/New York: Routledge.

Kuhlmann, Sabine (2003): Benchmarking auf dem Prüfstand: Kosten, Nutzen und Wirkungen interkommunaler Leistungsvergleiche in Deutschland, in: Verwaltungsarchiv 94, 99-126.

Lehmbruch, Gerhard (2000): Parteienwettbewerb im Bundesstaat. Regelsysteme und Spannungslagen im Institutionengefüge der Bundesrepublik Deutschland (3. Aufl.), Wiesbaden: Westdeutscher Verlag.

Lijphart, Arend (1999): Patterns of Democracy: Government Forms and Performance in Thirty-Six Countries, New Haven/London: Yale University Press.

Marks, Gary (1997): An Actor-Centred Approach to Multi-Level Governance, in: Regional and Federal Studies 6, 20-38.

Marks, Gary, Liesbeth Hooghe, Kermit Blanck (1996): European Integration from the 1980s: State-Centric vs. Multi-Level Governance, in: Journal of Common Market Studies 34, 341-378.

Mayntz, Renate (Hrsg.) (1983): Implementation politischer Programme II, Opladen: Westdeutscher Verlag.
Mayntz, Renate (1993): Policy-Netzwerke und die Logik von Verhandlungssystemen, in: Adrienne Héritier (Hrsg.), Policy-Analyse. Kritik und Neuorientierung, (Politische Vierteljahresschrift-Sonderheft 24), Opladen: Westdeutscher Verlag, 39-57.
Mayntz, Renate (2002): Common Goods and Governance, in: Adrienne Héritier (Hrsg.), Common Goods. Reinventing European and International Governance, Lanham: Rowman and Littlefield, 15-27.
Mosher, James S., David M. Trubek (2003): Alternative approaches to governance in the EU: EU social policy and the European Employment Strategy, in: Journal of Common Market Studies 41, 63-88.
Müller, Bernhard, Thorsten Wiechmann, Sabine von Löwis (2001): Regionale Verankerung von Netzwerken (IÖR-Texte Band 134), Dresden: Institut für ökologische Raumentwicklung.
Ostrom, Elinor (1998): A Behavioral Approach to the Rational Choice Theory of Collective Action, in: American Political Science Review 92, 1-22.
Peters, B. Guy, Jon Pierre (2004): Multi-level Governance and Democracy: A Faustian Bargain?, in: Ian Bache, Matthew Flinders (Hrsg.), Multi-level Governance, Oxford: Oxford University Press, 75-89.
Pierson, Paul (1995): Fragmented Welfare States: Federal Institutions and the Development of Social Policy, in: Governance 8, 449-478.
Putnam, Robert (1988): Diplomacy and Domestic Politics: The Logic of Two-level Games, in: International Organization 42, 427-460.
Rhodes, Roderick A. W. (1981): Control and Power in Central-Local Government Relations, Westmead: Gower.
Rhodes, Roderick A. W. (1997): Understanding Governance. Policy Networks, Governance, Reflexivity and Accountability, Buckingham/Philadelphia: Open University Press.
Rodden. Jonathan, Susan Rose Ackerman (1997): Does Federalism Preserve Markets, in: Virginia Law Review 83, 1521-1572.
Rosenau, James N. (2004): Strong Demand, Huge Supply: Governance in an Emerging Epoch, in: Ian Bache, Matthew Flinders (Hrsg.), Multi-level Governance, Oxford: Oxford University Press, 31-48.
Scharpf, Fritz W. (1985): Die Politikverflechtungsfalle: Europäische Integration und deutscher Föderalismus im Vergleich, in: Politische Vierteljahresschrift 26, 323-356.
Scharpf, Fritz W. (1987): Sozialdemokratische Krisenpolitik in Europa, Frankfurt/New York: Campus.
Scharpf, Fritz W. (1992): Koordination durch Verhandlungssysteme: Analytische Konzepte und institutionelle Lösungen, in: Arthur Benz, Fritz W. Scharpf, Reinhard Zintl, Horizontale Politikverflechtung. Zur Theorie von Verhandlungssystemen, Frankfurt/New York: Campus, 51-96.
Scharpf, Fritz W. (1993): Autonomieschonend und gemeinschaftsverträglich: Zur Logik der europäischen Mehrebenenpolitik, in: Fritz W. Scharpf, Optionen des Föderalismus in Deutschland und Europa, Frankfurt/New York: Campus, 131-155.
Scharpf, Fritz W., Bernd Reissert, Fritz Schnabel (1976): Politikverflechtung. Theorie und Empirie des kooperativen Föderalismus in der Bundesrepublik, Kronberg/Ts: Scriptor.
Schmid, Josef, Susanne Blancke (2001): Arbeitsmarktpolitik der Bundesländer. Chancen und Restriktionen einer aktiven Arbeitsmarkt- und Strukturpolitik im Föderalismus, Berlin: edition sigma.
Schmidt, Susanne (2004): Rechtsunsicherheit statt Regulierungswettbewerb: Die nationalen Folgen des europäischen Binnenmarkts für Dienstleistungen, Habilitationsschrift: FernUniversität in Hagen.

Thoenig, Jean Claude (1978): State, Bureaucracies, and Local Government in France, in: Kenneth Hanf, Fritz W. Scharpf (Hrsg.), Interorganizational Policy-Making, Beverly Hills/ London: Sage, 167-197.

Wegener, Alexander (2002): Die Gestaltung kommunalen Wettbewerbs. Strategien in den USA, Großbritannien und Neuseeland, Berlin: edition sigma.

Wolf, Klaus Dieter (2000): Die Neue Staatsräson – Zwischenstaatliche Kooperation als Demokratieproblem in der Weltgesellschaft, Baden-Baden: Nomos.

Wolf, Klaus-Dieter (2004): Private Actors and the Legitimacy of Governance Beyond the State. Conceptional Outlines and Empirical Explorations, in: Arthur Benz, Yannis Papadopoulos (Hrsg.), Governance and Democracy – Comparing National, European and Transnational Experiences, London: Routledge (im Druck).

Wright, Deil S. (1988): Understanding Intergovernmental Relations (3. Aufl.), Pacific Grove/ Cal.: Brooks/Cole Publishing Company.

Zürn, Michael (1996): Über den Staat und die Demokratie im europäischen Mehrebenensystem, in: Politische Vierteljahresschrift 37, 27-55.

Global Governance

Michael Zürn

Die Bedeutungsabnahme nationaler Grenzen stellt eine Herausforderung für die Fähigkeit des Nationalstaates dar, seine Regierungsziele unilateral zu erreichen. Effektive Governance hängt von der räumlichen Übereinstimmung der politischen Regelungen mit den gesellschaftlich integrierten Räumen und dem Fehlen signifikanter Externalitäten ab. Da die gesellschaftliche Verflechtung über Grenzen hinweg im Zuge der Globalisierung zunimmt, nehmen auch die Externalitäten zu, so dass sich die nationalen Regierungen verstärkt mit Effektivitätsherausforderungen konfrontiert sehen. Die politischen Reaktionen auf diese Herausforderungen fallen sehr unterschiedlich aus. Eine Antwort besteht jedenfalls in dem Streben nach internationalen und transnationalen Institutionen, deren Zusammenspiel Global Governance ausmacht und im Ergebnis das moderne Verständnis von Politik außer Kraft setzt, wonach die Nationalstaaten als Grundlage aller Politik betrachtet werden.

1. Einleitung

Die sogenannte Globalisierung hält für das nationalstaatliche Regieren in der OECD-Welt zahlreiche neue Herausforderungen bereit. Da effektive *Governance* von der räumlichen Übereinstimmung der politischen Regelungen mit den gesellschaftlich integrierten Räumen bzw. dem Fehlen signifikanter Externalitäten abhängt und im Zuge der Globalisierung die gesellschaftliche Verflechtung über Grenzen hinweg zunimmt, werden die nationalen Regierungen verstärkt mit Schwierigkeiten bei der Erreichung ihrer politischen Ziele konfrontiert. Man denke beispielsweise an das Ozonloch, den Klimawandel und die abnehmende Biodiversität im Umweltbereich, den transnationalen Terrorismus und den Bürgerkrieg im Sicherheitsbereich oder an Banken-, Währungs- und Finanzkrisen im Wohlfahrtsbereich. All diese neuen Herausforderungen haben gemein, dass sie auf die Grenzen der Effektivität nationalstaatlichen Regierens aufmerksam machen. Den globalen Klimawandel kann keine Regierung alleine aufhalten, ebenso wie keine Regierung alleine den transnationalen Terrorismus erfolgreich bekämpfen oder internationale Finanzkrisen verhindern kann. Auch die Regierungen mächtiger Staaten aus der OECD-Welt sind in diesen Fragen von der Kooperation mit Regierungen anderer Staaten abhängig. Der Nationalstaat scheint zu Beginn des 21. Jahrhunderts mehr denn je darauf angewiesen, in internationalen Institutionen zu agieren, um die Umwelt zu erhalten, Sicherheit zu gewährleisten und um Wohlfahrt dauerhaft zu ermöglichen. Deshalb wird im Zeitalter der Globalisierung *Global Governance* als notwendig erachtet, um den zunehmend globalen

Herausforderungen wirksam zu begegnen (Commission on Global Governance 1995; Held et al. 1999; Nye/Donahue 2000; Rosenau 1997; Zürn 1998).

Ein Ziel dieses Beitrags ist es, den inneren Zusammenhang von Globalisierung und *Global Governance* herauszuarbeiten. Die Identifizierung von Globalisierung als Hintergrundbedingung der Entwicklung von *Global Governance* soll aber nicht dazu führen, dass die motivationalen Grundlagen der Politik auf eine Problemlösungsperspektive verengt werden (vgl. hierzu die Kritik von Renate Mayntz in diesem Band). Vielmehr ist es das zweite Ziel der vorliegenden Argumentation aufzuzeigen, dass mit dem Fokus auf *Global Governance* die Betrachtung internationaler Institutionen aus einer ordnungspolitischen Perspektive erfolgt, die die strukturellen Defizite internationaler Institutionen deutlicher offen legt als die stärker problemfeldspezifisch ausgerichtete Analyse internationaler Regime. Schließlich soll drittens in diesem Kapitel gezeigt werden, dass das *Governance*-Konzept im Bereich der Internationalen Beziehungen schon länger benutzt wird als in anderen staatswissenschaftlichen (Teil-)Disziplinen. Im Gegensatz zur Verwaltungswissenschaft (vgl. den Beitrag von Werner Jann) ist die Verwendung des Begriffs *Governance* in diesem Bereich auch primär deskriptiv und dient nur sekundär als ein normatives Leitbild.

Diese drei Ziele des Beitrags sollen in vier argumentativen Schritten erreicht werden. Im ersten Abschnitt wird die Globalisierung bzw. die gesellschaftliche Denationalisierung als Hintergrundbedingung der Dynamik von *Global Governance* entfaltet. Im zweiten Abschnitt erfolgt eine begriffliche Bestimmung von *Global Governance*, ehe drittens eine Bestandsaufnahme von dessen Komponenten und Dynamiken vorgenommen wird. Dabei wird folgende These entwickelt: Mit *Global Governance* entsteht eine emergente politische Ordnung jenseits des Nationalstaates, die zur Politisierung internationaler Politik führt. Vor dem Hintergrund dieser Politisierung lassen sich die abschließend diskutierten Strukturprobleme von *Global Governance* besser verstehen.

2. *Globalisierung als Herausforderung für die Effektivität nationalstaatlicher Politik*

Globalisierung geht über das ältere und verwandte Konzept der Interdependenz hinaus. Interdependenz beschreibt eine Situation gegenseitiger Abhängigkeit zwischen abtrennbaren sozialen Kollektiven, wie beispielsweise das Verhältnis der deutschen und französischen Volkswirtschaft in den 1960er Jahren. Im Gegensatz dazu beschreibt ökonomische Globalisierung einen Prozess in Richtung eines integrierten Weltmarkts, in dem Austauschprozesse derart unbehindert sind, dass sich die Preise weltweit angleichen (Cooper 1986:71). Diese Unterscheidung zwischen einer internationalisierten Wirtschaft und der globalen Integration von Märkten kann für alle Formen sozialer Beziehungen nutzbar gemacht werden. *Globalisierung* beschreibt demnach einen Prozess, in dessen Verlauf sich die Welt hin zu einem integrierten globalen Handlungsraum bewegt und die nationalen Grenzen an Bedeutung verlieren. Dabei löst sich die Differenz zwischen den Beziehungen im Inneren und den Beziehungen nach außen, die dem Interdependenz-Konzept noch zugrunde liegt, vollends auf (Rosenau 1990; Holm und Sørensen 1995; Hirst und Thompson 1996; Beisheim et al. 1999 sowie Held et al. 1999). Diese Vorstellung von Globalisierung bezieht sich auf einen messbaren Prozess des *sozialen Wandels*, der wiederum kausale Wirkungen auf die *politischen Entwicklungen* haben kann, jedoch nicht haben muss. Globalisierung führt gemäß dieser Konzeption auch nicht zwingend zur Herausbildung einer Weltgesellschaft oder zu transnationalen Identitäten.[1] Dieses auf den gesellschaftlichen Verflechtungen beruhende Verständnis von Globalisierung erleichtert einerseits die Unterscheidung von Verflechtung und ihren sozialen und politischen Auswirkungen und wirkt andererseits engen Konzepten von Globalisierung entgegen, die auf den ökonomischen (Altvater und Mahnkopf 1996) oder kulturellen Bereich (Robertson 1992) beschränkt sind.

Während sich der Begriff »Interdependenz« auf einen Zustand bezieht, impliziert »Globalisierung« einen Prozess. Daher wäre der mit »Interdependenz« vergleichbare Begriff genau genommen »Globalismus« (Keohane/Nye 2000). Die Verflechtungsprozesse zu Beginn des 21. Jahrhunderts rechtfertigen jedoch keinesfalls die Verwendung des Begriffes »Globalismus«. Zwar transzendiert das Ausmaß der grenzüberschreitenden Transaktionen in vielen Handlungsfeldern tatsächlich die Vorstellung nationaler Grenzen, ohne aber global zu sein oder auch nur in Richtung auf Globalität zu verweisen. Vielmehr werden neue soziale Grenzen an der Peripherie der sog. OECD-Welt sichtbar. Grenzüberschreitender Handel findet in erster Linie innerhalb bzw. zwischen den drei großen Handelsblöcken (EU/EFTA, NAFTA, ASEAN) statt. Über 91 Prozent aller ausländischen Direktinvestitionen der achtziger Jahre gingen in die OECD-Länder und die zehn führenden Schwellenländer (Hirst/Thompson 1996:67). Kommunikationsflüsse zeigen eine ähnliche Konzentration auf die OECD-Länder an (Beisheim et al. 1999:65). Daher scheint es angemessener von »gesellschaftlicher Denationalisierung« statt von Globalisierung zu sprechen (Zürn 1998:65-94).

Der Zustand einer Gesellschaft kann demnach als vollständig »denationalisiert« beschrieben werden, wenn an den nationalen Grenzen kein Rückgang in der Dichte der Handlungszusammenhänge auftritt. Der Begriff »gesellschaftliche Denationalisierung« bezeichnet mithin einen Prozess, bei dem die Bedeutung nationaler Grenzen für die Transaktionsdichte abnimmt. Dieses Konzept bezieht sich begrifflich auf den Ausgangspunkt des Prozesses (nationale Gesellschaft) und lässt den Endpunkt unbestimmt.

Gesellschaftliche Denationalisierung lässt sich bemessen, indem man den Anteil der grenzüberschreitenden Transaktionen an allen gesellschaftlichen Transaktionen in einem Handlungsfeld ermittelt (A.T. Kearney 2003; Hirst und Thompson 1996; Beisheim et al. 1999; Held et al. 1999; Deutsch und Eckstein 1961; Rosecrance und Stein 1973; Rosecrance et al. 1977; Katzenstein 1975; Garrett 1998; Reinicke 1998

---

1   Diese Aussage hängt natürlich davon ab, wie man den Begriff Weltgesellschaft fasst. Die von mir verwendete Definition erfordert jedenfalls weit mehr als integrierte Handlungszusammenhänge. Wichtige Beiträge zum Thema Weltgesellschaft finden sich in Luhmann (1971), Beck (1997), Albert/Brock/Wolf (2000), Meyer (2000) sowie Albert (2002).

sowie Waltz 1999). Während eine geringe Erhöhung des Anteils grenzüberschreitender Handlungszusammenhänge eine wachsende Interdependenz zwischen verschiedenen Einheiten anzeigt, bezieht sich der Begriff der gesellschaftlichen Denationalisierung auf ein Niveau, auf dem die Staatsgrenzen ihre Bedeutung verlieren oder sogar verschwinden. Mit K.W. Deutschs Worten: »National borders dissolve when there is no more critical reduction in the frequency of social transactions« (Deutsch 1969).

Entsprechende empirische Studien zur Globalisierung zeigen, dass sich die Zunahme der grenzüberschreitenden Austauschprozesse u.a. in den Bereichen Handel und ausländische Direktinvestitionen, aber auch bei Migration, dem Austausch von Informationen und Kommunikation sowie dem Im- und Export von kulturellen Gütern insbesondere in den 1970er und 1980er Jahren beschleunigt hat. Der Umfang grenzüberschreitender Transaktionen variiert allerdings erheblich zwischen den Bereichen und auch im Hinblick auf verschiedene Staaten und Regionen. In den meisten Feldern wird zwar inzwischen das hohe Verflechtungsniveau von 1914 deutlich überschritten, komplett denationalisierte Handlungszusammenhänge bleiben aber bis in die 1990er Jahre hinein die Ausnahme.[2]

Eine völlig neue Entwicklung ist allerdings die grenzüberschreitende *Produktion* (im Gegensatz zum Tausch) von *goods and bads*, die seit Beginn der 1990er Jahre vermehrt auftritt. Diese Phänomene – Internet, organisierte Kriminalität, globale Klimaänderungen, Finanzmärkte – stellen qualitativ etwas Neues dar. Hier ist die Anwendung solcher Termini wie Deterritorialisierung (Agnew/Duncan 1989; Albrow 1996), Entgrenzung (Brock/Albert 1995) und Globalisierung (Scholte 2003) am angemessensten und die gesellschaftliche Denationalisierung am stärksten ausgeprägt.

In der Folge dieser Entwicklungen liegen heute die Grenzen sozialer Handlungszusammenhänge in vielen Bereichen jenseits der politischen Grenzen des Nationalstaates, zumindest aber sind alle Länder erheblichen Einflüssen von außen ausgesetzt. Es entstehen somit systematisch zwei Probleme für das nationalstaatliche Regieren. Zum einen ergibt sich ein *Reichweitenproblem*. Angesichts der Ausweitung sozialer und ökonomischer Handlungszusammenhänge sind marktkorrigierende Eingriffe auf der nationalen Ebene ineffektiv, wenn sie nur einen Teil des betroffenen Handlungszusammenhangs abdecken, da deren Wirkung durch Externalitäten von sozialen Aktivitäten aus einem anderen Land gleichsam unterlaufen wird. In der Bundesrepublik Deutschland beispielsweise gibt es aus guten Gründen striktere Verbote für rechtsradikales Propagandamaterial als in anderen Ländern. Wenn nun aber ein Anbieter von solchem Material seinen Wohnsitz in den USA hat und es dort in das Internet einspeist, so laufen die deutschen Verbote ins Leere. Selbst wenn das Material von Fahndern ausgemacht würde und auf allen Mainframe-Rechnern sowie von allen Online-Anbietern in Deutschland gesperrt werden könnte, kann der Anbieter nicht strafrechtlich verfolgt werden. Davon ist zweitens das *Problem des Politikwettbewerbs* zu

---

2 Helliwell (1998) zeigt, dass zu Beginn der 90er Jahre sogar die Grenze zwischen den USA und Kanada immer noch zu einer Reduzierung des Handels zwischen den Städten und Provinzen in Nordamerika führt. Vgl. Beisheim et al. (1999) für einen umfassenden Überblick zum Stand der gesellschaftlichen Denationalisierung in den wichtigsten OECD-Ländern.

unterscheiden. Nationalstaatliche Regelungen können angesichts der Denationalisierung unter Umständen prinzipiell nach wie vor tauglich sein, um ein gewünschtes Ziel zu erreichen. Die unmittelbaren Effekte einer erhöhten Sozialhilfe bleiben auch im Zeitalter der Globalisierung unbenommen. Sie können aber ein Land als attraktiven Wirtschaftsstandort schwächen und damit in die Falle der *race to the bottom*-Logik geraten. Überzogene sozialpolitische Regelungen können die Produktionskosten in einer Weise erhöhen, dass die Produkte im Ausland mit geringeren Lohnnebenkosten billiger produziert werden können. Das gleiche Argument kann auch auf produktionsbezogene Umweltvorschriften angewendet werden, welche sich der akuten Gefahr einer Deregulierungsspirale, eines »Wettbewerbs der Besessenen« (Krugman 1995) ausgesetzt sehen.

Trotz der denationalisierten Problemlagen beziehen sich die gegenwärtigen politischen Institutionen und Regelungen in ihrer Mehrzahl nach wie vor auf den Nationalstaat. Noch immer werden »Gesellschaft und Staat deckungsgleich gedacht, organisiert, gelebt« (Beck 1997: 115). Vor diesem Hintergrund entsteht eine wachsende Nachfrage nach internationalen Institutionen.

3. Das Konzept »Global Governance«

Die Herausforderungen für das nationalstaatliche Regieren übersetzen sich allerdings nicht unmittelbar in eine verstärkte Bereitstellung internationaler Institutionen. Letztlich wird also die Gestalt des Regierens im Zeitalter der Globalisierung nicht durch die gesellschaftliche Denationalisierung bestimmt, sondern durch ihre politische Verarbeitung. Dabei ist die Bildung internationaler Institutionen, mit dem Ziel die Gültigkeitsreichweite politischer Regelungen auszudehnen, nur eine der denkbaren politischen Reaktionsformen. In dem Maße allerdings, wie sich diese Option durchsetzt, entsteht eine emergente politische Ordnung jenseits des Nationalstaates, für die der Begriff *Global Governance* Verwendung findet.

Für was steht *Global Governance* genau? Zunächst einmal ist *Global Governance* ein schillernder Begriff, der möglicherweise gerade deshalb so viel Unterstützung erfährt, weil er – ähnlich wie der Begriff der Globalisierung – bislang recht diffus geblieben ist. Allen Verwendungsweisen ist jedoch gemein, dass sich *Governance* von Anarchie – dem unbegrenzten Wechselspiel der Akteure, deren Antrieb das eigene Selbstinteresse ist – absetzt, da die sozialen Akteure die Existenz von normativen Verbindlichkeiten anerkennen und sich in der Pflicht sehen, diese durch ihr Verhalten zu respektieren. *Governance* beinhaltet Systeme von Normen und Regeln, die bestimmten Zielen dienen sollen (Rosenau 1992).

Weiterhin kann allgemein gesagt werden, dass sich *Governance* von *Government* ebenso wie Regieren von Regierung unterscheidet (Czempiel/Rosenau 1992; Kohler-Koch 1993:116; Jachtenfuchs/Knodt 2002:9-12). Während sich der Begriff der Regierung auf einen Akteur bezieht, der sich des Regierens annimmt, wird durch den Begriff des Regierens, eine Aktivität beschrieben, gleichviel welcher Akteur bzw. welche Akteure diese Tätigkeit ausüben. Insoweit meint *Governance* also die Steuerung gesellschaftlicher Beziehungen mittels dauerhafter Regelungen anstatt unvermittelter Interessendurchsetzung, die sich zumindest im Sinne der Rechtfertigung an sozialen Grundwerten orientiert (Zürn 1998:12). *Governance* kann dabei, muss aber nicht hierarchisch durch eine Regierung mit einer übergeordneten Gewaltinstanz erbracht werden.

Im modernen Nationalstaat des 20. Jahrhunderts war es zweifelsohne die Regierung, die für die Regelsetzung und Regeldurchsetzung von zentraler Bedeutung ist. In vielen innenpolitischen Verwendungskontexten soll mit dem Begriff *Governance* vor diesem Hintergrund angezeigt werden, dass auch und gerade mit weichen Steuerungsmitteln und unter Verzicht auf den Einsatz von direktem hierarchischen Zwang die Regelung entwickelt und umgesetzt werden kann. Dem Begriff *Global Governance* ist sogar eingeschrieben, dass es eben nicht zwingend einer globalen Regierung bedarf, damit globales Regieren möglich wird. Vielmehr kann es auch das aggregierte Resultat der Tätigkeiten verschiedenster Akteure sein. Damit schließt diese Forschungsrichtung unmittelbar an die Analyse internationaler Regime in den Internationalen Beziehungen an (vgl. Krasner 1983; Keohane 1984; Rittberger/Zürn 1990). In der Regimeanalyse wurde nachdrücklich gefragt, unter welchen Bedingungen und mit welchen Konsequenzen zwischen Staaten vereinbarte Prinzipien, Normen, Regeln und Entscheidungsprozeduren entstehen können. Damit wurde explizit die Bedeutung nicht-hierarchischer normativer Institutionen thematisiert und der dominanten material-strukturalistischen Deutung internationaler Politik in der Anarchie gegenüber gestellt (Waltz 1979). Diese neo-institutionalistische Analyse internationaler Politik begann Mitte der 1980er Jahre Fuß zu fassen und erreichte längst vor dem Aufkommen und der Verbreitung des Konzepts *Governance* im innenpolitischen Kontext seit 1995 (siehe den Beitrag von Werner Jann in diesem Band) ihre erste Blüte. Auch der eigentliche Begriff *Governance* fand vorher, d.h. Anfang der 90er Jahre, Eingang in die Analyse internationaler Politik (vgl. Rosenau 1992; Kohler-Koch 1993; Mayer/Rittberger/Zürn 1993). Der Bericht der »Commission on Global Governance« (1995) bereitete dann den Boden für eine weitere Popularisierung (vgl. auch Jachtenfuchs 2003).

An dieser Stelle der Begriffsentwicklung ergibt sich jedoch eine Weichenstellung. In der einen, der präskriptiven Verwendungsweise steht *Global Governance* für eine politische Programmatik bzw. für ein normatives Leitbild. Demnach ist das Ziel von *Global Governance* die »Entwicklung eines Institutionen- und Regelsystems und neuer Mechanismen internationaler Kooperation, die die kontinuierliche Problembearbeitung globaler Herausforderungen und grenzüberschreitender Phänomene erlauben« (Messner/Nuscheler 2003:3). In diesem Sinne ist *Global Governance* Weltordnungspolitik (Kurt Biedenkopf) bzw. *Good Global Governance*. Einer solchen Begriffsverwendung, derzufolge *Global Governance* das politische Mittel ist, um die negativen Folgen der Globalisierung aufzufangen, folgt auch die Kommission des Deutschen Bundestages (»Globalisierung der Weltwirtschaft – Herausforderungen und Antworten«) sowie Autoren wie Wapner (1995) und Altvater/Mahnkopf (1996:552). Der Ursprung dieser Begriffsverwendung liegt im Brandt-Bericht (1980) zu Umwelt und Entwicklung sowie v.a. im Bericht der *Commission on Global Gover-*

nance (1995) und in den programmatischen Überlegungen zu *Good Governance* im Umfeld der Weltbank. Diese Begriffsverwendung gibt es auch in einer kritischen Variante. Demnach wird die Hoffnung auf eine politische Kontrolle der ökonomischen Globalisierung durch internationale Institutionen allerdings verworfen, weil *Global Governance* keine Gegenbewegung, sondern ideologische Begleiterscheinung der Globalisierung sei (vgl. z.B. Brand et al. 2000).

In einer zweiten Verwendung stellt sich *Global Governance* als ein analytisches Konstrukt dar, dass das Gesamtarrangement verschiedener Steuerungsformen auf unterschiedlichen Entscheidungsebenen umfasst. Diese Verwendungsweise geht v.a. auf die Arbeiten von James Rosenau (1990; Czempiel/Rosenau 1992) und auf die Öffnung des zunächst problemfeldspezifisch begrenzten Blicks der Regimeanalyse zurück. *Governance* wird hier nicht wie bei *Good Governance* präskriptiv gebraucht, sondern deskriptiv wie bei *Corporate Governance* (siehe Lütz 2003 als Überblick).

Zu dem Gesamtarrangement *Global Governance* gehören demnach alle die Regelungen gesellschaftlicher Beziehungen, die sich im Sinne der Rechtfertigung an sozialen Grundwerten orientieren und grenzüberschreitende Effekte haben, ganz gleich, ob diese Regelungen die postulierten Ziele erreichen oder gar konterkarieren und ganz gleich, ob sie hierarchisch gestützt oder in einem Kontext ohne übergeordnete Zentralinstanz entstanden sind. Gleichzeitig wird mit den Begriff der *Multi-Level-Governance* angezeigt, dass soziale Regelungen, die sich auf unterschiedlichen politischen Ebenen befinden, häufig einen inneren Zusammenhang aufweisen und nicht unabhängig voneinander bestehen.

In dieser deskriptiven Perspektive lassen sich zunächst *Governance by, with and without Government* als unterschiedliche Komponenten von *Global Governance* unterscheiden. Die Merkmalsdimension, die diese Unterscheidung konstituiert, betrifft die Rolle und Bedeutung von Regierungen verstanden als hierarchische Akteure mit Suprematieanspruch (vgl. hierzu Zürn 1998:166-180). Im Falle von *Governance by Government* sind es nationale Regierungen, die nationalstaatliche Regelungen hierarchisch setzen und auch durchsetzen. Geschwindigkeitsbeschränkungen auf Schnellstraßen stellen ein einfaches Beispiel dar. Solche Regelungen sind dann Teil von *Global Governance*, wenn sie grenzüberschreitende Effekte haben oder in einem inneren Zusammenhang mit internationalen oder transnationalen Reglungen stehen. Die Option *Governance by Government* im Sinne eines einfachen Analogieschlusses steht nicht zur Verfügung, weil es keinen Weltstaat als übergeordnete Zentralinstanz gibt. Jenseits des Nationalstaates ist also immer auch *Governance with Governments* (internationales Regieren) erforderlich. In diesem Fall koordinieren und harmonisieren nationale Regierungen ihre Politik, um grenzüberschreitende Problemlagen zu bewältigen. Die wechselseitige Verpflichtung, auf diskriminierende Handelspolitiken zu verzichten, stellt hierfür ein Beispiel dar. Die Regimeanalyse konzentrierte sich exklusiv auf solche zwischenstaatliche Regelungen in verschiedenen Problemfeldern internationaler Politik. *Governance without Governments* (transnationales Regieren) meint in diesem Kontext schließlich, dass sich gesellschaftliche Gruppierungen grenzüberschreitend weitgehend selbst verregeln, um unerwünschte Interaktionsergebnisse zu vermeiden. Die Vergabe von *Domain Names* im Internet durch *ICANN* wird hierfür häufig als Beispiel angeführt. Eine Mischform ergibt sich, wenn Staaten in sog. *Private-Public-Partnerships* Teil eines transnationalen Arrangements werden, ohne dass sie einen privilegierten Status erhalten und daher einen Akteurstyp unter anderen darstellen (vgl. Reinicke 1998; Reinicke/Deng 2000). Die *Convention on World Dams* ist ein Beispiel hierfür. Es ist das Gesamtarrangement dieser verschiedenen Steuerungsformen, die *Global Governance* ausmacht. Im Sinne einer deskriptiv gemeinten Minimaldefinition kann mit anderen Worten gesagt werden: *Global Governance = Governance by + Governance with + Governance without Governments*.

Gleichzeitig kann *Global Governance* im deskriptiven Sinne auch als ein Idealtyp des Regierens verstanden werden. Die Explizierung einer solchen Maximaldefinition[3] macht das Neue an *Global Governance* besonders gut sichtbar. Die einzelnen Komponenten von *Global Governance* sind als solche nämlich nicht völlig neuartig. Insbesondere war neben dem nationalstaatlichen Regieren (*Governance by Government*) schon früh ein internationales Regieren (*Governance with Governments*) verbreitet. So haben sich v.a. nach 1945 zahlreiche Institutionen von der UNO bis zum GATT, vom IWF bis zur ILO und von der ITU bis zur IMO damit beschäftigt, kollektiv bindende Regelungen zu generieren und zu implementieren, um gesellschaftliche Grundwerte besser zu realisieren (Rittberger/Zangl 2003). Das Neue an *Global Governance* ist nun, dass sich das internationale Regieren zunehmend mit Formen des transnationalen Regierens, aber auch mit nationalstaatlichen Formen des Regierens verbindet und dabei selbst eine neue Gestalt annimmt. Das traditionelle internationale Regieren beruhte exklusiv auf der Kooperation zwischen dem exekutiven Teil der Regierungen. Eine gesellschaftliche Partizipation an den internationalen Institutionen war nicht vorgesehen. Gleichzeitig herrschte in diesen internationalen Institutionen das Konsensprinzip vor. Keine der beteiligten Regierungen konnte zu etwas gezwungen werden, was nicht in ihrem Interesse lag. Dieser Modus des internationalen Regierens ist als »Clubmodell internationaler Organisation« (Keohane/Nye 2000) bzw. als »exekutiver Multilateralismus« (Zürn 2003) bezeichnet worden.

Durch die Entwicklung in Richtung auf *Global Governance* wird das intergouvernementale Regieren transformiert. *Global Governance* zeichnet sich dadurch aus, dass die Regierungen das Regieren nicht mehr vollständig kontrollieren. Zum einen findet nämlich eine *Vergesellschaftung* des Regierens jenseits des Staates statt. Demnach wird internationales Regieren nicht mehr allein als Sache der Regierungen angesehen. Vielmehr sind gesellschaftliche Gruppen vermehrt am Regieren jenseits des Staates beteiligt oder nehmen dieses Regieren sogar selbst vor. Dementsprechend sind es nicht mehr nur die von den Regierungen vertretenen nationalen Interessen, sondern vermehrt auch andere gesellschaftliche Interessen, die in das Regieren eingebracht werden können. Zum anderen zeichnet sich eine *Verrechtlichung* des Regierens jenseits des Staates ab. Der Streit über unterschiedliche Regelanwendungen und Regelauslegungen erfolgt nicht mehr ausschließlich in an Interessen und Konsens orientier-

---

3 Gerring/Baresi (2003) diskutieren eine solche »Min-Max-Strategie« bei der Definition und Entwicklung von sozialwissenschaftlichen Konzepten in sehr erhellender Weise.

ten politischen Verhandlungsprozessen, sondern im Rahmen von institutionell vorgeschrieben Verfahren. Es entstehen also »sekundäre Regeln«, die Verfahren benennen, wie bei der Regelformulierung, der Regelauslegung, der Regelüberwachung und der Regeldurchsetzung vorzugehen ist (Hart 1994, Diehl et al. 2003). Auf der Grundlage solcher sekundären Regeln sind dann auch Erzwingungskriege zur Sicherung der Grundwerte einer Ordnung möglich. Die Entstehung solcher sekundärer Regeln kann als Verrechtlichung bezeichnet werden.

Global Governance kann also auch als ein Idealtyp internationaler Politik verstanden werden, bei dem einzelne Steuerungsformen eines Regierens jenseits des Nationalstaates – seien sie international (*Governance with Governments*) oder transnational (*Governance without Governments*) – sowohl vergesellschaftet als auch verrechtlicht sind und letztlich in einer umfassenden politischen Ordnung aufgehen, in die nationalstaatliches Regieren eingebunden ist. Eine solche umfassende Ordnung wäre nicht gewaltfrei. Sie würde auch Gewalt zur Sicherung der Grundwerte einer solchen Ordnung beinhalten, deren Einsatz wiederum auf Grundlage transparenter Verfahren autorisiert würde. Auch wenn die Realität von der reinen Form dieses Idealtyps weit entfernt ist, kann die Verwendung dieser Maximaldefinition in deskriptiver Absicht erfolgen – man muss den skizzierten Idealtyp einer politischen Ordnung nicht notwendigerweise für wünschenswert oder moralisch überlegen ansehen.

Abbildung 1: *Zwischenstaatliches Regieren und Global Governance*

4. *Die Entwicklung von Global Governance*

Obgleich *Global Governance* hier als ein deskriptives Konzept verstanden werden soll, beinhaltet es gleichzeitig eine Vorstellung von einem Idealtyp der politischen

Ordnung, von dem der reale Zustand der Welt noch sehr weit entfernt ist. Genauso wenig wie wir in einer komplett denationalisierten Welt leben, ist *Global Governance* das durchweg dominante Ordnungsprinzip internationaler Politik. Es lassen sich aber vier Entwicklungen ausmachen, die als Bausteine für *Global Governance* verstanden werden können und die politische Denationalisierung als Prozessmuster belegen.

(1) *Baustein 1: Governance with Governments*
Governance with Governments regelt staatliche und nichtstaatliche grenzüberschreitende Aktivitäten durch zwischenstaatliche Vereinbarungen und besteht im Wesentlichen aus vier Komponenten. Von zentraler Bedeutung für diese Form von *Governance* sind zunächst die *internationalen Regime*, die die Interaktionen der Akteure in spezifischen Problemfeldern lenken. Internationale Regime lassen sich als soziale Institutionen definieren, deren Grundlage vereinbarte und öffentliche Prinzipien, Normen, Regeln, Verfahren und Programme sind. Als solche verfügen die Regime über spezifische Regelungen und führen zur Herausbildung anerkannter sozialer Praktiken in der internationalen Gesellschaft (Levy et al. 1995). Ferner umfassen Regime sowohl inhaltliche als auch Verfahrensregeln und unterscheiden sich dadurch von bloßen intergouvernementalen Netzwerken, die häufig nur Verfahrensregeln aufweisen.
Intergouvernementale Netzwerke – die zweite Komponente von *Governance with Governments* – treffen sich in regelmäßigen Abständen und erarbeiten koordinierte Reaktionen auf spezifische Problemlagen. Sie lenken jedoch nicht das Verhalten in einem bestimmten Problemfeld über einen längeren Zeitraum. Die G-7/8-Treffen sind ein besonders bekanntes intergouvernementales Netzwerk. Eine dritte Komponente stellen sog. *transgouvernementale Netzwerke* unterhalb der Ebene der Regierungsspitze dar. Spitzenbeamte der Innenministerien tauschen sich heute ebenso wie Verfassungsrichter intensiv mit ihren Gegenübern in anderen Ländern aus. Die vierte Komponente von *Governance with Governments* sind *internationale Organisationen* – reale Entitäten, die die Infrastruktur sowohl für internationale Regime und intergouvernementale Netzwerke bilden können.[4] Diese vier Komponenten internationalen Regierens jenseits des Nationalstaates können eine regionale oder globale Reichweite haben. Wichtigstes Element des Regierens mit Regierungen ist das System der Vereinten Nationen, das sich aus formalen internationalen Organisationen (insbesondere der UNO selbst), einer Anzahl von intergouvernementalen Netzwerken und zahlreichen internationalen Regimen auf Grundlage der UN-Charta zusammensetzt.
Ein erstes Maß für die Bedeutungszunahme von *Governance with Governments* stellt die Anzahl der internationalen Regierungsorganisationen (IGOs) dar. Diese Zahl wuchs kontinuierlich und belief sich in den frühen 1980er Jahren auf insgesamt 378 Organisationen. In den späten 1980er Jahren ging die Gesamtzahl der internationalen

---

4 Die formale Bezeichnung lautet Internationale Regierungsorganisationen [IGOs] im Vergleich zu den Transnationalen Nichtregierungsorganisationen [NGOs]. Zu letzteren gehören alle Arten von professionellen Vereinigungen wie z.B. die International Political Science Association, aber auch profitorientierte NGOs, d.h. multinationale Unternehmen.

Organisationen wieder ein wenig zurück, um in der jüngsten Vergangenheit erneut anzusteigen (Shanks et al. 1996).
Die Anzahl der internationalen Organisationen ist allerdings nur ein sehr grobes Maß für die Entwicklung von internationalem Regieren. Es ist leicht vorstellbar, dass eine relativ konstante Zahl von IGOs einen größeren regulatorischen Ausstoß hervorbringt und damit eine Stärkung der Dynamik internationalen Regierens bewirkt. Tatsächlich ist die Gesamtzahl der internationalen Verträge von weniger als 15.000 im Jahre 1960 bis auf weit über 55.000 im Jahre 1997 linear angestiegen.[5]
Diese Zunahme an internationalen Vereinbarungen wird von einer wachsenden Intensität der transgouvernementalen Beziehungen begleitet.[6] Dabei vernetzen sich staatliche Akteure unterhalb der Ebene des Regierungschefs – Aufsichtsbehörden, Gerichte, Ministerien und zunehmend auch die Legislativen – mit den entsprechenden Stellen im Ausland. Als Hauptziel dieses transgouvernementalen Austausches kann das Lernen vom ausländischen Pendant betrachtet werden. Ann-Marie Slaughter (1997), die diese Entwicklung für das Verständnis der neuen Weltordnung als höchst signifikant ansieht (vgl. auch Thurner 2004), fasst die wesentlichen Merkmale solcher internationalen Vereinbarungen wie folgt zusammen:

»... the preferred instrument of cooperation is the memorandum of understanding, in which two or more regulatory agencies set forth and initial terms for an ongoing relationship. Such memorandums are not treaties; they do not engage the executive or the legislature in negotiations, deliberations, or signature. Rather, they are good-faith agreements, affirming ties between regulators' agencies based on their like-minded commitment to getting results.« (Slaughter 1990: 170)

(2) Zur Dynamik und Transformation von Governance with Governments
Auf den ersten Blick scheint die quantitative Zunahme von *Governance with Governments* kein Beleg für die Entwicklung einer weltpolitischen Ordnung im Sinne des beschriebenen Idealtyps von *Global Governance* zu sein. Die *konstitutionellen Prinzipien* des westfälischen Systems souveräner Staaten bleiben bei *Governance with Governments* scheinbar erhalten und werden sogar perpetuiert (Bull 1977).
Neben der wachsenden Quantität inter- und transgouvernementaler Vereinbarungen kann aber auch eine neue Qualität des internationalen Regierens beobachtet werden. *Governance with Governments* im Zeitalter der Globalisierung unterscheidet sich demnach von der traditionellen zwischenstaatlichen Kooperation (vgl. hierzu ausführlicher Zürn 2003). Das GATT-Regime ist ein gutes Beispiel für eine traditionelle internationale Institution. Die entsprechende Verregelung weist drei typische Merkmale auf:

---

5   Die Daten sind dem World Treaty Index – Research Programme der Universität Washington entnommen http://depts.washington.edu/hrights/Treaty/trindex.html.
6   Siehe hierzu den wegweisenden Band von Keohane und Nye (1971), in dem der Begriff der transgouvernementalen Beziehungen eingeführt worden ist. Jüngeren Datums ist ein gleichfalls einflussreicher Aufsatz von Robert Cox (1992), in dem die Bedeutung der »transnational networks that link policymaking from country to country« hervorgehoben wurde.

- *Staaten* sind die letztendlichen *Adressaten* der Regelung. An sie ist exklusiv die Bestimmung gerichtet, Zölle nicht zu erhöhen und nicht diskriminierend einzusetzen. Es muss also nur staatliches Verhalten durch die Regelung beeinflusst werden, um zu einer Lösung des bestehenden Problems zu gelangen.
- Die Regelung greift an der Grenze zwischen zwei Staaten. Es handelt sich in diesem Sinne um ein *Schnittstellenmanagement*, das den Übergang von Gütern von Nationalgesellschaft A in Nationalgesellschaft B reguliert.
- Bei dieser Regelung besteht ein relativ hoher Grad an *Gewissheit* über deren Auswirkungen. Die Akteure können vergleichsweise gut fundierte Voraussagen über die Konsequenzen ihrer Handlungen treffen.

Internationale Institutionen im Zeitalter der Globalisierung weisen andere Merkmale auf. Die internationalen Regime zur Bekämpfung globaler Umweltprobleme können hierbei als idealtypisch angesehen werden:
- Die Regelungen der neuen internationalen Institutionen richten sich zumeist an *gesellschaftliche Akteure* als die letztendlichen *Regelungsadressaten*. Staaten sind zwar zwischen die internationalen Institutionen und die letztendlichen Regelungsadressaten geschaltet, es sind aber gesellschaftliche Akteure wie Konsumenten und Unternehmen, die ihr Verhalten ändern müssen, um eine Reduzierung des CO_2- oder FCKW-Ausstoßes zu erreichen (Parsons 1993).
- Die neuen internationalen Institutionen befassen sich nicht nur mit Schnittstellenmanagement. Die Schadstoffreduktion bedarf Regelungen, die hinter den Grenzen, in den nationalen Gesellschaften greifen. In diesem Sinne regeln globale Klimaregime *behind-the-border issues*, aber auch das internationale Handelsregime hat sich durch den neuen Fokus auf Subventionsverbote und die Bekämpfung diskriminierender Produktregelungen in diese Richtung entwickelt (Kahler 1995). Gleichfalls richten sich die Maßnahmen des Sicherheitsrates der Vereinten Nationalen seit geraumer Zeit zunehmend auf innerstaatliche, nicht mehr nur auf zwischenstaatliche Kriege.
- Die neuen internationalen Institutionen bearbeiten zumeist äußerst *komplexe Problemlagen*. Dementsprechend bestehen erhebliche Ungewissheiten über die ökologischen und ökonomischen Auswirkungen etwa eines globalen Klimaregimes. Ähnliches gilt für andere internationale Umweltregime, aber auch für Finanzvereinbarungen und Regelungen zur Produktsicherheit sowie für neue Sicherheitsfragen (Koremenos et al. 2002: 778-780).

In dem Maße, wie neue internationale Institutionen hochkomplexe *behind-the-border* issues mit gesellschaftlichen Akteuren als den letztlichen Regelungsadressaten in Angriff nehmen, erhöhen sich die Anforderungen an deren institutionelles Design. Die traditionelle internationale Verpflichtung, die Importzölle für bestimmte Güter nicht zu erhöhen, stellt sich im Nachhinein in vielerlei Hinsicht als recht einfach dar. Im Gegensatz erweist sich die Verpflichtung, den Ausstoß von Schadstoffen um beispielsweise 30 % zur verringern, als viel anspruchsvoller. Da der letztendliche Adressat dieser Regelung nicht der Staat, sondern gesellschaftliche Akteure (die Industriebetriebe und Autofahrer) sind, stellt die Reduzierung des CO_2-Ausstoßes nicht bloß eine exekutive Willenssache dar. Anders als bei den meisten anderen internationalen Regelungen ist ein Scheitern auch dann möglich, wenn die unterzeichnenden Regierungen die gute Absicht haben, die CO_2-Emission zu reduzieren. Denn zur Erfüllung einer solchen Verpflichtung werden beträchtliche finanzielle, administrative und technologische Ressourcen benötigt. Schwerer wiegt noch, dass die Überwachung der Regelbefolgung bei *behind-the-border issues* wesentlich schwieriger ist als bei Schnittstellenproblemen. Darüber hinaus ist das Problem selbst so kompliziert, dass die Diskussionen über eine geeignete Form der Regelung immer wieder von den Fragen nach den wahren Ursachen und dem tatsächlichen Grad der globalen Erwärmung überschattet werden.

Es ist die Verbindung des enormen quantitativen Wachstums mit der veränderten Qualität von internationalen Institutionen, die eine beachtenswerte institutionelle Dynamik zum Ausdruck bringt. Im Sinne einer quasi-funktionalen Theorie internationaler Institutionen (vgl. Keohane 1984: Kap. 7) lässt sich die doppelte These formulieren:

- In dem Maße, wie die gesellschaftliche Denationalisierung zunimmt, werden neue internationale Institutionen mit Merkmalen nachgefragt, welche die traditionelle Form zwischenstaatlicher Kooperation überwinden.
- In dem Maße, wie es immer mehr neue internationale Institutionen vom beschriebenen Typ gibt, erhöht sich die Nachfrage nach der Institutionalisierung von sekundären Regeln, die entweder in Form der Vergesellschaftung oder der Verrechtlichung befriedigt werden kann.

Der quasi-funktionalen Version der rationalistischen Regimetheorie zufolge ist zu erwarten, dass diese Nachfrage zu einem gewissen Grade befriedigt wird, selbst wenn dies zu unbeabsichtigten Nebenwirkungen hinsichtlich der nationalen Souveränität der beteiligten Staaten führen sollte. Im Ergebnis führen die neuen internationalen Institutionen also zu einer Transformation intergouvernementalen Regierens. Zunehmend werden verrechtlichte und gar supranationale oder zumindest vergesellschaftete bzw. transnationale Regelungen notwendig, um die strukturellen Defizite internationalen Regierens zu überwinden. Dieser Prozess wird mittels drei Kausalmechanismen bewirkt:
- Eine hohe Dichte an internationalen Institutionen führt dazu, dass die Anzahl an Regelungskollisionen zwischen unterschiedlichen internationalen Regelungen sowie zwischen nationalen und internationalen Regelungen zunimmt. Für solche Fälle ist eine unabhängige supranationale oder transnationale Schiedsstelle nützlich. Zusätzlich ruft auch die gewachsene Komplexität einen verstärkten Bedarf nach unabhängiger Streitschlichtung hervor.
- Die Bedeutung von unabhängigen supranationalen und transnationalen Komponenten erhöht sich auch mit der steigenden Zahl von *behind-the-border issues* und in dem Maße, wie gesellschaftliche Akteure die letztlichen Regelungsadressaten werden. Bei *behind-the-border* issues und bei Regelungen mit gesellschaftlichen Akteuren als letztlichen Regelungsadressaten treten im Gegensatz zu den Schnitt-

stellenproblemen zwischen Staaten erhebliche Verifikationsprobleme auf. Die Zunahme der Schwierigkeiten bei der Überwachung der Regeleinhaltung führt wiederum dazu, dass der Bedarf an supranationalen und transnationalen Agenturen zunimmt, die gesicherte Informationen zur Regeleinhaltung bereitstellen.
• Der Bedarf an internationalen Institutionen, die autonom Wissen und Informationen zu komplexen internationalen Problemen sammeln und weitergeben, wächst wiederum mit der Zunahme der Komplexität der Regelungsprobleme. Sofern neue internationale Institutionen tatsächlich komplexe Probleme verregeln, ergibt sich ein Trend zur Supranationalisierung und Transnationalisierung.

In dem Maße, wie neue internationale Institutionen tatsächlich neuartige internationale Probleme im Zeitalter der Globalisierung verregeln, ergibt sich die Notwendigkeit die primären Regeln zwischenstaatlicher Politik durch entweder eine zunehmend stärkere Institutionalisierung von sekundären Regeln im Sinne der Verrechtlichung abzusichern oder zumindest die Überwachungs- und Wissenfunktion an dritte Akteure in den transnationalen Raum im Sinne der Vergesellschaftung auszulagern. Die Institutionalisierung von sekundären Regeln bringt einen Trend einerseits zur Verrechtlichung und Supranationalisierung (vgl. Hart 1994; Diehl et al. 2003) zum Ausdruck. Die Bedeutungszunahme transnationaler Akteure führt zur Transnationalisierung, die selbst wieder verrechtlicht werden kann (Callies 2004; Teubner 2000). Während die traditionellen internationalen Institutionen nationales Regieren ergänzt haben, bilden die neuen internationalen Institutionen einen Teil von *Global Governance*.

(3) *Baustein 2: Verrechtlichung von Governance with Governments – Auf dem Wege zu Governance by Government?*
Wird die Nachfrage nach der Schaffung eines sekundären Regelwerks jenseits des Nationalstaates befriedigt? Einige Entwicklungen zeigen, dass tatsächlich von einer intensivierten Verrechtlichung und Vergesellschaftung internationaler Institutionen gesprochen werden kann.
Die bekanntesten und weitreichendsten supranationalen Institutionen sind in der EU zu finden: die Europäische Kommission, das Europäische Parlament und der Europäische Gerichtshof. Die Direktwirkung und die unmittelbare Durchsetzung der Auslegungen des Europäischen Gerichtshofes durch die Vorabentscheidungsprozedur des Art. 234 EGV garantieren die unbestrittene Gültigkeit des europäischen Rechts in allen Mitgliedsstaaten (Alter 2001). Daher ist das Gemeinschaftsrecht ein untrennbarer Bestandteil des Rechtskorpus, der für alle EU-Bürger Gültigkeit besitzt (Weiler 1993). Andere Teile der EU beinhalten ebenfalls supranationale Elemente. 1996 waren im Mehrebenensystem der Europäischen Union beispielsweise 409 Ausschüsse mit der Umsetzung der allgemeinen Beschlüsse des Rates beschäftigt, die erhebliche Entscheidungsspielräume besitzen (Falke 1996; Joerges/Vos 1999). Das gesamte Ausschusswesen besteht hauptsächlich aus Experten und Repräsentanten jeweils betroffener Interessengruppen sowie aus Beamten, die durch ihre nationalen Regierungen bestimmt werden. Die Qualität der Deliberationen und Entscheidungen

dieser Ausschüsse wird häufig als hoch eingestuft (Eichener 1996) und hat sich weit vom Modell zwischenstaatlicher Verhandlungen entfernt, so dass sie nicht umsonst als Ausdruck eines »deliberativen Supranationalismus« interpretiert werden (Joerges/ Neyer 1997). Da die EU die wichtigste supranationale Organisation darstellt, ist es bedeutsam, dass die Gesamtzahl der Richtlinien, Verordnungen und Direktiven von 36 im Jahre 1961 über 347 im Jahre 1970 bis auf 627 im Jahre 1980 gestiegen ist. Während die Anzahl der EU-Regeln seitdem – mit einem zeitweiligen Höhepunkt von fast 800 im Jahre 1986 – ziemlich konstant blieben, hat das relative Gewicht der EU-Gesetzgebung im Vergleich zur nationalen Rechtsetzung in Deutschland, Frankreich und dem Vereinigten Königreich eindeutig zugenommen. Der jährliche nationale legislative *output* ist seit den 1960er Jahren mehr oder weniger konstant geblieben (Beisheim et al. 1999).

Außerhalb Europas ist die Verrechtlichung internationaler Institutionen weniger weit fortgeschritten. Trotzdem hat es auch hier in letzter Zeit einige bemerkenswerte Entwicklungen gegeben. Insbesondere hat die WTO ein Streitbeilegungsverfahren eingeführt, um effektiver mit *behind-the-border issues* umgehen zu können. Der WTO-Streitbeilegungsmechanismus scheint sich in Richtung einer supranationalen Institution zu entwickeln und nähert sich somit in gewissem Maße der Rolle des Europäischen Gerichtshofes an (Jackson 2004). Darüber hinaus deutet das Römische Statut für den Internationalen Strafgerichtshof von 1998, mit dem ein Strafgerichtshof als ständige Institution etabliert werden soll, auf eine Bewegung in Richtung Supranationalität hin. Dieser Gerichtshof »ist befugt, seine Gerichtsbarkeit über Personen wegen der in diesem Statut genannten schwersten Verbrechen von internationalem Belang auszuüben (...)« (Art. 1, vgl. http://www.auswaertiges-amt.de/www/de/infoservice/download/zip/statut.zip). Zudem kann man auch in dem Maße, in dem Individuen Verletzungen ihrer Rechte direkt vor ein unabhängiges Organ bringen können, wie im Fall des »Zivilpaktes«, der »Rassendiskriminierungs-« und der »Folterkonvention« von einem supranationalen Element sprechen. Schließlich haben sich auch im Bereich der internationalen Umweltpolitik in den letzten Jahren bemerkenswerte Verrechtlichungen ergeben (Oberthür 2004).[7]

Die Verrechtlichung von *Governance with Governments* verstärkt den Trend in Richtung auf *Global Governance*. Statt internationaler Institutionen, die komplett von Staaten kontrolliert werden, entstehen zunehmend internationale Regelungen mit einer wachsenden Institutionalisierung sekundärer Regeln, die auf eine wachsende Autonomie internationaler Organe verweisen. In diesem Sinne drückt der Prozess der Verrechtlichung einen Prozess der Supranationalisierung aus, mit dem internationale Institutionen sich endgültig aus dem Rahmen des westfälischen Systems heraus und sich in Richtung auf *Global Governance* bewegen.

---

7 Diese Entwicklungen spiegeln sich summarisch auch in quantitativen Kennzahlen wieder. Romano (1999) und Keohane, Moravcsik und Slaughter (2000) haben gezeigt, dass die Zeit seit 1989 in der Tat durch eine Proliferation internationaler Streitschlichtungselemente gekennzeichnet ist. Darüber hinaus kann generell von einer Verrechtlichung internationaler Beziehungen gesprochen werden, wie vergleichend angelegte Studien wie Goldstein u.a. (2000) sowie Zangl und Zürn (2004) zeigen.

(4) *Baustein 3: Governance without Government – Die Vergesellschaftung internationaler Institutionen.*
Obwohl die Rolle von *Governance without Government* in den letzten zwei Dekaden zugenommen hat, ist es relativ gesehen wohl immer noch von geringerer Bedeutung als die anderen Komponenten von *Global Governance*. Jedenfalls ist die Anzahl transnationaler Organisationen in den letzten Jahrzehnten signifikant gestiegen. Grundsätzlich ist dieses Anwachsen auf die Zunahme regulärer internationaler Institutionen zurückzuführen (Risse-Kappen 1995). Gleichwohl gewinnen transnationale Regime, Organisationen und Netzwerke zunehmend eine eigenständige Rolle in zumindest einigen Problemfeldern.

Man kann zwei Arten *transnationaler Organisationen* unterscheiden. Einige stellen die organisatorische und infrastrukturelle Unterstützung für transnationale Regelungen bereit. Die Internationale Handelskammer (ICC) und die Internet Society (ISOC) sind zwei Beispiele von über 600 derartigen Organisationen (Shanks et al. 1996). Andere transnationale Organisationen zielen auf die Veränderung von staatlichen Politiken vor allem durch die Beeinflussung der öffentlichen Meinung. Greenpeace und Amnesty International gehören zu den bekanntesten Vertretern der sogenannten transnationalen Nichtregierungsorganisationen (NGOs), die nach Angaben des Yearbook of International Organizations (2000) annähernd 10.000 Stück zählen.

Transnationale Nichtregierungsorganisationen interagieren auch untereinander und bilden *Netzwerke*, die als wesentliche Bestandteile internationaler und transnationaler Politiken angesehen werden können. So ist es keine Überraschung, dass diesen transnationalen Netzwerken in neueren Analysen besondere Aufmerksamkeit gewidmet worden ist. Eine herausragende Rolle scheinen sie insbesondere im Bereich der internationalen Umweltpolitik zu spielen. Mit der Zulassung von NGOs zu internationalen Verhandlungen setzt sich ein Politik- und Verhandlungsstil durch, der sich von konventionellen intergouvernementalen Verhandlungen unterscheidet. Der Einfluss der sogenannten *epistemic communities* wächst (Adler/Haas 1992; Princen/Finger 1994), es entwickeln sich Elemente eines deliberativen Transnationalismus, wodurch Partikularinteressen durch öffentliche oder diffundierende Interessen besser ausbalanciert werden (Gehring 1995; Wapner 1995). In diesem Sinne kann man von entstehenden transnationalen sektoralen Öffentlichkeiten und »sektoralen *demoi*« sprechen (Abromeit/Schmidt 1998). Darüber hinaus nehmen NGOs auch wichtige Funktionen bei der Implementierung und Überwachung internationaler Vereinbarungen wahr. *Amnesty International* ist längst zur wichtigsten Überwachungsagentur im Menschenrechtsbereich geworden und der *World Wildlife Fund for Nature* (WWF) leitet verschiedene Überwachungsprojekte zur Einhaltung der *Ramsar Convention on Wetlands and the Convention on Trade in Endangered Species* (CITES).

Wenn transnationale Organisationen und Netzwerke zunehmend auch unabhängig von Staaten ihre eigenen Institutionen, also *transnationale Regime,* schaffen und implementieren, wird das Abrücken von der Idee staatlicher Souveränität noch offensichtlicher. Das *Lex Mercatoria* ist ein gutes Beispiel für ein *transnationales Regime.*[8]

---

8 Siehe Albert (2002) und Callies (2004). Für eine skeptischere Sichtweise siehe Gessner (2002).

Das *Lex Mercatoria* ist als Schiedsgerichtsverfahren eine etablierte Institution zur Lösung von grenzüberschreitenden geschäftlichen Streitfällen mit dem Ziel, nationale Gerichte zu umgehen (Cutler et al. 1999). Obwohl seine Wurzeln vormodern sind, scheint die Bedeutung des *Lex Mercatoria* in den letzten Jahren zugenommen zu haben. Zunehmend bevorzugen Geschäftspartner ganz bewusst eine Streitbeilegung auf der Basis des *Lex Mercatoria* statt nach dem System der Wahl eines Rechtsortes (Dasser 1991). Mehr noch: Nationale Gerichte stützen die Schiedsgerichte regelmäßig, indem sie deren Entscheidungen anerkennen. Das andere Problemfeld, das zumeist als Illustration für transnationales Regieren angeführt wird, ist das Internet. Die *Internet Corporation for Assigned Names and Numbers (ICANN)* gilt als Kern eines globalen Regimes zur Verwaltung der Internet-Ressourcen, mithin als eine Art *Lex Informatica*. ICANN wurde im September 1998 als nicht-kommerzielles, gemeinnütziges Unternehmen nach kalifornischem Gesellschaftsrecht gegründet, um die Spitzenfunktionen der technischen Koordination des Internet und der DNS-Regulierung im Verbund mit den anderen Internet-Organisationen zu übernehmen (vgl. den Beitrag von Hofmann in diesem Band). Große Sportorganisationen wie die FIFA oder das IOC sind ebenfalls Beispiele etablierter und äußerst wirkungsvoller transnationaler Regime (Lehmkuhl 2004).

Ähnlich wie internationale Regelungen scheinen auch transnationale Regelungen zunehmend Merkmale der Verrechtlichung aufzuweisen. All die genannten Beispiele zeichnen sich nämlich durch relativ stark verrechtlichte Formen der Regelauslegung (Schiedsgerichte), relativ effektive Mittel der Rechtsdurchsetzung und einigermaßen konsentierte Verfahren der Rechtssetzung aus. Gemessen an diesen Kritieren ist das Ausmaß der Verrechtlichung bei *Governance without Governments* nicht geringer als bei *Governance with Governments* (vgl. Zangl/Zürn 2004a).

Der Überblick zur Entwicklung unterschiedlicher Komponenten von *Global Governance* zeigt, dass das Regieren jenseits des Nationalstaates parallel zum Anstieg der gesellschaftlichen Denationalisierung zugenommen hat. Speziell die Merkmale der neueren inter-, trans- und supranationalen Institutionen lässt sich kaum mit der traditionellen Sicht von staatlicher Souveränität im Zeitalter der Interdependenz erfassen. Mit der Zunahme von *Global Governance* entsteht eine politische Ordnung jenseits des Nationalstaates. Der Nationalstaat ist nicht mehr der einzige Ort für politische Herrschaft und damit auch nicht mehr der einzige Ort, an dem die Frage nach der guten politischen Ordnung gestellt wird.

Während die traditionellen Institutionen im Zeitalter der Interdependenz als internationale Ergänzung eines überwiegend nationalen Paradigmas betrachtet werden konnten, sind die neuen internationalen Institutionen Ausdruck der politischen Denationalisierung und mithin Wegposten einer Entwicklung hin zu *Global Governance*. Dieser Transformationsprozess kann idealtypisch in verschiedene Phasen eingeteilt werden. In der ersten Phase entsteht ein Trend zur Supra- und Transnationalisierung als mehr oder weniger *unbeabsichtigtes, indirektes Ergebnis* einer Vielzahl gewollter politischer Reaktionen auf wahrgenommene funktionale Anforderungen an internationale Institutionen im Zuge der gesellschaftlichen Denationalisierung. In der zweiten Phase wird dieser Prozess bewusst. In dem Maße, in dem die Gesellschaft und die politischen Akteure beginnen, die skizzierten Veränderungen zu begreifen, werden sie Fragen nach der richtigen, guten politischen Ordnung jenseits der Grenzen des Nationalstaates transportieren und damit die skizzierten Veränderungen in Frage stellen. Dann geraten Themen wie grenzüberschreitende Identität und grenzüberschreitende Ethik auf die Agenda. Das steigende Engagement für die Lebensbedingungen von Menschen anderer Nationalitäten, die in fremden Ländern viele tausend Kilometer entfernt leben (vgl. z.b. Keck/Sikkink 1998 oder Risse et al. 2002) sowie die Debatte über eine europäische Identität und europäische Demokratie (vgl. die Beiträge in Kohler-Koch 1998 sowie Greven/Pauly 2000) stellen ersten Anzeichen für diese zweite Phase des Transformationsprozesses dar. In dieser Phase verlieren die Grenzen ihre normative Dignität und zunehmend werden universalistische Konzeptionen von Politik entwikkelt (vgl. z.B. Linklater 1998, Schmalz-Bruns 1999). Charles Beitz (1979:165) hat in seiner auf John Rawls beruhenden kosmopolitischen Theorie der Politik den Zusammenhang zwischen wachsender Verflechtung und der sich ausweitenden Anwendung des Gerechtigkeitsprinzips schon früh thematisiert. Im Zuge der Entfaltung dieses Zusammenhangs wird Denationalisierung politisiert. Die Politisierung internationaler Politik birgt gleichzeitig ein Widerstandspotential gegen die politische Denationalisierung. Das Widerstandspotential verweist gleichzeitig in aller Deutlichkeit auf die strukturellen Defizite von *Global Governance*.

4. *Strukturelle Defizite von Global Governance*

Die reflektierende Phase im Transformationsprozess bringt die Defizite und Probleme aktiver internationaler Institutionen an die Oberfläche. Aus latenten Problemen internationalen Regierens werden manifeste Widerstände gegen *Global Governance*. Drei strukturelle Defizite sind dabei von besonderer Bedeutung.

(1) Mangelnde Konstitutionalisierung: Global Governance als Idealtyp zu Ende gedacht beinhaltet dessen Konstitutionalisierung. Wenn im Rahmen von *Global Governance* verschiedene Steuerungsformen wie internationales (*Governance with Governments*), transnationales (*Governance without Government*) und nationalstaatliches Regieren (*Governance by Governement*) zu einem Steuerungskomplex verschmelzen, dann treten verstärkt Koordinationsprobleme zwischen unterschiedlichen Sektoren und Teilsystemen auf. Folglich kollidieren unterschiedliche Regelungen aus unterschiedlichen Problemfeldern (Umwelt und Handel) oder auf unterschiedlichen Ebenen (national und international) vermehrt miteinander. Für eine voll ausgebildete Form von *Global Governance* ist deshalb in letzter Instanz erforderlich, dass sich übergeordnete Regeln herausbilden, die bestimmen, wie mit derartigen Regelkollisionen umzugehen ist, ohne die Konsistenz der betreffenden Regelsysteme zu unterminieren. Man kann von der Notwendigkeit einer strukturellen Kopplung des Rechts der Teilsysteme mit allgemeinen Grundwerten sprechen, bei der es eine Normenhierarchie zugunsten der Grundwerte gibt, ohne dass die Autonomie der Teilbereiche aufgelöst wird (Teubner 2003). Dort, wo sich derartige Regeln – gewisserma-

ßen Kollisions- oder Kopplungsregeln – bilden, die an allgemein und öffentlich konsentierte Grundwerte angebunden sind, kann von einer Konstitutionalisierung der internationalen Beziehungen gesprochen werden (dazu Frowein 2000; Stone Sweet 2000). Und just diese Konstitutionalisierung kann – neben Verrechtlichung und Vergesellschaftung – als weiterer und womöglich entscheidender Schritt in Richtung auf *Global Governance* angesehen werden.

Von einer realweltlichen Konstitutionalisierung von *Global Governance* kann bisher kaum gesprochen werden. Die Verbindungen zwischen verschiedenen Teilsystemen von *Global Governance* werden zumeist beliebig hergestellt. So hat sich beispielsweise im Rahmen der Welthandelsorganisation (WTO) ein Schiedsgerichtsverfahren entwickelt, das auch bei Zielkonflikten zwischen Umwelt und Handel entscheidet. Durch eine solche Institution ist aber die Privilegierung der Handelsperspektive vorgegeben. Es fehlt eine problemfeldübergreifende Gerichtsbarkeit, die Kollisionen zwischen Teilbereichen der *Global Governance* grundwerteorientiert behandelt. Auch das Verhältnis zwischen internationalen und nationalen Regeln bleibt häufig unbestimmt und variiert auch mit den nationalen Verfassungen der beteiligten Länder. Während manche Länder eine *de facto* Suprematie internationaler Verträge zulassen und die Ausbildung eines völkerrechtlichen *jus cogens* befürworten, beharren andere Länder bedingungslos auf ihrer nationalen Souveränität. Der Konflikt um die Entwicklung des internationalen Strafgerichtshof ist hier einschlägig. Zudem bleibt auch das Verhältnis zwischen transnationalen Regimen und nationaler Rechtslage nicht selten nebulös. Während nationale Gerichte die *Lex Mercatoria* zu stützen scheinen, werden die von transnationalen Sportverbänden ausgesprochenen Sperren von Sportlern zunehmend vor nationalen Gerichten in Frage gestellt.

Schließlich bleibt es gemessen am Standard der Konstitutionalisierung problematisch, dass es zwar einerseits Ansätze zur gewaltgestützten Durchsetzung von globalen Grundwerten gibt, diese aber auf den schwachen legitimatorischen Schultern von wenig verrechtlichten Verfahren mit *ad hoc* Charakter beruhen und somit eine große Selektivität aufweisen (Zürn 2003a). Solche »Erzwingungskriege« berufen sich »auf internationales Recht, universelle Werte und UN-Schlüsse, bewegen sich jedoch in einer Grauzone zwischen hegemonialer Selbstmandatierung und kollektiver Aktion (gemäß Kapitel VII UN-Charta)« (Brock 2003:81). Im Ergebnis erweist sich *Global Governance* als äußerst fragmentiert. Die verschiedenen Bausteine fügen sich nicht zu einer kohärenten Ordnung zusammen. Somit bleibt die Sicherung von Grundrechten fragil und bis *dato* letztlich den Nationalstaaten überlassen.

(2) Ein weiteres strukturelles Defizit von *Global Governance* betrifft den sozialen Ausgleich. Im modernen demokratischen Nationalstaat ist soziale Wohlfahrt zumeist als ein doppelter Prozess verstanden worden. Neben der Bereitstellung von wachstumsförderlichen Institutionen und Politiken sind gleichzeitig Mechanismen des sozialen Ausgleichs geschaffen worden, so dass auch schwächere Mitglieder einer nationalen Gesellschaft vom wirtschaftlichen Wachstum profitieren konnten. Dieses Wohlfahrtsprinzip wird im Zuge der Globalisierung und *Global Governance* durch drei Entwicklungen unterminiert.

Zum einen fällt es dem Nationalstaat zunehmend schwerer die gewohnten Sozialstandards aufrecht zu erhalten. Die viel beschworene Reform des Sozialstaates wird bestimmt nicht nur wegen der ökonomischen Denationalisierung gefordert, dennoch hat sich aufgrund des oben beschriebenen Politikwettbewerbs um mobiles Kapital eine Situation ergeben, in der die Vertreter der Sozialpolitik einer verschärften Begründungspflicht unterliegen – und dies obwohl in vielen westlichen Industrieländern das Gefälle zwischen Arm und Reich größer geworden ist (Cerny 1995). Dieser Verlust an nationalstaatlicher Effektivität im Bereich der sozialen Wohlfahrt konnte zum zweiten bisher durch die Schaffung internationaler Institutionen kaum aufgefangen werden. Internationale Institutionen scheinen besser geeignet, durch die Beseitigung nationaler Hemmnisse die Schaffung transnationaler Märkte zu befördern als redistributiv in transnationale Märkte einzugreifen (Scharpf 1996; Streeck 1996). Es kommt noch ein Drittes hinzu: Gerade durch die kulturelle Denationalisierung und die Globalisierung der Medien werden die enormen Wohlstandsunterschiede zwischen unterschiedlichen Weltregionen breiteren Bevölkerungsschichten bewusst, während sich gleichzeitig bestimmte normative Standards universalisieren. Das Denken über eine politische Ordnung jenseits des Nationalstaates globalisiert die Gerechtigkeitsfrage (Beitz 1979; Schmalz-Bruns 1999). Vor diesem Hintergrund erweist sich die soziale Frage als eine Achillesferse von *Global Governance*.

(3) Die demokratische Legitimität nahezu aller Institutionen jenseits des Nationalstaates ist umstritten. Manche halten einen demokratischen Prozess jenseits des Nationalstaates sogar für strukturell ausgeschlossen, da die EU und die anderen internationalen Organisationen die sozialen Vorbedingungen für Demokratie nicht erfüllen. Diesen Skeptikern zufolge ist demokratische Legitimität nur im Rahmen eines *demos* möglich, d.h. einer politischen Gemeinschaft mit dem Potential für demokratisches Selbstregieren, wie es sich nur im Konzept der modernen Nation finden läßt. Jenseits des Nationalstaates fehlen demnach die sozialen Voraussetzungen – der politische Raum – für eine demokratische politische Gemeinschaft. Peter Graf Kielmannsegg fasst diese Sichtweise mit Blick auf Europa treffend zusammen (Kielmannsegg 1994): »Es sind Kommunikations-, Erfahrungs- und Erinnerungsgemeinschaften, in denen kollektive Erinnerung sich herausbildet, sich stabilisiert, tradiert wird. Europa, auch das engere Westeuropa, ist keine Kommunikationsgemeinschaft, kaum eine Erinnerungsgemeinschaft und nur sehr begrenzt eine Erfahrungsgemeinschaft.« Demgemäß ist das Zusammenfallen von Nation und Demokratie nicht historisch zufällig, sondern stellt einen systematischen und unauflösbaren Zusammenhang dar. Ein *demos*, wie im modernen Nationalstaat veranschaulicht, erfordert eine gewisse kulturelle Homogenität – und ohne *demos* gibt es keine Demokratie (Scharpf 1998; Greven 2000; Offe 2000).
Es gibt aber auch eine optimistischere Deutung internationaler Institutionen. In demokratischen Kategorien gedacht sind demnach internationale Institutionen eine vernünftige Antwort auf Probleme, denen Demokratien in Zeiten gesellschaftlicher Denationalisierung gegenüberstehen. Sie tragen nämlich dazu bei, die Inkongruenz zwischen sozialem und politischem Raum abzubauen. Theoretisch hilft »das Auf-

kommen von denationalisierten *Governance*-Strukturen, all jene, die von politischen Entscheidungen betroffen sind, in das Entscheidungssystem einzubeziehen« (Joerges 1996). In diesem Sinne sind die internationalen Institutionen nicht das Problem, sondern Teil der Lösung für die Probleme der modernen Demokratie (Grande 2000; Zürn 2000). Gleichwohl wird auch von Vertretern dieser Position keineswegs bestritten, dass die bestehenden internationalen Institutionen erhebliche Demokratiedefizite aufweisen und diese Defizite kurzfristig kaum zu beheben sind.

Die genannten drei Defizite von *Global Governance* sind längst mehr als latente Strukturprobleme. Sie manifestieren sich in sozialem Widerstand gegen *Global Governance*. So sind inzwischen mehr oder weniger heftige Protestaktionen von transnationalen Gruppen, die mehr soziale Gerechtigkeit fordern, ein integraler Bestandteil von wichtigen Treffen der internationalen Wirtschaftsinstitutionen geworden. Die blutigen Auseinandersetzungen in Genua waren zwar extreme, aber keineswegs untypische Randerscheinungen solcher Konferenzen. Dass sich derartige Proteste auch negativ auf die Verhandlungen auswirken können, wissen wir spätestens seitdem die WTO-Konferenz in Seattle angesichts vehementer Straßenproteste gescheitert ist.

Viele der transnationalen Protestgruppen wie beispielsweise ATTAC beklagen gleichzeitig das Legitimationsdefizit internationaler Institutionen. Zumindest bei dieser Klage erfahren sie erhebliche Unterstützung bei breiten Teilen der Bevölkerung. Die Referenden zu Maastricht und zur Europäischen Währungsunion haben nämlich v.a. in den skandinavischen Ländern zu Niederlagen für die dort zumeist einheitlich europafreundlichen politischen Eliten geführt, weil die Gegner die Frage der demokratischen Legitimation offensiv thematisiert haben. Bei den Kampagnen der Europagegner ist auch ohne Berührungsängste auf die Karte der nationalen Souveränität gesetzt worden, eben weil eine supranationale Konstitutionalisierung der EU befürchtet wird. Aus ähnlichen Quellen speist sich die in den USA weitverbreitete und wachsende Skepsis gegenüber internationalen Institutionen mit Supranationalitätsanspruch.

Im Ergebnis zeigt sich, dass die Entwicklung von *Global Governance* in einem inneren Zusammenhang mit der gesellschaftlichen Denationalisierung steht. Vor dem Hintergrund der gesellschaftlichen Denationalisierung entwickeln internationale Institutionen eine Dynamik, die das Potential besitzt, die politische Ordnung zu transformieren. *Global Governance* weist in diesem Sinne auf die Entstehung einer politischen Ordnung jenseits des Nationalstaates hin, die zur Politisierung internationaler Politik führt und mithin ein Widerstandspotential gegen eine weitere politische Denationalisierung hervorruft. Zur Analyse dieser Prozesse erscheint das Konzept *Global Governance*, das bei der Analyse internationaler Politik schon seit Anfang der 90er Jahre zumeist in empirisch-analytischer Absicht verwendet wird, geeignet. Es beinhaltet eine Problemlösungsperspektive, indem es die funktionalen Zusammenhänge von Globalisierung und internationalen Institutionen beleuchtet. Gleichzeitig gelingt es mit diesem Konzept, die strukturellen Defizite internationaler Institutionen und das damit zusammenhängende Widerstandspotential zu verstehen, indem es herrschaftskritisch gegen vorhandene Machtasymmetrien gewendet werden kann.

Literaturverzeichnis

Abromeit, Heidrun/Schmidt, Thomas 1998: Grenzprobleme der Demokratie, in: Kohler-Koch, Beate (Hrsg.): Regieren in entgrenzten Räumen, PVS-Sonderheft 29, Opladen: Westdeutscher Verlag, 293-320.
Adler, Emanuel/Haas Peter M. 1992: Conclusion: Epistemic Communities, World Order, and the Creation of a Reflective Research Program, in: International Organisations 46:1, 367-390.
Agnew, John A./Duncan, James S. 1989: The Power of Place: Bringing Together Geographical and Sociological Imaginations, Boston.
Albert, Matthias 2002: Zur Politik der Weltgesellschaft. Identität und Recht im Kontext internationaler Vergesellschaftung, Göttingen.
Albert, Matthias/Brock, Lothar/Wolf, Klaus Dieter (Hrsg.) 2000: Civilizing World Politics. Society and Community Beyond the Nation State, Lanham, MD.
Albrow, Martin 1996: The Global Age: State and Society Beyond Modernity, Cambridge.
Alter, Karen 2001: Establishing the Supremacy of European Law. The Making of an International Rule of Law in Europe, Oxford.
Altvater, Elmar & Mahnkopf, Birgit 1996: Grenzen der Globalisierung: Ökonomie, Ökologie und Politik in der Weltgesellschaft, Münster.
Beisheim, Marianne/Dreher, Sabine/Walter, Gregor/Zangl, Bernhard/Zürn, Michael 1999: Im Zeitalter der Globalisierung? Thesen und Daten zur gesellschaftlichen und politischen Denationalisierung, Baden-Baden.
Beck, Ulrich 1997: Was ist Globalisierung?, Frankfurt a.M.
Beitz, Charles 1979: Political Theory and International Relations, New York.
Bericht der Nord-Süd-Kommission (»Brandt-Bericht«) 1980: Das Überleben sichern. Gemeinsame Interessen der Industrie- und Entwicklungsländer, Köln.
Brand, Ulrich/Brunnengräber, Achim/Schrader, Lutz/Stock, Christian/Wahl, Peter 2000: Global Governance: Alternative zur neoliberalen Globalisierung? Münster.
Brock, Lothar 2003: Verlassene Baustellen – Global Governance im Zeichen des Krieges, in: Fues, Thomas/Hippler, Jochen (Hrsg.): Globale Politik, Bonn, 58-89.
Brock, Lothar/Albert, Mathias 1995: Entgrenzung der Staatenwelt. Zur Analyse weltgesellschaftlicher Entwicklungstendenzen, in: Zeitschrift für Internationale Beziehungen 2:2, 259-285.
Bull, Hedley 1977: The Anarchical Society. A Study of Order in World Politics, Basingstoke/London.
Callies, Gralf-Peter 2004: Transnationales Handelsvertragsrecht: Private Ordnung und staatlicher Rahmen, in: Zangl, Bernhard/Zürn, Michael (Hrsg.): Verrechtlichung – Ein Baustein für Global Governance?, Bonn, 160-178.
Cerny, Philip G. 1995: Globalization and the Changing Logic of Collective Action, in: International Organization 49:4, 595-625.
Commission on Global Governance 1995: Our Global Neighbourhood, Oxford.
Cooper, Richard 1986: Economic Policy in an Interdependent World, Cambridge, MA.
Cox, Robert 1992: Global Perestroika, in: Miliband, Ralph/Panitch, Leo (Hrsg.): New World Order, London, 26-45.
Cutler, A. Claire/Haufler, Virginia/Porter, Tony (Hrsg.) 1999: Private Authority and International Affairs, Albany, NY.
Dasser, Felix 1991: Lex Mercatoria: Werkzeug der Praktiker oder Spielzeug der Lehre?, in: Schweizerische Zeitschrift für internationales und europäisches Recht 1, 299-323.
Deutsch, Karl W. 1969: Nationalism and its Alternatives, New York, NY.

Deutsch, Karl W./Eckstein, Alexander 1961: National Industrialisation and the Declining Share of the International Economic Sector 1890-1959, in: World Politics 13:2, 267-272.
Diehl, Paul F./Ku, Charlotte/Zamora, Daniel 2003: The Dynamics of International Law: The Interaction of Normative and Operating Systems, in: International Organization 57:1, 43-75.
Eichener, Volker 1996: Die Rückwirkungen der europäischen Integration auf nationale Politikmuster, in: Jachtenfuchs, Markus/Kohler-Koch, Beate (Hrsg.): Europäische Integration, Opladen, 249-280.
Falke, Josef 1996: Comitology and Other Committees: A Preliminary Empirical Assessment, in: Pedler, Robin H./Schaefer, Guenther F. (Hrsg.): Shaping European Law and Policy: The Role of Committees and Comitology in the Political Process, Maastricht, 117-165.
Frowein, Jochen A. 2000: Konstitutionalisierung des Völkerrechts, in: Dicke, Klaus (Hrsg.): Völkerrecht und internationales Privatrecht in einem sich globalisierenden internationalen System. Auswirkungen der Entstaatlichung transnationaler Rechtsbeziehungen, Heidelberg, 427-445.
Garrett, Geoffrey 1998: Partisan Politics in the Global Economy, Cambridge.
Gehring, Thomas, 1995: Regieren im internationalen System. Verhandlungen, Normen und Internationale Regime, in: Politische Vierteljahresschrift 36:2, 197-219.
Gerring, John/Barresi, Paul A. 2003: Putting Ordinary Language to Work: A Min-Max Strategy of Concept Formation in the Social Sciences, in: Journal of Theoretical Politics 15:2, 201-232.
Gessner, Volkmar 2002: Rechtspluralismus und globale soziale Bewegungen, in: Zeitschrift für Rechtssoziologie 23:2, 277-305.
Goldstein, Judith/Kahler, Miles/Keohane, Robert O./Slaughter, Anne-Marie (Hrsg.) 2000: Legalization and World Politics (International Organization Special Issue 54:3), San Diego.
Grande, Edgar 2000: Postnational Democracy in Europe, in: Greven, Michael Th./Pauly, Louis W. (Hrsg.): Democracy Beyond the State? The European Dilemma and the Emerging Global Order, Lanham, MD, 115-138.
Greven, Michael Th. 2000: Can the European Union Finally Become a Democracy?, in: Greven, Michael Th./Pauly, Louis W. (Hrsg.): Democracy Beyond the State? The European Dilemma and the Emerging Global Order, Lanham, MD, 35-61.
Greven, Michael Th/Pauly, Louis W. (Hrsg.) 2000: Democracy Beyond the State? The European Dilemma and the Emerging Global Order, Lanham, MD.
Hart, H. L.A. 1994: The Concept of Law, 2nd ed., Oxford (Original 1976).
Held, David/McGrew, Anthony/Goldblatt, David/Perraton, Jonathan 1999: Global Transformations: Politics, Economics and Culture, Cambridge.
Helliwell, John F. 1998: How Much Do National Borders Matter?, Washington DC.
Hirst, Paul/Thompson, Grahame 1996, Globalisation in Question: The International Economy and the Possibilities of Governance, Cambridge.
Holm, Hans-Henrik/Sørensen, Georg 1995: Introduction: What has Changed?«, in: Holm, Hans-Henrik/Sørensen, Georg (Hrsg.): Whose World Order? Uneven Globalisation and the End of the Cold War, Boulder, CO, 1-17.
Jachtenfuchs, Markus/Knodt, Michèle (Hrsg.) 2002: Regieren in internationalen Institutionen, Opladen.
Jachtenfuchs, Markus 2003: Regieren jenseits der Staatlichkeit, in: Gunther Hellmann/Klaus Wolf, Dieter/Zürn, Michael (Hrsg.) 2003: Die neuen Internationalen Beziehungen. Forschungsstand und Perspektiven in Deutschland, Baden-Baden, 495-518.
Jackson, John H. 2004: Effektivität und Wirksamkeit des Streitbeilegungsverfahrens der WTO, in: Zangl, Bernhard/Zürn, Michael (Hrsg.) 2004: Verrechtlichung – Baustein für Global Governance?, Bonn, 99-118.

Joerges, Christian 1996: The Emergence of Denationalized Governance Structures and the European Court of Justice (ARENA Working Paper 16), Oslo.
Joerges, Christian/Vos, Ellen (Hrsg.) 1999: EU-Commitees: Social Regulation, Law and Politics, Oxford.
Joerges, Christian/Neyer, Jürgen 1997: Transforming Strategic Interaction into Deliberative Problem-Solving: European Comitology in the Foodstuffs Sector, in: Journal of European Public Policy 4:4, 609-625.
Kahler, Miles 1995: International Institutions and the Political Economy of Integration, Washington, DC.
Katzenstein, Peter J. 1975, International Interdependence: Some Long-term Trends and Recent Changes, in: International Organisation 29:4, 1021-1034.
Keck, Margaret E./Sikkink, Kathryn 1998: Activists Beyond Borders: Advocacy Networks in International Politics, Ithaca, NY.
Kearney, A.T. 2003: Measuring Globalization: Who's Up, Who's Down, in: Foreign Policy 134, 60-73.
Keohane, Robert O. 1984: After Hegemony: Collaboration and Discord in the World Political Economy, Princeton.
Keohane, Robert O./Nye, Joseph S. (Hrsg.) 1971: Transnational Relations and World Politics, Cambridge, MA.
Keohane, Robert O./Nye, Joseph S. 2000: Introduction, in: Nye, Joseph S./Donahue, John D. (Hrsg.): Governance in a Globalizing World, Washington DC, 1-41.
Keohane, Robert O./Moravcsik, Andrew/Slaughter, Anne-Marie 2000: Legalized Dispute Resolution: Interstate and Transnational, in: International Organization, 54:3, 457-488.
Kielmannsegg, Peter Graf 1994: Läßt sich die Europäische Gemeinschaft demokratisch verfassen?, in: Europäische Rundschau 22:2, 23-33.
Kohler-Koch, Beate 1993: »Die Welt regieren ohne Weltregierung«, in: Böhret, Carl/Wewer, Göttrik (Hrsg.): Regieren im 21. Jahrhundert. Zwischen Globalisierung und Regionalisierung, Opladen, 109-141.
Kohler-Koch, Beate (Hrsg.) 1998: Regieren in entgrenzten Räumen, PVS-Sonderheft 29/1998, Opladen.
Koremenos, Barbara/Lipson, Charles/Snidal, Duncan 2001: The Rational Design of International Institutions, in: International Organization, 55:4, 761-799.
Krasner, Stephen D. (Hrsg.) 1983: International Regimes, Ithaca, NY.
Krugman, Paul R. 1995: Growing World Trade. Causes and Consequences, in: Brookings Papers on Economic Activity 1, 327-362.
Lehmkuhl, Dirk 2004: Verrechtlichung privater Selbstregulierung: der lange Schatten staatlichen Rechts im transnationalen Sport, in: Zangl, Bernhard/Zürn, Michael (Hrsg.): Verrechtlichung – Ein Baustein für Global Governance?, Bonn, 179-197.
Linklater, Andrew 1998: The Transformation of Political Community: Ethical Foundations of the Post-Westphalian Era, Columbia, SC.
Levy, Marc A./Young, Oran A./Zürn, Michael 1995: The Study of International Regimes, in: European Journal of International Relations 1:3, 267-330.
Lütz, Susanne 2003: Governance in der politischen Ökonomie – zum Stand der Debatte, in: Politische Vierteljahresschrift, 44:2, 231-242.
Luhmann, Niklas 1971: Die Weltgesellschaft, in: Soziologische Aufklärung, Bd.2, Frankfurt a.M., 51-71.
Mayer, Peter/Rittberger, Volker/Zürn, Michael 1993: Regime Theory. State of the Art and Perspectives, in: Rittberger, Volker (Hrsg.): Regime Theory and International Relations, Oxford, 391-430.
Messner, Dirk/Nuscheler, Franz 2003: Das Konzept Global Governance – Stand und Perspektiven, in: INEF-Report, Heft 67/2003, Duisburg.

Meyer, John W. 2000: Globalization. Sources and Effects on National States and Societies, in: International Sociology 15:2, 233-248.
Nye, Joseph S. Jr./Donahue, John D. (Hrsg.) 2000: Governance in a Globalizing World, Washington DC.
Oberthür, Sebastian 2004: Auf dem Weg zum Weltumweltrecht? Tendenzen und Wirkungen der Verrechtlichung der internationalen Umweltpolitik, in: Zangl, Bernhard/Zürn, Michael (Hrsg.) 2004: Verrechtlichung – Ein Baustein für Global Governance?, Bonn, 119-139.
Offe, Claus 2000: The Democratic Welfare State in an Integrating Europe, in: Greven, Michael Th./Pauly, Louis W. (Hrsg.): Democracy Beyond the State? The European Dilemma and the Emerging Global Order, Lanham, MD, 63-90.
Parsons, Edward A. 1993: Protecting the Ozone Layer, in: Haas, Peter M./Keohane, Robert O./Levy, Marc A. (Hrsg.): Institutions for the Earth: Sources of Effective International Environmental Protection, Cambridge, MA, 27-73.
Princen, Thomas/Finger, Mathias 1994, Environmental NGOs in World Politics: Linking the Local and the Global, London.
Reinicke, Wolfgang 1998, Global Public Policy. Governing without Government?, Washington, DC.
Reinicke, Wolfgang H./Deng, Francis (mit Witte, Jan Martin/Benner, Thorsten) 2000: Critical Choices. The United Nations, Networks, and the Future of Global Governance, Ottawa.
Risse-Kappen, Thomas 1995: »Introduction: Bringing Transnational Relations Back In«, in: Risse-Kappen, Thomas (Hrsg.): Non-State Actors, Domestic Structures and International Institutions, Cambridge, 3-33.
Risse, Thomas/Jetschke, Anja/Schmitz, Hans Peter 2002: Die Macht der Menschenrechte. Internationale Normen, kommunikatives Handeln und politischer Wandel in den Ländern des Südens, Baden-Baden.
Rittberger, Volker/Zürn, Michael 1990: Towards Regulated Anarchy in East-West Relations, in: Rittberger, Volker (Hrsg.): International Regimes in East-West Politics, London/New York, 9-63.
Rittberger, Volker/Zangl, Bernhard 2003: Internationale Organisationen. Politik und Geschichte, 3. überarbeitete Auflage, Opladen.
Robertson, Roland 1992: Globalization. Social Theory and Global Culture, London/Beverly Hills.
Romano, Cesare 1999: The Proliferation of International Judicial Bodies: The Pieces of the Puzzle, in: New York University Journal of International Law and Politics 31:4, 709-51.
Rosecrance, Richard/Stein, Arthur A. 1973: Interdependence: Myth or Reality?, in: World Politics, 26:1, 1-27.
Rosecrance, Richard/Alexandroff, Alan/Koehler, Wallace/Kroll, John/Laqueur, Shlomit/Stokker, John 1977: Whither Interdependence?, in: International Organization 31:3, 425-472.
Rosenau, James N. 1990: Turbulence in World Politics: A Theory of Change and Continuity, Princeton, NJ.
Rosenau, James N. 1992: Governance, Order, and Change in World Politics, in: Rosenau, James N./Czempiel, Ernst-Otto (Hrsg): Governance without Government: Order and Change in World Politics, Cambridge, 1-29.
Rosenau, James N. 1997: Along the Domestic-Foreign Frontier: Exploring Governance in a Turbulent World, Cambridge.
Scharpf, Fritz W. 1996: Politische Optionen im vollendeten Binnenmarkt, in Jachtenfuchs, Markus/Kohler-Koch, Beate (Hrsg.): Europäische Integration, Opladen, 109-140.
Scharpf, Fritz W. 1998: Demokratische Politik in der internationalisierten Ökonomie, in: Greven, Michael Th. (Hrsg.): Demokratie – eine Kultur des Westens? 20. Wissenschaftlicher Kongreß der Deutschen Vereinigung für Politische Wissenschaft, Opladen, 81-103.

Schmalz-Bruns, Rainer 1999: Deliberativer Supranationalismus. Demokratisches Regieren jenseits des Nationalstaates, in: Zeitschrift für Internationale Beziehungen 6:2, 185-244.

Scholte, Jan Aart 2003, What is Globalization? The Definitional Issue – Again, Working Paper Series, Institute on Globalization and the Human Condition, Hamilton, Ontario.

Shanks, Cheryl/Jacobson, Harold K./Kaplan, Jeffrey H. 1996: Inertia and Change in the Constellation of International Governmental Organzations, 1981-1992, in: International Organization 50:4, 593-629.

Slaughter, Anne-Marie 1997: The Real New World Order, in: Foreign Affairs 76:5, 183-197.

Stone Sweet, Alec 2000: Governing with Judges. Constitutional Politics in Europe, Oxford.

Streeck, Wolfgang 1996: Neo-Voluntarism: A New European Social Policy Regime?, in: Marks, Gary/Scharpf, Fritz W./Schmitter, Philippe C./Streeck, Wolfgang (Hrsg.): Governance in the European Union. London, 64-94.

Teubner, Gunther 2000: Privatregimes: Neo-Spontanes Recht und duale Sozialverfassungen in der Weltgesellschaft?, in: Simon, Dieter/Weiss, Manfred (Hrsg.): Zur Autonomie des Individuums. Liber Amicorum Spiros Simitis, Baden-Baden, 437-453.

Teubner, Gunther 2003: Globale Zivilverfassungen, in: Zeitschrift für ausländisches öffentliches Recht und Völkerrecht, 63:1, 1-28.

Thurner, Paul W. 2004: Determinanten transgouvernementaler Koordinationsbeziehungen der Ministerien der EU-Mitgliedsstaaten: Eine Überprüfung der Keohane/Nye-Conjecture, in: Henning, Christian H.C.A./Melbeck, Christian (Hrsg.): Interdisziplinäre Sozialforschung. Theorie und empirische Anwendungen. Frankfurt/New York, i.E.

Union of International Associations (Hrsg.): Yearbook of International Organizations 2000/2001, 4 Bände, München.

Waltz, Kenneth N. 1979, Theory of International Politics, New York, NY.

Waltz, Kenneth N. 1999, Globalization and Governance, in: Political Science and Politics 32:4, 693-700.

Wapner, Paul 1995: Politics Beyond the State: Environmental Activism and the World Civic Politics, in: World Policy Journal 47:2, 311-340.

Weiler, Joseph H.H. 1993: Journey to an Unknown Destination: A Retrospective and Prospective of the European Court of Justice in the Arena of Political Integration, in: Journal of Common Market Studies 31:4, 417-446.

Zangl, Bernhard/Zürn, Michael (Hrsg.) 2004: Verrechtlichung – Ein Baustein für Global Governance?, Bonn.

Zangl, Bernhard/Zürn, Michael 2004a: Verrechtlichung jenseits des Staates – Zwischen Hegemonie und Globalisierung, in: Zangl, Bernhard/Zürn, Michael (Hrsg.): Verrechtlichung – Ein Baustein für Global Governance?, Bonn, 239-262.

Zürn, Michael 1998, Regieren jenseits des Nationalstaates. Denationalisierung und Globalisierung als Chance, Frankfurt a. M.

Zürn, Michael 2000: Democratic Governance Beyond the Nation-State. The EU and Other International Institutions, in: European Journal of International Relations 6:2, 183-221.

Zürn, Michael 2003: Global Governance in der Legitimationskrise, in: Offe, Claus (Hrsg.): Die Erneuerung der Demokratie, Frankfurt/New York, 232-256.

Zürn, Michael 2003a: US-Ordnung, Unordnung der UN-Ordnung: Zur Entwicklung der Weltsicherheitsordnung, in: Leviathan 31:4, 441-449.

III. Konzeptualisierungen von Governance

Governing as Governance

*Jan Kooiman**

Zusammenfassung

Das Governance-Konzept wird in vielen Sub-Disziplinen der Sozialwissenschaften verwendet. Ungeachtet aller Unterschiede in Definition und Anwendung bilden die Betonung von Systemregeln und Systemeigenschaften, die Ko-Operation zur Erhöhung von Legitimität und Effektivität sowie die Berücksichtigung neuer Verfahren und öffentlich-privater Arrangements gemeinsame Ausgangspunkte. Der offensichtliche Erfolg des Konzepts scheint darin zu liegen, dass es einen Bedarf an neuen Anstößen aufgreift, der in der Erkenntnis wachsender sozialer Interdependenzen begründet ist. Der folgende Artikel gibt einen Überblick über verschiedene konzeptionelle Anwendungen des Governance-Ansatzes.
Eine Form von Governance kann als interaktive bzw. soziopolitische Governance bezeichnet werden. Diese Governance-Perspektive stellt unterschiedliche Modi soziopolitischer Interaktionen in ihr Zentrum, in dem verschiedene Erscheinungsformen wie Self-Governance, Co-Governance und hierarchische Governance unterschieden werden. Des Weiteren wird differenziert zwischen Governance erster Ordnung, gleichbedeutend mit Problemlösung und Chancenerzeugung, Governance zweiter Ordnung, die die institutionellen Bedingungen betrachtet, und Meta-Governance, die sich mit den Prinzipien befasst, welche ihrerseits Governance steuern.

Gesellschaftliche Entwicklungen und Governance

Schon seit einigen Jahren ist das Governance-Konzept zu einem Schlagwort in den Sozialwissenschaften geworden. Offensichtlich besteht ein Bedürfnis für ein solches Konzept, auch wenn ein gewisser Mitläufer-Effekt nicht von der Hand zu weisen ist. In diesem Beitrag knüpfe ich an Ideen an, die bereits in meinem Buch »Modern Governance: New Government – Society Interactions[1]« vorgestellt wurden. Dort liegt im Unterschied zu einer Betrachtungsweise, die den Staat als alleinigen Governance-Akteur in den Blick nimmt, der Schwerpunkt auf jüngeren Entwicklungen, die sich auf öffentlich-private bzw. »co«-förmige Interaktionen beziehen. In den letzten Jahren ist die Literatur zu Governance in vielen unterschiedlichen Bereichen und Disziplinen geradezu »explodiert«, während ich meine eigenen Untersuchungen auf dem

---

* Aus dem Englischen übersetzt von Carolin Hartenstein und Stefan Martini.
1 Kooiman (Hrsg.), 1993.

Gebiet ebenfalls fortgesetzt habe[2]. Dieser Beitrag nun wird die folgenden Aspekte in den wichtigsten Konturen skizzieren: Zunächst einmal die Frage nach unterschiedlichen Modi und Ordnungen von Governance, die dabei als Strukturen von »Societal Governance« betrachtet werden. War »Modern Governance« noch stärker »staatsorientiert«, wird hier der Blick auf Governance in einem sozialen Sinne erweitert, so dass sowohl öffentliche als auch private Governance-Akteure erfasst werden können. Zwar mögen deren Rollen auf den unterschiedlichen gesellschaftlichen Ebenen und von Sektor zu Sektor verschieden sein; die Kernthese bleibt jedoch, dass Governance in modernen Gesellschaften vornehmlich als Mix unterschiedlichster Steuerungsaktivitäten und -strukturen in Erscheinung tritt, die in diesem Beitrag als Modi und Ordnungen konzeptualisiert werden. Diese Governance-Kombinationen können als Antwort auf sich wandelnde Steuerungsanforderungen betrachtet werden. Obwohl solch ein Verständnis teilweise mit jüngeren theoretischen Governance-Ansätzen übereinstimmt, weicht es doch auch in wichtigen Punkten von diesen ab[3]. Der hier verfolgte Ansatz kann im Folgenden zunächst als Arbeitsdefinition formuliert werden, deren einzelnen Elemente im Beitrag selbst dann näher erläutert werden, und zwar in der folgenden Weise: Soziopolitische bzw. interaktive Steuerung besteht aus Arrangements, in denen sowohl öffentliche als auch private Akteure danach streben, gesellschaftliche Probleme zu lösen, gesellschaftliche Chancen zu erzeugen und diejenigen gesellschaftlichen Institutionen zu entwickeln, in denen jene Steuerungsaktivitäten stattfinden und diejenigen Prinzipien zu formulieren, die diese Aktivitäten steuern sollen. Der Begriff Governance bezeichnet dabei konzeptionelle und theoretische Vorstellungen von derartigen Steuerungsaktivitäten.

Gesellschaftliche Trends und sich wandelnde Steuerungsmodelle

Governance als eine Wachstumsbranche muss ihre Grundlage notwendig in gesellschaftlichen Entwicklungen haben, sie spiegelt in besonderer Weise die wachsenden und sich verändernden gesellschaftlichen Interdependenzen wider. Die meisten gegenwärtigen Governance-Konzepte stimmen in dieser Einschätzung überein. Man könnte sagen, dass dieses gemeinsame Element in solchen langfristigen gesellschaftlichen Trends wie der gesellschaftlichen Ausdifferenzierung und Integration treffend zum Ausdruck kommt. Denn diese Prozesse verursachen längere Interdependenzketten oder – wie man es dynamischer formulieren könnte – längere Interaktionsketten[4]. Zunehmend institutionalisieren sich diese Ketten in Mehrebenen- und multisektoralen Dimensionen. Diese sich verlängernden Ketten von Interaktionen begründen und

---

2 In Kooiman, 1999 diskutiere ich eine Vielzahl von anderen und einige Aspekte meiner eigenen Herangehensweise. Eine umfassendere Version meiner Ideen zu Governance findet sich in »Governing as Governance«, London 2003. Dieses Buch enthält auch eine umfangreichere Liste von Referenzen. Vergleiche auch Kooiman (Hrsg.) 2000 und Pierre (Hrsg.), 2000.
3 Rhodes, 1997.
4 Kaufmann et al, 1986.

erfordern eine Multiplizierung der Anzahl der Teilnehmer, während sich auch die Anzahl der Interaktionen unter diesen Teilnehmern vervielfacht. Die Trennungslinien zwischen dem öffentlichen und dem privaten Sektor verschwimmen zunehmend, und Interessen sind meist nicht mehr nur öffentlich oder privat, sie sind oftmals beides. Daher wäre es angemessener, als Konsequenz solcher sich verändernden Beziehungen von sich verändernden, statt zurückgehenden staatlichen Steuerungsaktivitäten zu sprechen. Eine Neubestimmung der Staatsaufgaben und ein stärkeres Bewusstsein für die Notwendigkeit kooperativen Staatshandelns macht traditionelles interventionistisches Regierungshandeln keineswegs obsolet. Die skizzierten Entwicklungen schärfen aber das Bewusstsein einmal für die Grenzen der traditionellen interventionistischen Steuerung im Sinne eines »command-and-control«-Ansatzes, und zum anderen dafür, dass die veränderten gesellschaftlichen Problemlagen eine breitere Auswahl an Steuerungsansätzen und -instrumenten erfordern. Dies zeigt sich etwa an der neuen und wachsenden Bedeutung von NGOs in vielen Gegenden der Welt, an der stärkeren Einbeziehung von Interessengruppen in die Wahrnehmung öffentlicher Aufgaben und der Beteiligung von lokalen Bürgerinitiativen an mannigfachen Erscheinungsformen von Steuerung. Auch die Privatwirtschaft erkennt zunehmend an (oder wird dazu gebracht) dass ihr in Bereichen wie Umweltschutz, Verbraucherpartizipation und Arbeitsmarktpolitik eine – wie man es heute nennt – »social responsibility« obliegt.

Bewältigung von Diversität, Komplexität und Dynamik in sozietalen Situationen

In meiner Konzeptualisierung der Tendenzen moderner Gesellschaften verwende ich drei Größen, die die Grundlage für die weitere theoretische Verfeinerung bilden. Meine These ist – und ich bin mir des darin zum Ausdruck kommenden Anspruchs durchaus bewusst –, dass man die zentralen Probleme moderner Gesellschaftssteuerung, vor allem auf der Grenzlinie von öffentlichem und privatem Sektor, von Staat und Gesellschaft, direkt mit ihrer Diversität, Komplexität und Dynamik konfrontieren muss, da es nur so gelingen kann, diese Steuerungsprobleme zu verstehen.
Zur Verdeutlichung dessen, was ich unter Diversität, Komplexität und Dynamik verstehe, stütze ich mich auf systemtheoretisches Gedankengut, wobei ich unter einem System eine Gesamtheit von Einheiten verstehe, die mehr wechselseitige Beziehungen untereinander aufweisen als zu anderen Einheiten. So gesehen, ist Diversität eine Eigenschaft der ein System bildenden Entitäten und bezieht sich auf die Art und Weise sowie den Umfang, in dem sie sich unterscheiden. Komplexität ist ein Indikator für die Beziehungsarchitektur der Systembestandteile, die Relation der Teile zum Ganzen sowie des Systems zu seiner Umwelt. Dynamik bezieht sich auf die Spannungskräfte innerhalb eines Systems und zwischen Systemen. Der Begriff der Diversität lenkt die Aufmerksamkeit auf die Beschaffenheit von Akteuren in soziopolitischen Systemen sowie auf Merkmale der Einheiten wie Ziele, Intentionen und Machtpotentiale. Der Komplexitätsbegriff hingegen fordert auf zum Hinterfragen von Strukturen, Interdependenzen und Wechselbeziehungen zwischen den unterschiedlichen Ebenen. Indem

ich den Begriff der Dynamik soziopolitischer Systeme, ihrer Probleme und ihrer Chancen einführe, möchte ich darauf aufmerksam machen, – in kybernetische Begriffe gegossen – mit welcher Irregularität Prozesse innerhalb solcher und um solche Systeme herum stattfinden und wie man mit ihnen umgeht.

Es ist notwendig, zwischen diesen drei Größen zu unterscheiden, weil jede für sich einzelne und spezielle Aspekte gesellschaftlicher Phänomene und soziopolitischer Governance spezifiziert. Freilich ist deren Relation zueinander ebenfalls von Bedeutung, da sie in ihrer gegenseitigen Wechselwirkung an Sinn und Substanz gewinnen sowie – unabhängig voneinander und im Verbund – als Grundbausteine der Theorieentwicklung dienen können[5].

Der Ausgangspunkt dieser Konzeptualisierung ist, dass soziopolitische Phänomene und ihre Steuerung im Hinblick auf ihre Interaktionen im Kontext der Diversität, Dynamik und Komplexität moderner Gesellschaften verordnet werden sollten. Diese Gesellschaften beziehen ihre Stärke aus diesen Charakteristika oder – anders ausgedrückt – präsentieren sie diesen Gesellschaften kontinuierlich Möglichkeiten. Aber sie präsentieren auch Probleme. Denn diese Möglichkeiten und Probleme selbst sind wiederum komplex, dynamisch und diversifiziert. Schließlich reflektieren sie die starken und schwachen Seiten dieser Gesellschaften. Dies bezieht sich ohne Zweifel auch auf die Bedingungen, unter denen Chancen erzeugt und genutzt sowie Probleme formuliert und gelöst werden.

Im Ergebnis formuliere ich damit zwei Grundannahmen. Zum ersten stelle ich die empirisch-analytische These auf, dass die Kategorien Diversität, Komplexität und Dynamik und für die Beschreibung, die Analyse und das Verständnis moderner Gesellschaften von entscheidender Bedeutung sind. Zum zweiten besteht die eher normative These darin, dass wir – wenn wir soziale Dynamik, Diversität und Komplexität ernst nehmen – besser gerüstet sind, dieses Wissen zur Chancenerzeugung und Problemlösung zu nutzen, als wenn wir Probleme und Chancen als einfach, gleichwertig und statisch betrachten würden. Schon für sich genommen, jedoch insbesondere in ihrer Wechselwirkung, stellen die drei Größen die grundlegenden Bausteine meiner theoretischen Konzeptualisierung soziopolitischer Steuerung und Steuerbarkeit dar. Nur wenn wir die drei skizzierten Grundkategorien moderner Gesellschaften ernst

---

5 Neuere Entwicklungen in der Physik zeigen, dass die systematische Realisierung von Dynamik, Komplexität und Vielfalt untersuchter Phänomene und behandelter Subjekte fundamentale Diskussionen hervorrufen können bezüglich der Natur der Wissenschaft selbst (Prigogine/Strengers 1984). Für alles in der Natur sind Konservations- und Veränderungskräfte verantwortlich; mit anderen Worten: Die Natur ist generell dynamisch. Sogar kleinste physikalische und biologische Teilchen bestehen aus noch kleineren Elementen, die viele Arten miteinander zusammenarbeiten; das heißt, sie sind komplex. Und alle Phänomene des biologischen oder sozialen Lebens zeigen eine enorme und unfassbare Spannbreite hinsichtlich einer Differenzierung und Vielfalt auf. Mit anderen Worten: Sie sind generell vielfältig. Auch wenn wir vorsichtig sein müssen, solche Phänomene auf die Sozialwissenschaft zu übertragen, so sind sie doch gebräuchlich, um Aufmerksamkeit für Subjekte auf sich zu ziehen, denen sonst nicht die Aufmerksamkeit zuteil würde, die sie verdienen (vgl. Mayntz 1990).

Die Schwierigkeiten, die wir im Umgang mit diesen Eigenschaften haben, könnten mit den Eigenschaften selbst zu tun haben, mit unseren Methoden ihrer Handhabung oder mit einer unangemessenen Perspektive ihrer Unterscheidung, sie zu untersuchen. Das bedeutet, dass fundamentale Aspekte unserer physischen, natürlichen und sozialen Welt, in der wir leben, nicht nur im Auge des Betrachters liegen, sondern auch zu einer Realität »out there« gehören, worin auch immer unsere theoretische oder angewandte Kapazität bestehen mag, diese zu verstehen oder mit ihnen umzugehen.

nehmen, können wir erfolgreich daran gehen, ihre Verwendungsmöglichkeiten zur Steuerung moderner Gesellschaften »in a cross-modern way« zu konzeptualisieren.

Governance als Interaktion

Interaktionen und Steuerung

Wirft man einen Blick auf die Governance-Diskussion, so kann man eine Verlagerung ausmachen weg von den traditionellen Konzeptionen, die Steuerung im Wesentlichen als »Einbahnstraße« von den Herrschenden zu den Beherrschten ansehen, hin zu einem »Gegenverkehr«-Modell, in dem sowohl Aspekte, Probleme und Chancen des beherrschenden Systems als auch des beherrschten Systems berücksichtigt werden. Diese zweite Art von Governance-Konzeptualisierung nenne ich soziopolitische bzw. interaktive Governance, die auf umfassenden und systematischen Interaktionen zwischen den Steuernden und den Gesteuerten basiert und sich sowohl auf öffentlich öffentliche als auch auf öffentlich private Interaktionen erstreckt.

Über verschiedenste Verschiebungen von der öffentlichen zur privaten Sphäre im Sinne von Deregulierung und Privatisierung hinaus rücken andere, stärker systemische Interaktionsformen in den Vordergrund. Diese neuen Formen können mit Begriffen wie Management, Steering und Guiding assoziiert werden, immer aber stehen bi- oder sogar multi-laterale Steuerungsgesichtspunkte im Zentrum der Betrachtung. Dies bedeutet nicht nur, dass sich die Grenzposten von Staat und Gesellschaft verschieben, sondern auch, dass sich die Grenzen selbst in ihrer Beschaffenheit ändern und zunehmend durchlässig werden. Es herrscht Ungewissheit darüber, wo der Staat aufhört und die Gesellschaft beginnt. Die Grenzlinie zwischen privater und öffentlicher Verantwortlichkeit wird ihrerseits Gegenstand von Interaktionen. Vielfach liegt diesen Interaktionen gerade die Anerkennung dieser wechselseitigen Bezüglichkeit von »öffentlich« und »privat« zugrunde. Kein Akteur allein, sei er öffentlich oder privat, verfügt über das Wissen und die Daten, die zur Lösung komplexer, dynamischer und diversifizierter Probleme nötig sind. Kein Akteur hat genügenden Überblick, um die Wirksamkeit der erforderlichen Instrumente zu gewährleisten; kein einzelner Akteur verfügt über ausreichend Handlungspotential, um das Geschehen einseitig zu dominieren. Dies alles sind grundsätzlich Gegenstände des Beziehungsbereichs »Governance and Governing«.

In diesem Abschnitt werden die konzeptionellen Grundlagen für diese Interaktionsformen, -muster und -modi entwickelt, und zwar in der Weise, dass Interaktionen als allgemeine soziale Phänomene verstanden werden. Steuerungsinteraktionen werden daher als spezifische Ausformungen soziopolitischer Interaktionen, also gewissermaßen als Untergruppe betrachtet. Daher setzt meine Betrachtungsweise bei der Entwicklung einiger genereller Aussagen über Interaktionen an.

Gesellschaftliche Prozesse werden hier als kontinuierliche Differenzierungs- und Integrationsprozesse von Wissen, Handlungen und Organisationen etc. verstanden. Differenzierung und Integration können dabei nicht isoliert voneinander betrachtet werden. Dies bedeutet, dass die Konzeptualisierung des Interaktionsmodells sichtbar machen muss, dass Handlungen sich aufeinander beziehen (auf der intentionalen oder Handlungsebene) und dass auf diese Weise auch die Handlungen ihrerseits einbettende Strukturen entstehen (Struktur- oder Kontextebene). Dabei sollte klar sein, dass an dieser Wechselbeziehung von Handlungs- und Strukturebene viele Einheiten beteiligt sind. Nur wenn man einen solchen Ansatz akzeptiert, können Steuerungsprozesse angemessen verstanden werden. Von diesem Standpunkt aus besteht jede Interaktion aus Prozessen und Strukturen. Dies wird spätestens dann klar, wenn wir Interaktionen innerhalb von Systemen ihrerseits als Systeme verstehen und darstellen.

Das **Prozess**element bezieht sich auf den Handlungsaspekt von Interaktionen; Prozesse sind das Ergebnis der Fähigkeit sozialer Akteure zu handeln. Die intentionale oder Handlungsebene von Interaktionen führt zu sozialer Interaktion. Das gilt sowohl für intendiertes Verhalten als auch für alle Arten nicht direkt zielorientierter Betätigungen. Die konkreten Werte, Ziele, Interessen und Zwecke von Individuen, aber auch von Organisationen oder Gruppen finden in Handlungen ihren Ausdruck und müssen daher auf der Handlungsebene von Interaktionen berücksichtigt werden.

Der **Struktur**aspekt von Interaktionen bezieht sich auf die materiellen, soziostrukturellen und kulturellen Rahmenbedingungen und Kontexte, in denen Interaktionen stattfinden. Die Strukturebene umfasst all die Umstände, die begrenzend, ermöglichend und damit zugleich Rahmen setzend auf die Handlungsebene einwirken. Sie besteht aus Institutionen, allgemeinen sozialen Strukturen, Regeln und Verhaltensnormen, aus Kommunikationsmustern, materiellen und technologischen Möglichkeiten sowie Schranken ziehenden Rahmenbedingungen. Mit Hilfe des Struktur- und des Prozesselements kann eine Interaktion in ihre konstituierenden Bestandteile aufgegliedert werden, so dass sie als Steuerungsgegenstände von Governance konzeptualisiert werden können.

Jedoch würde eine Steuerungstheorie, die – ohne die das Herz von Steuerung ausmachenden Akteure ins Auge zu fassen – allein Strukturen und Prozesse betrachtet, im Widerspruch zu meinem Vorhaben stehen, eine vor allem demokratische soziopolitische Governance-Theorie zu skizzieren. Eine der interaktionsbezogenen Perspektive verhaftete Steuerungstheorie wird – wo immer dies möglich erscheint – versuchen, die vermeintlich klar definierten Grenzen zwischen einzelnen Handlungseinheiten zu durchbrechen (so wie etwa die Grenze zwischen Herrschenden und Beherrschten) und sich auf grenzüberschreitende Interaktionen zu konzentrieren. Diese Überlegungen und Unterscheidungen stellen ein wesentliches Element der analytischen Kompetenz der von mir konzeptualisierten Interaktionstheorie dar. Aber abgesehen von dieser Analyse dürfen die Beziehungen zwischen den skizzierten Elementen nicht vernachlässigt werden; mit anderen Worten: Interaktion meint ein übergreifendes Konzept.

Meiner Meinung nach macht der Interaktions-Ansatz die gegenseitigen Beziehungen in und zwischen soziopolitischen Problemen und Chancen sichtbar, zeigt er Spannungsbewegungen und Dynamiken zwischen den verschiedenen Handlungseinheiten auf und verdeutlicht, dass der Ablauf und die Folgen von Handlungen und Prozessen auch von Handlungen anderer und Geschehnissen in anderen Prozessen abhängt. Mit

Hilfe des Interaktionsmodells kann die soziopolitische Realität sowohl im Hinblick auf Ausdifferenzierungs- wie auch auf Integrationsprozesse hin untersucht werden. Seine analytische Stärke besteht darin, dass Interaktionen in den Mittelpunkt gestellt werden und auf diese Weise die Vielzahl der Beteiligten offenkundig wird, die in einem bestimmten Problemzusammenhang agieren. Schließlich sind Interaktionen insoweit von entscheidender Bedeutung, als sie bewusst eingesetzt werden können, um andere Interaktionen auch dort zu initiieren, wo dies bisher noch nicht geschehen ist. Zusammengefasst kann eine Interaktion als Beziehung zwischen zwei oder mehr sich gegenseitig beeinflussenden Einheiten aufgefasst werden. In einem solchen Interaktionszusammenhang unterscheide ich eine Handlungs- und eine Strukturebene. Zwischen und auf diesen Ebenen wirken Kräfte, die danach streben, die vorhandenen Beziehungen entweder zu erhalten oder zu verändern. Diese Spannungskräfte spiegeln das Maß der Dynamik einer Interaktion. Aus den Eigenschaften der Einheiten, zwischen denen Interaktionen stattfinden, entsteht die Vielfalt der soziopolitischen Realität. In der Verknüpfung der vielfältigen Interaktionen verwirklicht sich auf diese Weise die Komplexität des Steuerungskosmos.

Diversität, Komplexität und Dynamik im Rahmen setzenden Interaktionsraum

Da die Governance-Theorie Interaktionen und insbesondere Erscheinungsformen interaktionistischer Steuerung in den Mittelpunkt stellt, ist es von entscheidender Bedeutung, die Akteure nicht aus dem Blick zu verlieren. In der Tat sind sie gar nicht von den Interaktionen zwischen ihnen abzulösen oder zu trennen. Akteure und Interaktionen bestimmen sich gegenseitig. Wir hingegen sind gewöhnt, Individuen und Organisationen eher unabhängig von den Interaktionen zu sehen, an denen sie partizipieren. Einerseits interagieren sie kontinuierlich, können aber anscheinend gleichzeitig nach Belieben damit aufhören. Dennoch werden die Akteure im Grunde fortlaufend von und in den Interaktionen, durch die sie sich aufeinander beziehen, geprägt. Sie bilden sozusagen die Schnittstellen im Interaktionsprozess. Bei näherer Betrachtung bestehen die Akteure selbst aus Interaktionen, und ihre Identität stiftenden Grenzen sind häufig relativ und von ausfransender Natur. Dies gilt sowohl für soziale Systeme wie auch für Organisationen, Gruppen und Individuen. Einsichten in die Vielfalt der Teilnehmer an soziopolitischen Interaktionsprozessen kann nur gewonnen werden, wenn man sie als Elemente der Steuerungsprozesse selbst begreift, und ihnen dadurch die Chance einräumt, sich als Akteure eigener Identität zu verhalten.

Die Komplexität soziopolitischer Systeme kommt vor allem in der Vielzahl von Interaktionen zum Ausdruck, die sich in den unterschiedlichsten Formen und der unterschiedlichsten Intensität vollziehen. Auf solche Interaktionen kann erfolgreich nur eingewirkt werden, wenn man die Architektur ihrer Komplexität ausreichend verstanden hat. Die Steuerung soziopolitischer Probleme und Chancen erfordert Klarheit über die Eigenschaften der in Angriff zu nehmenden Probleme oder der an der Wahrnehmung von Chancen beteiligten Interaktionen, über die Art ihres Zusammenhangs und ihre charakteristischen Muster und Strukturen. Die grundlegende Beziehung zwischen Komplexität und Interaktionen besteht darin, dass Interaktionen an sich ein Indikator für die Komplexität des soziopolitischen Systems sind. Interaktionen sollten daher als relationale Systemelemente sowie als relationale Elemente von Teilen des Systems und des Systems als Ganzem verstanden werden.

Bei einer Entwicklung eines Steuerungskonzepts als Interaktionskonzept können die Spannungskräfte zwischen der Handlungs- und der Strukturebene jeder Aktion als die Hauptquelle der Dynamik angesehen werden. Diese Spannung ist entscheidend für den Modus und die Richtung der jeweiligen Interaktion, und zwar sowohl als Spannung innerhalb der Interaktionsprozesse wie auch auf der strukturellen Ebene. Daraus folgt, dass die Wahl zwischen Veränderung und Bewahrung die eigentliche Kernfrage soziopolitischer Interaktionen darstellt. Die Spannung zwischen Veränderung und Bewahrung formt und beeinflusst auf der intentionalen bzw. Handlungsebene das Verhalten der Akteure bei der Verfolgung ihrer speziellen oder gemeinsamen Interessen und befriedigt darüber hinaus die systeminternen und systemexternen Bedürfnisse.

Je mehr Spielraum eine Interaktion erzeugt, umso freier sind die Akteure in der Wahl ihrer Werte, Ziele und Interessen. Eine spielraumerzeugende Interaktion wird durch ein großes Handlungsfeld und einen hohen Grad an Flexibilität charakterisiert. Umgekehrt werden gegenläufige Bestrebungen der Akteure umso mehr beeinflusst, je mehr die Interaktionen eine Schranken ziehende Funktion ausüben. Schrankenziehende Interaktionen belassen den Akteuren wenig Handlungsspielraum. In streng kontrollierenden Interaktionen werden die Werte, Ziele und Interessen der Akteure eher von den Strukturkomponenten der Interaktionen geformt, als dass die Akteure ihren Einfluss auf diesen Interaktionsrahmen ausüben können. Je mehr Handlungsspielraum erzeugt wird, desto offener ist die Interaktionsstruktur. Eine offene Struktur ist weniger entropieanfällig als eine geschlossene. Neue Impulse können aufgenommen werden und der Entropietendenz entgegenwirken.

Governance-Modi

Um im Hinblick auf den Entwurf einer soziopolitischen Steuerungs- und Governance-Theorie die Komplexität steuernder Interaktionen handhabbar zu machen, werde ich Steuerungsinteraktionen in drei verschiedene Modi von Governance unterteilen: Self-Governance, Co-Governance und hierarchische Governance.

Die »chaotischsten« und flüssigsten Formen soziopolitischer Interaktionen sind sicherlich solche von selbstregulativem Charakter. In modernen Gesellschaften organisieren sich Sektoren und Segmente bis zu einem gewissen Grade selbst – sie könnten auch nicht anders. In dieser Hinsicht ist die Debatte über den »autopoietischen« Charakter gesellschaftlicher Sektoren von besonderem Interesse. Die Kernfrage dieser besonders in der deutschen Sozialwissenschaft geführten Debatte ist, ob und inwieweit der autopoietische Charakter solcher gesellschaftlicher Subsysteme verhindert, dass sie von außen beeinflusst oder gesteuert werden. Exemplarisch seien für diese Diskussion die Stichworte »Law as a System« und »Economics as a System« genannt[6].

»Co«-förmige Governance konzentriert sich auf »horizontale« Steuerungsformen. Es herrscht ein gewisses Maß an Gleichheit in den Strukturen, in dem die partizipierenden Einheiten zueinander in Beziehung stehen. Die Autonomie der Entitäten bleibt als wichtige Eigenschaft bestehen; Autonomieverzicht ist hier stets partiell und beruht auf beiderseitigen Vereinbarungen, Rechten und Pflichten.

Hierarchische Governance-Modi sind die formalisiertesten aller Steuerungsinteraktionen, aber dennoch Interaktionen. Rechte und Pflichten werden entsprechend über- und untergeordneter Kompetenzen und Aufgaben organisiert. Insbesondere die Interventionen flankierenden positiven und negativen Sanktionen weisen einen sehr formalisierten Charakter auf und werden von politischen und juridischen Garantien umhegt.

Um einen Einblick in die Wirkungsweise der verschiedenen Governance-Modi zu gewinnen, können wir entlang der folgenden Linien Fragen stellen: Was können selbstregulative Interaktionen in ihrer Eigenschaft als System bewirken? Was sind die zu erwartenden Folgen und welche Probleme könnten in welchen Situationen entstehen? Die gleichen Fragen gelten für Co- und hierarchische Governance. Dabei können auch soziopolitische Erwägungen im Sinne von »ideologischen« oder »methodologischen« Präferenzen durchaus mit einfließen. So wurden etwa in den späten 80er und den frühen 90er Jahren Erscheinungsformen der Selbststeuerung ideologisch äußerst populär, während interaktive Steuerungsformen sich aus der methodologischen Perspektive großer Beliebtheit erfreuten. Für die Mitte der 90er Jahre hingegen kann man wohl eher ein Comeback der hierarchischen Formen konstatieren, und zwar aus einem offenbar stark wahrgenommenen Bedürfnis nach einem »starken Staat«.

Aus governancetheoretischer Perspektive bilden die besonderen Eigenheiten der drei Modi in ihrer Eigenschaft als System oder als gemischte Arrangements die Hauptgegenstände der wissenschaftlichen Analyse. Die folgenden drei Unterabschnitte sollen einen vorläufigen Überblick über die wesentlichen Eigenschaften der drei skizzierten Modi geben. Diese Abschnitte haben einen etwas anderen Charakter als die vorhergehenden und sollten daher als ein erster Versuch betrachtet werden, Self-, Co- und hierarchische Governance etwas systematischer zu diskutieren.

Self-Governance

Theoretisch gesprochen beginnt jedes Nachdenken über die auf Self-Governance bezogenen Anforderungen und Fähigkeiten sozialer oder soziopolitischer Systeme fast natürlich bei der Autopoiesis[7]. Dieses aus der Biologie stammende Konzept ist zwar kontrovers, bietet jedoch diverse Zugänge zu der Art und Weise, wie soziale und

---

6   Teubner 1993.
7   Für neue Überblicke auf Englisch vgl. Dunshire 1996; Brans/Rossbach 1997.

soziopolitische Systeme sich selbst steuern. Autopoietische Konzepte wie Selbstreferentialität, Selbstorganisation und Selbststeuerung werden in der Literatur zunehmend auf so substanzielle Gebiete wie Recht, Ökonomie, Technologie, Politik oder sogar die Sonntagsruhe angewendet. Die ursprüngliche Theorie sah dabei wie folgt aus: Sie beschreibt, warum ein System »lebt«, wobei die Essenz des Systems aus der Organisation eines mehrteiligen Ganzen besteht. »Leben« bezieht sich auf die Reproduktion des organisatorischen Systems: Das System ist autonom in dem Sinne, als dessen interaktive Bestandteile rekursiv dasselbe Netzwerk von Prozessen hervorbringen. Solch ein System ist operationell in dem Sinne geschlossen, dass keine Inputs oder Outputs sichtbar hervortreten. Die kontroverseste der »ursprünglichen« Eigenschaften selbstreferentieller Systeme ist ihre operationelle oder organisatorische Geschlossenheit. Dies ist deshalb der Fall, weil die Geschlossenheit das zentrale Argument darstellt, um das Misslingen externer Steuerung von Systemen wie Recht und Ökonomie erklären zu können.

Der autopoietische Charakter sozialer Systeme ist aus der Perspektive der Steuerungstheorie natürlich äußerst interessant. Systeme »sehen« nur das, was sie in ihrer eigenen Begriffssprache interpretieren können, und zwar einschließlich der Kommunikationsimpulse von außen. Dies gilt auch für Interaktionen mit anderen Systemen und Interventionen durch andere Systeme. Die »objektive« Qualität von Steuerungshandlungen ist deswegen nicht von entscheidender Bedeutung, weil ihre Wirkung sich erst durch die Zuschreibung von »Bedeutung« durch soziale Systeme entfaltet. Wenn diese Bedeutung mit dem Steuerungsziel kompatibel ist, kann Governance erfolgreich sein. Ansonsten wird sie entweder ignoriert, begrenzt oder übersteigert. Autopoietische Systeme können daher nur gemäß ihrer internen, selbstreferentiellen Organisations- und Operationsmodi gesteuert werden. Autopoiesis kann daher – verstanden als Selbstreferentialität – als Ausgangspunkt der Theoretisierung von Self-Governance in modernen Gesellschaften betrachtet werden. Dabei sind drei wichtige Gesichtspunkte zu beachten:

- Was sind die Stärken und Schwächen von selbstregulativen Prinzipien in modernen Gesellschaften?
- Was sind die Konsequenzen fortschreitender gesellschaftlicher Differenzierung für die »Abschließungs«-Tendenzen gegenüber damit verbundenen externen Einflüssen?
- Welche Rolle können Erscheinungsformen der Self-Governance am Governance-Mix spielen, vor allem vor dem Hintergrund der Suche nach alternativen Steuerungsmodi angesichts der offensichtlichen Begrenztheit der traditionellen »command-and-control«-Ansätze?

Co-Governance

Co-Governance kennzeichnet den Gebrauch organisatorisch ausgeformter Interaktionsformen für Steuerungszwecke. Im Bereich der soziopolitischen Steuerung stellen diese Erscheinungsformen die Haupttypen horizontaler Steuerung dar: Akteure kooperieren miteinander, koordinieren ihre Handlungen und kommunizieren miteinander ohne eine zentrale oder dominierende Steuerungsinstanz. Es sind gerade diese Formen der Steuerung, die von meinem theoretischen Ausgangspunkt als besonders geeignet erscheinen, als Steuerungsmodi in diversifizierten, dynamischen und komplexen Situationen zu fungieren.

Die Konzeptualisierung von »Co-Governance« als einem Modus von Governance fängt man am besten mit dem Versuch an, Begriffe wie Koordination, Kooperation und Kollaboration zu definieren. Es gibt eine Fülle an Literatur, die diese Begriffe auf verschiedene Ebenen sozialer Organisation anwendet, angefangen von einer interindividuellen Kollaboration bis zu Koordination auf der Ebene von Märkten, Netzwerken und Hierarchien als Mechanismen einer allgemeinen sozialen Handlungskoordination. Für den Zweck meiner Argumentation, die darin besteht, »co«-förmige soziale Interaktion als Steuerungsmodus zu betrachten, ist es wichtig, eine theoretische Verknüpfung zwischen den in der Literatur etablierten »Co«-Formen und meinem eigenen Konzept für Typen und Qualitäten von Interaktionen herzustellen und dann zu fragen, in welcher Weise Diversität, Komplexität und Dynamik der zu steuernden Situationen hier hineinspielen.

Eine einfache Möglichkeit, an solch eine Verknüpfung heranzugehen, besteht darin, die Typen von Co-Governance auf den verschiedenen Ebenen sozietaler Organisation zu identifizieren, nämlich auf der Mikro-, Meso- und Makroebene. Für die Mikroebene werde ich mir – analog zu der relevanten Literatur dazu – den Begriff der Kollaboration zu eigen machen, womit eine Interaktion gemeint ist, die zwischen zwei individuellen Akteuren auf der intentionalen oder Handlungsebene stattfindet und die strukturelle Ebene dabei als eine Form von organisatorischen Arrangements gedacht werden kann, wie z.B. eine Arbeitsgruppe oder ein Projekt. Den Begriff Koordination reserviere ich für die Mesoebene gesellschaftlicher Interaktion, auf der die Akteure Organisationen sind: Die intentionale Ebene eines »doing-things-together« kommt in bi- oder multiplen intra- und interorganisatorischen Arrangements zum Ausdruck, wobei die strukturelle Ebene dieser Interaktionen in Sektoren oder Subsektoren sozietaler Differenzierung zu verorten ist. Eine dritte Ebene gesellschaftlicher »Co«-Interaktionen ist dort zu finden, wo es um die Frage der Koordination im und zwischen dem »Staat«, dem »Markt«, Hierarchien, Netzwerken etc. geht, vor allem in Gestalt von Makro-Mechanismen bzw. -Arrangements. Hierbei ist die intentionale Ebene von Interaktionen diejenige der breit gefächerten gesellschaftlichen Institutionen, wo Marktakteure (wie ganze Industrien) mit Regierungen (wie Ministerien oder EU-Direktoraten) verhandeln; die strukturelle Ebene solcher Interaktionen umfasst nationale, aber insbesondere auch supra- oder internationale Kontexte, wie z.B. Verträge, globale Vereinbarungen und diejenigen Prozesse, in die sie eingebettet sind, wie z.B. Globalisierung und internationaler Wettbewerb.

Diese Unterscheidungen sind nicht mehr als ein Anfang der Konzeptualisierung von Erscheinungsformen von Co-Governance, aber sie helfen, die relevante Literatur bezüglich ihres möglichen Beitrages für eine weitere Theorieentwicklung bezüglich Formen von Co-Governance zu gliedern. Aus der Literatur über public-private-Kollaborationen z.B. erhalten wir Einblicke in die Gründe und Wirkungslogik solcher Kollaborationen, die Hindernisse, die dabei auftreten sowie die Überlegungen, wie die dabei auftretenden Schwierigkeiten überwunden und die rollenspezifischen Verhaltensweisen erleichtert werden können[8]. Ziemlich einflussreich bei der Konzeptionalisierung von Kooperation sind die Bemühungen von Spieltheoretikern, die Theorien zur Kooperation in den so genannten »Gefangenen-Dilemma«-Situationen entwickelt haben. Als Klassiker auf diesem Feld ist Axelrods »The Evolution of Cooperation« anzusehen, ein Werk, in dem der Erfolg und das Versagen von Kooperationen unter den Bedingungen eines von den kooperierenden Akteuren verfolgten Eigeninteresses analysiert werden[9].

Drittens benennt die Literatur zu Makro-Formen von Co-Governance einige Aspekte öffentlich-privater Interaktionen, die eher die umfassenderen Auswirkungen dieser Interaktionen betreffen, wie etwa die Bereitschaft, die Möglichkeiten und Fähigkeiten von Gesellschaften zur »Lenkung«, »Kontrolle« und »Evaluierung« von Differenzierungs- und Integrationsprozessen vor dem Hintergrund wachsender Interdependenzen zwischen öffentlichen und privaten Segmenten dieser Gesellschaften.[10]

Für meine Zwecke sind diese Unterscheidungen ein erster Schritt dahin, die Co-Ebenen mit der Analyse der Interdependenzen zwischen diesen Ebenen als »ermöglichende« oder »begrenzende« Bedingungen für Steuerungsinteraktionen auf diesen Ebenen zu verknüpfen. Gewisse Co-Arrangements wie Formen der Kollaboration und Koordination zwischen Öffentlichen und Privaten werden von verschiedenen Co-Arrangements auf der Makro-Ebene entweder angeregt oder behindert. Nur ein ganzheitlicher Blick auf die Qualität solcher Arrangements in ihrer wechselseitigen Beeinflussung kann einen weiterführenden Einblick in die verschiedenen Formen eines »Co« zwischen Öffentlichen und Privaten ermöglichen.

Im letzten Abschnitt wurden die Konturen von Co-Governance als eine von drei Formen von Governance näher skizziert. Ich sprach von »doing-things-together« als einer Governance-Realität, wobei diese Realität manchmal als Kollaboration, manchmal als Kooperation bezeichnet wird. Es geht nicht so sehr um das Schlagwort, unter dem wir sie finden, sondern was unsere Aufmerksamkeit wert ist, ist die Art und Weise, wie verschiedene Wissenschaftler und Schulen bestimmte Aspekte des »Co« betonen, während sie andere Aspekte in den Hintergrund treten lassen. Diesbezüglich verdienen beide von mir erwähnten Ansätze Aufmerksamkeit, als sie unterschiedliche Betrachtungsweisen mehr oder weniger desselben Objektes darstellen, und es ist erstaunlich, wie unterschiedlich die gewonnenen Ergebnisse je nach der angewandten Methode sind. Auch wenn ich mich persönlich eher bei der akteurszentrierten Forschungsrichtung zu Hause fühle, als bei der politikökonomischen Version von »Co«, leisten natürlich beide getrennt voneinander ihren jeweiligen Beitrag zur Erforschung von »Co« in der modernen Governance-Forschung: die eine mehr von einem induktiven Blickwinkel aus, die andere eher aus einem deduktiven. Beide für weitergehende Studien in einen Gesamtrahmen bringen zu wollen, muss frommes Wunschdenken bleiben und geht sicherlich über den Rahmen dieses Beitrags hinaus.

---

8   Huxham, 2000 a und b.
9   Axelrod, 1984.
10 Kaufmann et al 1986.

Wie die Forschungsbeiträge und Ambivalenzen der Typen von »Co« auch immer einzuschätzen sind, die Bedeutung von Co-Governance als unabhängiger Governance-Kategorie wird zunehmen, je mehr die praktische und daher theoretische Relevanz der Interdependenzen moderner Gesellschaften erkannt werden. Oder wie ich es im Schlusskapitel von »Modern Governance« über neue Möglichkeiten von Governance – den Co-Modus eingeschlossen – formuliert habe: »Bisherige und traditionelle Autoritätsstrukturen, Methoden und Instrumente sind gescheitert oder erodiert.

- Es existieren neue Felder soziopolitischer Aktivität, in denen organisatorische Formen und Strukturen der Interessenvermittlung (noch) nicht sehr stark etabliert sind.
- Es gibt Themen und Fragestellungen von größter Bedeutung, die die beteiligten (öffentlichen und privaten) Akteure betreffen
- Es muss eine ausreichende Übereinstimmung von Zielsetzungen und Interessen vorhanden sein, um ein synergetisches Vorgehen oder eine ›win-win‹-Situation zu erreichen.«

Intervention ist der klassischste und charakteristischste Typ der Steuerungsinteraktion zwischen dem Staat und seinen Bürgern, Gruppen oder Organisationen. Die gebräuchlichsten und am häufigsten angewandten Instrumente sind Gesetze und Politiken. Es gibt kaum ein Gebiet gesellschaftlicher Aktivität, das letztendlich nicht zumindest teilweise von einem oder mehreren Gesetzen, von einer oder mehreren Politiken gesteuert wird. Für fast jeden größeren Sachbereich auf jeder Ebene staatlichen Involviertseins in gesellschaftliche Sachverhalte sind Politiken die Standardpraxis. Oftmals ist dieses Engagement eng verbunden mit einer oder mehreren Formen rechtlicher oder administrativer Regulierung. Für besondere Sachlagen, insbesondere die Steuerung sozioökonomischer Sektoren, ist auch der Gebrauch von organisatorischen Rahmenlösungen zu finden, wobei diese vor allem unter dem Stichwort »Neokorporatistische Arrangements« bekannt geworden sind. Aufgrund ihrer besonderen Steuerungsleistungen bezüglich von Interaktionen zwischen der öffentlichen und der privaten Sphäre verdienen sie Aufmerksamkeit.
Diese hierarchischen Formen von Governance haben tief reichende traditionelle Wurzeln, sie sind insbesondere stark beeinflusst von Max Weber und seinen Studien zur Bürokratie, die für nahezu jede Theorie zu hierarchischen Formen von Koordination sozialen Lebens als Voraussetzung gelten können[11]. Dennoch sind die meisten Theorien zu hierarchischer Governance auf die interne Organisation fokussiert. Um in systematischen Kategorien über Hierarchie als einer wichtigen Form »rationalen sozialen Verhaltens« nachdenken zu können, sollten wir zurückgehen zu dem von Dahl und Lindblom verfassten Klassiker »Politics, Economics, and Welfare« (1963) oder neuere Studien wie die von Kaufmann u.a. in »Guidance, Control and Evaluation in the Public Sector« (1986) in den Blick nehmen. Für Dahl und Lindblom ist die Hierarchie neben der Polyarchie, dem System der Preisbildung und der Technik der Verhandlung eine der vier grundlegenden Prozesse zur Steuerung des Verhaltens in

---

11 Thompson et al 1991.

Bereichen, in denen wir es mit Führern und Geführten zu tun haben: »Hierarchie bezeichnet den Prozess, in dem ›leader‹ die ›non-leader‹ kontrollieren.« Hierarchie wird dabei nicht als rein einseitiges Kontrollinstrument, sondern als Kontinuum aufgefasst, in dem die Rolle der Bürokratie vor allem unter dem Gesichtspunkt ihres Beitrages zu rationalem sozialen Verhalten und hinsichtlich ihrer Kosten untersucht wird. Ebenso wird ihre Rolle bei der Ressourcenverteilung, bei der Stabilisierung von Gesellschaften sowie zu Prozessen des Ressourceoutputs und der Ressourcenentwicklung gründlich diskutiert[12]. Ein Stück weit dieselbe Denktradition verfolgend unterscheiden Kaufmann u.a. zwischen »Koordinationsmechanismen und institutionellen Arrangements wie Solidarität, Hierarchie und Marktaustausch«. Hierbei wird Hierarchie insbesondere die Rolle eines institutionalisierten Umverteilungsmechanismus zugewiesen. Hierarchie wird verstanden als Erscheinungsform redistributiver Transaktionen (one-way-transfers) rechtlich abgesicherter kurzfristiger Ungleichheiten bei Zuwendungen und Verbindlichkeiten der sozialen Asymmetrie von »Umverteilern« und Empfängern sowie der Erarbeitung und Handhabung eines allgemeinen Katalogs definierter Regeln und Verpflichtungen. Hierarchien sollen gut funktionieren, soweit sie einer Vielfalt von Bedürfnissen und Mitteln Rechnung tragen können. Hierarchieversagen kann mit der Institutionalisierung eines Minimums an Solidarität oder anderen koordinierenden Mechanismen entgegengewirkt werden.[13]

Es erscheint wichtig, auf den soeben dargestellten Konzepten aufzubauen, um die Formulierung von Theorien hierarchischer Governance zu ermöglichen. Denn auf diese Weise können kohärente Erkenntnisse über Qualitäten und Grenzen dieses Governance-Modus in den verschiedenen gesellschaftlichen Problemlösungs- und Chancenerzeugungsszenarien gewonnen werden.

Mixed-mode governance

Soziopolitisches (kollektives) Problemlösen und kollektive Chancenerzeugung in komplexen, dynamischen und vielgestaltigen Situationen sind Herausforderungen sowohl des Öffentlichen als auch des Privaten, sowohl des Staates als auch des Marktes. Von Fall zu Fall übernimmt einmal die eine Partei die Führungsrolle, in einer anderen Konstellation die andere. Eine wachsende Zahl soziopolitischer Herausforderungen erfordert Verantwortungsteilung und »Co-Arrangements«. Sowohl die Diversität, Dynamik und Komplexität soziopolitischer Fragestellungen als auch die Bedingungen, aus denen sie erwachsen, in den Blick zu nehmen, ist unverzichtbar, um in einem gründlichen und kombinierten Zugriff privat-öffentlicher Zusammenarbeit die anstehenden soziopolitischen Probleme zu lösen oder entsprechende Chancen zu erzeugen. Einfacher ausgedrückt ist es der private, nach Marktregeln funktionierende Segmentteil, der regelmäßig die Verantwortung für die Steuerung der in ihm stattfindenden primären Interaktionen trägt. Den privaten, nicht am Markt teilnehmenden

---

12 Dahl/Lindblom, 1963, S. 23 und S. 227-230.
13 Hegner 1986.

Akteuren kommt hingegen die Aufgabe zu, sich der organisatorisch verfestigten Steuerungsformen anzunehmen, die diese Primärprozesse von Interaktionen begleiten. Und es ist die Aufgabe und die Verantwortung öffentlicher Institutionen dafür Sorge zu tragen, dass die Probleme und Chancen, die sich aus den primären und sekundären Interaktionsprozessen ergeben, sowie die diese begleitenden sektoralen Strukturen sich nach Prinzipien und Regeln vollziehen, die sich allgemeiner Anerkennung erfreuen und gesamtgesellschaftliche Interessen widerspiegeln.

All dies kommt in unterschiedlichen Kombinationen öffentlicher, öffentlich-privater und privater Interaktionen zum Ausdruck, die sich einem der drei Modi von Governance zuordnen lassen. Über deren Qualitäten ist bislang wenig bekannt. Im Zusammenhang dieses Beitrages kann ich nur sagen, dass in den bisher vorliegenden Analysen die Kombination von Self- und Co-Governance kaum erforscht worden ist. Die Forschungslage bei den anderen beiden Kombinationen, also dem Mix aus Co- und hierarchischer Governance sowie die Kombination von Self- und hierarchischer Governance, ist deutlich besser. Der analytische Zugriff auf die Kombination aller drei Modi steht bisher am Anfang.

Governance-Ordnungen

Im Folgenden werde ich in Bezug auf die Handlungs- und Strukturebene von Steuerungsinteraktionen verschiedene Aggregationsebenen mit verschiedenen Ebenen der Analyse verknüpfen und zusätzlich eine Unterscheidung zwischen Governance erster und zweiter Ordnung einführen. Governance erster Ordnung zielt auf einer bestimmten Problemebene auf eine direkte Problemlösung. Governance zweiter Ordnung versucht auf die Bedingungen einzuwirken, unter denen Problemlösung und Chancenerzeugung erster Ordnung stattfinden. Governance zweiter Ordnung betrifft also die Strukturbedingungen von Governance der ersten Ordnung. Zu diesen zwei Ordnungen wird eine dritte hinzugefügt: die Meta-Ebene. Grundsätzlich fragt »Meta« folgendes: Wer oder was steuert letztendlich den/die Steuernden? An sich ist dies eine einfache Frage, aber in der Praxis ist die Antwort auf diese Frage alles andere als leicht. Ich werde auf diese Fragen und ihre denkbaren Antworten später mehr im Detail eingehen und an dieser Stelle nur einige Worte dazu sagen, die den Zugang zu diesen drei Governance-Ordnungen erleichtern.

Problemlösung und Chancenerzeugung: Governance erster Ordnung

An dieser Stelle versuche ich, eine praxisbezogene Problem- und Chancentheorie zu entwickeln, und zwar im Sinne eines analytischen Bezugsrahmens zur Beschreibung und Bewältigung der Diversität, Komplexität und Dynamik soziopolitischer Fragen und Herausforderungen. Solch eine Theorie ist notwendig, da wir ein Instrument benötigen, das den Zugriff und den Blick auf die Diversität, Dynamik und Komplexität soziopolitischer Fragen ermöglicht. Ich spreche von einer Problem- und Chancentheorie, weil die großen Herausforderungen in modernen Gesellschaften nicht nur darin bestehen, Lösungen zu kollektiven Problemen zu finden, sondern auch darin, kollektive Chancen zu erzeugen. Meines Erachtens ist die »klassische« Unterscheidung, dass man sich zur Problemlösung an den Staat wendet, während der Privatsektor für Chancenerzeugung zuständig ist, für moderne Gesellschaften unangemessen und ineffektiv. Kollektive Problemlösung und Chancenerzeugung in komplexen dynamischen und diversifizierten Situationen stellen sowohl eine öffentliche als auch eine private Herausforderung dar. In einem Fall schwingt das Pendel zu der einen, im anderen Fall zu der anderen Seite, und es scheint eine wachsende Zahl soziopolitischer Herausforderungen zu geben, die nach Verantwortungsteilung und »Co-Arrangements« rufen.

Für die Lösung soziopolitischer Probleme und die Schaffung soziopolitischer Chancen ist ein gründlicher und die private und die öffentliche Seite ganzheitlich erfassender Blick auf die Diversität, Dynamik und Komplexität soziopolitischer Fragestellungen und die Bedingungen, unter denen diese Fragen entstehen, unabdingbar. Es ist nicht der Anspruch dieses Beitrages, eine umfassende Theorie der Problemlösung und Chancenerzeugung zu entwickeln. sondern einfach zu zeigen, dass Problemlösungs- und Chancenerzeugungsprozesse sich unterscheiden und unterschiedliche Anforderungen an Governance stellen.

Eine Problemlösung lässt sich in vier unterschiedliche Phasen zerlegen: Erkennen der Verschiedenheit von Interessen und Aspekten, Entscheiden auf der Grundlage der komplexen Beziehungen verschiedener Bestandteile eines als System betrachteten Problems, Lokalisieren der Punkte, von denen Spannungskräfte ausgehen (Dynamik) und Zurückgehen zu dem Punkt, an dem sie verortet werden können. In Abhängigkeit von der jeweiligen Situation müssen diese Stufen mehr als einmal durchlaufen werden; der Prozess ist zyklisch. In dem Prozess der – wie man es nennen könnte – »image formation« der Probleme umfasst dieser Zyklus die Identifikation derjenigen, die Probleme erfahren haben, geht dann weiter zu einer Bestandsaufnahme derjenigen Interaktionen, die in Teilprobleme oder Teilaspekte involviert sind, bis hin zur Lokalisierung von Spannungsfeldern, die als Problemquellen identifiziert werden können. Falls notwendig, kann nach dieser letzten Phase eine neue Inventur der aufgetretenen Probleme erfolgen, können neue Teilprobleme definiert und neue Problemquellen lokalisiert werden. Im Prinzip endet dieser Prozess erst dann, wenn keine neuen Entdeckungen mehr zu Tage treten. Dann kann der Raum für Problemlösungen markiert (wobei dieser Teil des ganzen Prozesses auch eher beginnen und dann parallel zu den Problemaspekten laufen kann) und das Problemlösungssystem genauer definiert werden.

Der Chancenerzeugungsprozess läuft genau umgekehrt. Es gibt noch keine Erfahrungen, die inventarisiert und identifiziert werden könnten. Hier ist es der »governor« selbst, der die Erfahrung einer Chance macht. Chancen erwachsen nicht aus der Vielfältigkeit der in einer Situation interagierenden Akteure als eher aus der Dynamik einer bestimmten Situation. Eine Chance kann als »positiv« erlebte Spannung einer zukunftsorientierten Perspektive beschrieben werden, während ein Problem die negativ erlebte Spannung einer vergangenheitsorientierten Perspektive darstellt.

Der »governor« versucht, systematisch zu analysieren, wie diese potentielle Chance aussieht. Welche sind die relevanten Spannungen, die eine Chance hervorbringen? Danach versuchen der oder die »governor«, den potentiell von der Chance erfassten Bereich ausfindig zu machen: Welche Interaktionstypen sind potentiell beteiligt? Dann sind die an diesen Interaktionen partizipierenden Einheiten zu identifizieren. Auf der Grundlage dieser nun profunderen Chancenerwartung können Chancenerzeugungs- und Chancenverwertungsstrategien entwickelt werden. Innerhalb dieses Prozesses ist es von Bedeutung, zu inventarisieren, wie die identifizierten Einheiten diese Strategien wahrnehmen und welchen Standpunkt sie zu diesen einnehmen. Wenn diese Inventur vollzogen ist, kann der »governor« den Kreislauf von vorn beginnen lassen, wie es ebenso bei der schon skizzierten Problemidentifikation der Fall war. Wenn der Prozess der »image formation« zufrieden stellend durchlaufen und der strategische Rahmen definiert ist, können das Chancenstrategie-System definiert und seine Grenzen festgelegt werden. Der Definierungsprozess endet hiermit und die Instrumental- und Handlungsphase beginnt. Wie bereits erwähnt, können diese Phasen auch eher beginnen oder teilweise parallel zum Prozess der »image formation« verlaufen.

Institutionenbildung: Governance zweiter Ordnung

Soziopolitische Problemlösung und Chancenerzeugung (Governance erster Ordnung) finden nicht im Vakuum statt: Nicht nur theoretisch sondern auch in der Praxis sind beide Prozesse in institutionelle Strukturen eingebettet, die als Rahmenwerk angesehen werden können, das die Diversität, Komplexität und Dynamik von (Teilen der) modernen Gesellschaften bewältigen muss – Governance zweiter Ordnung. Wenn wir sagen, dass konzeptionell die Charakteristika einer Problemlösung bzw. einer Chancenschaffung die prozessualen Probleme von Governance betreffen, so ist die Governance zweiter Ordnung eher auf strukturelle Aspekte von Governance-Interaktionen ausgelegt. Dies ist nicht nur eine Frage analytischer Unterscheidung und Aufmerksamkeit, vielmehr neige ich zu der Auffassung, dass das Sorgetragen für die institutionellen Rahmenbedingungen von Governance erster Ordnung selbst eine eigene Governance-Ordnung darstellt, mit ihrem eigenen Charakter und Gustus.
Erfreulicherweise hat sich neuerdings das Forschungsinteresse unter dem Stichwort »Neoinstitutionalismus« darauf gerichtet, wie Institutionen das Akteursverhalten in verschiedenen Bereichen beeinflussen (und daher auch deren Bereitschaft oder Fähigkeit, an Interaktionen teilzunehmen) und in diesem Zusammenhang viele wichtige Faktoren herausgearbeitet[14]. Diese Einblicke könnten eine erste Hilfe zu einer kohärenteren Theoriebildung von Governance zweiter Ordnung in den von mir verwandten Begriffen und Konzepten sein.
Zunächst wird klar, dass man institutionelle Einflüsse auf »kalkulierendes« Akteursverhalten identifizieren kann. Steuernde Akteure, die versuchen, das Erreichen

---

14 Besprechung bei Hall/Taylor 1996 und Lowndes 1996.

bestimmter Ziele zu maximieren, werden durch Institutionen beeinflusst, je nachdem, ob diese sie unterstützen oder sie behindern. Informationen spielen hier eine ausschlaggebende Rolle, wie z.B. bei Durchsetzungsmechanismen bezüglich von Vereinbarungen und bei Sanktionen für Fehlverhalten. Was Interaktionen angeht, liefert eine Variante neoinstitutionellen Denkens (die eher politikökonomische) Einsichten darüber, wie auf Prinzipien rationalen Verhaltens beruhende Interaktionen institutionalisiert werden können und wie solche institutionellen Arrangements die Handlungen zweckmaximierender Akteure hemmen, kontrollieren oder ermöglichen. Will man eine »effiziente« Institution, so tendiert man dazu, formale institutionelle Arrangements in den Vordergrund zu stellen, wie etwa Verträge, administrative Hierarchien, Rechtsetzungs- und andere Entscheidungsverfahren, Budgetierungsinstrumente und Behördentypen. Man mag sich die Institutionalisierung der Interaktionen zwischen im Wesentlichen sich selbst regulierenden Einheiten oder einzelnen Akteuren so vorstellen, dass diese die Interaktionen im Rahmen formalisierter Regeln durchführen, da sie »substanziell« das bestmögliche Resultat aus der Interaktion anstreben.

Ein zweiter normativer Institutionentyp hat viel Beachtung in der neueren Literatur gefunden. Für diejenigen, die den normativen Aspekt betonen, sind Institutionen von wesentlicher Bedeutung, weil sie den Akzent auf Rechte und Pflichten setzen. Dies wird in der stärker behavioristisch ausgerichteten Literatur vernachlässigt. Aus der Steuerungsperspektive ist es wichtig, die Aufmerksamkeit auf präskriptive, evaluative und obligatorische Dimensionen von Institutionen (Scott) zu lenken. Werte geben umfassende Hinweise darauf, was präferiert bzw. was inakzeptabel sein kann, und Normen spezifizieren, wie Dinge erledigt werden sollen. Diese »logics of appropriateness« strukturieren auch Institutionen. Die normativen Aspekte der institutionellen Steuerung sind besonders an der Scheidelinie von Staat und Gesellschaft, des Öffentlichen und Privaten von allergrößter Bedeutung. Ihr Beitrag zur Entwicklung dieses Governance-Ansatzes lässt sich wie folgt zusammenfassen[15]:
- Akteure interagieren in Kontexten, die kollektiv eingeschränkt sind;
- Einige dieser Restriktionen nehmen die Form von Institutionen an (organisatorische Strukturen sozial konstruierter Normen und Rollen);
- Institutionen formen die Interessen der Akteure und werden gleichzeitig durch die Akteure selbst geformt.

Unterscheidungen und Beobachtungen wie diese über eine Governance zweiter Ordnung sind deshalb wichtig, weil sie verdeutlichen, dass wir uns bei der Governance zweiter Ordnung wirklich mit dem Phänomen einer anderen »Ordnung« konfrontiert sehen und mit einer anderen Governance-Dimension, die andere Arten von Steuerungsaktivitäten erfordert. Analog zu gesellschaftlicher Problemlösung und Chanceneröffnung, wie sie für die Governance-Aktionen der ersten Ordnung charakteristisch sind, beschäftigen wir uns mit dem Erhalt, dem Design und der Erneuerung soziopolitischer Institutionen als dem Schwerpunkt von Governance zweiter Ord-

---

15 Adaptiert von Goodin 1996.

nung. Und es ist sicherlich denkbar, systematisch Ideen zum Erhalt bzw. der Erneuerung von Institutionen als Instrumenten soziopolitischer Steuerung zu entwickeln, bei denen Institutionen »effizient« und »angemessen« Problemlösungen und Canceneröffnung in modernen Gesellschaften kontrollieren oder ermöglichen.

Meta-Governance als Governance dritter Ordnung

Ich habe nun mehrere Bausteine für ein Governance-Gebäude produziert, ein fertiges Haus ist indes noch nicht gebaut. Ich werde nun den »Mörtel« herstellen, der diese Bausteine in Form eines normativen Rahmens zusammenhält. Ich nenne ihn »Meta«-Rahmen. Überall werden sich normative Annahmen in die Analyse eingeschlichen haben, explizit, aber sicherlich auch implizit. Das kann bei der Behandlung eines Themas wie Governance, das von oben bis unten wertdurchtränkt ist, kaum vermieden werden. In der Tat ist »soziopolitische« bzw. »interaktive« Governance kein bloß analytisches Konzept. Es ist normativ stark aufgeladen, und seine Entfaltung kann als normative Übung betrachtet werden. Anders ausgedrückt ist soziopolitische oder interaktive Governance meines Erachtens »in cross-modern times« ein durchaus empfehlenswertes und vernünftiges Konzept. Bis jetzt habe ich zwei Ordnungsmöglichkeiten für Governance dargelegt, eine Governance erster Ordnung, die auf tagtägliche Problemlösung und Chancenschaffung gerichtet ist und eine Governance zweiter Ordnung, die sich mit den institutionellen Governance-Bedingungen beschäftigt. Das ist aber nicht alles. Ich spreche auch von einer Governance dritter Ordnung, die mit normativen Governance-Aspekten beschäftigt ist. Die Meta-Ebene als dritte Ordnung von Governance beleuchtet die Theorie und die Praxis von Governance als solcher. Meta-Governance ist gleichzusetzen mit einem imaginären »governor«, der katapultiert auf einen Punkt außerhalb des Systems die Gesamtheit der Governance-Erfahrungen gegen ein normatives Licht hält.
Es ist allgemein anerkannt, dass »Meta-x« etwas über x hinausgehend und jenseits von x ist. Meta-Denken ist Nachdenken über das Denken, ein Meta-System ist ein System von Systemen, Meta-Governance ist die Governance der Governance. Eine effektive Meta-Theorie ist diejenige, die ein hohes Maß an Kohärenz zwischen Erkenntnistheorie und Wissensobjekten gewährleistet[16]. Auf einer Meta-Ebene müssen die wirklich grundlegenden Fragen angesprochen werden, wenn man in seiner Konzeptualisierung Konsistenz erreichen möchte. Die zugegebenermaßen begrenzten Ideen, die ich zur Meta-Ebene der Governance formulieren kann, stellen nur erste Schritte in Richtung einer effektiven Meta-Theorie dar.
Ich habe in meinen vorherigen Ausführungen versucht, aus verschiedenen Blickwinkeln zu analysieren, was für meine eigene Governance-Perspektive entscheiden ist. In diesem Zusammenhang habe ich alle möglichen Aspekte angesprochen: Governance als Aktivität, als Modus von Interaktion, als Problemlösung oder Chancenschaffung, als Institution. All diese Teileinblicke tragen zu einem tieferen und sich verändernden

16   Sklair 1988.

Verständnis von Governance bei, wobei der entscheidende Fokus durch den imaginären Steuernden bezeichnet wird, der eine Reihe von Normen oder Kriterien formuliert wissen möchte, mit denen er die Qualität von Governance beurteilen kann. Diese Annahme eines Meta-Fokus und die Berufung auf Normen und Kriterien assoziiert man mit dem evaluierenden »Wie«. Das erscheint plausibel: Das »Wie« impliziert Urteile höherer Ordnung, die auf Normen und Kriterien höherer Ordnung beruhen, die sich wiederum auf Ideale der Bewahrung und Optimierung von gesellschaftlichen Zuständen beziehen. Menschliche Systeme sind letztendlich selbst entworfen. Wir verändern und entwerfen kontinuierlich explizit oder implizit die Sozial- und Steuerungswelt, in der wir leben und an der wir teilnehmen. Diese Veränderungen und (Re)Designprozesse aus einer normativen Perspektive heraus steuern zu wollen, ist die Essenz von Meta-Governance. In meiner theoretischen Perspektive legt die Meta-Governance das Hauptaugenmerk insbesondere auf die kontinuierlich dynamische (Re)Konstruktion sozietaler, in ihrer Wechselwirkung (Komplexität) betrachteten Elemente (Diversität). Auf irgendeine Weise sind soziopolitische Systeme in sich geschlossene Systeme – sie lösen ihre inneren Widersprüche auf, und das im Kontext der sich stets verändernden Beziehungen zu ihrer Umwelt. Letztendlich steuern sich soziopolitische Einheiten auf aktive und kreative Weise normativ selbst. Sie bewahren ihren eigenen Willen und ihre eigene Identität, reagieren auf interne und externe Einflüsse und erschaffen einen ständig neuen status quo. Bei Meta-Governance werden Kriterien entwickelt, um die existierenden Praktiken bewerten zu können, neue Richtungen werden vorgeschlagen, vorhandene Ziele überprüft, neue formuliert und verfolgt.

Meta-Governance »bindet« auch in anderer Hinsicht. In der Realität sind Steuerungselemente und Steuerungsebenen, Governance-Modi und Governance-Ordnungen selten klar voneinander getrennt und eine steuernde Aktivität in eine Richtung hat Auswirkungen auf eine oder viele andere. Was aus der Sicht des einen Steuerungselementes, des einen Steuerungsmodus und der einen Governance-Ordnung vernünftig erscheint, kann aus der anderen unvernünftig sein. Hofstadter folgend, sind diese Interrelationen als »strange loops« oder »links« bekannt[17]. Tatsächlich sind viele solcher seltsamer Schleifen in der Gesellschaft angelegt. Aus der Governance-Perspektive ist für uns meistens die »demokratische« Schleife von zentralem Interesse: Wer (oder was) steht hinter dem »governor«, wer oder was steuert den »governor«? In einer demokratisch verfassten Gesellschaft werden die Regierten von den Regierenden gesteuert, aber diese Regierenden ihrerseits auch von den Regierten. Dann muss eine zentrale Meta-Governance-Frage lauten: Wie sind die »strange loops« zwischen Steuernden und Gesteuerten organisiert und wie ist die Qualität dieser Arrangements beschaffen; es gibt einen »strange-loop«-Prozess als Input und gleichzeitig als Output. Da Meta-Governance eine zweiseitige Steuerungsinteraktion ist, ist es nicht notwendigerweise paradox oder widersprüchlich, Meta-Governance auf den Prozess und die Ergebnisseite des Prozesses hin zu definieren.

---

17   Hofstadter 1985.

Die Basis für die Entwicklung einer Meta-Governance-Perspektive liegt in der Anwendung von Meta-Prinzipien auf wichtige Aspekte von Governance. Diese Normen haben einen doppelten Zweck. Einerseits lenken sie das Verhalten der an Steuerungsinteraktionen beteiligten Akteure in direkter Weise. In dieser Hinsicht bilden sie eine Art normatives Rahmengebilde, das Grenzen für eine tatsächliche Steuerung der ersten und zweiten Ordnung von Governance aufzeigt und festsetzt. Dies ist der Raum der tatsächlichen Steuerungsarbeit, in dem im konstanten Spannungsfeld zwischen Intentional- und Strukturebene der Steuerungsinteraktionen Metanormen befolgt, verletzt, durchgetestet oder geändert werden. Andererseits sollten diese Normen – praktisch oder aus der theoretischen Distanz – zur Diskussion stehen. Aus solch einer Vogelperspektive werden die Normen auf ihre Verhältnismäßigkeit, Relevanz, Aktualität und Zielgenauigkeit hin geprüft. Diese kritische Durchsicht auf der Metaebene von Governance befasst sich mit individuellen Normen, betrachtet sie aber gleichfalls in ihren wechselseitigen Beziehungen. Dies bezieht sich gleichermaßen auf den Steuernden und den Gesteuerten und hängt zusammen mit ihrer steuernden Rolle als Verantwortungsträger. Man kann sogar sagen, dass wegen des »strange-loop«-Charakters der Meta-Ebene die Rollen vertauscht sind: Bei der Meta-Governance ist es besonders der Gesteuerte, der die primäre Rolle als Meta-Steuernder innehat, und die Steuernden sind solche, die gesteuert werden.

Meta wird allgemein angesehen als eine Position, die in normativen Begriffen sagt, wo es langgeht, oder an einem einfachen Beispiel veranschaulicht, wie man Lernen lernt. In die Governance-Sprache übersetzt heißt dies dann »Steuerung der Steuerung«. Meta-Steuerung ist ein wesentlicher Bestandteil soziopolitischer bzw. interaktiver Governance, weil es das Forum für die Formulierung und Erprobung der normativen Steuerungsprinzipien bietet. Die Meta-Ebene beinhaltet darüber hinaus auch Ideen über den Prozess, wie man zu solchen Kriterien und Normen explizit gelangt und wie es wiederum möglich ist, diesen Prozess zu steuern. Dieses Meta-Governance-Programm ist zugegebenermaßen ein ehrgeiziges, und ich konnte in diesem Kapitel nur ein paar Skizzen entwerfen, wie man damit umgeht.

Schlussfolgerungen

Dieser Beitrag hat den Nutzen des Governance-Ansatzes als Instrument zur Konzeptualisierung von Problemen und Chancen auf der Grenze des Sozialen und des Politischen – in aktueller Terminologie: auf den Trennlinien von Staat, Markt und Zivilgesellschaft – untersucht. Fragen zu einzelnen dieser Bereiche können nicht isoliert von den anderen beantwortet werden. Es liegt in ihrem Wesen, die sie traditionell trennenden Grenzen zu überschreiten. Das bedeutet, dass deren Steuerung erfordert, die Bedeutungsgehalte, Instrumente und das Handlungspotential aller drei Funktionsbereiche in Betracht zu ziehen, um die gestellten Probleme zu lösen (wenn sie überhaupt gelöst werden können) oder sie wenigstens ob der ihnen innewohnenden Komplexitäten, Diversitäten und Dynamiken nicht außer Kontrolle geraten zu lassen.

Der Governance-Ansatz beschäftigt sich schwerpunktmäßig mit den zwischen Sozialsystemen stattfindenden Interaktionen. Beginnend bei dem fortlaufenden Prozess von Interaktionen, die menschlichen Handlungen ihren irreversiblen und kontingenten Charakter geben, habe ich versucht, eine Vorstellung zu vermitteln, was Diversität, Komplexität und Dynamik soziopolitischer Governance-Situationen bedeutet. Der Handlungsraum, in dem diese Eigenschaften unserer Gesellschaften beeinflusst werden können, befindet sich irgendwo auf der Gabelung von »Moderne« und »Postmoderne«. Wir könnten sie »cross-modernity« nennen. Insofern verspüre ich eine gewisse Geistesverwandtschaft zu den Überlegungen Toulmins, der zwei philosophische Traditionen identifiziert, die an der Entstehung der Moderne mitgewirkt haben: eine auf dem Prinzip der Rationalität, die andere auf den Prinzipien von Humanität beruhend.[18] Eine Kombination von Elementen dieser zwei Traditionen ist es, was ich »cross-modernity« nenne. Dass meiner Theorie Elemente beider Traditionen zugrunde liegen, mag zu einer verbesserten Steuerung (westlicher) Demokratien »of the cross-modern type« führen. In diesem Zusammenhang ist es wichtig, dass der Staat und seine sozialen Partner ihre gegenseitigen Kompetenzen stetig und gemeinsam ausmessen. Das setzt ein wachsendes Bewusstsein und wachsende Akzeptanz für verschieden Steuerungsmodi voraus, die von Selbststeuerungskapazitäten sozialer Systeme zu Co-Governance-Arrangements und hierarchischer top-down-Steuerung reichen. Jeder Typ für sich und die verschiedenen Formen als Gemenge tragen zur Lösung von Fragen der Steuerbarkeit im weiteren Sinne bei.

Pragmatische (Meta-)Prinzipien wie die Offenheit gegenüber Differenzen, Kommunikations- und Lernbereitschaft sind wichtige Voraussetzungen zur Bewältigung von Diversität, Dynamik und Komplexität. Indessen reichen sie nicht aus, um die notwendige Integration der Sozialsysteme zu bewirken. Wir benötigen darüber hinaus substanzielle Kriterien, auf deren Grundlage die Systeme bereit und fähig sind, miteinander zu interagieren und ihren Grenzen zu akzeptieren. Aus Mangel an einem allgemeinen und übergreifenden soziopolitischen Ideal verbleibt keine Alternative, als den »cross-modern character« westlicher Demokratien zu akzeptieren. Das bedeutet, nicht nur die »rationalistischen« und »humanistischen« Wurzeln unserer Gesellschaften zu akzeptieren, sondern auf der Grundlage des gleichberechtigten Nebeneinanders und der Kombinierung beider Leitbilder neue substanzielle Kriterien zu entwickeln. Dies ist der inhärente Reichtum, auf dem unsere Gesellschaften erbaut sind, eine Quelle, die noch nicht versiegt ist.

Bei wissenschaftlichen Bemühungen muss man stets einen Schritt in die Vergangenheit und einen in die Zukunft setzen. Das tut auch meine Governance-Theorie. Es geht darum, vertrautes Terrain zu verlassen, aber sich nicht im Klaren zu sein, wie man das noch zu kartografierende Neuland benennt. Daher verwende ich Begriffe, die vertraut erscheinen (Kybernetik, Probleme) sowie einige, die wir weniger kennen, die aber viel versprechend erscheinen (Emergenz, Chancen). Für Konstellationen »of the cross-modern type« sind solche Konzepte vorzugswürdig, die nicht nur einer Tradition entstammen. Viele Dinge im Leben sind nicht entweder-oder, sondern sowohl-

---

18   Toulmin 1990.

als-auch. Globale Standardisierung mag nützlich und notwendig sein, das gleiche gilt jedoch auch lokale Vielfalt und Autonomie.
Zu akzeptieren, dass Erkenntnisse und Wahrheiten stets intersubjektiv sind, bedeutet nicht zu leugnen, dass es – intersubjektiv – Erkenntnisse geben mag, die nützlicher sind als andere, und Wahrheiten, die überzeugender erscheinen als andere. Eine »wahre« Aussage durch eine »noch wahrere« zu ersetzen, macht die Vielfalt von Meinungen zum Lebenselixier soziopolitischer Wissenschaft und Governance. Wenn Erkenntnis und Wahrheit im Auge des Betrachters liegen, dann sind soziopolitische Governance-Prozesse und -Strukturen, die sowohl Interaktionen, als auch deren Akteure Ernst nehmen, das, was wir brauchen. Interaktionen prägen Akteure und Akteure prägen die Interaktionen. Sie sind als Grundeinheiten der Analyse und Theorieentwicklung im Sinne eines »Sowohl-als-auch« statt eines »Entweder-oder« gleichberechtigt.
Sieht man Diversität, Dynamik und Komplexität in ihren gegenseitigen Beziehungen »of the cross-modern type« als Ausgangspunkt an, entsteht ein Governance-Modell, das soziale Systeme und diejenigen Einheiten, die es formen, kontinuierlich explizit und zweckgebunden in Beziehung zueinander setzt. Governance-Theorie geht von der Diversität, Dynamik und Komplexität der zu steuernden und sich selbst steuernden Gesellschaften aus. Diese Gesellschaften brauchen Ordnung, aber nichts kann sich ohne Dynamik verändern. Sie brauchen Übereinstimmungen, um Kommunikation zu ermöglichen, aber auch Diversität, um neue Einsichten zu erlangen. Sie brauchen Standards, um Unsicherheit und Risiko zu reduzieren, aber auch Komplexität, um Probleme zu lösen und Chancen zu erzeugen. Darum haben wir uns zum Ziel gesetzt, die Theorie von Governance diversifiziert aber einheitlich, komplex aber übersichtlich und dynamisch aber geordnet, zu gestalten. Das »Sowohl-als-auch« statt des »Entweder-oder« ist die wesentliche Funktion dieser Forschungsarbeit, und ich hoffe auf ihren stimulierenden Effekt.

Für eine extensivere Behandlung vgl. Jan Kooiman »Governing as Governance«. London: Sage 2003

Literaturverzeichnis

Axelrod, R. (1984) The Evolution of Cooperation. New York: Basic Books.
Brans M., Rossbach, S. (1997) The autopoiesis of administrative systems: Niklas Luhmann on public administration and public policy, Public Administration, pp. 417- 439.
Bryson J.M., Crosby B.C. (1993) Policy planning and the design of forums, arenas and courts'. In: Bozeman, B. (Hrsg.) Public Management, San Francisco: Jossey Bass.
Dahl, R.A.; Lindblom C.E. (1963) Politics, economics and welfare. New York: Harper Torchbooks (paper edition)

Dunsire A. (1966) Tipping the balance: autopoiesis and governance, Administration and Society, pp. 299-334.
Goodin, R.E. (Hrsg.) (1996) The theory of institutional design. Cambridge University Press.
Hall, P.A.; Taylor, R.C.R. (1996) Political science and the three new institutionalisms, Political Studies, pp. 936-957.
Hegner, F. (1986) Solidarity and Hierarchy: Institutional Arrangements for the Coordination of Aktions. In: Kaufmann, X. F. u. a. (Hrsg.) (1986) Guidance, Control and Evaluation in the Public Sector. Berlin: De Gruyter, pp. 407-429.
Huxham, C. (2000a) Ambiguity, Complexity an Dynamics in Membership of Collaboration, Human Relations, 53:6, pp. 771-806.
Huxham, C. (2000b) The Challenge of Collaborative Governance, Public Management (Review), 2, pp. 337-357.
Kaufmann, X.F.; Majone, G.; Ostrom, V. (Hrsg.) (1986) Guidance, Control and Evaluation in the Public Sector. Berlin: De Gruyter.
Kooiman, J. (Hrsg.) (1993) Modern Governance: Government-Society Interactions. London: Sage.
Kooiman, J. (1999) Social-Political Governance: Overview, Reflections and Design, Public Management (Review), 1, pp. 67-92.
Kooiman, J. (Hrsg.) (2000) Working with Governance. Special Issue of Public Management (Review), 2:3.
Lowndes, V. (1996) Varieties of New Institutionalism: a Critical Appraisal, Public Administration, pp. 181-197.
Mayntz, R. (1990) The Influence of Natural Science Theories on Contemporary Social Science. Köln: Max- Planck-Institut für Gesellschaftsforschung, MPIFG Discussion paper 90/7.
Pierre, J. (Hrsg.) Debating Governance, Oxford University Press, 2000, pp. 138-166.
Prigogine, I.; Strengers, I. (1984) Order out of Chaos. New York: Bantam.
Rhodes, R.A.W. (1997) Understanding Governance. Buckingham: Open University Press.
Sklair, L. (1988) Transcending the Impasse: Metatheory, Theory and Empirical Research in the Sociology of Development and Underdevelopment, World Development, 16, pp. 697-709.
Teubner, G. (1993) Law as an Autopoietic System. Oxford: Blackwell.
Thompson G. u. a. (Hrsg.) (1991) Markets, hierarchies & networks. London: Sage.
Toulmin, S. (1990) Cosmopolis. Chicago: Chicago University Press.

Economic governance

Birger P. Priddat

Der *Governance*-Begriff ist prominent geworden vor allem im Bereich der Politik. Er meint, grob skizziert, *government* wie Steuerung, aber auch Antizipation der Reaktionen auf die Intervention. Doch gibt es nicht nur ein breites Spektrum der Begriffsinhalte, sondern auch verschiedene Reichweiten der Geltung des Begriffes (vgl. Schuppert 2003: 395 ff.). Vor allem ist der *governance*-Begriff nur teil-identisch mit *government*, das er durch ausgeweitetere politische Prozesse substituiert. Aber bevor wir dies genauer verfolgen, rekurriere ich auf seinen Ursprung in der *theory of the firm*: in der Variante der Williamssonschen *transaction cost economics*. Das dient zum einen der theoretischen Rekonstruktion, zum anderen aber auch einer Imputation: die im Politischen freigelassene Begrifflichkeit auf eine ökonomische Formation rückzuführen.

I. *governance: die ökonomische Dimension*

Governance als neues Führungsmodell in der theory of the firm

Seit Coase 1937 fragte, warum es neben dem Preismechanismus des Marktes gesonderte Unternehmensorganisationen gibt, deren hervorstechendes Merkmal der Ausschluß des Preis- und Marktwettbewerbs ist (Coase 1996), beschäftigen sich Teile der Ökonomik mit der Frage, welche alternativen Strukturen es zum Markt gibt. Organisationen sind ein solche Alternative: sie substituieren den Preismechanismus durch Hierarchie. Wenn die Kosten (Transaktionskosten) der Marktbenutzung höher sind (z.B. Informations-, Verhandlungs-, Sicherungskosten) als die hierarchische Betreibung einer Organisation, entstehen Unternehmens-Organisationen. Organisationen sind eine Antwort auf systematische Marktdefizienzen.
Über unterschiedliche alternative Allokations-Mechanismen neben dem Preismechanismus entscheiden die Transaktionskosten.

»Transaction cost economies are realized by assigning transactions (which differ in their attributes) to governance structures ... in a discriminating way. Accordingly:
a. The defining attributes of transactions need to be identified.
b. The incentive and adaptive attributes of alternative governance structures need to be described« (Williamson 1985: 41).

Es geht zum einem um *property rights* – Verteilungen; Williamson nimmt sie als gegeben, und interessiert sich für die Frage, wie Transaktionen zu organisieren sind,

d.h. wie Anreizstrukturen und Sicherungsmaßnahmen (*incentives/monitoring*), sogn. *governance structures*, auszugestalten sind. »Transactions, which differ in their attributes, are assigned to governance structures, which differ in their organizational costs and competencies, so as to effect a discriminating (mainly transaction costs economizing) match« (Williamson 1985: 41, 387 f.).
Die in Organisationen vertraglich eingeleiteten Abhängigkeiten sind nicht vor Opportunismus gefeit. Neben der *bounded rationality* führt Williamson den Opportunismus ein. Wegen dieser Verhaltensannahme kann man *ex ante* nie sicher sein, daß Abhängigkeiten nicht ausgebeutet werden. Daher sind *ex ante* Sicherungsmaßnahmen gegen die Ausbeutung von Abhängigkeiten zu treffen. Solche Sicherungsmaßnahmen können drei Formen annehmen:
– die Gestaltung von Anreizstrukturen, z.B. in der Form der Vereinbarung von Vertragsstrafen etc.,
– die Gestaltung einer *governance structure*, die Konflikte vermeiden hilft und Lösungsmechanismen bereitstellt,
– die Einführung von Regularien, die die Neigung zu einer kontinuierlichen Beziehung unterstützen und signalisieren

In Williamsons Theorie verschiebt sich der Fokus. Es geht nicht mehr nur um die Allokation knapper Ressourcen. Dies klingt noch durch beim Kriterium der allokativen Effizienz bei der Ökonomisierung der Transaktionskosten. Doch mehr in den Vordergrund schiebt sich das Kriterium adaptiver Effizienz (›adaptive attributes of alternative governance structures‹ (Williamson 1985: 41)). Es geht jetzt vordringlich darum, Transaktionen so zu gestalten, daß die *governance structures* an Veränderungen der Umwelt anpassungsfähig sind.
Der Williamsonsche *Governance*-Begriff: der prominenteste der Ökonomik, beruht auf zwei Komponenten:
1. auf der Unvollständigkeit von Verträgen, z.B. von Arbeitsverträgen, deren Nexus eine Organisation ausmacht,
2. und auf der Erreichung von effektiver Kooperation.

Beides sind nicht-selbstverständliche Komponenten von *governance* von Organisationen. Weil Verträge formell sind, und nur als formelle einer *third party* zur *supervision/monitoring* übereigenbar, sind alle informellen oder impliziten Vertragsbestandteile durch andere Weisen und Formen der Führung/Steuerung zu klären: d.h. zu motivieren und/oder anzureizen. Williamson führt zwei alternative Modi der Organisation von Transaktion ein:
– Koordination mittels Preismechanismus und
– Kooperation mittels Autorität.

Somit werden Markt und Organisation differente *governance structures*.
Implizit läuft hierbei eine Unterscheidung zwischen *governance structure* und *governance* mit. *Goverance structures* sind Allokationsmodalitäten; *governance* selber ist

die Leitung/Führung/Steuerung/Ordnung der jeweils spezifischen *governance structure*, die auch als *organizational/institutional design* bezeichnet werden kann.
Was die *governance* – die auf deutsch nicht eindeutig übersetzt werden kann: sie ist ein *mixtum compositum* aus Führung/Leitung/Regime/Steuerung/Ordnung – von eindeutiger und klarer Führung unterscheidet, ist – um eine erste Erklärung anzubieten – ihre Offenheit gegenüber indirekten Formen der Steuerung und Leitung. Denn ›governance‹ umfaßt ein größeres Spektrum an Führung/Steuerungs-Formen, als es für stark hierarchisch ausgerichtete Organisationen Gültigkeit hat. Governance ist eine Führung, die mit den Reaktionen der zu Führenden rückkoppelt, um zu gelingen. Umgekehrt würde man den Markt gewöhnlich überhaupt nicht unter Führungs-Kategorien fassen; eher unter Ordnungskategorien, mit einer expliziten autopoietischen Tendenz: Selbststeuerung.
Wenn man Markt und Organisationen klassischer hierarchischer Führung in ein Spektrum möglicher, wenn auch polarer Führung/Steuerung-Modalitäten einreihen will, muß man neue Begriffe einführen, die die komplexeren Tatbestände zum Ausdruck bringen.

Hybride

Williamson hat seine Markt/Organisationsunterscheidung später spektral ausgeweitet, indem er die Hybride einführte: die Markt/Organisationsmischformen, für die wir inzwischen den Begriff der *co-opetition* haben: *joint ventures, franchising, strategic alliances, mergers* etc. (Picot/Dietl/Franck 1999: Kap. 5; Richter/Furubotn 2003: 350 ff.). Zum Teil werden die Hybride als Netzwerke identifiziert. In grober Nomenklatur haben wir jetzt drei differente *governance structures*, mit jeweils wiederum differenten *governances*. Entscheidungskriterien zwischen den Modi des Organisierens sind die Transaktionskosten, jedenfalls in der Williamsonschen Variante, die Fähigkeit zum Schutz vor ausbeutbaren Abhängigkeiten sowie die adaptive Effizienz der *governance structure*, also der Regelungs- und Sicherungsstrukturen, die zur Sicherung von ausbeutbaren Abhängigkeiten und zur Ökonomisierung von Transaktionskosten bei der Organisation von Transaktionen aufgebaut werden.
Über die Gestaltung von *governance structures* entscheiden die Kriterien Spezifität, Unsicherheit und Häufigkeit als Merkmale einer Transaktion – soweit die, inzwischen schon klassische, Konzeption der *governance structure* bei Williamson. Sie soll noch vervollständigt werden um eine Analyse der Koordination-/Kooperation-Unterscheidung bezüglich der Formierung von Organisationen.

Eine neue Unterscheidung: Koordination und Kooperation

Koordination und Kooperation sind höchst unterschiedliche *governance*-Modalitäten. Gewöhnlich wird Koordination als ausreichende Allokationsleistung z.B. für Märkte angenommen. Das gleiche gilt auch für die Unternehmensorganisation: strikt hierarchische Führungsstrukturen sehen ihre Aufgabe in der Koordination von Leistungserstellungen zu einem optimalen Gesamtergebnis. Sie fassen ihr *management* gleich-

sam ›logistisch‹ auf: im Sinne der Optimierung von Information und Leistungserstellung.
Doch hatten wir bereits darauf hingewiesen, daß die Bedeutung der *governance*-Theorie darin liegt, ein sehr viel weiteres Spektrum an organisatorischer Modalität einzubeziehen, vor allem Netzwerkstrukturen und eher heterarchische Organisationen, wie deren Hybride.
Eher heterarchische Organisationen arbeiten mit indirekter *governance*, setzten gewisse Selbständigkeiten der Leistungsagenten innerhalb der Organisation voraus, steuern nur den Teil, der notwendig offen bleiben muß, weil die Selbstadaptionskompetenz der Organisation in bestimmten Marktdynamiken nicht voll entwickelt ist. *Governance* ist so jene Managementleistung, die komplementär steuert, d.h. das vollendet, was die Agenten der Organisation nicht mehr selbständig bewältigen können oder es ihnen an Koordinations- wie Kooperationserfahrungen noch fehlt. *Governance* ist dann eine Form des Steuerns des Lernens der Organisation, bis sie in der Lage ist, wieder relativ selbständig auf die Marktanforderungen zu reagieren.
Man sieht, daß *governance* zu einem Prozeß wird, dessen indirekte Steuerung *in processu* sich aufhebt bzw. transformiert in eine *self-enforcing organization*.
Man sieht zudem, daß die *governance* sich **von Koordination auf Kooperation verschiebt**. Governance ist nicht mehr mit Führung/*leadership* verwechselbar, damit auch nicht auf den hierarchischen Managementteil rubrizierbar, sondern weitet sich aus auf den ganzen Prozeß der Kooperation. Organisationen sind ja nichts anderes als Kooperationsarenen, in denen Leistungen so miteinander verwoben werden, daß sie Wertschöpfung generieren. Wenn die Organisation gelernt hat, relative Selbständigkeit mit notwendigen (und auch notwendig neuen) Kooperationen zu arrangieren, wird der Managementaufwand sinken: Management wird dann eher *supervision, monitoring* und *by exception* notwendig.
Die Transaktionskosten sinken, aber nur solange, wie die Organisation Selbststeuerung gelernt hat. Die Mangementkompetenz muß natürlich disponiert bleiben, denn in Phasen der schnellen Transformation sind hohe Lenkungs- und Führungsanforderungen nötig, die in der Organisation vorhanden sein müssen. Aber *governance* ist eine Form des Managements i.w.S., das über das führungs-fokussierte Management als Koordination weit hinausgehen kann: *governance* ist der Name für einen teilweise selbstständigen Kooperationsprozeß, der gar keine Führung/Steuerung i.e.S. braucht, sie aber disponiert halten muß, um Defekte der Selbsteuerung zu moderieren und auszugleichen.
Vor allem aber ist *governance* ein Supervisions- und Monitoring-Prozeß, der relative selbständige Prozesse beobachtet, um dort Unterstützungen zu bieten, wo die Selbständigkeit versagt, und dort zu intervenieren, wo sie strategische Pfade verläßt. *Governance* ist, *grosso modo*, eine Kommunikationskompetenz, mit eingelagerten Führungs- und Entscheidungsstrukturen, die aber solange zurückgenommen werden, solange andere Agenten die Prozesse im Sinne gemeinsamer Strategien tragen und forcieren.
Alle Organisationen von Transaktionen basieren auf der Geltung gewisser moralischer und juridischer Grundnormen; nicht jeder Schritt kann einzeln abgesichert wer-

den, was die Transaktionskosten prohibitiv hoch steigen liesse. Das gilt auch für die Koordinationen. Doch reicht gewöhnlich hier eine institutionelle Sicherung einer funktionierenden dritten Partei als Kontrollinstanz. Für Kooperationen allerdings ist das zu wenig; hier sind noch weitreichendere Voraussetzungen gefragt.
Kooperationen, gerade in Organisationen, sind längerfristige Vertragsbeziehungen (vgl. Priddat 2000a + 2000d). Das klassische Vertragsrecht greift hier nicht; es reicht für Arbeitsverträge z.B. nicht aus, auf juridische Kontrollinstanzen zurückzugreifen, um die Erfüllung zu erreichen (was für neoklassische Markttransaktionen durchaus ausreichen mag). Vertragserfüllungen in Organisationen sind Bündel relationaler Verträge – müssen über zusätzliche Instanzen in kooperative Resonanz gebracht werden. Neben der juridischen Instanz, die in diesem Falle aber extern fungiert, benötigt es interne Instanzen: *governance structures* und darin ein Management, das die *governance* ausführt. Das klassische Vertragsrecht mit seiner *third-party-agency* transformiert zu einem Nexus relationaler Verträge, die alle unvollständig sind, und zwar aus systematischen Gründen: marktadaptive Kooperation kann *ex ante* nicht festgeschrieben werden.
Folglich arbeiten die *governances* mit Incentive- und Motivationsentwicklung. Die Organisation definiert sich über implizite Verträge, die personengebunden sind. Jetzt wird systematisch die Rolle der *soft factors* deutlich, die – wenn ich es so paradoxal formulieren darf – zur harten Struktur der *governance* gehören (vgl. Jansen 2002). *Governance* ist auch deswegen ein weitausgreifenderer Topos als Management/*leadership*/Steuerung, weil es die Objektstruktur der Organisation mit einer Subjektsstruktur komplemenär setzt und zwischen den harten wie den weichen Anforderungen balancierende Anreize und Motivationen schafft (vgl. Osterloh/Frost 2000).

>»Ohne personale Identität und Integrität gibt es keine stabile Kooperation zwischen Personen. Personen, denen eine Identitätsbildung nicht gelingt, sind kooperationsunfähig« (Wieland 1996: 15; auch Schlicht 2002; 2003).

Es wird deutlich, wie sehr die *governance* auf *human resources*, auf deren Kompetenz und Motivation ausrichtet ist: das sind neue Managementfähigkeiten: Vertrauenserzeugungen, um Führung zu legitimieren, und zwar nicht formell: diese Form bleibt sowieso bestehen, sondern informell, nämlich motivationsgenerierend, und damit letztlich selbständigkeits- und leistungsforcierend.
Governance structures haben formale wie informelle Aspekte. Williamson unterscheidet drei Vertragsarten:
– klassische Verträge
– neoklassische Verträge
– relationale Verträge

Die *klassischen Verträge* (1) sind vollständige und somit geschlossenen Verträge. Klassische Verträge im Sinne Williamsons sind ›market contracts‹.
Davon unterschieden sind (2) ›neoclassical contracts‹, die als ›trilateral governance‹ ausgebaut sind. Die *neoklassischen Verträge* sind nicht vollständig; es gibt Situatio-

nen, in denen sie nicht realisiert werden, so daß es einer dritten Partei bedarf, die ihre Durchsetzung gewährleisten kann: meist juristische Instanzen.

Relationale Verträge (3) sind systematisch unvollständige Verträge, die bei Williamson die Form von ›bilateral contracting‹ annehmen: aber als kooperative Vereinbarungen und mit ›credible commitments‹.

Diese Unterscheidungen sind bedeutsam. Wenn wir vom *market contract* absehen, der wesentlich für *spot markets* gilt, können wir
- die neoklassischen Verträge mit ihrer *trilateral governance* als *Koordinationsprozeß* beschreiben, während
- der relationale Vertrag seine Unvollkommenheit und Öffnung durch gegenseitige Vereinbarungen zu schließen versucht: d.h. durch *Kooperationsprozesse*.

Über die Diversität von Governance structures

Jetzt läßt sich die *governance structure* genauer beschreiben als eine durchgehende Theorie unvollständiger Verträge und ihrer Schließungsmodalitäten: in der Form der Schließung differieren die *governance structures*.

Relationale Verträge sind systematisch unvollständige Verträge. Bei Vertragsschließung (*ex ante*) lassen sich nicht alle Leistungsanforderungen klären; ein Teil kann nur *in processu* geklärt werden. Dazu bedarf es dann Instanzen: je spezifischer *governance-structures*.

Organisationen sind *Bündel von Verträgen* (Aoki/Gustafsson/Williamson 1990), aber – wenn man es so beschreibt, dann kommt es entscheidend darauf an: Bündel von offenen oder unvollständigen Verträgen. Denn das, wozu sich Menschen vertraglich zur Mitarbeit binden im Kooperationsmodus von Organisationen, kann wohl festschreiben, welche Dispositionen zu leisten sind, nicht aber die tatsächlichen Leistungen und Ausführungen der Arbeit, die von Markt- und Umgebungsentwicklungen abhängig sind, die man zur Vertragsschließung nicht weiß.

Die Institutionenökonomie thematisiert die Unvollständigkeit von Verträgen und die methodischen Konsequenzen dieser *incompletness* (vgl. Saussier 2000). Eine dieser Konsequenzen ist eine erhöhte Anforderung an organisatorische und soziale Kompetenz. In dynamischen Märkten organisieren Organisationen ihre Leistungserstellung immer wieder neu; das erfordert kommunikative Kompetenz (Baecker 1999; 2003).

Die neoklassische Form unvollständiger Verträge arbeitet mit einer externen Regulation: Unklarheiten in der Vertragserfüllung werden vor externen Schiedsgerichten (bzw. Gerichten) geklärt: *management by law (or by external regulation)*. Offensichtlich liegt keine Organisationstheorie vor, dafür aber triviale Zuschreibungen: Unternehmer/Manager koordinieren die Leistungen der Mitarbeiter. Es wird dabei davon ausgegangen, daß alle klassische Verträge haben. Das Management besteht im Management einer Produktionsfunktion. Es gibt nicht nur keinen Organisationsbegriff, auch keinen Managementbegriff. Denn alles, was an Vertragsdurchsetzung offen ist, wird nicht durch das Management, sondern extern: durch die Juristen geklärt.

Beschreiben wir die Konsequenzen dieser Konzeption genauer: die Schließung neoklassischer Verträge geschieht juridisch, d.h. durch *Verhandlungen extern* vor Gericht (dabei ist es gleichgültig, ob außergerichtlich durch Schiedsgericht, außergerichtlich vor dem Richter, oder durch das Gericht gerichtlich). Wir haben es mit einem *re-contracting within the contract* zu tun. Wesentlich hierbei ist die Tatsache, daß es sich um Verhandlungen handelt: *bargaining, re-contracting*, Kommunikation.

Der Übergang vom *neoklassischen unvollständigen Vertrag* zum *relationalen Vertrag* (zum spezifisch Williamsonschen unvollständigen Vertrag) läßt sich vor allem beschreiben als Übergang von externen Verhandlungen auf interne Verhandlungen. Die *incompletness of contracts* wird als Organisationsthema neu konfiguriert: als Organisation der Organisation – die eigentliche Managementaufgabe. Denn die Verhandlungen, wie die Unvollständigkeit in die Organisation flexibel eingebracht und gelöst wird, ist ureigentlich *management*: aber nicht mehr (wie beim neoklassischen Vertrag), als Koordination von Produktionsfaktoren, sondern als Gestaltung der offenen Beziehungen *within contracts*.

Diese Management hat zwei *modes of cooperation*:
a)   to manage the cooperation, values, frames etc. = governance
b)   Selbstorganisation (*self-enforcement*). Die Mitglieder der Organisation sind organisationskompetent: sie haben gelernt, sich in neuen Anforderungen selbst zu organisieren. Der *re-contracting within contract* verwandelt sich in eine *re-organization within organization*.

Beide *modes of cooperation* sind Governance-Prozesse, die sich von Steuerung/ Management signifikant dadurch unterscheiden, daß sie keine trivialen Hierarchie-Mechanismen ausbilden, sondern komplexe *principal/agent*-Relationen, die leitende, steuernde wie selbststeuernde Prozeßmomente haben, in differenten Strukturen. Um es genauer zu sagen: die *governance-structure* unterscheidet sich in zwei Prozeßebenen:
1)   Leitung/Steuerung   = *management* α
2)   Selbststeuerung   = *organizational learning* β

Die α-Ebene (Leitung/Steuerung) arbeitet wesentlich mit *incentives/disincentives*, die β-Ebene (Selbststeuerung) über Motivation. Dixit nennt diese Struktur, in Verschiebung zu Williamson, die *governance* durch *commitment* und *constraint* (Dixit 1996). Motivation ist selbsterhaltend (auch selbstverstärkend), wenn commitiale Strukturen vorliegen. Die *governance* hat eine Tugend/Werte-Dimension. Wieland hat eine Ethik der Governance entwickelt (Wieland 1999).

Unabhängig von den Namen: es geht um eine Extension der *governance* auf die sie tragenden, stabilisierenden Momente. Hierzu gehört *value management*, d.h. ein Management, das in der Lage ist, differente Sprachspiele und *moral beliefs* innerhalb einer Organisation so in Interaktion zu bringen, daß die Schließung der unvollständigen Verträge gelingen kann, bei niedrigen Transaktionskosten. Innerhalb dieser *governance* commitialer Strukturen bildet sich ein *institutional capital* heraus: erprobte und vertraute/vertrauenbildende Institutionen, meist informeller Art, prägen sich aus, bil-

den Muster, Regeln, ›shared mental models‹, die die Mitarbeiter nach einer Ordnung kooperieren lassen, die sich als *corporate integrity* herausgebildet.
Das sind nicht bloß Konventionen und schlichte Regeln, sondern immer Hybride: *rule-following, self-enforcement* und *management*. Wir haben es mit einem *governance-process* zu tun, der zwischen der Selbstorganisation der Akteure und dem Management von *leaders* eine kommunikative Dimension ausfaltet, in der über die Erörterung des Sinns der Handlungen und Strategien von Organisation die Motivationen generiert werden, den im dynamischen Kontext vielfältigen und sich ändernden Anforderungen gerecht zu werden.
Die Kommunikationsdimension: *the core of dynamic organizations* (Weick 1995), faltet sich noch wieder in Netzwerkdimenison aus, und zwar einmal in interne Netzwerke (unmittelbare Kollegen, Kollegen anderer Abteilungen) und in externe Netzwerke a) Familie, Freunde, Bekannte, b) Kunden-/Firmenkontakte außerhalb der Organisation (ehemalige Arbeitskollegen, ehemalige Kommilitonen etc.), c) Öffentlichkeit) (vgl. Soukup 2002).
Wir sehen, wie sich die Operation ›Schließung unvollständiger Verträge‹ in eine Extensionsbewegung begeben hat, die uns die komplexe Mikrostruktur von Organisationen aufschließt: als Arenen der *governance*, die auf vielfältige Weise an der Schließung arbeitet, mit vielen Kooperateuren. Wir werden dieser Komplexität erst jetzt gewahr. Das Geschäft des Managements wird nicht einfacher; es zieht sich auf die *supervision* und das *monitoring* von selbständigen Prozessen zurück, die allerdings immer wieder, und immer wieder neu, gelernt werden müssen. Und immer wieder müssen diese emergenten Prozesse neu durch Entscheidungen unterbrochen werden, für die das Management final die Verantwortung behält.
Governance ist ein Modus der Schließung von Vertragsoffenheit bzw. Vertragsunvollständigkeit. Damit ist es *sui generis* ein trans-neo-klassisches Thema, wenn in der Neoklassik davon ausgegangen wird, daß Verträge gelten und symmetrisch wie vollständig sind.
Governance unterscheidet sich von Führung/*leadership* i.e.S. dadurch, daß es nicht auf hierarchische oder Weisungs- und Machtverhältnisse ankommt, sondern immer zugleich auf Überzeugungsverhältnisse: andere sollen frei dazu gebracht werden, zu kooperieren – über Incentives und Motivationen.

II. *Governance: die ökonomische Dimension – der Politik*

Political governance: Übertragungen aus der Ökonomie

Das, was ihn für das Management bedeutsam macht, eignet den Topos ebenso für demokratische Politikverfahren. Es ist offensichtlich, daß autokratische Politikformen den hierarchischen *governance structures* ähneln, die früher für Unternehmensorganisation wie selbstverständlich vorgesetzt wurden. Gerade die Transaktionskostenökonomik aber zeigte, daß es viele different *governance structures* gibt, die dann, wenn sie auf motivierte Mitarbeiterteams zurückgreifen können, auf Selbstorganisationen

bauten, mit der positiven Folge sinkender Transaktionskosten. Doch besteht die Analogie nicht in der Extension der Demokratiebeteiligungen, sondern vielmehr in der Übernahme von Politikverantwortung durch die Bürger.
Bürger sind keine Mitarbeiter der Politik, sondern ihre Auftraggeber (in einer *principal/agent*-Semantik (Acocella 1998: 203 ff.; Behrends 2001: 92 ff.)). Sie ›produzieren‹ Politik durch Wahlen. Aber genauer betrachtet, wählen sie nicht die Politik, sondern Politiker in Ämter. Nachdem sie gewählt/produziert haben, werden sie Kunden/Konsumenten der Politik. Das wäre – um in der Analogie zu bleiben – der Fall, wenn die Mitarbeiter einer Organisation danach sie verlassen würden, um zu beobachten, was die übrigbleibenden Chefs für ›Politik‹ machen (um sie dann gegebenenfalls wieder zu wählen oder nicht).
Da die Bürger keine Politik produzieren, sondern deren personales Inventar: die Politiker, ist der Politikprozeß, der nach den Wahlen beginnt, erheblich von den Bürgern entkoppelt, und nur medienbegleitet. Nun ist die Öffentlichkeit ein notwendiges und kritisches Medium der Politik (Sarcinelli 1998; Kriesi 2001); sie erzeugt eine Wettbewerbsähnlichkeit für die Politik, dem Markt nachgebildet (›Markt‹ hier als Muster transparenter, informationsoffener und wettbewerblicher Gesellschaftsformen).
Die Vertragsbündel sind in der Politik völlig anders aufgefächert. Die Bürger bilden keine Organisation, wohl aber die Regierung (als Politikprozeß, inklusive ihrer Opposition). Bürger einer Demokratie wählen Parteien, die von Politiker angeführt werden. Parteien sind Organisationen: zum Zwecke der Wahlsiege. Als stabile Organisationen dienen sie zudem der Versorgung von Ämtern für Parteimitarbeiter, die sich politisch opportun gezeigt haben (vgl. Baecker 2000).
Im demokratischen Wahlakt machen Bürger spezifische Verträge: *socio-political contracts*, mit Politikern/Parteien, die unvollständig sind, und zwar unvollständig über die Ausführung und Durchsetzung der Politik. Der Auftrag, den die Wähler-Prinzipale den Politik-Agenten geben, wenn wir es in der Sprache der *principal-agent-theory* beschreiben, ist ein relationaler Vertrag mit allen Offenheiten Williamsons: er ist unvollständig um die Ausführung der Politik, deren Programm formal als Vertragsinhalt akzeptiert wurde.
Hier zeigt sich eine der Systembrüche der Demokratie: Politiker müssen sich auf der Basis von Programmen wählen lassen, deren Realisation sie versprechen müssen, ohne zu wissen, ob sie dazu tatsächlich in der Lage sein werden – weil der Politikprozeß andere Dynamiken entfaltet. Politische Verträge – wenn wir Wahlen als Vertragssituationen interpretieren, sind sie systematisch unvollständig. Parteien gewinnen die Regierungsmacht, wenn sie glaubhaft versichern können, daß sie ihre Programmatik umsetzen – nicht die Gelingenswahrscheinlichkeit, sondern die Gewißheit der Zuschreibung entscheidet mit über die Wahlen.
Die Parteien und die gewählten Politiker transformieren durch den Wahlgang in ein anderes System: in den eigentlichen Politikprozeß, der sich in Regierung/Oppositionen auffächert, aber vor allem in die Beeinflussungen diverser *political stakeholders*.

Dieses System ist erst einmal relativ unabhängig von den gewählten Präferenzen der Bürger. Das politische System ist legitimiert, indem Wähler Politiker gewählt haben in die Formen Regierung/Opposition, aber die Politiker sind durch die Wahl legitimiert, nicht durch *commitments* über Programmversprechen:
– Sie erfüllen keinen Wählerauftrag in dem Sinne, daß ein fester Vertrag eingegangen wurde.
– Es ist vielmehr ein optionaler Vertrag eingegangen worden: man versucht, die Wahlversprechen zu realisieren, muß diesen Vertrag aber offen lassen, weil die Umstände der Politikprozesse so viele Interaktionen, *bargainings* und andere Einflüsse zulassen, daß immer andere Ergebnisse herauskommen, als die, die man im Wahlprozeß versprach (vgl. Priddat 2004a).

Man muß für die nächste Wahl genügend Vertrauen behalten, um wiedergewählt zu werden, aber dann werden neue Verträge geschlossen, nicht alte überprüft. Das politische Gedächtnis ist meistens schwach ausgeprägt (vgl. dazu Weizsäcker 2002). Man evaluiert seltsamerweise weniger die verflossene, als die zukünftige Politik. Erwartungen dominieren Evaluationen.
Die *political governance* unterscheidet sich von der der Unternehmensorganisationen durch einen anderen Set an Verträgen. Der Hauptvertrag ist der zwischen Bürgern und der Politik im demokratischen Wahlgeschehen (Politikprozeß I als Wahlprozeß = der eigentliche demokratische Prozeß, der aber nicht-identisch ist mit dem Regierungsprozeß). Danach verlagert sich das System der Politik auf von den Wählern abgekoppelte Politikprozesse (Politikprozeß II = Regierungsprozeß), in der viele spezifische *deals* und Verträge gemacht werden von Einflußgruppen, die weder die Wähler repräsentieren noch durch sie legitimiert sind: es sind korporatistische Strukturen, die ihre eigenen Interessen durchsetzen, durchaus in Koalition mit anderen *stakeholders*.
Den Wählern – ›die der Politik einen Wählerauftrag gegeben haben‹ (wie die *principal/agent-relation* lautet) – bleibt für die nachfolgende Phase des Politikprozesses nichts weiter übrig, als einen Vertrag mit den Medien zu schliessen, gut und offen und kritisch bedient werden zu wollen. Es geht um Öffentlichkeitsherstellung. Der Vertrag ist sehr unvollständig, weil aufmerksamkeitsgesteuert, nicht oder nur wenig politikkritisch. Der zweite, implizite Vertrag mit den Medien ist ein Ergänzungsvertrag: weil die Wähler ›die Politik‹ beauftragt haben, wollen sie auch eine gewisse Form der Kontrolle, ob ›die Politik‹ das ausrichtet, wozu sie beauftragt wurde.
Die Medien machen Rückkopplungsangebote an die Wähler (wie sie ebenso Steuerungsangebote an ›die Politik‹ machen).
Doch hat der Politikprozeß *in toto* noch eine weiterreichende Struktur. Das politische System besteht im wesentlichen aus den zwei differenten Vertragsdimension: Politik/Bürger auf der einen und Politik/*stakeholder* auf der anderen. Wir haben es mit einer tripartistischen Struktur zu tun:

Bürger/Politiker/stakeholders.

Politiker wie *stakeholders* sind Teilmenge der Gesamtmenge ›Bürger‹, in spezifischem Modus: als *stakeholders* sind sie so organisiert, daß sie, über ihre bürgerlichen Wahlmöglichkeiten hinaus, eine ›zweite‹ Wahlmöglichkeit bekommen, die den Einfluß auf die Politiker über das hinaus erhöht, was gewöhnliche oder Wahlbürger haben.
Die *stakeholders* – in Interessenverbänden organisiert, mit Lobbies ausgestattet (wobei auch beides getrennt auftritt) (vgl. Leif/Speth 2003) – bilden mit den Politikern eine eigenständige *bargaining*-Arena, in der politische Verträge geschlossen (und gebrochen) werden, die mit den politischen Verträgen zwischen Bürger und Politik im Wahlvorgang nicht übereinstimmen.
Beide Dimensionen tragen sich verschieden durch die beiden Politikphasen:
– In der **Phase I**: im Wahlkampf, beeinflussen natürlich die *stakeholder* die Medien zugunsten ihrer bevorzugtesten Vertragspartner (*post rem*). Das geschieht, damit die Wähler die Parteien wählen, die nachher politikprozesseffektiver sind.
– In **Phase II** hingegen werden die Bürger über die Medien kommunikativ bedient, aber die relevanten Verträge laufen zwischen Politik/Stakeholders. Vor allem bleibt der Vertrag mit den Bürgern fast gänzlich offen. Sie werden medial bedient, aber am Entscheidungsrand.

Hier werden, insbesondere in der Zivilgesellschaftsdebatte, aber auch in anderen Demokratisierungsextensionen, neue Schließungen der offenen politischen Verträge zwischen Bürgern und Politik erörtert: direkte Demokratie (ob mit oder ohne *e-voting* im eGovernementkontext (vgl. Jansen/Priddat 2001)). Formen direkter Demokratie (vgl. Kirchgässner 2000; Wohlgemuth 2003) würden die Politik/Stakeholder-Relation unterbrechen und die ausgeschlossenen Wähler in den Politikprozeß (der Phase II) hineinholen. Die Bürgerwähler würden nunmehr über Phase I hinaus in Phase II aktiviert: als Entscheider über Politikprozeßresultate, die sonst der Verantwortung der Politik zu entscheiden übrig blieben.
Denn über ihre Einflussmöglichkeiten nehmen die Interessengruppen/Lobbies/korporativen Gebilde eine zweite Stimme in Anspruch, die keiner der Bürger hat, der nicht Mitglied einer Interessengruppe ist oder durch sie noch gesondert repräsentiert wird. Die Interessengruppen nehmen Einfluß auf die Regierung in besonderen Fragen, die aber vorher nicht, oder nicht so explizit, zur Wahl standen. Indem sie Einfluß nehmen, werden die Mitglieder einer virtuellen zweiten Wahl, in der nun konkret abgestimmt wird (über die Geltung des jeweiligen Einflusses). Da alle anderen ausgeschlossen sind, ist es unzweckmäßig, zu fordern, alle Interessengruppen dürften ihre spezifischen politischen Verträge nicht schließen. Sondern umgekehrt: alle, die ausgeschlossen sind, sollen inkludiert werden und, über die Form der direkten Demokratie, auf jedes Politikprojekt der Regierung mit einwirken. Damit wird die spezifische Einflußmöglichkeit der Interessenverbände, die offenen politischen Verträge spezifisch, für ihre Interessen, zu schliessen, aufgehoben in die Möglichkeit aller, an der Schliessung der relationalen oder offenen politischen Verträge mitzuwirken.

Hier werden Formen direkter Demokratie nicht aus Gründen des Demokratie-Idealismus erörtert, sondern aus Gründen der Beteiligung an der Schließung politischer Verträge, die ansonsten nur privilegierten Interessenverbänden möglich waren. Umgekehrt kann es nicht verwundern, wenn viele Bürger, die vom Regierungsprozeß natürlich ausgeschlossen bleiben, bei der Intervention der Interessenverbände, die wir gerade in Fragen der aktuellen Transformation des Sozialstaates erleben, die Offenheit der eigenen Vertragslage mit der Schließung durch andere vergleichen, was als Ungerechtigkeit, auch als Ausbeutung der demokratischen Form angesehen wird.

Direkte Demokratie ist eine Politikform bzw. eine *form of governance*, die den korporatistischen und Interessengruppenkreis um die einzig legitimierten Agenten erweitert: um die Bürger als Wähler. Governance wäre dann nicht mehr *government* (im Sinne der Regierungsausübung), sondern die Inklusion von weitergehenden Politikprozessen in das politische System. Das *government* wird zur entscheidungs- und gesetzesvorbereitenden Instanz, deren Vorlage durch den Souverän der Demokratie, die Wähler, noch einmal gesondert bestätigt werden muß: durch direkte demokratische Zustimmung/Ablehnung.

Was als Wahlprozedere vorkommt, ist strukturtheoretisch eine Diskurszunahme + Entscheidung in der Gesellschaft. Hier schliessen wir an die ökonomische Erklärung von *governance structures* an: die *governance* erweitert sich um den Prozeß der Schließung der offenen Verträge: durch Verhandlungen mit allen *stakeholders* und durch Entscheidungen der relevanten *principals*. Governance bezeichnet eine Extension des Politikprozesses – in unserem Fall ein *re-entry* der Bürger in den Politikprozeß II, aus dem sie formal exkludiert waren, wenn sie nicht in der Form der Interessenverbandsmitgliedschaft privilegiert sind (generell dazu Priddat 2003 und 2004a).

Für die *public choice theory* reicht gewöhnlich der Wahl-/Bestätigung- und Abwahl-Zyklus, um ein neoklassisches Vertragsschema auszuarbeiten. Der Vertrag zwischen Politik und Wählern über die Regierung wird ständig durch eine *third party*: durch die Opposition, bedroht, die im Erfolgsfall in die Regierung wechselt.

Das *third party enforcement*, bei Yoram Barzel neuestens ausgearbeitet (Barzel 2000; 2002), ist eine alte Konzeption der Staatsbegründung. Hier nehmen wir Barzels Hinweis auf, daß *third party enforcement* nicht alleine eine Angelegenheit von Regierungen ist, sondern auch von *non-governmentals*: NGO's etc. (vgl. Priddat 2004b).

Der *governance*-Begriff ist neu aufgelegt worden, und erheblich ausgeweitet: über die klassische Staatstheorie auf eine breitere *stakeholder-politics*-Dimension: z.B. des Korporatismus (vgl. Priddat 2001), um nunmehr in einer zweiten Ausweitung auf alle relevanten *policy-agents* ausgedehnt zu werden, die in den weiteren Begriff des *third party enforcement* insofern gehören, als sie – auf irgendeine Weise – dem klassischen Staat drohen können, Transaktionskosten zu erzeugen, wenn auf ihre Beratungen/ Interessen nicht Rücksicht genommen werden (vgl. Priddat 2004b). Wir befinden uns wieder in einer ökonomischen Theorie der Politik bzw., genauer: einer ökonomischen Theorie der *political governance* – allerdings institutionenökonomisch etwas präzisiert (gegenüber dem klassischen breiten Ansatz z.B. bei Roderick 1997; Rodrik 2001; vgl. Nye/Donahue 2001; auch Schuppert 2003: 395 ff.).

Politische governance: offenen Verträge

Die Basisrelation *offene Verträge/governance* enthält eine Schließungsillusion, die – normativ gewendet – zum einen Furore macht (›good governance‹), zum anderen ablenkt von der analytischen Potenz der *governance*-Theorie, die komplexere Prozesse steuern kann, indem sie zu Einsicht erzieht, daß man keine Prozesse steuert, sondern induziert.

Wenn wir das Moment an Führung, das der Governance-Begriff klar und eindeutig enthält, nicht als Führung qua Anweisung, sondern als Führung qua Induktion ansehen, nähern wir uns dem Gehalt dieser neuen Begrifflichkeit, die einen neuen Modus einführt. Es geht nicht um leidige Nominalistik, sondern um eine Änderung des Steuerungsthemas in komplexen Gesellschaften.

Die Schließung, die die *governance* von Verträgen unternimmt, ist um so erfolgreicher, als die Vertragspartner motiviert werden, ihre Leistungen und Ergebnisse voll einzuspielen. *Governance* motiviert zur Kooperation. Neben den *incentives* spielen Motivationen eine ausgezeichnete Rolle. *Governance* betrachtet nicht nur Preis/Leistungs-Relationen, sondern hat noch andere Dimensionen im Blick: Status, Reputation, Vertrauen etc.

Staat/Bürger-Relationen sind spezifische Verträge, die klassisch den Namen *social contract* haben: eine Vertragsfiktion zur Staatsbegründung. Deren moderne – transhobbesianische – Variante ist John Rawls *fair institutions beyond the veil of ignorance*.

Gehen wir von Verträgen aus (ökonomisch: Transaktionen), sind nicht nur Organisationen ›bundles of contracts‹, sondern Gesellschaften selber Nexus von Verträgen, vor allem bilateral untereinander, aber auch in *social contracts* gegen sich selbst: als Staat.

Der Staat tritt auf als *third party enforcement*, das unvollständige Verträge der Bürger untereinander korrigiert/sanktioniert (d.h. alle Verträge, die nicht durch *self-enforcement* innerhalb der Gesellschaft geregelt sind).

Zugleich aber kann der Staat auch spezifische Verträge mit den Bürgern verabreden: *public goods*. Die klassische Begründung: Marktversagen, läßt sich neu übersetzen: *public goods* sind *social contracts*, bei denen der Staat nicht mehr nur korrigierende, sondern produzierende Aufgaben übernimmt. Man kann es ›im Auftrag der Bürger‹ nennen, ist dann aber in einem normativen Spielfeld: über das, was man meint, was der Markt nicht liefert, hinaus können alle möglichen Versorgungen beschlossen werden. *Public goods* haben eine notorische Umverteilungsmechanik: alle zahlen, ohne daß sie es alle nutzen. Die Nutzerkollektive sind nicht identisch mit den Kostenkollektiven. Alles Entscheidungen des Entscheidungskollektives (Staat), die diese Nichtdeckung ausweiten, sind legitimationspflichtig.

Deshalb ist es notwendig, Verfahren zu sichern.

Auf offene Verträge antwortet die Gesellschaft mit Verfahren ihrer Schließung. ›Staat‹ ist ein spezifisches Verfahren, gekoppelt mit juridischem System (staatsunabhängig). *Third party enforcement* ist *twofolded*: Politik und Juridik. Es wird sofort klar, daß Politik ein eigenständiges System ausprägt, das über die *third party enforcements* der Sicherung und Supervision von Verträgen hinausgeht. Politik ist ein eigenes Vertragsfeld, auch wieder über die *social contracts* der *public goods* hinausgehend.

Politik ist eine Vertragswelt, in der offene Verträge nur partiell geschlossen werden, in Abwägungen vieler *stakes*, die nicht kompatibel sind. Das Resultat der Politik ist ein politikprozeßgesteuertes Resultat, das nicht auf die Wünsche und Präferenzen von Wählern abgestimmt ist, sondern auf politische Prozesse, die durch andere Prozesse als ›Bürger wählen ihre Politik‹ bestimmt sind: Logik der Ämter (vgl. Baecker 2000). Politische Verträge sind *multi-staged*: Wähler sind nur ein Teil der Vertragswelt. Hinzu gehören: Politiker, Interessenverbände, Parteien (in Koalition), Geldgeber, Korporationen vielfältiger Art etc.

»The assumption of stable targets of government policy and shared policy models is obviously unrealistic. The distribution of power is not stationary, the coalitions that control the state change over time, and so do the targets of public policy. In addition, economic policy in a world of of scarce information and knowledge is often a walk in the dark. Key actors disagree not only on policy *targets*: they disagree on the policy *model*«.[19]

Die Politische Ökonomie hat längst auf diesen Umstand reagiert, wenn auch nicht explizit mit einer Kommunikationstheorie.

»Constitutional rules can only cover a subset of the vaste range of circumstances that can be anticipated, and they fail to anticipate an even greater range of possibilities. When circumstances arise for which both explicit provisions have been made. Some genare dispute-resolutions mechanisms or residual rights of control are invoked. These may be inappropriate to the situation, but inertia or hysteresis keeps them in force until the shift is large enough to require a major change in the rules. The evolution of the policymaking process is a story of such surprises, inertia, and changes of policy regimes«.[20]

Politik produziert offene Verträge. Sie kann, wegen dieses Offenheit oder systematischen Prozeßunabgeschlossenheit, keine Paretoeffizienz herstellen.
Doch auch die Ordnung der *constitutional rules* unterliegt letztlich oder generell dem *institutional change*: »constitutions are incomplete contracts«.[21]
Dixit nennt die Risiken von konstitutionellen Verträgen ähnlich denen gewöhnlicher Marktverträge:

»(1) the inability to foresee all the possible contingencies,
(2) the complexity of specifying rules, even for the numerous contingencies that can be foreseen, and

---

19   Eggertsson 1997, S. 5, eigene Hervorhebung.
20   Dixit 1996, 145. Vgl. auch Wohlgemuth 1999 + 2000.
21   Dixit 1996, 20.

(3) the difficulty of objectively observing and verifying contingencies so that the specifyied procedures may be out into action«.[22]

Constitutions als »incomplete contracts ... leave much to be interpreted and determined in specific future eventualities«.[23] Ausgehend von Williamsons Analyse, daß politische Märkte ineffizienter sind als ökonomische[24], entwickelt Dixit ein *transaction-costs politics framework*.[25] Die hohen Transaktionskosten des Politikprozesse lassen nur adaptive Effizienz zu, keine Paretoeffizienz. Adaptive Effizienz beschreibt eine halboffene Steuerung der Politik.
Dixit öffnet die Regelgeschlossenheit des Buchananschen Konzeptes einem Politikprozeß, der aus einem dynamischen Netzwerk von lose gekoppelten Verträgen besteht, die ständig revidiert werden. Mithilfe einer *comparative institutional analysis* sucht Dixit nach der in der Situation besten institutionellen Ordnung, nicht wie Buchanan nach der idealen. Dixit schlägt keinen *lean state* vor, sondern sucht Wege, die hohen Transaktionskosten der Politik durch neue *governance structures* zu senken.
Politik ist damit ein ständiger Prozeß nicht nur der Produktion von politischen Ergebnissen, sondern auch der Reform des Politikprozesses. Welche *governance structures* setzen sich durch? Welche Prozesse steuern die Politikänderungsprozesse? Governance beschreibt im wesentlichen ›non-hierarchical modes of co-ordination‹. (Mayntz 1998: 1). In Renate Mayntz' Definition zeigt sich die Homologie zum erweiterten *governance*-Begriff der Managementtheorie. Die Politik nimmt ihre autokratischen Dimension zurück auf eine ausgeweitete Interaktionsdimension, deren diskursiver Aufwand komplexer wird, deren Zustimmung aber stabiler wird, von mehr Bürgern als vordem. Margaret Levi nennt als Kriterium hierfür *trustworthiness* (Levi 1998).

Extension der politischen governance: als Prozeß

Doch reicht diese Definition nicht aus, um den modernen *governance*-Begriff zu fassen. Der Politikprozeß erweitert sich über die *co-ordination* hinaus auf eine *co-operation*. Das gilt aber nur, wenn stabilere Muster entstehen und als *contingent consensus* (Levy 1998: 88) anderen Vertrauenswürdigkeit signalisieren (realistische Politikprozesseinschätzungen bei Franke 2003).
Wenn wir die *governance-structur*-Definition auf ›non-hierachial modes of co-ordination **and co-operation**‹ erweitern, machen wir Unterscheidungen über differente *political governance structures*, die mehr lose Zweckbündnisse (*co-ordinations*: soziale Bewegungen, *issue-policies*) oder stärker feste Arbeitsverbünde (*co-operations*: Greenpeace, Robin Wood) darstellen. Doch ist das nur eine erste Näherung. Der entscheidende Punkt ist die Unterscheidung zwischen neoklassischen und relationa-

---

22   Dixit 1996, 20; mit Verweis auf Williamson 1996.
23   Dixit 1996, 20.
24   Williamson 1996.
25   Dixit 1996, chap. 2.

len Verträgen, wenn wir eine ökonomische Theorie der *governance* aufstellen wollen, auch im Kontext einer *political economy*.
Neoklassische unvollständige Verträge benötigen *third party enforcements* zur Schließung; relationale Verträge brauchen keine *third-party-enforcement*-Stabilisation: sie sind bilaterale Diskurs-/*commitment-structures*. Erst der *third-party-enforcement*-Ausschluß erlaubt, davon zu sprechen, daß wir es mit *co-operativen governance structures* zu tun haben. Das ist das Entscheidende: die *non-hierarchy* verschiebt die politische Führung/Steuerung von einem hierarchischen Fokus, von einer homogenen Leitung, auf einen **governance-Prozeß**, an dem viele *stakeholders* beteiligt sind.
Dabei muß man sich gewahr sein, daß jetzt nicht-legitimierte Akteure in den Politikprozeß hineingenommen werden – Akteure, die formal bisher nicht zum Politikspiel zugerechnet wurden. Von einem *governance*-Prozeß ist deshalb systematisch zu reden, weil wir es von jetzt an mit einer beweglichen Entscheidungsstruktur zu tun: *floating choice structures*. Der Raum der Politik ist zu einem oszillierenden Raum multipler *stakeholder*-Kommunikation geworden (vgl. auch Kooiman 1999; auch Scharpf 2000).
Formell haben natürlich die Regierungen bzw. die offiziellen und legitimierten Politiksysteme die Entscheidungsmacht; aber das *extended model of political governance* weist auf den Umstand hin, daß es nicht mehr von vornherein klar ist, wer die Entscheidungen beeinflußt/lanciert/steuert. Die informellen Prozesse übernehmen die *governance*: indirekte Steuerung dominiert, mit *shifting centres*. Es ist auch klar, daß der Raum der internationalen Politik sich als natürlicher Kandidat einer solchen politischen *governance* anbietet (vgl. Schuppert 2003: 869 ff.).
In Deutschland sind die sogenannten ›runden Tische‹ und ›Bündnisse für . . . *governance-structures*‹, die auf relationale Verträge hindeuten. Man integriert *third party enforcers* in direkte Interaktionen/*commitments* mit dem klassischen Staat, repräsentiert durch die Regierung, die zu Bündnissen etc., einlädt. Doch fällt natürlich auf, daß die ›runden Tische‹ bzw. ›Bündnisse‹ organisierte Veranstaltungen sind; die Mitgliedschaft bedeutet reputative Hochwertung, was man mit Nachlässen im *political content: dealing & bargaining* ›bezahlen‹ soll. Korporationsmitgliedschaft schafft Bindungen, die aufzugeben Macht- wie Statusverlust bedeutet. Dafür geht man politische Kompromisse ein. Diese Kompromißbereitschaft zu organisieren werden solche Bündnisse konstruiert.
Die organisierte Form der Kooperation: der politische Korporatismus, ist eine spezifische *governance-structure* (nicht nur in Deutschland), deren Transaktionskosten aber wegen der starken Bindung an den *consensus* hoch sind: für die Ehre, Mitglied zu werden, wird ein nachhaltiges *commitment* erwartet: sich an die beschlossenen Vereinbarungen zu halten. Die sozialen Kosten solcher Bündnisse sind die der Exklusion der Nicht-Eingeladenen (vgl. Priddat 2001).
Hier beginnt der Übergang in den *extended mode of governance*: alle, die nicht im organisierten Korporatismus eingeladen sind, in den politischen Konsens zu gehen, melden sich von außerhalb: *by political performance*, durch mediale Thematisierung

oder andere, Aufmerksamkeit erzeugende Aktionen. Sie bilden eine spezifische Opposition, gleichsam *political stakeholders* auf Probe.
Unterscheiden wir drei politische Stakeholder-Ebenen:
1. den *hard core* der Politik: das politische System im engeren Sinne: Wähler/ Regierung und Oppositionen = *governance I* = *government*.
2. Den *extended mode I*: korporatistische Strukturen, in der ausgewählte Interessengruppen am Politikprozeß beratend, also Einfluß nehmend beteiligt sind. Verfassungsgemäß (im Sinne von (1)) nicht legitimiert, sind sie allerdings durch die Aufforderung der Regierung, in Beratung zu gehen, semi-legitimiert. Nicht aber vor dem Souverän demokratischer Politik: allen Bürgern mit jeweils gleicher Stimme. Die korporatistische Struktur leiht Interessenverbänden gleichsam eine 2. Stimme (2nd *order democracy*) = *governance II*.
3. Den *extended mode II*: viele politische *stakeholders* (wesentlich NOG's), die sich im öffentlichen Raum zu Themen und Politiken organisieren, medial Aufmerksamkeiten erzeugen und dadurch die *governance-structures* I und II nötigen können, sich mit den von Außen herangetragenen Themen zu befassen = *governance III* = Thematisierungs- oder *issue-policy*.

Gewöhnlich hatte man Kooperationsverfahren im Rahmen von Regime-Theorien erörtert. *Governance theory* öffnete diese Verfahren auch für *non-state-actors*. Der Politikprozeß wird über die legitimierten Instanzen hinaus betrachtet: *governance without government* (vgl. Kooiman 1999: 9). Hier wird Barzels *third party enforcement theory* bedeutsam, die gerade NGO's u.a. als Opponenten der Politik sieht (Barzel 2000; Priddat 2004b). Sie haben Drohpotential der reputativen Entwertung von offizieller Politik im Medium der Öffentlichkeit. ›Governance without government‹ ist ohne das *mechanism design* von Politikprozessens nicht erklärbar. Wie steuert sich die Gesellschaft unter sich, ohne oder neben der Politikintervention?
Hier kommt die *self-enforcement*-Konzeption Williamsons wieder zum Tragen. Hier wandelt sich tatsächlich der Politikbegriff: Bürger übernehmen Verantwortung für ihre Belange, überlassen sie nicht mehr dem Staat: PPP (vgl. Priddat 2002).
Darin wird deutlich, daß *political governance* dann erfolgreich sein kann, wenn sie nicht als schlichte Zunahme an Demokratie verhandelt wird, sondern als Überantwortung von ehedem staatlichen Aufgaben an die Bürger zu ihrer Selbstverwaltung (Jansen/Priddat 2001: Kap. 4). Das kann über Reprivatisierung, Kooperationen Wirtschaft/Staat oder über subventionierte Impulsarenen laufen.
Die Ausweitung, die der moderne *governance*-Begriff thematisiert, ist eine NGO-Legitimation. Neue politische *stakeholders*, Interessen- und Pressure-Gruppen bilden sich im *extended mode II*, gewinnen Einfluß, und legitimieren sich, obwohl sie als einfache Vereine, Clubs etc. angefangen haben, meistens ohne demokratische Legitimation, ohne klare Wahlprozedere intern etc. Als *außerkorporatistische Opposition* beginnend, arbeiten sich die NGO's langsam in die Aufmerksamkeit der Gesellschaft vor, was sie dann legitimiert, als ›Sprecher für . . .‹ aufzutreten (ohne daß die Betroffenen davon wissen müssen oder ohne irgend eine demokratische Legitimation durch diese Betroffenen.). Man muß sich im Klaren darüber sein, daß hier eine spezifische

governance-structure normativ überhöht wird: eine spezifische Repräsentationsanmaßung, die ihre Legitimation nur durch die Thematisierung von *political issues* erhält, die niemand anders vertritt. Daß NGO's solche Themen als Vehikel benutzen, um politisch mitzuspielen, ist ein anderes Thema.

Die Leistung der NGO ist es, etwas im politischen Raum manifest werden zu lassen, was andere nicht geboten oder thematisiert hätten. *In economic terms*: die NGO entfaltet ein Drohpotential, das eine Nichtbeachtung des von ihr aufgeworfenen Themas zu erhöhten Transaktionskosten des politischen Systems führen läßt.

Innerhalb des *extended mode II* gibt es natürlich unterschiedliche *governance-structures*: von der kleinen *political performance-group* zu sozialen Bewegungen und Netzwerkarenen, die politische Themen hochtriggern. Jede Form direkter Demokratie gehört in diesen Bereich, genauer bereits als Extension des *extend mode I* (Vivien Schmidt unterscheidet zwischen ›national single-actor systems‹ und ›national multi-actor governance systems‹, die sich durch differente Koordination/Kommunikation-Strukturen auseinanderhalten lassen (Schmidt 2002)).

Wenn wir den elaborierten *governance*-Begriff theoretisch fassen wollen, bietet sich die Netzwerktheorie an. Netzwerke sind nicht-hierarchische (heterarchische) Strukturen, mit offenen Grenzen, aber klaren Netzrelationen. Der *extended mode II* der *governance III* ist identisch mit einer Netzwerksteuerungsstruktur (vgl. Weyer 2000: Kap. V):

> »Governance was and largely remains a ›political‹ process. ›Political‹ here does not deduce the governance process to the domains of political parties or other known local, national, communal political actors.
> ›Political‹ here rather describes the ›process level‹ involved in this myriad of happenings and events involving institutional structures and contractual mechanisms emerging out of legislative processes or through democratic debate and discourse moments. In the end though working towards a policy agreement or a decision in order to regulate one particular context or a nexus of matters.
> Governance now a days is a phenomenon of managing and networking issues, interests, and actors to produce actions that are transparent in process and effective in achieving those goals which regimes are created as in purpose with.
> That means, the moment we talk about governance we address the management of issues, interests and actors« (Agrawal 2003: 1).

Hier schließt die *governance*-Konzeption an die Theorien des politischen Managements an (vgl. Rüb 2004), die in einem *governance-mix* (Bogumil 2004: 211) mit anderen Formen der politischen Steuerung vereinbar werden. »Der Staat ist nun nicht mehr die Institution, die sich vom Markt und der Gesellschaft klar unterscheidet (dies wäre ›government‹), sondern Staat, Markt, soziale Netzwerke und Gemeinschaften gelten als institutionelle Regelungsmechanismen, die in unterschiedlichen Kombinationen genutzt werden. Man konzentriert sich nun auf die Steuerungs- und Koordinationsfunktion dieser institutionellen Strukturen, auf das Zusammenspiel mit ihnen und die Schaffung neuer Arrangements« (Bohumil 2004: 211; für ein Beispiel der *global governance* vgl. Brinkmann/Pies 2004).

Es ist offensichtlich, daß hier neue Konzeptionen politischer Führung entstehen, die eher als Moderation und Superversion anzusehen sind, denn als Führung im klassischen Sinne, und dass wir es mit Lernarenen zu haben, in denen sich die Verhalten erst ausbilden, die in der *governance* Führung wie Geführtsein gelten lassen. Die Politik wird zu einem Laboratorium der Politik.

Literaturverzeichnis

Acocella, N. (1998): The Foundations of Economic Policy, Cambridge: Cambridge University Press.
Agrawal, H. (2003): Governance in a Global World. Some definitions. Working paper Nov. 2003, Lehrstuhl für Volkswirtschaft und Philosophie, Universität Witten/Herdecke.
Aoki, M./Gustafsson, B./Williamson, O.E. (1990) (eds.): The Firm as a Nexus of Treatise, London: Sage.
Baecker, D. (1999): Organisation als System. Frankfurt am Main: Suhrkamp.
Baecker, D. (2000): Ämter, Themen und Kontakte: Zur Form der Politik im Netzwerk der Gesellschaft, 9 – 54 in: Priddat, B.P. (Hrsg.): Der bewegte Staat. Formen seiner ReForm-Notizen zur ›new governance‹, Marburg: Metropolis.
Baecker, D. (2003): Organisation und Management, Ffm.: Suhrkamp.
Barzel, Yoram (2000): The State and the Diversity of Third Party Enforcers. S. 211 ff. in: Menard, C. (ed.): Institutions, Contracts and Organizations, Cheltenham: Edward Elgar.
Barzel, Y. (2002): A Theory of the State, Cambridge: Cambridge University Press.
Behrends, S. (2001): Neue Politische Ökonomie, München: Vahlen.
Beschorner, Th./Pfriem, R. (2000) (Hrsg.): Evolutorische Ökonomik und Theorie der Unternehmung, Marburg: Metropolis.
Beschorner, Thomas (2002): Ökonomie als Handlungstheorie, Marburg: Metropolis.
Bogumil, J. (2004): Ökonomiisierung der Verwaltung, 209 ff. in: Czada/Zintl 2004.
Braithwaite, V./Levi, M. (1998) (Eds.): Trust and Governance, N.Y.: Russell Sage Foundation
Braithwaite, Valerie (1998): Communal and Exchange Trust Norms: Their Value Base and Relevance to Institutional Trust, S. 46 ff. in: Braithwaite/Levi 1998.
Brennan, Geoffrey (1998): Democratic Trust: A Rational Choice Theory View, S. 197 ff. in. Braithwaite/Levi 1998.
Brinkmann, J./Pies, I. (2004): Der Global Compact als Beispiel zu Global Governance186 ff. in: Czada/Zintl 2004.
Buchanan, James M. (1984): Die Grenzen der Freiheit, Tübingen: Mohr (Siebeck).
Coase, R. (1996): The nature of the firm, in: Putterman, L./Krozner, R. (eds): The economic nature of the firm, Cambridge (zuerst 1936).
Czada, R./Zintl, R. (2004) (Hrsg.): Politik und Markt, PVS Sondernheft 34/2004, Wiesbaden: VS Verlag.
Dixit, Avinash K. (1996): The Making of Economic Policy: A Transaction-Cost Politics Perspective, Cambridge/Mass./London: The MIT Press.
Eggertsson, Thrainn (1997): When the State Changes Its Mind: The Puzzle of Discontinuity in Government Control of Economic Activity, S. 3 – 28 in: Giersch, Herbert (ed.): Privatization at the End of the Century, Berlin, Heidelberg, N.Y.: Springer.
Eggertsson, Thrainn (1998): Limitis to Institutional Reforms, Diskussionsbeitrag 08/98 des Max-Planck-Institutes zur Erforschung von Wirtschaftssystemen, Jena.

Franke, S.F. (2003): Wählermacht und Wirtschaftsreform, 24 – 31 in: Aus Politik und Zeitgeschichte, B 18 – 19/2003.
Jansen, St. A. (2002): Die Härte der weichen Faktoren, 46 – 56 in: Universitas edition 2002.
Jansen, St.A./Priddat, B.P. (2001): Electronic Government. Neue Potentiale für einen modernen Staat, Stuttgart: Klett-Cotta.
Jens, U./Romahn, H. (2002) (Hrsg.): Der Einfluß der Wissenschaft auf die Politik, Marburg: Metropolis.
Kirchgässner, Gebhard (2000): Wirtschaftliche Auswirkungen der direkten Demokratie, S. 161 – 180 in: Perspektiven der Wirtschaftspolitik, Bd. 1, H. 1.
Klenk, T./Nullmeier, F. (2002): Public Governance. Eine neue Runde in der Verwaltungsreform? Berlin.
Kooiman, J. (1999): Social-Political Goverance. Overview, Reflections, and Design, Public Management.
Kriesi, H. (2001): Die Rolle der Öffentlichkeit im politischen Entscheidungsprozeß, Wissenschaftszentrum Berlin, Arbeitsgruppe »Politische Öffentlichkeit und Mobilisierung«, März 2001.
Levi, M. (1998): A Stae of Trust, 77 – 101 in: Braithwaite/Levi 1998.
Mayntz, R. (1998): New Challanges to Governance Theory, Jean Monnet Chair Papers 50, Robert Schumann Center at the European University Institute, Badia Fiesolana.
Menard, C. (2000) (ed.): Institutions, Contracts and Organizations, Cheltenham: Edward Elgar.
North, D.C. (1990): A Transaction Cost Theory of Politics, pp. 355 in: Journal of Theoretical Politics 2, no. 3.
Nullmeier, Frank (2000): Politische Theorie des Sozialstaats, Frankfurt/New York: Campus.
Nye, J.S./Donahue, J.D. (2000) (eds.): Governnace in a Globalising World, Washington D.C.: Brookings Institution Press.
Osterloh, Margit/Frost, Jetta (2000): Koordination, Motivation und Wissensmanagement in der Theorie der Unternehmung. Zum Steuerungsrepertoire von Organisationen, S. 193 – 218 in: Beschorner/Pfriem 2000.
Pelikan, P./Wegner, G. (2003) (eds.): The Evolutionary Analysis of Economic Policy, Cheltenham: Edward Elgar.
Pettit, Philip (1998): Republican Theory and Political Trust, S. 295 ff. in: Braithwaite/Levi 1998.
Picot, Arnold/Dietl, Helmut/Franck, Egon (1999): Organisation. Eine ökonomische Perspektive, Stuttgart: Schäffer Pöschel.
Priddat, B.P. (2000a): Menschen in Kooperationen – Organisationen als Identitätslandschaften, S. 21 – 44 in: Hentschel, B./Müller, M./Sottong, H. (Hrsg.): Verborgene Potenziale, München.
Priddat, B.P. (2000b): Arbeit an der Arbeit: Verschiedene Zukünfte der Arbeit, Marburg.
Priddat, B.P. (2000c) (Hrsg.): Der bewegte Staat. Formen seiner ReForm- Notizen zur ›new governance‹, Marburg: Metropolis.
Priddat, B.P. (2000d): Dissipationsökonomie »in between virtual and learning organizations«, 257 ff. in: Beschorner/Pfriem 2000.
Priddat, B.P. (2001): Der Stellenwert korporatistischer Wirtschaftspolitik vor geänderten Rahmenbedingungen, in: Smekal, Chr./Theuerl, T. (Hrsg.): Globalisierung, Tübingen: Mohr Siebeck 2001, 185 – 206.
Priddat, B.P. (2002): Gemeinsinn als soziales Kapital. Wie Bürger und Staat besser kooperieren können, S. 928 ff. in: Universitas, Nr. 675.
Priddat, B.P. (2003): Moral, Politik etc. Commitiale Strukturen als Politikform, S. 205 – 230 in: Willems, U. (Hrsg.): Interesse und Moral als Orientierungen politischen Handelns, Baden-Baden: Nomos.

Priddat, B.P. (2004a): Politik als Oszillation zwischen Politik und Thematisierung: kommunikative governance, 93 – 138 in: Aaken, A. van/Grözinger, G. (Hrsg.): Ungleichheit und Umverteilung, Marburg: Metropolis 2004.
Priddat, B.P: (2004b): Zivilgesellschaft – zwischen Wirtschaft und Staat. Eine institutionenökonomische Interpretation, S. 67 – 86 in: INTERVENTION: Zeitschrift für Ökonomie, Jg.1, H 1,Feb. 2004.
Richter, R./Furubotn, P. (2003): Moderne Institutionenökonomik, Stuttgart: Mohr (Siebeck).
Roderick A.W.Rh. (1997): Understanding Governance. Policy Networks, Governance, Reflexivity and Accountability, Buckingham/Philadelphia.
Rodrik, D. (2001): Four Simple Principles for Democratic Governance of Globalization, http://www.demglob.de/rodrikpaper.html.
Rüb, F.W. (2004): Vom Wohlfahrtsstaat zum ›manageriellen Staat‹? Zum Wandel des Verhältnisses von Markt und Staat in der deutschen Sozialpolitik, 256 ff. in. Czada/Zintl 2004.
Rürup, B./Bizer, K. (2002): Der Sachverständigenrat und sein Einfluß auf die Politik, 59 – 74 in: Jens/Romahn 2002.
Saussier, St. ((2000): When incomplete contract theory meets transaction cost economics: a test, 376 – 398 in: Menard 2000.
Sarcinelli, U. (1998) (Hrsg.): Politikvermittlung und Demokratie in der Mediengesellschaft, Opladen: Westdeutscher Verlag.
Scharpf, F.W. (2000): Interaktionsformen. Akteurszentrierter Institutionalismus in der Politikforschung, Opladen.
Schlicht, E. (2002): Social Evolution, Corporate Culture, and Exploitation, IZA-discussion paper No. 651, Nov. 2002.
Schlicht, E. (2003): Consistency in Organization, IZA discussion paper Nr. 718, February 2003.
Schmidt, V. (2002): The Futures of European Capitalism, Oxford: Oxford University Press.
Schuppert, G.F. (2003): Staatswissenschaft, Baden-Baden: Nomos.
Soukup, Chr. (2002): net. working. Arbeiten und Führen in Netzwerkstrukturen, 78 – 92 in: Universitas edition 2002.
Leif, Th./Speth, R. (2003) (Hsg.): Die stille Macht. Lobbyismus in Deutschland, Wiesbaden: Westdeutscher Verlag.
Universitas edition (2002): Die Werte des Unternehmens. Eberhard von Kuenheim Stiftung, Stuttgart/Leipzig: Hirzel.
Wegner, Gerhard (1996): Wirtschaftspolitik zwischen Fremd- und Selbststeuerung. Beiträge zu einer neuen Theorie der Wirtschaftspolitik, Tübingen: Mohr-Siebeck.
Wellesen, I. (1994): Institutionelle Neuerung und politischer Prozeß, Hamburg.
Weick, K. E./Sutcliffe, K. M. (2001): Managing the Unexpected. Assuring High-Performance in an Age of Complexity, San Francisco: Jossey-Bass.
Weick, K.E. (1995): Sensemaking in Organisations, Thousand Oaks/London/New Dehli.
Weizsäcker, C.Chr. von (2002): Der Einfluß der Volkswirtschaftslehre auf die Wirtschaftspolitik, 35 – 58 in: Jens/Rohman 2002.
Weyer, J. (2000): Soziale Netzwerke, München/Wien: Oldenbourg.
Wieland, Josef (1996): Ökonomische Organisation, Allokation and Status, Tübingen.
Wieland, Josef (1997): Unternehmensethik als Erfolgsfaktor in globalen Kooperationen, S. 527 – 541 in: Krystek, Ulrich/Zur, E. (Hrsg.): Internationalisierung. Eine Herausforderung an die Unternehmensführung, Berlin: Springer.
Wieland, Josef (1998): Kooperationsökonomik. Die Ökonomie der Diversität, Abhängigkeit und Atmosphäre, S. 9 – 34 in: Wegner, G./Wieland, J. (Hrsg.). Formelle und informelle Institutionen, Marburg: Metropolis.
Wieland, Josef (1999): Die Ethik der Governance, Marburg: Metropolis.
Williamson, O.E. (1985): The Economic Institutions of Capitalism, New York: Free Press.

Williamson, O.E. (1986): The Economics of Governance, in: Langlois, R.N. (ed.): Economics as a Process, Cambridge: Harvard University Press.
Williamson, O.E. (1993): Calculativeness, Trust and Economic Organization, S. 453 – 486 in: Journal of Law and Economics, Vol. 36.
Williamson, Olivier E. (1996a): The Mechanism of Governance, Oxford: Oxford University Press.
Williamson, Olivier E. (1996b): Calculativeness, Trust and Economic Organization, S. 250 ff. in: Williamson 1996a.
Williamson, Olivier E. (1996c): The Politics and Economics of Redistribution and Efficiency, in: Williamson 1996a.
Wohlgemuth, M. (1999): Democracy as a Discovery Procedure. Towards an Austrian Economics Process, Max-Planck-Institute for research into Economic Systems, discussion-paper 17/1999, Jena.
Wohlgemuth, M. (2003): Democracy as an evolutionary method, 96 – 127 in: Pelikan/Wegner 2003.

Governance im Gewährleistungsstaat

– Vom Nutzen der Governance-Perspektive für die Rechtswissenschaft –

Wolfgang Hoffmann-Riem

A.	Auf dem Weg zu einer »neuen Erzählung« vom Staat und vom Regieren	196
B.	Governance-Forschung im Bezug zur rechtswissenschaftlichen Analyse	197
C.	Gestaltwandel von Staat und Recht	200
D.	Aufgabenwandel des Staates	203
E.	Der Staat als Akteur – Staatliche Akteure	204
F.	Attraktivität der Einsichten über Governance für die Rechtswissenschaft	207
G.	Insbesondere: Die »Richtigkeit« des Regierens und Verwaltens	211
H.	Das Machtproblem	213
I.	Schlussbemerkung	215

Rechtswissenschaftler und Rechtsanwender verhalten sich meist »begriffskonservativ«: Sie nutzen vorrangig die in der Gesetzgebung, Rechtsprechung und Rechtswissenschaft eingebürgerten, möglichst durch gesetzliche Normierung »geadelten« Begriffe und verhalten sich skeptisch gegenüber Begriffsbildungen anderer Disziplinen, insbesondere aus dem Bereich der Sozialwissenschaft. Der dort seit einigen Jahren populäre Begriff der Governance (vgl. *Kooiman* 1993; *Pierre/Peters* 2000; *Magiera/Sommermann* 2002; *Mayntz* 2004) hat es dementsprechend bisher nicht geschafft, in der Rechtswissenschaft nachhaltig rezipiert oder gar zum rechtswissenschaftlichen Begriff zu werden (*Ruffert* 2004, 24). Dies dürfte sich in der Zukunft kaum ändern, zumal es auch in den Nachbarwissenschaften der Rechtswissenschaft noch nicht gelungen ist, einen konsentierten und in seinen Bedeutungselementen hinreichend klar definierten Begriff von Governance zu entwickeln.[1]

Auch haftet der Govenance-Diskussion das Etikett des Modischen an. Moden haben gesellschaftlich durchaus wichtige Funktionen, so als Ausdrucksform von Befindlichkeiten, Lebensgefühl, Zeitgeist u. a., auch als Mittel der Entfaltung kreativer Potentiale, der individuellen Selbstdarstellung oder der sozialen Anpassung. Moden sind nicht auf Kleidung begrenzt. Wissenschaft diskreditiert sich nicht, wenn sie anerkennt, dass auch ihre Begriffe und Theorien sich in Reaktion auf die soziokulturellen Verhältnisse und deren Wandel entwickeln und ändern. Auch in der Wissenschaft gibt es die für Mode kennzeichnenden Pole eines Strebens nach Unterscheidung einerseits und Anschluss andererseits. Auch in ihr lassen sich also Erkennungszeichen beobach-

---

1 Dies belegt eindrucksvoll die Abfolge von Begriffsdefinitionen der letzten Jahre, die *Hill* 2005 aufgelistet hat. Auch changiert die Begriffsverwendung zwischen der Deskription neuer Modi des Regierens, ihrer analytischen Erklärung sowie ihrer präskriptiven Aufladung als Muster »guten« Regierens (good governance).

ten, mit denen Zugehörigkeit oder Besonderheit demonstriert wird. Der Governance-Begriff scheint ein solches Erkennungszeichen zu sein – auch wenn es wegen der Vielfältigkeit, ja teilweise Beliebigkeit der Begriffsverwendung nur begrenzte Erkenntniskraft hat. Ob er sich auf Dauer halten wird, ist nicht entscheidend. Selbst wenn dies nicht der Fall sein sollte, kann es sich für Rechtswissenschaftler lohnen, eine sozialwissenschaftliche Diskussion, wie zur Zeit die Governance-Diskussion, in ihren vielen Facetten wahrzunehmen, dadurch mehr über den gegenwärtigen Stand der sozialwissenschaftlichen Einsichten zu erfahren und zu fragen, wie weit die Rechtswissenschaft daraus lernen kann.

A. *Auf dem Weg zu einer »neuen Erzählung« vom Staat und vom Regieren*

I.

Wird ein sozialwissenschaftliches Angebot – wie hier das der Governance-Forschung – für den rechtswissenschaftlichen Kontext gesichtet, so scheidet der Governance-Begriff allerdings als rechtsnormativer Begriff aus. Das rechtsnormativ Erwünschte (»Gute«) haben Rechtswissenschaft und Rechtsanwendung in erster Linie den Rechtsnormen zu entnehmen, insbesondere der Verfassung. Diese aber kennt ihn ebenso wenig wie die juristische Dogmatik. Allerdings können Konzepte außerrechtlicher Art nützlich bei der Analyse und Konkretisierung rechtsnormativer Vorgaben sein. So können sozialwissenschaftlich fundierte empirische Befunde oder theoretische Konzepte für Rechtswissenschaftler und Rechtsanwender behilflich sein, den Realbereich der Normen (dazu vgl. *Hoffmann-Riem* 2004 a, 36) zutreffend zu erkennen, d. h. die politischen, ökonomischen, ökologischen, sozialen, kulturellen u. ä. Ausgangsbedingungen des normativen Zugriffs. Dies kann es erleichtern, das normative Regelungsprogramm mit Blick auf sein Regelungsfeld zu erfassen und so anzuwenden, dass es auf den jeweils maßgebenden Ausschnitt von sozialer Realität optimal abgestimmt ist.
Entsprechende Einsichten können auf die in der Rechtsordnung angelegten normativen Vorgaben zurückbezogen werden. Damit können sich Juristen Möglichkeiten verschaffen, ihre Sichtweise bei der verfassungs- und verwaltungsrechtswissenschaftlichen Analyse des Gegenstandes rechtlicher Regulierung in Frage stellen oder bestätigen zu lassen, d. h. sie also auch zu überprüfen. Dabei sollte der Blick nicht nur auf die Problembewältigung durch staatliches Recht gerichtet werden, sondern auch auf Problemlösungen, die ohne staatliches Recht auszukommen suchen, dabei allerdings häufig im »Schatten des Rechts« erfolgen. Die Befassung mit der Realität und deren Bezugsetzung auf das Recht kann auch zu einer »neuen Erzählung« vom Staat und vom Regieren führen (vgl. allgemein *Scherzberg* 2003, 44). Eine solche »neue Erzählung« kann die Beschreibung und analytische Erklärung des Einsatzes von Recht umfassen und dabei – normativ orientiert – Elemente erwünschten (»guten«) Rechts aufgreifen und auch helfen, Annahmen über »Good Governance« zu gewinnen.

II.

Das Bemühen um eine solche »neue Erzählung« gibt es nicht nur im Kontext der Governance-Diskussion. Es prägt z. B. auch den Teil der sozial- und rechtswissenschaftlichen Diskussion, die um den Begriff des »Gewährleistungsstaats« kreist (vgl. zur rechtswissenschaftlichen Diskussion etwa *Eifert* 1998, 18 ff.; *Schneider* 1999; *Hoffmann-Riem* 2001, 2004 b; *Schuppert* 2001; *Kämmerer* 2001, 474 ff.; *Franzius* 2003). Dieser Begriff soll eine Tendenz im Bereich staatlicher Aufgabenerfüllung zum Ausdruck bringen, nämlich eine Veränderung der Art der Verantwortungsübernahme durch den Staat. Dieser sieht in vielen Fällen davon ab, ihm gestellte Aufgaben selbst (»eigenhändig«) wahrzunehmen und konzentriert sich stattdessen auf Vorkehrungen zur Sicherung der Verfolgung und Erreichung (auch) von gemeinwohlorientierten Zielen durch Private oder im Zusammenwirken mit Privaten. Die Bewältigung sozialer Probleme soll vorzugswürdig in gesellschaftlicher Selbstregulierung erfolgen; diese wird aber durch einen hoheitlich gesetzten regulativen Rahmen (Zielvorgaben, Verfahrensregeln, Bereitstellung von Organisationstypen u. a.) ermöglicht und »umhegt«; auch steht der Staat in einer Auffangverantwortung für den Fall, dass diese gesellschaftliche Selbstregulierung die normativ erwünschten Zwecke nicht hinreichend erreichen hilft. Die Beobachtung geht dahin, dass der traditionelle Wohlfahrts- und Interventionsstaat ergänzt, überlagert und zum Teil ersetzt wird durch den ermöglichenden und sichernden »Gewährleistungsstaat«.

B. *Governance-Forschung im Bezug zur rechtswissenschaftlichen Analyse*

I.

Wie dies geschieht, insbesondere auf welche Weise und in welcher Qualität staatliches Handeln dazu beitragen kann, die Gewährleistungsaufgabe als Staatsaufgabe zu erfüllen, ist Gegenstand auch der Governance-Forschung. Sie gilt (insbesondere)[2] dem »Wie« des Regierens, zielt also auf die Erfassung des Modus und der Qualität modernen Regierens. Regieren (i.w.S.) ist dabei in Anlehnung an den angelsächsischen Begriff »Government« als Oberbegriff von Regierung und Verwaltung zu verstehen. Anzuschließen ist aber die Beobachtung, dass der Governance-Begriff nicht begrenzt auf den staatlichen Bereich verwendet wird (vgl. statt vieler *König* 2003). Corporate Governance etwa erfasst den Modus der Aufgabenbewältigung auch in Privatunternehmen. Der Governance-Begriff stammt ja aus einem kulturellen Kontext (nämlich dem angelsächsischen), für den die für die deutsche Rechtslehre kennzeichnende Trennung von Privat und Öffentlich, von Privatrecht und öffentlichem Recht nicht typisch ist. Seine Implantation in das Sprechen und Denken über die deutsche Rechts- und Gesellschaftsordnung bedeutet zugleich eine »Infektion«, und zwar mit

---

2   Diese Einschränkung ist angesichts der relativen Beliebigkeit der Begriffsverwendung in der wissenschaftlichen und politischen Debatte unverzichtbar.

einem Denken, das deutsche Selbstverständlichkeiten in Frage stellt. Zu ihnen gehört auch das Denken in getrennten Sphären des Öffentlichen und des Privaten. Die Governance-Forschung zielt insbesondere auf die Erfassung der Rahmenbedingungen, der Handlungs- und Verkehrsformen sowie der vielfältigen Abhängigkeiten des Regierens i.w.S. Kennzeichnend für modernes Regieren sind unterschiedliche Handlungsebenen (lokal, regional, national, europäisch, global), eine große Vielfalt und Ausdifferenzierung von Akteuren, die Pluralität betroffener Interessen, eine häufig große Komplexität der zu bewältigenden Probleme sowie ein grundsätzlich weites Instrumentenarsenal. Verflechtungen und Interdependenzen kommen in den Blick. Regieren erfolgt häufig unter Einbeziehung gesellschaftlicher Handlungsträger als Akteure und nicht nur als betroffene Objekte. Wichtig ist auch, dass Regieren heute nicht mehr in einem durch das Paradigma der strikten Trennung von Staat und Gesellschaft (dazu s. *Kahl* 2002 sowie *Horn* 1993; *Möllers* 2000 und *Weiß* 2002, 13 ff.) geprägten Feld des Umgangs mit sozialen Problemen und Konflikten erfolgt (vgl. *Poscher* 2003, 146).

Die governance-bezogene Perspektive erlaubt insbesondere Neuvermessungen der Arbeits-, Funktionen- und Verantwortungsteilung zwischen staatlichen, staatlich-privaten (hybriden) und privaten Akteuren (vgl. *Schuppert* 1998; *Ruffert* 2004, 35 ff.) und der damit verbundenen Kooperationsverhältnisse (zu ihnen s. *Ritter* 1979; *Benz* 1994; *Dose/Voigt* 1995; *Schneider* 1996; *Mehde* 2002; *Hansjürgens/Köck/Kneer* 2003). Die Governance-Perspektive ermuntert ferner dazu, den bei Juristen üblichen Weg zur Reduktion von Komplexität – die Kleinarbeit von komplexen Problemen zu juristisch handhabbaren Teilproblemen – nicht als einzig möglichen zu verstehen und – gegebenenfalls jedenfalls auch – eine Art ganzheitlicher Betrachtung einer Problemlage und der Lösungswege vorzunehmen. Die Governance-Diskussion kann insoweit als Pool für Anregungen neuer Problemansätze genutzt werden, erübrigt aber nicht die nach rechtswissenschaftlichen Relevanzkriterien erfolgende Prüfung, welche dieser Anregungen für den Umgang mit Recht genutzt werden dürfen, also für die Auslegung und Anwendung einzelner Normen und die Lösung konkreter sozialer Probleme/Konflikte mit Hilfe des Rechts.

Wenn *Renate Mayntz* (2005) darlegt, dass die Governance-Perspektive gerade dazu führt, die (für Juristen ja typische) Fixierung politischen Handelns auf die Lösung gesellschaftlicher Probleme (den »Problemlösungsbias«) zu überwinden, dann ist diese Vorgehensweise im sozialwissenschaftlichen Kontext gut begründbar. Der Rechtsanwender aber kann und darf sich nicht von dem rechtsnormativen Auftrag zur Problemlösung abwenden. Dass das Handeln der Akteure nicht auf sie allein fixiert ist – hinzu kommt etwa die in der Politikwissenschaft vielfach belegte Ausrichtung von Akteuren am Machtgewinn und Machterhalt –, dürfte empirisch leicht belegbar sein und muss deshalb einkalkuliert werden, ändert aber nichts an dem rechtsnormativ maßgeblichen Auftrag, bestimmte soziale Probleme mit Hilfe des Rechts zu bewältigen.

II.

Die Problemorientierung der Juristen ist mitverantwortlich dafür, dass die rechtliche Beurteilung eines Geschehens – jedenfalls in Deutschland – in erster Linie auf Ergebnisse (Entscheidungen) bezogen ist: Sie sind das Ziel staatlichen Handelns und an ihnen beurteilt sich dessen Rechtmäßigkeit. Rechtskontrolle ist in erster Linie Ergebniskontrolle und allenfalls in diesem Rahmen auch Verfahrenskontrolle. Allerdings hat die deutsche Rechtswissenschaft – angestoßen auch durch die Entwicklung in der EU und das starke Vertrauen der Gemeinschaftsorgane auf angelsächsisch geprägte Regelungskonzepte – sich in jüngerer Zeit verstärkt der Verfahrensperspektive angenommen. Auch die deutschen Gerichte erkennen an, dass z. B. Grundrechtsschutz auch als Verfahrensschutz ausgestaltet werden kann und worden ist. Die Verwaltung und die Verwaltungsrechtswissenschaft wenden sich verstärkt der Organisation und dem Verfahren als Steuerungsfaktoren zu. Solche Modifikationen des Blicks auf Recht und Rechtsanwendung können durch die Governance-Perspektive beflügelt werden.

Wird gefragt, in welcher Hinsicht die Governance-Perspektive darüber hinaus zu einer Bereicherung rechtspraktischer und rechtstheoretischer Arbeit werden kann, scheinen mir insbesondere fünf weitere Dimensionen wichtig zu sein. Diese werden in Teilen der aktuellen rechtswissenschaftlichen Diskussion (mehr oder minder intensiv) seit längerem herausgearbeitet, so dass gute Voraussetzungen für Anschlussfähigkeit bestehen.

(1) Rechtsnormen sind in erster Linie in ihrer Bedeutung als Handlungsnormen zu verstehen, also als normative Vorgaben für Verhalten, insbesondere problemlösendes Verhalten. Daneben enthalten sie – in ihrer Funktion als Kontrollnormen – einen Kontrollmaßstab für die Überprüfung einer Maßnahme durch eine andere Instanz als den primär Handelnden (im öffentlichen Recht etwa die Kontrollinstanzen Rechnungshof, Regierung, Gerichte). Die normativen Anforderungen des Kontrollmaßstabs können im Vergleich zu denen des Handlungsmaßstabs eingeschränkt sein. So sind Gerichte auf Rechtskontrolle begrenzt (die der Verwaltung zugänglichen Zweckmäßigkeitserwägungen sind ihnen verwehrt) und zum Teil haben sie Vorentscheidungen der handelnden Verwaltungsinstanzen zu respektieren (z. B. die Ausfüllung wertungsoffener, so genannter unbestimmter Rechtsbegriffe, soweit die Verwaltung ausnahmsweise mit einer Letztentscheidungskompetenz ausgestattet ist). Die Anforderungen an das Wie des Vorgehens können dementsprechend für den primären Adressaten der (Handlungs-)Norm andere sein als für die Kontrollinstanz. Dementsprechend gibt es unterschiedliche Governance-Anforderungen bei Verwaltungen einerseits und Gerichten andererseits.

(2) Rechtsnormen verweisen üblicherweise auf rechtsnormativ erhebliche Ordnungskonzepte, die ihrerseits auf außerrechtliche Werte, Erfahrungen und verfügbares gesellschaftliches Wissen zurückgreifen. Governance-Forschung befasst sich mit solchen Ordnungskonzepten.

(3) Rechtsnormen stehen nicht allein für sich, sondern sind in weitere rechtsnormative Kontexte eingebunden, die (im Zuge der so genannten systematisch-teleologischen Auslegung) für das Normverständnis, aber auch für die Möglichkeit der Zielerreichung bedeutsam werden können. Zur Verdeutlichung der Kontextabhängigkeit der je einzelnen Normen kann auf das vor allem im Völker-, aber auch im Europarecht entwickelte Denken in »Regelungsregimes« zurückgegriffen werden (*Krasner* 1983). Solche Regelungsregimes sind Ensembles von Prinzipien, Konzepten und Regeln sowie Verfahren und Institutionen, die die Problemlösung auf je unterschiedlichen Ebenen, durch je unterschiedliche Akteure und mit je unterschiedlicher Wirkkraft beeinflussen können. In Bezug auf diese Regelungsregimes lassen sich die jeweils maßgebenden Regelungsstrukturen (zum Begriff s. *Trute* 1999, 22 f.; *Trute/Denkhaus/Kühlers* 2004) identifizieren, also der Bestand an sowie die Vorgaben über das Zusammenspiel von rechtsnormativen Programmen, verfügbaren Organisationen, maßgebenden Verfahren, insbesondere entscheidungsbezogenen Spielregeln (etwa Fairness-Erwartungen) und Handlungsanreizen. Die Regelungsstrukturen nehmen auf und verdeutlichen, dass Recht in unterschiedlichen Regelungsarrangements eingesetzt werden kann; dazu zählen etwa Hierarchie, Markt/Wettbewerb, Netzwerk, Assoziation/Verbände.

(4) Die Governance-Perspektive kann die Ausrichtung rechtlicher Normen an bestimmten Akteuren – Subjekten und Objekten rechtlicher Steuerung – nicht aufheben, sie kann aber das in den Blick geratende Feld relevanter Akteure ausweiten und sie kann deren Zusammen-/Gegeneinanderwirken erfassen helfen. Insbesondere führt sie dazu, verstärkt die spezifischen Rollen der verschiedenen (staatlichen, staatlich-privaten und privaten) Akteure – also die ihnen entgegengebrachten Verhaltenserwartungen und damit verbundenen Zwänge – wahrzunehmen.

(5) Die Governance-Perspektive in ihrer Ausrichtung auf relativ komplexe Regelungsstrukturen bestätigt die Richtigkeit des Ansatzes, nach dem rechtliche Steuerung nicht nur auf das geschriebene Recht und vorhandene Präjudizien – das »hard law« – sehen darf, sondern verstärkt die Wirkungsweise von »soft law« – außernormative Wertungen, Alltagstheorien u. ä. – und von Organisationen i.w.S. (mit ihren je spezifischen Organisationskulturen und Erfahrungswelten) einbeziehen muss.[3]

C. *Gestaltwandel von Staat und Recht*

Die Governance-Perspektive erleichtert es, den Gestaltwandel moderner Staatlichkeit (vgl. *Benz* 2001) und damit verbunden der Rechtsordnung wahrzunehmen. Das seit der Aufklärung geschaffene »moderne« Recht war in erster Linie staatsgesetztes

---

3   In der Institutionenökonomik wird für solche Befunde der – allerdings zum Teil auch anders und enger verstandene – Begriff der Institutionen verwendet (vgl. etwa *Erlei u. a.* 1999, 23 ff.). Der rechtswissenschaftlichen Diskussion ist dieser weite Begriff der Institution fremd. Zur Institutionendiskussion in der Rechtswissenschaft s. die – sehr heterogenen – Beiträge in Benz/Sommermann 2004.

Recht. Es sollte im liberalen Rechtsstaat auch dazu dienen, überkommene gesellschaftliche Strukturen, insbesondere alte Feudalverhältnisse und entsprechende Normen, zu überwinden. Im Laufe der Zeit kristallisierte sich aber stärker der Auftrag heraus, Gleichheit und Gerechtigkeit in einer vom demokratisch legitimierten Gesetzgeber näher konkretisierten (abgeleiteten) Art und Weise abzusichern. Nun kommt (vermehrt) die Aufgabe hinzu, dies auch dort zu ermöglichen, wo staatliche und gesellschaftliche Handlungsträger in kooperativ-koordinativen Handlungszusammenhängen wirken oder der Staat gar darauf vertraut, dass Individual- und Gemeinwohl möglichst in gesellschaftlicher Eigenverantwortung verwirklicht werden. Auch hierzu lassen sich wichtige Befunde in Thesenform charakterisieren:

(1)   Für die Lösung sozialer Probleme befindet sich das Modell hierarchischer Über- und Unterordnung auf dem Rückzug. Das Handeln des Staates ist zwar vielfach noch weiterhin in Hierarchieverhältnisse (internen und externen) eingebunden (dazu vgl. *Dreier* 1991), aber zunehmend durch nicht hierarchische Zuordnungen zu Handlungsträgern der Gesellschaft geprägt. Stichworte dazu sind die vom verhandelnden Staat, moderierenden Staat, kommunikativen Staat, kooperierenden Staat und ratifizierenden Staat (aus der Literatur vgl. *Schuppert* 2003 b, 390 f.; *Mehde* 2002).

(2)   Damit einher geht die Ergänzung und häufig auch Ersetzung formalen Handelns durch informales (vgl. *Bohne* 1981; *Schulze-Fielitz* 1995; *Schulte* 1995).

(3)   Hinzu kommt die Ausweitung der Normierungstypen. Die auf Wenn-Dann-Verknüpfungen aufbauenden Konditionalprogramme werden zunehmend ergänzt um Finalprogramme, um rechtliche Optimierungsaufträge, Konzepte, Regeln, Leitbilder oder Planungsermächtigungen.

(4)   Die traditionell auf möglichst klare Grenzziehungen ausgerichtete Rechtsordnung muss den Befund vielfältiger Entgrenzungen (dazu vgl. *Schuppert* 2003 b, 389 ff.; *Scherzberg* 2003, 11; *Grimm* 2003) verarbeiten. So wird die Grenze zwischen Staat und Privaten nicht nur durch Bildung hybrider Handlungsträger und Erscheinungen wie die Public Private Partnership (vgl. *Budäus/Eichhorn* 1997; *Roggencamp* 1999) ebenso aufgebrochen wie durch den Einsatz sonstiger arbeitsteilig zusammenwirkender Träger »geteilter Kontrolle« (*Eifert* 2005 a). Auch die Unterscheidung von öffentlichem und privatem Recht wird fraglich und die verschiedenen Rechtssphären lassen sich vielfach als wechselseitige Auffangordnungen verstehen (dazu vgl. *Hoffmann-Riem/Schmidt-Aßmann* 1996). Hinzu kommen vielfältige Vernetzungen[4] (vgl. *Ladeur* 1993, 2001, 64 ff.; *Marin/Mayntz* 1991; *Ruffert* 2004, 50 ff.) (sektorale und regionale Netzwerke, Expertennetzwerke), zum Teil sogar virtuelle Entscheidungszu-

---

4   Netzwerke werden meist als Verbindung zwischen verschiedenen, abgrenzbaren und prinzipiell eigenständigen Akteuren von gewisser Dauer verstanden. Sie können auf unterschiedlicher Grundlage konstituiert werden (z. B. gemeinsame Interessen, rechtliche Kooperationspflichten), über den Austausch unterschiedlicher Ressourcen reproduziert werden (z. B. Information; je spezifische Handlungsressourcen) und die in ihnen wirkenden Knoten können eine höchst unterschiedliche Akteursqualität besitzen (z. B. Gruppen, feste Organisationen). S. dazu *Eifert*, 2002, 91 f.

sammenhänge[5], die dazu zwingen, das Denken in abgrenzbaren Sphären aufzugeben und sich auch auf diffuse und schwer überschaubare Verantwortungsstrukturen einzulassen. Zu verarbeiten sind dabei auch territoriale Entgrenzungen (Trans- und Internationalität).

(5) Der Trend zu Entgrenzungen stellt eine traditionelle Strategie des Rechts in Frage, die darauf zielt, Grenzziehungen vorzunehmen und dadurch möglichst eindeutige Zuordnungen zu ermöglichen (z. B.: Recht – Nichtrecht; Innenrecht – Außenrecht; rechtmäßig – rechtswidrig; Reduktion eines Konflikts möglichst auf bilaterale Interessenbeziehungen und Rechtsverhältnisse; Beschränkung der Wahrnehmung der Realität durch Konzentration des Blicks auf die »rechtserheblichen« Tatsachen): Durch Segmentierung bzw. Fragmentierung soll die Bewältigung komplexer, etwa multilateraler und multidimensionaler Problemlagen, die eine Vielzahl unterschiedlicher Akteure einzubauen hat, erleichtert werden.

(6) Will Recht sein Potential als Mittel zur Bewältigung von Interessenkonflikten oder allgemeiner zur Lösung sozialer Probleme ausschöpfen, muss es bereit sein, die Beschränkung auf überkommene Verfahrensformen und Instrumente aufzugeben und neue zu entwickeln, gegebenenfalls auch die für Deutschland typische justizbezogene Konfliktkultur abzubauen (zu ihr vgl. *Hoffmann-Riem* 2001, insbesondere 63 ff.).

(7) Ungeachtet diverser Entgrenzungen und eines verstärkten Vertrauens auf gesellschaftliche Problemlösungen ist staatliches Recht weiter unverzichtbar. So reicht es zur Problembewältigung offenbar nicht, allein auf Sitte, Moral und Ethik als präskriptive Orientierungen zu vertrauen (dazu vgl. *Raiser* 2004). Allseits zeigt sich ein Bedarf nach Recht, sei es zur Bestärkung der Gültigkeit von (auch außernormativ verankerten) Werten, sei es zur Sicherung der Verbindlichkeit von Verhaltenserwartungen durch die Drohung mit und gegebenenfalls den Vollzug von formalen Sanktionen bei einer Enttäuschung dieser Erwartungen. Nicht nur Machtschwache (Recht als Schutz), sondern auch Träger gesellschaftlicher Macht, haben einen Bedarf nach Recht (etwa Rechtssicherheit als Investitionssicherheit).

(8) Der Normierungsbedarf wird auf der staatlichen Seite nicht nur durch das Parlament befriedigt, sondern auch durch gubernative und administrative Normsetzung (vgl. *Axer* 2000; *von Bogdandy* 2000). Maßgebend ist aber nicht nur staatlich gesetztes Recht (Beispiele bei *Michael* 2002). Die beobachtbare Entstaatlichung der Rechtserzeugung und Rechtsdurchsetzung zeigt sich im innerstaatlichen Bereich, aber verstärkt im trans- und internationalen Bereich. Global handelnde Unternehmen und ihre Verbandsorganisationen sowie die von ihnen beauftragten Rechtsanwälte schaffen sich eine Ordnung ihrer Rechtsbeziehungen, die weit über die alte lex mercatoria des internationalen Handels- und Wirtschaftsrechts hinausreicht und sogar zu einer Art »Konstitutionalisierung ohne Staat« führen kann (dazu s. *Teubner* 2003, 5 ff.; *Zumb-*

---

5 Beispiele gibt es etwa im Bereich des E.-Government s. *Hoffmann-Riem* 2000, 24 ff.; *Eifert* 2004.

ansen 2001; *Anderheiden u. a.* 2001). Sonderrecht entwickelt sich in bestimmten Sektoren. Ein Beispiel ist die Regelung der Domainvergabe durch ICANN (vgl. *Hutter* 2003) (sogar unter Einrichtung von Schiedsgerichten) oder allgemeiner die Herausbildung einer insbesondere im Bereich digitaler Kommunikation (etwa des Internet) immer wichtiger werdenden globalen und relativ autonomen lex electronica (vgl. *Teubner* 2003, 18 f.). Ein anderes Beispiel ist die nichtstaatliche Regulierung im Bereich des Sports (FIFA, Olympisches Komitee). Weitere Beispiele nichtstaatlich erzeugten Rechts sind international koordinierte Normungen (Standardsetzungen), die zum Teil mit, häufig aber auch ohne Transformation der Normungen in staatlich gesetztes Recht auskommen (s. dazu *Willand* 2003, *Schultheiß* 2004). Allerdings ist die Wirkungsweise von »Recht ohne Staat« doch vielfach darauf angewiesen, eine Art Auffangnetz im staatlichen Recht vorzufinden. Zumindest lässt sich eine »reaktive Begleitung« (*Teubner* 2003, 11) des sich entwickelnden globalen Rechts durch den Staat beobachten (vgl. *Hermes* 1998, 148), gelegentlich auch der Ausbau seiner Reservefunktion. Beispielsweise sind privat vereinbarte Schiedsgerichte häufig in ihrer Wirkungsweise darauf angewiesen, dass es gegebenenfalls einen Vollzug mit staatlicher Unterstützung gibt (vgl. §§ 1025 ff. ZPO).

D. *Aufgabenwandel des Staates*

Dass die gegenwärtige Entwicklung nicht auf ein Abdanken des Staates und des staatlichen Rechts hinausläuft, zeigt etwa der mit der Privatisierung und Deregulierung einhergehende intensive Re-Regulierungsbedarf. In jüngster Zeit haben die hoheitlichen Regulierungsaktivitäten keineswegs abgenommen. Sie haben sich aber verändert. Selbst dort, wo ein weiterer Rückzug des Staates gefordert wird, bezieht sich dies meist nur auf den Einsatz bestimmter Instrumente, nicht aber auf die weiterhin an ihn gerichtete Erwartung, Gemeinwohl und Individualwohl zu sichern. Er soll weiterhin Steuerungsaufgaben erfüllen können, die ihm Folgeprobleme des Marktes (z. B. Arbeitslosigkeit), der technologischen Entwicklungen (z. B. Bedarf an Vermarktungsschutz durch Patent- und Urheberrecht), von Gefährdungslagen (etwa Umweltzerstörung) oder allgemeiner der gesellschaftlichen Veränderungsprozesse (ausgelöst etwa durch Globalisierung und Migration) stellen. Will der Staat solchen Erwartungen nachkommen, kann er nicht »Minimalstaat« sein. Auch wenn er einen Teil seiner bisherigen Aufgaben evtl. abbauen kann, bleibt die an ihn gerichtete Erwartung, zur Aufgabenerfüllung bereitzustehen, groß. Relativ neu ist aber, dass vom Staat zugleich erwartet wird, diese Aufgaben nicht vorrangig in hierarchischen Handlungsmodellen zu erfüllen, sondern sich vermehrt den Möglichkeiten und Herausforderungen eines Zusammenspiels von gesellschaftlicher Selbstregulierung und staatlicher Verantwortung zu stellen. Vom Gewährleistungsstaat wird nicht erwartet, dass er sich für alles als zuständig ansieht und dass er vor allem alle Aufgaben eigenhändig erfüllt (Rückbau der Erfüllungs- und Ergebnisverantwortung).

Das Vertrauen auf vermehrte private Problembewältigung bedeutet nicht notwendig eine Zurücknahme des Feldes staatlicher Aufgaben – obwohl auch das nicht grundsätzlich ausgeschlossen ist. Angezeigt ist aber im Aufgabenverständnis eine Neubestimmung, auf welche Weise und durch wen die Aufgaben erfüllt werden sollen und wie weit staatlicher Gemeinwohlsicherung auch im Bereich privater Selbstregulierung Rechnung getragen werden kann (vgl. *Schuppert* 2003 b, 340). Nicht die Aufgaben haben sich verändert, wohl aber die Modalitäten der Aufgabenerfüllung. Insoweit löst die (bloße) Aufgabenregulierung (teilweise) die unmittelbare staatliche Aufgabenerfüllung ab (vgl. *Kämmerer* 2001, 623).

E. *Der Staat als Akteur – Staatliche Akteure*

I.

Veränderte Modi der Aufgabenerfüllung zeigen sich insbesondere darin, dass der Staat Gemeinwohlsicherung möglichst nicht mehr in der Vertikale, also unter Nutzung seiner hierarchischen Überlegenheit, betreibt – obwohl es auch dies noch in großem Maße gibt, so im gefahrenabwehrenden und -vorsorgenden Ordnungsrecht.[6] Kennzeichnend ist gegenwärtig aber ein vermehrter Zugriff auf die schon erwähnten kooperativen und koordinativen Handlungsformen, also auf Formen horizontaler Regulierung. Insofern ist die ebenfalls schon betonte Pluralität mitwirkender Akteure einzukalkulieren, und zwar nicht nur solcher mit hoheitlichen Funktionen, sondern vor allem diverser privater Akteure. *Scherzberg* (2003, 42) beschreibt den Staat als einen »von vielen Knoten in diesem Netzwerk verschiedenster Akteure auf lokaler, regionaler, nationaler und transnationaler Ebene, in dem politische Organisationen, Wirtschaftsunternehmen, Interessenverbände und spontane Initiativen ihre eigenen, nur noch partiell territorial ausgerichteten Entscheidungs- und Abstimmungssysteme entwickeln.« Damit verbunden ist die Dezentralisierung, Privatisierung und Entnationalisierung des Staatlichen (vgl. *Scherzberg* 2003, 15 f.).
Solche Beobachtungen verdeutlichen, dass es nicht mehr angemessen ist, rechtliche Regulierung allein vom Modell des traditionellen Nationalstaats her zu denken. Es ist nicht einmal mehr angemessen, den Staat als ein in sich geschlossenes Gebilde zu betrachten.[7] So ist wahrzunehmen, dass er seinerseits über eine Vielzahl unterschiedlicher Teilakteure verfügt (dazu sogleich). Deren Besonderheit besteht darin, dass sie über bestimmte Befugnisse verfügen, die anderen (»privaten«) Akteuren so von der Rechtsordnung nicht bereitgestellt werden, nämlich »hoheitliche« Befugnisse. Wenn ich im Folgenden weiterhin vom »Staat« spreche, so ist dies eine abkürzende Formulierung. Sie soll die Gesamtheit (und Pluralität) aller Akteure umfassen, die über eine durch Recht (nationales Recht, Europarecht, zwischenstaatliches Recht) abgeleitete

---

6 So ist noch heute etwa 80 % des Umweltrechts Ordnungsrecht, s. die grafische Übersicht beim Sachverständigenrat für Umweltfragen, Jahresgutachten 2004, Rn. 1252, die allerdings auch die abnehmende Bedeutung des Ordnungsrechts zeigt. S. *Hendler* u.a. (Hrsg.), Rückzug des Ordnungsrechts im Umweltschutz, 1999.
7 Zu den Facetten der Diskussion um die Einheit des Staates s. *Möllers* 2000, insbesondere 228 ff.; *Felix* 1998.

Handlungsmacht als Träger hoheitlicher Befugnisse verfügen, die ihnen – normativ betrachtet – nicht im eigennützigen Interesse, sondern in Ausrichtung auf öffentliche Interessen (»Gemeinwohl«) übertragen sind, und zwar über Befugnisse, die den sonstigen Akteuren so nicht offen stehen. Die Übertragung solcher hoheitlichen Befugnisse ist mit Vorgaben versehen, so dem Gebot rechtlich gebundener und sachgerechter Aufgabenerfüllung sowie der gleichmäßigen Interessenberücksichtigung (vgl. *Franzius* 2003, 525).

Als Träger einer durch hoheitliche Befugnisse ausgezeichneten besonderen Gewährleistungsverantwortung kommen etwa in Betracht: Die Parlamente, die Regierungen, die Träger unmittelbarer und mittelbarer Staatsverwaltung (staatliche und kommunale Verwaltungsbehörden), relativ unabhängige Agenturen (wie die – allerdings nach §§ 116 f TRG immer noch weisungsunterworfene – Regulierungsbehörde für Elektrizität, Gas, Telekommunikation und Post – REGTP) oder mit Hoheitsgewalt ausgestattete Private (so genannte Beliehene). Die Besonderheit der Verfügungsmacht über hoheitliche Funktionen besteht darin, dass es Möglichkeiten zu »vertikaler« Steuerung gibt, und zwar sowohl im Verhältnis staatlicher Akteure zueinander als – vor allem – auch im Verhältnis der staatlichen Akteure zu privaten »Dritten«. Diese Möglichkeit ist auch dann bedeutsam, wenn die Träger solcher hoheitlichen Befugnisse ihre Aufgaben vorrangig nicht durch deren Einsatz, sondern möglichst in horizontalen Interaktionsbeziehungen zu erfüllen suchen. Die Möglichkeit zu vertikaler Regulierung gibt ihnen aber eine besondere Handlungsmacht, die als Drohmacht oder als Macht zur Auffangregulierung für den Fall unzureichender oder unterbleibender gesellschaftlicher Regelung eingesetzt werden kann. Diese Handlungsmacht kann als Gegengewicht zur Macht privater Akteure (etwa zwecks Überwindung ihrer Vetomacht) eingesetzt werden. Zu dieser hoheitlichen Macht gehört ferner die Möglichkeit, horizontal ausgehandelte Ergebnisse – die etwa auf die Normsetzung oder die Normdurchsetzung bezogen sind – in Hoheitsakte zu transformieren und damit deren allgemeine Verbindlichkeit zu sichern (dazu vgl. etwa *Michael* 2002) und zugleich die Durchsetzung durch Zugang zu hoheitlichen Sanktionsmitteln (Verwaltungsvollstreckung; Geldbuße nach Ordnungswidrigkeitenrecht) zu erleichtern. Der in horizontalen Beziehungen handelnde Staat ist im »Schatten der Hierarchie« in vielem (nicht stets!) handlungsmächtiger als er es allein auf Grund der ihm verfügbaren sonstigen (rechtlichen, personellen, finanziellen u. ä.) Ressourcen wäre.

II.

Das in seiner Entwicklungsgeschichte auf hierarchische Steuerung ausgerichtete öffentliche Recht und die in dessen Anwendung geübten staatlichen Akteure sehen sich zum Teil veranlasst, Vorsorge für neue persönliche und organisatorische Handlungskompetenzen zu treffen, um die Erfüllung der fortbestehenden staatlichen Aufgaben in dem veränderten Umfeld unter Nutzung des koordinativ und kooperativ ausgerichteten Handlungsinstrumentariums hinreichend sichern zu können. Der Staat – richtiger die für ihn handelnden Akteure – müssen insbesondere lernen zu verhandeln, zu kooperieren und zu moderieren.[8] Sie müssen bemüht und befähigt sein, die für ihr Handeln maßgebenden verwaltungsexternen und -internen Netzwerke (zu letzteren s. *Eifert* 2005b) zu überschauen, gegebenenfalls sogar als Netzwerkarchitekten und -pfleger tätig zu werden. Besonders wichtig ist es, dass sie Verbündete bei ihrem Handeln finden, die es ihnen erleichtern, sich gegebenenfalls gegen Träger einseitiger Interessen durchzusetzen – so etwa, wenn zur Regulierung unverzichtbare Informationen aus dem Handlungsfeld von Privaten dem Staat nicht freiwillig zugänglich gemacht werden oder wenn diese ihre Vetomacht im Verbund mit anderen Akteuren ausbauen. Ein Verbündeter der Träger von Staatsgewalt kann auch die allgemeine Öffentlichkeit (vgl. deren Kritik- und Kontrollfunktion) sein; deren Aktivierung kann durch entsprechende Regeln – etwa Transparenzgebote oder Informationszugangsrechte, Dokumentationspflichten – erleichtert werden, wird aber andererseits durch Vermachtungen im Medienbereich erschwert, die im Übrigen gerade bei neuen Medien (z. B. Suchmaschinen im Internet) noch intensiver ausgebaut sind als in den so genannten alten, wie der Presse.

Die Erhaltung einer auf die gegenwärtigen Bedingungen ausgerichteten Handlungs- und damit Steuerungsfähigkeit des Staates wird zu einer eigenständigen Staatsaufgabe. Zu den Herausforderungen gehören: Vorkehrungen zur Sicherung der »Lernfähigkeit« der Verwaltung (dazu vgl. *Eifert* 2001, 137 ff.; *König/Berger/Feldner* 2001; *Hoffmann-Riem* 2004 a, 44 ff.); Ausbau der Fähigkeit zu kooperativ-koordinativem Handeln durch Modifikationen im Behördenaufbau und in den Entscheidungsabläufen, Wettbewerb mit anderen Aufgabenträgern (»Benchmarking«) und Lernen von »Vorreitern« (dazu vgl. *Sachverständigenrat für Umweltfragen* 2004, Rn. 1185); verstärkte Einstellung auf die Handlungslogik der am Markt operierenden privaten Akteure.[9] Die Wahrnehmung der Gewährleistungsverantwortung in ihren verschiedenen Dimensionen (dazu vgl. *Hoffmann-Riem* 2001, 24 ff.) setzt ferner die Vorsorge für die Verfügbarkeit weiterer Handlungsoptionen, etwa im Rahmen der Auffangverantwortung[10], voraus. Dazu kann es auch gehören, dass das staatlich verantwortete Recht Rückholoptionen (vgl. *Voßkuhle* 2003, 326) bereithält. Deren Schaffung kann etwa rechtzeitige Vorkehrungen gegen einen zu hohen Bestandsschutz einmal eingerichteter Rechtspositionen voraussetzen (etwa durch Befristung von Verwaltungsakten oder Beifügung eines Widerrufsvorbehalts). Allerdings sind der Rückholbarkeit rechtliche (etwa Vertrauensschutz) und faktische Grenzen (etwa der politischen Durchsetzbarkeit) gesetzt. Insbesondere lassen sich die für hoheitliche Aufgabenerfüllung unabdingbaren Strukturen nicht beliebig (wieder) herstellen. Gleiches kann für Träger gesellschaftlicher Problembewältigung gelten[11]. Sind z. B. klein- und mittelständische Unternehmen erst einmal vom Markt verdrängt und durch oligopolisti-

---

8 Reichard 2003 führt folgende neue Rollen für den gewährleistenden Staat auf: Planer, Initiator, Koordinator, (Anschub-)Finanzier, Infrastruktur-Bereitsteller, Qualifizierer, Mobilisierer, Moderator, Makler, Motivator, Kontrolleur, Evaluator, demokratischer Steuerer und Kontrolleur, Öffentlichkeitsarbeiter sowie Multiplikator.
9 Lernen dazu ermöglicht auch die Umsetzung des Neuen Steuerungsmodells.
10 Gemeint ist das Handeln des Staates in einer Reservefunktion: Er hält eine Ersatzregelung für den Fall bereit, dass durch Selbstregulierung Zielverfehlung droht (etwa: Einführung des obligatorischen Dosenpfandes angesichts der weiten Verbreitung von Einwegflaschen, die als umweltschädlich eingeordnet wird). Zu entsprechenden Regelungsstrukturen s. *Trute/Denkhaus/Kühlers* 2004.

sche oder monopolistische Akteure ersetzt worden – etwa mit der Folge eines Verlustes an Innovationsfähigkeit der Gesellschaft –, hilft staatliches Kartellrecht zur Wiederherstellung der früheren Strukturen nicht, ja selbst dann nicht, wenn es (anders als den GWB) Entflechtungen erlaubt. Denn diese müssen erst einmal politisch und ökonomisch durchgesetzt werden, ein nach weltweiter Erfahrung nur selten gelingendes Vorhaben.

Soweit die Erfüllung von Staatsaufgaben im Zusammenspiel mit Privaten erfolgt, kann es zur Aufgabe staatlicher Gewährleistung ebenfalls gehören, die unterschiedlichen privaten Akteure zu befähigen, ihre jeweiligen Rollen adäquat so wahrnehmen zu können, dass sie dem Staat als Kooperationspartner hilfreich sind, aber zugleich (vor allem) eine angemessene Chance zur Durchsetzung auch ihrer jeweiligen Interessen erhalten. Das setzt in Konfliktfällen Handlungskompetenz auch und insbesondere insoweit voraus, als sie »professionals« mit hoher Handlungskompetenz und der Bereitschaft zum Machteinsatz gegenüberstehen. Durch Verfahrensrecht, auch durch Informationsunterstützung (staatliche Informationsarbeit u. ä.), kann staatlicherseits mitgeholfen werden, Chancengleichheit real abzusichern (vgl. BVerfGE 105, 252, 266 ff.) und die Interessenverfolgung für alle Beteiligten erfolgreich werden zu lassen. Die Wichtigkeit dieser Aufgabe zeigt sich gegenwärtig beispielsweise im Kontext des Aufbaus eines electronic government (dazu *Eifert* 2005b).

Wichtig können auch die Fähigkeit und Bereitschaft der je individuellen Bürger zur Übernahme von zivilgesellschaftlicher Verantwortung jenseits der Orientierung am individuellen Eigennutz werden. Diese allerdings kann nicht stets als selbstverständlich vorausgesetzt werden. Wenn moderne Governance-Konzepte etwa darauf vertrauen, dass die so genannte Zivilgesellschaft die Möglichkeiten gesellschaftlicher Selbstorganisation zur Ausschöpfung der vorhandenen Vielfältigkeit an Erfahrungen, Ideen und Durchsetzungsmacht nutzt – etwa durch bürgerschaftliches Engagement, Vereinsaktivitäten, nachbarschaftliche Vorsorge, Non Government Organisations, spontane Initiativen –, dann bedarf dies gegebenenfalls der Umhegung und Pflege von Handlungsbereitschaften und -fähigkeiten (auch) mit Unterstützung des Rechts.

F. *Attraktivität der Einsichten über Governance für die Rechtswissenschaft*

Die Governance-Perspektive erlaubt – wie eingangs dargestellt – einen veränderten Blick auf »Regieren« i.w.S. und damit auf das Wie der Aufgabenerfüllung durch oder unter Mitwirkung von Hoheitsträgern. Um Missverständnisse zu vermeiden, sei allerdings angemerkt, dass viele der von der Governance-Forschung beobachteten und analysierten Erscheinungen seit langem in der Rechtswissenschaft bekannt sind. Vielfach handelt es sich nur um die Bündelung und zum Teil Ergänzung von seit langem gewonnenen Einsichten. Die Rechtswissenschaft hat in den letzten Jahrzehnten nämlich eine Reihe von Veränderungen erfahren, die den Anschluss an einige der für die

---

11 Zur Kennzeichnung nicht stets gegebener Rückholbarkeit mag das auf *Lester Throuw* zurückgeführte Bild helfen: Man kann aus einem Aquarium eine Fischsuppe machen, aber nicht aus Fischsuppe ein Aquarium (zitiert nach *Gretschmann* 2005).

Governance-Forschung kennzeichnenden Wahrnehmungen erleichtern. Im Folgenden seien einzelne Veränderungen beispiel- und damit auswahlhaft umschrieben.

(1) Die Rechtswissenschaft befindet sich seit einiger Zeit auf dem Weg der Abkehr von ihrer rein geisteswissenschaftlichen Grundlegung und einer Zuwendung zu einer Entscheidungsorientierung, die anerkennt, dass die Regeln der Hermeneutik – ungeachtet ihrer Einsetzbarkeit insbesondere für die Normenauslegung – allein nicht ausreichen, um Normen zu konkretisieren und in konkreten Konfliktfällen anzuwenden. Dementsprechend müssen die Methoden der Rechtswissenschaft ausgeweitet werden, nicht nur zum Einbezug der Rechtsetzungselemente der Rechtsanwendung und zur Erfassung der Realbereiche der Normen (dazu s. etwa *Hoffmann-Riem* 2004 a, 20 ff.), sondern auch zur Erarbeitung und Verwendung des auf den Prozess der Herstellung der Entscheidung (also nicht nur ihrer Darstellung) bezogenen Faktoren (vgl. *Trute* 2004). Die Darstellungsorientierung der rechtswissenschaftlichen Methoden ist der meist vorrangigen oder gar ausschließlichen Ausrichtung auf die Kontrollperspektive geschuldet (Darstellung der Unangreifbarkeit einer getroffenen Entscheidung). Kommt aber auch das »Wie« der primären Entscheidung in den Blick, ist eine Umpolung auf den Prozess der Herstellung unausweichlich. Werden Normen nicht nur als Kontrollnormen, sondern (sogar in erster Linie) als Handlungsnormen verstanden (s. o. B II 1), ist der Übergang zur Herstellungsperspektive nahe liegend oder gar unausweichlich.

(2) Es gibt keine objektive Gewissheit über Normgehalt und Realdaten, sondern nur eine relative Richtigkeit der Erkenntnis. Der Einfluss von Philosophie, Sprachtheorie und Rechtssoziologie auf die Rechtswissenschaft hat insbesondere Raum für konstruktivistische Ansätze geschaffen, die Rechtsauslegung und Rechtsanwendung als Prozess der Wirklichkeitskonstruktion verstehen (vgl. etwa *Scherzberg* 2000, 28 ff.; *Lepsius* 2002, 174 ff.; *Hoffmann-Riem* 2004 a, 30 f.). Die für die Rechtsanwendung verwendbaren normativen und empirischen Daten stehen nicht von vornherein fest, sondern müssen unter spezifischen situativen Rahmenbedingungen in einem darauf gerichteten sozialen Prozess ebenso erarbeitet werden wie die für die Problemlösung verfügbaren Optionen. Auch die Optionenwahl ist ein Teil des sozialen Problemlösungsprozesses. Auslegung und Anwendung von Normen sind in ein bestimmtes soziales Umfeld und damit in die Erfahrungswelten, Leitbilder, Ordnungsideen und Regelungskonzepte der an dem Prozess beteiligten Personen bzw. Organisationen eingefügt. Unter ihrer Einbeziehung sind möglichst (nicht: einzig) richtige Entscheidungen zu erarbeiten.

(3) Die Überwindung der Fixierung der Rechtswissenschaft auf die Normauslegung und stattdessen die Fokussierung auch auf die Normanwendung gehen einher mit einem verstärkten Blick auf die durch Rechtsanwendung ausgelösten Folgen. Zwar war Rechtsanwendung immer auf Folgen – jedenfalls auf das Entscheidungsergebnis, etwa einen Verwaltungsakt oder ein Urteil – ausgerichtet (*Deckert* 1995). Die – lange Zeit vorherrschende – Normierung durch Konditionalprogramme bedeutet, dass der

Gesetzgeber die Verantwortung für die Rechts-Folgen übernimmt, und zwar für die im Dann-Satz enthaltene Rechtsfolge, aber auch für die weiteren dadurch ausgelösten Folgen und Folgesfolgen. Dies entlastet die Rechtsanwender von Folgenverantwortung.[12] Diese Entlastung lässt sich im Zuge der – heute zunehmend erfolgenden – Nutzung von Finalprogrammen, Optimierungsaufträgen oder Planungsermächtigungen nicht mehr erreichen, da diese Spielraum für eigenständige Wahlentscheidungen der Rechtsanwender belassen. Die Auswahlentscheidung muss nunmehr auch hinsichtlich ihrer Folgen eigenständig verantwortet werden. Das Bewusstsein von der demokratischen Legitimation nicht nur des rechtsetzenden Parlaments, sondern auch der hoheitlichen Rechtsanwender, also auch der Verwaltung (rechtstechnisch vermittelt etwa über Normen wie Art. 65 GG), erleichtert diese Ausweitung. Schwierig zu beantworten war und ist aber die Frage, welche Folgen und Folgesfolgen – auch z. B. unvorhergesehene mittelbare Folgen? – normativ verantwortet werden müssen.[13] Es kommen besondere Schwierigkeiten demokratischer Legitimation hinzu, wenn hybride oder gar rein private Handlungsträger in den Prozess der Normkonkretisierung und -anwendung einbezogen werden und in der Folge die Vorstellung einer (irgendwie) vom demokratischen Gesetzgeber abgeleiteten »Legitimationskette« nicht mehr passt und nach anderen Sicherungen eines problemangemessenen Legitimationsniveaus zu suchen ist (dazu s. *Hoffmann-Riem* 2005 a, b).

(4) Die Verantwortung auch für Folgen – sei es für die Erreichung der vom Gesetzgeber gewollten, sei es für weitere – lenkt den Blick auf die Wirkungsdimensionen des Rechts und damit dessen Steuerungsaufgabe. Recht als Programm zur Lösung sozialer Konflikte/Probleme zielt auf das Bewirken normativ erwünschter Wirkungen und die Vermeidung normativ unerwünschter Wirkungen (Recht als Bewirkungsauftrag).[14] Die je einzelnen Normen pflegen von der Vorstellung getragen zu sein, dass sie mit dem Blick auf Wirkungen Verhalten lenken sollen oder (Steuerungs-)Akteure ermächtigen, durch Umsetzungsakte das Verhalten anderer – der Steuerungsobjekte – zu beeinflussen. Mit dem Einsatz des Rechts zur Verhaltensbeeinflussung und zur Erreichung von Wirkungen – und damit zugleich mit der normativen Zurechnung solcher Wirkungen – befasst sich insbesondere der steuerungswissenschaftlich ausgerichtete Zweig der Rechtswissenschaft.[15] Damit ist nicht notwendig die Parteinahme für eine bestimmte Steuerungstheorie verbunden, wohl aber die Suche nach Konzepten, wie die normativ erwünschten Wirkungen erreicht und die unerwünschten vermieden werden können.[16] Auch wenn weiter umstritten

---

12 In dieser Entlastung sah *Luhmann* einen besonderen Vorzug von Konditionalprogrammen gegenüber Finalprogrammen, s. *Luhmann* 1974, 31 ff.
13 Zu weitgehend etwa *Michael* 2002, etwa 536 ff.
14 *Bumke* 2004 schlägt zutreffend vor, den Steuerungsbegriff im Bereich der Rechtswissenschaft als Bezugnahme auf den normativen Zurechnungs- und Rechtsfolgenzusammenhang zu verstehen. Es gehe um das »Zur-Folge-haben-sollen«, nicht um das »Zur-Folge-haben«. Entscheidend ist insofern, was normativ zugerechnet wird. Dazu gehört etwa die Klärung, ob das Gesollte erreicht wird oder werden kann; dies lässt sich ohne Ursachenfeststellungen bzw. -prognosen nicht klären.
15 Er ist kennzeichnend etwa für die meisten Beiträge in den zehn Bänden der Schriften zur Reform des Verwaltungsrechts, herausgegeben von *Hoffmann-Riem* und *Schmidt-Aßmann* (1993-2004).
16 Damit beschäftigt sich auch die Verhaltenstheorie des Rechts, zu ihr s. *Hof* 1996; *Haft/Hof/Wesche* 2001.

ist, welchen argumentativen Stellenwert das Folgenargument bei der konkreten Rechtsanwendung hat, so ist nicht nur bei den Rechtsetzern, sondern auch bei den Rechtsanwendern das Bewusstsein dafür gewachsen, dass der Optionenreichtum des Rechts – der rechtstechnisch mit unbestimmten Rechtsbegriffen, Ermessensermächtigungen, Zielvorgaben u. ä. verbunden ist und sich auch in Instrumentenvielfalt niederschlägt – genutzt werden darf und muss, um das normative Regelungsprogramm »bestmöglich« zu erfüllen. Der Handlungsauftrag des Rechts zielt auf Optimierung im rechtlich vorgegebenen Rahmen.

Kennzeichnend für Rechtswissenschaft ist insofern ein gewisser – normativ vorausgesetzter – Steuerungsoptimismus, der ungeachtet vieler Rückschläge – dokumentiert in Befunden der Nicht- oder Fehlsteuerung – Triebkraft dafür ist, dass Recht intentional als Mittel zur Erreichung von Wirkungen und insbesondere zum Schutz von Individualpositionen oder zur Verwirklichung des Gemeinwohls eingesetzt wird.[17] Dies verweist auf einen normativen Auftrag. Angesichts der praktischen Schwierigkeiten, die angestrebten Folgen zu erreichen, begnügt Recht sich allerdings vielfach mit dem Bemühen um die Erfüllung des Bewirkungsauftrags. Eine Erfolgsgarantie enthält das Recht meist nicht.

(5) Wird das steuerungstheoretisch ausgerichtete rechtswissenschaftliche Denken nunmehr in Richtung auf das Governance-Konzept gelenkt und berücksichtigt, dass der Bewirkungsauftrag des Rechts auch in dem Kontext komplexer Regelungsstrukturen zu erfüllen ist, entstehen neue Orientierungsfelder, zugleich aber auch -unsicherheiten. Rechtsstaatliche Grundsätze wie die Bindung an das Gesetz und die Vorhersehbarkeit der Rechtsanwendung (Rechtssicherheit) verlangen das Bemühen um die Sicherung der praktischen Handhabbarkeit des Rechts. Traditionelle Rechtsinstitute wie das subjektive Recht, der Vertrag (regelmäßig nur bipolar konstruiert) oder der Verwaltungsakt (als rechtserhebliche Einzelfallregelung) engen die rechtliche Erfassung der Komplexität der Lebensverhältnisse (etwa der betroffenen Interessen) gezielt ein, um Probleme rechtlich handhabbar zu halten (s. o. C). Wird die Möglichkeit der Einbettung von Problemlösungen in komplexe Regelungsstrukturen anerkannt, so müssen die rechtlichen Institute entsprechend komplexer werden, dürfen dies aber nicht so weit treiben, dass sie dadurch ihre praktische Handhabbarkeit verlieren. Die wissenschaftliche Verarbeitung der Bezugnahme von Rechtsetzung und Rechtsanwendung auf komplexe Regelungsstrukturen hat erst begonnen, kann allerdings schon auf manche Vorarbeiten zurückgreifen. So werden z. B. seit langem das Zusammenspiel von Normprogrammen mit Organisation, Personal, Verfahren und Finanzen (s. etwa die Beiträge in *Schmidt-Aßmann/Hoffmann-Riem* 1997; *Hoffmann-Riem/Schmidt-Aßmann* 2003) oder die Bedeutung von Anreizstrukturen[18] oder das kooperative Verwaltungshandeln in den Blick genommen. Es wird versucht herauszuarbeiten, welche Faktoren auf die Rechtsanwendung Einfluss nehmen und nehmen

---

17 Vgl. etwa den Steuerungsbegriff in der Definition von *Dose* 2003, 19, 20 f.: Er versteht Steuerung als eine intentionale und kommunikative Handlungsbeeinflussung mit dem Ziel der gemeinwohl-orientierten Gestaltung.
18 Hier gibt insbesondere die an die Institutionenökonomik anknüpfende ökonomische Analyse des Rechts Anregungen.

dürfen und wie sie gezielt – auch strategisch – eingesetzt werden und werden dürfen, um den Bewirkungsauftrag des Rechts zu erfüllen (*Hoffmann-Riem* 2004 a, 31 ff.).

G. Insbesondere: Die »Richtigkeit« des Regierens und Verwaltens

Auch der normative Maßstab wird komplexer. Die »Richtigkeit« des Regierens i.w.S. durch Rechtsanwendung bemisst sich nicht nur daran, ob die von der Rechtsordnung vorgesehenen Grenzen möglichen Handelns beachtet werden, es also im Korridor des rechtlich Zulässigen liegt (Rechtmäßigkeit i.e.S.). Als rechtsnormativ legitimierte, wenn nicht gegebenenfalls sogar rechtlich gebotene Richtigkeitsdimensionen kommen ergänzend insbesondere in den Blick: die Optimalität der Inbezugsetzung unterschiedlicher Interessen; die Effektivität der eingesetzten Instrumente; die Akzeptabilität oder gar Akzeptanz von gefundenen Problemlösungen bei Beteiligten, bei weiteren davon Betroffenen oder bei der allgemeinen Öffentlichkeit; die Kohärenz (Einfügung in und Abstimmung mit den unmittelbar und mittelbar betroffenen Regelungsstrukturen); die Effizienz des Ressourceneinsatzes; die Vorsorge für die Vollzugstauglichkeit (Implementierbarkeit); die Zukunftsfähigkeit einer gefundenen Lösung.
Dies sind durchaus auch rechtlich strukturierte Maßstäbe, die sich insbesondere als Konkretisierungen der Prinzipien der Demokratie, Rechts- und Sozialstaatlichkeit verstehen lassen. Sie sollen dort wirksam werden, wo Regierung und Verwaltung Handlungsspielräume vorfinden. Dies ist nicht nur der Fall, wo diese durch Planungsaufträge oder Ermessensermächtigungen u. ä. ausdrücklich eingeräumt sind, sondern sie finden sich in fast allen Normprogrammen. Angesichts der Auslegungsfähigkeit fast aller Begriffe und der Verabschiedung des Dogmas der einzigartigen Richtigkeit der je zu treffenden rechtlichen Entscheidung (s. o. F <2>) ist die grundsätzliche Abwesenheit jeglicher Spielräume eher die Ausnahme in der Rechtsordnung[19]. Da im Übrigen die Wahrnehmung des ein Problem auslösenden sozialen Geschehens (für die Juristen: des Sachverhalts) ihrerseits ein Akt voraussetzungsvoller sozialer Wirklichkeitskonstruktion ist, wird häufig schon hier mitstrukturiert, ob und welche Entscheidungsspielräume im Übrigen verfügbar sind.
Wird die Vielfalt der Kriterien der Richtigkeit der Spielraumausfüllung anerkannt, schließt sich die Notwendigkeit einer Klärung an, wie die verschiedenen Richtigkeitsdimensionen zueinander stehen (vgl. auch *Schulze-Fielitz* 2000). Dies kann im Folgenden nur illustriert werden. Einige der Richtigkeitsdimensionen gehören zweifellos zum Maßstab der Rechtmäßigkeit i.e.S. Beispielsweise ist die Eignung einer Maßnahme zur Zielerreichung Rechtmäßigkeitsvoraussetzung, etwa im Zuge der Verhältnismäßigkeitsprüfung. Allerdings pflegt die gerichtliche Überprüfung der Eignung einer verwaltungsbehördlichen Entscheidung unter Nutzung des Verhältnismäßigkeitsgrundsatzes nur dahingehend zu erfolgen, ob es an einer (jedenfalls teilweisen)

---

19 Allerdings führen die Anerkennung von Regeln der Rechtsdogmatik und die Leitfunktion von Präjudizien dazu, dass die theoretisch bestehenden Spielräume konkret häufig nicht genutzt werden. Potentiell sind sie aber weiter vorhanden, d. h. sie können gegebenenfalls – etwa bei veränderten Einsichten oder gewandelten Rahmenbedingungen – wieder genutzt werden.

Eignung fehlt. Teileignung reicht also für die Feststellung der Rechtmäßigkeit im Zuge der Anwendung der Norm als Kontrollprogramm des Gerichts; demgegenüber zielt das Handlungsprogramm auf möglichst weit gehende oder gar vollständige Eignung: So soll die Verwaltung möglichst mehr anstreben als nur Teileignung. Andere Richtigkeitsmaßstäbe – z. B. die Effizienz (also das angemessene Verhältnis von Ressourceneinsatz und Zielerreichung) – kann rechtlich im Binnenverhältnis des Staates (etwa im Haushaltsrecht) verbindlich sein, ohne dass sich Mängel bei der Befolgung des Grundsatzes sich (stets) auf die Rechtmäßigkeit des an einen Bürger gerichteten Verwaltungsaktes auswirken.

Die Einhaltung rechtlicher Vorgaben lässt sich insbesondere an dem konkret getroffenen Entscheidungsergebnis (dem Output) beurteilen. Sind Mängel schon auf der Input-Ebene (beispielsweise bei der Sachverhaltsermittlung oder der Suche nach der entscheidungserheblichen Norm) erfolgt, schlägt dies regelhaft auf die Ergebnisrichtigkeit durch. Bei Verfahrensfehlern geht die Rechtsordnung differenzierend vor, indem sie gewisse Fehler bei der Rechtskontrolle als unerheblich erklärt (vgl. etwa §§ 45 f. VwVfG), sie sonst aber auf das Ergebnis durchschlagen lässt.

Schwierig ist die Klärung, wie weit in die Rechtmäßigkeitsprüfung auch Folgen und Folgesfolgen (Outcome, Impact) einbezogen werden dürfen/müssen – also beispielsweise die Verursachung mittelbarer Folgen, die neuen Handlungsbedarf auslösen, oder die Vorbildwirkung der Entscheidung für weitere. Diese liegen häufig außerhalb des Aufmerksamkeitsspektrums der Rechtmäßigkeitsprüfung, zum Teil aber sind sie für das Handlungsprogramm der Verwaltung rechtlich (oder nur politisch) erheblich, können aber für das Kontrollprogramm gegebenenfalls außer Betracht bleiben.

Als Zwischenergebnis gilt: Die über Rechtmäßigkeit i.e.S. hinausgehenden Maßstäbe der Richtigkeit können bei der Nutzung von Normen als Handlungsprogrammen – also zur Anleitung administrativer oder privater Problembewältigung – rechtlich umfassender bedeutsam sein[20] als bei ihrer Nutzung im Rahmen von Kontrollprogrammen, insbesondere soweit die Kontrolle dort – wie die durch Gerichte – nur die Rechtskontrolle (oder gar nur eine eingeschränkte Rechtskontrolle) umfasst. Für die Haushaltskontrolle durch den Rechnungshof oder die politische Kontrolle durch die Parlamente können aber beispielsweise auch die weiteren Dimensionen der Richtigkeit rechtlich oder auch nur politisch bedeutsam werden.

Der Blick auf das größere Arsenal der »Richtigkeit« kann jedenfalls das Bewusstsein dafür schaffen, dass Rechtmäßigkeit i.e.S. nur eine notwendige Bedingung »guten« Regierens und Verwaltens ist, aber nicht hinreicht, um die Potentiale rechtlich strukturierten Verhaltens für die Problembewältigung in einer auf das Individual- und Gemeinwohl gleichermaßen bezogenen Weise zu aktivieren. Vor allem reicht Rechtmäßigkeit im Sinne der Vermeidung von Rechtsfehlern im Entscheidungsergebnis für Recht als Handlungsprogramm nicht[21].

Wird respektiert, dass konkrete Entscheidungen nicht isoliert in einem abgekapselten

---

20 Insofern ist es falsch, sie als Maßstäbe bloßer Verwaltungspolitik einzuordnen.
21 Erwartet wird vielmehr insbesondere auch, dass Entscheidungen sich in das Konzert anderer schon getroffener und noch zu treffender Entscheidungen einfügen, d. h. die Handlungsfähigkeit für die Zukunft wahren helfen.

Raum getroffen werden, dass sie das Produkt eines komplexen Entscheidungsprozesses sind, in dem auch faktisch-strategisch gehandelt, die Grenze der Belastbarkeit Betroffener ausgelotet und nach Verbündeten gesucht wird und in dem es manchmal klüger ist, pragmatische Kompromisse zu treffen als in Verfolgung »reiner Lehren« zu handeln, dann wird erkennbar, dass »richtiges«/»gutes« Regieren und Verwalten eine erweiterte Qualität hat als nur die rechtlich einwandfreier Subsumtion. Die Berücksichtigung solcher Richtigkeitsvorgaben erfasst viele Dimensionen. Sie gehen weiter als etwa die Ratschläge über ökonomisches Rationalverhalten, wie sie gegenwärtig insbesondere im Umfeld der so genannten ökonomischen Analyse des Rechts angeboten werden (vgl. *Schäfer/Ott* 2001; *Janson* 2004). Allerdings gibt es über Anforderungen einer entscheidungsbezogenen (auch kommunikativen) Rationalität noch keine Konsense in der Rechtswissenschaft. (vgl. *Schulze-Fielitz* 2000, 320 ff.; *Scherzberg* 2004)

H. *Das Machtproblem*

Kennzeichnend für hoheitliches Handeln ist die Kompetenz zum Einsatz hoheitlicher Mittel, also von rechtlich besonders legitimierter Macht. Ein Staat, der die Position hierarchischer Überordnung mit der des horizontalen Verhandelns, Kooperierens, Ratifizierens und Moderierens vertauscht, begibt sich allerdings in eine Handlungsarena, in der er sich nur begrenzt auf seine durch Recht abgesicherte Machtposition berufen kann, etwa auf die Drohung mit hoheitlich einseitiger Regelung beim Versagen kooperativer Prozesse. Über funktionale Äquivalente der in der Vergangenheit im Vordergrund stehenden Macht zum einseitigen Handeln, die in den neuen Handlungsarenen kooperativer Problembewältigung mit gleichem Erfolg einsetzbar sind, verfügt er aber nur begrenzt.

Träger der Staatsgewalt finden sich im Übrigen zum Teil gesellschaftlichen Akteuren gegenüber, die selbst über erhebliche Macht verfügen. Häufig können diese eine politisch und wirtschaftlich, gegebenenfalls auch rechtlich schwer überwindbare Vetoposition einnehmen oder sie sind auf Grund ihrer finanziellen, informationellen, personellen u. ä. Ressourcen dem Staat als Handlungsträger sogar überlegen. Dies zeigt sich auch in Bereichen, in denen der Staat sich der früher gegebenen Möglichkeit begeben hat, Aufgaben eigenhändig erfüllen zu können. Die Privatisierung der Bereiche Energie, Verkehr, Telekommunikation oder Abfallwirtschaft steht dafür als Beispiel. In anderen Feldern hat der Staat toleriert oder gefördert, dass konkurrierend zu ihm private Aufgabenträger eingerichtet worden sind, etwa die mit der staatlichen Polizei konkurrierenden – wenn auch ihrerseits auf Kooperation der Polizei angewiesenen – Träger privater Sicherheitsgewähr. Auch hat der Staat sein hoheitliches Instrumentarium teilweise so umgerüstet, dass ein Teil der einsetzbaren Instrumente der Logik des Marktes folgt. Ein Beispiel ist die Sicherung von Umweltschutz durch die Schaffung von und den marktmäßigen Umgang mit Umweltzertifikaten (vgl. *Voßkuhle* 2002). Auch hat der Staat mitgeholfen, private Organisationen bei ihrer Problembewältigung zu unterstützen und er hat z. B. ihre privat verantworteten Entscheidungen durch das Versprechen der staatlichen Ratifikation aufgewertet, so beispielsweise im Hinblick auf privat organisierte Standardsetzungen, die anschließend in staatliches Recht übernommen werden (vgl. *Schuppert/Bumke* 2000).

Die Veränderungen in den Regelungsstrukturen bedeuten weder, dass der Staat entbehrlich wird, noch dass er keinerlei rechtliche Möglichkeiten steuernder Einflussnahme oder auch nur der Rückkehr zur hoheitlich-hierarchischen Steuerung hat. So wird die Privatisierung der Erfüllung gemeinwohlorientierter Aufgaben häufig mit einem ausdifferenzierten regulativen Instrumentarium umgeben, das der – in der Verfassung zum Teil ausdrücklich (s. Art. 87 f. Abs. 1 GG) aufgegebenen – Verantwortung zur »Gewährleistung« gerecht werden soll. Beispiele sind das Telekommunikations- und das Energiewirtschaftsgesetz. Soweit der Staat das »Outsourcing« der Erfüllung von bisher hoheitlich wahrgenommenen Aufgaben bzw. ihrer Vorbereitung vorgesehen hat[22], hat er sich häufig Rückholoptionen vorbehalten. Den Aufbau privater Sicherheitskräfte hat er zwar nur sehr begrenzt mit einem auf deren Besonderheit ausgerichteten Regelwerk begleitet (s. insbesondere § 34 a Gewerbeordnung), aber durch den Beibehalt des staatlichen Monopols legitimen Gewalteinsatzes gesichert, dass letztlich die staatliche Polizei unabdingbar zur Sicherheitsgewährung ist. Bezogen auf wirtschaftliches Verhalten stehen ihm in Form des Kartellrechts Möglichkeiten zur Verfügung, private Vermachtungen zu beschränken, wenn diese der Funktionsweise des Marktes widersprechen.

Und dennoch zeigt sich immer wieder, dass die Träger von Staatsgewalt keineswegs überall über eine überlegene oder auch nur den privaten Akteuren gleichgewichtige Machtposition verfügen. Machtasymmetrien zu Lasten der Durchsetzungsmöglichkeit des Staates zeigen sich in seinem Binnenbereich, besonders aber dort, wo Akteure trans- und international agieren und damit der Zugriffsmöglichkeit des territorial gebundenen Nationalstaats ausweichen können. Soweit solche Akteure – auch die so genannten Global Players – mit Wirkung auf den Rechtsbereich des Nationalstaats handeln wollen (etwa durch Errichtung einer Produktionsstätte), sind sie zwar auf dessen rechtliche Vorgaben angewiesen, können ihnen zum Teil aber ausweichen. Ein bekanntes Beispiel sind unternehmensinterne Verlagerungen – etwa des Hauptsitzes der Firma – im Interesse der Steuerersparnis oder der Verhinderung des Zugriffs auf die im Unternehmen verfügbaren Informationen zwecks Vermeidung von möglichen Strafsanktionen wegen rechtswidrigen Verhaltens. Einen (oder mehrere) dem Nationalstaat in seinen rechtlichen Möglichkeiten vergleichbaren trans- oder internationalen Akteur gibt es nicht (vgl. *Rosenau/Czempiel* 1992), allenfalls Akteure mit partiellen Handlungsfeldern (Europäische Union, WTO). Es gibt aber auch Möglichkeiten zu kollektivem Handeln der Nationalstaaten, deren Nutzung allerdings durch das Konsensprinzip erschwert ist.

Die Fesselung der Träger von Hoheitsgewalt auch im nationalen Bereich zeigt sich insbesondere dort, wo sie zur Erfüllung ihrer Aufgaben auf Informationen oder sonst wie auf Kooperation privater Unternehmen angewiesen sind. Restriktionen können sich aber auch aus der spezifischen Gemeinwohlbindung hoheitlicher Aufgabenträger

---

22 Zu den vielfältigen Erscheinungsformen s. *Voßkuhle* (2003), 266 ff.

und der damit verbundenen Rücksichtnahme ergeben. Ein Beispiel dafür ist der in den Jahren 2003/4 ausgetragene Streit zwischen der Bundesregierung und dem Firmenkonsortium Toll Collect beim Aufbau eines elektronisch geführten Systems zur Erhebung der Autobahn-Maut. Hier hat die Bundesregierung sich auf die Handlungsform eines Vertrages eingelassen[23] und sah sich bei Nichterfüllung bzw. erheblicher Schlechterfüllung des Vertrages nicht in der Lage, darauf so zu reagieren, wie es dem Vertragsmodell gemäss ist: Kündigung und/oder Verlangen von Schadensersatz, verbunden mit einem neuen Vertragsschluss mit einer anderen Partei.[24] Es zeigte sich, dass es der Bundesregierung praktisch unmöglich war, hinreichend glaubwürdig mit einer Kündigung zu drohen oder sie einzusetzen. Es ging ihr ja nicht nur darum, die vertraglich versprochene Gegenleistung oder hilfsweise Schadensersatz zu erhalten – dies hätte der Logik des Marktes entsprochen –, sondern darum, die mit Hilfe des Vertrages verfolgten verkehrspolitischen und fiskalpolitischen Zwecke zu erreichen – also Bestimmtes im Gemeinwohlinteresse zu »bewirken« – und damit zusätzlich einen Beitrag zur erwünschten Entwicklung eines technologischen Großsystems zu leisten, das weltweite Vermarktungschancen und damit ökonomischen Gewinn für deutsche Unternehmen versprach. Der Bund saß – wie es ein Journalist formuliert hat (*Zielcke* 2004) – deshalb am kürzeren Vertragshebel, weil er das größere, das allgemeine Interesse verfolgte.

Auch sonst gibt es eine Reihe von Beispielen dafür, dass die Macht der mit Hoheitsgewalt ausgestatteten Verhandlungspartner häufig nicht ausreicht, um die politisch gesetzten Gemeinwohlziele folgenreich umzusetzen. Der jahrelange Streit um die Gesundheitsreform und die dabei sichtbar werdende Gegenmacht der pharmazeutischen Industrie, der Ärzte- und der Apothekerschaft zeigen an einem anderen Beispielsfeld, wie voraussetzungsvoll und zugleich misserfolgsgeeignet das Sicheinlassen des Staates auf Verhandlungslösungen ist. Dabei wird zugleich deutlich, dass dem Staat die Option des Rückzugs auf hoheitliche Regulierung häufig nicht wirklich offen steht. Die Fähigkeit zur einseitigen Rechtsetzung ist insbesondere keineswegs stets ausreichend zur Veränderung von Strukturen, von deren Funktionsweise die erfolgreiche Umsetzung des Rechts abhängt.

I. *Schlussbemerkung*

Die »neue Erzählung« vom Staat (s. o. A), die sich mit neuer Intensität dem »Wie« des Regierens zuwendet, kann in weiten Teilen durchaus auf »alte« Ideen des gerechten Staates und einer auf Chancengerechtigkeit ausgerichteten Gesellschaftsordnung zurückgreifen und damit die normativen Prämissen einbeziehen, die (jedenfalls) westliche Staaten spätestens seit der Aufklärung anerkannt und jeweils auf veränderte Verhältnisse bezogen haben. Die Realisierung der normativen Vorgaben setzt ein Einlassen auf die gegenwärtigen Rahmenbedingungen voraus. Das geschieht etwa, indem

---

23 Zu dem damit verbundenen Intransparenzproblem s. *Schorkopf* 2003.
24 Eine solche stand als sofort verfügbare Alternative nicht bereit.

der Staat darauf verzichtet, seine Aufgaben ausschließlich in der Rolle des hierarchisch Übergeordneten zu erfüllen; dazu kann er sich auch in dem Bewusstsein entscheiden, unter aktuellen Bedingungen durch horizontale Steuerung vielfach bessere Erfolge erzielen zu können als nur mit dem überkommenen Steuerungsinstrumentarium. Das Bemühen, normative Zielwerte der Sicherung individuellen und gemeinen Wohls erfüllen zu können, kann den Staat veranlassen, seinem Handeln im Verfahren – und in der Folge auch in den Ergebnissen – eine neue Qualität zu geben, sich aber durchaus die Rückzugsmöglichkeit auf traditionelle Steuerungsinstrumente zu bewahren.

In den Governance-Konzepten spiegeln sich Einsichten über erfolgreiches Regieren wider, oder besser: über den Weg zu dem (Höchst)Maß von Erfolg, das angesichts der veränderten Bedingungen erreichbar ist. Die Nutzung dieser Einsichten setzt auch Anstrengungen der Rechtswissenschaft voraus. Beobachtbar sind insofern erste Ansätze. Eine der Komplexität des Regelungsproblems gerecht werdende, auch Governance-Forschung einbeziehende, Neue Rechtswissenschaft gibt es aber (noch?) nicht.

Literaturverzeichnis

Anderheiden, Michael u.a. (Hrsg.) (2001): Globalisierung als Problem von Gerechtigkeit und Steuerungsfähigkeit des Rechts, ARSP Beiheft Nr. 79, Stuttgart
Axer, Peter (2000): Normsetzung der Exekutive in der Sozialversicherung, Tübingen
Benz, Arthur (1994): Kooperative Verwaltung, Baden-Baden
Benz, Arthur (2001): Der moderne Staat. München
Benz, Arthur/Siedentopf, Heinrich/Sommermann, Karl-Peter (2004): Institutionenwandel in Regierung und Verwaltung. Festschrift für Klaus König zum 70. Geburtstag, Berlin
Bogdandy, Armin von (2000): Gubernative Rechtsetzung. Eine Neubestimmung der Rechtsetzung und des Regierungssystems unter dem Grundgesetz in der Perspektive gemeineuropäischer Dogmatik, Tübingen
Bohne, Eberhard (1981): Der informale Rechtsstaat, Berlin
Budäus, Dietrich/Eichhorn, Peter (Hrsg.) (1997): Public Private Partnership. Neue Formen öffentlicher Aufgabenerfüllung, Baden-Baden
Bumke, Christian (2004): Relative Rechtswidrigkeit. Systembildung und Innendifferenzierung im Recht, Tübingen
Deckert, Martina Renate (1995): Folgenorientierung in der Rechtsanwendung, München
Dose, Nicholai (2003): Trends und Herausforderungen der politischen Steuerungstheorie, in: Grande, Edgar/Prätorius, Rainer (Hrsg.), Politische Steuerung und neue Staatlichkeit, Baden-Baden, S. 19ff.
Dose, Nicholai/Voigt, Rüdiger (Hrsg.) (1995): Kooperatives Recht, Baden-Baden
Dreier Horst (1991): Hierarchische Verwaltung im demokratischen Staat, Tübingen
Eifert, Martin (1998): Grundversorgung mit Telekommunikationsleistungen im Gewährleistungsstaat, Baden-Baden
Eifert, Martin (2001): Regulierte Selbstregulierung und die lernende Verwaltung, in: Die Verwaltung, Beiheft 4, S. 137ff.
Eifert, Martin (2002): Innovationen in und durch Netzwerkorganisationen: Relevanz, Regulierung und staatliche Einbindung, in: Eifert, Martin/Hoffmann-Riem, Wolfgang (Hrsg.) (2002): Innovation und rechtliche Regulierung, Baden-Baden

Eifert, Martin (2005 a): Die geteilte Kontrolle, Habilitationsvertrag, Hamburg
Eifert, Martin (2005 b): Electronic government, Baden-Baden
Erlei, Mathias/Leschke, Martin/Sauerland, Dirk (1999): Neue Institutionenökonomik, Stuttgart
Felix, Dagmar (1998): Einheit der Rechtsordnung. Zur verfassungsrechtlichen Relevanz einer juristischen Argumentationsfigur, Tübingen
Franzius, Claudio (2003): Der »Gewährleistungsstaat« – ein neues Leitbild für den sich wandelnden Staat?, in: Der Staat, Bd. 42, S. 493ff.
Gretschmann, Klaus (2005): Der Gewährleistungsstaat: Europäischer Stier oder Goldenes Kalb?, in: Schuppert, Gunnar Folke (Hrsg.), Der Gewährleistungsstaat – ein Leitbild auf dem Prüfstand, Baden-Baden (im Erscheinen)
Grimm, Dieter (2003): Gemeinsame Werte – globales Recht?, in: Däubler-Gmelin, Herta/ Mohr, I. (Hrsg.), Recht schafft Zukunft, 2003, Bonn, S. 14ff.
Haft, Fritjof/Hof, Hagen/Wesche, Steffen (Hrsg.) (2001): Bausteine zu einer Verhaltenstheorie des Rechts, Baden-Baden
Hansjürgens, Bernd/Knöck, Wolfgang/Kneer, Georg (Hrsg.) (2003): Kooperative Umweltpolitik, Baden-Baden
Hermes, Georg (1998): Staatliche Infrastrukturverantwortung, Tübingen
Hill, Hermann (2005): Good Governance – Konzepte und Kontexte, in: Schuppert, Gunnar Folke (Hrsg.), Governance Forschung – Vergewisserung über Stand und Entwicklungslinien, Baden-Baden
Hof, Hagen (1996): Rechtsethologie – Recht im Kontext von Verhalten und außerrechtlicher Verhaltensregelung, Heidelberg
Hoffmann-Riem, Wolfgang (2000): Verwaltungsrecht in der Informationsgesellschaft – einleitende Problemskizze, in: Hoffmann-Riem/Schmidt-Aßmann (2000), S. 9 ff.
Hoffmann-Riem, Wolfgang (2001): Modernisierung von Recht und Justiz, Frankfurt am Main
Hoffmann-Riem, Wolfgang (2004 a): Methoden einer anwendungsorientierten Verwaltungsrechtswissenschaft, in: Schmidt-Aßmann/Hoffmann-Riem (2004), S. 9 ff.
Hoffmann-Riem, Wolfgang, Gesetz und Gesetzesvorbehalt im Umbruch, Archiv des öffentlichen Rechts, Bd. 130, S. 1 ff.
Hoffmann-Riem, Wolfgang (2005 b): Das Recht des Gewährleistungsstaates, in: Schuppert, Gunnar Folke (Hrsg.), Der Gewährleistungsstaat – ein Leitbild auf dem Prüfstand, Baden-Baden (im Erscheinen)
Hoffmann-Riem, Wolfgang/Schmidt-Aßmann, Eberhard (Hrsg.) (1996): Öffentliches Recht und Privatrecht als wechselseitige Auffangordnungen, Baden-Baden
Hoffmann-Riem, Wolfgang/Schmidt-Aßmann, Eberhard (Hrsg.) (2000): Verwaltungsrecht in der Informationsgesellschaft, Baden-Baden
Hoffmann-Riem, Wolfgang/Schmidt-Aßmann, Eberhard (Hrsg.) (2003): Verwaltungsverfahren und Verwaltungsverfahrensgesetz, Baden-Baden
Horn, Hans-Detlef (1993): Staat und Gesellschaft in der Verwaltung des Pluralismus, in: Die Verwaltung, Bd. 26, S. 554ff.
Hutter, Michael (2003): Global Regulation of the Internet Domain Name System: Five Lessons from ICANN Case, in: Ladeur 2003, S. 39ff.
Janson, Gunnar (2004): Ökonomische Analyse im Recht, Berlin
Kämmerer, Jörn Axel (2001): Privatisierung. Typologie – Determinanten – Rechtspraxis – Folgen, Tübingen
Kahl, Wolfgang (2002): Die rechtliche Unterscheidung zwischen Staat und Gesellschaft, in: JURA, S. 721ff.
König, Klaus (2003): Governance – economic governance – corporate governance, in: Knödler, Hermann/Stierle, Michael H. (Hrsg.), Globale und monotäre Ökonomie, Festschrift für Dieter Duwendag, Heidelberg, S. 331ff.

König, Rainer/Berger, Christin/Feldner, Juliane (2001): Die Kommunalverwaltung als lernende Organisation, Stuttgart
Kooiman, Jan (Hrsg.) (1993): Modern Governance: New Government; Society Interactions, London
Krasner, S. D. (1983): Structural Causes and Regime Concequences: Regimes as intervening variables, in: Krasner, S. D. (Hrsg.): International Regimes, Ithaca N.Y., S. 1ff.
Ladeur, Karl-Heinz (Hrsg.) (1993): Von der Verwaltungshierarchie zum administrativen Netzwerk?, in: Die Verwaltung, Bd. 26, S. 137ff.
Ladeur, Karl-Heinz (Hrsg.) (2001): Die Regulierung von Selbstregulierung und die Herausbildung einer Logik der Netzwerke, in: Die Verwaltung Beiheft 4, S. 59ff.
Ladeur, Karl-Heinz (Hrsg.) (2003): Innovationsoffene Regulierung des Internet, Baden-Baden
Lepsius, Oliver (2002): Besitz und Sachherrschaftt im öffentlichen Recht, Tübingen
Luhmann, Niklas (1974): Rechtssystem und Rechtsdogmatik, Stuttgart
Magiera, Siegfried/Sommermann, Karl-Peter (Hrsg.) (2002): Verwaltung und Governance im Mehrebenensystem der Europäischen Union, Berlin
Marin, Bernd/Mayntz, Renate (Hrsg.) (1991): Policy Networks, Frankfurt am Main
Mayntz, Renate (1995): Gesellschaftliche Selbstregelung und politische Steuerung, Frankfurt am Main
Mayntz, Renate (2005): Governance Theory – als fortentwickelte Steuerungstheorie, in: Schupppert, Gunnar Folke (Hrsg.), Governance Forschung – Vergewisserung über Stand und Entwicklungslinien, Baden-Baden
Mehde, Veith (2002): Kooperatives Regierungshandeln, in: Archiv des öffentlichen Rechts (AöR), Bd. 127, S. 655ff.
Michael, Lothar (2002): Rechtsetzende Gewalt im kooperierenden Verfassungsstaat. Normprägende und Normersetzende Absprachen zwischen Staat und Wirtschaft, Berlin
Möllers, Christoph (2000): Staat als Argument, München
Pierre, Jon/Peters, B. Guy (2000): Governance, Politics and the State, Basingstoke
Poscher, Ralf (2003): Grundrechte als Abwehrrechte, Tübingen
Raiser, Thomas (2004): Recht und Moral, soziologisch betrachtet, in: JZ, S. 261ff.
Reichard, Christoph (2003): Das Konzept des Gewährleistungsstaats. Referat anlässlich der Jahrestagung des wissenschaftlichen Beirates der Gesellschaft für öffentliche Wirtschaft am 5./6. März 2003 (Manuskript)
Ritter, Ernst-Hasso (1979): Der kooperative Staat, in: AöR, Bd. 104, S. 389ff.
Roggencamp, Sybille (1999): Public Private Partnership. Entstehung und Funktionsweise kooperativer Arrangements zwischen öffentlichem Sektor und Privatwirtschaft, Frankfurt am Main
Rosenau, James N./Czempiel, Ernst Otto (Hrsg.) (1992): Governance without Government: Order and Change in World Politics, Cambridge
Ruffert, Matthias (2004): Die Globalisierung als Herausforderung an das Öffentliche Recht, Stuttgart u.a.
Sachverständigenrat für Umweltfragen (2004): Umweltpolitische Handlungsfähigkeit sichern, BT-Drucks. 15/3600 v. 2. Juli 2004, Berlin
Schäfer, Hans-Bernd/Ott, Claus (2001): Lehrbuch der ökonomischen Analyse des Zivilrechts, 3. Aufl., Berlin/Heidelberg
Scharpf, Fritz (1998): Demokratische Politik in der internationalisierten Ökonomie, in: Greven, Michael (Hrsg.), Demokratie – eine Kultur des Westens?, 20. Wissenschaftlicher Kongress der Deutschen Vereinigung für Politische Wissenschaft, S. 81ff.
Scherzberg, Arno (2000): Die Öffentlichkeit der Verwaltung, Baden-Baden
Scherzberg, Arno (2003): Wozu und wie überhaupt noch öffentliches Recht?, Berlin
Scherzberg, Arno (2004): Rationalität – Sachwissenschaftlich betrachtet, in: Liber Amecieorum Hans-Uwe Eichsen, S. 177 ff.

Schmidt-Aßmann, Eberhard/Hoffmann-Riem, Wolfgang (Hrsg.) (1997): Verwaltungsorganisationsrecht als Steuerungsressource, Baden-Baden

Schmidt-Aßmann, Eberhard/Hoffmann-Riem, Wolfgang (Hrsg.) (2004): Methoden der Verwaltungsrechtswissenschaft, Baden-Baden

Schneider, Jens-Peter (1996): Kooperatives Verwaltungsverfahren, in: Verwaltungsarchiv, Bd. 87, S. 38ff.

Schneider, Jens-Peter (1999): Liberalisierung der Stromwirtschaft durch regulative Marktorganisation, Baden-Baden

Schorkopf, Frank (2003): Transparenz im »Toll-Haus«, in: Neue Zeitschrift für das Verwaltungsrecht (NVwZ), S. 1471ff.

Schulte, Martin (1995): Schlichtes Verwaltungshandeln, Tübingen

Schultheiß, Kerstin (2004): Europäische Telekommunikationsstandardisierung, Münster

Schulze-Fielitz, Helmuth (1984): Der informale Verfassungsstaat, Berlin

Schulze-Fielitz, Helmuth (2000): Rationalität als rechtsstaatliches Prinzip für den Organisationsaufbau, in: Festschrift für Klaus Vogel, Heidelberg, S. 311 ff.

Schuppert, Gunnar Folke (1998): Die öffentliche Verwaltung im Kooperationsspektrum staatlicher und privater Aufgabenerfüllung, in: Die Verwaltung, Bd. 31, S. 415ff.

Schuppert, Gunnar Folke (2001): Der moderne Staat als Gewährleistungsstaat, Festschrift für Wollmann, S. 399ff.

Schuppert, Gunnar Folke (2003 a): Gute Gesetzgebung. Bausteine einer kritischen Gesetzgebungslehre, in: Zeitschrift für Gesetzgebung, Sonderheft 18. Jahrgang

Schuppert, Gunnar Folke (2003 b): Staatswissenschaften, Baden-Baden

Schuppert, Gunnar Folke/Bumke, Christian (2000): Verfassungsrechtliche Grenzen privater Standardsetzung. Vorüberlegungen zu einer Theorie der Wahl rechtlicher Regelungsformen (Regulatory Choice), in: Kleindiek, Detlef/Oeter, Wolfgang (Hrsg.), Die Zukunft des deutschen Bilanzrechts im Zeichen internationaler Rechnungslegung und privater Standardsetzung, S. 71ff.

Teubner, Gunther (2003): Globale Zivilverfassungen: Alternativen zur staatszentrierten Verfassungstheorie, in: Zeitschrift für ausländisches öffentliches Recht und Völkerrecht, Bd. 63, S. 1ff.

Trute, Hans-Heinrich (1999): Verantwortungsteilung als Schlüsselbegriff eines sich verändernden Verhältnisses von öffentlichem und privatem Sektor, in: Schuppert, Gunnar Folke (Hrsg.), Jenseits von Privatisierung und schlankem Staat, S. 13ff.

Trute, Hans-Heinrich (2004): Methodik der Herstellung und Darstellung verwaltungsrechtlicher Entscheidungen, in: Schmidt-Aßmann/Hoffmann-Riem (2004), S. 293ff.

Trute, Hans-Heinrich/Denkhaus, Wolfgang/Kühlers, Doris (2004): Regelungsstrukturen der Kreislaufwirtschaft zwischen kooperativem Umweltrecht und Wettbewerbsrecht, Baden-Baden

Voßkuhle, Andreas (2002): Rechtsfragen der Einführung von Emissionszertifikaten, in: Umwelt- und Technikrecht, Bd. 61, S. 159ff.

Voßkuhle, Andreas (2003): Beteiligung Privater an der Wahrnehmung öffentlicher Aufgaben und staatliche Verantwortung, in: Veröffentlichungen der Vereinigung der Deutschen Staatsrechtslehrer (VVDStRL), Bd. 62, S. 266ff.

Weiß, Wolfgang (2002): Privatisierung und Staatsaufgaben, Tübingen

Willand, Achim (2003): Gemeinschaftsrechtliche Steuerung der Standardisierung im Umweltrecht, Baden-Baden

Zielcke, Andreas (2004): Am kürzeren Hebel. Die Lkw-Maut, der Staat und das Privatrecht, Süddeutsche Zeitung Nr. 40 vom 18. Februar 2004, S. 13.

Zumbansen, Peer (2001): Die vergangene Zukunft des Völkerrechts, in: Kritische Justiz, S. 46ff

Good Governance
– Konzepte und Kontexte –

Hermann Hill

I. Definitionen und Verständnisse

»Governance can be a confusing term«[1] ist eine bezeichnende Aussage für die Beschäftigung mit diesem Thema. So viele Autoren, so viele Definitionen und Verständnisse. Der Begriff variiert zudem in verschiedenen Anwendungsfeldern und für verschiedene Zwecke. Große Organisationen, wie die Weltbank oder die Vereinten Nationen, entwickeln und verändern ihr Governance-Verständnis im Laufe der Jahre. Dennoch soll nach Arthur Benz die Verwendung des Begriffs Governance nicht als Ausdruck postmoderner Beliebigkeit betrachtet werden. In der Offenheit des Begriffs liege eher eine Stärke als eine Schwäche des Konzepts. Wenn jemand sage, dass er oder sie eine Governance-Perspektive einnehme, sei das eher der Anfang als das Ende der Diskussion.[2]

Festzuhalten bleibt wohl, dass Governance-Konzepte zuerst aus Erfahrungen der Entwicklungsländer entstanden sind.[3] So wird immer wieder eine Studie der Weltbank aus dem Jahre 1989 zitiert, die sich mit den schlechten wirtschaftlichen Zuständen in den afrikanischen Regionen südlich der Sahara auseinander setzte. Dort wird »Governance« umschrieben als »the exercise of political power to manage a nation's affairs«[4]. Im Entwicklungsprogramm der Vereinten Nationen (UNDP) heißt es: »Governance can be seen as the exercise of economic, political and administrative authority to manage a country's affairs at all levels. It comprises the mechanisms, processes and institutions through which citizens and groups articulate their interests, exercise their legal rights, meet their obligations and mediate their differences.«[5]

---

1 *Jon Pierre/B.Guy Peters*, Governance, Politics and the State, 2000, S. 14.
2 *Arthur Benz*, in: ders. (Hrsg.), Governance – Regieren in komplexen Regelsystemen, 2004, S. 11 (27) unter Berufung auf *Pierre/Peters* (Fn.1), S. 37.
3 *Klaus König*, Governance im Mehrebenensystem, in: Karl-Peter Sommermann (Hrsg.), Aktuelle Fragen zu Verfassung und Verwaltung im Europäischen Mehrebenensystem, Speyerer Forschungsberichte 230, 2003, S. 45 (55); ders., »Public Sector Management« oder Gouvernanz-, Steuerungs- und Strukturierungsprobleme öffentlicher Verwaltung, in: Hans-Peter Burth/Axel Görlitz (Hrsg.), Politische Steuerung in Theorie und Praxis, 2001, S. 293 (304).
4 World Bank, Sub-Saharan Africa. From Crisis to Sustainable Growth. A Long-Term Perspective Study. Washington, D. C., 1989, S. 60; vgl. noch *Christian Theobald*, Zur Ökonomik des Staates. Good Governance und die Perzeption der Weltbank, 2000, S. 92.
5 UNDP, Governance for sustainable human development, 1997, http: magnet.undp.org/policy/chapter 1.htm#b; vgl. auch *Markus Adam*, Governance als Ansatz der Vereinten Nationen. Das Beispiel des UNDP, in: Klaus König/Markus Adam (Hrsg.), Governance als entwicklungspolitischer Ansatz, Speyerer Forschungsberichte 219, 2001, S. 11 (18).

Die OECD nutzt den Ausdruck »Governance« und
- »Public Governance« im Besonderen – um zu beschreiben, wie Machtbefugnisse (authority) im Regierungssystem verteilt sind und wie jene, die solche Machtbefugnisse ausüben, zur Rechenschaft verpflichtet werden.[6] Die Arbeit der OECD ist im Hinblick auf folgende strategische Governance-Herausforderungen organisiert:
(1) Intervening effectively in markets and society; (2) Managing cross-cutting issues and building policy coherence; (3) Fostering integrity and fighting corruption. Damit wird die Beschäftigung mit Governance als ein Mittel verstanden, »to secure well performing institutions.« Dies beinhaltet: »Making better policy, strengthening law-making and regulatory quality and managing public sector performance.«[7]
Die Gesellschaft für Technische Zusammenarbeit (GTZ) legt ihrer Arbeit, ausgehend von den Definitionen der OECD und der Weltbank und den Vorgaben des Bundesministeriums für wirtschaftliche Zusammenarbeit und Entwicklung (BMZ), neben dem Konzept der Trägerförderung folgende Dimensionen von Governance zugrunde:
- (Good) Governance als ordnungspolitischer Sammelbegriff für die Beschreibung einer bestimmten Qualität von politisch-administrativen Rahmenbedingungen: *Gutes Regierungssystem*. Daraus ergeben sich die Aktionsfelder: Erfüllung von Staatsaufgaben und ihre Reform, Leistungsfähigkeit der öffentlichen Verwaltung, Recht, Förderung politischer Teilhabe und Förderung sozialer Marktwirtschaft.
- (Good) Governance zur Bezeichnung der Fähigkeit zu entwicklungsorientierter staatlicher Steuerung: *Gute Regierungsführung*. Dazu gehören die Förderung der Entwicklungsorientierung in Politikformulierung, Organisation der Politikumsetzung und Politikvollzug.
- (Good) Governance als Prädikat für die Politikinhalte einer entwicklungsorientierten Regierung: *Gute Politik*. Dazu gehören z.B. Korruptionsbekämpfung, bevölkerungspolitische Maßnahmen, umweltbezogene Maßnahmen, Armutsbekämpfung, Gleichstellung der Geschlechter, effizientes und sozial ausgewogenes Steuersystem, Effizienz des öffentlichen Dienstes.[8]

Verschiedene internationale Konferenzen und Organisationen haben weitere Definitionen beigesteuert. So wurde etwa bei der Konferenz des Canada-Asean Governance Innovation Network (CAGIN) folgende Definition verabschiedet: »Governance refers to the institutions, processes and traditions which define how power is exercised, how decisions are made, and how citizens have their say.«[9] Das kanadische Institute on Governance fasst wie folgt zusammen: »Governance comprises the traditions, institutions and processes that determine how power is exercised, how citizens are given a voice, and how decisions are made on issues of public concern.« Und

---

6 *Seiichi Kondo* (Deputy Secretary-General of the OECD), Fostering dialogue to strengthen Good Governance, in: OECD (Hrsg.), Public Sector Transparency and Accountability. Making it happen, 2002, S. 7.
7 *Albrecht Stockmayer*, Governance Outreach in the OECD, in: König/Adam (Fn.5), S.157(158ff.).
8 *Markus Steinich*, Governance als Ansatz der GTZ, in: König/Adam (Fn.5), S. 157 (158 ff.).
9 *Henri-Paul Normandin*, International Co-operation in Governance: From Principled Politics to Development Pragmatism, in: Suzanne Taschereau, Institute On Governance Canada (ed.), Governance Innovations, 1997, S. 121 (124).

weiter heißt es: »Governance is about how government and other societal organizations interact, how they relate to citizens, and how decisions are made in an increasingly complex world.«[10]

In verschiedenen Untersuchungen und Projekten werden unterschiedliche Schwerpunkte in der Governance-Diskussion gesetzt. So wird etwa in dem World Governance Survey (WGS) project based at the United Nations University (UNU), der Focus eher auf die Bedeutung von Regeln als von Ergebnissen gelegt und die folgende Definition zugrunde gelegt: »Governance refers to the formation and stewardship of the formal and informal rules that regulate the public realm, the arena in which state as well as economic and societal actors interact to make decisions.«[11] Ähnlich definieren Carolyn J. Hill und Laurence E. Lynn Public Sector Governance as »regimes of laws, rules, judicial decisions, and administrative practices that constrain, prescribe, and enable the provision of publicly supported goods and services through associations with agents in the public and private sectors.«[12]

Häufig wird bei der Entwicklung von Governance-Definitionen auch der Prozess der Entscheidungsfindung (und anschließenden Rechenschaftslegung) betont. Dem australischen Defence Audit and Program Evaluation Committee (DAPEC) lag 1998 folgende Definition vor: »Corporate Governance in the Public Sector is basically concerned with structures and processes for decision-making and with the controls and behaviour that support effective accountability for performance outcomes.«[13]

Die Zahl und Vielfalt der Interpretationen von (Good) Governance im Schrifttum ist unübersehbar. Nur wenige seien herausgegriffen. Pierre und Peters[14] verweisen auf die wechselnde Rolle des Staates als Ursache der Governance-Diskussion: »These new perspectives on government – its changing role in society and its changing capacity to pursue collective interests under severe external and internal constraints – are at the heart of governance.« Weiter heißt es: »Thinking about governance means thinking about how to steer the economy and society, and how to reach collective goals.« Und: »Rather than relying on their legal and constitutional capabilities, states in a governance perspective derive their strength more from coordinating public and private resources, broadly defined.«

Klaus König hält zusammenfassend fest, dass sich mit Governance als Grundbegriff die Steuerungs- und Regelungsbeziehungen zwischen einem sozialen System und seiner Umwelt erfassen lassen.[15] An anderer Stelle verweist er darauf, dass mit Governance die Gesamtheit der zahlreichen Wege definiert wird, auf denen Indivi-

---

10 *Tim Plumptre/John Graham*, Governance in the New Millenium: Challenges for Canada, Institute on Governance (www.iog.ca), January 2000, Zitate nach Annex 3 und S. 2.
11 *Goran Hydan/Julius Court*, Comparing Governance Across Countries and Over Time: Conceptual and Methodological Challenges, Paper, vorgelegt bei der Konferenz des Internationalen Instituts für Verwaltungswissenschaften vom 9.-13.7.2001, in Athen, S. 9
12 *Carolyn J. Hill/Laurence E. Lynn Jr.*, Governance and Public Management, an Introduction, Journal of Policy Analysis and Management, 2004, 3 (4).
13 Zitat von *Pat Barrett* bei *Christine Ryan/Chew Ng*, Public Sector Corporate Governance Disclosures: An Examination of Annual Reporting Practices in Queensland, Australian Journal of Public Administration, 2000, 11 (13).
14 Pierrre/Peters (Fn.1), S. 7, 1,9.
15 *Klaus König*, Zum Governance-Begriff, in: König/Adam (Fn. 5), S. 5,8.

duen sowie öffentliche und private Institutionen ihre gemeinsamen Angelegenheiten regeln.[16] Ähnlich hatte ich »Good Governance« definiert als »die Qualität der Zusammenarbeit und Entscheidungsfindung zwischen staatlichen und gesellschaftlichen Gruppen in Angelegenheiten von öffentlichem Interesse.«[17] Ebenfalls unter Bezugnahme auf die Umweltbeziehungen öffentlicher Verwaltungen definiert Elke Löffler öffentliche Governance als: »Politische Steuerungsprozesse, mit denen Politik und Verwaltung im Zusammenwirken mit anderen wichtigen Organisationen den Wirkungsgrad öffentlicher Politiken beeinflussen.«[18]
Die verwaltungspolitische Entwicklung von Governance-Begriff und -Konzept erläutert Klaus König wie folgt: »Will man das Konzept des öffentlichen Managements auf die Leitung und Gestaltung der öffentlichen Verwaltung, bei Modernisierungsmodellen auf die Binnenrationalisierung der öffentlichen Verwaltung begrenzen, bedarf es eines Gegenbegriffs. Governance kann ein Konzept sein, das die Umweltbeziehungen öffentlicher Verwaltung thematisiert, also die Verbindungslinien zu Bürger- und Zivilgesellschaft, zu Unternehmen und Marktwirtschaft, zu Politik und Demokratie.«[19] Werner Jann und Kai Wegrich gehen in ähnliche Richtung: »Das Governance-Konzept hat der Verwaltungspolitik aber offenbar neue Impulse gegeben. Die zeitweise verengte Managementperspektive wurde erweitert hinsichtlich
– der Problemsicht – über Effizienz hinaus auf Effektivität und Kohärenz,
– der Perspektive – über einzelne Organisationen hinaus auf interorganisatorische Beziehungen und nicht-staatliche Akteure,
– der Lösungen – über den Markt hinaus auf Netzwerke, Gemeinschaft und die Kombination aller Governance-Formen.«[20]

II. *Kriterien für Good Governance*

In der Umkehrung festgestellter Mängel wurde von der Weltbank eine positive Strategie vorgestellt, nämlich die einer »Good Governance«. Dafür wurden vier Bereiche als maßgeblich genannt: Public Sector Management, Verantwortlichkeit von Staats- und Verwaltungshandeln (Accountability), Verbesserung der rechtlichen Rahmenbedingungen (Rule of Law) sowie Transparenz des öffentlichen Sektors.[21] Kritisiert wurde daran, dass sich die Weltbank auf die technische Dimension von Good Governance beschränke. Staat und Verwaltung würden vornehmlich unter Effizienzge-

---

16 *König*, in: Sommermann (Fn. 3), S. 48.
17 *Hill*, Über Binnenmodernisierung zu Good Governance, VOP 12/2000, 9 (11).
18 *Elke Löffler*, Good Governance als Weiterentwicklung von New Public Management: Verschiedene Reformansätze in Europa, in: Helfried Bauer, u. a. (Hrsg.), Öffentliches Management in Österreich, 2003, S. 267 (272); vgl. auch *dies.*, Governance – die neue Generation von Staats- und Verwaltungsmodernisierung, Verwaltung und Management 2001, 212.
19 *König*, Öffentliches Management und Governance als Verwaltungskonzepte, DÖV 2001, 617 (621 f.).
20 *Werner Jann/Kai Wegrich*, Governance und Verwaltungspolitik, in: Benz (Fn.2), S. 193 (211).
21 König, in: Sommermann (Fn. 3), S. 56; *Theobald* (Fn. 4), S. 96.

sichtspunkten betrachtet. Die Funktion des Rechts erstrecke sich auf die Behebung von Marktversagen. Die politische, systemische und kulturelle Dimension von Good Governance werde hingegen weitgehend ausgeblendet.[22]

Nach dem Konzept der Vereinten Nationen ist Good Governance u.a. »participatory, transparent and accountable. It is also effective and equitable. And it promotes the rule of law.« Als weitere Characteristica von Good Governance werden Responsiveness, Consensus orientation und Strategic vision genannt.[23] Die OECD versteht unter Good Governance vor allen Dingen Accountability, Transparency und Openness.[24]

Der australische Rechnungshof hat als wichtige Elemente von »Effective Governance« definiert: Eine klare und unzweideutige Gesetzgebung, Leadership, Einbeziehung der Managementumgebung, Risk Management, Monitoring and Review sowie Accountability. Weiterhin hat er eine Checkliste entwickelt, die staatlichen Behörden erlauben soll, eine Stärken- und Schwächenanalyse ihrer Organisation und ihres Handelns durchzuführen und eine bessere Praxis zu erreichen.[25] Diese Checkliste scheint allerdings sehr stark an Corporate Governance-Kriterien des privaten Sektors angelehnt.

Das oben erwähnte World Governance Survey Projekt der United Nations University (UNU) legt den Schwerpunkt seines Governance-Ansatzes auf Regeln und fragt, welche Regeln wichtig sind, um den Politikgestaltungsprozess und seine Wirkungen im Hinblick auf entwicklungspolitische Ziele zu gestalten. Dazu wird der Politikgestaltungsprozess in einzelne Teilschritte bzw. funktionale Dimensionen unterteilt, wie Themenentstehung, Themenbearbeitung durch politische Institutionen und Regierungen, Umsetzung durch die Verwaltung, Zusammenarbeit zwischen Staat und Markt sowie Konfliktlösung. Für Good Governance ist von Bedeutung, woran dieser Politikgestaltungsprozess gemessen werden kann. Als Kriterien, die den weitestgehenden Konsens finden, werden dabei die Menschenrechte genannt und diese, basierend auf den Prinzipien Partizipation, Fairness, Transparenz, Decency (Anstand), Accountability und Effizienz mit jeweils fünf Indikatoren den einzelnen Dimensionen des Politikgestaltungsprozesses zugeordnet. Daraus entsteht ein Analyserahmen für die Beurteilung von Good Governance.[26]

In einer gemeinsamen Initiative der OECD und der Europäischen Union »Support for Improvement in Governance and Management in Central and Eastern European Countries (SIGMA)« wurden »Europäische Prinzipien für öffentliche Verwaltungen« entwickelt. Diese gemeinsamen Prinzipien sollen Voraussetzungen für einen »European Administrative Space« schaffen. Ein leitender Grundsatz war dabei, den öffent-

---

22 *Theobald*, Die Weltbank: Good Governance und die Neue Institutionenökonomik, Verwaltungsarchiv 1998, 467 (477).
23 Vgl. Fn. 5, S. 4 ff.
24 *Kondo* (Fn. 6).
25 *Australian National Audit Office*, Corporate Governance in Commonwealth Authorities and Companies, Discussion Paper, May 1999, www.anao.gov.au, abgedruckt in: Hermann Hill/Helmut Klages (Hrsg.), Good Governance und Qualitätsmanagement – Europäische und internationale Entwicklungen, Speyerer Arbeitsheft 132, 2000, Paper, S. 23 ff.
26 *Hydan/Court* (Fn. 11), S. 10 ff.

lichen Dienst in einem »Administration Through Law« – Kontext zu managen. Die Initiative geht davon aus, dass sich ein genereller Konsens über Schlüsselkomponenten von Good Governance unter demokratischen Staaten gebildet habe. Diese Komponenten beinhalteten »the rule of law principles of reliability, predictability, accountability and transparency, but also technical and managerial competence, organisational capacity and citizens' participation.«[27]

Die Europäische Union hat am 25. 7. 2001 ihr Weißbuch »Europäisches Regieren« vorgelegt. Darin hat sie als Grundsätze des guten Regierens genannt: Offenheit, Partizipation, Verantwortlichkeit, Effektivität und Kohärenz.[28] In Art. 41 der Charta der Grundrechte der Europäischen Union wird ein »Recht auf eine gute Verwaltung«[29] konstituiert, das sich allerdings nach deutschem Verständnis lediglich auf anerkannte Grundsätze des Verwaltungsverfahrensrechts bezieht. Weitergehend ist dagegen der »Europäische Kodex für gute Verwaltungspraxis« des Europäischen Bürgerbeauftragten, der einige in der Rechtsprechung des Europäischen Gerichtshofs anerkannte Rechtsgrundsätze, aber auch allgemeine Verhaltensregeln einbezieht.[30]

Aber auch im Schrifttum finden sich Versuche, Kriterien für Good Governance zu definieren. So haben Tony Bovaird und Elke Löffler das Managementmodell der European Foundation for Qualitymanagement (EFQM) in Richtung »Good Local Governance« weiterentwickelt. Danach steht dann etwa an Stelle von »Organizational leadership« »Leadership of networks« oder an Stelle von »Processes« »Internal and external relationships«. Die Messung der objektiven und subjektiven Ergebnisse des Verwaltungshandelns wird durch die Messung einer multidimensionalen Performance durch Einbeziehung aller Stakeholder im Sinne einer 360-Grad-Diagnose (»quality of the concert«) ersetzt.[31] Die Bertelsmann Stiftung hat ebenfalls Kriterien zu Good Governance für Lebensqualität vor Ort vorgelegt. In diesem Katalog werden Indikatoren für folgende Teilbereiche genannt: Zukunft gestalten durch gemeinsame Ziele, Problemlösung durch Partnerschaften, effiziente Verwaltung und effiziente Zusammenarbeit zwischen Rat und Verwaltung, strategisches Management und

---

27 *SIGMA*, European Principles for Public Administration, Sigma Paper No. 27, 1999, CCNM/SIGMA/PUMA (99) 44/REV 1; vgl. auch *Benedikt Speer*, Das SIGMA-Programm der OECD. Ein Governance-Ansatz für Mittel- und Osteuropa?, in: König/Adam (Fn. 5), S. 67; *ders.*, Governance, Good Governance und öffentliche Verwaltung in den Transformationsländern Mittel- und Osteuropas – Das SIGMA-Programm als gemeinsame Initiative von EU und OECD, in: König u. a. (Hrsg.), Governance als entwicklungs- und transformationspolitisches Konzept, 2002, S. 207 ff.
28 Europäische Kommisson (Hrsg.), Europäisches Regieren – Ein Weißbuch, KOM (2001) 428 endgültig, S. 10, Fn. 1.
29 Charta der Grundrechte der Europäischen Union, Amtsblatt der Europäischen Gemeinschaften vom 18.12.2000, C 364/01.
30 Europäischer Bürgerbeauftragter (Hrsg.), Kodex für gute Verwaltungspraxis, Amtsblatt der Europäischen Gemeinschaften vom 20.10.2000, L 267, www.euro-ombudsman.eu.int, zum Ganzen vgl. *Hill*, Verwaltungskommunikation und Verwaltungsverfahren unter europäischem Einfluss, DVBl 2002, 1316 (1318 f.).
31 *Tony Bovaird/Elke Löffler*, Moving from excellence models of local service delivery to benchmarking ›good local governance‹, International Review of Administrative Sciences 2002, 1; *dies.*, Evaluating the quality of public governance: indicators, models and methodologies, International Review of Administrative Sciences 2003, 313 (316); *Elke Löffler*, Governance and government. Networking with external Stakeholders, in: Bovaird/Löffler (eds.), Public Management and Governance, 2003, S. 163 ff.

Transparenz, zielorientierter Ressourceneinsatz und kommunales Budget, Innovation, Wissen und Lernen.[32]

III. *Organisations- und Steuerungsformen*

Teilweise entstand in der Governance-Diskussion der Eindruck, bei diesem verwaltungspolitischen Leitbild[33] handele es sich um einen Wandel von der bürokratischen Steuerungsform der Hierarchie hin zu einem Management von Netzwerken.[34] Zwischenzeitlich hat sich aber die Einsicht durchgesetzt, dass Governance-Strukturen nicht auf Netzwerke begrenzt werden können, sondern vielfältige Organisations- und Steuerungsformen umfassen. So unterscheiden etwa Pierre und Peters[35] zwischen Hierarchies, Markets, Networks and Communities. Tanja Klenk und Frank Nullmeier[36] nennen als Idealtypen Hierarchie, Markt und Wettbewerb, Netzwerke, Assoziationen und Gemeinschaften, wobei die verschiedenen Regelungsstrukturen nicht unabhängig voneinander gedacht werden könnten. Institutionelle Arrangements zeichneten sich immer durch einen Governance-Mix aus. Governance bedeutet danach die Steuerungslogik einer Organisation oder eines Sektors, Governance-Reform soll für die Veränderung dieser Steuerungslogik stehen. Es gehe somit um eine Bewertung der Steuerungsleistungen verschiedener Governance-Formen, teilweise sei auch eine Übernahme aus anderen Feldern, ein sog. Regime-Shopping zu beobachten. Insgesamt handele es sich daher bei der Governance-Diskussion um grundlegende Rekonfigurationen des Leitungs- und Steuerungsgeschehens in Organisationen bzw. Sektoren.

Dass dabei die Organisations- und Steuerungsform der Hierarchie noch nicht ausgedient hat, belegt eine neuere Untersuchung von Hill und Lynn,[37] die über 800 Einzelstudien analysiert und herausgefunden haben, dass es häufig um eine graduelle Ergänzung durch neue administrative Formate, die Public Governance innerhalb eines hierarchischen politischen Systems ermöglichen, geht. Verfassungsrechtliche Befugnisse, manifestiert in Hierarchien, blieben die grundlegende Struktur, innerhalb derer rela-

---

32 Marga Pröhl (Hrsg.), Good Governance für Lebensqualität vor Ort. Internationale Praxisbeispiele für Kommunen, 2002; *Marga Pröhl/Alexander Wegener*, Große Herausforderungen gemeinsam bewältigen. Konzeptionelle Kriterien für Good Local Governance, innovative verwaltung 10/2002, 10.
33 *Werner Jann*, Der Wandel verwaltungspolitischer Leitbilder: Von Management zu Governance, in: Klaus König (Hrsg.), Deutsche Verwaltung an der Wende zum 21. Jahrhundert, 2002, S. 279 ff.
34 Walter J. M. Kickert/Erik-Hans Klijn (eds.), Managing Complex Networks, 1997; *Kickert*, Public Governance in the Netherlands: An Alternative to Anglo-American ›Managerialism‹, Public Administration 1997, 731; *R. A. W. Rhodes*, The Governance Narrative: Key Findings and Lessons from the ESRC's Whitehall Programme, Public Administration 2000, 345 (346): »Governance refers to: self-organizing, interorganizational networks«; *Ari Salminen* (ed.), Governing Networks, EGPA-Yearbook, 2003.
35 *Pierre/Peters* (Fn.1), S. 14 ff.
36 *Tanja Klenk/Frank Nullmeier*, Public Governance als Reformstrategie, 2003, S. 23 ff., 41 f.
37 *Carolyn J. Hill/Laurence E. Lynn jr.*, Is Hierarchical Governance History? An Analysis of Evidence from Empirical Research, Paper, vorgelegt bei der EGPA-Konferenz vom 3.-6.9.2003 in Oeiras/Portugal.

tionale Formate und eine große Bandbreite traditioneller, administrativer Formate in einer in hohem Maße kontextabhängigen Welt der Praxis nebeneinander existierten. Dennoch bleibt festzuhalten, dass einseitige top down-orientierte Organisations- und Steuerungsformen und allgemeine, von oben auferlegte Regelungen durch kommunikative[38] und kooperative Formen ergänzt und erweitert werden. Insofern weicht die klassische bürokratische Rationalität teilweise einer kommunikativ-deliberativen oder gar einer kooperativ-relationalen Rationalität.[39] Im Rahmen einer »Collaborative Governance« mit »Relations, networks, regimes« sind andere »Assets, skills and styles« erforderlich,[40] als im Rahmen der klassischen bürokratisch-hierarchischen Steuerung. Nicht nur die »Tools of Governance«[41] wandeln sich somit, vielmehr ist auch eine Entwicklung »from Management skills to Enablement skills« festzustellen. Salamon[42] unterscheidet insofern zwischen »Activation skills, Orchestration skills und Modulation skills«.

Dieser Wandel der Organisations- und Steuerungsformen lässt sich schon in klassischen Staatsgebilden feststellen. Umso mehr zeigt er sich aber in einer komplexen, staatsähnlichen Gemeinschaft, wie der Europäischen Union. Für die Analyse neuerer Organisations- und Steuerungsformen ist daher das Studium der »New Modes of Governance in Europe«[43] besonders aufschlussreich. Ausgehend vom Weißbuch der Europäischen Kommission lassen sich verschiedene organisatorische, prozessuale und kulturelle Steuerungsformen finden, die allerdings im Rahmen dieser Abhandlung lediglich stichwortartig aufgezählt werden können.

Neben die klassische Gesetzgebung im Rahmen der Gemeinschaftsmethode treten somit neue Formen der Koregulation und Selbstregulation,[44] etwa im Rahmen freiwilliger Vereinbarungen, mit oder innerhalb der Industrie. Aber auch im staatlichen Bereich, etwa durch horizontale Koordination im Rahmen der sog. offenen Methode

---

38 *Adrienne Héritier*, New Modes of Governance in Europe: Policy-Making without Legislating?, in: dies. (ed.), Common Goods. Reinventing European and International Governance, 2002, 185 (189) »communicative rationality in practice« (unter Berufung auf *Dryzek).*
39 *Jacques Chevallier*, La Gouvernance, un nouveau paradigme étatique? Revue française d'administration publique 2003, 203 (214), dt. Übersetzung: Governance als neues staatliches Paradigma? Verwaltungswissenschaftliche Informationen 2004, 44 (49): »kooperative Rationalität«; *Karl-Heinz Ladeur*, Globalization and Public Governance – A Contradiction? in: ders. (ed.), Public Governance in the Age of Globalization, 2004, S. 1 (5, 7, 12, 18, 20) »relational rationality« (unter Berufung auf *McClennen).*
40 *Gilles Paquet*, The New Governance, Subsidiarity, and the Strategic State, in: OECD (ed.) Governance in the 21st Century, 2001, S. 183 (200 ff.).
41 aktuell: *Les Metcalfe/David Metcalfe*, Tools for good governance: an assessment of multiparty negotiation analysis, International Review of Administrative Sciences 2002, 267; klassisch: *Christopher C. Hood*, The Tools of Government, 1983.
42 *Lester M. Salamon*, The New Governance and the Tools of Action: An Introduction, in: ders. (ed.), The Tools of Government. A Guide to the New Governance, 2002, S. 1 (16 ff.).
43 *Notis Lebessis/John Paterson*, Developing new modes of governance, in: Olivier de Schutter et al (eds.), Governance in the European Union, 2001, S. 259 ff.; *Héritier* (Fn. 38); *dies.*, New Modes of Governance in Europe: Increasing Political Capacity and Policy Effectiveness?, in: Tanja A. Börzel/Rachel A. Cichowski (eds.), The State of the European Union, 2003, S. 105 ff.; *Joanne Scott/David M. Trubek*, Mind the Gap: Law and New Approaches to Governance in the European Union, European Law Journal 2002, 1.
44 *Jan Kooiman*, Governing as Governance, 2003, S. 79 ff.; *Edward Best*, Alternative Regulations or Complementary Methods? Evolving Options in European Governance, Eipascope 2003/1, S. 2 (www.eipa.nl).

der Koordinierung,[45] durch Multi-Level-Vereinbarungen, etwa zielorientierte dreiseitige Verwaltungsvereinbarungen zwischen der Kommission, den Mitgliedstaaten und Regionen oder Kommunen[46], oder durch sog. Public Service Agreements in Großbritannien zwischen der nationalen Regierung und der kommunalen Ebene.[47] Diese regulativen Muster werden durch organisatorische Modelle wie Comitology,[48] Agencies[49] sowie Joined-up-Government[50] ergänzt und umgesetzt.
Prozessuale Veränderungen[51] betreffen etwa intensivere Konsultationsprozesse mit Betroffenen, die Einbeziehung von Expertenwissen, Berichtspflichten und Transparenzgebote. Eine besondere Rolle im Konzept der Europäischen Kommission im Rahmen des Weißbuchs »Europäisches Regieren« betrifft dabei die Einbindung der Zivilgesellschaft[52] bei der Vorbereitung und Umsetzung von Entscheidungen bis hin zu Feedback-Mechanismen, für die auch elektronische Angebote bereitgestellt werden. Ein prominentes Beispiel ist insofern die wohl aus den Niederlanden übernommene sog. interaktive Politikgestaltung.[53] Dies leitet über zu im Schrifttum diskutierten Ansätzen einer »Directly deliberative polyarchy« oder eines »Democratic experimentalism«.[54]

---

45 Vgl. schon *Hill*, Zur »Methode der offenen Koordinierung« in der Europäischen Union, in: Karl-Peter Sommermann/Jan Ziekow (Hrsg.), Perspektiven der Verwaltungsforschung, 2002, S. 139 ff.; neuerdings *Caroline de la Porte*, Is the Open Method of Coordination Appropriate for Organising Activities at European Level in Sensitive Policy Areas?, European Law Journal 2002, 38; *Gráinne de Búrca*, The constitutional challenge of new governance in the European Union, European Law Review 2003, 814; *Imelda Maher*, Law and the Open Method of coordination: Towards a New Flexibility in European Policy-Making? Zeitschrift für Staats- und Europawissenschaften (ZSE) 2004, 248; sowie die Artikel im Schwerpunktheft 2/2004 der Zeitschrift Journal of European Public Policy, zusammenfassend *Suana Borrás/Bent Greve*, Concluding remarks: New method or just cheap talk? Journal of European Public Policy 2004, 329.
46 Europäisches Regieren, Ein Weißbuch (Fn. 28), S. 17; allgemein *Stephen George*, Multi-Level Governance and the European Union, in: Jan Bache/Matthew Flinders (eds.), Multi-Level Governance, 2004, S. 107 ff.
47 *Oliver James*, The UK Core Executive's Use of Public Service Agreements as a Tool of Governance, Public Administration 2004, 397.
48 *Christian Joerges/Jürgen Neyer*, Von intergouvernementalem Verhandeln zur deliberativen Politik: Gründe und Chancen für eine Konstitutionalisierung der europäischen Komitologie, in: Beate Kohler-Koch (Hrsg.), Regieren in entgrenzten Räumen, PVS-Sonderheft 29/1998, S. 207 ff.; *Mark Rhinard*, The Democratic Legitimacy of the European Union Committee System, Governance 2002, 185; *Mark A. Pollack*, Control Mechanism or Deliberative Democracy? Two Images of Comitology, Comparative Political Studies 2003, 125; *Carlos J. Moreiro González*, Änderungen des normativen Rahmens der Komitologie, ZeuS 2003, 561.
49 Europäisches Regieren. Ein Weißbuch (Fn. 28), S. 30 (Regulierungsagenturen); *Renaud Dehousse*, Misfits: EU Law and the Transformation of European Governance, in: Joerges/Dehousse (eds.), Good Governance in Europe's Integrated Market, S. 207 (217 f.) unterscheidet zwischen information agencies, implementation agencies and management agencies; vgl. noch *Francesca Gains,* Surveying the Landscape of Modernisation: Executive Agencies Under New Labour, Public Policy and Administration 2003, 4.
50 *Christopher Pollitt*, Joined-up Government: a Survey, Political Studies Review 2003, 34; *Perri 6*, Joined-Up Government in the Western World in Comparative Perspective: A Preliminary Literature Review and Exploration, Journal of Public Administration Research and Theory 2004, 103.
51 *Scott/Trubek* (Fn. 43), S. 2.
52 Europäisches Regieren. Ein Weißbuch (Fn. 28), S. 19; Jürgen R. Grote/Bernhard Gbikpi (eds.), Participatory Governance, 2002; *Ulrich Hilp*, Weißbuch »Europäisches Regieren« und Bürgerbeteiligung – Ein untauglicher Versuch auf dem Weg zu einem Europa aller Bürger?, ZG 2003, 119.
53 *Hill*, DVBl 2002, 1316 (1321).
54 *Michael C. Dorf/Charles F. Sabel*, A. Constitution of Democratic Experimentalism, Columbia Law Review 1998, 267; *Charles F. Sabel*, A Quiet Revolution of Democratic Governance: Towards Demo-

In kultureller Hinsicht ist ein Trend zu einer sog. Good Practice Verwaltung[55] festzustellen, die nur grundlegend normativ, jedoch in ihren Einzelhandlungen eher durch freiwillig vereinbarte oder allgemein anerkannte Standards, Leitlinien, Muster, Empfehlungen oder Selbstbewertungsinstrumente gesteuert wird. Die Benchmarking-Form[56] der Methode der offenen Koordinierung kann als Steuerung durch Information, als eine Form gegenseitigen Lernens durch Vergleich und »rolling best-practice rules«[57] verstanden werden. Ähnliche Ansätze eines Lernens »by telling and listening« finden sich in Begriffen wie »Narrative Government«,[58] »Interpreting British Governance«[59] oder »Culture Governance«.[60]

Insgesamt zeigen solche Formen von »Soft Regulation« oder »Informal Governance«[61] Vorteile im Hinblick auf Flexibilität und Anpassungsfähigkeit der Steuerung bei sich wandelnden Verhältnissen auf verschiedenen Ebenen, in verschiedenen Arenen und mit einer Vielzahl von Akteuren. Sie werfen jedoch auch politische und rechtliche Fragen auf. So ist etwa jeweils zu untersuchen, ob die Effektivität des Staatshandelns, etwa die politisch-institutionelle Kapazität im Hinblick auf erweiterte Beteiligung und verbesserte Unterstützung bei der Umsetzung oder die instrumentelle Kapazität, etwa im Hinblick auf die verbesserte Fähigkeit zur Problemlösung, erhöht wird.[62] In rechtlicher Hinsicht sind es vor allem demokratische und rechtsstaatliche Bedenken, die Fragen der Legitimation, Transparenz, Verantwortlichkeit, Zurechenbarkeit und Rechenschaftslegung (Accountability) betreffen.[63] Auch grundlegende Fragen, wie etwa zum Verhältnis von hard law und soft law, sowie nach der Art und Weise der Rechtsentstehung müssen neu gestellt werden, etwa inwieweit Recht als allgemeines Gebot differenzierten und umsetzungsorientierten Regelungsweisen weichen kann.[64]

Experimentalism, in: OECD (Fn. 40), S. 121 ff.; *Caroline de la Porte/Patrizia Nanz*, The OMC – a deliberative-democratic mode of governance? The cases of employment and pensions, Journal of European Public Policy 2004, 267 (271); *Burkhard Eberlein/Dieter Kerwer*, New Governance in the European Union: A Theoretical Perspective, Journal of Common Market Studies 2004, 121 (131).

55 *Hill*, Die Good Practice-Verwaltung. Muster und Empfehlungen zur guten Verwaltungsführung, Speyerer Arbeitsheft 147, 2002.
56 *Bengt-Åke Lundvall/Mark Tomlinson*, Learning-by-Comparing: Reflections on the Use and Abuse of International Benchmarking, in: Gerry Sweeney (ed.), Innovation, Economic Progress and the Quality of Life, 2001, S. 120 ff.; *James Arrowsmith/Keith Sisson/Paul Marginson*, What can ›benchmarking‹ offer the open method of coordination? Journal of European Public Policy 2004, 311.
57 *Dorf/Sabel* (Fn. 54), S. 350; *Eberlein/Kerwer* (Fn. 54), S. 133; vgl. auch die Verbindung von Benchmarking und Rolling Forecasts im Rahmen des Konzepts »Beyond Budgeting«, dazu *Hill*, in: *ders.* (Hrsg.), Bestandsaufnahme und Perspektiven des Haushalts- und Finanzmanagements, 2004.
58 *Rhodes* (Fn. 34); *Werner Jann*, State, Administration and Governance in Germany: Competing Traditions and Dominant Narratives, Public Administration 2003, 95
59 *Mark Bevir/R. A. W. Rhodes*, Interpreting British Governance, The British Journal of Politics & International Relations 2004, 130.
60 *Henrik P. Bang*, Culture Governance: Governing Self-Reflexive Modernity, Public Administration 2004, 157.
61 *Thomas Christiansen/Simona Piattoni* (eds.), Informal Governance in the European Union, 2003.
62 *Héritier*, 2002 (Fn. 38), S. 189, *dies.*,2003 (Fn. 43), S. 105 ff.
63 *Yannis Papadopoulos*, Cooperative Forms of governance: Problems of democratic accountability in complex environments, European Journal of Political Research 2003, 473; *Kees van Kersbergen/Frans van Waarden*, ›Governance‹ as a bridge between disciplines: Cross-disciplinary inspiration regarding shifts in governance and problems of governability, accountability and legitimacy, European Journal of Political Research 2004, 143.

Traditionelle Organisations- und Steuerungsformen und »New Modes of Governance« können dabei sicher nicht unabhängig voneinander gesehen werden. Sie wirken eher komplementär, werden auch in verschiedenen Fällen kombiniert angewandt und variieren je nach Politikfeldern. »Good« Governance besteht dann darin, je nach Kontext die eine oder andere Steuerungsform oder einen geeigneten Mix als angemessen auszuwählen.

IV. *Analyse der Governance-Konzepte*

1. *Steuerungsgegenstand Veränderte Welt*

In meiner Abhandlung »Staatliches Handeln bei veränderlichen Bedingungen« habe ich 1990 Intransparenz und Unsicherheit, Komplexität, Vielfalt und Dynamik als neue Bedingungen staatlichen Handelns identifiziert.[65] Ähnlich wird in vielen Beiträgen zur Governance-Diskussion auf »Complexity, Diversity, Uncertainty and Dynamics« als Ursachen für neue Governance-Formen hingewiesen.[66] Angesichts vieler Themen, vieler Ziele, vieler Interessen und Perspektiven sowie vieler Akteure und vieler Arenen sind vielfältige Arrangements erforderlich.[67] Gesucht werden daher Regierungs- bzw. Steuerungsformen, die einerseits der Vielfalt gerecht werden, andererseits diese Vielfältigkeit gleichzeitig als Ressource nutzen.
Staatliche Institutionen und ihre Partner sind nicht nur auf europäischer Ebene, sondern auch innerhalb eines Staates durch Fragmentierung und Ausdifferenzierung gekennzeichnet. Dies betrifft etwa die Aufteilung in Departemente bzw. Ressorts, die Bildung von Agenturen und die Auslagerung von Teilleistungen sowie verschiedene Formen der Dezentralisierung. Fragmentierung und Ausdifferenzierung sollen in einer zunehmend komplexeren Welt mit verteiltem Wissen, Engagement, Handlungsressourcen sowie spezifischen Problemlösungskompetenzen dazu dienen, diese Ressourcen verschiedener Akteure für die Entscheidungsfindung im Sinne des Ganzen zu nutzen und gleichzeitig die Umsetzungschancen der Entscheidungen zu erhöhen. Die Verteilung des Wissens und der Beiträge auf verschiedene Akteure erfordert jedoch nicht nur Zusammenwirken, sondern auch Koordination. So entsteht eine neue kooperative bzw. relationale Rationalität.[68]

---

64 *Scott, Trubek* (Fn. 43), S. 8.
65 *Hill*, Staatliches Handeln bei veränderlichen Bedingungen, in: Thomas Ellwein/Joachim Jens Hesse (Hrsg.), Staatswissenschaften: Vergessene Disziplin oder neue Herausforderung? 1990, S. 55 ff.
66 *Kooiman* (Fn. 44), S. 3, 17, 56, 139, 203 ff; *Seppo Tiihonen*, From Uniform Administration to Governance and Management of Diversity, 2000; *Scott/Trubek*, European Law Journal 2002, 1 (6 f.); *Arrowsmith/Sisson/Marginson*, Journal of European Public Policy 2004, 311 (323).
67 *Hill*, Die Vielfalt der Akteure, Der Städtetag 1/1998, 5; *ders.*, Partnerschaften und Netzwerke – Staatliches Handeln in der Bürgergesellschaft, BayVBl 2002, 321.
68 Vgl. oben Fn. 39.

2. Quellen, Zugänge

Grob vereinfacht kann man feststellen, dass die Governance-Diskussion aus drei wesentlichen Quellen bzw. Disziplinen gespeist wird. Auch wenn Public Governance häufig als Überwindung einseitig auf die Binnenorganisation ausgerichteter Public Management-Konzepte verstanden wird,[69] so bleiben doch betriebswirtschaftliche Ansätze ein integrierter Teil des übergreifenden Governance-Konzeptes. Nicht zuletzt sind auch einige Ansätze der Public-Governance-Diskussion aus der Corporate-Governance-Diskussion der Privatwirtschaft[70] entlehnt bzw. zeigen parallele Tendenzen. Schließlich wird für den Bereich öffentlicher Unternehmen bzw. Beteiligungen ein sog. Public-Corporate-Governance-Kodex gefordert.[71] In einem gewissen Sinne kann Public Governance auch als das »Management politischer Beteiligungen« verstanden werden.

Eine zweite Quelle der Governance-Diskussion bilden rechtliche Aspekte, insbesondere Rechtsstaat, Demokratie sowie Menschenrechte. Vieles von dem, was international unter »Good Governance« verstanden wird, kommt in unserem (legalistischen) Rechtssystem in der Verfassung und einzel-gesetzlichen Garantien zum Ausdruck. Governance-Konzepte für Entwicklungsländer betonen die Bedeutung der Menschenrechte,[72] Governance-Konzepte für mittel- und osteuropäische Staaten, die inzwischen der Europäischen Union beigetreten sind, betonen die Bedeutung des sog. acquis communautaire, des Gesamtbestands der Rechts- und Verwaltungsvorschriften der Europäischen Union.[73]

Der Schwerpunkt der Governance-Konzepte liegt jedoch im Bereich der Politikwissenschaft. So kennzeichnet etwa Kuno Schedler[74] den Weg von Public Management zur Public Governance als eine Renaissance des Politischen in der Reform. Die verschiedenen, in letzter Zeit neu gegründeten Schools of Governance[75] haben eindeutig einen politikwissenschaftlichen Schwerpunkt. Dabei erfasst die Governance-Diskussion alle drei herkömmlichen Perspektiven der Politikwissenschaft: Institutionell-

---

69 Vgl. oben bei Fn. 19 f.; vgl. noch *Christoph Reichard*, Governance öffentlicher Dienstleistungen in: Dietrich Budäus, u. a. (Hrsg.), Public and Non-profit Management, 2002, S. 25 ff.
70 *Michael Nippa* u.a. (Hrsg.), Corporate Governance: Herausforderungen und Lösungsansätze, 2002; Norbert Pfitzer/Peter Oser (Hrsg.), Deutscher Corporate Governance Kodex: ein Handbuch für Entscheidungsträger, 2003, *Joseph A. McCahery*, et al. (eds.), Corporate Governance Regimes: Convergence and Diversity, 2002.
71 *Dietrich Budäus/Isabelle Srocke*, Public-Corporate-Governance-Kodex – Ein Ansatz zur Verbesserung des Steuerungs- und Kontrollsystems im öffentlichen Sektor, in: Ernst-Bernd Blümle u. a. (Hrsg.), Öffentliche Verwaltung und Nonprofit-Organisationen, Festschrift für Reinbert Schauer, 2003, S. 79 ff.
72 *Annette Windmeißer*, Der Menschenrechtsansatz in der Entwicklungszusammenarbeit: Menschenrechte, Demokratie, Rechtsstaatlichkeit und »good governance« in der Entwicklungszusammenarbeit; das Beispiel der AKP-EU-Beziehungen, 2002.
73 Rolf H. Hasse/Cornelie Kunze (Hrsg.), Der Acquis communautaire der EU im Beitrittsprozess der mittel- und osteuropäischen Länder: Modernisierungsinstrument oder Abwehrstrategie? 2002.
74 *Kuno Schedler*, Vom Public Management zur Public Governance: Renaissance des Politischen in der Reform, in: Peter Grünenfelder, u.a. (Hrsg.) Reformen und Bildung, Erneuerung aus Verantwortung, Festschrift für Ernst Buschor, 2003, S. 417 ff.
75 Hertie School of Governance, Berlin, www.hertie-school.org.; European School of Governance, Berlin, www. eusg.de; Erfurt School of Public Policy, www.uni-erfurt.de/publicpolicy; Utrecht School of Governance, www.usg.uu.nl.

organisatorische Strukturen und Arrangements (Polity), prozessuale, auf das Verfahren der Entscheidungsfindung und den gesamten Policy-Kreislauf bezogene Aspekte (Politics) sowie programmatische und inhaltliche Aspekte (Policy)[76], ergänzt um einen vierten Bereich der sog. Outcomes, also der Wirkungen, etwa im Hinblick auf Armutsbekämpfung oder Lebensqualität.[77]

3. Governance-Konzepte als Brücke über Grenzen

Good Governance hat zunächst einen inter-departementalen bzw. cross-cutting-Ansatz. »Horizontal Governance« soll insofern fachorientiertes divisionales Denken überwinden und von »box management« zu Policy-Teams führen. Diese Gedanken spielten insbesondere eine Rolle bei der Reform der finnischen Zentralregierung in den letzten Jahren, die die Verstärkung horizontaler Operationen und die Integration von Politiken zum Ziel hat.[78]

Good Governance ist in einer vertikalen Perspektive Multi-Level-Governance,[79] was insbesondere innerhalb der Europäischen Union, aber auch in Staaten eine Rolle spielt, die erste Ansätze zur Dezentralisierung unternommen haben. Good Governance ist drittens sektorübergreifend, was in dem Zusammenwirken von Staat, Wirtschaft und Gesellschaft zum Ausdruck kommt.[80] Viertens geht es bei Good Governance um transnationale Ansätze in Form der sog. Global Governance.[81] Fünftens kann Good Governance auch in zeitlicher Hinsicht eine Rolle spielen, etwa beim Übergang sozialistischer Gesellschaften in rechtsstaatliche Demokratien.[82] Aus wissenschaftlicher Sicht stellt die Diskussion um Good Governance schließlich eine Brücke zwischen verschiedenen Disziplinen bzw. Theorien dar.[83]

---

76 *Benz*, (Fn.2), S. 21.
77 Sog. Development outcomes spielen in den neueren Ansätzen etwa der Weltbank eine wichtige Rolle, vgl. *Stephan Knack/Mark Kugler/Nick Manning*, Second-generation governance indicators, International Review of Administrative Sciences 2003, 345.
78 *Geert Bouckaert/Derry Ormond/Guy Peters*, A Potential Governance Agenda for Finland, Ministry of Finance, Finland, 2000; *Teuvo Metsäpelto*, Finland. Public Administration and Its Current Reforms, Eipascope 2001/3, 45; www.eipa.nl; Central Government Reform, Finland, Report 28, June 2002.
79 *Bache/Flinders* (Fn. 46); *Benz*, Multilevel Governance – Governance in Mehrebenensystemen, in: *ders.* (Fn.2), S. 125 ff.
80 Vgl. etwa *Kooiman* (Fn. 44), S. 215 ff; *ders.*, Societal Governance, in: Ines Katenhusen/Wolfram Lamping (Hrsg.), Demokratien in Europa, 2003, S. 229 ff.
81 *Michael Zürn*, Regieren jenseits des Nationalstaats, 1998; *ders.*, Global Governance in der Legitimationskrise?, in: Claus Offe (Hrsg.), Demokratisierung der Demokratie, 2003, S. 232 ff.; *Maria Behrens*, Global Governance, in: Benz (Fn. 2), S. 103 ff.
82 *Attila Ágh*, Regional Paradoxes of Public Sector Reform in East Central Europe, in: Joachim Jens Hesse, u.a. (eds.), Paradoxes in Public Sector Reform, 2003, S. 289 ff.; *Hellmut Wollmann*, Transformation der Regierungs- und Verwaltungsstrukturen in postkommunistischen Ländern: Zwischen »(Re)Politisierung« und »Entpolitisierung«, in: Arthur Benz, u.a. (Hrsg.), Institutionenwandel in Regierung und Verwaltung, Festschrift für Klaus König, 2004, S. 575 ff.
83 *van Kersbergen/van Waarden*, European Journal of Political Research 2004, 143; *Benz*, Status und Perspektiven der politikwissenschaftlichen Verwaltungsforschung, Die Verwaltung 2003, 361 (386 ff.).

V. Einsatz und Nutzen der Governance-Konzepte

1. Verwendungszwecke

Governance-Konzepte finden für verschiedene Zwecke Verwendung, wobei diese sich auch teilweise überlagern. Zunächst kann »Good Governance« als »transnationales Leitbild der Staatlichkeit«[84] verstanden werden. Das Konzept gibt insofern eine Leitlinie der Staatsführung und Staatsentwicklung bzw. ein Regierungsmodell vor (Governance-Vision).[85] Es enthält auch grundlegende Wertentscheidungen, etwa für Rechtsstaat, Demokratie und Menschenrechte, für Markt und Wettbewerb, für Effizienz und Wirtschaftlichkeit des Staatshandelns. Zunehmend werden auch Governance-Prinzipien wie Integrität, Transparenz und Accountability als »Public-Service-Ethics« verstanden[86] und beeinflussen, insbesondere in den mittel- und osteuropäischen Staaten, die Entstehung sog. »Codes of conduct« für Politik und Verwaltung[87] (Governance-Mission).
In anderer Hinsicht werden Governance-Konzepte als Analyse- bzw. Diagnose-Instrumente für gutes Staatshandeln genutzt.[88] Damit können der Reifegrad des Staates im Hinblick auf dieses Zielsystem ermittelt und eine Fortschrittsbilanz erstellt werden. »Quality of Governance« ist indessen nicht nur von den Leistungen des Staates abhängig, sondern auch von den Beiträgen anderer Akteure. Es handelt sich somit um eine »Quality of the Concert«[89]. Die Analyse wird teilweise mit einem Benchmarking verbunden.[90] Ihre Ergebnisse können für einen Dialog unter den Akteuren über die erzielten Leistungen bzw. evtl. Verbesserungsansätze genutzt werden. Nach diesem »Governance Performance Measurement«[91] könnte, wie bei anderen Qualitätssystemen, von einer internationalen Organisation ein Qualitätssiegel bzw. Zertifikat verliehen werden. Ansätze zum Rating von Staaten[92] gehen in diese Richtung (Governance-Assessment).

---

84 *Rudolf Dolzer*, zitiert nach *Reinhard Müller*, Westliche Werte und Bedrohung, FAZ vom 25.3.2004.
85 *König*, DÖV 2001, 617 (622 f).
86 *Wolfgang H. Lorig*, »Good Governance« und »Public Service Ethics«, Aus Politik und Zeitgeschichte B 18/2004, S. 24 ff., *Howard Davis*, Ethics and standards of conduct, in: Bovaird/Löffler (Hrsg.); Public Management and Governance, 2003, S. 213 ff.; *Alan Lawton*, Developing and Implementing Codes of Ethics, Paper, vorgelegt bei der EGPA-Konferenz vom 3.-6.9.2003 in Oeiras/Portugal.
87 *Jolanta Palidauskaite*, Codes of Conduct for Public Servants in Eastern and Central European Countries: Comparative Perspective, Paper, vorgelegt bei der EGPA-Konferenz vom 3.-6.9.2003 in Oeiras/Portugal; *Diana Woodhouse*, Delivering Public Confidence: Codes of Conduct, A Step in the Right Direction, Public Law 2003, 511.
88 Vgl. etwa *Benz*, Die Verwaltung, 361 (386); *Chevallier*, Verwaltungswissenschaftliche Informationen 2004, 44 (45).
89 *Bovaird/Löffler*, International Review of Administrative Sciences 2003, 313 (316).
90 vgl. dazu schon oben Fn. 56.
91 Zu Performance Measurement im Rahmen von Public Management vgl. *Geert Bouckaert/Wouter van Dooren*, Performance measurement and management in public sector organizations, in: Bovaird/Löffler (Fn. 86), S. 127 ff.
92 Vgl. auch *Brigitte van Haacke*, Effizienz von Staaten. Ein Rankingmodell zum internationalen Vergleich staatlicher Leistungsfähigkeit, 2002.

Good Governance ist aber nicht nur ein Analyse- bzw. Diagnosekonzept, sondern zugleich auch ein Reformkonzept.[93] Es gibt ein Modernisierungsleitbild bzw. einen Wegweiser hin zu diesem Ziel sowie ein Modernisierungsprogramm vor (Governance-Reform-Guide). Insbesondere in Skandinavien und Großbritannien haben Verwaltungen sog. Service-Garantien[94] in Form von Selbstverpflichtungen bei der Erbringung öffentlicher Dienstleistungen abgegeben. Überträgt man diesen Gedanken auf die höhere Ebene des Staatshandelns, könnte eine »gute Regierung« auch entsprechende Verpflichtungen, etwa im Amtseid oder in der Regierungserklärung, eingehen. Allerdings könnten solche »Commitments« wohl lediglich relativ allgemein gehalten werden, in dem Sinne, dass man bestimmte Akteure einbezieht, Themen bearbeitet oder Prozessanforderungen beachtet. Wenn an das Versprechen »Wir werden tun . . .« sich dann anschließt ». . . und lassen uns daran messen«, könnte dies in Form einer Regierungsbilanz (Governance-Bericht) erfasst werden, die den Anforderungen sowohl von Accountability[95] als auch von Evaluation[96] entspricht.

Governance-Konzepte nahmen ihren Ausgang als Prüf- bzw. Programmkriterien der Weltbank zum Zwecke der Förderfähigkeit von Entwicklungsländern. Auf anderem Gebiet waren Teilbereiche der Governance-Konzepte auch Kriterien für die Beitrittsfähigkeit mittel- und osteuropäischer Staaten zur Europäischen Union. In den Konzepten kann daher auch ein »Qualifying-Programm« bzw. »Qualifying-Test« gesehen werden.

2. *Übertragbarkeit*

Bei all diesen Verwendungsformen stellt sich jedoch die grundsätzliche Frage, ob ein allgemeiner Konsens über »Good Governance« überhaupt erreichbar ist, bzw. ob ein »Good Governance-Konzept« einfach von einem Staat auf einen anderen übertragen werden kann. Selbst wenn der politische Wille hierzu vorhanden wäre, handelt es sich bei den verschiedenen Staaten empirisch um unterschiedliche Kontexte. Fraglich ist auch, ob angesichts der in den Governance-Konzepten liegenden Wertentscheidung eine solche Übertragung normativ-ethisch verantwortlich ist. Auch wenn dies, ggfs. mit Einschränkungen, der Fall sein sollte, bleibt die Reihenfolge des Vorgehens bei der Nutzung dieses Reformansatzes zu diskutieren.

---

93 *Jann/Wegrich*, (Fn. 20), S. 199, 210.
94 Bertelsmann Stiftung (Hrsg.), Service-Garantien in der Kommunalverwaltung, 2000; vgl. auch *Kurt Promberger* u.a., Dienstleistungscharters. Was kann sich der Bürger von der öffentlichen Verwaltung erwarten? Wien 2001.
95 *Pat Barrett* (Auditor-General), Accountability and Governance in a Changing Australian Public Service, Presentation, 3 December 2002, www.anao.gov.au; *Mark Bovens*, Public Accountability, Paper, vorgelegt bei der EGPA-Konferenz vom 3.-6.9.2003 in Oeiras/Portugal.
96 Reinhard Stockmann (Hrsg.), Evaluationsforschung, 2000; *Wollmann*, Evaluierung von Verwaltungspolitik: Reichweite und Grenzen – ein internationaler Überblick, Verwaltungsarchiv 2002, 418.

a) *Kontextabhängigkeit*

In vielfältigen Untersuchungen zu Benchmarking und Policy-Transfer wird immer wieder die Unterschiedlichkeit nationaler Systemkontexte aufgrund historischer, politischer und kultureller Besonderheiten betont.[97] Reformen verliefen »pfadabhängig«[98], dauerhafte Wettbewerbsvorteile entstünden vor allem durch die intrinsischen und unfassbaren Werte (assets) einer Organisation, die schwierig zu imitieren seien.[99] Ein »institutional isomorphism« ereigne sich nur innerhalb von »organizational fields«[100]. Selbst im Hinblick auf die »offene Methode der Koordinierung« wird zugestanden, dass im Wesentlichen nur Mitgliedstaaten mit ähnlichen strukturellen Voraussetzungen, wie etwa skandinavische Staaten untereinander oder angelsächsische Staaten untereinander, über den Prozess der Peer Review offensichtlich begonnen hätten, voneinander zu lernen[101] bzw. ein solches Lernen nur erfolge, wenn die allgemeinen Leitlinien sich innerhalb des Spektrums dessen befänden, was der einzelne Staat ohnehin tun wollte.[102] Policy-Transfer kann daher auch zu »Policy-Failure« umschlagen, wenn ein »uninformed transfer«, ein »incomplete transfer« oder ein »inappropriate transfer« erfolgt.[103]

Eine unbesehene Übernahme von Governance-Konzepten kann daher schon im Hinblick auf tatsächliche Unterschiede nicht gelingen. Worum geht es dann bei der Nutzung und Anwendung dieser Konzepte? Nach Arthur Benz[104] kann das Governance-Konzept als Grundlage für eine vergleichende Verwaltungsforschung dienen, die darauf ziele, national, regional oder sektoral unterschiedliche Praktiken in ihrem Zusammenhang mit historisch gewachsenen Kulturen und Institutionen sowie mit spezifischen, politischen und gesellschaftlichen Rahmenbedingungen zu verstehen. Vergleichende Verwaltungsforschung trage dazu bei, die Realisierungsbedingungen von Reformmodellen zu erkennen.

In einem Policy-Brief der OECD zu »Public Sector Modernisation« heißt es, wichtig sei, dass die beteiligten Berater des Public Sectors die systemischen Konsequenzen verschiedener Optionen verstünden.[105] Beides zusammengenommen bedeutet dies

---

97 *Oliver James/Martin Lodge*, The Limitations of »Policy Transfer« and »Lesson Drawing« for Public Policy Research, Political Studies Review 2003, 179; *Robert Kaiser/Heiko Prange*, Managing diversity in a system of multi-level governance: the open method of co-ordination in innovation policy, Journal of European Public Policy 2004, 249.
98 *Wollmann* (Fn.82), S. 580.
99 *Arrowsmith/Sisson/Marginson*, Journal of European Public Policy 2004, 311 (322).
100 Grundlegend *Paul DiMaggio/Walter W. Powell*, The Iron Cage Revisited: Institutional Isomorphism and Collective Rationality in Organzational Fields, in: Powell/DiMaggio (eds.), The New Institutionalism in Organizational Analysis, 1991, S. 63 ff.; *Claudio M. Radaelli*, Policy Transfer in the European Union: Institutional Isomorphism as a Source of Legitimacy, Governance 2000, 25.
101 *Fritz W. Scharpf*, Notes Toward a Theory of Multilevel Governing in Europe, Max-Planck-Institut für Gesellschaftsforschung, Discussion paper 00/5, S. 25 f.; *Héritier*, 2002 (Fn. 38), S. 193; *Christian Engel*, Integration durch Koordination und Benchmarking?, in: Hermann Hill/Rainer Pitschas (Hrsg.), Europäisches Verwaltungsverfahrensrecht, 2004, S. 409 (432).
102 *Susana Borrás/Bent Greve*, Journal of European Public Policy 2004, 329 (333).
103 *David P. Dolowitz/David Marsh*, Learning from Abroad: The Role of Policy Transfer in Contemporary Policy-Making, Governance 2000, 5 (17).
104 *Benz*, Die Verwaltung 2003, 361 (387).
105 OECD (Hrsg.), Public Sector Modernisation, Policy Brief, October 2003, S. 6.

also: Bei der Anwendung von Governance-Konzepten geht es darum, nationale Kontexte zu verstehen, Realisierungsbedingungen zu erkennen und systemische Konsequenzen verschiedener Reformansätze, etwa in Form eines »Governance-Reform-Impact Assessment« abzuschätzen. Dies ergibt insgesamt eine Art »Customized Governance«, ein situativ-adaptives Modell, das allgemeine Konzepte und Kriterien kennt, aber bei deren Anwendung und Umsetzung spezifische Anwendungskontexte berücksichtigt.

b) *Wertetransfer*

Neben den tatsächlichen Problemen bei der Übertragung von Governance-Konzepten bleiben normativ-ethische Bedenken. Ist es gerechtfertigt, »First-World-Concepts for Third-World-Governance« (Stockmayer) vorzusehen? »Im Namen von Good Governance«[106] haben etwa die internationalen Finanzorganisationen den Entwicklungsländern Strukturanpassungsprogramme auferlegt und diese mit einem »goldenen Zügel« versehen. Dürfen auf diese Weise Vorstellungen von Rechtsstaat und Demokratie, Menschenrechten, aber auch Marktwirtschaft weltweit durchgesetzt werden? Die ethische Dimension dieser Frage kann letztlich hier nicht abschließend beantwortet werden. Festzuhalten bleibt aber, dass angesichts von Globalisierung und weltweitem Wettbewerb die Welt enger zusammenrückt und das Bewusstsein der »einen Welt« auf allen Seiten wächst. Dies bedingt einerseits einen Wettbewerb um die beste Staats- und Regierungsform, erfordert andererseits aber auch gewisse Mindestbedingungen, die eine auf Verlässlichkeit und Vertrauen gegründete weltweite Zusammenarbeit ermöglichen. Im weltweiten Handel mit Wirtschafts- und Industrieprodukten wurden aus diesem letzten Grund internationale Qualitätsstandards, etwa eine Zertifizierung nach ISO, entwickelt. Ähnliche Gedanken erscheinen durchaus auch für die weltweite Zusammenarbeit zwischen Staaten bzw. der in ihnen lebenden Menschen legitim.

c) *Umsetzungsprozess*

Bleibt die Frage nach der Reihenfolge des Vorgehens bei der Umsetzung von »Good Governance«-Konzepten. Der Policy-Brief der OECD »Public Sector Modernisation« greift dazu auf Erfahrungen in Entwicklungsländern zurück. Dort heißt es: »There is a growing consensus that matters of constitutional governance should be dealt with before matters of administration; that legal frameworks should be in place before dealing with administrative arrangements; that a functioning core civil service is a pre-condition of more distributed public governance arrangements; and that rationalising rules and enforcing compliance should come before starting to reform the rules.«[107]
Ähnliche Gedanken äußern György Jenei und László Gulácsi zur Frage, ob westliche Qualitätsmodelle auf mittel- und osteuropäische Staaten übertragen werden können:

---

106 *Chevallier*, Verwaltungswissenschaftliche Informationen 2004, 44 (47); vgl. auch OECD (Fn. 105): »because they are imposed as conditions for loans and grants«.
107 OECD (Fn. 105), S. 6.

»The implementation of quality models will definitely have dysfunctional consequences without a legal and administrative framework characterised by basic EAS principles... Without a functioning Weberian democratic system however, the consequence of the initial steps of ›New Public Management‹ is corruption. This means that even so-called quality models can pave the way in the direction of corruption... The only solution is that the CEE countries should not try to avoid the Weberian phase of development. A functioning Rechtsstaat is a necessity in the course of modernization but the application and implementation of the western quality models also have to be added to this development. A balanced position is necessary and public administration needs a stable political background and strong consensus of the political in supporting this process.«[108]

Jacques Chevallier fasst dies dahingehend zusammen, dass die Fähigkeit der Staaten, im Zeitalter der Governance neue Funktionen zu übernehmen, von einigen Voraussetzungen abhänge, wie sich an den MOE-Staaten und den Entwicklungsländern erweise: Anwendung bestimmter Organisationsprinzipien, Anerkennung und Einhaltung bestimmter Werte, Kontrolle durch das Recht. Paradoxerweise bringe die Logik der Governance damit eine Wiederbelebung und Vertiefung des Weberschen Staatsmodells mit sich.[109] In den Worten von Klaus König kann dies als »nachholende Modernisierung« bezeichnet werden. Andererseits findet aber auch in westlichen Staaten sowie in der Europäischen Union anhand der Governance Konzepte eine sog. »weitergehende Modernisierung« statt.[110] Die Konzepte sind also auch in den entwickelten Ländern nicht ohne Einfluss. Es mag sein, dass in Europa durch eine »Europäisierung östlichen Stils«[111] dabei wieder eine Rückbesinnung und stärkere Betonung rechtsstaatlicher und demokratischer Prinzipien erfolgen wird. Insgesamt führen wohl alle diese Reformen, die auf eine Anpassung des Staates an den neuen gesellschaftlichen Kontext abzielen, letztendlich zu einer Re-Legitimierung des Staates mit dem Ziel der Restauration der ihn tragenden beständigen Elemente.[112]

VI. *Governance von Teilbereichen*

Neben den allgemeinen »Good Governance«- Konzepten gibt es auch in einer Vielzahl von Teilbereichen spezifische Governance-Konzepte, die teilweise auch über

---

108 *György Jenei/László Gulácsi*, Do Western Quality Models Work in CEE Countries? Some Insights from the Hungarian Perspective, in: Elke Löffler/Mirko Vintar (eds.), Improving the Quality of East and West European Public Services, 2004, S. 107 (114 f.).
109 *Chevallier*, Verwaltungswissenschaftliche Informationen 2004, 44 (48).
110 *König*, in: Sommermann (Fn. 3), S. 55 ff.; 58 ff.
111 *Klaus H. Goetz*, Making sense of post-communist central administration: Modernization, Europeanization or Latinization?, Journal of European Public Policy 2001, 1032 (1036); *Barbara Lippert/Gaby Umbach*, Verwaltungen in Mittel- und Osteuropa unter Europäisierungsdruck: Phasen – nationale Differenzierungen – Szenarien, Integration 2004, 56 (57).
112 *Chevallier*, Verwaltungswissenschaftliche Informationen 2004, 44 (48).

den jeweiligen Bereich hinaus reichen und übergreifende Ansätze und Kriterien einbeziehen. Diese speziellen Governance-Konzepte finden sich in Querschnittsbereichen des Verwaltungshandelns oder behandeln Teilaspekte staatlicher Tätigkeit, sie finden sich aber auch in einzelnen Politikfeldern, für bestimmte Entwicklungsstadien oder dezentrale Handlungsräume.

Für einzelne Querschnittsbereiche sind etwa Selbstbewertungsinstrumente entwickelt worden, die auch als Steuerungs- bzw. Reformkonzept Verwendung finden. Dies betrifft etwa den E-Government-Bereich,[113] aber auch den Personalsektor[114] sowie den Finanzbereich.[115] Einen klassischen Ausgangspunkt für solche und ähnliche Selbstbewertungsinstrumente bilden häufig Qualitätsmanagement-Konzepte, wie das EFQM-Modell,[116] das Common Assessment Framework (CAF)[117], aber auch das Umweltmanagement-System nach EMAS.[118] Durch eine Zusammenführung dieser Einzelkonzepte werden teilweise integrierte bzw. nachhaltige, ganzheitliche Managementsysteme entwickelt.[119] Von Unternehmen wird zunehmend erwartet, dass sie einen Nachhaltigkeits- oder Corporate-Responsibility-Report vorlegen, der wiederum Bedeutung für ein Rating nach Basel II gewinnen kann.[120] In ähnliche Richtung dürfte das bereits angesprochene Rating von Staaten gehen.[121]

Die »Codes of Conduct for Public Servants« wurden bereits erwähnt, auch Leadership-Konzepte werden zunehmend mit »Ethics« und »Integrity« verknüpft.[122] Für den Bereich des Staatshandelns finden sich Konzepte zur »Guten Gesetzgebung« bzw. zu »Better Regulation«,[123] im Rahmen der Maßnahmen zum Bürokratieabbau gewinnt die Messung administrativer Belastungen an Bedeutung.[124] Ebenfalls in diesen Zusammenhang gehören Konzepte zur Messung von Demokratie sowie zur Erstellung einer Demokratiebilanz.[125]

---

113 Vgl. etwa Bertelsmann Stiftung/Booz Allen Hamilton, Balanced E-Government, Januar 2002, www.begix.de; *Kuno Schedler/Lukas Summermatter/Bernhard Schmidt*, Electronic Government einführen und entwickeln. Von der Idee zur Praxis, 2003.
114 Deutsche Gesellschaft für Personalführung e.V. (DGFP) (Hrsg.), Wertorientiertes Personalmanagement – ein Beitrag zum Unternehmenserfolg, 2004; *Sascha Armutat*, Mit professioneller Personalarbeit zum Erfolg, Personal 2/2004, 35.
115 *Sue Beauchamp/Carole Hicks*, Financial Management and Effectiveness in Public Service Organizations: The CIPFA FM Model, Public Money & Management 2004, 185; *Berit Adam*, Eine vergleichende Analyse der Internationalen Rechnungslegungsstandards für die öffentliche Verwaltung (IPSAS) mit ausgewählten kommunalen Reformkonzepten in Deutschland, der gemeindehaushalt 2004, 125.
116 *Jutta Lenz/Ursula Reck-Hog*, Das EFQM-Modell für Exzellenz in der Öffentlichen Verwaltung, Verwaltung und Management 2002, 143.
117 www.caf-netzwerk.de.
118 *Stephan Förster*, Das Umweltmanagementsystem nach EMAS in der Praxis der Umweltverwaltung – ein zukunftsfähiges Modernisierungs- und Nachhaltigkeits-instrument?, ZUR 1/2004, 25.
119 *Jürgen Löbel u.a.*, Nachhaltige Managementsysteme, 2001.
120 *Steffi Fiebig*, Nachhaltigkeitsberichte: Werden sie bald Pflicht?, Personalführung 2/2004, 5 ff.
121 Vgl. oben bei Fn. 92.
122 Vgl. oben Fn. 87, sowie *A. S. Podger*, Innovation with integrity – the public sector leadership imperative to 2020, Australian Journal of Public Administration 2004, 11.
123 *Gunnar Folke Schuppert*, Gute Gesetzgebung, Zeitschrift für Gesetzgebung, Sonderheft 2003; Bundesministerium des Innern (Hrsg.), Der Mandelkern-Bericht. Auf dem Weg zu besserer Gesetzgebung, 2002 (www.staat-modern.de); Bericht der EU-Kommission »Bessere Rechtsetzung 2003«, KOM (2003), 770 endg. V. 12.12.2003.
124 *Hill*, Bürokratieabbau und Verwaltungsmodernisierung, DÖV 17/2004.

».. . New governance is characterized by considerable diversity across different EU policy sectors that are governed by different policy regimes.«[126] Demnach finden sich in verschiedenen Politikfeldern, nicht nur im europäischen, sondern auch im nationalen Bereich teilweise auch verschiedene Governance-Konzepte. Dies gilt etwa beispielhaft für Finanzmärkte,[127] für den Umweltbereich,[128] den Gesundheitsbereich,[129] den Bereich der inneren Sicherheit[130] oder die Bereiche von Forschung und Innovation.[131] Auch für verschiedene Entwicklungsstadien können durchaus unterschiedliche Governance-Konzepte bestehen. So unterscheiden Marc Bovens, Paul 'tHart und B. Guy Peters zwischen »the governance of decline, the governance of reform, the governance of innovation and the governance of crisis.«[132] Im Hinblick auf dezentrale Handlungsräume haben sich eigenständige Konzepte und Forschungen etwa für die sog. »Regional Governance«[133] sowie für »Local (oder Urban) Governance«[134] entwickelt.

VII. *Neuere Tendenzen/Gegenprotokolle*[135]

Jedes Konzept hat auch kritische Seiten. Es stößt auf Bedenken. Jeder Trend erzeugt auch Gegentrends, so auch die Governance-Konzepte. »Informal Governance« »Soft law« und »Offene Methoden« bleiben notwendigerweise vage und unbestimmt,

---

125 Hans-Joachim Lauth u.a. (Hrsg.), Demokratiemessung. Konzepte und Befunde im internationalen Vergleich, 2000; *Heidrun Abromeit*, Die Messbarkeit von Demokratie: Zur Relevanz des Kontexts, PVS 2004, 73; *Dieter Fuchs*, Konzept und Messung von Demokratie. Eine Replik auf Heidrun Abromeit, PVS 2004, 94; Bertelsmann Stiftung (Hrsg.), Lokale Demokratiebilanz, 2003; *Adrian Reinert*, Lokale Demokratie-Berichterstattung – ein Instrument zur Selbstevaluation, in: Marga Pröhl u. a. (Hrsg.), Bürgerorientierte Kommunen in Deutschland. Anforderungen und Qualitätsbausteine, Bd. 3, 2002, S. 158 ff.
126 *Eberlein/Kerwer*, Journal of Common Market Studies 2004, 121 (126).
127 *Rainer Pitschas/Stefanie Gille*, Rechtliche und institutionelle Entwicklungen der Finanzmarktaufsicht in der EU und in Deutschland, Verwaltungsarchiv 2003, 68.
128 *Christoph Knill*, Europäische Umweltpolitik: Steuerungsprobleme und Regulierungsmuster im Mehrebenensystem, 2003.
129 *Rainer Pitschas*, Nationale Gesundheitsreform und europäische »Governance« in der Gesundheitspolitik, VSSR 2002, 72.
130 *Rainer Pitschas*, Polizeirecht im kooperativen Staat. Der Schutz innerer Sicherheit zwischen Gefahrenabwehr und kriminalpräventiver Risikovorsorge, in: ders. (Hrsg.), Kriminalprävention und »Neues Polizeirecht«, 2002, S. 241 ff.
131 *Stefan Kuhlmann*, Innovationspolitik in systemischer Perspektive – Konzepte und internationale Beispiele, in: Frank-Walter Steinmeier/Matthias Machnig (Hrsg.), Made in Germany '21, 2004, S. 343 ff.; Forschergruppe »Governance der Forschung«, www.foev-speyer.de/governance.
132 Mark Bovens et al (eds.), Success and Failure in Public Governance, 2001, S. 13 ff.
133 Bernd Adamaschek/Marga Pröhl (Hrsg.), Regionen erfolgreich steuern. Regional Governance – von der kommunalen zur regionalen Strategie, 2003; *Dietrich Fürst*, Regional Governance, in: Benz (Fn. 2), S. 45 ff.
134 *Peter John*, Local governance in Western Europe, 2001; *Sue Goss*, Making Local Governance Work, 2001; Tony Bovaird et al (ed.), Developing local governance networks in Europe, 2002.
135 »Ein Protokoll ist ein System zur Aufrechterhaltung von Organisation und Kontrolle in Netzwerken«, *Alexander Galloway/Eugene Thacker*, Protokoll und Gegenprotokoll, in: Gerfried Stocker/Christine Schöpf (Hrsg.), Code – The Language of our Time, Ars Electronica 2003, S. 60 (62).

wenig berechenbar. Sie erzeugen damit Kritik im Hinblick auf Rechtssicherheit und Rechtsklarheit.

»New Modes of Governance« beinhalten teilweise eine Steuerung durch Information. Schon im Rahmen von »New Public Management« wurde kritisch gefragt, ob die klassische detailorientierte Input-Bürokratie nun durch eine ebenso oder gar noch differenziertere Output-Bürokratie mit kennzahlenbasierten Produktkatalogen ersetzt werden soll.[136] Für die sog. offene Methode der Koordinierung wird festgestellt: »The more it grows, the less people will be able to read, understand and digest what is happening in the OMC process. Opaqueness is mainly due to the immense amount of documentation available.«[137] Zum Benchmarking im Zusammenhang mit der offenen Methode der Koordinierung wird vermerkt: »At its worst, as some UK national level experience suggests, it can degenerate into ›checking and verifying rather than doing‹«[138]. In ihrem Buch »Paradoxes in Public Sector Reform« halten Joachim Jens Hesse, Christopher Hood und B. Guy Peters fest: »More generally, what has been portrayed as an age of management in several cases seem to have turned into an age of management-*watchers*, with a massive increase in audit and other regulatory agencies overseeing the public sector. Terms like ›an age of inspection‹ (Day/Klein 1987) and ›the audit society‹ (Power 1997) have been coined to reflect this development.«[139]

Wenn oben »complexity, diversity, uncertainty and dynamics« als Ursachen für Governance-Konzepte dargestellt wurden, dann versuchen diese im Kern, Komplexität mit Komplexität[140] (oder gar einer größeren Komplexität) zu bekämpfen. Es stellt sich jedoch die Frage, ob inzwischen die Konzepte angesichts ihrer (großen) Komplexität noch umsetzungsfähig bzw. die steuernden Akteure noch handlungsfähig sind, oder die Komplexitätsgrenze schon erreicht bzw. überschritten ist.[141] Ist die Koordination vieler Akteure in unterschiedlichen Arenen durch die praktische Politik noch möglich? Noch vor wenigen Jahren wurde häufig das sog. »AKV-Prinzip« zitiert,[142] nach dem Aufgaben, Kompetenzen und Verantwortung in einer Hand liegen sollen. Im Rahmen von Good Governance und Aktivierendem Staat wird dagegen die Notwendigkeit von Verantwortungsteilung zwischen den verschiedenen Akteuren hervorgehoben.[143] Damit geht indessen auch die Gefahr einer Verwischung von Verant-

---

136 Vgl. etwa *Hill*, Ziele der Verwaltungsmodernisierung, Der Landkreis 1995, 357; *ders.*, Potentiale und Perspektiven der Verwaltungsmodernisierung, in: Klaus Lüder (Hrsg.), Öffentliche Verwaltung der Zukunft, 1998, S. 129 (131).
137 *Borrás/Greve*, Journal of European Public Policy 2004, 329 (333).
138 *Arrowsmith/Sisson/Marginson*, Journal of European Public Policy 2004, 311 (312).
139 *Joachim Jens Hesse/Christopher Hood/B. Guy Peters*, Conclusion: Paradoxes in Public Sector Reform – A Comparative Analysis, in: dies. (Hrsg.), Paradoxes in Public Sector Reform, 2003, S. 335 (346).
140 »Political authority is becoming increasingly both communicative and interactive in order for it to be able to meet complexity with complexity«, *Bang*, Public Administration 2004, 157.
141 Zum sog. Varietätsgesetz und seinen Problemen vgl. bereits *Hill*, Optimierung der Organisation kommunaler Verwaltung im Hinblick auf die Sachaufgabe Umweltschutz, Die Verwaltung 1988, 175 (178 ff.).
142 Vgl. etwa *Jens-Peter Schneider*, Das Neue Steuerungsmodell als Innovationsimpuls für Verwaltungsorganisation und Verwaltungsrecht, in: Eberhard Schmidt-Aßmann/Wolfgang Hoffmann-Riem (Hrsg.), Verwaltungsorganisationsrecht als Steuerungsressource, 1997, S. 103 (116).
143 Vgl. das Programm der Bundesregierung »Moderner Staat – moderne Verwaltung« vom 1.12.1999, www.staat-modern.de/static/archiv/programm/index.html.; dazu *Hill*, VOP 12/2000, 9.

wortlichkeiten einher, der durch entsprechende Anforderungen an Transparenz und Accountability begegnet werden muss.[144]

Gegenwärtig lässt sich in der politischen Diskussion ein aktueller Trend zur Vereinfachung feststellen. Dies betrifft etwa die Diskussion um die Kompetenzen in der Europäischen Verfassung, aber auch im Rahmen der Föderalismus-Reform, etwa im Hinblick auf die Rückführung von Zustimmungsgesetzen oder Mischfinanzierung. Auch politische Programme zum Bürokratieabbau gehen in diese Richtung, etwa das Bestreben, dem Bürger bzw. dem Wirtschaftsunternehmen nur eine Anlaufstelle anzubieten, bzw. Dienstleistungen nach dem Lebenslagen- oder Geschäftslagen-Prinzip zu bündeln.[145] Auch im Rahmen der Regierungspolitik lässt sich gelegentlich ein Trend zur Vereinfachung feststellen, etwa wenn Regierungschefs eine Angelegenheit zur Chefsache erklären[146] und damit den gordischen Knoten des »Governance-Komplexes« zerschlagen.

Schließlich bleibt die Erfahrung, dass systematisch-ganzheitliche Ansätze in Politik und Verwaltung, jedenfalls in Deutschland, noch selten lange Bestand hatten, bzw. von großem Erfolg gekrönt waren, so etwa die Entwicklungsplanung der siebziger Jahre,[147] strategische Management-Konzepte auf kommunaler Ebene[148] oder eine nachhaltige Finanzpolitik.[149] Sie waren oder sind aus unterschiedlichen Gründen, obwohl wissenschaftlich interessant, in der Praxis schwierig umzusetzen, weil sie im Verhältnis zu Alltagsarbeit oder Sachzwängen als zu abstrakt oder komplex empfunden wurden (werden). Ob Governance-Konzepte dieses Schicksal teilen werden, bleibt abzuwarten, als Orientierung[150] für »Gutes Staats- bzw. Regierungshandeln« sind sie sicher von bleibendem Wert.

Literaturverzeichnis

Abromeit, Heidrun, Die Messbarkeit von Demokratie: Zur Relevanz des Kontexts, PVS 2004, S. 73 ff.
Adam, Berit, Eine vergleichende Analyse der Internationalen Rechnungslegungsstandards für die öffentliche Verwaltung (IPSAS) mit ausgewählten kommunalen Reformkonzepten in Deutschland, in: Der Gemeindehaushalt 2004, S. 125 ff.

---

144 *Löffler*, Verwaltung und Management 2001, 212 (213).
145 Dazu insgesamt *Hill*, DÖV 2004, 721.
146 Zu verschiedenen Regierungsstilen, wie etwa Machtzentralisierung und Chefsachen-Mythos, vgl. *Karl-Rudolf Korte*, Was kennzeichnet modernes Regieren?, Aus Politik und Zeitgeschichte B 5/2001, S. 3 (6 ff.).
147 Zu Ursachen des Scheiterns vgl. *Albrecht Göschel*, Zwischen aktueller Politik und langfristiger Planung, der städtetag 4/2003, 10.
148 *Rainer Heinz*, Kommunales Management: Überlegungen zu einem KGSt-Ansatz, 2000.
149 Bundesministerium der Finanzen/Wissenschaftlicher Beirat (Hrsg.), Nachhaltigkeit in der Finanzpolitik: Konzepte für eine langfristige Orientierung öffentlicher Haushalte, 2001.
150 Zur Idee der orientierten Innovation (Innovationen als Ergebnis komplexer Wechselbeziehungen zwischen Personen, dem unternehmerischen Handeln, der Funktion von Organisationen und dem politischen Handlungsfeld sowie den gesellschaftlichen Normen) vgl. *Volker Hauff*, Der Nachhaltigkeitsrat – Für eine neue Kultur der Innovation, in: Steinmeier/Machnig (Fn. 131), S. 463 (470).

Adam, Markus, Governance als Ansatz der Vereinten Nationen. Das Beispiel des UNDP, in: Klaus König/Markus Adam (Hrsg.), Governance als entwicklungspolitischer Ansatz, Speyerer Forschungsberichte 219, Speyer 2001, S. 11 ff.
Adamaschek, Bernd/Pröhl, Marga (Hrsg.), Regionen erfolgreich steuern. Regional Governance – von der kommunalen zur regionalen Strategie, Gütersloh 2003.
Ágh, Attila, Regional Paradoxes of Public Sector Reform in East Central Europe, in: Joachim Jens Hesse, u.a. (eds.), Paradoxes in Public Sector Reform, Berlin 2003, S. 289 ff.
Armuta, Saschat, Mit professioneller Personalarbeit zum Erfolg, in: Personal 2/2004, S. 35 ff.
Arrowsmith, James/Sisson, Keith/Marginson, Paul, What can ›benchmarking‹ offer the open method of coordination? Journal of European Public Policy 2004, S. 311 ff.
Australian National Audit Office, Corporate Governance in Commonwealth Authorities and Companies, Discussion Paper, May 1999, www.anao.gov.au, abgedruckt in: Hermann Hill/ Helmut Klages (Hrsg.), Good Governance und Qualitätsmanagement – Europäische und internationale Entwicklungen, Speyerer Arbeitsheft 132, Speyer 2000, Paper, S. 23 ff.
Bache, Jan/Flinders, Matthew (eds.), Multi-Level Governance, Oxford 2004.
Bang, Henrik P., Culture Governance: Governing Self-Reflexive Modernity, Public Administration 2004, S. 157 ff.
Barrett, Pat, Accountability and Governance in a Changing Australian Public Service, Presentation, 3 December 2002, www.anao.gov.au
Bauer, Helfried, u.a. (Hrsg.), Öffentliches Management in Österreich, Wien 2003.
Beauchamp, Sue/Hicks, Carole, Financial Management and Effectiveness in Public Service Organizations: The CIPFA FM Model, Public Money & Management 2004, S. 185 ff.
Behrens, Maria, Global Governance, in: Arthur Benz (Hrsg.), Governance – Regieren in komplexen Regelsystemen, Wiesbaden 2004, S. 103 ff.
Benz, Arthur, Status und Perspektiven der politikwissenschaftlichen Verwaltungsforschung, in: Die Verwaltung 2003, S. 361 ff.
Benz, Arthur, Einleitung, in: ders. (Hrsg.), Governance – Regieren in komplexen Regelsystemen, Wiesbaden 2004, S. 11 ff.
Benz, Arthur (Hrsg.), Governance – Regieren in komplexen Regelsystemen, Wiesbaden 2004.
Benz, Arthur, u.a. (Hrsg.), Institutionenwandel in Regierung und Verwaltung, Festschrift für Klaus König, Berlin 2004.
Benz, Arthur, Multilevel Governance – Governance in Mehrebenensystemen, in: ders. (Hrsg.), Governance – Regieren in komplexen Regelsystemen, Wiesbaden 2004, S. 125 ff.
Bertelsmann Stiftung (Hrsg.), Service-Garantien in der Kommunalverwaltung, Gütersloh 2000.
Bertelsmann Stiftung/Booz Allen Hamilton, Balanced E-Government, Gütersloh, Januar 2002, www.begix.de
Bertelsmann Stiftung (Hrsg.), Lokale Demokratiebilanz, Gütersloh 2003.
Best, Edward, Alternative Regulations or Complementary Methods? Evolving Options in European Governance, Eipascope 2003/1, S. 2 ff., www.eipa.nl
Bevir, Mark/Rhodes, R. A. W., Interpreting British Governance, The British Journal of Politics & International Relations 2004, S. 130 ff.
Blümle, Ernst-Bernd u.a. (Hrsg.), Öffentliche Verwaltung und Nonprofit-Organisationen, Festschrift für Reinbert Schauer, Wien 2003.
Börzel, Tanja A./Cichowski, Rachel A. (eds.), The State of the European Union, Oxford 2003.
Borrás, Suana/Greve, Bent, Concluding remarks: New method or just cheap talk? Journal of European Public Policy 2004, S. 329 ff.
Bouckaert, Geert/Ormond, Derry/Peters, Guy, A Potential Governance Agenda for Finland, Ministry of Finance, Finland, Helsinki 2000.
Bouckaert Geert/Dooren, Wouter van, Performance measurement and management in public sector organizations, in: Tony Bovaird/Elke Löffler (eds.), Public Management and Governance, London 2003, S. 127 ff.

Bovaird, Tony et al (ed.), Developing local governance networks in Europe, Baden-Baden 2002.
Bovaird, Tony/Löffler, Elke, Moving from excellence models of local service delivery to benchmarking ›good local governance‹, International Review of Administrative Sciences 2002, S. 1 ff.
Bovaird, Tony/Löffler, Elke, Evaluating the quality of public governance: indicators, models and methodologies, International Review of Administrative Sciences 2003, S. 313 ff.
Bovaird, Tony/Löffler, Elke (eds.), Public Management and Governance, London 2003.
Bovens, Mark et al (eds.), Success and Failure in Public Governance, Cheltenham 2001.
Bovens, Mark, Public Accountability, Paper, vorgelegt bei der EGPA-Konferenz vom 3.-6.9.2003 in Oeiras/Portugal.
Budäus, Dietrich, u.a. (Hrsg.), Public and Non-profit Management, Linz 2002.
Budäus, Dietrich/Srocke, Isabelle, Public-Corporate-Governance-Kodex – Ein Ansatz zur Verbesserung des Steuerungs- und Kontrollsystems im öffentlichen Sektor, in: Ernst-Bernd Blümle u.a. (Hrsg.), Öffentliche Verwaltung und Nonprofit-Organisationen, Festschrift für Reinbert Schauer, Wien 2003, S. 79 ff.
Bundesministerium der Finanzen/Wissenschaftlicher Beirat (Hrsg.), Nachhaltigkeit in der Finanzpolitik: Konzepte für eine langfristige Orientierung öffentlicher Haushalte, Berlin 2001.
Bundesministerium des Innern (Hrsg.), Der Mandelkern-Bericht. Auf dem Weg zu besserer Gesetzgebung, Berlin 2002, www.staat-modern.de
Búrca, Gráinne de, The constitutional challenge of new governance in the European Union, European Law Review 2003, S. 814 ff.
Burth, Hans-Peter/Görlitz, Axel (Hrsg.), Politische Steuerung in Theorie und Praxis, Baden-Baden 2001.
Chevallier, Jacques, La Gouvernance, un nouveau paradigme étatique?, Revue française d'administration publique 2003, S. 203 ff., dt. Übersetzung: Governance als neues staatliches Paradigma?, in: Verwaltungswissenschaftliche Informationen 2004, S. 44 ff.
Christiansen, Thomas/Piattoni, Simona (eds.), Informal Governance in the European Union, Cheltenham 2003.
Davis, Howard, Ethics and standards of conduct, in: Bovaird/Löffler (Hrsg.); Public Management and Governance, London 2003, S. 213 ff.
Dehousse, Renaud, Misfits: EU Law and the Transformation of European Governance, in: Joerges/Dehousse (eds.), Good Governance in Europe's Integrated Market, Oxford 2002, S. 207 ff.
Deutsche Gesellschaft für Personalführung e.V. (DGFP) (Hrsg.), Wertorientiertes Personalmanagement – ein Beitrag zum Unternehmenserfolg, Bielefeld 2004.
DiMaggio, Paul/Powell, Walter W., The Iron Cage Revisited: Institutional Isomorphism and Collective Rationality in Organzational Fields, in: Powell/DiMaggio (eds.), The New Institutionalism in Organizational Analysis, Chicago 1991, S. 63 ff.
Dolowitz, David P./Marsh, David, Learning from Abroad: The Role of Policy Transfer in Contemporary Policy-Making, in: Governance 2000, S. 5 ff.
Dorf, Michael C./Sabel Charles F., A. Constitution of Democratic Experimentalism, Columbia Law Review 1998, S. 267 ff.
Eberlein, Burkhard/Kerwer Dieter, New Governance in the European Union: A Theoretical Perspective, Journal of Common Market Studies 2004, S. 121 ff.
Ellwein, Thomas/Hesse, Joachim Jens (Hrsg.), Staatswissenschaften: Vergessene Disziplin oder neue Herausforderung?, Baden-Baden 1990.
Engel, Christian, Integration durch Koordination und Benchmarking?, in: Hermann Hill/Rainer Pitschas (Hrsg.), Europäisches Verwaltungsverfahrensrecht, Berlin 2004, S. 409 ff.

Europäischer Bürgerbeauftragter (Hrsg.), Kodex für gute Verwaltungspraxis, Amtsblatt der Europäischen Gemeinschaften vom 20.10.2000, L 267, www.euro-ombudsman.eu.int

Europäische Kommisson (Hrsg.), Europäisches Regieren – Ein Weißbuch, KOM (2001) 428 endgültig.

Fiebig, Steffi, Nachhaltigkeitsberichte: Werden sie bald Pflicht?, in: Personalführung 2/2004, S. 5 ff.

Förster, Stephan, Das Umweltmanagementsystem nach EMAS in der Praxis der Umweltverwaltung – ein zukunftsfähiges Modernisierungs- und Nachhaltigskeitsinstrument?, ZUR 1/2004, S. 25 ff.

Fuchs, Dieter, Konzept und Messung von Demokratie. Eine Replik auf Heidrun Abromeit, PVS 2004, S. 94 ff.

Fürst, Dietrich, Regional Governance, in: Arthur Benz (Hrsg.), Governance – Regieren in komplexen Regelsystemen, Wiesbaden 2004, S. 45 ff.

Gains, Francesca, Surveying the Landscape of Modernisation: Executive Agencies Under New Labour, Public Policy and Administration 2003, S. 4 ff.

Galloway, Alexander/Thacker, Eugene, Protokoll und Gegenprotokoll, in: Gerfried Stocker/Christine Schöpf (Hrsg.), Code – The Language of our Time, Ars Electronica 2003, Linz 2003, S. 60 ff.

George, Stephen, Multi-Level Governance and the European Union, in: Jan Bache/Matthew Flinders (eds.), Multi-Level Governance, Oxford 2004, S. 107 ff.

Göschel, Albrecht, Zwischen aktueller Politik und langfristiger Planung, der städtetag 4/2003, S. 10 ff.

Goetz, Klaus H., Making sense of post-communist central administration: Modernization, Europeanization or Latinization?, Journal of European Public Policy 2001, S. 1032 ff.

Goss, Sue, Making Local Governance Work, Basingstoke 2001.

Grote, Jürgen R./Gbikpi, Bernhard (eds.), Participatory Governance, Opladen 2002.

Grünenfelder, Peter, u.a. (Hrsg.) Reformen und Bildung, Erneuerung aus Verantwortung, Festschrift für Ernst Buschor, Zürich 2003.

Haacke, Brigitte van, Effizienz von Staaten. Ein Rankingmodell zum internationalen Vergleich staatlicher Leistungsfähigkeit, Berlin 2002.

Hasse, Rolf H./Kunze, Cornelie (Hrsg.), Der Acquis communautaire der EU im Beitrittsprozess der mittel- und osteuropäischen Länder: Modernisierungsinstrument oder Abwehrstrategie?, Leipzig 2002.

Hauff, Volker, Der Nachhaltigkeitsrat – Für eine neue Kultur der Innovation, in: Frank-Walter Steinmeier/Matthias Machnig (Hrsg.), Made in Germany '21, Hamburg 2004, S. 463.

Heinz, Rainer, Kommunales Management: Überlegungen zu einem KGSt-Ansatz, Stuttgart 2000.

Héritier, Adrienne (ed.), Common Goods. Reinventing European and International Governance, Lanham 2002.

Héritier, Adrienne, New Modes of Governance in Europe: Policy-Making without Legislating?, in: dies. (ed.), Common Goods. Reinventing European and International Governance, Lanham 2002, S. 185 ff.

Héritier, Adrienne, New Modes of Governance in Europe: Increasing Political Capacity and Policy Effectiveness?, in: Tanja A. Börzel/Rachel A. Cichowski (eds.), The State of the European Union, Oxford 2003, S. 105 ff.

Hesse, Joachim Jens/Hood, Christopher/Peters, B. Guy, Conclusion: Paradoxes in Public Sector Reform – A Comparative Analysis, in: Joachim Jens Hesse u.a. (Hrsg.), Paradoxes in Public Sector Reform, 2003, S. 335 ff.

Hesse, Joachim Jens u.a. (eds.), Paradoxes in Public Sector Reform, Berlin 2003.

Hill, Carolyn J./Lynn Jr., Laurence E., Is Hierarchical Governance History? An Analysis of Evidence from Empirical Research, Paper, vorgelegt bei der EGPA-Konferenz vom 3.-6.9.2003 in Oeiras/Portugal.

Hill, Carolyn J./Lynn Jr., Laurence E., Governance and Public Management, an Introduction, Journal of Policy Analysis and Management 2004, S. 3 ff.

Hill, Hermann, Optimierung der Organisation kommunaler Verwaltung im Hinblick auf die Sachaufgabe Umweltschutz, in: Die Verwaltung 1988, S. 175 ff.

Hill Hermann, Staatliches Handeln bei veränderlichen Bedingungen, in: Thomas Ellwein/Joachim Jens Hesse (Hrsg.), Staatswissenschaften: Vergessene Disziplin oder neue Herausforderung? Baden-Baden 1990, S. 55 ff.

Hill Hermann, Ziele der Verwaltungsmodernisierung, in: Der Landkreis 1995, S. 357 ff.

Hill Hermann, Die Vielfalt der Akteure, in: der städtetag 1/1998, S. 5 ff.;

Hill, Hermann, Potentiale und Perspektiven der Verwaltungsmodernisierung, in: Klaus Lüder (Hrsg.), Öffentliche Verwaltung der Zukunft, Berlin 1998, S. 129 ff.

Hill, Hermann/Klages, Helmut (Hrsg.), Good Governance und Qualitätsmanagement – Europäische und internationale Entwicklungen, Speyerer Arbeitsheft 132, Speyer 2000.

Hill, Hermann, Über Binnenmodernisierung zu Good Governance, VOP 12/2000, S. 9 ff.

Hill, Hermann, Die Good Practice-Verwaltung. Muster und Empfehlungen zur guten Verwaltungsführung, Speyerer Arbeitsheft 147, Speyer 2002.

Hill, Hermann, Partnerschaften und Netzwerke – Staatliches Handeln in der Bürgergesellschaft, BayVBl. 2002, S. 321 ff.

Hill, Hermann, Verwaltungskommunikation und Verwaltungsverfahren unter europäischem Einfluss, DVBl. 2002, S. 1316 ff.

Hill, Hermann, Zur »Methode der offenen Koordinierung« in der Europäischen Union, in: Karl-Peter Sommermann/Jan Ziekow (Hrsg.), Perspektiven der Verwaltungsforschung, Berlin 2002, S. 139 ff.

Hill, Hermann (Hrsg.), Bestandsaufnahme und Perspektiven des Haushalts- und Finanzmanagements, Baden-Baden 2004.

Hill, Hermann, Bürokratieabbau und Verwaltungsmodernisierung, DÖV 2004, S. 721 ff.

Hill, Hermann/Pitschas, Rainer (Hrsg.), Europäisches Verwaltungsverfahrensrecht, Berlin 2004.

Hilp, Ulrich, Weißbuch »Europäisches Regieren« und Bürgerbeteiligung – Ein untauglicher Versuch auf dem Weg zu einem Europa aller Bürger?, ZG 2003, S. 119 ff.

Hood, Christopher C., The Tools of Government, London 1983.

Hydan, Goran/Court, Julius, Comparing Governance Across Countries and Over Time: Conceptual and Methodological Challenges, Paper, vorgelegt bei der Konferenz des Internationalen Instituts für Verwaltungswissenschaften vom 9.-13.7.2001, in Athen.

James, Oliver/Lodge, Martin, The Limitations of »Policy Transfer« and »Lesson Drawing« for Public Policy Research, Political Studies Review 2003, S. 179 ff.

James, Oliver, The UK Core Executive's Use of Public Service Agreements as a Tool of Governance, in: Public Administration 2004, S. 397 ff.

Jann, Werner, Der Wandel verwaltungspolitischer Leitbilder: Von Management zu Governance, in: Klaus König (Hrsg.), Deutsche Verwaltung an der Wende zum 21. Jahrhundert, Baden-Baden 2002, S. 279 ff.

Jann, Werner, State, Administration and Governance in Germany: Competing Traditions and Dominant Narratives, in: Public Administration 2003, S. 95 ff.

Jann, Werner/Wegrich, Kai, Governance und Verwaltungspolitik, in: Arthur Benz (Hrsg.), Governance – Regieren in komplexen Regelsystemen, Wiesbaden 2004, S. 193.

Jenei, György/Gulácsi, László, Do Western Quality Models Work in CEE Countries? Some Insights from the Hungarian Perspective, in: Elke Löffler/Mirko Vintar (eds.), Improving the Quality of East and West European Public Services, Aldershot 2004, S. 107 ff.

Joerges, Christian/Neyer, Jürgen, Von intergouvernementalem Verhandeln zur deliberativen Politik: Gründe und Chancen für eine Konstitutionalisierung der europäischen Komitologie, in: Beate Kohler-Koch (Hrsg.), Regieren in entgrenzten Räumen, PVS-Sonderheft 29, Opladen 1998, S. 207 ff.

Joerges, Christian/Dehousse, Renaud (eds.), Good Governance in Europe's Integrated Market, Oxford 2002.

John, Peter, Local governance in Western Europe, London 2001.

Kaiser, Robert/Prange, Heiko, Managing diversity in a system of multi-level governance: the open method of co-ordination in innovation policy, Journal of European Public Policy 2004, S. 249 ff.

Katenhusen, Ines/Lamping, Wolfram (Hrsg.), Demokratien in Europa, Opladen 2003.

Kersbergen, Kees van/Waarden, Frans van, ›Governance‹ as a bridge between disciplines: Cross-disciplinary inspiration regarding shifts in governance and problems of governability, accountability and legitimacy, European Journal of Political Research 2004, S. 143 ff.

Kickert, Walter J. M., Public Governance in the Netherlands: An Alternative to Anglo-American ›Managerialism‹, in: Public Administration 1997, S. 731 ff.

Kickert, Walter J. M./Klijn, Erik-Hans (eds.), Managing Complex Networks, London 1997.

Klenk, Tanja/Nullmeier, Frank, Public Governance als Reformstrategie, Düsseldorf 2003.

Knack, Stephan/Kugler, Mark/Manning, Nick, Second-generation governance indicators, International Review of Administrative Sciences 2003, S. 345 ff.

Knill, Christoph, Europäische Umweltpolitik: Steuerungsprobleme und Regulierungsmuster im Mehrebenensystem, Opladen 2003.

König, Klaus/Adam, Markus (Hrsg.), Governance als entwicklungspolitischer Ansatz, Speyerer Forschungsberichte 219, Speyer 2001.

König, Klaus, Öffentliches Management und Governance als Verwaltungskonzepte, DÖV 2001, S. 617 ff.

König, Klaus, »Public Sector Management« oder Gouvernanz-, Steuerungs- und Strukturierungsprobleme öffentlicher Verwaltung, in: Hans-Peter Burth/Axel Görlitz (Hrsg.), Politische Steuerung in Theorie und Praxis, Baden-Baden 2001, S. 293 ff.

König, Klaus, Zum Governance-Begriff, in: Klaus König/Markus Adam (Hrsg.), Governance als entwicklungspolitischer Ansatz, Speyerer Forschungsberichte 219, Speyer 2001, S. 5 ff.

König, Klaus (Hrsg.), Deutsche Verwaltung an der Wende zum 21. Jahrhundert, 2002.

König, Klaus, u.a. (Hrsg.), Governance als entwicklungs- und transformationspolitisches Konzept, Berlin 2002.

König, Klaus, Governance im Mehrebenensystem, in: Karl-Peter Sommermann (Hrsg.), Aktuelle Fragen zu Verfassung und Verwaltung im Europäischen Mehrebenensystem, Speyerer Forschungsberichte 230, Speyer 2003, S. 45 ff.

Kohler-Koch, Beate (Hrsg.), Regieren in entgrenzten Räumen, PVS-Sonderheft 29, Opladen 1998.

Kondo, Seiichi, Fostering dialogue to strengthen Good Governance, in: OECD (Hrsg.), Public Sector Transparency and Accountability. Making it happen, Paris 2002, S. 7 ff.

Kooiman, Jan, Governing as Governance, London 2003.

Kooiman, Jan, Societal Governance, in: Ines Katenhusen/Wolfram Lamping (Hrsg.), Demokratien in Europa, Opladen 2003, S. 229 ff.

Korte, Karl-Rudolf, Was kennzeichnet modernes Regieren?, Aus Politik und Zeitgeschichte B 5/2001, S. 3 ff.

Kuhlmann, Stefan, Innovationspolitik in systemischer Perspektive – Konzepte und internationale Beispiele, in: Frank-Walter Steinmeier/Matthias Machnig (Hrsg.), Made in Germany '21, Hamburg 2004, S. 343 ff.

Ladeur, Karl-Heinz, Globalization and Public Governance – A Contradiction? in: ders. (ed.), Public Governance in the Age of Globalization, Aldershot 2004, S. 1 ff.

Ladeur, Karl-Heinz (ed.), Public Governance in the Age of Globalization, Aldershot 2004.
Lauth, Hans-Joachim u.a. (Hrsg.), Demokratiemessung. Konzepte und Befunde im internationalen Vergleich, Wiesbaden 2000.
Lawton, Alan, Developing and Implementing Codes of Ethics, Paper, vorgelegt bei der EGPA-Konferenz vom 3.-6.9.2003 in Oeiras/Portugal.
Lebessis, Notis/Paterson,John, Developing new modes of governance, in: Olivier de Schutter et al (eds.), Governance in the European Union, Luxembourg 2001, S. 259 ff.
Lenz, Jutta/Reck-Hog, Ursula, Das EFQM-Modell für Exzellenz in der Öffentlichen Verwaltung, Verwaltung und Management 2002, S. 143 ff.
Lippert, Barbara/Umbach, Gaby, Verwaltungen in Mittel- und Osteuropa unter Europäisierungsdruck: Phasen – nationale Differenzierungen – Szenarien, in: Integration 2004, S. 56 ff.
Löbel, Jürgen u.a., Nachhaltige Managementsysteme, Berlin 2001.
Löffler, Elke, Governance – die neue Generation von Staats- und Verwaltungsmodernisierung, Verwaltung und Management 2001, S. 212 ff.
Löffler, Elke, Good Governance als Weiterentwicklung von New Public Management: Verschiedene Reformansätze in Europa, in: Helfried Bauer, u.a. (Hrsg.), Öffentliches Management in Österreich, Wien 2003, S. 267 ff.
Löffler, Elke, Governance and government. Networking with external Stakeholders, in: Tony Bovaird/Elke Löffler (eds.), Public Management and Governance, Cheltenham 2003, S. 163 ff.
Löffler, Elke/Vintar, Mirko (eds.), Improving the Quality of East and West European Public Services, Aldershot 2004.
Lorig, Wolfgang H., »Good Governance« und »Public Service Ethics«, Aus Politik und Zeitgeschichte B 18/2004, S. 24 ff.
Lüder, Klaus (Hrsg.), Öffentliche Verwaltung der Zukunft, Berlin 1998.
Lundvall, Bengt-Åke/Tomlinson, Mark, Learning-by-Comparing: Reflections on the Use and Abuse of International Benchmarking, in: Gerry Sweeney (ed.), Innovation, Economic Progress and the Quality of Life, Cheltenham 2001, S. 120 ff.
Maher, Imelda, Law and the Open Method of coordination: Towards a New Flexibility in European Policy-Making? Zeitschrift für Staats- und Europawissenschaften (ZSE) 2004, S. 248 ff.
McCahery, Joseph A., et al. (eds.), Corporate Governance Regimes: Convergence and Diversity, Oxford 2002.
Metcalfe, Les/Metcalfe, David, Tools for good governance: an assessment of multiparty negotiation analysis, International Review of Administrative Sciences 2002, S. 267 ff.
Metsäpelto, Teuvo, Finland. Public Administration and Its Current Reforms, Eipascope 2001/3, S. 45 ff., www.eipa.nl
Moreiro González, Carlos J., Änderungen des normativen Rahmens der Komitologie, ZeuS 2003, S. 561 ff.
Nippa, Michael u.a. (Hrsg.), Corporate Governance: Herausforderungen und Lösungsansätze, Heidelberg 2002.
Normandin, Henri-Paul, International Co-operation in Governance: From Principled Politics to Development Pragmatism, in: Suzanne Taschereau, Institute On Governance Canada (ed.), Governance Innovations, Ottawa 1997, S. 121 ff.
OECD (ed.) »Governance in the 21st Century«, Paris 2001.
OECD (Hrsg.), Public Sector Transparency and Accountability. Making it happen, Paris 2002.
OECD (Hrsg.), Public Sector Modernisation, Policy Brief, October 2003.
Offe, Claus, (Hrsg.), Demokratisierung der Demokratie, Frankfurt a.M. 2003.

Palidauskaite, Jolanta, Codes of Conduct for Public Servants in Eastern and Central European Countries: Comparative Perspective, Paper, vorgelegt bei der EGPA-Konferenz vom 3.-6.9.2003 in Oeiras/Portugal.

Papadopoulos, Yannis, Cooperative Forms of governance: Problems of democratic accountability in complex environments, European Journal of Political Research 2003, S. 473 ff.

Paquet, Gilles, The New Governance, Subsidiarity, and the Strategic State, in: OECD (ed.) Governance in the 21st Century, Paris 2001, S. 183 ff.

Perri 6, Joined-Up Government in the Western World in Comparative Perspective: A Preliminary Literature Review and Exploration, Journal of Public Administration Research and Theory 2004, S. 103 ff.

Pfitzer, Norbert/Oser, Peter (Hrsg.), Deutscher Corporate Governance Kodex: ein Handbuch für Entscheidungsträger, Stuttgart 2003.

Pierre, Jon/Peters, B.Guy, Governance, Politics and the State, New York 2000.

Pitschas, Rainer (Hrsg.), Kriminalprävention und »Neues Polizeirecht«, Berlin 2002.

Pitschas, Rainer, Nationale Gesundheitsreform und europäische »Governance« in der Gesundheitspolitik, VSSR 2002, S. 72 ff.

Pitschas, Rainer, Polizeirecht im kooperativen Staat. Der Schutz innerer Sicherheit zwischen Gefahrenabwehr und kriminalpräventiver Risikovorsorge, in: ders. (Hrsg.), Kriminalprävention und »Neues Polizeirecht«, Berlin 2002, S. 241 ff.

Pitschas, Rainer/Gille, Stefanie, Rechtliche und institutionelle Entwicklungen der Finanzmarktaufsicht in der EU und in Deutschland, Verwaltungsarchiv 2003, S. 68 ff.

Plumptre, Tim/Graham, John, Governance in the New Millenium: Challenges for Canada, Institute on Governance (www.iog.ca), Ottawa, January 2000.

Podger, A. S., Innovation with integrity – the public sector leadership imperative to 2020, Australian Journal of Public Administration 2004, S. 11 ff.

Pollack, Mark A., Control Mechanism or Deliberative Democracy? Two Images of Comitology, Comparative Political Studies 2003, S. 125 ff.

Pollitt, Christopher, Joined-up Government: a Survey, Political Studies Review 2003, S. 34 ff.

Porte, Caroline de la, Is the Open Method of Coordination Appropriate for Organising Activities at European Level in Sensitive Policy Areas?, European Law Journal 2002, S. 38 ff.

Porte, Caroline de la/Nanz, Patrizia, The OMC – a deliberative-democratic mode of governance? The cases of employment and pensions, Journal of European Public Policy 2004, S. 267 ff.

Powell, Walter W./DiMaggio, Paul (eds.), The New Institutionalism in Organizational Analysis, Chicago 1991.

Pröhl, Marga u.a. (Hrsg.), Bürgerorientierte Kommunen in Deutschland. Anforderungen und Qualitätsbausteine, Bd. 3, Gütersloh 2002.

Pröhl, Marga (Hrsg.), Good Governance für Lebensqualität vor Ort. Internationale Praxisbeispiele für Kommunen, Gütersloh 2002.

Pröhl, Marga/Wegener, Alexander, Große Herausforderungen gemeinsam bewältigen. Konzeptionelle Kriterien für Good Local Governance, in: innovative verwaltung 10/2002, S. 10 ff.

Promberger, Kurt, u.a., Dienstleistungscharters. Was kann sich der Bürger von der öffentlichen Verwaltung erwarten?, Wien 2001.

Radaelli, Claudio M., Policy Transfer in the European Union: Institutional Isomorphism as a Source of Legitimacy, in: Governance 2000, S. 25 ff.

Reichard, Christoph, Governance öffentlicher Dienstleistungen in: Dietrich Budäus, u.a. (Hrsg.), Public and Non-profit Management, Linz 2002, S. 25 ff.

Reinert, Adrian, Lokale Demokratie-Berichterstattung – ein Instrument zur Selbstevaluation, in: Marga Pröhl u.a. (Hrsg.), Bürgerorientierte Kommunen in Deutschland. Anforderungen und Qualitätsbausteine, Bd. 3, Gütersloh 2002, S. 158 ff.

Rhinard, Mark, The Democratic Legitimacy of the European Union Committee System, in: Governance 2002, S. 185 ff.
Rhodes, R. A. W., The Governance Narrative: Key Findings and Lessons from the ESRC's Whitehall Programme, in: Public Administration 2000, S. 345 ff.
Ryan, Christine/Ng, Chew, Public Sector Corporate Governance Disclosures: An Examination of Annual Reporting Practices in Queensland, Australian Journal of Public Administration 2000, S. 11 ff.
Sabel, Charles F., A Quiet Revolution of Democratic Governance: Towards Democratic Experimentalism, in: OECD (ed.) Governance in the 21st Century, Paris 2001, S. 121 ff.
Salamon, Lester M., The New Governance and the Tools of Action: An Introduction, in: ders. (ed.), The Tools of Government. A Guide to the New Governance, Oxford 2002, S. 1 ff.
Salamon, Lester M. (ed.), The Tools of Government. A Guide to the New Governance, Oxford 2002.
Salminen, Ari (ed.), Governing Networks, EGPA-Yearbook, Amsterdam 2003.
Scharpf, Fritz W., Notes Toward a Theory of Multilevel Governing in Europe, Max-Planck-Institut für Gesellschaftsforschung, Discussion paper 00/5.
Schutter, Olivier de et al (eds.), Governance in the European Union, Luxembourg 2001.
Schedler, Kuno/Summermatter, Lukas/Schmid, Bernahrdt, Electronic Government einführen und entwickeln. Von der Idee zur Praxis, Bern 2003.
Schedler, Kuno, Vom Public Management zur Public Governance: Renaissance des Politischen in der Reform, in: Peter Grünenfelder, u.a. (Hrsg.) Reformen und Bildung, Erneuerung aus Verantwortung, Festschrift für Ernst Buschor, Zürich 2003, S. 417 ff.
Schmidt-Aßmann, Eberhard/Hoffmann-Riem, Wolfgang (Hrsg.), Verwaltungsorganisationsrecht als Steuerungsressource, Baden-Baden 1997.
Schneider, Jens-Peter, Das Neue Steuerungsmodell als Innovationsimpuls für Verwaltungsorganisation und Verwaltungsrecht, in: Eberhard Schmidt-Aßmann/Wolfgang Hoffmann-Riem (Hrsg.), Verwaltungsorganisationsrecht als Steuerungsressource, Baden-Baden S. 103 ff.
Schuppert, Gunnar Folke, Gute Gesetzgebung, Zeitschrift für Gesetzgebung, Sonderheft, Heidelberg 2003.
Scott, Joanne/Trubek, Joanne, Mind the Gap: Law and New Approaches to Governance in the European Union, European Law Journal 2002, S. 1 ff.
SIGMA, European Principles for Public Administration, Sigma Paper No. 27, 1999.
Sommermann, Karl-Peter/Ziekow, Jan (Hrsg.), Perspektiven der Verwaltungsforschung, Berlin 2002.
Sommermann, Karl-Peter (Hrsg.), Aktuelle Fragen zu Verfassung und Verwaltung im Europäischen Mehrebenensystem, Speyerer Forschungsberichte 230, Speyer 2003.
Speer, Benedikt, Das SIGMA-Programm der OECD. Ein Governance-Ansatz für Mittel- und Osteuropa?, in: König, Klaus/Adam, Markus (Hrsg.), Governance als entwicklungspolitischer Ansatz, Speyerer Forschungsberichte 219, Speyer 2001, S. 67 ff.
Speer, Benedikt, Governance, Good Governance und öffentliche Verwaltung in den Transformationsländern Mittel- und Osteuropas – Das SIGMA-Programm als gemeinsame Initiative von EU und OECD, in: Klaus König u.a. (Hrsg.), Governance als entwicklungs- und transformationspolitisches Konzept, Berlin 2002, S. 207 ff.
Steinich, Markus, Governance als Ansatz der GTZ, in: Klaus König/Markus Adam (Hrsg.), Governance als entwicklungspolitischer Ansatz, Speyerer Forschungsberichte 219, Speyer 2001, S. 157 ff.
Steinmeier, Frank-Walter/Machnig, Matthias (Hrsg.), Made in Germany '21, Hamburg 2004.
Stocker, Gerfried/Schöpf, Christine (Hrsg.), Code – The Language of our Time, Ars Electronica 2003, Linz 2003.
Stockmann, Reinhard (Hrsg.), Evaluationsforschung, Opladen 2000.

Stockmayer, Albrecht, Governance Outreach in the OECD, in: Klaus König/Markus Adam (Hrsg.), Governance als entwicklungspolitischer Ansatz, Speyerer Forschungsberichte 219, Speyer 2001, S. 157 ff.

Sweeney, Gerry (ed.), Innovation, Economic Progress and the Quality of Life, Cheltenham 2001.

Taschereau, Suzanne, Institute On Governance Canada (ed.), Governance Innovations, Ottawa 1997.

Theobald, Christian, Die Weltbank: Good Governance und die Neue Institutionenökonomik, in: Verwaltungsarchiv 1998, S. 467 ff.

Theobald, Christian, Zur Ökonomik des Staates. Good Governance und die Perzeption der Weltbank, Baden-Baden 2000.

Tiihonen, Seppo, From Uniform Administration to Governance and Management of Diversity, Helsinki 2000.

UNDP, Governance for sustainable human development, 1997, http: magnet.undp.org/policy/chapter1.htm#b

Windmeißer, Annette, Der Menschenrechtsansatz in der Entwicklungszusammenarbeit: Menschenrechte, Demokratie, Rechtsstaatlichkeit und »good governance« in der Entwicklungszusammenarbeit; das Beispiel der AKP-EU-Beziehungen, Wien 2002.

Wollmann, Hellmut, Evaluierung von Verwaltungspolitik: Reichweite und Grenzen – ein internationaler Überblick, Verwaltungsarchiv 2002, S. 418 ff.

Wollmann, Hellmut, Transformation der Regierungs- und Verwaltungsstrukturen in postkommunistischen Ländern: Zwischen »(Re)Politisierung« und »Entpolitisierung«, in: Arthur Benz, u.a. (Hrsg.), Institutionenwandel in Regierung und Verwaltung, Festschrift für Klaus König, Berlin 2004, S. 575 ff.

Woodhouse, Diana, Delivering Public Confidence: Codes of Conduct, A Step in the Right Direction, Public Law 2003, S. 511 ff.

World Bank, Sub-Saharan Africa. From Crisis to Sustainable Growth. A Long-Term Perspective Study. Washington, D. C., 1989.

Zürn, Michael, Regieren jenseits des Nationalstaats, Frankfurt a.M. 1998.

Zürn, Michael, Global Governance in der Legitimationskrise?, in: Claus Offe (Hrsg.), Demokratisierung der Demokratie, Frankfurt a.M. 2003, S. 232 ff.

Governance – aus der Praxis der GTZ

Albrecht Stockmayer [1]

Governance als Arena der Entwicklungszusammenarbeit

Im folgenden Beitrag wird eine Governance-*Praxis* thematisiert. Die Praxis der GTZ – und der Entwicklungszusammenarbeit (EZ) zumal – findet in vielen Arenen statt. Überall stehen Governance-Probleme an. Nicht alle sollen hier besprochen werden.
Zunächst ist die Praxis der Technischen Zusammenarbeit (TZ) nicht als Transfer- oder Beratungsorganisation zu beschreiben, sondern als Akteur einer EZ, die sich als gesellschaftspolitische Aufgabe versteht.
Hauptakteur ist hier das Bundesministerium für Wirtschaftliche Zusammenarbeit und Entwicklung (BMZ), verantwortlich für die Entwicklungspolitik der Bundesregierung. Das BMZ ist gleichzeitig Hauptauftraggeber der GTZ, einer Bundesagentur in der Form einer GmbH. Sie entspricht nicht dem Modell einer »executive agency«, sondern gehört eher zum weiteren Kreis von Agenturen, die ein breites Band von Aufgaben als »indirekte« oder »mittelbare« Verwaltung wahrnehmen. Die entwicklungspolitische Öffentlichkeit agiert mit vielen Nicht-Regierungsorganisationen, von den großen Zuwendungsempfängern wie der »Welthungerhilfe« bis zu den vielen lokalen Initiativen, die nur teilweise kommunal oder durch Landesmittel gefördert werden. Eine besondere Rolle nehmen die Politischen Stiftungen ein, zu deren traditionellem Aufgabengebiet die Unterstützung von Parteien, anderer gesellschaftlicher Mittler und von Medien in Entwicklungsländern gehört. Sie werden für die Wahrnehmung dieser Aufgaben ebenfalls aus dem Bundeshaushalt durch das BMZ gefördert, unterliegen aber nicht derselben Aufsicht der Exekutive wie z.B. die GTZ. Ähnliches gilt für die Kirchen, ohne daß deren Schwerpunkt Governance-Fragen wären. Weitere Handelnde sind schließlich die Bundesländer, die, wie etwa das Land Nordrhein Westfalen, sich früher Schwerpunktländer ihrer Tätigkeit ausgewählt hatten, die allesamt besondere Governance-Fragestellungen aufwarfen, etwa Palästina und Südafrika.
Es wäre sicherlich interessant, das institutionelle Geflecht der Entwicklungszusammenarbeit mit seinen Governance-Prozessen im Einzelnen zu durchleuchten. Dies ist aber nicht Gegenstand dieses Berichts.
Eine zweite Praxis ist die Governance einiger Länder des Südens. Governance-Fragen dieser Länder sind zur Zeit wieder sehr auf die Agenda geraten. Grund dafür sind die seit Mitte der 80er Jahre zunehmenden Konflikte, die erhebliche Veränderungen,

---

1   Dieser Aufsatz stellt die persönliche Meinung des Verfassers dar. Frau Anita Ernstorfer, M.A., dankt er für die Durchsicht des Manuskripts und für hilfreiche Hinweise.

wenn nicht Verschlechterungen der Governance dieser Länder bewirken. Die Themen heißen »Failed« oder »Failing« States und »Nation building«. Diese Themen sind leider schon lange auf der Agenda der EZ und der GTZ. Sie belegen aber erst seit 9/11 auf der Aufmerksamkeitsskala einen oberen Platz. Der »estado fingido« oder der »pays légal« im Gegensatz zum »pays reélle«, die »collapsed states« oder die Staaten mit »negativer (oder Quasi-) Souveränität« bilden den Hintergrund von entwicklungsorientierter Nothilfe, von Einsätzen der Krisen- und Konfliktbearbeitung oder neuerdings auch der zivil-militärischen Kooperation. Sie bilden aber auch den Hintergrund für viele Maßnahmen, deren Zweck es ist, öffentliche Strukturen widerstandsfähiger und weniger krisenanfälliger zu gestalten. Auch diese durch Konflikte und Kriege charakterisierte Governance-Praxis soll hier nur am Rande angesprochen werden.

Was in diesem Bericht im Mittelpunkt stehen soll, ist die Praxis der Beratung zum Thema Governance. Im Folgenden wird daher erst ein kurzer, strukturierter Blick auf die *Konzepte* geworfen, die den Begriff für uns und die EZ geprägt haben. Das sind natürlich das BMZ und seine Schwesterorganisationen anderer Geber, aber auch die großen multilateralen und europäischen Akteure. Daraus und aus der Schwerpunktsetzung des BMZ abgeleitet folgt die Darstellung der *Handlungsfelder,* in denen wir tätig sind. Abschließend werden die *Risiken* beleuchtet, die mit einem Engagement in diesem Feld einhergehen und die *Tendenzen*, wie sie sich uns aus der Beratungspraxis darstellen und von denen wir glauben, daß sie die zukünftige Governance-Praxis mitbestimmen.

Was in diesem Bericht nicht geleistet werden kann ist die Darstellung und Ableitung von Governance in der EZ oder eine umfassende Berichterstattung über Ursachen und Handlungsstrategien. Ziel des Berichts sind Illustrationen der Anwendungsbedingungen von Governance in der Praxis einer großen Entwicklungsorganisation, die sich dieses Themas als Beratungsgegenstand angenommen hat.

Vorab noch eine kurze Einschränkung: Der diesem Bericht vorgegebene Titel lautet »Good Governance«. Als Mittler zwischen einer Welt, die zu wissen meint, was »good« ist und einer anderen Welt, die nicht unbedingt die Auffassungen des Nordens über dessen Universalien teilt oder teilen will, müssen wir unsere Position klären.

Wir sind uns bei unserer Tätigkeit des normativen Rahmens bewusst, in welchem wir arbeiten. Genauso reflektieren wir die politischen und sozialen Traditionen, die unsere Handlungsoptionen bestimmen, vor allem die des demokratischen Rechtsstaats und der Organisationsprinzipien, die seine Praxis in Mitteleuropa ermöglichen. »Good« ist aber bei uns eine Dimension, die sich erst in der Kooperation mit unseren Partnern ergibt. Es ist der konkrete Kontext, in dem wir das jeweilige Optimum an Good Governance suchen müssen. Es reflektiert unseren Auftrag und unsere Wertehaltung genauso wie die konkrete Situation der Akteure, Institutionen und Interessen der anderen Seite. Good Governance ist für uns immer auch das Ergebnis unserer Arbeit.

Diese Einschränkung gilt in besonderem Maße für die Beratungspraxis der Technischen Zusammenarbeit, in der Governance regelmäßig als Ziel definiert wird. In diesem Zusammenhang ist auch die Definition von Mindestbedingungen für eine Beratung in diesem Bereich zu sehen, die wir als Ausgangspunkt für Beratungen oder als Abbruchskriterium bei Erfolglosigkeit definieren müssen. Anders zu beurteilen sind Governance-Kriterien als Konditionalität zum Beispiel der Kreditvergabe. In der langen Diskussion um diese Kriterien – vor allem in der Weltbank – wird immer wieder die Schwierigkeit deutlich, nicht nur politisch konsensfähige Bedingungen zu formulieren, sondern auch den üblichen Zirkelschlüssen zu entgehen, die bei einer wenig präzisen Definition der Kriterien unumgänglich sind: Arme Länder sind arm, weil sie schlechte Governance haben, was sich wieder auf ihre Armut zurückführen lässt; oder nicht funktionierende Institutionen tragen zu Bad Governance bei, was wiederum zur Unmöglichkeit deren Verbesserung führt (IDA 2001).

Im Gegensatz zu den Zieldefinitionen der Beratung müssen solche Konditionalitäten einen Bezugsrahmen haben, der außerhalb eines Landes und seiner Bestimmungsgründe für Governance gilt.

Universal geltende Prinzipien für Governance zu definieren, die sich auf die Praxis der Ausübung von Macht oder der Gestaltung von Regeln und Ordnungen beziehen, ist eine kaum zu lösende Aufgabe. Anlässlich der Diskussion um die Geltung der Prinzipien des »New Public Management« (NPM) wiesen dessen Befürworter gerne darauf hin, dass sich NPM Techniken und Instrumente auf universelle Werte stützten, die gerade auch in Entwicklungsländern gelten (Holmes/Shand 1995). Dabei übersahen sie allerdings die Anwendungsbedingungen für NPM: In Ländern, in denen informelle Entscheidungswege überwiegen, werden Kontrakte und interne Märkte nicht die Bedeutung haben können, die sie für eine funktionierende Praxis von NPM haben müssen und wie sie in den Musterländern vorlagen (Schick 1998). Für die Institutionen der Wirtschaft hat Douglass North dieses Transferhindernis prägnant ausgedrückt:

> »The implication is that transferring the formal political and economic rules of successful Western economies to third-world and Eastern European economies is not a sufficient condition for good economic performance.« (Douglass North, 1994, p. 366)

Die Unmöglichkeit, eine universelle Geltung von Grundsätzen und Prinzipien zu postulieren, wird auch dann deutlich, wenn man sich vor Augen führt, daß sich die Werte, die beispielsweise den Öffentlichen Dienst regieren, erheblich im Laufe der Zeit verändert haben. Was früher ein für Good Government zentraler Wert war, etwa die Stabilität der Anstellungsverhältnisse oder die Einheitlichkeit der Dienstregelungen, wird heute als Barriere für die Einführung von Neuerungen angesehen und als Einladung zu Rigidität und zum Mittelmaß gebrandmarkt (James 2003). Entwicklungen solcher praxisrelevanter Werte, selbst wenn sie allgemein gelten würden, hätten regelmäßig situationsspezifische zeitliche Abläufe, und die zeitlichen Stationen der Entwicklungspfade von Governance streuen breit.

Warum Governance gerade jetzt?

Governance ist nicht zuletzt auch durch die Ereignisse des 11. September 2001 wieder in den Blickpunkt der Öffentlichkeit geraten, auch wenn dieses Thema für uns auch schon früher von Bedeutung war. Die aus der Praxis gewonnene Einsicht, dass politische, kulturelle und sozio-ökonomische Faktoren für die Beratung eine wichtige Rolle spielen, bestimmte auch schon vorher die Technische Zusammenarbeit. Rius/Van de Walle formulierten in einem jüngeren Aufsatz:

»There has been a growing recognition over the course of the last twenty years that institutional, cultural and managerial factors weigh heavily on the course of reform programs in developing countries. Policy makers initially largely disregarded these factors.«
(Ruis/van de Walle 2003)

Die Forderung nach Beachtung dieser »weichen« Faktoren wurde immer wieder erhoben. Sie setzte sich, zumal in den großen multilateralen Finanzierungsinstitutionen, allerdings erst dann durch, als man statistische Relationen zwischen wirtschaftlichem Wachstum und Demokratie, einer stabilen Politik und gut funktionierenden Institutionen, der Gewährung von Menschenrechten usw. fand. Dazu gesellte sich die Auffassung, nicht zuletzt gefördert durch die anhaltende positive wirtschaftliche Entwicklung in den USA der 90er Jahre und die Bedeutung der Direktinvestitionen für einen Aufschwung, dass Länder ohne gute Governance-Bedingungen von den Investoren gemieden würden:

»And the Supermarkets and the Electronic Herd really don't care what colour your country is outside any more. All they care about is how your country is wired inside, what level of operating system and software it's able to run, and whether your government can protect private property.«
(Thomas Friedman 2001)

Die Internationalen Finanzierungsinstitutionen haben darauf reagiert.

»Almost all recent country assistance strategies (CAS) diagnose the governance situation in the relevant country, and lending for governance and institution building has increased significantly,«
konnte die Weltbank 2002 vermelden.
(World Bank 2002 b).

Es gibt drei wesentliche Gründe für diese Reaktion:
- Good Governance Defizite wurden als Erklärung für das Versagen der EZ trotz des Einsatzes technischer Mittel akzeptiert;
- die Zahl der Länder stieg, bei denen staatliche Einrichtungen auf breiter Front versagten und sich daher in einem Konflikt befinden, bzw. ihn nicht überwinden können;
- die Zunahme von Transformationssituationen.

Diese Gründe sollen im Folgenden kurz dargestellt werden, weil sie die Praxis der EZ beeinflusst haben und beeinflussen.

Politik als vergessene Größe im Dreieck von Regeln und Institutionen

Governance – in seiner jeweiligen Definition und ihrer Anwendung auf einen spezifischen Sachverhalt – eignete sich zur Erklärung von Defiziten und Fehlentwicklungen, die bisher nicht angemessen erklärt werden konnten. Eine dieser Fehlentwicklungen war die Erfolglosigkeit von »Strukturanpassung«, d.h. der durch Kredite geförderten Veränderung grundsätzlicher Bedingungen von Wirtschaft und Verwaltung in den 80er und 90er Jahren des letzten Jahrhunderts. In der Regel waren diese Programme ohne Berücksichtigung der heute sog. »weichen« Faktoren gestaltet worden. Dazu gehörten etwa das Funktionieren von Institutionen, die Geltung von Grundrechten und -freiheiten oder auch die Frage der Teilnahme an öffentlichen Entscheidungen. Besonders auffällig wird dieses – heute als solches anerkanntes – Defizit bei der Berücksichtigung politischer Rahmenbedingungen für die Gestaltung und Umsetzung von Reformen. Auf den Punkt gebracht kann man für die Praxis der internationalen Finanzagenturen formulieren:

»Politics is treated as a negative input into policy decision-making.«
(Grindle 2001)

Politik als wesentlicher Bestimmungsfaktor mindestens aber als Hintergrund der Art und Weise, wie Reformprogramme entstehen und angewandt werden, fand und findet immer schon deshalb keine Berücksichtigung, weil die Politik entsprechend einem »rational choice« Ansatz ausschließlich als Ergebnis rationaler Erkenntnis und seltener als Aushandlungsprozesse gesehen wurden. In einer klar umrissenen Sequenz von Entscheidungsschritten »entstand« Politik und die entsprechenden Reformprogramme (Santiso 2003). In dieser Perspektive kann man auf diese Prozesse auch technisch einwirken, indem man die Prozessgestaltung und -steuerung nach »allgemein akzeptierten Standards« optimiert.[2] Governance-orientierte Programmgestaltung und -beratung bietet zumindest die Chance, Politikprozesse nicht (nur) als technische Frage zu erfassen und damit auch »weiche« Gesichtspunkte zu berücksichtigen.

Governance-Beratung als Antwort auf Staatsversagen und Staatsverfall

Staatsversagen und Staatsverfall sind keine neuen Problematiken, wie die augenblickliche Proliferation von Studien zu Failed States, zu Nation-Building oder zu ähnlichen Fragestellungen vermuten lässt. Bereits zu Anfang der 90er Jahre waren Staaten wie Peru oder die Sahel-Staaten in einer Situation, in der der Korrespondent von Le Monde schockiert folgerte, dass die Staatsgewalt »quasi nicht mehr existiere«, wobei

---

2 Illustrativ hierfür ist die Governance-Definition einer Gruppe des Weltbankinstituts, die sich seit 6 Jahren mit der Bildung von Indikatoren für Governance beschäftigt. Danach ist Governance »the process by which governments are selected, monitored and replaced, the capacity of the government to effectively formulate and implement sound policies, and the espect of citizens and the state for the institutions that govern economic and social interactions among them«.
Das letzte Element ist neu und auch noch nicht operationalisiert (Kaufmann 2003).

»Staatsgewalt« je verschieden verstanden werden kann und ihr Fehlen sich verschieden aktualisiert.³ Die wichtigsten Varianten sind die Abwesenheit des Gewaltmonopols, fehlende wesentliche öffentliche Güter und/oder Dienstleistungen aber auch fehlende stabile, vertrauensvolle Beziehungen der Hauptakteure untereinander.
Die Beratungspraxis hatte sich demgemäß mit der Frage zu beschäftigen, ob und wie Reformen in Staaten zu bewerkstelligen sind, bei denen der Staat zumindest an seinen Rändern wegbricht. Das galt vor allem für solche Länder, in deren Territorium verschiedene andere effektive Machtzentren bestanden. So schlug Guillermo O'Donnell schon Anfang der 90er Jahre vor, Landkarten unterschiedlich einzufärben je nach der Qualität der Präsenz des Staates (O'Donnell 1993). Dasselbe wurde für Afrika festgestellt und zwar auf zwei Ebenen: zum einen gab es wie in Lateinamerika Gegenden, in denen andere Herrscher den Ton angaben und zum anderen konkurrierten um die Staatsgewalt Gruppen, die den Staat für eigene Zwecke instrumentalisieren wollten. So stellte J.F. Bayart 1995 fest, dass sich der Staat

> »in großen Teilen des Subkontinents zugunsten von Kirchen oder religiösen Bruderschaften, zugunsten einer sich stark ausbreitenden informellen Wirtschaft oder zugunsten bewaffneter Bewegungen schlicht verflüchtigt hat.« (Bayart 1995)

Dieser Prozess, der teilweise auch durch einen »Rückbau des Staates«, der sich verselbständigte, vorangetrieben wurde, hält an. Die Reichweite staatlicher Entscheidungsgewalt ist in vielen Ländern in den letzten Jahren weiter zurückgegangen. An die Stelle des Staates als Inhaber des Gewaltmonopols traten andere Herrscher mit grundsätzlich anderen, häufig informellen Instrumenten, verkürzt benannt als Mafia, warlords, tribale Führer etc. Das wirft die Frage auf, wie und wer in Situationen regiert, in denen staatlich-hierarchische Machtbeziehungen weniger und horizontale (»Netzwerke«) Beziehungen immer mehr Bedeutung für die Gestaltung des Gemeinwesens erlangen.
Für die an Governance orientierten Beratungsansätze heißt dies, dass die traditionellen Ansätze der Stärkung der Kapazität von Regierung und Verwaltung (der Internalisierung von Problemen in Institutionen) zwar weitergelten. Hinzu treten aber Ansätze, deren Ziel es sein muss, aus einer am Rand des öffentlichen Spektrums stehenden Bevölkerung eine »Zivilgesellschaft« bzw. eine verfasste Bürgerschaft werden zu lassen, wie deren Bürger effektiv an Entscheidungen teilnehmen und wie diese Entscheidungen als konstitutiv für ein Gemeinwesen verstanden werden und gelten. Hinzu treten ebenfalls Ansätze, die im Sinne einer Prävention die Beratung von Governance-Aspekten betreffen, die ein – erneutes – Abgleiten in den Konflikt verhindern sollen.
Gleichzeitig dürfen wir bei diesen – die Diskussion in der Entwicklungspolitik weitgehend bestimmenden – Szenarien nicht vergessen, dass in den Schwellenländern

---

3   Le Monde vom 29.03.1993 stellte damals mit Bezug auf die Sahelstaaten fest: »l'autorité de l'état est quasiment inexistante.« In Peru fanden sich 1991 für die Gemeinderats- und Bürgermeisterwahlen z.B. im Bezirk Huancayo für weniger als 50 % der zur Wahl stehenden Positionen Bewerber, La Republica (Lima) vom 07.07.1992

deutlich andere Governance-Probleme der Lösung harren. Es geht etwa in Indien, China, aber auch in Südafrika, Indonesien und Brasilien darum, die Formen des Staatshandelns zu modernisieren, d.h. Querschnittsthemen wie Umweltfragen, soziale Sicherung oder Gender in den Politikprozess zu integrieren und Instrumente zu entwickeln, die die Entwicklung aus einem autoritär gelenkten in einen sich plural selbststeuernden Kontext voranbringen.

Die Zunahme von Transformationssituationen

Good Governance bestimmt die Beratungspraxis der Entwicklungszusammenarbeit heute auch deshalb, weil es eine steigende Zahl von Ländern gibt, die sich in einer Transformationssituation befinden. Die sich dort stellenden komplexen Reformaufgaben können ohne Berücksichtigung von Governance und seinen Aspekten kaum sinnvoll angegangen werden. Dabei finden sich diese Länder nicht nur in Mittel- und Osteuropa. Die Transformationssituation ergibt sich auch nicht ausschließlich daraus, dass, wie es dort der Fall ist, Staaten eine neue Ordnung assimilieren. Die Transformation oder der »Übergang« wird heute als Paradigma auch von Ländern in Lateinamerika und Afrika, dort zum Beispiel von Kenia und Südafrika, für sich in Anspruch genommen.

Die Themen gehen dabei von der Ausdifferenzierung von Ordnungskriterien für eine plurale und damit komplexere Ordnung, über die zunehmende Akzeptanz von internationalen Prinzipien und ihre Umsetzung auf nationaler Ebene hin zur Überwindung von Spaltungen auf Grund von Rasse oder Volkszugehörigkeit. Auf Kant zurückgreifend kann man dies als einen späten Sieg »des freyen Föderalismus, den die Vernunft mit dem Begriffe des Völkerrechts nothwendig verbinden muß« also der Internationalen Bürgergesellschaft ansehen (Kant 1795). Man kann auch weniger anspruchsvoll sein, wie der Ministerrat der OECD 1999, als er in seinem Kommuniqué formulierte:

>»Good governance is an essential element in strengthening pluralistic democracy and promoting sustainable development.« (OECD 1999, Rdz. 23)

Die Reformen, die sich in der Transformation stellen, sind vielgestaltig. In **Südafrika** ist die Nachhaltigkeit einer transformationsorientierten Politik und ihrer Kohärenz Thema, da man feststellen musste, dass das erklärte Transformationsziel einer besseren Versorgung der schwarzen Bevölkerung auf dem Lande bisher nicht erreicht wurde. Warum der Staat seine Bürger nicht erreicht, die er für sich als Zielgruppe definiert hat, ist eine Kernfrage von vielen Beratungsansätzen geworden.

In *Kolumbien* stellt sich die Transformation in eine Friedensgesellschaft als eine Aufgabe dar, die als Oberthema bestehender Reformansätze die Beteiligten vor neue Fragen stellt: Wie können notwendige Reformen, beispielsweise der Dezentralisierung, im Kontext der Gewalt erfolgreich durchgeführt werden. Das Zielspektrum von Dezentralisierung hat sich ebenso danach auszurichten wie die Maßnahmen und ihr Management.

Die Nachkriegsordnung in *Äthiopien* steht unter dem Motto des Systemwandels in einen ethnisch-strukturierten föderalen Staat. Die hier ins Blickfeld geratenden Institutionen, wie etwa das Parlament, haben neue Aufgaben, zum Beispiel die Diskussion und Verabschiedung der Armutsstrategie (Poverty Reduction Strategy), obwohl die hierfür notwendigen Akteure die Teilhabe an der Politik noch gar nicht eingeübt haben, geschweige denn sie in einer Weise ausüben, die ihre Legitimität und damit die Nachhaltigkeit der Politik stärken. Da Demokratie und Nachhaltige Entwicklung zentrale Forderungen der Entwicklungszusammenarbeit sind, ist es nur ein kleiner Schritt bis zu der lapidaren Feststellung durch die Rt. Hon. Clare Short MP, damalige britische Ministerin für internationale Entwicklung, auf einer EU Konferenz in Valladolid am 7. März 2002:

>»Whatever the development question you ask, the answer is good governance.«

Entwicklung des Governance-Begriffes

Governance zwischen Guter Regierung und Menschenrechten

Die Entwicklung des Governance-Themas über die letzten zwanzig Jahre hilft nachzuvollziehen, was sich heute hinter diesem schillernden Begriff verbirgt.
Die »ursprüngliche« Definition von Governance im EZ-Bereich wurde durch die Weltbank geprägt. Sie war im Grunde die Antwort auf die Frage, warum mehr als ein Jahrzehnt Strukturanpassung so gut wie wirkungslos geblieben waren. Die Betonung liegt deutlich auf Macht und Regimestrukturen und -prozessen:

>»[...] use of political authority and the exercise of control over society and the management of its resources for social and economic development, including nature of functioning of a state's institutional and structural arrangement, decision-making processes, policy formulation, implementation capacity, information flows, effectiveness of leadership, and the nature of the relationship between the rulers and the ruled.« *(Serageldin/Landell-Mills* 1991)

Diese Definition ist nicht die einzige geblieben. Im Folgenden wird aber keine Definition versucht. Dies geschieht an anderer Stelle (vgl. den Beitrag von Hermann Hill in diesem Bande). Stattdessen soll ausgehend von der Praxis dargestellt werden, wie und welche Schwerpunkte sich veränderten.
Der Schwerpunkt von Governance lag zunächst auf dem Prozess staatlichen Regierens und insbesondere auf der Gestaltung von Politik. Governance war insoweit weitgehend deckungsgleich mit *government*, d.h. Regieren. Die *Qualität* des Regierens ist ein Thema, das parallel dazu verhandelt wird.
Einer der wesentlichen Ausgangspunkte in der Rezeption war die Arbeitsgruppe on Participatory Development/Good Governance des Entwicklungsausschusses (DAC) der OECD. Ihre Arbeitsdefinition von Governance bestand aus
- Participatory Development; darunter fiel die Demokratisierung,

- Good Governance, wozu Rechtsstaatlichkeit (Rule of Law/état de droit/estado de derecho), Öffentliche Verwaltung und Öffentliches Management (Public Sector Management), Korruptionsbekämpfung und Verteidigungsausgaben gerechnet wurden,
- dem Schutz der Menschenrechte,
- der Kohärenz der Politikgestaltung, ein besonders einschlägiger Punkt für die Entwicklungspolitik, die vielfach Querschnittsfunktion für die verschiedenen Sektorpolitiken wahrnimmt (OECD/DAC 1997).

In der ersten Version von weltweit vereinbarten Zielen für die Entwicklungszusammenarbeit findet sich diese – auf den Regierungsprozess fokussierte – Bedeutung von Governance ebenfalls. In der Erklärung »Shaping the 21st Century: The contribution of development co-operation« steht Good Governance noch *neben* diesen Feldern, zum Beispiel neben

- »public management, democratic accountability, the protection of human rights and the rule of law«,
- »a sound policy framework encouraging stable, growing economies« etc.,
- »enhanced participation of all people, and notably of women, in economic and political life, and the reduction of social inequalities«[4].

Diese Themenkonfiguration hat sich auch in den Millenium Zielen der Vereinten Nationen erhalten. Governance ist selbst kein Ziel. Es wird allerdings in Kapitel 5 der UN Millenium Declaration aufgeführt. Da es wiederum nur prozeduralen Charakter hat, werden daneben die Themen Menschenrechte und Demokratie genannt, ohne dass deutlich würde, in welchem Verhältnis sie zueinander stehen.

Der Vorstellung, Governance sei vor allem der Prozess qualitätsvollen Regierens kann man eine andere Definition gegenüberstellen, die Governance vor allem als die Zuweisung und Geltung von Menschen- vor allem aber Bürgerrechten ansieht. Der öffentliche Raum, in dem Politik entsteht und Legitimation wächst, oder der Prozess der Ausübung von Macht zu bestimmten Zwecken, tritt dahinter zurück. Beispielhaft heißt es in der Erklärung zu Demokratie, zu politischer, wirtschaftlicher und Unternehmensgovernance des New Partnership for Africa's Development (NEPAD):

> »At the beginning of the new century and millennium, we reaffirm our commitment to the promotion of democracy and its core values in our respective countries. In particular, we renew our determination to enforce
> - the rule of law,
> - the equality of all citizens before the law and the liberty of the individual,
> - individual and collective freedoms, including the right to form and join political parties and trade unions, in conformity with the constitution,
> - equality of opportunity for all,

---

[4] »Development Partnerships in the New Global Context«, 3-4 May 1996, Annex to OECD-DAC, »Shaping the 21st Century: The contribution of development co-operation«, Paris May 1996.

- the inalienable right of the individual to participate by means of free, credible and democratic political processes in periodically electing their leaders for a fixed term of office, and
- adherence to the separation of powers, including the protection of the independence of the judiciary and of effective parliaments« (NEPAD 2003, sec. 7).

Grund für das Entstehen dieser Definitionsvariante ist sicher nicht die Vorliebe für Menschenrechte oder deren zynische Verachtung, weil sie zwar global vereinbart, national aber nicht durchsetzbar sind, sondern eher das Fehlen gemeinsamer Vorstellungen von Organisation und Prozessen kollektiver Willensbildung und von legitimen öffentlichen Institutionen.

Dieser Ausgangspunkt, insbesondere die Weite seiner Definition, hat aber nur bedingt modellbildend gewirkt. Später sind die Definitionen immer wieder geschwankt, im Wesentlichen zwischen zwei Polen, der Identifizierung von Good Governance mit den Menschenrechten,

Inzwischen ist die Definition eher beliebig geworden. Sie ist nur aus den verschiedenen Prozessen verständlich, die zur jeweiligen Definition geführt haben.

Ein weiter, möglicherweise zu weiter Governance-Begriff liegt dem Cotonou Abkommen zu Grunde. Durch seine Mehrstufigkeit will er den verschiedenen am Abkommen Beteiligten gerecht werden.

»In the context of a political and institutional environment that upholds human rights, democratic principles and the rule of law. Good governance is the transparent and accountable management of human, natural, economic and financial resources for the purposes of equitable and sustainable development.

It entails clear decision-making procedures at the level of public authorities, transparent and accountable institutions, the primacy of law in the management and distribution of resources and capacity building for elaborating and implementing measures aiming in particular at preventing and combating corruption.«
(ACP – EU 1999, Art. 9, 3; Hervorhebungen durch den Autor)

Damit schälen sich beispielsweise folgende Handlungsfelder für Governance heraus, ohne dass sie aus einer einheitlichen Definition abgeleitet werden könnten. (EU 2003),

- Support to democratization including support to electoral processes and electoral observation (with an emphasis on participation, representativity and accountability);
- Promotion and protection of Human Rights (as defined in the international covenants and conventions, respect of norms and non-discrimination);
- Reinforcement of the rule of law and the administration of justice (as to the legal framework, legal dispute mechanisms, access to justice, etc.);
- Enhancement of the role of Non State Actors and their capacity building (as a partner and actor of public policy);
- Public administration reform, management of public finances and civil service reform;

- Decentralization and local government reform/capacity building (to promote and institutionalized participation at the local level with a focus on local power structures and resources).

Good Governance als Gegenstand der Entwicklungszusammenarbeit

Governance gehörte in der internationalen Diskussion nicht zu den Standardthemen der EZ. Die Frage nach den institutionellen Bedingungen und Strategien zur Lösung sozialer, ökonomischer und politischer Probleme wurde erst spät gestellt. Vorläufer waren der Bericht zu »Accelerated Development in Sub-Saharan Africa« von 1979 (World Bank 1980) sowie der Weltentwicklungsbericht 1983 der Weltbank. Er sah ein Kapitel über »Management in Development« vor mit den Untertiteln »Role of the State« (mit der ausschließlichen Betonung der Aufgabenkritik und weniger der Frage ihrer Wahrnehmung) und »Managing administrative change«. Diese Themen wurden aber nicht weiter verfolgt. Die ideologischen Vorbehalte gegenüber einer aktiven Rolle des Staates in der Entwicklung ließen dies nicht zu. Fragen des staatlichen Managements der Entwicklung wurden durch Rückgriff auf ein technisch orientiertes Instrumentarium der Organisations- und Managementberatung (»Public Sector Management«) beantwortet. Diese Periode ging international erst mit dem Bericht (»The State in a Changing World« (World Bank 1997), der im wesentlichen Fragen von Good Government aber auch von Good Governance betraf und einer Lateinamerika-Studie »Institutions Matter« (World Bank 1998) zu Ende.

Für die **bilaterale EZ** entwickelten sich Governance-Aspekte anders. Nicht nur aber auch veranlasst durch den Zerfall des Sowjetreiches und den Fall der Berliner Mauer traten in Deutschland Werte und Verhaltensmuster von rechtsstaatlicher Demokratie und Sozialer Marktwirtschaft stärker in den Vordergrund. Im Herbst 1990 verkündete der BMZ die »Fünf politischen Kriterien«, deren Vorliegen in einem Land darüber bestimmen sollte, ob die BRD mit diesem Land EZ betreiben sollte.
Die »Neue Kriterien der Entwicklungszusammenarbeit« waren:
- die Beachtung der Menschenrechte,
- die Beteiligung der Bevölkerung am (entwicklungs-) politischen Prozess,
- die Gewährleistung von Rechtssicherheit,
- die Schaffung einer marktfreundlichen Wirtschaftsordnung und schließlich
- die Entwicklungsorientierung des staatlichen Handelns. (BMZ 1991, van de Sand/ Mohs 1991).

Mit dem »Zehnten Entwicklungsbericht der Bundesregierung« wurde die Bedeutung dieser Kriterien ausgeweitet. Sie wurden zu »Handlungsfeldern der EZ« und dienten damit auch als Ziele und Gestaltungskriterien der Entwicklungszusammenarbeit (BMZ 1996).
Das BMZ-Positionspapier – Gegenstand eines langen Prozesses – wurde 2002 veröffentlicht (BMZ 2002). Die Tatsache, dass es sich um ein Positionspapier und nicht um ein sektorales oder gar ein übersektorales Konzept handelte, zeigt, dass auch im BMZ

damals nicht ohne weiteres das Maß an Einigkeit über den Wert und die Bedeutung von Governance für die EZ herrschte, das für ein Sektorkonzept Voraussetzung ist. Das Papier beschreibt den bestehenden Anwendungsbereich von Good Governance und stellt den deutschen Beitrag dar.

Für die Praxis der *internationalen EZ* war Governance ebenfalls ein weitgehend unbekanntes Erklärungsmuster. In der sog. Long Term Perspective Study »From Crisis To Sustainable Growth – Sub Saharan Africa« von 1989 (World Bank 1989) tauchte dieser Begriff zum ersten Mal systematisch zur Erklärung von Defiziten der Entwicklung auf. Zunächst wurde das Erklärungsmuster dem bisherigen – angeblich mangelhaften – Public Sector Management gegenübergestellt. Erst im Laufe der ersten Hälfte der 90er Jahre bekam Governance eigene Konturen. Vier Kriterien bestimmten Governance und später Good Governance: Nur öffentliches Handeln, das transparent, nachprüfbar, demokratisch legitimiert und im Rahmen einer stabilen Rechtsordnung agierte, sollte den Anforderungen von Good Governance entsprechen.

Es konnte nicht ausbleiben, dass dieser Begriff Anlass zur Kritik und zu Vermutungen gab, er solle nur davon ablenken, dass Länder besonders in Afrika immer weniger Mittel zuflossen. Governance, so wurde argumentiert, bestünde aus ideologischen Versatzstücken, die Einfallstor westlicher Muster nach Afrika oder nach Asien seien. Gleichzeitig wurde der Begriff aber auch in den Entwicklungsländern angenommen. Der Lagos Plan of Action von 1980[5] war ein erster Schritt der Rezeption. Heute hat das Abschlussdokument der Konferenz von Monterrey 2002, Kapitel 1, deutlich gemacht, dass EL Verantwortung für ihre Binnen-Governance zu akzeptieren bereit sind, also nicht wie es dem bisher herrschenden Vorgehen entsprach, ausschließlich externe Akteure für eigene Governance-Schwächen verantwortlich machten.

Demgegenüber wurde von Dritten darauf hingewiesen, dass Governance ein Begriff sei, der sich durchaus an gegebene Muster anpassen könne. Da der Begriff ohne eine konkrete Festlegung der Verankerung politischer Macht und Autorität in formellen Institutionen auskomme, sei er geeignet, bei der Analyse traditioneller Gesellschaftsformen in Entwicklungsländern der Gefahr einer einseitigen, westlich orientierten Perzeption politischer Entscheidungsprozesse entgegenzuwirken (Goran Hyden 1992). Er habe keine automatischen normativen Konnotationen (Corkery 1999).

Praxisbeispiele

Der Eindruck, dass sich hinter der Definition eine Vielzahl von Themen verbergen, die nicht alle in derselben Weise, insbesondere mit derselben Intensität wahrgenommen werden können, ist richtig. Nicht zuletzt deshalb taucht bei Governance auch immer das Verlangen nach Kohärenz auf. Die Praxis der Entwicklungszusammenar-

---

5 »The Lagos Plan of Action for the Economic Development of Africa, 1980-2000« and the »Final Act of Lagos« der Organisation of African Unity

beit vor allem die Gewichtung, die die verschiedenen Unterthemen einnehmen, hat sich im Laufe der Zeit verändert.

Wenn früher die wesentlichen Governance-Aktivitätsbereiche »Dezentralisierung«, »Rechtsstaat« oder »Modernisierung von Staat und Verwaltung« waren, also zentrale politische Fragen von Staatlichkeit betrafen, werden heute immer mehr von den Rändern des Themas her sektorspezifische oder regionalspezifische Anwendungen nachgefragt: Das mag der Mode geschuldet sein. Immer wieder findet sich der Vorwurf, Governance erinnere an des Kaisers neue Kleider. Die Nachfrage weist aber auch auf die – wo immer auch herrührende – Notwendigkeit hin, sich mit Fragestellungen zu befassen, die früher nicht zum Thema gemacht werden konnten.

Beispiele für solche Themen, die sich in internationalen Initiativen niedergeschlagen haben sind die Forestry Law Enforcement, Governance and Trade Initiative (FLEGT)[6] oder die Extractive Industries Transparency Initiative (EITI)[7]. Bei beiden sind das Problem Zahlungsströme aus Rohstoffverkäufen, die in der Regel bestehende Governance-Probleme verschärfen bis hin zur Finanzierung von Bürgerkriegen.

Die nachfolgenden Beispiele für die Aufgaben, die sich der Beratung im Governance-Bereich stellen, sind, um eine gewisse Kategorisierung zu erreichen, unter drei Gesichtspunkten angeordnet:

Themen

Da Themen und Ideen den politischen Diskurs in Geber- wie Entwicklungsländern bestimmen, tauchen hier die Gründe wieder auf, die zum Bedeutungsanstieg von Governance geführt haben. Sie führen nicht nur zur Berücksichtigung von Governance-Fragen in internationalen Foren, sondern bestimmen auch die Inhalte von Governance-Aktivitäten.

Dies gilt beispielsweise für das *Thema der Transformation*. Es sorgt dafür, dass die Staaten Mittel- und Osteuropas, aber auch die Staaten des Kaukasus und Zentralasiens Governance-Programme »verordnet« bekamen, die die gesamte Skala der Governance-Aspekte beinhalteten. Dies galt vor allem in den Ländern der ehemaligen Sowjetunion, bei denen Staatenbildung und Transformation der übernommenen Einrichtungen Hand in Hand gingen. Der Spannungsbogen zwischen dem Staat, der seine Funktionstüchtigkeit erst unter Beweis stellen will, und der Transformation, die eine neue Qualität staatlichen Handelns hervorbringen soll, ist groß. Hierunter fallen Aktivitäten in den Staaten Mittel- und Osteuropas, aber auch in den kaukasischen und zentralasiatischen Ländern, in denen mit der Transformation gleichzeitig eine Staatenbildung einherging. Dort muss der Staat erst seine eigene Handlungsfähigkeit unter Beweis stellen.

---

6 Forest Law Enforcement, Governance and Trade. Proposal for an Action Plan, 21.5.2003 [http://europa.eu.int/comm/development/body/theme/forest/initiative/index_en.htm]
7 Statement of Principles and Agreed Actions, 14.07.2003, [http://62.189.42.51/DFIDstage/News/News/files/eiti_draft_report_statement.htm]

Es gilt aber auch für andere Themen, wie die Bedeutungssteigerung von Regeln zeigt. Dies zeigt sich unter anderem in einer Zunahme der Eingaben an Petitions-/Beschwerde-Stellen, die übergangsweise und komplementär die Funktionen eines noch nicht funktionsfähigen Rechtssektors wahrnehmen.

Hinter einem Thema, etwa Dezentralisierung, sind eine große Zahl von Einzelthemen verborgen, die vor allem aber in ihrer Kombination das Profil der Beratungstätigkeiten bestimmen. In Indonesien heißt das für unsere Tätigkeit zur Einführung und Konsolidierung der Dezentralisierung mit dem Innenministerium, dass wir folgende Aufgaben/Themenbereiche zu bearbeiten hatten:

- Konsolidierung und Konkretisierung des gesetzlichen Rahmenwerkes;
- ein wirksameres Management des Transformationsprozesses, vor allem durch die Stärkung der interministeriellen Koordinierung, der Einführung von Monitoring und Risikoüberwachungssystemen und entsprechender Einheiten, die bei Risiken entsprechende Gegenstrategien bereit halten;
- verbesserte Instrumente der Berichterstattung und Rechnungslegung zwischen Exekutive und Legislative, um die Grundlagen für die Aufsicht der Legislative zu legen;
- die Stärkung von Analyse- und Kontrollfunktionen, um dysfunktionale Regelungen frühzeitig zu erkennen;
- verschiedene Maßnahmen zur Stärkung der Kapazitäten staatlicher Einrichtungen, um die im Wege der Dezentralisierung ihnen zuwachsenden Aufgaben wahrzunehmen;
- die Förderung der Organisationen der Zivilgesellschaft, als Organe der Mobilisierung bürgerschaftlicher Mitwirkung und Kontrolle,
- die Förderung des Querschnittsthemas Gender in Politikanalyse und Gestaltung.

Entwicklungspfade

Governance-Reformen reagieren auf eine politische und gesellschaftliche Entwicklungsdynamik und die von ihr geschaffenen positiven Bedingungen für Wandel. Diese Dynamik ergibt sich wiederum aus dem Zusammenwirken von Grundnormen der Verfassung mit den Institutionen und den sie beherrschenden Normen und Regeln. In ihren zeitlichen und kausalen Zusammenhang gestellt, ergibt sich aus der Kombination dieser Faktoren ein mehr oder weniger deutlicher Entwicklungspfad, der Reformpotentiale für Governance aufzeigt aber auch entsprechende Risiken deutlich werden lässt.

Im Beispiel **Indiens** wird dies deutlich an einigen machtvollen Gruppen der Zivilgesellschaft, die es immer wieder erreicht haben, ihre Ziele zunächst vor Ort durchzusetzen, sie später auf die nationale Ebene zu katapultieren, um dort Rahmenbedingungen zu verändern, die wiederum ihre Position vor Ort sicherte. Die Bedingungen für ein erfolgreiches Vorgehen, sind allerdings nicht ohne weiteres überall gegeben, das Vorgehen ist nur bedingt reproduzierbar. Dies gilt besonders auch für Gruppen, die sich erst vor Ort als Lobbygruppen konstituieren und den Grad an Stabilität nach Außen und Innen erreichen müssen, der u.a. Voraussetzung für Erfolge ist.

Im Falle von **Mosambik** galt es, den Übergang aus einer Periode der Friedensverhandlungen in die weniger spektakuläre, aber mindestens ebenso wichtige Periode der Staatsordnung zu bewerkstelligen. In den Friedensverhandlungen überwog die Logik der Überwindung des Bürgerkriegszustandes. Für die nachfolgende Errichtung staatlicher Institutionen und der sie beherrschenden Regeln war diese Logik zwar verführerisch. Darin zu verharren hätte beispielsweise eine mechanische Aufteilung der Ressourcen und Organisationen bedeutet, die den Staat in Zukunft gelähmt hätte. Die Bevölkerung hätte auf die erhoffte Friedensdividende verzichten müssen. Unter diesen Umständen zu versuchen, Spielräume für vertikale Ressourcenteilungen durch eine funktional begründete Autonomie zu gewinnen, ist ein Ziel, für dessen Erreichung wesentlich mehr Mittel eingesetzt werden müssen als in einem vergleichbaren Land, dessen Vergangenheit durch ein autoritäres Regime geprägt wurde.

Programme

Besondere Bedingungen für die Unterstützung von Governance ergeben sich dort, wo die EZ nicht isolierte Bereiche fördert, sondern vereinbart hat, gemeinsame Reformprogramme zu unterstützen, die aufgrund ihrer komplexen Natur eher eine Chance haben, Governance-Faktoren zu beeinflussen. Programme mit einer Laufzeit bis zu 9 Jahren sind in 17 Schwerpunktländern der deutschen EZ in der Entstehung.
Demokratische Dezentralisierung und Inklusion sind die Hauptthemen des Governance-Schwerpunkts in **Peru**. Bisher marginalisierte Teile der Bevölkerung des Hochlands und des Amazonasbeckens sollen aktiv ihre Interessen vertreten können und dies in einer Weise tun, die die Kompatibilität mit den durch die Dezentralisierung geschaffenen formalen Institutionen vor allem auf der regionalen und kommunalen Ebene sichert. Dafür sollen Foren und Runde Tische der Mobilisierung und Abstimmung, wie sie auf Initiative der Kirchen hin eingerichtet wurden, gefördert oder vervielfacht werden. Am anderen Ende des Spektrums werden die bestehenden Kontrollinstitutionen für ihre Aufgaben in Gemeinden mit dem Ziel vorbereitet, nicht nur Mitwirkungsmöglichkeiten zu eröffnen, sondern gleichzeitig auch das Vertrauen in die Gemeindeorgane dadurch zu verbessern, dass ihre Amtsführung nachprüfbar und nachgeprüft wird.
Das **Ghana Programm** sieht als übergreifende Governance-Themen einerseits die Verhinderung und Bekämpfung von Korruption vor, auf der anderen Seite die Anerkennung des Rechtspluralismus beim öffentlichen Ressourcenmanagement. Das Programm hat dabei die Armutsbekämpfungsstrategie (PRSP) zu berücksichtigen. Von den fünf zentralen Strategieelementen ist eines die Verbesserung von Good Governance. Die anderen Strategieelemente sind Makroökonomie, Produktion und Beschäftigung, die Entwicklung der Humanressourcen und soziale Dienstleistungen. Das Thema Governance beinhaltet die »Politikfelder« Public Policy Management,

Dezentralisierung, Public Expenditure Management sowie Transparenz und Verantwortlichkeit.
Eine wesentliche Rolle bei der Umsetzung der Strategie sollen das Gesetz zur Sicherung der Informationsfreiheit, die Entwicklung von Mechanismen zur Veröffentlichung von Regierungsinformationen sowie die Stärkung des Parlaments in seiner Aufsichtsfunktion über die staatlichen Exekutive und damit wiederum über die Umsetzung der Armutsbekämpfungsstrategie einnehmen.

Herausforderungen und Tendenzen

Herausforderungen

Welches sind die Herausforderungen, die wir in unserer entwicklungspolitischen Praxis erleben? Welches sind die Risiken, die zu berücksichtigen sind, wenn man die o.g. Ziele verfolgt?

»Ideologieverdacht«
Good Governance-Programmen ist häufig der Vorwurf ideologisch begründeter Überheblichkeit gemacht worden. Ihre Protagonisten predigten Governance-Werte, ohne sie selbst einzuhalten oder deren Einhaltung ohne Berücksichtigung der jeweils herrschenden Umstände zu fordern. Dies galt insbesondere für die Zeit vor dem Zusammenbruch des Sowjetreiches, als man gerne über die Defizite befreundeter Regimes hinwegsah, diese Defizite aber bei anderen Regimes nicht dulden wollte. Diese Gefahr besteht immer dort weiter, wo abstrakte Werte propagiert werden, deren Umsetzung nicht überall mit derselben Rigorosität gefordert, geschweige denn befolgt werden (kann) oder wie das folgende Beispiel zeigt, wo die Realität nur selektiv zur Kenntnis genommen wird.
Eine verfälschende Sicht der Realität werfen etwa NGOs der African Union (AU) und dem »New Partnership for Africa's Development« [8] vor- dessen Erklärung zu Demokratie pp. oben [S. 11] zitiert wird, denn es
- »ignores the way the state has, itself, been undermined as a social provider and vehicle for development, particularly under the World Bank's tutelage;
- ignores the way that the ›structurally adjusted‹ state has, in turn, been undermining institutions and processes of democracy in Africa;
- does not reflect the historic struggles in Africa for participatory forms of democracy and decentralisation of power;
- promises of democracy and ›good governance‹ are largely intended to satisfy foreign donors and to give guarantees to foreign investment.«

8   www.nepad.org

»Mechanistische Anwendung«
Ideologische Scheuklappen führen nicht nur zur Verbreitung und Anwendung bestimmter Maximen und Prinzipien ungeachtet der Anwendungsbedingungen. Sie werden auch in der entsprechenden *mechanischen Anwendung* dieser Maximen deutlich, wie dies Thomas Carothers für das Governance-Thema »Rechtsstaat« festgestellt hat.

> »The axiomatic quality that the rule of law is necessary for economic development and democracy is misleading when used as a mechanistic, causal imperative by the aid community« (Carothers 2003).

Ein *zweites* damit verwandtes Risiko ist die *mangelnde analytische Tiefe* bei der Prüfung der Bedingungen für die erfolgreiche Realisierung von Governance-Reformen. Besonders bei der Übertragung von Systemen und Institutionen bedürfte es der Klärung vieler Voraussetzungen und Bedingungen, um deren Funktionieren in einem anderen Umfeld sicherzustellen. Hierfür gibt es teilweise weder ausreichend Mittel, noch Zeit, noch die notwendigen Instrumente oder Methoden. Zwar gibt es eine lange Liste von Analyse-Instrumenten, die Organisationen und ihre Funktionen messen und bewerten wollen. Ergebnis einer solchen Analyse ist im besten Falle ein Status, der sich für Zeit- oder Ländervergleiche eignet. Damit lassen sich aber keine Aussagen über Gestaltungsalternativen von Reformen machen, geschweige denn über deren Angepasstheit, deren Kosten und Risiken oder über die Bedingungen, unter denen sie sich ändern ließen.

In der anglo-amerikanischen Autoren typischen Prägnanz findet sich dies in der abschließenden Bemerkungen einer Untersuchung von Dani Rodrik über die Bedeutung von Good Governance für das Anwerben von Direktinvestitionen in EL:

> »They [Die Erkenntnisse der Studie] quantify these observers' views as to the likelihood that investors will retain the fruits of their investments, the chances that the state will expropriate them, or that the legal system will protect their property rights. While it is important to know that these ratings matter—and matter a great deal in fact—it remains unclear how the underlying evaluations and perceptions can be altered«. (Rodrik 2002)

Drittens, und ebenfalls typisch für Governance-Projektansätze, besteht eine *latente technokratische Versuchung*.

Einerseits werden Reformprojekte geplant und auf die Schiene gesetzt, die kaum von Kenntnis der Probleme des politisch-ökonomischen Umfelds getrübt sind. Sie waren früher daran zu erkennen, dass sie politische Fragen ausblendeten. Sie trafen in der Annahmenspalte der Dokumentation der Projektplanung die lakonische Feststellung, dass der »politische Wille« (scl. zur Reform) vorhanden sein müsse.

Heute tritt diese Versuchung in anderem Gewande auf. Konzepte aus dem Governance-Bereich werden gerne »ganzheitlich« (holistic) oder »umfassend« (comprehensive) angelegt. Dabei werden immer mehr Erhebungen angestellt, Konzepte entwickelt und zu Programmen erhoben, die sich wissenschaftlich geben und damit Politikprozessen zu Leibe rücken wollen. Damit einher geht im besten Falle aber nicht die

Einbettung der Ansätze in ein existierendes Umfeld der Praxis von Regierung und Verwaltung, sondern eine technokratisch konsequente und konsistente Logik der Maßnahmen einer Reform. Dass bereits diese Konsistenz einer Umsetzung im Wege sehen kann, wird dabei übersehen.

»There is no blueprint for finding the appropriate balance of voice, participation and bureaucratic control of public goods.« (World Bank 1997, 116)

Ein *viertes* Risiko ist, gleichzeitig verantwortlich für die große Rate der Nichterfüllung der Erwartungen, die Nichtachtung der Umsetzungsfragen.

In manchen Ländern sind wir daher dort angekommen, wo unsere Partner nicht mehr die Einführung neuester Governance-Technologien verlangen, sondern nur noch »back to basics« fordern. Das kann nicht heißen, dass wir, wie dies früher gerne gefordert wurde, unsere Programme auf Basistechniken wie Schriftgutverwaltung, Kassen- und Rechnungswesen oder gar Alphabetisierung reduzieren.

Es geht nicht nur um die effiziente Herstellung von Dienstleistungen, sondern darum, diese Dienstleistungen als Teil der politisch-strategischen Ziele der Regierung zu erreichen. Gefordert ist ein adaptives, gradualistisches Vorgehen, mit anderen Worten die herrschenden politischen und sozialen Bedingungen als Beratungsparameter ernst zu nehmen (Schick 1996).

Hierzu gehört auch, die Umsetzungsfolgen mit ins Kalkül zu ziehen. Instrumente und Institutionen des öffentlichen Sektors sind nur als Teil einer verfassten Ordnung und der von ihr vertretenen Werte zu verstehen. Wenn also beispielsweise, um die Effizienz und Transparenz des öffentlichen Sektors zu erhöhen, die Art der Honorierung der Beamten reformiert wird, wird man bei der Umsetzung zu gewärtigen haben, dass damit auch deren Unabhängigkeit oder die Stabilität ihrer Anstellung und damit grundlegende Werte und Verhalten in Frage gestellt werden.

Tendenzen

Neue Themen

Standardthemen im Kernbereich von Governance mit ungebrochener Bedeutung sind u.a. Korruption – ein Thema, das in der Weltbank lange Zeit synonym mit Good Governance war – und die Governance-Aspekte von e-government, worunter die Netz-gestützten Mitwirkungsmöglichkeiten (e-democracy) genauso fallen, wie die durch den e-government Handlungsdruck entstehende Tendenz zur Restrukturierung von Zuständigkeiten und Abläufen. Daneben stehen die »großen« Governance-Themen wie die Förderung von Demokratie und Rechtsstaat, die Unterstützung von zivilgesellschaftlichen Organisationen und die Förderung eines verantwortungsvollen Umgangs mit öffentlichen finanziellen Ressourcen.

Sektorspezifische Governance-Themen haben ebenfalls an Aktualität gewonnen. Dies gilt vor allem für die Versorgung mit **Wasser**, nicht zuletzt zurückzuführen auf die seit den 80er Jahren ungebrochene Welle der Privatisierung bei gleichzeitiger steigender Bedeutung dieser Ressource. Dies gilt aber auch beispielsweise für das **Gesundheitswesen**, deren Beteiligte mindestens so vielgestaltige Interessen haben und die sich ebenfalls dadurch auszeichnen, erheblichen wirtschaftlichen und politischen Einfluss auszuüben Wie bereits erwähnt, ist auch der **Forst** ein Thema, das wie alle des Handlungsfelds »Management natürlicher Ressourcen« in besonderer Weise die Querschnittswirkungen von Good Governance für diesen Sektor und seine Steuerungsanforderungen unterstreicht. Diesen Themen ist gemeinsam, dass sich die Fragen der öffentlichen Governance noch mit Fragen der Unternehmensgovernance überschneiden.

»They have less clear-cut goals, offer uncertain benefits, involve multiple actors, challenge existing provider groups, and require long-term commitment. In the social sectors, citizen or client awareness and capacity to organize in order to press for improved services are weak, and policy-makers have relatively little capacity to assert control over the performance of providers.«(Batley 2003, 52)

Das Thema »**Entwicklung und Frieden**«, weist auf die friedensschaffende Funktion eines geregelten Gemeinwesens als Voraussetzung für einen konfliktvermeidenden oder -bewältigenden Prozess hin. Anhand des Themas lassen sich besonders anschaulich Zielkonflikte illustrieren, die typisch sind für die Anforderungen, deren sich eine Förderung von Governance gegenüber sieht:
➢ Drängende Notlagen vs. nachhaltige Kapazitätsentwicklung auf mittlere Sicht,
➢ Leistungsfähigkeit öffentlicher Institutionen vs. deren Inklusivität oder andere Kriterien, die ihre Legitimität unterstreichen und sichern,
➢ Makro-ökonomische Stabilität bzw. makroökonomisches Gleichgewicht als Bedingung und Ziel vs. Schutz von Krieg oder Konflikt besonders betroffener oder verwundbarer Gruppen bzw. Investitionen in eine noch ungesicherte Zukunft (Grundbildung);
Dazu treten die vielen Programmen bekannten Zielkonflikte um
➢ Orientierung an der Gestaltung und der Leistungsfähigkeit des Reformprozesses vs. der Betonung des Outputs der Reformen,
➢ einen von vielen Gruppen geltend gemachten Bedarf bei gleichzeitiger minimaler Kapazität, diesen Bedarf auch nur ansatzweise zu verwalten, oder um
➢ die Partizipation der »Stakeholder« in der Gestaltung von Reformprogrammen, die in der Regel erhebliche Kosten oder Verzögerungen verursacht und damit gegen die Prinzipien der Wirtschaftlichkeit und Sparsamkeit verstoßen kann.

Wir setzen uns auch zunehmend mit dem Thema der Governance *regionaler Integration* auseinander. Dies nicht nur, weil die »Governance« der europäischen Integration als Labor von vielen Seiten mit großem Interesse beobachtet wird, an dessen Lernerfahrungen man teilhaben möchte. Ansätze regionaler Integration wirken direkt auf nationale Governanceprobleme ein. Sie erlauben eine zumindest vorübergehende legitimatorische Entlastung nationaler Autoritäten. Sie schaffen einen Hintergrund für Aushandlungsprozesse, der in der Regel stabiler als der nationale Rahmen ist. Sie bieten überdies die Chance einer Orientierung an Gesichtspunkten, die über die im Mikrobereich rudimentärer Staatlichkeit vorherrschenden neo-patrimonialen Ordnungen hinausgehen.

Gleichzeitig besteht das Potential, bürgerschaftliche Mitwirkung in regionalen Organisationen mit Wirkung auf die Mitgliedsstaaten zu verankern. Gerade für Afrika könnten deshalb Regionalorganisationen ein Ort werden, in dem der Kanon neo-patrimonialer Werte und Verhaltensformen überwunden wird und funktionierende rechtsstaatliche Institutionen als Vergleichsgrößen für nationale Sachverhalte entstehen. Dabei ist nicht auszuschließen, daß solche Organisationen zu einer intellektuellen Spielwiese mit entlastendem Charakter werden und so den Anreiz, nationale Governance zu verbessern, verringern (Mair 2002).

Ein eigenständiger Governance-Bereich betrifft die Gestaltung **rechtlicher Regelungen für eine Marktwirtschaft (»regulatory government«)** und einer funktionierenden staatlichen Aufsicht über deren Einhaltung bzw. über die Organe der Selbstverwaltung, die den Bedingungen von Entwicklungsländern angepasst sind. Zentraler Gesichtspunkt für die Governanceberatung ist hier stets die sich verändernde Rolle des Staates, die er für die Gestaltung von förderlichen Rahmenbedingungen für Investitionen und Wachstum zu spielen hatte. In den letzten Jahren trat die typische Frage der Transformationsländer hinzu, wie Konzepte einer marktkonformen Steuerung – praktiziert in Industrieländern – unter Dritte-Welt-Bedingungen erfolgreich eingesetzt werden könnten. Hier tut sich in der Praxis der EZ bisweilen eine »Realitätslücke« auf, da einer meist schlecht als recht arbeitenden Verwaltung immer komplexere und fremdere Aufgaben überantwortet werden (Minogue 2002). Die Diagnose »First world concepts/programmes for Third World administrations«, die uns und den von uns beratenen Regierungseinheiten bisweilen entgegengehalten wird, weist nicht zuletzt auf die Schwierigkeit hin, dass nicht alle politischen und ökonomischen Bedingungen der EL in gleicher Weise wahrgenommen werden und in unseren Konzepten Berücksichtigung finden.

Neue Herausforderungen für die Umsetzung von Konzepten

Neben den Themen sind es die Bedingungen, unter denen Themen und Konzepte umgesetzt werden müssen, die unsere bisherige und zukünftige Praxis bestimmen. Krieg, Krise und von Menschenhand hervorgerufene Katastrophen sind ebenso Teil unserer Realität wie »Fiktive Staaten.« Gleichwohl wird dies eher als eine Arena von Humanitärer Hilfe und einer Governance betrachtet, die sich auf Sicherheitsaspekte konzentriert (Auswärtiges Amt 2004). Unsere Praxis war schon immer von den Bedingungen des pays réelle geprägt, wenn unsere Vereinbarungen auch mit den Repräsentanten des pays légal abgeschlossen wurden. Die neue Herausforderung ist die Definition der Kriterien von Governance, die unter diesen Umständen noch realistisch erfüllbar sind. Ziele sind weniger die Entwicklung besserer Governance als die Stabilisierung von Governance-Prinzipien auf einem noch vertretbaren und realitätsnahen Niveau.

Eine weitere Herausforderung liegt in der Einbettung von Reformprogrammen in das kulturelle, wirtschaftliche und politische Umfeld. Diese Einbettung ist als Prinzip für erfolgreiche Reformprozesse akzeptiert. Im Einzelnen ist die Kluft zwischen den Reformzielen, die politisch vermittelt werden und den Auswirkungen der Einbettung auf Design, Steuerung, auf Zieldefinition und Erfolgskontrolle eines Reformprogramms kaum zu überbrücken. Ähnlich verhält es sich mit den kulturspezifischen Ausprägungen der Governance-Prinzipien: Der Anspruch, die Zielgrößen von Governance-Reformen kulturrelevant auszugestalten, stößt dort an seine Grenzen, wo kulturelle Faktoren für »bad governance« verantwortlich sind. In beiden Fällen sind die sich aus diesen Spannungen ergebenden Aushandlungsprozesse selbst bereits ein Schritt auf einem – häufig langen – Reformweg.

Governance-Programme drohen andererseits auch daran zu scheitern, dass die Aufgabenstellung zu anspruchsvoll ist und sie sich in keiner Weise an dem bestehenden Instrumentarium ausrichtet. Dies gilt vor allem für die Anforderungen, wie sie in den vergangenen Jahren an die Mitgliedskandidaten der Europäischen Union gestellt wurden. Dabei ließen sich etwa aus den Kopenhagener Kriterien keine klaren Anforderungen an die Kandidaten ableiten. Die Kandidaten konnten auch nicht mit einem Instrumentarium rechnen, mit dem ihr Fortschritt transparent und nachvollziehbar hätte gemessen werden können. Dies gilt in ähnlicher Weise für die Länder des Mittelmeerraums und Nahost und dem Barcelona-Prozess, für die Länder der Cotonou Partnerschaft (ACP EU 1999) oder die von der CARDS Verordnung (EG 2000) betroffenen Länder. Solange diese Kriterien als Zielgrößen in einen Aushandlungsprozess einfließen, wie dies in der Cotonou Partnerschaft der Fall ist und bei den Prüfungen des Fortschrittsüberprüfungen der Kandidaten bleibt dies eine Herausforderung für die Gestaltung und Durchführung der einzelnen Programme. Wenn diese Kriterien aber als Ausschlussbedingungen verwandt werden, wird der Vorwurf der Verbrämung von Entscheidungen mit Governance-Erwägungen sicher nicht von der Hand zu weisen sein.

Literaturverzeichnis

ACP-EU 1999: Cotonou Agreement, www.acpsec.org/gb/cotonou/accord1.htm.
Batley, Richard 1994, The consolidation of adjustment: implications for public administration, Public Administration and Development 14, 502.
id. 2004, The Politics of Service Delivery Reform, Development and Change 35, 31.
Bayart, Jean-Francois 1995, Vom Staat als Dieb zum Staat als Mafia? Der Überblick 3, 65.
Bundesministerium für Wirtschaftliche Zusammenarbeit und Entwicklung (BMZ), Good Governance in der deutschen Entwicklungszusammenarbeit. Positionspapier, http://www.bmz.de/infothek/fachinformationen/spezial/spezial044/index.html.
BMZ 1995, Zehnter Entwicklungspolitischer Bericht der Bundesregierung, BT-Drucksache 12/3342, vom 14.12.1995.

Carothers, Thomas 2003, Promoting the Rule of Law Abroad. The problem of knowledge. Working Paper no. 34, The Carnegie Foundation.
Corkery, Joan et al. (eds.) 1999, Governance. Concepts and Applications. International Institute of Administrative Sciences, Brussels.
Europäische Gemeinschaften 2000: CARDS Council Regulation (EC) No. 2666/2000.
id.: Handbook on Promoting Good Governance in EC Development and Co-Operation (EuropAidCo).
Friedman, Thomas 2000, The Lexus and the Olive Tree, New York: Anchor Books.
Grindle, Merilee 2001, In Quest of the Political: The Political Economy of Development Policymaking. In: Gerald Meier/Joseph Stiglitz (eds.), Frontiers in Development Economics: The Future in Perspective. New York: Oxford University Press, 345.
Holmes, Malcolm/Shand, David 1995, Management Reform: Some Practitioner Perspectives on the Past Ten Years, Governance 8, 551.
Hyden, Goran 1992, Governance and the Study of Politics, in: Goran Hyden/Michael Bratton (eds.), Governance and Politics in Africa, Boulder.
Kant, Immanuel 1795, Zum ewigen Frieden. Königsberg, 2. Definitivartikel, zitiert nach http://philosophiebuch.de/ewfried.htm.
Kaufmann, Dan/Kraay, Aart/Mastruzzi, Massimo, Governance Matters III 2003, Governance Indicators for 1996-2002, [www.worldbank.org/wbi/governance].
Landell-Mills, Pierre/Serageldin, Ismael 1992, Governance and the External Factor, Paper submitted to the World Bank Annual Bank Conference on Development Economics 1991, World Bank, Washington D.C.
Mair, Stefan 2002, Die regionale Integration und Kooperation in Afrika südlich der Sahara, Aus Politik und Zeitgeschichte, B 13-14, 23 [http://www.bpb.de/publikationen/NATCA7,0,0,Die_regionale_Integration_und_Kooperation_in_Afrika_s %FCdlich_der_Sahara.html].
Minogue, Martin 2002, Public Management and Regulatory Governance: Problems of Policy Transfer to Developing Countries, Centre on Regulation and Competition, University of Manchester, WP No. 32.
Moore, Mick 2001, Political Underdevelopment: What Causes ›Bad Governance‹, The Institute of Development Studies, Brighton/Sussex.
NEPAD 2003, Declaration On Democracy, Political, Economic And Corporate Governance. [http://europa.eu.int/comm/development/body/eu_africa/docs/NEPAD_Declaration_07072000.pdf#zoom=100].
North, Douglass C. 1994, Economic Performance through Time, The American Economic Review, 84 (3/1994), 359.
OECD 1995, Participatory Development and Good Governance, Development Cooperation Series, OECD, Paris.
OECD 1997, Final Report Of The Ad Hoc Working Group On Participatory Development and Good Governance, Major Elements, Paris.
OECD 2000, Ministerial Meeting Communiqué, Paris.
O'Donnell, Guillermo 1993, The Browning of Latin America, New Perspectives Quarterly, 10 (4/1993), 50.
Rodrik, Dani/Subramanian, Arvind/Trebbi, Francesco 2002, Institutions Rule: The Primacy Of Institutions Over Geography And Integration In Economic Development, Harvard Center for International Development (CID) Working Paper No. 97.
Ruis, Andres/van de Walle, Nicolas 2003, Political and Cultural Institutions and Economic Policy Reform, Global Development Network(GDN), Workshop on Understanding Reform no. 3, Cairo,16.01.2003.
Schick, Allan 1996, The Spirit of Reform: Managing the New Zealand State Sector in a Time of Change, Wellington, New Zealand: State Services Commission.

van de Sand, Klemens/Mohs, Ralf 1991, Neue politische Kriterien des BMZ, Entwicklung und Zusammenarbeit 10/1991, 4.

Santiso, Carlos 2003, The Paradox of Governance: Objective or Condition of Multilateral Development, Washington, D.C., Johns-Hopkins-University (SAIS Working Paper Series, WP/03/03).

Thomas Vinod, et al. 2000, The Quality of Growth. New York: Oxford University Press.

World Bank 1989, From Crisis to Sustainable Growth – Sub Saharan Africa: A Long-Term Perspective Study. Washington D.C.: World Bank.

World Bank 1994, Governance: The World Bank's Experience. (R 93-203) November 30, 1993, Washington D.C.: World Bank.

World Bank 1997, World Development Report 1997: The State in a Changing World. New York: Oxford University Press for the World Bank.

World Bank 1998, Beyond the Washington Consensus: Institutions Matter, Latin America and the Caribbean Region, Washington D.C.: World Bank.

World Bank (IDA) 2001, Governance – The critical factor, OED, Washington D.C.: World Bank.

World Bank 2002a, Public Sector Board, PREM Network 2000, Reforming Public Institutions and Strengthening Governance: A World Bank Strategy. Washington D.C.: World Bank.

World Bank 2002b, Reforming Public Institutions and Strengthening Governance A World Bank Strategy Implementation Update Part 1: Overall Update, Washington D.C.: World Bank.

o. A., Africa civil society declaration on NEPAD, 8 July 2002, [http://www.ifg.org/wssd/acsnepad_decl.htm].

IV. Beispiele unterschiedlicher Governancestrukturen

Internet Governance: Eine regulative Idee auf der Suche nach ihrem Gegenstand

Jeanette Hofmann

> »The Internet also presents new opportunities for dealing with the problems it creates« (Johnson, Crawford & Palfrey 2004)

Obwohl der Ausdruck Internet Governance seit rund 10 Jahren gebräuchlich ist, mangelt es bis heute an einem allgemeinen Verständnis seiner Bedeutung. Unklar ist zum einen der Begriff Governance und dessen Verhältnis zu Government, unklar ist aber auch, welche Reichweite und Form von Autorität Governance im Internet hat oder künftig haben sollte. Als Schlagwort populär wurde der Begriff schätzungsweise Mitte der 90er Jahre (Kleinwächter 2004a). Drake zufolge entwickelte sich Internet Governance zu einem »heavily contested concept (...) from the very moment it entered into our collective lexicon« (2004: 123). Auch MacLean beschreibt die »Internet Governance Frage« als »very unstable and highly contestable on every dimension, ranging from the definition of key terms to the selection of appropriate forms of governance and institutional arrangements« (MacLean 2004: 76f.). Der politische Stellenwert der verschwommenen Begriffslage drückt sich nicht zuletzt darin aus, dass die Vereinten Nationen im Jahr 2004 eine Arbeitsgruppe zur Klärung dieser Fragen eingerichtet haben. Bis zum Sommer 2005 soll die unter dem UN-Generalsekretär angesiedelte Arbeitsgruppe unter anderem herausfinden, was Internet Governance im Einzelnen umfasst und worin das öffentliche Interesse daran besteht.

Vage und interpretationsoffene Begrifflichkeiten, so könnte man argumentieren, sind keine spezielle Eigenschaft der Internetpolitik. Die Herstellung kollektiver Referenzrahmen und sich wandelnder Bedeutungen ist vielmehr ein konstitutiver und vor allem kontinuierlicher Bestandteil von Governance-Prozessen. »Anyone involved in governing, in whatever capacity or authority, forms images about what he or she is governing (...) Even implicit images govern those who govern. Governing images are always there; however, they can certainly be (re)created and changed. During image formation, governing challenges will be defined and formulated as governing issues« (Kooiman 2003: 29). Das Besondere an Internet Governance liegt somit vielleicht weniger in dem verschwommen und fluktuierend wirkenden Gegenstandsbereich per se, als in der Geschwindigkeit und dem Ausmaß, mit dem sich vorherrschende Bilder, Problemwahrnehmungen und diesen zugrunde liegende Annahmen ändern. Weil Internet Governance noch ein sehr junges Handlungsfeld ist, lässt sich hier die Genese eines Regelungsarrangements beobachten. Wie zu zeigen sein wird, besteht ein enger Zusammenhang zwischen den wechselnden Handlungsforen und dem jeweils vorherrschenden Verständnis von Internet Governance.

MacLean hat die These formuliert, dass sich in den Governance-Arrangements der internationalen Telekommunikationspolitik lange Zyklen der Diversifikation und der Konsolidierung abwechseln. Technische Innovationen, wie sie der Entstehung des Internet vorausgegangen sind und damit verknüpft das politische Umdenken, das den Niedergang der International Telecommunication Union (ITU) als »single general-purpose forum for governing global electronic networks« auslöste, stehen am Anfang einer Phase der institutionellen Diversifikation mit unklarem Ausgang: »The revolution in governance of global electronic networks (...) has created a global governance void within which a complex and confusing array of local activities take place without any overall coherence or top down coordination of the kind formerly provided by the ITU« (MacLean 2004: 93).

Internet Governance lässt sich in diesem Sinne als ein ergebnisoffener, kollektiver Suchprozess verstehen, der darauf zielt, eine globale »regulatorische Leerstelle« konzeptionell und institutionell in legitimer Weise zu füllen. Die Leerstelle ist vor allem auf den Umstand zurückzuführen, dass das Souveränitätsprinzip, das bestimmend für die internationale Regulierung der Telefonnetze war, nicht auf das Internet übertragen worden ist. Die praktische Herausforderung des gegenwärtigen Suchprozesses im Bereich von Internet Governance besteht entsprechend darin, unter den verschärften Bedingungen von Transnationalität, partieller Deterritorialität und Dezentralität verbindliche und legitime Regelungskapazitäten für eine sich dynamisch entwickelnde Infrastruktur zu erzeugen. Bis heute ist es noch nicht gelungen, ein stabiles Regelungsarrangement für das Internet zu etablieren. In den letzten 15 Jahren lassen sich lediglich Phasen erkennen, in denen sich der Wandel der Governance-Strukturen für einen gewissen Zeitraum verlangsamt hat.

Angesichts der verschwommenen Strukturen und Grenzen dieses Handlungsfeldes wird Internet Governance im Folgenden als ein sich in mehreren Etappen vollziehender Suchprozess vorgestellt. Im Einzelnen werden drei Perioden unterschieden, die durch je eigene Handlungskontexte, Akteurskonstellationen, Policy-Agenden und Problemsichten charakterisiert sind. Die erste, bis Mitte der 90er Jahre während Phase kann man als das »technische Regime« bezeichnen. Das zentrale Forum dieser Zeit bildet die erste und bis heute wichtigste Standardisierungsorganisation im Internet, die Internet Engineering Task Force (IETF). Internet Governance war in diesem Zeitraum faktisch gleichbedeutend mit Standardentwicklung, und die Organisationsregeln der Technikergemeinde hatten klaren Vorbildcharakter für andere Interaktionsbereiche im Internet.

Die zweite Phase ist geprägt durch das Bestreben, Self-Governance-Mechanismen im Internet zu institutionalisieren. Self-Governance unterhalb von Regierungsverantwortung gilt als die angemessene Antwort auf die proklamierte »Unregierbarkeit« des Internet. Die Internet Corporation for Assigned Names and Numbers, ICANN, konnte die hochgesteckten Erwartungen jedoch nicht erfüllen und leitete einen Reformprozess mit dem Ziel einer Public Private Partnership ein.

Die dritte Phase ist zum Zeitpunkt der Entstehung dieses Beitrags in ihren Anfängen begriffen. Offensichtlich ist, dass sie von einer weiteren Verschiebung des Handlungsforums und entsprechend von einer Neukonfigurierung der Akteure begleitet

wird. Der im Jahr 2003 stattgefundene UN-Weltgipfel zur Informationsgesellschaft hat dem Bereich Internet Governance einen hohen Stellenwert eingeräumt. Vor allem die Entwicklungsländer zeigen sich mit dem bisherigen Regelungsarrangement unzufrieden und verlangen eine intergouvernementale Lösung für das Internet.
Aus der Beobachtung der verschiedenen Perioden dieser Suchbewegung lassen sich möglicherweise über das Internet hinausreichende Einsichten über Governance-Prozesse gewinnen. Dies betrifft vor allem die Rolle und den Stellenwert von Weltbildern in der Herausbildung von Regelungsarrangements. Wie Kooiman feststellt, konstituieren Bilder tatsächlich den wichtigsten Bezugsrahmen im »governing process« (Kooiman 2003: 29). Veränderungen in den Regelungsstrukturen werden folglich dann wahrscheinlich, wenn konkurrierende Ideen oder Problemwahrnehmungen nicht länger integriert bzw. ignoriert werden können.

1 Das technische Regime

Ende der 60er Jahre, zu dem Zeitpunkt als das ARPANET, der Vorläufer des Internet, seine ersten Probeläufe absolvierte, war der Betrieb von Kommunikationsnetzen in den meisten Ländern eine Staatsaufgabe, die von nationalen Post- und Telefonverwaltungen wahrgenommen wurde. Die Definitionshoheit über den kommunikationstechnischen Fortschritt oblag Standardisierungsorganisationen, in denen die einstigen Monopolbetreiber und nationale Hersteller, die sog. »Hoflieferanten« organisiert sind (Abbate 1999; Genschel 1995). Ihre konkurrenzlose Stellung erlaubte es den Postgesellschaften, die Architektur und Funktionalität der Telefonnetze gewissermaßen nach dem Vorbild ihrer eigenen Organisationsstruktur zu modellieren. Entsprechend waren diese ebenso national und hierarchisch strukturiert wie die Gesellschaften, die sie betrieben (Genschel 1995: 46). Die internationale Koordination der Telefonnetze wird in diesem Modell durch das Souveränitätsprinzip bestimmt. Die nationalen Betreibergesellschaften sind in der ITU, einer Unterorganisation der Vereinten Nationen, zusammengeschlossen, die technische und finanzielle Fragen von internationalem Belang durch die Übereinkunft zwischen souveränen Staaten regelt.
Im Unterschied zu den durch staatliche Postbehörden verwalteten Telefonnetzen bestand im Falle des Internet zunächst kaum Interesse an einer staatlichen Aufsicht. Das Internet entstand als eines unter vielen Datennetzen. Noch in den frühen 90er Jahren galt es vielen Experten aus der Telefonwelt als akademisches Spielzeug, das bald von der Bildfläche verschwunden sein würde. Wäre es nach dem Willen der europäischen Regierungen gegangen, wäre das Datennetz über diesen Status auch tatsächlich nie hinausgelangt. Die europäischen Postministerien lehnten das Internet ab, weil sie einer anderen, den Telefonnetzen ähnlicheren Netzarchitektur den Vorzug gaben (vgl. Abbate 1999).[1]

---

1   X.25, das Konkurrenzmodell zum Internet, definiert eine zentral verwaltete, an nationalstaatlichen Grenzen ausgerichtete Netzarchitektur für ein einheitliches öffentliches Datennetz. Dieses hätte den Postbehörden weitreichende Kontrolle sowohl über das Leitungsnetz, die Dienste als auch den Daten-

Das Desinteresse Europas und die marktliberale Politik in den USA gegenüber Datennetzen führten dazu, dass das Internet gewissermaßen sich selbst, genauer, den Ingenieuren, die es entwickelt hatten, überlassen blieb. Bis Mitte der 90er Jahre lagen technische Entwicklung und Infrastrukturverwaltung weitgehend in der Hand einer informellen Gruppe von Technikern, die im Laufe der 80er Jahre zur wichtigsten Standardisierungsorganisation für das Internet, der Internet Engineering Task Force (IETF), avancierte. Wenn es im Internet bis Mitte der 90er Jahre überhaupt eine allgemein anerkannte Entscheidungsinstanz gab, dann bündelte sich diese in der technischen Autorität der IETF. Eine Rolle spielten hierbei die technische Kompetenz und Innovationsfreudigkeit der beteiligten Akteure, aber auch die spezifische, an akademischen Gepflogenheiten orientierte Organisationsweise, die bewusst als Gegenmodell zu staatlichen und intergouvernementalen Standardisierungsinstitutionen stilisiert wurde. Zeitweilig genoss die IETF selbst in der ITU den Ruf als »one of the most successful paradigms of the post-industrial age« (Shaw 1999). Bis zur Privatisierung der Netzinfrastruktur und zur Entstehung des WorldWideWeb (WWW) Anfang der 90er Jahre war die IETF die einzige Standardisierungsorganisation für das Internet. Rückblickend bot der Windschatten staatlicher Aufmerksamkeit eine unvergleichlich große Gestaltungsmacht für die IETF.

Die ursprüngliche Verwaltungsstruktur des Internet war sehr informell und reflektierte die universitäre Umgebung, aus der sie hervorging. Die ersten Experimente mit der für das Internet charakteristischen Übertragungstechnik fanden Ende der 60er Jahre an der University of California, Los Angeles, statt. Bis zur Privatisierung der Netzinfrastruktur 1992 war das Internet ein Forschungsnetz, zu dem lediglich Universitäten und Forschungseinrichtungen Zugang hatten. Die technischen Standards wie auch die Namens- und Nummernräume des Internet galten als gemeinfreie Güter, die im Interesse der gesamten akademischen Nutzergemeinde zu verwalten sind.

Die zentrale Instanz in der Administration des Internet bildete die informelle Internet Assigned Numbers Authority (IANA). Gegründet unter dem Dach des Information Sciences Institute der University of Southern California, und zeitweilig finanziert aus öffentlichen Mitteln der National Science Foundation (NSF), verwaltete IANA die Namens- und Nummernräume des Internet und fungierte zugleich als Herausgeber der Internetstandards. IANA bestand im Kern aus einer Person, dem 1998 verstorbenen Jon Postel. Die einzige Kontrolle, der die – aus heutiger Sicht – machtvolle Position von Postel unterlag, war ebenfalls informeller Natur und ergab sich wesentlich aus der Sichtbarkeit seiner Person und Funktion innerhalb der IETF, in der er als einer der Gründerfiguren eine herausgehobene Rolle spielte.

Im Gegensatz zu den klassischen Standardisierungsorganisationen in der Kommunikationstechnik handelt es sich bei der IETF um eine private Organisation. Die IETF ist bis heute ein informeller Zusammenschluss ohne Rechtsform.[2] Mitgliedschafts-

---

fluss eingeräumt. In den USA hatte die Federal Communications Commission (FCC) im Rahmen der »First Computer Inquiry« jedoch gegen eine öffentliche Regulierung von Datenübertragungsnetzen entschieden (vgl. Oxman 1999).

2   Im Jahr 1992 wurde die Internet Society gegründet, die seither als rechtliches Dach für die IETF wie auch als Rechteinhaber für die Internetstandards fungiert.

und nationale Repräsentationsregeln, wie bei herkömmlichen Standardisierungsgremien, gab und gibt es bis heute nicht. Jeder Teilnehmer, so jedenfalls das offizielle Prinzip, spricht nur für sich selbst. Ihrem Selbstverständnis nach ist die IETF eine »meritocracy«, die durch Konsens sowie eine spezifische Professionskultur zusammengehalten wird. Voraussetzung für die Anerkennung eines Standardentwurfs ist eine breite Mehrheit, die in der Form der öffentlichen Verständigung ermittelt wird: »We reject kings, presidents and voting. We believe in rough consensus and running code«, so lautete der in den frühen 90er Jahren von Dave Clark geprägte Wahlspruch der IETF.

Den Wegbereitern des Internet fehlte nicht nur in organisatorischer, sondern auch in technischer Hinsicht die »Telefonmentalität«. Ihr Interesse an der Kommunikationstechnik verdankte sich einem zeittypischen Engpass in der Computerentwicklung, der in den 60er Jahren teuren und daher sehr knappen Rechenkapazität. Time-Sharing-Systeme verschafften mehreren Nutzern gleichzeitig Zugang zu einer zentralen Recheneinheit und ermöglichten so eine effiziente Nutzung. Die dem Internet zugrunde liegende Idee bestand darin, das Time-Sharing-Prinzip auf geographisch weiträumige Echtzeit-Verbindungen zwischen Computern auszudehnen. Mit Hilfe der Vernetzung von Rechnern sollte eine entfernungsunabhängige virtuelle Arbeitsumgebung generiert werden.

Die Idee, spezielle Kommunikationsnetze für den Datentransfer zu entwickeln, war an sich nicht neu. Auch die Telefongesellschaften arbeiteten an entsprechenden Netzarchitekturen. Der Paradigmenstreit, der in den 70er Jahren zwischen der Telefonwelt und der noch jungen Internetgemeinde ausbrach, drehte sich im Kern um die bis heute offene Frage, wer die Kontrolle über den Daten- bzw. Kommunikationsfluss haben sollte: die staatlichen Netzbetreiber oder die Nutzer.[3]

Die Architekten des Internet entschieden sich für eine radikale Dezentralisierung und Minimalisierung des Netzwerkkonzepts. Das Internet besteht im Kern aus einem offenen, rechtlich nicht geschützten technischen Standard, der definiert, wie Computer miteinander kommunizieren.[4] Die Kontrolle über den Datenfluss liegt gemäß des für das Internet charakteristischen »End-to-End«-Prinzips nicht beim Netzbetreiber, sondern bei den Nutzern, genauer: bei den jeweiligen Anwendungen. In den Worten seiner Schöpfer: »The Internet, a loosely-organized international collaboration of autonomous, interconnected networks, supports host-to-host communication through voluntary adherence to open protocols and procedures defined by Internet Standards. There are also many isolated interconnected networks, which are not connected to the global Internet but use the Internet Standards« (RFC 2026).

---

3   Prägend für das Design des Internet waren unter anderem die Arbeiten von Paul Baran. Eine ausfallsichere, robuste Datenübertragung sei dann zu erreichen, so Barans Argument gegen die Glaubenssätze der Telefonwelt, wenn der hierarchische Aufbau der Telefonnetze durch ein dezentral und verteilt gestaltetes Systems lose verbundener Netzknoten ersetzt würde. Während die Telefongesellschaften solche Ideen als Häresie bekämpften, zeigte sich das US-Militär interessiert und förderte den Aufbau eines experimentellen Forschungsnetzes durch ARPA, die Advanced Research Projects Agency.
4   Im Einzelnen spezifiziert das sog. Internet Protokoll ein Adressierungssystem zur Kennzeichnung von Rechnern. Darüber hinaus definiert es ein als »Paketvermittlung« bezeichnetes Datenübertragungsverfahren.

Die Beweggründe der Technikergemeinde für den Verzicht auf ein Steuerungszentrum waren sowohl technischer als auch operativer Natur. Die dezentrale Netzarchitektur versprach nicht nur eine größere Ausfallsicherheit, sie reduzierte auch den Aufwand in der Netzadministration. Das Internet Protokoll konstituiert somit ein Netz autonomer Netze ohne zentrales Steuerungszentrum, das die Kontrolle über den Datenaustausch an die Endnutzer delegiert.

Die Architektur des Netzes ist auch außerhalb der technischen Community als deutlicher Bruch mit den Entwicklungsmustern und Organisationsprinzipien moderner Infrastrukturen wahrgenommen worden. Die regulativen Implikationen und kommunikationspraktischen Folgen der dezentralen Organisationsweise übten auf die frühen Nutzergenerationen eine große Faszination aus. Charakteristisch für die frühen akademischen Arbeiten über das Netz ist der hohe Stellenwert, der technischen Aspekten eingeräumt wurde. Die Rechts- und Sozialwissenschaftler, die sich in den 90er Jahren mit dem Internet beschäftigten, studierten die technischen Aspekte vielfach en detail, weil diese als Schlüssel zum Verständnis zukunftsträchtiger Koordinationsstrukturen angesehen wurden: »The Internet is built on a simple suite of protocols – the basic TCP/IP suite (...) Like a daydreaming postal worker, the network simply moves the data and leaves interpretation of the data to the applications at either end. This minimalism in design is intentional. It reflects both a political decision about disabling control and a technological decision about the optimal network design« (Lessig, 1999: 32).

Verbreitet auch unter den Mitgliedern der IETF war die Annahme eines Entsprechungsverhältnisses zwischen technischer Architektur und sozialer Organisation. So erschien die IETF als Prototyp für neue, »post-regierungsförmige« Koordinationsformen: »Perhaps the best current example of ‹nongovernmental governance› is the Internet Engineering Task Force (...) Like the Internet itself, the IETF has no official governmental charter or formal membership requirements. (...) While it is not obvious how broadly the IETF model might be used to deal with other GII [Global Information Infrastructure, ein auf die US-Regierung zurückgehendes Projekt, A.d.V.] technical and nontechnical issues, it does serve as an impressively successful contrast to slow-moving, formally chartered international standards bodies. (...) More generally, nongovernmental governance may be the default scenario for the GII« (Baer 1996).

Zu den zentralen Eigenschaften, die dem Internet in den 90er Jahren zugeschrieben wurden, gehörte das Unterlaufen staatlicher Hierarchien und Interventionsformen. Dies betraf zunächst das Internet selbst. Seine dezentrale, Grenzen ignorierende Struktur versprach weitreichende Immunität gegenüber staatlichen oder wirtschaftlichen Steuerungsabsichten: »The very design of the Internet seemed technologically proof against attempts to put the genie back in the bottle« (Walker 2003). Aber auch die Nutzer erlebten den digitalen Kommunikationsraum als einen Ort unvergleichlich großer Freiheiten, gegen die sich politische Autorität als mehr oder minder machtlos erwies. Selbstbewusst rief John Henry Barlow Mitte der 90er Jahre der Politik entgegen: »Governments of the Industrial World, you weary giants of flesh and steel (...)

On behalf of the future, I ask you of the past to leave us alone. You are not welcome among us. You have no sovereignty where we gather« (Barlow 1996). Staatliche Souveränität, so die verbreitete Auffassung Mitte der 90er Jahre, kann im Internet nicht wirksam geltend gemacht werden (vgl. Hofmann & Holitscher 2004). Als Gründe dafür wurde neben der Architektur des Netzes auch die territoriale Konstitution politischer Herrschaft angeführt. Die Ausübung politischer Autorität setze die Kontrolle über ein physisches Territorium voraus. Während Gesetze nur innerhalb eindeutig definierter geopolitischer Grenzen gelten, hebe das Internet geopolitische Grenzen faktisch auf.[5]

Angesichts fehlender Grenzen, unbestimmter Identitäten und Standorte im digitalen Datenraum schien es nur plausibel, territorialen Formen regulativer Autorität die Wirksamkeit und Zuständigkeit für das Internet abzusprechen. Aus der Perspektive des Cyberspace betrachtet, waren Ende oder Tod der »geographischen Tyrannei« mindestens in Sichtweite gerückt: »The Net thus radically subverts a system of rulemaking based on borders between physical spaces, at least with respect to the claim that cyberspace should naturally be governed by territorially defined rules« (Johnson & Post 1997: 6).

Die allgemein angenommene Unregierbarkeit des Netzes warf freilich die Frage auf, wer und was die Regelungskompetenz von Regierungen, diese »weary giants of flesh and steel«, legitimerweise ersetzen könnte. Wenn sich das Internet traditionellen Formen der Regelsetzung tatsächlich entzieht, welche Akteure, Institutionen und Verfahren wären dann geeignet, nationalstaatliche oder intergouvernementale Regierungsautorität zu ersetzen? Das Mitte der 90er Jahre aufkommende internationale Interesse an angemessenen Koordinationsformen für das Netz markiert den Beginn von Internet Governance als Forschungsgegenstand und Politikfeld.

Seinen empirischen Referenzrahmen und zugleich eine gewisse praktische Dringlichkeit gewann die Diskussion über adäquate Governance-Formen durch die Anfang der 90er Jahre einsetzende Transformation des Internet. Nach dem Rückzug der amerikanischen Regierung aus der Finanzierung der Infrastruktur wurde das Netz auch für private Nutzer zugänglich. Bereits wenige Jahre später setzte ein explosionsartiges Wachstum ein. Verantwortlich für dieses Wachstum war unter anderem die Entstehung eines neuen Kommunikationsdienstes, der die Nutzung des Internets zugleich vereinfachte und erheblich erweiterte: das WorldWideWeb. Das WWW verschaffte dem bis dato strikt ASCII-basierten Internet erstmals eine graphische Oberfläche. Zudem ermöglichte es neue Formen der Präsenz und Sichtbarkeit, die das Internet nun auch für den Handel interessant machte.

Das WWW bedient sich eines Elementes der Netzinfrastruktur, das bislang eine eher nebensächliche Rolle gespielt hatte: das Domainnamensystem. Bis Mitte der 90er Jahre erfüllten Domainnamen hauptsächlich die Funktion als nutzerfreundliche Erin-

---

5 Das Netz operiert auf der Grundlage von logischen, nicht von physischen Adressen. Zwischen der Adresse und dem geographischen Standort eines Netzknotens besteht daher kein direkter Zusammenhang. Zusätzlich erschwert wird die Durchsetzung staatlicher Souveränität, weil die Identität und folglich auch die Nationalität von Nutzern nicht immer zu ermitteln ist.

nerungshilfe für die kaum einprägsamen numerischen Internetadressen. Mit der Verbreitung des Webs veränderte sich ihre Bedeutung gewissermaßen über Nacht.
Die IETF hatte Domainnamen als beliebig wählbare Zeichenfolge konzipiert, deren Geltungsbereich sich ausschließlich auf die Netzwelt beschränken sollte. Ihre Vergabe folgte dem »first come, first served«-Prinzip. Besitzansprüche an Namen waren explizit ausgeschlossen: »Domain names provide a convenient addressing mechanism for people and machines to identify resources without having to remember long strings of numbers. Registration [. . .] confers no ownership or legal rights to the name beyond establishing the relationship for Internet addressing purposes« (Mitchell et al. 1997: 262).
In ähnlicher Diktion hatte Jon Postel den Status von Domainnamen definiert: »Concerns about ›rights‹ and ›ownership‹ of domains are inappropriate. It is appropriate to be concerned about ›responsibilities‹ and ›service‹ to the community (. . .) The registration of a domain name does not have any Trademark status. It is up to the requestor to be sure he is not violating anyone else's Trademark« (Postel 1994). Domainnamen galten als öffentliches Gut, und Postel appellierte an den Verstand und die Moral der 1994 noch überschaubaren Netzgemeinde, dieses Gut in angemessener Form zu nutzen.
Das WWW nutzte Domainnamen in neuartiger Weise, indem es diese als »locator« für Inhalte einsetze. Die kaum voraussehbare Folge dieses Adressierungsverfahrens war, dass Domainnamen nicht länger vorrangig zur Identifizierung von Organisationen dienten, sondern als Möglichkeit zur Kennzeichnung beliebiger Ressourcen und Personen entdeckt wurden. Die bislang übliche Praxis einer hierarchischen »Besiedlung« einzelner Domainnamen ging verloren.[6] Domainnamen avancierten zu symbolischen Adressen und »became a big deal« (Oppedahl 1997).
Als Folge der »webification« (Mueller 2002) entstand Mitte der 90er Jahre eine sprunghaft ansteigende Nachfrage nach wohlklingenden Domainnamen. Da attraktive Namen endlich sind, entwickelten sich diese innerhalb kürzester Zeit zu einem knappen Gut, für das hohe Preise zu erzielen waren. Der Handel mit Domainnamen wurde zu einem einträglichen Geschäft. 1994 kam es zu ersten Rechtsstreitigkeiten um Domainnamen. Markenschutzansprüche stellten das »first come, first served«-Vergabeprinzip in Frage und damit zugleich ihren Status als beliebig wählbare Zeichenketten. Dass auf Domainnamen tatsächlich Markenrechtsansprüche geltend gemacht werden können, war Mitte der 90er Jahre allerdings noch keineswegs entschieden.[7]

---

6 Ursprünglich kennzeichneten Domainnamen Universitäten und Forschungsorganisationen, die wiederum Namensraum nach dem Schema »bibliothek.wz-berlin.de« an einzelne Bereiche oder Abteilungen delegierten.

7 Das Domainnamensystem sei nicht zur Abbildung anderer Namenssysteme entwickelt worden und aufgrund seiner flachen Struktur auch nicht in der Lage, die produkt- und regionsspezifischen Differenzierungen im Markenrecht zu repräsentieren, so die Auffassung in der IETF: »As John Gilmore said, you just cannot pour ten pounds of trademarks into a one-pound domain sack« (Johnson & Post 1997: 88).

Der Bedeutungswandel des Domainnamensystems rief nämlich verschiedene wirtschaftliche Interessen auf den Plan. Gegenüber standen sich die Forderung nach einem effektiven, internetweiten Schutz von Markennamen einerseits und das Interesse an einer vollständigen Liberalisierung des Namensraums andererseits. Die Auseinandersetzung zwischen den verschiedenen Lagern spitzte sich auf die Frage zu, ob zusätzliche Namenszonen zur Befriedigung der offensichtlich vorhandenen Nachfrage eingerichtet werden sollten oder nicht. Die Markenschutzorganisationen lehnten eine Erweiterung des Namensraums ab, Domainnamenhändler und »cyber liberties«-Gruppen sprachen sich dafür aus.

Die Auseinandersetzung um die Zukunft des Domainnamensystems ließ ein Macht- und Entscheidungsvakuum im Internet offensichtlich werden. Der wachsende Druck zur Neuregelung des Domainnamensystems lief gewissermaßen ins Leere, weil es keine institutionelle Adresse für die Anliegen der beteiligten Akteure gab. Die Ingenieure, die das Domainnamensystem (DNS) entwickelt hatten und noch zum Teil verwalteten, hielten an ihrer Konzeption von Domainnamen fest und verweigerten markenschutzrechtlichen Interessen die Anerkennung. In dem Maße jedoch, wie das Internet wuchs und die Auseinandersetzung um das Recht an Domainnamen Bedeutung gewann, erodierte der Status der IETF als weithin anerkannte Entscheidungsgewalt. Im Streit um die künftigen Regeln des Domainnamensystems vertrat sie nur mehr ein Partikularinteresse unter anderen.

Der Ruf nach einer förmlichen Regelungsstruktur für den Namensraum, das dem Wandel des Netzes Rechnung trägt, beförderte und prägte die entstehende Diskussion über Internet Governance. Anzumerken ist in diesem Zusammenhang, dass das Domainnamensystem keineswegs die einzige »Problemzone« im Internet darstellte. So trat etwa Anfang der 90er Jahre ein ernsthafter Mangel an Internetadressen auf, der eine schnelle Reform des bestehenden Allokationsverfahrens notwendig machte. Auch warfen die Vereinbarungen der Netzbetreiber zum Datenaustausch (»peering agreements«, vgl. Cukier 1998; Peake 2004) Zweifel an der Regulierungskapazität des Marktes auf. Zudem zeichnete sich Mitte der 90er Jahre bereits die Entstehung digitaler Klüfte in und zwischen den Regionen ab. Jede dieser Problemstellungen hätte zum Ausgangspunkt einer Reflexion von Governance-Strukturen im Internet werden können – und diese in je spezifischer Weise beeinflusst. Entsprechend sollten der allgemein wahrgenommene Handlungsbedarf und das Autoritätsvakuum im Internet nicht als unabhängige, dem Regelungsarrangement vorgelagerte Tatbestände verstanden werden. Die Wahl wie auch die Wahrnehmung des lösungsbedürftigen »Problems« bildet vielmehr einen konstitutiven Bestandteil von Internet Governance.

Die vielleicht wichtigste Annahme in der frühen Diskussion über Internet Governance bestand in der Vorstellung, das Netz bringe einen neuen gesellschaftlichen Raum hervor, der eigenen, von der physischen Welt verschiedenen Regeln unterliege: »Global computer-based communications cut across territorial borders, creating a new realm of human activity and undermining the feasibility – and legitimacy – of applying laws based on geographic boundaries. While these electronic communications play havoc with geographic boundaries, a new boundary, made up of the screens and passwords that separate the virtual world from the ›real world‹ of atoms, emerges. This new boundary defines a distinct Cyberspace that needs and can create new law and legal institutions of its own« (Post & Johnson 1997: 3)[8].

Eine in den Rechtswissenschaften populäre Analogie zur Beschreibung der neuen räumlichen Verhältnisse bildete das Lex Mercatoria, das sich in Reaktion auf den grenzüberschreitenden Handel im Mittelalter entwickelte.[9] In Anlehnung an das Handelsrecht hat Reidenberg (1998) die Rechtsfigur eines »Lex Informatica« für das Internet vorgeschlagen. Kennzeichnend für das »Lex Informatica« sei, dass Recht und Regulierungspraktiken nicht die einzige Quelle der Verregelung bilden. Technische Architekturen, so Reidenberg, können wie gesetzliche Regelungen bestimmte Handlungsweisen im Netz erzwingen oder auch ausschließen: »Technological capabilities and system design choices impose rules on participants (...) the set of rules for information flows imposed by technology and communication networks form a ›lex informatica‹« (Reidenberg, 1998: 553). Die Netzarchitektur galt somit im doppelten Sinne als Bestandteil von Internet Governance. Zum einen bildete sie, wie etwa im Falle des Domainnamensystems, den Regelungsgegenstand. Zum anderen wurde sie als handlungsnormierende Steuerungsressource betrachtet. Offen war, welche Schlussfolgerungen aus einer »Lex Informatica« für die Konstruktion politischer Autorität im Internet zu ziehen sind.

Weitgehende Einigkeit bestand darin, dass es erstens keinen prädestinierten Akteur für Aufsichtsfunktionen im Internet gibt und dass diese Aufgabe zweitens weder Regierungen noch intergouvernementalen Organisationen wie der ITU überlassen werden sollte: »At present there is no consensus among the Internet community and all sectors of the Internet industry on how a governance structure will evolve for the DNS. There is increasing agreement that decisions over reforms to the DNS should involve all stakeholders and in particular industry«, konstatierte die OECD (OECD 1997: 6).

Rückblickend betrachtet bildet die ablehnende Haltung gegenüber einer »Einmischung« der Regierungen in die »inneren Angelegenheiten« des Internet eine der wenigen, gleichwohl grundlegenden Übereinstimmungen in der konfliktreichen Formierungsphase von Internet Governance. Das Handeln von Regierungen wurde mit Hierarchie, bürokratischer Langsamkeit und territorialstaatlichem Denken gleichgesetzt und gewissermaßen zur Anti-These eines ungezähmt innovativen Internet stilisiert: »So while we believe that there is a role for collective judgments, we are repulsed by the idea of placing the design of something as important as the internet into hands of governments«, so fasste Lessig (1998) die Befindlichkeiten der Internetgemeinde Ende der 90er Jahre zusammen. Wirtschaft, Wissenschaft und Technik spra-

---

8 Die zwischen 1994 und 1998 am WZB angesiedelte Projektgruppe »Kulturraum Internet« ging ebenfalls von der Annahme aus, das Internet stelle einen neuartigen, von der dinglichen Welt unterschiedenen Interaktionsraum dar, der sich aus einer Binnenperspektive untersuchen lasse (vgl. Helmers, Hoffmann & Hofmann 1998).

9 Da die Händler ihre Streitfälle nicht im Rahmen des bestehenden Rechts lösen konnten, bildete sich ein neues, auf grenzüberschreitende Interaktionen zugeschnittenes Regelsystem in Ergänzung zum lokalen Recht heraus. Für das Internet stehe eine vergleichbare Entwicklung zu erwarten.

chen den Regierungen das Recht, vor allem aber die Fähigkeit ab, angemessene und legitime Governance-Strukturen für das Internet zu entwickeln.

Das Gegenmodell zum intergouvernementalen Regime formierte sich unter dem Begriff Self-Governance. »Self-regulatory structures« wie sie die IETF entwickelt hatte und sich in ähnlicher Form in zahllosen Online-Communities herausschälten, galten als Erfolgsrezept und Hoffnungsträger für die künftige Verwaltung des Internet. Zu den positiven Attributen des Self-Governance-Konzepts zählten Offenheit und Inklusivität, Bottom-Up- und Konsensorientierung und nicht zuletzt Dezentralität. So sollten alle Betroffenen an der Koordinierung des Netzes mitwirken dürfen, und nur im Konsens getroffenen Entscheidungen wurde eine realistische Chance auf Befolgung eingeräumt. Zugleich sollte zentrale Entscheidungskompetenz auf ein notwendiges Minimum beschränkt bleiben.

Der große Optimismus in der zweiten Hälfte der 90er Jahre drückte sich in der Erwartung aus, das Netz würde dauerhaft tragfähige Alternativen zum nationalstaatlichen Typ des Regierens hervorbringen. Die technische Architektur des Netzes schien der Garant dafür zu sein, dass die Durchsetzung des Souveränitätsprinzips im Netz auch langfristig ausgeschlossen bleibt. Die Hypostasierung der Netztechnik als »countervailing force against the centralization and concentration in government and the mass media« (Walker 2003) bildete einen wichtigen konzeptionellen Baustein im Verständnis von Internet Governance als Self-Governance.

Internet Self-Governance hatte als Idee viele Befürworter, zumal diese, abgesehen von den Regierungen, alle Akteure im Internet einzuschließen schien. In der Praxis zeigten sich dann jedoch viele Differenzen im Hinblick auf die konkrete Akteurskonfiguration, die Befugnisse, Zielsetzungen und Werthaltungen der zu schaffenden Organisationsstruktur.

2 Internet Self-Governance: Aufstieg und Niedergang einer Idee

Die Institutionalisierung von Regulierungsstrukturen für das Internet wurde sachlich wie zeitlich nahezu vollständig durch widerstreitende Hoheitsansprüche über den Namensraum des Internet bestimmt.[10] Die erste Initiative zur Gründung einer auch international akzeptablen Koordinierungsinstanz für das Domainnamensystem ging von der IETF aus. Die verloren gegangene Autorität über das Netz sollte durch Integrationsstrategien zurück gewonnen werden. Das 1996 geschaffene »International Ad Hoc Committee« (IAHC) umfasste Vertreter von Standardisierungsorganisationen (IETF, ITU), Markenrechtsorganisationen (WIPO, INTA) sowie einer US-Bundesbehörde (Federal Network Council, FNC). In seinen abschließenden Empfehlungen schlug das IAHC eine maßvolle Ausweitung des Domainnamensystems und sich selbst als neue Aufsichtsinstanz vor.

---

10 Den zeitlichen Rahmen gab das 1998 endende Monopol über den Registrierungsbetrieb von Domainnamen in den Namenszonen .com, .org und .net, den das amerikanische Unternehmen Network Solutions unterdessen in ein einträgliches Geschäft verwandelt hatte, vor.

Dieses Modell, das die Autorität über den Namensraum in die Hände von Normungs- und Markenrechtsorganisationen gelegt hätte, stieß nicht zuletzt in der amerikanischen Regierung auf Ablehnung. Die politische Niederlage des IAHC beschrieb eines seiner Mitglieder vorausschauend als den Preis, der für den Erfolg des Internet zu zahlen sei: »For the past decade or more we've been slaying the giants of old, preaching a new utilitarian form of technology (. . .) But the prize of such a victory is to become the mainstream of the technology industry, and the price, like it or not, is to recreate all the institutions and their associated ponderous weight and political awareness which we so vehemently criticized in a past lifetime« (anonym, zit. n. Shaw 1999).

Im Jahr 1997 entschied sich die US-Regierung aus dem »Schatten der Hierarchie« herauszutreten und das weitere Verfahren zur Neuordnung des Domainnamensystems an sich zu ziehen. Der Eröffnungszug der US-Regierung bestand in der Bekanntgabe, sich aus der Aufsicht über das Domainnamensystem zurückziehen zu wollen. In einem im Sommer 1997 als »Request for Comments« bezeichneten Text bat das Wirtschaftsministerium die interessierte Fachöffentlichkeit um Stellungnahmen zur Neuordnung des Namensraums (DOC 1997)[11]. Anfang 1998 folgte dann ein erster Vorschlag zur »Verbesserung der Namens- und Adressverwaltung« des Internet. Darin verkündete das Wirtschaftsministerium die Absicht, die politische Aufsicht über den Namens- und Adressraum an eine private Organisation abzugeben, die zwar unter internationaler Beteiligung, aber auf der Grundlage kalifornischen Rechts operieren sollte (DOC 1998a).

Das so genannte Green Paper löste international eine Welle der Kritik aus. Viele Beteiligte nahmen das Green Paper als eine Machtanmaßung der US-Regierung gegenüber einer sich bis dato relativ regierungsfrei verwaltenden Internetgemeinde wahr. Auch in Europa bestand die Befürchtung, »the current U.S. proposals could, in the name of the globalisation and privatisation of the Internet, consolidate permanent US jurisdiction over the Internet as a whole« (Europäischer Rat & Europäische Kommission 1998). Nicht nur die EU hätte einer intergouvernementalen Organisation zur Verwaltung des Internet nach dem Vorbild des Telefonregimes eindeutig den Vorzug gegeben. Die US-Regierung legte einige Monate später ein White Paper vor, das die vorgeschlagene Vorgehensweise in seinen Grundzügen verteidigte und lediglich kleinere Korrekturen[12] vornahm (DOC 1998b).

Das White Paper sah vor, die informelle Aufsicht der Technikergemeinde über die Netzinfrastruktur durch eine rechtsfähige, gemeinnützige Organisation unter internationaler Beteiligung, aber mit Sitz in den USA zu ersetzen. Die Führungsrolle war hierbei der Privatwirtschaft unter angemessener Beteiligung weiterer Akteursgruppen zugedacht. Regierungen sollten dagegen vom Internet möglichst fern gehalten werden. Die Sprache und die Begründungsfiguren, die die US-Regierung ihren Vorschlä-

---

11 »Request for Comments« ist unter anderem die Bezeichnung für Internetstandards und knüpft somit explizit an die Kommunikationsrituale der Internetgemeinde an.
12 Eine der wenigen signifikanten Änderungen betraf die Rolle, die sich die US-Regierung selbst zuschrieb. So nahm die US-Regierung Abstand von der ursprünglichen Absicht, die Strukturen des zu gründenden Unternehmens selbst festzulegen.

gen zugrunde legte, enthielt vielfältige Referenzen an den regierungskritischen Diskurs über Selbstverwaltungsstrukturen für das Internet: »The new corporation should operate as a private entity for the benefit of the Internet community as a whole. The development of sound, fair, and widely accepted policies for the management of DNS will depend on input from the broad and growing community of Internet users« (DOC 1998a).

Für die Entwicklung der neuen Verwaltungsstruktur gab das White Paper vier allgemeine Prinzipien vor:

1. Stabilität: Die Privatisierung der Netzverwaltung darf die Verlässlichkeit und Sicherheit des Domainnamensystems nicht beeinträchtigen.
2. Wettbewerb: Die Netzverwaltung soll so weit als möglich den Kräften des Marktes überlassen werden.
3. Private Bottom-Up-Koordination: Die Koordination des Netzes soll im Rahmen einer privatwirtschaftlichen Organisation erfolgen, die die basisorientierte Governance-Tradition des Internet reflektiert.
4. Repräsentation: Die Verwaltungsstruktur soll die funktionale und geographische Vielfalt des Internet widerspiegeln. Es gilt Mechanismen zu entwickeln, die eine internationale Partizipation garantieren (DOC 1998b).

Auch zu den Organisationsstrukturen des zu gründenden Unternehmens äußerte sich die US-Regierung. Repräsentanten der verschiedenen Infrastrukturfunktionen[13], der Markenschutzverbände, Internetexperten sowie kommerzieller und nicht-kommerzieller Nutzer »from around the world« sollten in die Politikformulierung integriert werden: »The Internet community is already global and diverse and likely to become even more so over time. The organization and its board should derive legitimacy from the participation of key stakeholders. Since the organization will be concerned mainly with numbers, names and protocols, its board should represent membership organizations in each of these areas, as well as the direct interests of Internet users« (DOC 1998b)[14].

Neben der Internetwirtschaft und der Standardisierungsgemeinde schienen die Internetnutzer zu einer Art dritter Kraft in der Regulierung des Internet zu avancieren. Anstelle von Regierungen war ihnen die Rolle der Repräsentation zivilgesellschaftlicher Interessen zugedacht. Regierungen schloss die US-Regierung demgegenüber ausdrücklich von jeder Entscheidungsverantwortung aus. Lediglich als Nutzer sollten sie in einer beratenden Funktion mitwirken dürfen: »Restrict official government representation on the Board of Directors without precluding governments and intergovernmental organizations from participating as Internet users or in a non-voting advisory capacity« (DOC 1998b). Unter Inklusions- und Legitimationsgesichtspunkten betrachtet, sollte das neue Unternehmen den Ansprüchen internationaler Organisationen nicht nur genügen, sondern diese gar noch übertreffen – bekanntlicherweise repräsentieren diese individuelle Bürger lediglich indirekt durch ihre Regierungen.

---

13 Dazu gehören vor allem die regionalen Ausgabestellen für Internetadressen, die Registraturen und Registrare für Domainnamen, die Standardisierungsorganisationen und die Internet Service Provider.
14 »Protocol« ist eine im Internet typische Bezeichnung für technische Normen.

In Form eines Memorandum of Understanding erkannte das federführende US-Wirtschaftsministerium Ende 1998 die neu geschaffene Internet Corporation for Assigned Names and Numbers (ICANN) förmlich an (DOC 1998c). Dem vorausgegangen war ein mehrmonatiger Verhandlungsprozess über die Struktur und Zusammensetzung von ICANN, an dem sich ein breites Interessenspektrum aus Wirtschaft, Technik, Zivilgesellschaft und internationalen Organisationen beteiligte. Unüberbrückbare Meinungsunterschiede betrafen vor allem das Kräfteverhältnis zwischen den verschiedenen Interessengruppen. Von Beginn an umstritten war die Rolle der individuellen Nutzer und der Regierungen (vgl. dazu Hofmann 2004). Die beteiligten Unternehmen[15] und Standardisierungsorganisationen hätten ein Selbstregulierungsmodell frei von staatlicher und zivilgesellschaftlicher Beteiligung deutlich vorgezogen.

Die sich in den Jahren 1999 und 2000 abzeichnende Organisationsstruktur von ICANN stellte sich aller Interessenkonflikte zum Trotz zunächst wie ein kleines Wunder in der internationalen Politik dar. Die Vereinbarung zwischen US-Regierung und ICANN sah eine quasi paritätische Besetzung des Direktoriums durch Wirtschaft und Nutzer vor. Der Verzicht auf staatliche Autorität sollte durch legitimationsstiftende Repräsentations- und Willensbildungsverfahren kompensiert werden. Aufgrund internationalen Drucks wurde zusätzlich ein Governmental Advisory Committee (GAC) als Beratungsgremium für Regierungen und internationale Regierungsorganisationen eingerichtet. Eine Sonderrolle nimmt bis heute die US-Regierung ein. Sie ist Mitglied des GAC, zugleich aber auch Aufsichtsbehörde gegenüber ICANN.[16]

Offen gelassen hatten die Vereinbarungen zwischen US-Wirtschaftsministerium und ICANN die nicht unerhebliche Frage, auf welche Weise die Nutzer des Internet künftig neun Direktoren bestimmen sollten. Weder innerhalb noch außerhalb des Internet waren Organisationen in Sicht, die für sich in Anspruch nehmen konnten, die gewünschte kulturelle und geographische Vielfalt der Nutzer weltweit glaubwürdig zu repräsentieren. Nach längerem Zögern von der US-Regierung unter Druck gesetzt, sah sich ICANN schließlich gezwungen, gegen den sich formierenden Widerstand in den eigenen Reihen eine Mitgliederorganisation für individuelle Nutzer zu gründen, die »At-Large Membership«.

Der Aufbau einer transnationalen Nutzerorganisation als Schritt zur Institutionalisierung regionaler und funktionaler Vielfalt in der Regulierung des Internet stellte zweifellos Neuland dar. In der Problemsicht der Beteiligten verengte sich diese Aufgabe allerdings auf das nächstliegende Ziel, eine Reihe von Direktoriumssitzen zu füllen: »ICANN faces the daunting goal of seeking a fair ballot, free from capture or fraud, from a potential electorate of millions of Internet users worldwide who have little knowledge of ICANN and little understanding of its mission, in order to select a high-quality board of technically-capable members« (Common Cause & CDT 2000). In

---

15 Eine Auflistung der Gründerorganisationen, darunter multinationale Unternehmen wie AT&T, MCI und IBM, findet sich bei Mueller (2002: 166–172).
16 Darüber hinaus untersteht der US-Regierung die Aufsicht über den autoritativen Rootserver, das Root Master File. Sie besitzt damit die Macht, Namenszonen wie .de im Domainnamensystem einzurichten oder auch auszulöschen.

einem kontroversen Entscheidungsprozess setzten sich die Befürworter einer direkten Wahl von Direktoren über das Internet durch.

Die erste und bislang einzige weltweite Wahl im Internet im Jahr 2000 verlief in mancher Hinsicht anders als erwartet. Dies betraf unter anderem die Anzahl der Wähler. ICANN war Ende der 90er Jahre eine weithin unbekannte, nur von einem kleinen Kreis internationaler Spezialisten wahrgenommene Organisation. Statt der erwarteten wenigen Tausend trugen sich jedoch rund 170.000 Nutzer in das Wahlregister ein. Die Ursache für die plötzliche Popularität der Wahl bestand in einem nationalen Wettbewerb um Direktoriumssitze. ICANN hatte das Internet in fünf regionale Wahlkreise[17] aufgeteilt, in denen je ein Direktor zu wählen war. Die als Weltregionen konzipierten Wahlkreise wurden jedoch überall durch nationale Kalküle unterlaufen. Da die nationalen Mehrheitsverhältnisse unter den Wählern über die Chancen der jeweiligen Kandidaten entschieden, entstand im Frühsommer 2000 ein Ansturm auf das Wahlregister (Hofmann 2002).

Nach Ansicht der Organisatoren und vieler skeptischer Beobachter musste die Wahl der At-Large Direktoren als Desaster gewertet werden. Als Beleg dafür galt die (erst als zu hoch, später als zu niedrig kritisierte) Zahl der Wähler.[18] Entsprechend stellte sich nach den Wahlen erneut die Frage nach der künftigen Rolle der Internetnutzer innerhalb ICANNs. Die Empfehlungen eines hochrangig zusammengesetzten Komitees, das ICANN zur Klärung dieser Frage einberufen hatte, wurden nicht umgesetzt (ALSC 2001). Nach dem Ende der zweijährigen Amtszeit der At-Large Direktoren galt das Konzept eines tripartistischen Self-Governance-Modells, bestehend aus Wirtschaft, Technik und Zivilgesellschaft unter beratender Beteiligung der Regierungen, als gescheitert.

Auch im Hinblick auf ihre eigentlichen Koordinierungsaufgaben war ICANN mit schier unüberwindlichen Schwierigkeiten konfrontiert. So zeigte sich bald, dass die Konflikte um Domainnamen auch im Rahmen von Self-Governance nicht leichter lösbar waren. Die Kooperation mit den verschiedenen Infrastrukturanbietern gestaltete sich ebenfalls äußerst schwierig. Die meisten Betreiber von Namens- und Adressregistraturen weigern sich bis heute, ihre Funktionen einer vertraglichen Kontrolle durch ICANN zu unterwerfen. Uneinigkeit besteht schließlich auch über die Finanzierung von ICANN. Infolge dieser Probleme gelang es ICANN nicht, die in den Vereinbarungen mit der US-Regierung formulierten Auflagen, die wiederum die Voraussetzung für eine vollständige Privatisierung der Netzinfrastruktur sind, zu erfüllen. Fortwährende Erneuerungen des Memorandum of Understanding mit der US-Regierung waren Ausdruck dieses Scheiterns. War es denn jemals realistisch zu denken, so fragte ein skeptischer Beobachter des Self-Governance-Prozesses, »that ICANN, an ICANN with no statutory or regulatory authority, will be able to implement and

---

17 Afrika, Asien/Australien/Pazifik, Europa, Lateinamerika/Karibik, Nord-Amerika/Kanada.
18 Die Zahl der abgegebenen Stimmen, so rechnete ICANNs damaliger Präsident vor, entspreche einem Hundertstel aller Internetnutzer. »These are not numbers which meet any test related to democratic legislative elections.« (Roberts 2001) Eine im globalen Maßstab repräsentative Wahlbeteiligung der Nutzer war allerdings nie erklärte Zielgröße gewesen, sie setzte sich erst ex post als Bewertungsmaßstab durch.

enforce decisions based on a belief that the Internet will be some idyllic island of private-sector cooperation?« (Shaw 1999)

Im Jahr drei seiner Existenz initiierte ICANN einen ersten grundlegenden Reformprozess. ICANNs Präsident hatte Anfang 2002 eine Situationsanalyse vorgelegt, die ICANN ohne weitere Umschweife Funktionsuntüchtigkeit bescheinigte. Der Bericht des Präsidenten interpretierte das Scheitern ICANNs als Governance-Problem. So sei die privatwirtschaftliche, auf Freiwilligkeit und Selbstverpflichtung beruhende Struktur ICANNs zu schwach, um die ihr übertragenen Aufgaben zu bewältigen: »If one thing is clear from the past three years, it is that a purely private entity that must depend on the voluntary cooperation of many other entities is not likely to be able to coordinate anything globally without significant governmental support« (Lynn 2002).

Die Rolle der Regierungen in der Internetverwaltung bildete den Angelpunkt in der Problemdiagnose und der avisierten Reformperspektive. Das Self-Governance-Modell habe sich als Irrweg erwiesen, der nun durch eine »true public-private partnership« ersetzt werden sollte. Sei in ICANNs Gründungsjahren der Konsens unter den Beteiligten die »driving notion« gewesen, müsse nun die Effektivität in den Vordergrund gerückt werden. Ironischerweise erhoffte sich ICANN einen Zugewinn von Autorität und Legitimität im Internet durch eine aktivere Mitwirkung der unlängst noch verschmähten Regierungen. Drei Jahre Erfahrung hätten gezeigt, so Lynn, dass ein rein privates Modell nicht funktioniere: »It is not workable because it leaves ICANN isolated from the real-world institutions – governments – whose backing and support are essential for any effective global coordinating body to accomplish its assigned tasks. Though many in the traditional Internet community react strongly against the very mention of governments, it is simply unrealistic to believe that global coordination of the DNS can succeed without more active involvement of governments. (...) What is needed at this stage if ICANN is to carry out its mission is neither a totally private nor a totally governmental solution, but rather a well-balanced public-private partnership« (Lynn 2002).

Da ICANN Handlungsautorität im Konsens nicht gewinnen konnte, sollte nun mit Hilfe der Regierungen Ordnung im Namens- und Adressraum des Internet hergestellt werden. Das Konzept der Public Private Partnership sah im Kern eine Neugewichtung der Akteure vor. Die Beteiligung der Nutzer im Direktorium wurde auf eine nicht stimmberechtigte Liaisonfunktion reduziert. Die Standardisierungsorganisationen verzichteten freiwillig auf eine weitere Mitwirkung. Die Rolle der Regierungen wurde dagegen erkennbar aufgewertet, wenn auch nicht in dem von ICANN gewünschten Umfang. Tatsächlich schlugen die Regierungen die Rolle aus, die ICANN ihnen zugedacht hatte.[19] Regierungen haben, wie Shaw anmerkt, »their own machinery and processes to make mutually acceptable agreements – this is an intergovernmental context; it is not on ICANN's turf« (Shaw 1999). Die Diskussion über Internet Gover-

---

19 Die Regierungen akzeptierten wohl das Angebot einer stärkeren Mitwirkung und Einflussnahme, entschieden sich jedoch sowohl gegen Stimmrechte im Direktorium (und die damit verbundene Verantwortung) als auch gegen eine Beteiligung an der Finanzierung von ICANN.

nance hat »ICANN's turf« in der Tat inzwischen verlassen und neues, intergouvernementales Terrain besiedelt.

3 Internet Governance als Multi-Stakeholder-Prozess

1998, im Gründungsjahr von ICANN, ergriff die ITU die Initiative für die Veranstaltung eines Weltgipfels zur Informationsgesellschaft.[20] Der förmliche Beschluss der UN-Generalversammlung zur Durchführung des Gipfels durch die ITU erfolgte Ende 2001, das heißt in etwa zu dem Zeitpunkt, an dem ICANN die Aufkündigung des Self-Governance-Modells vorbereitete. Die erste Phase der zweiteilig angelegten Gipfelkonferenz fand Ende 2003 in Genf statt.

Der UN-Gipfel zur Informationsgesellschaft hat die Diskussion über Internet Governance in einen neuen organisatorischen wie auch sachlichen Kontext gerückt und damit eine neue Perspektive auf die Regulierung des Internet eröffnet. Weltgipfelkonferenzen stellen designiertes UN-Terrain dar. Folglich sind es in erster Linie Regierungen, die sprechen und verhandeln, während zivilgesellschaftliche und privatwirtschaftliche Akteure nur unter im Einzelnen zu definierenden Umständen das Wort ergreifen können.[21] Unter den Regierungen wiederum sind bei UN-Veranstaltungen, ganz im Gegensatz zu internettypischen Foren, die Entwicklungsländer sehr stark vertreten. Das Produkt und den praktischen Bezugspunkt der Weltgipfel bilden zwei Typen von Dokumenten: die Deklaration und der Aktionsplan. Sie strukturieren den Ablauf der Vorbereitungskonferenzen und bilden den diskursiven Bezugsrahmen der Verhandlungen.

Der Gipfel hat das Konzept der Informationsgesellschaft in sehr umfassender Weise beleuchtet.[22] Für die meisten Beobachter unerwartet, erwies sich Internet Governance in der Vorbereitungsphase als eines der konfliktreichsten Themen. Auf Ablehnung stieß unter anderem das bislang vorherrschende, an der Verwaltung der Namens- und Nummernräume orientierte Verständnis von Internet Governance. Gefordert wurde stattdessen eine breitere Definition, die Fragen des Internetzugangs, der internationalen Tariffierung wie auch der Digital Divide mit einschließt.

Im Vordergrund der Auseinandersetzung über Internet Governance stand jedoch die Frage nationalstaatlicher Kontrolle über die Netzinfrastruktur. Gegenstand scharfer Kritik war die Organisation der Netzverwaltung in Form einer Public Private Part-

---

20 Resolution 73, Minneapolis, 1998 [http://www.itu.int/council/wsis/R73.html].
21 Die Definition dieser Umstände obliegt in der Regel der ersten Vorbereitungskonferenz zum Weltgipfel, die die Rules of Procedures festlegt. Im Falle des WSIS haben sich die Delegierten hauptsächlich an der Frage abgearbeitet, ob Wirtschaft und Zivilgesellschaft ein Beobachterstatus eingeräumt werden soll oder nicht. Im weiteren Verlauf des Prozesses wurden die Regeln noch mehrfach modifiziert.
22 Zu den Stärken der Abschlussdokumente gehören die konzeptionellen und normativen Querverbindungen zwischen auf den ersten Blick so unterschiedlichen Bereichen wie etwa der Menschenrechts- und der Telekommunikationsentwicklung. Einen besonderen Stellenwert in der Deklaration nimmt die Verwirklichung der Menschenrechte als Voraussetzung für die Entstehung einer inklusiven und grenzüberschreitenden Informationsgesellschaft ein. So ist im Rahmen des Gipfels deutlich geworden, dass eine angemessene Auslegung des Rechts auf Information und freie Meinungsäußerung den Zugang zu Kommunikationsnetzen einschließt.

nership unter Aufsicht der US-Regierung. Viele Entwicklungsländer sehen ihre Souveränität durch die Verbreitung des Internet bedroht und fordern daher stärkere Einflussmöglichkeiten als sie die bestehende Governance-Struktur bietet.[23] Unakzeptabel aus Sicht vieler Entwicklungsländer ist in diesem Zusammenhang die Sonderrolle, die sich die USA in der Koordination der Netzinfrastruktur geschaffen haben. So stellt ein Mitarbeiter des chinesischen Ministeriums für Informationsindustrie mit Blick auf die Regierungsverhandlungen während des Gipfels zur Informationsgesellschaft fest: »This governance structure, whatever it refers to ICANN or U.S. government, is illegitimate. For ICANN, it is not an international organization and is constantly at the stake of discarded by U.S. government if it couldn't get the continued contract from U.S. government. (...) Facing the fact that the Internet has evolved into a global infrastructure, there came the urgent need that all the concerned governments, including the U.S. government, should govern the Internet in a collective and coordinated manner. (...) Today's governor is not the ICANN, nor the private sector, not the individual netizens, nor the governments around the world. It is solely the government of the United States« (Zicai 2004). Die Position des chinesischen Regierungsvertreters wird von vielen Ländern geteilt.

Eine große Zahl der Entwicklungsländer betrachtet ICANN als eine exklusive, durch wohlhabende Industrieländer dominierte Organisation, von deren Mitwirkung sie sich aus Kosten- wie auch aus Kompetenzgründen ausgeschlossen sieht. Solange sich das Internet in einem frühen Entwicklungsstadium befand, sei eine nicht-staatliche Organisationsform wie jene von ICANN akzeptabel gewesen. Jetzt reiche ein Beratungsgremium wie das Governmental Advisory Committee innerhalb von ICANN nicht mehr aus, um nationale Interessen zu artikulieren. UN-Organisationen wie die ITU garantierten nicht nur die Anerkennung des Souveränitätsprinzips, sie böten im Vergleich auch die größeren Partizipationschancen für Entwicklungsländer.[24] Die Industrieländer verteidigten dagegen das bestehende Governance-Arrangement. Der Forderung nach einer intergouvernementalen Lösung unter dem Dach der UN hielten sie den im Zuge der Gipfelvorbereitungen zunehmend populär werdenden Multi-Stakeholder-Approach entgegen. Nach augenblicklicher Lesart schließt dieser neben Regierungen und internationalen Regierungsorganisationen den Privatsektor und die Zivilgesellschaft[25] mit ein. Der beteiligungsoffene Multi-Stakeholder-Ansatz, so die

---

23 Der Eindruck eines Souveränitätsverlusts durch die Ausbreitung des Internet ist nicht ganz aus der Luft gegriffen. In vielen Entwicklungsländern stellt die staatlich kontrollierte Telekommunikation eine wichtige Einnahmequelle dar. Neue Kommunikationsdienste wie die Internettelefonie drohen die staatlichen Monopole zu unterlaufen. In einigen Ländern ist die Internettelefonie deshalb sogar unter Strafe gestellt. Vermittels einer UN-Organisation, so die Erwartung einiger Entwicklungsländer, könnte in Anlehnung an das internationale Accounting Rate System der ITU, das auf eine angemessene Kostenverteilung im internationalen Sprachverkehr zielt, ein Ausgleichszahlungssystem auch für das Internet entwickelt werden.

24 Ob die Entwicklungsländer in der Lage sind, von diesen Partizipationschancen auch Gebrauch zu machen, steht freilich auf einem anderen Blatt. Wie Studien über die Standardisierungsarbeiten der ITU zeigen, sind es für gewöhnlich die entwickelten Industrieländer, die in den Normungsgremien am stärksten vertreten sind und folglich den Ton angeben (vgl. Schmidt & Werle 1998).

25 In diesem Kontext wird Zivilgesellschaft verstanden als das Netzwerk bestehend aus Nicht-Regierungsorganisationen und Individuen, die sich aktiv an den Gipfelvorbereitungen beteiligen.

Verteidiger von ICANN, entspreche der Tradition und Struktur des Internet stärker als eine intergouvernementale Organisationsform. Der Konflikt zwischen den Regierungen über die angemessene Form von Governance für das Internet konzentrierte sich auf einen Absatz in der Entwurfsfassung der Gipfeldeklaration, der sich mit internationalen Problemen beschäftigte. So war zwar mühelos Einigkeit darüber herzustellen, dass die Wahrung öffentlicher Belange im Zusammenhang mit dem Internet unter das souveräne Recht der Nationalstaaten fällt, bezüglich der Zuständigkeit im Falle internationaler Angelegenheiten ließ sich jedoch keine einheitliche Position erzielen. Im Laufe des Sommers 2004 hatten verschiedene Regierungen Formulierungsvorschläge vorgelegt, die als »Alternativen« in den Deklarationsentwurf aufgenommen wurden:

> »Policy authority for Internet-related public policy issues should be the sovereign right of countries.
> [Internet issues of an international nature related to public policies should be coordinated
> Alternatives:
> *a)* between governments and other interested parties.
> *b)* through/by appropriate intergovernmental organizations under the UN framework.
> *c)* as appropriate on an intergovernmental basis.
> *d)* through/by appropriate international organizations.
> *e)* through appropriate and mutually agreed international organizations.]«[26]

Während die Bedeutung der fünf Optionen für alle Beteiligten klar war, blieb der eigentlich zu regelnde Sachverhalt, die »Internet issues of an international nature related to public policies«, erkennbar nebulös. Verhandlungsgegenstand war die institutionelle Zuständigkeit, Inhalt und Reichweite des öffentlichen Interesses blieben dagegen vage. Ein Grund für diese Unbestimmtheit liegt in dem Umstand, dass sich die Regierungen nicht auf eine gemeinsame Lesart von Internet Governance einigen konnten. Die Regierungen, die Internet Governance mit den Aufgaben von ICANN assoziieren, sehen ihre nationale Souveränität nicht betroffen. Regierungen, die dagegen ein breiteres, Kommunikationsdienste und Inhalte mit einschließendes Verständnis zugrundelegen, weisen dagegen zu Recht auf Souveränitätsprobleme hin. Aus der Sicht eines beteiligten Diplomaten: »In Geneva we accepted that there was a role for governments, but we were not really ready to discuss what we meant with these ›public policy issues‹, in particular we were unable to spell out whether we were thinking about a narrow, technical definition, or whether we were referring to a broad definition, including issues such as network security, intellectual property rights, consumer and data protection« (Kummer 2004: 55; vgl. auch Kleinwächter 2004a).

---

26 Während die USA ausschließlich Option a akzeptieren wollten, bestanden viele Entwicklungsländer auf Option b. Die Position der USA wurde unter anderem von der EU, Kanada, Mexiko, Senegal und Malaysia unterstützt, die aber auch Option d als Kompromiss akzeptiert hätten. Unter den stärksten Befürwortern einer intergouvernementalen Lösung waren Brasilien, Südafrika, Indien und China (vgl. auch Hofmann 2003).

Ein vorläufiger Kompromiss zur Überwindung der verhärteten Fronten zwischen den beiden Regierungslagern schälte sich erst wenige Tage vor dem Gipfel heraus. Der inhaltliche Konflikt wurde verfahrensförmig aufgelöst: »Delegations were firmly enfrenched in positions that were diametrically opposed and it would have been over optimistic to find a far reaching solution. The only way out was to establish a process to deal with these issues and in order to reach agreement we had to concentrate on the modalities of the process we hoped to initiate« (Kummer 2004: 54).

Den politischen Grundsatzkonflikt über Internet Governance trugen die Regierungen ausschließlich unter sich aus. Den »stakeholders« (darunter auch ICANN) blieb der Zugang zur Arbeitsebene des Gipfels, den »drafting groups« versperrt. Hinter verschlossenen Türen formulierten die Delegierten gewissermaßen kontrafaktisch: »The international management of the Internet should be multilateral, transparent and democratic, with the full involvement of governments, the private sector, civil society and international organizations. It should ensure an equitable distribution of resources, facilitate access for all and ensure a stable and secure functioning of the Internet, taking into account multilingualism« (WSIS 2003a).

Bemerkenswert, weil in dieser Form neu in der Diskussion über Internet Governance, ist die Verwendung des Demokratiebegriffs. Im Zusammenhang mit ICANN war stattdessen stets von Bottom-Up-Prozessen die Rede. Forderungen nach einer Demokratisierung wurden ausdrücklich zurückgewiesen. Auch wenn unklar ist, was man sich unter einer demokratischen internationalen Verwaltung des Internet im Einzelnen vorstellen soll, werden sich künftige Governance-Modelle doch an diesen Formulierungen messen lassen müssen.

Der Prozess, der die konträren Regierungspositionen miteinander versöhnen soll, besteht in der Einrichtung einer Arbeitsgruppe zum Thema Internet Governance, die – keine andere Option erwies sich als konsensfähig – dem UN-Generalsekretär zugeordnet ist und eine Entscheidungsgrundlage für die zweite Phase des Gipfels vorlegen soll. Der Auftrag an die Arbeitsgruppe besteht aus drei fachlich wie politisch durchaus anspruchsvollen Aufgaben. Erstens soll sie eine Arbeitsdefinition von Internet Governance entwickeln, zweitens die für Internet Governance relevanten Public Policy-Aspekte eingrenzen und drittens schließlich soll sie ein allgemeines Verständnis über die Rolle und Verantwortung der beteiligten Akteure in Entwicklungsländern und entwickelten Ländern (Regierungen, internationale Organisationen, Wirtschaft und Zivilgesellschaft) vorschlagen. Gemäß dem Multi-Stakeholder-Konzept soll die Arbeitsgruppe aus Regierungen, Zivilgesellschaft und Wirtschaft zusammengesetzt sein (WSIS 2003b).

Die Einrichtung der Arbeitsgruppe erwies sich als ein äußerst langwieriges Verfahren, das insgesamt mehr als die Hälfte der im Aktionsplan vorgesehenen Arbeitszeit in Anspruch nahm. Der allenthalben mit großer Aufmerksamkeit verfolgte Gründungsprozess entfaltete freilich ein diskursives Eigenleben, das die Aufträge der Arbeitsgruppe in vieler Hinsicht vorwegzunehmen schien. Eine Vielzahl internationaler Veranstaltungen, die aus Anlass der im Entstehen begriffenen Arbeitsgruppe stattfanden, sorgte dafür, dass bereits im Vorfeld eine systematische öffentliche Reflexion über Internet Governance einsetzte. Die Beiträge, die in diesem Zusammenhang vorgelegt worden sind, können als Beleg dafür gelesen werden, dass das allgemeine Verständnis von Internet Governance ein weiteres Mal in Bewegung geraten ist und eine neue Phase konzeptionellen Wandels durchläuft. Zu den relevanten Merkmalen einer künftigen Lesart, die gegenwärtig zu erkennen sind, gehört die Einordnung von Internet Governance in einen umfassenderen Regelungskontext mit direkter oder indirekter Wirkung auf das Internet. Beispiele hierfür sind die nationalen Regulierungsprinzipien für die Telefonnetze, aber auch internationale Richtlinien bzw. Abkommen zu Wettbewerb, Urheberschutz, Datenschutz und Cybercrime. Im Zusammenhang damit ist die Annäherung an eine breitere, über die Namens- und Nummernverwaltung hinausreichende Definition von Internet Governance zu beobachten. Stärkere Berücksichtigung finden könnten künftig etwa Fragen des Verbraucher- und Datenschutzes, aber auch der Netzsicherheit (vgl. dazu MacLean 2004; Mueller, Mathiason & McKnight 2004; Drake 2004; Kleinwächter 2004b). Im Niedergang begriffen ist dagegen fast unmerklich das einstmalige Leitmotiv der Debatte über Internet Governance: die Vermeidung staatlicher Handlungsautorität im Netz.

Staatliche Intervention wird nicht länger quasi automatisch mit Unterdrückung von Innovation und Kommunikationsfreiheit gleichgesetzt. Zu erkennen ist vielmehr eine wachsende Bereitschaft, über die Bedingungen politischer Gestaltungsfähigkeit für das Internet nachzudenken. Damit einher (nicht jedoch dem voraus) geht ein wachsendes Problembewusstsein für die ungewollten Folgen einer im doppelten Sinne grenzenlosen Kommunikation. Die für Email inzwischen bestandskritische Verbreitung von Spam, Viren und anderen Formen offenkundigen Missbrauchs der Infrastruktur führen zu der im Kontext von Internet Governance keineswegs trivialen Einsicht, dass »unconstrained online interactions can lead to highly undesirable results. There are bad guys out there who do not care what effects their actions have on others« (Johnson, Crawford & Palfrey 2004: 7).

Alles in allem ist in den kommenden Jahren mit einer zunehmenden Verregelung des Datenverkehrs zu rechnen. In dieser Hinsicht ist die Entwicklung des Netzes jener anderer (Telekommunikations-)Infrastrukturen ähnlicher als zunächst angenommen. Allerdings dürfte sich die strukturelle Form der Regelsetzung von vorangegangen Arrangements unterscheiden. Dies betrifft insbesondere den Stellenwert des Souveränitätsprinzips und die Rolle nicht-staatlicher Akteure. »Now we are at the beginning of a reflection process on how best to coordinate Internet Governance. (...) The governments are trying to find their role in this new policy environment. (...) This problematique also needs to be seen in the context of discussions on global governance. The Summit agreed on no more no less than the need to adapt traditional models of governance to the needs of the 21st Century and find new forms of cooperation which allow for the full and active participation of all stakeholders« (Kummer 2004: 55). Die Zunahme staatlicher Regulierung im Internet könnte sich somit auf der Grundlage weiterer Neuinterpretationen bekannter Governance-Modelle vollziehen.

Auffällig ist, dass in der Entwicklung von Internet Governance eindeutig Verfahrensaspekte dominieren, während die effektive Problemlösungskapazität jeweiliger Arrangements eine vergleichsweise untergeordnete Rolle spielt. Es ist offen, ob eine größere Regeldichte dieses Verhältnis verändern wird.

4 Fazit: Regulierungsprobleme als Produkt von Internet Governance

Internet Governance, so die diesem Artikel zugrunde liegende These, kann als ein fortwährender Suchprozess verstanden werden. Der unerreichte, ja, vermutlich unerreichbare Fluchtpunkt dieses Suchprozesses besteht in einem stabilen, legitimen Regelungsarrangement, das den Problemen im transnationalen Datenverkehr Rechnung trägt. Seine Dynamik gewinnt der Prozess aus dem Umstand, dass die Vorstellungen über die politisch relevanten Probleme des Internet und damit zusammenhängend über den Gegenstandsbereich von Internet Governance ebenso kontrovers wie unbeständig sind. Jedes Interaktionsforum im Internet hat bislang spezifische Deutungen zu vordringlichen Problemlagen, angemessenen Problemlösungen und maßgeblichen Akteurskonstellationen hervorgebracht. Das vielleicht eindrücklichste Beispiel für diesen Befund ist der radikale Wandel in der Wahrnehmung der Netzarchitektur selbst. Noch bis vor kurzem schien die Unregierbarkeit des Internet als ein unumstößliches, technisch begründbares Faktum. Jetzt haben die architektonischen Prinzipien des Netzes den Status einer unabhängigen Determinante im Bereich von Internet Governance nicht nur verloren, sie gelten vielmehr selbst als schutzbedürftig.

Ein erstes Fazit, das man daraus ziehen kann, besagt, dass sich Entstehung und Transformationsvorgänge von Internet Governance nicht hinreichend als Reaktion auf vorliegende Problemlagen verstehen lassen. Problemwahrnehmungen und -bewertungen bilden vielmehr einen konstitutiven Bestandteil von Governance-Arrangements. Anders ausgedrückt müssen offenbar bestimmte institutionelle wie auch konzeptionelle Voraussetzungen erfüllt sein, damit Sachverhalte als lösungsbedürftige Probleme akzeptiert werden. Aus Sicht der IETF etwa bildete der Konflikt um Domainnamen Mitte der 90er Jahre bestenfalls einen vorübergehenden Nebenschauplatz.[27] Internet Governance in der Lesart von ICANN ist dagegen so eng mit der Namens- und Nummernverwaltung des Netzes verknüpft, dass darüber hinausreichende Themen, die beim UN-Weltgipfel zur Informationsgesellschaft eine große Rolle spielten, systematisch ausgeschlossen bleiben. Insofern schwingen in engen, technischen wie breiten, (informations-)gesellschaftlichen Definitionen von Internet Governance immer schon Vorentscheidungen über Akteurskonstellationen, Institutionen und Autoritätsformen mit.

Ein zweites, sich daraus ergebendes Fazit betrifft den Wandel von Internet Governance. Wenn es denn zutrifft, dass Gegenstands- und Problembereich von Internet Governance anhaltend verschwommen und dynamisch sind, dann treten größere institutionelle Transformationen jeweils dann auf, wenn es nicht mehr gelingt, neue Problemstellungen in die bestehenden Governance-Strukturen zu integrieren oder diese zu marginalisieren. Die Rolle des UN-Weltgipfels scheint vor allem darin zu bestehen, bislang randständige Akteure und Interessen in den Mittelpunkt der Aufmerk-

---

27 »(...) It is at best unhelpful, and most likely destructive, to delineate the DNS as a central focus in discussions of the future of Internet governance and sustainability, to which we believe it is largely irrelevant« (Mitchell, Bradner & Claffy 1997: 269). So die keineswegs untypische Sicht dreier IETF-Mitglieder.

samkeit zu rücken. Welche Konsequenzen daraus für Internet Governance erwachsen, bleibt abzuwarten.

Literaturverzeichnis

Abbate, Janet (1999) »Inventing the Internet«, Cambridge, MA, MIT Press.

ALSC (2001) [At-Large Study Committee] »Final Report on ICANN At-Large Membership« [At-Large Membership Study [http://www.atlargestudy.org/final_report.shtml].

Baer (1996) »Will the Global Information Infrastructure Need Transnational (or Any) Governance?«, RAND/RP-603, reprinted from National Information Infrastructure Initiatives: Visions and Policy Design, S. 532 – 552.

Barlow, John Perry (1996) »A Declaration of the Independence of Cyberspace« [http://www.eff.org/~barlow/Declaration-Final.html].

Common Cause & CDT (2000) »ICANN's Global Elections: In the Internet, For The Internet« [http://www.commoncause.org/icann/icannstudy.pdf].

Cukier, Kenneth (1998) »Peering and Fearing: ISP Interconnection and Regulatory Issues« [http://www.ksg.harvard.edu/iip/iicompol/Papers/Cukier.html].

DOC [Department of Commerce] (1997) »RFC on the Registration and Administration of Internet Domain Names« [http://www.ntia.doc.gov/ntiahome/domainname/dn5notic.htm].

DOC [Department of Commerce] (1998a) »A Proposal to Improve Technical Management of Internet Names and Addresses«, Discussion Draft 1/30/98 (Green Paper). [http://www.ntia.doc.gov/ntiahome/domainname/dnsdrft.htm].

DOC [Department of Commerce] (1998b) »Management of Internet Names and Addresses« (White Paper). [http://www.ntia.doc.gov/ntiahome/domainname/6_5_98dns.htm].

DOC [Department of Commerce] (1998c) »Memorandum of Understanding Between the U.S. Department of Commerce and Internet Corporation for Assigned Names and Numbers« [http://www.ntia.doc.gov/ntiahome/domainname/icann-memorandum.htm].

Drake (2004) »Reframing Internet Governance Discourse: Fifteen Baseline Propositions«, in: Don MacLean (Hg.) Internet Governance: A Grand Collaboration, ICT Task Force Series 5, New York, S. 122 – 161.

Europäischer Rat & Europäische Kommission (1998) »Reply of the European Community and its Member states to the US Green Paper« [http://europa.eu.int/ISPO/eif/InternetPolicies-Site/InternetGovernance/MainDocuments/ReplytoUSGreenPaper.html].

Genschel, Phillip (1995) Standards in der Informationstechnik. Institutioneller Wandel in der internationalen Standardisierung. Campus: Frankfurt.

Helmers, Sabine, Ute Hoffmann & Jeanette Hofmann (1998) »Internet . . . the Final Frontier: eine Ethnographie. Schlußbericht des Projekts: Interaktionsraum Internet: Netzkultur und Netzwerkorganisation in offenen Datennetzen«, WZB Discussion Paper FS II 98-112, Wissenschaftszentrum Berlin für Sozialforschung.

Hofmann, Jeanette (2002) »Verfahren der Willensbildung und der Selbstverwaltung im Internet – Das Beispiel ICANN und die At-Large-Membership«, WZB Discussion Paper FS II 02-109, Wissenschaftszentrum Berlin für Sozialforschung.

Hofmann, Jeanette (2003) »Erfahrungsbericht über die Teilnahme an der dritten Vorbereitungskonferenz zum Weltgipfel über die Informationsgesellschaft (PrepCom 3) im September 2003«, in: Internationale Politik, 58, 12, S. 103 – 109.

Hofmann & Holitscher (2004) »Zur Beziehung von Macht und Technik im Internet«, in: Udo Thiedeke (Hg.): Soziologie des Cyberspace – Medien, Strukturen und Semantiken, Opladen: Westdeutscher Verlag 2004, S. 411 – 443.

Hofmann, Jeanette (2004) »Der kurze Traum von der Demokratie im Netz – Aufstieg und Fall von ICANNs At-Large-Membership«, in: Dieter Gosewinkel, Dieter Rucht, Wolfgang van den Daele & Jürgen Kocka: Zivilgesellschaft – national und transnational, WZB Jahrbuch 2003, S. 359 – 382.

Johnson, David R. & David G. Post (1997) »And How Shall the Net Be Governed?: A Meditation on the Relative Virtues of Decentralized, Emergent Law«, in: Brian Kahin u. James H. Keller: Coordinating the Internet, Cambridge, S. 62 – 91.

Johnson, David R., Susan P. Crawford & John G. Palfrey, Jr. (2004) »The Accountable Internet: Peer Production of Internet Governance«, The Virgina Journal of Law and Technology, 9, S. 2 – 33.

Kleinwächter, Wolfgang (2004a) »Internet Co-Governance – Towards a Multilayer Multiplayer Mechanism of Consultation, Coordination and Cooperation«, Paper presented to the Informal Consultation of the Working Group on Internet Governance (WGIG), Geneva, September 20-21, 2004 [http://www.itu.int/wsis/preparatory2/wgig/kleinwachter.doc].

Kleinwächter, Wolfgang (2004b) »Beyond ICANN vs. ITU: Will WSIS Open New Territory for Internet Governance?«, in: Don MacLean (Hg.) Internet Governance: A Grand Collaboration, ICT Task Force Series 5, New York, S. 31 – 52.

Kooiman, Jan (2003) »Governing as Governance«, Sage, London.

Kummer, Markus (2004) »The Results of the WSIS Negotiations on Internet Governance«, in: Don MacLean (Hg.): Internet Governance: A Grand Collaboration, ICT Task Force Series 5, New York, S. 53 – 57.

Lessig, Larry (1998) »Governance«, Keynote speech at CPSR Conference on Internet Governance, October, 10. 1998 [http://cyber.harvard.edu/works/lessig/cpsr.pdf].

Lawrence Lessig (1999) Code and other laws of cyberspace, Basic Books, New York.

Lynn, Stuart (2002) »President's Report: ICANN – The Case for Reform« [http://www.icann.org/general/lynn-reform-proposal-24feb02.htm].

MacLean, Don (2004) »Herding Schrödinger's Cats: Some Conceptual Tools for Thinking about Internet Governance«, in: Don MacLean (Hg.): Internet Governance: A Grand Collaboration, ICT Task Force Series 5, New York, S. 73 – 99.

Mueller, Milton (2002) »Ruling the Root: Internet Governance and the Taming of Cyberspace«, Cambridge, MA, MIT Press.

Mueller, Mathiason & McKnight (2004) »Making Sense of ›Internet Governance‹: Defining Principles and Norms in a Policy Context«, in: Don MacLean (Hg.): Internet Governance: A Grand Collaboration, ICT Task Force Series 5, New York, S. 100 – 121.

OECD (1997) »Internet Domain Names: Allocation Policies, Paris« [http://www.oecd.org/pdf/M00014000/M00014302.pdf].

Oppedahl, Carl (1997) »Trademark Disputes in the Assignment of Domain Names«, in: Brian Kahin u. James H. Keller: Coordinating the Internet, Cambridge, S. 154 – 186.

Oxman, Jason (1999) »The FCC and the Unregulation of the Internet«, OPP Working Paper No. 31. Federal Communications Commission (Office of Plans and Policy Federal Communications Commission) Washington DC.

Peake, Adam (2004) »Internet Governance and the World Summit on the Information Society (WSIS)« [http://rights.apc.org/documents/governance.pdf].

Postel, Jon (1994) »Domain Name System Structure and Delegation« [http://www.cis.ohio-state.edu/cgi-bin/rfc/rfc1591.html.]

Reidenberg, Joel R (1998) »Lex Informatica: The Formulation of Information Policy Rules Through Technology«, in: Texas Law Review, 76, 3. S. 553 – 584.

RFC 2026 [Request for Comments] (1996) »The Internet Standards Process – Revision 3«, Scott Bradner [http://www.ietf.org/rfc/rfc2026.txt].

Roberts, Michael M. (2001) »Towards Improved Representation« in ICANN« [www.atlargestudy.org/roberts_paper.html].

Schmidt, Susanne & Raimund Werle (1998) Coordinating Technology. Studies in the International Standardization of Telecommunications, Cambridge, MA, MIT Press.
Shaw, Robert (1999) »Reflection on Governments, Governance and Sovereignty in the Internet Age« [http://people.itu.int/~shaw/docs/reflections-on-ggs.htm].
Walker (2003) »The Digital Imprimatur – How big brother and big media can put the Internet genie back in the bottle« [http://www.fourmilab.ch/documents/digital-imprimatur].
WSIS (2003a) [World Summit on Information Society] »Declaration of Principles. Building the Information Society: a global challenge in the new Millennium« [http://www.itu.int/dms_pub/itu-s/md/03/wsis/doc/S03-WSIS-DOC-0004!!MSW-E.doc].
WSIS (2003b) [World Summit on Information Society] »Plan of Action« [http://www.itu.int/dms_pub/itu-s/md/03/wsis/doc/S03-WSIS-DOC-0005!!MSW-E.doc].
Zicai, Tang (2004) Core Issues for the UN Working Group on Internet Governance, Ms.

Governance internationaler Finanzmärkte
– zur Erklärung der Polymorphie

Bernhard Speyer[1]

Analysen zur Governance der globalen Finanzmärkte verweisen in der Regel einerseits auf die Notwendigkeit einer sinnvollen Regulierung der internationalen Kapitalströme mit dem Ziel, negative Effekte grenzüberschreitender Aktivitäten zu begrenzen, und andererseits auf die Unfähigkeit der nationalen Autoritäten, solche Regeln unilateral zu schaffen und, *a fortiori*, durchzusetzen. Insofern erscheint die Governance der internationalen Finanzmärkte *prima facie* als ein klassischer Fall für eine Regimebildung im Sinne des liberalen Internationalismus, d.h. der Definition eines internationalen Regelwerks und der Etablierung geeigneter Mechanismen, die die Durchsetzung dieser Regeln garantieren. Tatsächlich aber ist das prägende Merkmal der Governance-Struktur internationaler Finanzmärkte ihre Polymorphie, das Nebeneinander sehr unterschiedlicher Governance-Formen. Im Folgenden wird gezeigt, dass diese Polymorphie eine Reihe spezifischer Charakteristika der Struktur der internationalen Finanzmärkte widerspiegelt.

1) *Themenabgrenzungen und Definitionen*

Die nachfolgenden Ausführungen beschränken sich auf die Diskussion der Governance von *globalen* Finanzmärkten, also jenen Teilen der Finanzmärkte und ihrer Regulierung, die grenzüberschreitend bzw. Regulierungsraum[2] überschreitend sind. Governance-Fragen rein nationaler Finanzmärkte bzw. solche des EU-Finanzbinnenmarktes werden daher in diesem Beitrag nicht behandelt, auch wenn speziell letztere eine Reihe hochinteressanter Fragen aufwerfen.[3]
Nicht behandelt wird in diesem Beitrag auch die Thematik der Governance-Struktur des internationalen Finanzsystems mit Blick auf die Frage des Währungsregimes. Dieses ist zwar ganz offenkundig Teil von Governance-Strukturen. Die Komplexität dieses Themas würde jedoch den Rahmen dieses Beitrags sprengen. Gleichzeitig ist die wissenschaftliche und politische Debatte über die Struktur des internationalen Währungsregimes weitgehend festgefahren.[4]

---

1 Dieser Text spiegelt die persönliche Meinung des Autors wider, die nicht notwendigerweise der Position der Deutschen Bank AG oder der Deutschen Bank Research entspricht.
2 Die Differenzierung zwischen »grenzüberschreitend« und »Regulierungsraum überschreitend« ist mit Blick auf die EU geboten.
3 Vgl. für die EU z.B. Kern (2003).
4 Vgl. z.B. die kurze Diskussion in Frenkel/Menkhoff (2000), S. 51ff.

Der Begriff der Governance hat mit Blick auf die Governance von Finanzmärkten dualen Charakter und wird im Folgenden entsprechend verwendet:
➢ Zum einen bezeichnet Governance die Struktur, innerhalb derer sich der Prozess von Finanzmarktregulierung vollzieht.
➢ Zum anderen bezeichnet Governance das Ergebnis dieses Prozesses: Die Gesamtheit der staatlichen und nicht-staatlichen Regeln, Kodizes und Konventionen, die das Verhalten der Akteure auf Finanzmärkten bezüglich der Struktur, des Volumens und der Preise internationaler und zum Teil nationaler Finanzströme beeinflussen.

2) *Zur Ratio der Governance globaler Finanzmärkte*

Die Begründung für eine Governance der globalen Finanzmärkte basiert auf drei verschiedenen Sachverhalten:
Erstens die konventionelle Begründung, dass durch die grenzüberschreitende Integration von Märkten Bedarf an intelligenter Re-Regulierung entsteht, die an die Stelle der beseitigten nationalen Regulierungen tritt. Es gilt mithin, Staaten übergreifend gemeinschaftliche Regeln zu schaffen zur Lösung von Problemen, die nationale Regierungen allein nicht mehr regeln können. Das Problem besteht konkret darin, dass sich die Konsequenzen von Finanzkrisen aufgrund der Verflechtung der nationalen Teilmärkte nicht auf einzelne Staaten beschränken lassen.[5] Von Finanzkrisen, die ihren Ursprung in einzelnen Staaten (bzw. einer Gruppe von Staaten) haben, geht daher eine negative Externalität auf andere Staaten aus. Positiv formuliert ist der Bedarf an globaler Governance mithin dadurch begründet, das internationale Kollektivgut »Stabilität der internationalen Finanzmärkte« zu schaffen. Erforderlich hierfür sind gemeinschaftliche Regeln für die Krisenprävention und zur Regelung des Managements von Krisen.
Zweitens gilt, dass gemeinschaftliche Regelsetzung erforderlich ist, um ein free-riding einzelner Staaten zu verhindern und ein regulatorisches »race to the bottom« zu vermeiden. Die Gefahr wird in Bezug auf Finanzmärkte in besonderem Maße gesehen, da Finanzkapital und juristische Körperschaften von Finanzinstituten räumlich besonders mobil sind.
Drittens geht es darum, ein *level-playing field* für die Marktteilnehmer zu schaffen, d.h. regulatorisch induzierte Wettbewerbsverzerrungen zwischen Marktteilnehmern aus verschiedenen Jurisdiktionen zu vermeiden. Gerade in so wettbewerbsintensiven Märkten wie jenen Teilen des internationalen Finanzmarktes, die dem internationalen Wettbewerb ausgesetzt sind, können bereits kleine Verzerrungen eine signifikante Wirkung auf die Marktstellung einzelner Marktteilnehmer haben.
Es besteht offenbar eine gewisse Verbindung zwischen der zweiten und der dritten Begründung. Gleichwohl sind diese nicht identisch: Während der dritte Aspekt unab-

---

5   Vgl. auch ausführlicher Speyer (2002), S. 76f.

sichtliche Wettbewerbsverzerrungen bezeichnet, stellt der zweite auf intentionale Verzerrungen ab.

3) *Erwartung und Realität der Governance-Struktur*

Auf der Basis der oben genannten Begründungen, insbesondere der Gefahren negativer Externalitäten und einer Regulierungsarbitrage auf niedrigere Schutzniveaus für Investoren und Einleger (»*race to the bottom*«) liegt in Analogie zu anderen Fällen von Externalitäten im internationalen System die Vermutung nahe, dass sich eine Lösung entlang der Modelle des liberalen Internationalismus anbietet. Danach entwickeln die Staaten in Anerkennung ihrer Interdependenz und in gleichzeitiger Anerkennung der Tatsache, dass sie durch isoliertes Handeln nicht in der Lage sind, eine wohlfahrtsoptimale Lösung zu erreichen, ein Interesse an einer kooperativen Lösung. Gleichzeitig muss jeder Staat aber befürchten, der bzw. die Partner könnten von der vereinbarten Kooperationslösung abweichen, um den eigenen *pay-off* auf Kosten des bzw. der Partner zu erhöhen. Dementsprechend besteht die Herausforderung darin, Mechanismen zu entwickeln, die einerseits eine Überwindung des Problems kollektiven Handels ermöglichen, andererseits die Einhaltung der vereinbarten Regeln durch *self-enforcing* Arrangements sicherstellen. Hierfür kommen – in einer Welt ohne Hegemon – u.a. Mechanismen wie Reziprozität, die Bündelung von Interessen aus verschiedenen Sachgebieten (»*issue linkages*«), das Konzept der Kleingruppen oder die Schaffung supranationaler Organisationen in Frage.[6] Grundsätzlich ist der Theorie des liberalen Internationalismus zufolge Kooperation umso wahrscheinlicher, je kleiner die Anzahl der Spieler; je größer das Bewusstsein der Interdependenz; je homogener die Staaten (hier: ihre Finanzsysteme) ex ante sind; je klarer die Aussicht auf Gewinne der Kooperation bzw. Verluste des Unterlassens der Kooperation; und je mehr man auf vorhandener Infrastruktur der Kooperation aufbauen kann.[7]

In der Realität hingegen sind die Governance-Strukturen der internationalen Finanzmärkte weit weniger geordnet, als es die einfache Vermutung auf Basis des liberalen Internationalismus erwarten lassen würde. Vielmehr ist es das prägende Merkmal der Governance-Strukturen der internationalen Finanzmärkte, dass es ein breites Spektrum an Governance-Formen gibt. Bemerkenswert ist insbesondere der im Vergleich zum globalen Governance-Regime für den Welthandel viel geringere Grad der Institutionalisierung, sei es in Form internationaler Institutionen, sei es in Form internationaler Vereinbarungen. Parallel zueinander finden internationales *hard law*, internationales *soft law* und Formen der Selbstregulierung Verwendung. Genauer: Es findet sich ein (wiederum im Vergleich zum internationalen Handelsregime) nur kleiner Corpus internationalen *hard laws* (insbesondere die Articles of Agreement des IWF; ferner könnte die EU Finanzmarktgesetzgebung als internationales *hard law* begriffen

---

6   Vgl. die auf Keohane (1984) aufbauende Literatur.
7   Vgl. Oye (1985).

werden[8]), ein großer Bestand an internationalem *soft law* (insbesondere die im Rahmen des Baseler Ausschusses der Bankenaufsichtsbehörden getroffenen Vereinbarungen) sowie ein wachsender Bestand an Formen der Selbstregulierung, etwa in Gestalt von durch die Marktteilnehmer definierten Produktstandards für auf internationalen Märkten gehandelte Finanzprodukte.

4) *Erklärung des polymorphen Charakters der Governance globaler Finanzmärkte*

Als Phänomen zu klären ist mithin der polymorphe Charakter der Governance globaler Finanzmärkte. Diese Struktur erklärt sich aus fünf Ursachen.

4.1) *Natur des Steuerungsobjekts*

Das Steuerungsobjekt der Governance internationaler Finanzmärkte ist nicht homogen. Es existiert nicht ein globaler, *der* globale Finanzmarkt; vielmehr handelt es sich um viele Teilmärkte. Diese grenzen sich nach Subsegmenten der Finanzmärkte (bspw. Banken, Rentenmärkte, Derivatemärkte, Devisenmärkte, Versicherungen) sowie nach den darauf agierenden Akteursgruppen ab. Die Teilmärkte unterscheiden sich zudem stark im Grad und in der Form der Internationalisierung, der Historie der Internationalisierung sowie der Zahl der Marktteilnehmer. Konsequenterweise sind die oben aufgeführten Voraussetzungen für kollektives Handeln der Staaten bzw. der privaten Marktteilnehmer auf diesen Märkten in unterschiedlichem Maße gegeben. Entscheidend für die – normativ betrachtet – Angemessenheit und die – positiv betrachtet – Entwicklung der internationalen Governance-Struktur für einzelne Teilmärkten ist dabei nicht ein abstrakter Grad der Internationalisierung (gemessen z.B. an der Frage, inwieweit sich auf diesem Markt ein einheitlicher Preis gebildet hat), sondern vielmehr die Anfälligkeit dieses Teilmarktes für die grenzüberschreitende Übertragung von Krisen. Internationalisierungsgrad und Anfälligkeit korrelieren zwar offenkundig; die Korrelation ist jedoch nicht perfekt.
Im Bereich der internationalen Finanzmärkte folgt die Entwicklung von Governance-Strukturen, insbesondere Aufsichtsstrukturen, einem recht stabilen Pfad, an dessen Beginn die Klärung der jeweiligen Zuständigkeiten der Aufsichtsbehörden steht. Dem folgen in der Regel internationale Vereinbarungen zum Austausch aufsichtsrelevanter Informationen; die nächste Stufe bildet die Festlegung gemeinschaftlicher Regeln, wobei diese im Zeitverlauf immer weniger nationale Ausnahmeregelungen zulassen. Den Abschluss bildet die gemeinschaftliche Durchsetzung (weitestgehend angeglichener) internationaler Regeln. *Cum grano salis* folgt der Grad der Intensität der zwischenstaatlichen Kooperation entlang dieses Pfades dem Grad der Internationalisie-

---

8 Letzteres ist offenkundig nicht eindeutig. Zum einen: Begreift man den EU-Finanzmarkt, der Zielsetzung der EU folgend, als einen Binnenmarkt, so handelt es sich quasi um innerstaatliches Recht. Zum anderen: Die überwiegende Mehrheit der EU-Finanzmarktgesetzgebung erfolgt in Form von Richtlinien, entfaltet unmittelbare Rechtswirkung also erst nach der Transformation in nationales Recht durch die Mitgliedstaaten.

rung, genauer: der Anfälligkeit des jeweiligen Teilmarkts für grenzüberschreitende Krisen. Legt man die wesentlichen Bestimmungsparameter der Governance-Strukturen im Rahmen dieses Theorieansatzes zugrunde – Grad der Interdependenz und damit des Ausmasses potentiellen Schadens der Nicht-Kooperation, Grad des Bewusstseins der Interdependenz, Grad der Homogenität der Akteure, (Nicht-)Existenz funktionaler Eliten – so erweist sich, dass die am stärksten internationalisierten und integrierten Teilmärkte die intensivsten Governance-Strukturen aufweisen. Tabelle 1 illustriert dies anhand der groben Einteilung des internationalen Finanzmarkts in die Teilsegmente Banken, Wertpapiermärkte und Versicherungen. Es zeigt sich mithin, dass sich die Governance-Strukturen der einzelnen Teilmärkte zumindest auf diesem Abstraktionsniveau in etwa an dem orientieren, was man auf der Basis der Theorie liberalen Internationalismus erwarten würde.

4.2) *Steuerungsobjekte sind dynamisch*

Der Gegenstand der Governance internationaler Finanzmärkte ist dynamisch. Finanzmärkte sind von einem hohen Innovationsgrad gekennzeichnet. Institutionelle Strukturen der Finanzmärkte, von den Akteuren präferierte Instrumente sowie Struktur und Richtung der grenzüberschreitenden Finanzkapitalströme ändern sich rasch. Entscheidend dabei ist, dass sich durch diese Innovation Umfang, Natur und Verteilung der Risiken auf den internationalen Finanzmärkten ändern – was eine Reaktion der Aufsichts- und Regulierungsbehörden erforderlich macht, wenn und soweit diese die neue Risikostruktur als unerwünscht empfinden. Ein Ansatz, der versuchte, für einen derart dynamischen Markt Governance-Strukturen mit Hilfe von internationalem *hard law* festzulegen, muss daher bereits im Ansatz als unangemessen betrachtet werden, da eine solche Struktur zu inflexibel wäre, um auf die raschen Veränderungen der Marktstrukturen angemessen reagieren zu können.
Eine praktische Konsequenz dieser Erkenntnis ist die Entscheidung der EU, den institutionellen Rahmen für ihre Finanzmarktgesetzgebung zu verändern. Die Einführung des sog. Lamfalussy-Verfahrens[9] für die EU-Finanzmarktgesetzgebung ist explizit von der Zielsetzung getragen, durch die Trennung von Regulierungsmaßnahmen in Rahmengesetzgebung (sog.»Level 1«), die weiterhin der Kodezision von Rat und Europäischem Parlament unterliegt, und Detailvorschriften (sog.»Level 2«), die im Rahmen des Komitologieverfahren von der EU-Kommission als Exekutivakt erlassen werden können, eine größere Flexibilität der EU-Finanzmarktregulierung zu erreichen. Auf diese Weise soll sichergestellt werden, dass der Regulierungsrahmen nicht zu sehr hinter die Marktpraxis zurückfällt.[10]

---

9 Vgl. Committee of Wise Men (2001).
10 Erste Bewertungen deuten darauf hin, dass sich das Lamfalussy-Verfahren bewährt und die damit verbundenen Zielsetzungen erreicht werden. Vgl. Inter-Institutional Monitoring Group, 2003.

4.3) *Zielsetzung der Governance ist nicht eineindeutig*

Wie bereits in Abschnitt 2 beschrieben, überlagern sich im Bereich der Regulierung von Finanzmärkten zwei teilweise konträre Zielsetzungen: Einerseits der allen Staaten gemeinsame Wunsch, die Stabilität der internationalen Finanzmärkte zu erhalten und damit eine der wesentlichen Voraussetzungen für die Stabilisierung auch der nationalen Finanzmärkte zu gewährleisten. Andererseits die Nutzung von Regulierung als »man-made« Wettbewerbsfaktor, wobei die Staaten, anders als beim erstgenannten Ziel, in Konkurrenz stehen. Die Konkurrenz erstreckt sich dabei, wie bereits ausgeführt, in der Regel nicht auf das Niveau der Regulierung als vielmehr auf die Form der Regulierung.

Begründet ist dies zum einen darin, dass ein nachhaltiger Wettbewerbsvorsprung gegenüber anderen Finanzmärkten nur dann erreicht werden kann, wenn die Regulierung im betreffenden Land ausreichend ist, um die Stabilität zu gewährleisten. Anders ausgedrückt: Da nationaler und internationaler Finanzmarkt eine Einheit bilden, blieben die negativen Folgen mangelhafter Regulierung auch im heimischen Finanzsystem hängen. Zum anderen wirkt die Selbstregulierung des Marktes, der Marktteilnehmer und Finanzplätze mit unzureichender Regulierung sanktioniert. Beispielsweise erleiden Finanzinstitute aus schlecht beaufsichtigten nationalen Finanzmärkten höhere Finanzierungskosten; ebenso sehen sich Emittenten aus Finanzmärkten mit mangelndem Anlegerschutz mit einer niedrigeren Nachfrage nach ihren Wertpapieren konfrontiert. Die undifferenzierte Prognose eines regulatorischen »race to the bottom« ist daher weder ein überzeugender Theorieansatz noch empirisch relevant.[11]

Interessanterweise hält die Governance-Forschung kein objektives Entscheidungskriterium für die Wahl zwischen verschiedenen Formen der Governance bereit, die gleichermaßen ihr Ziel erfüllen. Wenn es aber, gemessen an dem jeweiligen Ziel der Governance, an einer eindeutigen Hierarchie zwischen verschiedenen Governance-Strukturen mangelt, dann wird eine Erklärung der Existenz verschiedener Governance-Formen letztlich nur auf einer empirischen, kasuistischen Untersuchung der verschiedenen Formen beruhen können. Nur auf dem Wege der Induktion kann dann auf der Basis der vorliegenden Fallstudien versucht werden, allgemein gültige Erklärungsmuster für das Entstehen verschiedener Governance-Formen abzuleiten.

4.4) *Dominante Rolle zweier staatlicher Akteure*[12]

Die Governance der internationalen Finanzmärkte ist wesentlich geprägt von den Interessen der beiden wichtigsten globalen Finanzzentren – London und New York – bzw., im politischen Raum, der beiden dahinter stehenden Regierungen.

---

11 Finanzmarktteilnehmer sind sich dieser potentiellen Sanktion durch den Markt sehr bewusst. Vor diesem Hintergrund wird verständlich, dass die deutschen Finanzinstitute in der Vergangenheit wiederholt bei Bundesregierung und Bundestag eine bessere finanzielle und personelle Ausstattung der deutschen Finanzaufsichtsbehörde(n) angemahnt haben.
12 Der folgende Abschnitt rekurriert stark auf Simmons (2001).

London und New York sind u.a. die mit Abstand wichtigsten Devisenhandelsplätze und die bedeutendsten Auslandsbankenplätze. Der US Aktienmarkt allein umfasst ca. 50 % der globalen Marktkapitalisierung. Die nach Marktkapitalisierung führenden Finanzinstitute haben ihren Sitz entweder in den USA oder Großbritannien. Das Volumen der Assets under Management durch institutionelle Investoren beträgt in den USA 170 % des GDP; in UK 162 %; zum Vergleich: Japan 77 %, Frankreich 75 %, Deutschland 46 %. Darüber hinaus tragen Finanzdienstleistungen sowohl in den USA als auch in Großbritannien nicht nur substantiell zur inländischen Wertschöpfung bei, sondern erwirtschaften bedeutende Überschüsse in der Leistungsbilanz. Die USA und Großbritannien stellen zusammen ca. 50 % der globalen Exporte von Finanzdienstleistungen.

Aus der Dominanz dieser beiden Zentren sowie ihres massiven kommerziellen Interesses an der Governance-Struktur der internationalen Finanzmärkte folgt dreierlei: Erstens ist die Festlegung internationaler Regeln für die globalen Finanzmärkte nur bei Zustimmung der USA und Großbritanniens sinnvoll, da sonst wesentliche Teile des internationalen Finanzmarktes nicht erfasst werden. Daraus logisch folgend müssen zweitens die vereinbarten Regeln den Interessen dieser beiden Staaten entsprechen, da es sonst keine Zustimmung gibt. Drittens gilt, dass aufgrund des wirtschaftlichen Interesses der beiden Staaten und der jeweils dort ansässigen *financial community* (die im übrigen, *nota bene*, nicht nur aus inländischen Instituten besteht) sich in diesen Staaten eine intellektuelle Kapazität und geistige Führerschaft bzgl. Fragen der Regulierung von Finanzmärkten entwickelt hat.

Die Folge der Dominanz der USA und Großbritanniens ist, dass die USA und – in geringerem Masse – Großbritannien als weitgehend autonome Regelsetzer agieren, wobei Aktion primär in Reaktion auf die Verhältnisse bzw. Geschehnisse (e.g. Finanzskandale) im jeweiligen Heimatmarkt zurückzuführen ist. Die Dominanz der beiden angelsächsischen Finanzmärkte gilt sowohl in Bezug auf formale, staatlich gesetzte Regulierung als auch in Bezug auf Selbstregulierung. Die übrige Welt ist dementsprechend im wesentlichen passiver Regelnehmer.

Angesichts der steigenden Rückwirkungen ausländischer Volkswirtschaften und Finanzmärkte sowie angesichts der steigenden Bedeutung ausländischer Marktteilnehmer auf dem und für den US Finanzmarkt müssen allerdings auch die USA (und Großbritannien[13]) bei ihrer Regelsetzung zunehmend berücksichtigen, wie die Reaktion der ausländischen Marktteilnehmer sein wird. Ziel dieser Berücksichtigung ist dabei jedoch nicht, negative Auswirkungen der US-Regulierung auf ausländische Märkte und Marktteilnehmer zu vermeiden; vielmehr gilt es, negative Auswirkungen der Reaktion ausländischer Marktteilnehmer auf die US Finanzmärkte und damit die US Volkswirtschaft sowie die Wettbewerbsfähigkeit der US Finanzinstitute zu verhindern.

In einer Welt des liberalen Internationalismus gilt, dass die Gestalt des Regelwerks (a) bestimmt ist von der Natur des identifizierten Problems und (b) von der Einschätzung

---

13 Für Großbritannien ist der Freiheitsgrad bei der Regelsetzung aufgrund der Mitgliedschaft in der EU ohnehin deutlich geringer als jener der USA.

der beteiligten Nationen darüber, durch welchen *self-enforcing* Mechanismus eine Durchsetzung der Regeln erreicht werden kann. In einer durch zwei dominante Zentren bestimmten Welt wird die Gestalt des Regelwerks hingegen darüber hinaus die relative Durchsetzungskraft dieser Zentren gegenüber der übrigen Welt widerspiegeln. Ein kooperatives Verhalten der dominanten Zentren im Sinne der Theorie des liberalen Internationalismus gibt es nur, wenn die Reaktion der übrigen Welt materiell negative Rückwirkungen auf den Standardsetzer haben würde. Unter diesen Umständen macht es für den dominanten Spieler Sinn, Gegendruck auszuüben. Je nach Stärke des Widerstands heißt das entweder Druck auf einzelne andere Staaten oder ein Bemühen um eine einheitliche Regelung in seinem Sinne.

In Anbetracht der dominanten Rolle der USA und Großbritanniens wird die Governance-Struktur der internationalen Finanzmärkte von den folgenden Parametern bestimmt:

- Gibt es negative Externalitäten für die USA (und Großbritannien), wenn andere Staaten einem von Seiten der USA identifizierten Regulierungsbedarf nicht folgen? Das Ausmaß der Externalitäten ist dabei zum einen durch die Natur des Sachverhalts, zum anderen die relative Marktmacht der beiden dominanten Finanzzentren bestimmt.
- Wie homogen bzw. heterogen sind die Interessen der übrigen Staaten? Dies entscheidet darüber, wie effektiv der Druck ist, den die USA auf andere Staaten ausüben können.
- Das Ausmaß des Anreizes, den Vorgaben der beiden dominanten Staaten zu folgen bzw. davon abzuweichen. Die Höhe des Anreizes wiederum wird bestimmt durch den direkten ökonomischen Nutzen, das Reputationsrisiko bzw. den potentiellen politischen Schaden sowie die Eindeutigkeit des Sachverhalts. Letzteres betrifft die wirtschaftswissenschaftliche Fundierung eines Regulierungstatbestandes, i.e. umfasst die Frage, ob ein aus Sicht der USA/UK regelwürdiger Sachverhalt auch von anderen Akteuren als regelungswürdig angesehen wird. Beispielsweise besteht hinsichtlich der Rechtfertigung einer Kapitalertragsbesteuerung kein wissenschaftlicher Konsens, so dass Staaten, die sich diesbezüglichen internationalen Abkommen widersetzen wollen, dieses politisch leichter rechtfertigen können.[14]

Aus diesen drei Parametern lässt sich ein 2x2x2 Würfel verschiedener Fälle bilden, in die man einzelne Regulierungsvorhaben einsortieren kann. Aus einem solchen Würfel seien zum Zwecke der Illustration die folgenden Fallbeispiele konstruiert:

Fall 1: *Sachverhalt ist für USA wegen negativer Externalitäten des Handelns anderer Nationen auf die USA wichtig; Interessenlage der anderen Nationen ist heterogen; es gibt wenig Anreiz zur Kooperation der anderen Staaten.*

---

14 Die laufenden Verhandlungen zwischen der Schweiz und der EU über die Zinsbesteuerung von EU-Bürgern illustrieren dies.

In diesem Fall ist unilateraler Druck der USA wenig erfolgversprechend und führt vermutlich lediglich zu Ausweichreaktionen. Insofern ist die erfolgversprechende Politikstrategie der USA die der internationalen Koalitionsbildung, einer intellektuellen Fundierung der Regulierungsnotwendigkeit und schließlich einer internationalen Regimebildung durch politischen Druck.

Die genannte Konstellation findet sich in der Realität im Sachverhalt der Geldwäschebekämpfung. Hier kam es zu einer intellektuellen Fundierung durch die Financial Action Task Force (FATF) der OECD; nachfolgend zur internationalen Regimebildung durch die Verabschiedung der gemeinsamen Empfehlungen der FATF (»The Forty Recommendations«) sowie zur Durchsetzung dieser Empfehlungen durch eine »*naming and shaming*«-Kampagne der FATF-Mitglieder gegen kooperationsunwillige Staaten.

Fall 2: Sachverhalt ist für USA wegen negativer Externalitäten des Handelns anderer Nationen auf die USA wichtig; Interessenlage der anderen Nationen ist homogen; es gibt Anreiz zur Kooperation der anderen Staaten.

In einem solchen Fall ist eine internationale Regimebildung durch freiwillige Kooperation der Staaten möglich. Die Rolle der USA kann sich, soweit überhaupt erforderlich, auf den Initialimpuls, die intellektuelle Führerschaft und die Wahrung spezifischer US-Interessen beschränken. Ein Beispiel ist die Revision des Baseler Akkords über die Mindesteigenkapitalausstattung von Kreditinstituten (»Basel II«); vgl. die Fallstudie in Abschnitt 5.

Fall 3: *Es gibt nur geringe Externalitäten des (Nicht-)Handelns anderer Nationen auf die USA; Interessenlage der anderen Nationen ist heterogen; es gibt wenig Anreiz zur Kooperation der anderen Staaten.*

In einem solchem Fall ist eine internationale Regimebildung wenig wahrscheinlich; vielmehr werden die USA, liegt ihrer Einschätzung nach ein Regulierungsbedarf im US-Markt vor, unilateral handeln. Die Verabschiedung der Bestimmungen des Sarbanes-Oxley Acts zur Reform von Corporate Governance und Rechnungslegung in den USA mögen als Beispiel dienen.

4.5) *Finanzmarktregulierung als Multilevel-Governance*

Internationale Regimebildung ist im Sinne Putnams[15] ein Zwei-Ebenen-Spiel, bei dem das Ergebnis nicht nur durch die zwischenstaatliche Zusammenarbeit der Regierungen bestimmt wird, sondern auch durch die Interaktion der beteiligten Regierungen mit ihren jeweiligen innenpolitischen Akteuren. Zu diesen zählen neben den heimischen politischen Akteuren im engeren Sinne (bspw. Parlamente, Koalitionspartner, zweite Kammer) vor allem auch private Marktteilnehmer. Dies gilt *a fortiori* für Regulierungsfragen, die im Sinne der politischen Ökonomie das Ergebnis eines politökonomischen Prozesses sind, in dem die von der Regulierung betroffenen, in der Regel privaten Akteure Nachfrager von Regulierung sind (bzw. diese zu verhindern bzw. zu beeinflussen suchen) und dafür bereit sind, Ressourcen aufzuwenden. Umgekehrt wird unterstellt, die Anbieter von Regulierung, d.h. staatliche Akteure, hätten

---

15 Vgl. Putnam (1988).

ein ökonomisches Interesse, bspw. in Form von Parteispenden oder größeren Verwaltungsapparaten.

Auch die Struktur der internationalen Finanzmarktregulierung kann dementsprechend nur verstanden werden, wenn man einbezieht, dass die unmittelbar von der Regulierung Betroffenen eine entscheidende Rolle bei der Regulierung spielen. Dieses nicht nur in dem offensichtlichen Sinn, dass der Erfolg jeder Regulierungsmaßnahme davon abhängt, wie die Regulierungsobjekte (hier: die Finanzinstitute) auf die durch die Regulierung veränderte Anreizstruktur reagieren, sondern vielmehr in dem Sinn, dass nicht-staatliche Akteure aktiv an der Gestaltung der Governance-Strukturen beteiligt sind. Im Folgenden beschränkt sich die Analyse dabei auf die Finanzindustrie, während andere nicht-staatliche Akteure, wie beispielsweise Nicht-Regierungsorganisationen (NGOs) nicht berücksichtigt werden. Diese Beschränkung bei der Betrachtung nicht-staatlicher Akteure erfolgt einerseits mit dem Ziel, den Komplexitätsgrad der Analyse zu beschränken; sie ist andererseits aber auch inhaltlich gerechtfertigt, da die Finanzindustrie bei der Bildung der Governance Strukturen die wichtigsten und am konsistentesten agierenden nicht-staatlichen Akteure sind. Andere nicht-staatliche Akteure spielen nur bei einzelnen Themen eine wichtigere Rolle; ein Beispiel möge die Rolle von NGOs im Rahmen der Debatte um ein internationales Insolvenzrecht bzw., allgemeiner, die Schuldenkrise von Entwicklungsländern sein.

Die Beteiligung der Finanzintermediäre[16] und ihrer Interessenverbände an der Entwicklung der Governancestrukturen der internationalen Finanzmärkte ist auf zwei Ursachen zurückzuführen. Einerseits strebt die Finanzindustrie eine Einflussnahme aus eigener Initiative an, andererseits fragen staatliche Normensetzer eine Beteiligung der Finanzindustrie aktiv nach.

Der Wunsch nach Einflussnahme seitens der Finanzindustrie ergibt sich aus der Tatsache, dass Finanzmarktregulierung »*deeper integration*« *par excellence* ist. »*Deeper integration*« bezeichnet Formen der internationalen Integration, die die Regelung von »behind the border« Aspekten beinhalten – im Gegensatz zur klassischen Integration, die sich auf die Verringerung bzw. Abschaffung sog. »*border measures*« wie Einfuhrzöllen oder -quoten beschränkt. Finanzmarktregulierung erfüllt nicht zuletzt durch ihre intensive Verknüpfung zu anderen Normenfeldern – Gesellschafts-, Steuer- und Handelsrecht, Rechnungslegung – in besonderem Maße diese Definition von »*deeper integration*«.[17]

Vor diesem Hintergrund sind die Motive der Finanzindustrie für ein Engagement bei der Gestaltung der Governance-Struktur evident: Erstens, als ein Sachverhalt der »*deeper integration*« entscheidet die Natur der Finanzmarktregulierung elementar

---

16 Im Folgenden werden die Begriffe Finanzindustrie und Finanzintermediäre austauschbar verwendet. Beide Begriffe wiederum sind so zu verstehen, dass darin individuelle Institute wie auch die Interessenverbände der Finanzindustrie subsumiert sind.

17 Vgl. hierzu die zutreffende Beobachtung von Robert Gilpin: »Liberal economists conceive of societies as black boxes connected by exchange rates; as long as exchange rates are correct, what goes on inside the black box is regarded as not very important. With the increasing integration of national economies, however, what states do inside the black box to affect economic relations has become much more important.« Gilpin (1987), S. 393.

über die Wettbewerbsfähigkeit der jeweiligen nationalen Finanzindustrie und die Profitabilität der Finanzindustrie insgesamt. Zweitens, je größer die Kluft zwischen privatem und öffentlichem Wirtschaftsraum, desto höher die privatwirtschaftlichen Kosten des Operierens in unterschiedlichen Systemrahmen.

Finanzinstituten stehen prinzipiell zwei Kanäle der Einflussnahme offen: Zum einen die aktive, eigene Interessenvertretung; zum anderen, ihre jeweilige Regierung zu drängen, dass diese am zwischenstaatlichen Regulierungsdialog auf Ebene der Regierungen teilnimmt. Letzteres wird insbesondere dann als Kanal genutzt werden, wenn die Finanzintermediäre fürchten müssen bzw. antizipieren, dass sie sich diesen Regeln ohnehin unterwerfen werden müssen (sei es, weil sie in den wichtigsten Märkten zu Markteintrittsbedingungen geworden sind, sei es, weil sie zum Marktstandard geworden sind), ohne dass die betroffenen Finanzinstitute bei der Formulierung dieser Standards hätten mitwirken können.

Die aktive Nachfrage einer Beteiligung nicht-staatlicher Akteure durch Regierungen beruht seinerseits auf einer Vielzahl von Motiven:
➢ Erstens besteht die begründete Vermutung, dass innerhalb der Finanzindustrie eine höhere fachliche Expertise bzgl. des zu regelnden Sachverhaltes existiert. Dies gilt umso mehr, je technischer bzw. je weniger politisch ein Sachverhalt ist. In diesem Sinne bedienen sich Regierungen z.B. der Expertise des Finanzsektors bei der Nutzung von Risikomodellen für die Festlegung der Eigenkapitalunterlegung von Kreditinstituten, kaum jedoch bei der Besteuerung von Kapitalerträgen.
➢ Zweitens wird versucht, durch die Einbindung des Privatsektors die Effektivität, die Wirksamkeit einer Regulierungsmaßnahme zu erhöhen. Wegen der hohen Fungibilität und Mobilität des Finanzkapitals und der daher vergleichsweise einfachen Möglichkeit, Regulierung räumlich und sachlich zu umgehen, gilt, dass eine Regulierung mit dem Markt besser ist als eine Regulierung gegen den Markt.
➢ Drittens: Wegen der engen Verflechtung der Kapitalmärkte und den geringen Reaktionszeiten der Finanzmärkte, erfordert eine Beaufsichtigung von Finanzinstitutionen und Transaktionen eigentlich eine Aufsicht in Echtzeit. Da dies aus naheliegenden Gründen nicht möglich ist, wandelt sich die Philosophie der Finanzaufsicht immer mehr von einer ex post agierenden, auf quantitativen Regeln beruhenden, regelgebunden Aufsicht hin zu einer qualitativen, prozessorientierten und individualisierten Aufsicht. Konkret heißt dies z.B., dass nicht mehr ex post die Einhaltung von bestimmten Solvabilitätsvorgaben geprüft wird (die zum Zeitpunkt der Prüfung ohnehin veraltet und damit weitgehend ohne Aussagekraft sind), sondern vielmehr bei jeder einzelnen Bank der <u>Prozess</u> des Kapital- und Bilanzmanagements anhand allgemeiner, qualitativer Regeln geprüft wird.
➢ Viertens geht die Einbindung nicht-staatlicher Akteure auf die Dominanz der USA und Großbritanniens zurück (vgl. Kapitel 4.4); in diesen Staaten hat der Dialog zwischen Regierung und Finanzindustrie etwa in Gestalt von Konsultationsverfahren ebenso eine lange Tradition wie die Nutzung des Instruments der Selbstregulierung.

➢ Fünftens schließlich besteht die Vermutung, dass Lösungen des privaten Sektors, insbesondere Formen der Selbstregulierung, größere Flexibilität besitzen als die Vereinbarung internationalen hard laws (vgl. Abschnitt 4.2).

Der Einfluß nicht-staatlicher Akteure auf die Etablierung von Governance-Strukturen für die internationalen Finanzmärkte erscheint damit nicht nur naheliegend, sondern zudem förderlich. Gleichwohl muss betont werden, dass es sich dabei nicht um ein schlichtes Zwei-Ebenen-Spiel im Putnam'schen Sinne handelt. Vielmehr handelt es sich um ein sehr vielschichtiges Spiel mit wechselnden Allianzen. Die Linie der Verhandlungspositionen kann (und tut dies *realiter*!) dabei verlaufen zwischen
➢ Regierungen einerseits und der Finanzindustrie als Kollektiv andererseits,
➢ Nationaler Finanzindustrie im Konzert mit der eigenen Regierung einerseits und die Koalition aus Finanzindustrie und Regierung anderer Staaten andererseits,
➢ Transnational agierenden Finanzintermediären mit oder ohne Regierungen einerseits und auf rein nationale Märkte orientierten Finanzintermediären andererseits.

Zwischenfazit:
Während es weitgehend unstrittig ist, dass es eine Rechtfertigung für eine Regulierung internationaler Finanzmärkte gibt, lässt sich daraus nicht automatisch ableiten, dass eine multilaterale Kooperationslösung stets die optimale Lösung für das Steuerungsproblem ist. Vielmehr sind andere Lösungen denkbar und in der Regel die einzig realisierbaren. Ein einheitliches Governance Modell für alle Teilmärkte des internationalen Finanzmarkts könnte darüber hinaus sogar wohlfahrtsreduzierend statt -steigernd wirken, wenn damit sich unterscheidende Präferenzen der Marktteilnehmer in unterschiedlichen Jurisdiktionen ignoriert würden.[18]

Die aus dem Vorgesagten resultierende polymorphe Struktur der Governance internationaler Finanzmärkte erklärt sich aus dem Zusammenwirken von fünf Faktoren:
1. Es gibt nicht ein homogenes Steuerungsobjekt (»der internationale Finanzmarkt«); vielmehr handelt es sich um eine Vielzahl von Steuerungsobjekten, bestehend aus den Teilmärkten des internationalen Finanzmarktes.
2. Die Steuerungsobjekte sind sehr dynamischer Natur. Rigide Governance-Strukturen können daher keine effektive Governance bewirken; vielmehr müssen sinnvollerweise fluidere Strukturen zur Anwendung kommen.
3. Das Ziel der Governance ist nicht eineindeutig definiert; vielmehr steht neben dem gemeinschaftlichen Ziel der Wahrung der Stabilität die Konkurrenz der Finanzplätze, insbesondere in Gestalt des Wettbewerbs verschiedener Regulierungsformen.
4. Die Governance Struktur der internationalen Finanzmärkte wird wesentlich bestimmt von der Dominanz zweier staatlicher Akteure: den USA und – in geringerem Maße – Großbritannien.

---

18 Ähnlich die Argumentation bei Esty/Geradin, denen zufolge die optimale Governance aus einem flexiblen Mix von Kooperation und Wettbewerb (sog. »Co-opetition«) zwischen staatlichen Akteure sowie zwischen staatlichen und nicht-staatlichen Akteuren besteht. Vgl. Esty/Geradin (2000), S. 237.

5. Die Governance internationaler Finanzmärkte ist Resultat eines komplexen Multi-Ebenen Spiels, bei dem staatliche und nicht-staatliche Akteure, primär: die Finanzindustrie, in wechselnden Koalitionen agieren.

5) *Fallbeispiel: Internationale Eigenkapitalstandards für Kreditinstitute*

Anhand der internationalen Vereinbarungen über die Mindestkapitalausstattung international agierender Banken, die im Rahmen des Baseler Ausschusses für Bankenaufsicht vereinbart wurden (»Basel I« von 1988) bzw. in der revidierten Fassung (»Basel II«) sich zur Zeit im Prozess der Finalisierung befinden, lassen sich sowohl die oben skizzierten Bestimmungsfaktoren für die Governance-Strukturen der globalen Finanzmärkte als auch die Entwicklung und relative Gewichtsverschiebung dieser Faktoren zueinander im Zeitablauf gut ablesen.
Die Ratio von Mindestanforderungen für die Eigenkapitalausstattung von Kreditinstituten ergibt sich daraus, dass Eigenkapital die ultimative Absicherung von Kreditinstituten gegenüber unerwarteten Verlusten bildet. Die Stabilität einzelner Institute und damit auch des Finanzsystems insgesamt hängt daher an einer hinreichenden Unterlegung der risikotragenden Aktivitäten eines Kreditinstituts. Gleichzeitig bilden Kapitalvorschriften, die ein Mindestverhältnis zwischen Eigenkapital und Aktiva festlegen, auch eine Begrenzung des Ausmaßes, in dem Kreditinstitute Risiken eingehen können, da die zu jedem Zeitpunkt gegebene Eigenkapitalausstattung nicht beliebig erweiterbar ist.
Mit Blick auf den zugrunde liegenden Gedanken einer Absicherung unerwarteter Verluste durch Eigenkapital und anerkennend, dass Eigenkapital aus Sicht eines Emittenten wegen des Residualanspruchs der Eigentümer eine teure Ressource ist, ergibt sich, dass Eigenkapitalvorschriften prinzipiell nicht auf der simple Regel eines »Je mehr, desto besser« beruhen. Vielmehr soll das Eigenkapital in einem angemessenen Verhältnis zum tatsächlichen Risikogehalt der dagegen stehenden Aktiva stehen, und zwar dergestalt, dass risikoreichere Aktiva eine höhere Eigenkapitalunterlegung erfordern et *vice versa*. Während im ersten Baseler Akkord hierfür noch ein vergleichsweise krudes Gewichtungsschema festgelegt war, ist Basel II nicht zuletzt durch die Absicht motiviert, eine stärkere Differenzierung nach dem tatsächlichen Risikogehalt der Aktiva zu erreichen.[19]

5.1) *Der erste Baseler Akkord (»Basel I«) von 1988*

Basel I war durch zwei Zielsetzungen motiviert:[20] Erstens wiesen viele der international agierenden Banken nach der (v.a. lateinamerikanischen) Schuldenkrise und der US-Bankenkrise der 1980er Jahre eine mangelnde Kapitalbasis auf, was Sorgen um

---

19 Für eine einführende Übersicht zu den Baseler Eigenkapitalstandards, vgl. ECB (2001).
20 Vgl. Scott/Iwahara (1994), S.1; Calomiris/Litan (2000), S. 293.

mögliche negative internationale Rückwirkungen auslöste, sollte eines dieser Institute scheitern. Zweitens gab es massive Klagen seitens der großen US Finanzinstitute über Wettbewerbsverzerrungen zu Gunsten der japanischen Banken, die nach nationalen Regeln nicht-realisierte Beteiligungsgewinne als Eigenkapital anrechnen konnten. Aufgrund des boomenden japanischen Aktienmarktes der 1980er Jahre konnten sich die japanischen Banken daher aus Sicht ihrer US-Wettbewerber günstiger Eigenkapital beschaffen und international an Marktanteilen gewinnen.

Die USA entwickelten weitgehend im Alleingang ein Rahmenwerk für Eigenkapitalvorschriften, welche zunächst (ab 1986) im nationalen Rahmen Anwendung fand. Im darauffolgenden Jahr nahmen die USA Verhandlungen mit Großbritannien über einen gemeinsamen Standard auf. Eine Einigung mit den anderen im Baseler Ausschuß vertretenen G10-Staaten fand vor dem Hintergrund der Drohung der USA und Großbritanniens statt, nötigenfalls einen Alleingang zu vollziehen.[21] Die anderen Staaten brachten daraufhin nur noch marginale Änderungen an, die ihren besonderen Interessen entsprachen, so Deutschland z.B. eine bevorzugte Behandlung von Hypothekenkrediten.

Die Genese von Basel I belegt ferner, dass es bei der Festlegung dieses Regelwerkes – wie auch bei der Festlegung anderer Finanzmarktregulierung – nicht nur um den Aspekt der Sicherung der Stabilität ging, sondern mindestens ebenso sehr um Wettbewerbsfragen (vgl. Abschnitt 2); in diesem Fall die Beseitigung des vermuteten Wettbewerbsvorteils der japanischen Banken.

Ferner ist festzuhalten, dass innerhalb von Basel I kein internationaler Mechanismus zur Durchsetzung des Standards vereinbart wurde. Vielmehr handelt es sich bei Basel I (ebenso wie bei Basel II) um internationales *soft-law*. Allerdings erlangten die Baseler Mindestkapitalvorschriften im Zeitablauf eine für *soft-law* bemerkenswerte Bindungswirkung, weil sie im Finanzmarkt zu einer aus Sicht der Marktteilnehmer notwendigen Mindestanforderung wurden und damit substantielle Marktdisziplin ausgeübt wurde. Nicht durch staatliche Sanktion, sondern vielmehr durch die Forderungen der Marktteilnehmer an ihre Geschäftspartner entfaltete also Basel I seine bindende Wirkung.[22]

Schließlich ist festzustellen, dass das Regelwerk von Basel I noch stark geprägt ist vom Glauben an die Möglichkeit eines Mikromanagement der Risiken einer Bank durch die Aufsichtsbehörden. Ganz in der Tradition der quantitativ-regelgebunden Regulierung legt Basel I Grenzwerte fest, die ex post überprüft werden und bei deren Unterschreiten eine Sanktion erfolgt – *nota bene*: nur bei deren Unterschreiten, nicht bereits, was sinnvoll wäre, bei einer Annäherung an diese.

---

21 Vgl. Calomiris/Litan (2000), S. 294.
22 Interessant ist dabei festzustellen, dass in einer finanzwirtschaftlich eher geschlossenen Volkswirtschaft wie Japan, in der ausländische Marktteilnehmer wegen ihres geringen Marktanteils keinen substantiellen Druck ausüben können, die Durchsetzung zurückblieb bzw. weitgehend nur nominal erfolgte.

5.2) *Die Revision des Eigenkapitalstandards (Basel II)*

Basel I erreichte zwar die Zielsetzung einer Stärkung der Eigenkapitalbasis international agierender Banken und diente zweifelsohne auch als ein Katalysator für die Verbesserung des Risikomanagements der Kreditinstitute.[23] Gerade diese Fortschritte im bankinternen Risikomanagement sorgten aber im Verbund mit Fortschritten bei der theoretischen Fundierung des Risikomanagements zu einer wachsenden Unzufriedenheit der Kreditinstitute mit dem geltenden Regelwerk, da sich die Kluft zwischen der kruden Methodik von Basel I und der Praxis des Kapital- und Risikomanagements dramatisch ausweitete. Dies führte darüber hinaus in Verbindung mit den Fortschritten in der Finanztechnologie zu massiven Fehlanreizen und einer zunehmenden Kapitalarbitrage, so dass selbst die primäre Zielsetzung von Basel I – die Sicherung der Stabilität – nicht mehr gewährleistet schien.[24]

Im Vergleich zur Genese von Basel I sind drei Veränderungen auffällig: die geringere Dominanz der USA, die zunehmende Rolle nicht-staatlicher Akteure und die veränderte Methodik der Regulierung.

Anders als Basel I ist der Basel II-Prozess kein *fait accompli* der USA (im Verbund mit Großbritannien). Zwar sind die USA innerhalb des Baseler Ausschuss noch immer der einflussreichste Spieler, und ein Akkord, der nicht den Vorstellungen der USA entspräche, wäre nicht durchzusetzen.[25] Die USA sind im Marktsegment des internationalen Bankgeschäfts aber nicht mehr so dominant, als dass sie andere Staaten beliebig dominieren können. Zudem sind europäische Banken mittlerweile im US-Bankenmarkt selbst substantielle Spieler. Sie bringen daher sowohl direkt in den USA ihre Forderungen ein und drängen gleichzeitig ihre jeweiligen Heimatregierung dazu, sich aktiv an den internationalen Verhandlungen zu beteiligen, um gleiche Wettbewerbsbedingungen mit den US-Instituten auf dem US-Markt zu genießen.

War Basel I im Wesentlichen eine Entwicklung der Bankenaufsichtsbehörden, wurde Basel II im Konzert von Aufsichtsbehörden und Finanzindustrie entwickelt. Die Expertise der Kreditwirtschaft beim Risikomanagement bildete eine wesentliche methodische Grundlage für die Konzeption von Basel II. Die Organisation der Kreditwirtschaft war dabei insbesondere für die großen, international agierenden Finanzinstitute von mehreren sich überlappenden Kreisen gekennzeichnet. Dies reflektiert zum einen die Natur des Basel II Prozesses, der parallele Konsultation zwischen Finanzindustrie und staatlichen Stellen sowohl auf nationaler, europäischer und globaler Ebene vorsieht und erfordert.[26] Dies reflektiert aber auch die Tatsache, dass Kre-

---

23 Vgl. Basle Commitee on Banking Supervision (1999)
24 Zur Motivation von Basel II, vgl. u.a. Calomiris/Litan (2000), S. 309.
25 Im Baseler Ausschuss gilt dabei ohnehin das Konsensprinzip. Gemeint ist hier, dass der Akkord in seiner Philosophie und Gesamtgestalt ebenso wie in den Einzelheiten den Wünschen der USA entsprechen muss, während andere Staaten nur in Einzelfragen, nicht aber in grundlegenden Fragen ein Vetorecht haben. Illustrativ ist hier die Tatsache, dass seitens der deutschen Delegation bereits im Jahre 2001 die Beseitigung der Unterlegung von erwarteten Verlusten gefordert wurde. Dieses wurde zu diesem Zeitpunkt von den USA blockiert – und dann im Herbst 2003 von diesen durchgesetzt, nachdem diese Forderung massiv von der US-Finanzindustrie erhoben wurde.

ditinstitute, die in mehreren Marktsegmenten tätig sind, in jedem dieser Segmente im Einzelfall und damit jenseits der Haltung zur allgemeinen Struktur des Akkords spezifische Interesse haben können und sich für die Durchsetzung dieser Interessen jeweils Koalitionspartner – sei es auf staatlicher Seite, sei es auf privater Seite – suchen.

Methodisch spiegelt Basel II die Verlagerung von einer regelgebunden, hin zu einer prozessorientierten Aufsichtsphilosophie wider, die den Finanzinstituten weiten Raum bei der Wahl der Methodik überlässt und bankinterne Instrumente explizit als Teil des methodischen Rahmens anerkennt. Gleichzeitig bezieht Basel II mit der sog. Drei-Säulen-Struktur des Akkords explizit – als dritte Säule – Marktdisziplin als ein wesentliches Instrument der Regulierung ein; gleichzeitig wird mit der zweiten Säule – dem sog. »*supervisory review process*« – die Aufsicht individualisiert und fluider gemacht, so dass beispielsweise aufsichtliche Eingriffe nicht erst bei Verletzung der Mindestnormen, sondern bereits bei Annäherung an dieselben erfolgen können.[27]

6) *Entwicklungslinien*

Anstelle eines Fazits werden im Folgenden fünf Entwicklungslinien der Governance internationaler Finanzmärkte aufgezeigt.

Mehr Regulierung mit dem Markt, nicht gegen den Markt. Durch die Deregulierung und Liberalisierung der Finanzmärkte sind traditionelle Formen der Regulierung in Form von Ge- und Verboten zunehmend unwirksam, da sich die Akteure und Kapitalströme dieser Regulierung durch räumliche Verlagerung oder Produktinnovation entziehen können. Moderne Formen der Regulierung setzen daher zum einen darauf, die Selbstregulierungskräfte des Marktes zu nutzen – vgl. die »Säule 3« von »Basel II« –, zum anderen darauf, relative Preise durch positive Anreize zu verändern. Ein Beispiel für letzteres sind die im Zuge der Debatte um die Reform der internationalen Finanzarchitektur entstandenen Standards und Kodizes guter Wirtschafts- und Finanzmarktpolitik. Der Grad der Einhaltung dieser Standards und Kodizes wird durch den IWF im Rahmen der Art. IV Konsultationen (»surveillance«) bewertet. Durch diese Transparenz entsteht ein Anreiz für die Staaten, die Empfehlungen der Standards und Kodizes einzuhalten, da non-compliance von den Finanzmärkten in Gestalt höherer Risikoaufschläge und damit höherer Finanzierungskosten für staatliche Emittenten bestraft wird. Bei der Konzeption der Standards und Kodizes gab es einen engen Dialog zwischen dem öffentlichen und dem privaten Sektor, um eine Konzeption zu erreichen, die solche positiven Anreizstrukturen schafft. Einigkeit bestand dabei auch zwischen privaten und öffentlichen Sektor, dass negative Anreize, i.e. Sanktionen

---

26 Dies gilt insbesondere für die europäischen Mitglieder des BCBS und die dort beheimateten Institute, da Basel II – wie Basel I es bereits ist – europäisches »*hard law*« sein wird und also einen Gesetzgebungsprozeß mit entsprechenden Konsultationen auf europäischer und nationaler Ebene erfordert.
27 Die erste Säule sind die revidierten Mindestkapitalvorschriften.

gegen solche Staaten, die sich den Standards und Kodizes nicht unterwerfen, nur in Ausnahmefällen zur Anwendung kommen soll.[28]

Übergang von quantitativ-regelgebundenen zu qualitativ-prozessgebundenen Aufsichtsformen. Die Risikosituation einer Finanzinstitution kann sich aufgrund der hohen internationalen Verflechtung der Finanzmärkte, der Komplexität der Aktiva sowie der hohen Reaktionsgeschwindigkeit der Finanzmärkte innerhalb kürzester Zeit gravierend verändern. Die Festlegung allein simpler Kennziffern, bspw. bezüglich Liquidität und Solvabilität, ist daher unzureichend, um die Stabilität von Finanzinstitutionen hinreichend garantieren zu können. Vielmehr ist es sinnvoll, die Form der Regulierung dahingehend zu verändern, dass staatlicherseits zwar noch das Ziel der Regulierung definiert wird, den Finanzinstituten aber Freiheit bezüglich der Wahl der Methoden gelassen wird, mit Hilfe derer das Ziel erreicht wird. Die Rolle staatlicher Stellen beschränkt sich dann zum einen darauf, zu prüfen, ob die gewählte Methodik grundsätzlich geeignet ist, das gegebene Ziel zu erreichen, sowie zum anderen darauf, zu kontrollieren, ob die mit der Methodik verbundenen Prozesse eingehalten werden.[29]

Graduelle Erosion der US-Dominanz als Regelsetzer. Während zur Zeit die Macht der USA als weitgehend autonomer Regelsetzer im Bereich der Finanzmarktregulierung noch Bestand hat, so zeichnet sich doch eine graduelle Erosion dieser Macht ab. Diese Erosion wird im wesentlichen von zwei Entwicklungen bestimmt. Erstens des Wechsels der USA von der Rolle eines Netto-Gläubigers in die eines Netto-Schuldners gegenüber dem Rest der Welt; zweitens den Bemühungen der EU um die Schaffung eines einheitlichen europäischen Finanzbinnenmarkts in Verbindung mit der integrativen Wirkung der Europäischen Währungsunion. Die EU stellt hiermit in einer zunehmenden Anzahl von Marktsegmenten eine kritische Masse dar, so dass die für die europäischen Teilmärkte definierten Regulierungsstrukturen auch jenseits der EU Relevanz erlangen können. Beispiele sind die Bestimmungen der Konglomerats-Richtlinie oder die Entscheidung der EU für die International Accounting Standards (IAS) als Rechnungslegungsstandard für in der EU börsen-gelistete Unternehmen. Diese Entscheidung hat dazu geführt, dass die Bereitschaft der USA, über eine Konvergenz von IAS und dem US-Rechnungslegungsstandard (US-GAAP) zu verhandeln, merklich gestiegen ist.

Konvergenz des Steuerungsobjekts. Die Unterschiede der einzelnen Teile des Finanzmarktes erodieren zunehmend. Auf nationaler Ebene wurde daraus bereits in vielen Staaten die Konsequenz gezogen, die bisher getrennten Teile der Finanzaufsicht institutionell unter einem Dach zu vereinen – vgl. z.B. die Schaffung von integrierten Finanzaufsichtsbehörden in Deutschland (BaFin, 2002) und Großbritannien (FSA,

---

28 Vgl. FSF (2000).
29 Vgl. auch Large (1998); S. 20f.

1998).[30] Auf internationaler Ebene spiegelt sich dies in der Gründung des Financial Stability Forum (FSF) wider, in dem u.a. alle internationalen Organisationen vertreten sind, die Zuständigkeiten für unterschiedliche Teilsegmente des internationalen Finanzmarkts haben, also das BCBS, die IOSCO und die IAIS. Gleichzeitig ist auch eine materielle Angleichung der Regulierungs- und Aufsichtspraktiken und -standards deutlich erkennbar. Besonders illustrativ ist hierbei die Parallelität des revidierten Eigenkapitalstandards für Banken (»Basel II«) und den (bisher nur für die EU konzipierten) Solvabilitätsvorschriften für Versicherungen (»Solvency II«).

Unterschiedliche Geschwindigkeit globaler Regimebildung. Ungeachtet der polymorphen Form der Governance globaler Finanzmärkte ist ein Trend zur Bildung internationaler Regime erkennbar. Dieser Trend vollzieht sich jedoch in unterschiedlichen Geschwindigkeiten. Dies gilt einerseits, wie gezeigt, mit Blick auf die unterschiedlichen Segmente des Finanzmarkts (vgl. Abschnitt 4.1) – allerdings ist hier, wie im Vorgesagten dargestellt, eine Konvergenz zu beobachten, dergestalt dass diejenigen Segmente, in denen bisher weniger Regimebildung zu beobachten war, aufholen. Andererseits bestehen unterschiedliche Geschwindigkeiten dort, wo es eher um technische Regelungen geht, und dort, wo es um politische, insbesondere distributive Sachverhalte bzw. wirtschaftliche Interessen geht. Während erstere, bedingt durch die Konvergenz der Aufsichtspraktiken, durch eine starke Tendenz zur Harmonisierung gekennzeichnet sind, die eine internationale Regimebildung wesentlich begünstigen, gibt es überall dort, wo distributive Aspekte ins Spiel kommen oder wo kommerzielle Interessen einflussreicher und bereits etablierten Marktteilnehmer berührt sind, keine Einigung über internationale Governance-Strukturen. Das weitgehende Scheitern der Bemühungen um ein Regime zur Bewältigung internationaler Finanz- und Schuldenkrisen ist illustrativ für diesen Sachverhalt.

Literaturverzeichnis

Basle Commitee on Banking Supervision (1999): Capital Requirements and Bank Behaviour: The Impact of the Basel Accord. BCBS Working Paper No. 1. Basel.
Briault, Clive (1999): The Rationale for a Single National Financial Services Regulator. FSA Occasional Paper. London.
Calomiris, Charles W. und *Robert E. Litan* (2000): Financial Regulation in a Global Marketplace. In: Litan, Robert E. und Anthony M. Santomero (eds.): Brookings-Wharton Papers on Financial Services 2000. Washington D.C, S. 283-323.
Committee of Wise Men (»Lamfalussy-Group«) (2001): Final Report on the Regulation of European Securities Markets. Brussels.
Esty, Daniel C. und *Damien Geradin* (2000): Regulatory Co-opetition. In: Journal of International Economic Law, Vol. 3, S. 235-255.

30 Zur Logik einer Allfinanzaufsicht vgl. z.B. Briault (1999).

European Central Bank (ECB) (2001): The new capital adequacy regime – the ECB perspective. In: Monthly Bulletin, May, S. 59-74.

Financial Stability Forum (2000): Report of the Follow-up Group on Incentives to Foster Implementation of Standards. Basel.

Frenkel, Michael und *Lukas Menkhoff* (2000): Stabile Weltfinanzen? Die Debatte um eine neue globale Finanzarchitektur. Berlin.

Gilpin, Robert (1987): The Political Economy of International Relations. Princeton N.J.

Inter-Institutional Monitoring Group (2003): Second Interim Report Monitoring the Lamfalussy Process. Brussels.

Keohane, Robert O. (1984): After Hegemony – Cooperation and Discord in the World Political Economy. Princeton N.J.

Kern, Steffen (2003): Reform of EU regulatory and supervisory structures: progress report. In: Deutsche Bank Research, EU Monitor, Financial Market Special, No. 4.

Large, Andrew (1998): The Future of Global Financial Regulation; Group of Thirty Occasional Paper No. 57. Washington D.C.

Oye, Kenneth A. (1985): Explaining Cooperation under Anarchy: Hypothesis and Strategies. In: World Politics, Vol. XXXVIII, S. 1-24.

Putnam, Robert (1988): Diplomacy and domestic policies: the logic of two-level games. In: International Organization, Vol. 42, S. 427-460.

Scott, Hal S. und *Shinsaku Iwahara* (1994): In Search of a Level Playing Field – The implementation of the Basle Capital Accord in Japan and the United States. Group of Thirty Occasional Paper No. 46. Washington D.C.

Simmons, Beth A. (2001): The International Politics of Harmonization: The Case of Capital Market Regulation. In: International Organization, Vol. 53, No 3, S. 589-620.

Speyer, Bernhard (2002): Internationalisierung von Bankgeschäft und Bankenaufsicht. In: Pitschas, Rainer (Hrsg.): Integrierte Finanzdienstleistungsaufsicht; Berlin; S.73-90.

Tabelle 1: *Charakteristika und Governance Merkmale der wichtigsten Teilmärkte des globalen Finanzmarkts*

	Banken	Wertpapier	Versicherungen
Anzahl international agierender Marktteilnehmer	Sehr hoch	Hoch	gering
Homogenität der Marktteilnehmer	Weitgehend ausgewogene Präsenz von G-10 Instituten	Dominanz der US Wertpapierhäuser	Weitgehend ausgewogen innerhalb G-10
Grad der Internationalisierung	– Hohe grenzüberschreitende Kreditvergabe, v.a. Interbankengeschäft – Zahlreiche Institute mit kommerzieller Präsenz in mehreren Staaten	Verflechtung bisher nur über grenzüberschreitende Portfolio-Investitionen; nur kleine (aber zunehmende!) Zahl von Finanzinstituten und Börsen mit grenzüberschreitender kommerzieller Präsenz	Überwiegend nationale Märkte (Ausnahme: Rückversicherer)
Erfahrung mit internationalen Krisen	Zahlreich (e.g. Herstatt, BCCI, Schuldenkrise der 1980er)	Bisher wenige (Aktiencrash 1987, LTCM; Russlandkrise 1999)	Keine
Grad der Homogenität der Produkte	hoch	gering	hoch
Transparenz der Anreizstruktur der Produkte	Noch weitgehend transparent	Sehr komplex	Transparent
Länge der institutionell verankerten internationalen Kooperation	– Bank für Internationalen Zahlungsausgleich (1930) – Basel Committee on Banking Supervision (1974)	International Organisation of Securities Commissions, IOSCO (1984)	International Association of Insurance Supervisors, IAIS (1994)

Governance in der Umweltpolitik

Wolfgang Köck

A.	Überblick	322
B.	Begriffsverständnis	323
	I. Governance als analytischer Begriff und Forschungsansatz	323
	II. Governance als normatives Konzept	324
C.	Aufgaben und Probleme der Umweltpolitik	325
D.	Politische und institutionelle Handlungsbedingungen: Die Governance der Umweltpolitik	326
	I. Bundesrepublik Deutschland	326
	II. Europäische Union	331
	III. Internationale Umweltpolitik	336
E.	Neue Steuerungskonzepte: Governance in der Umweltpolitik (Environmental Governance)	337
F.	Recht und Governance	339

A. Überblick

Der folgende Beitrag verfolgt zwei Zielrichtungen. Zum einen sollen die Regelungsstrukturen, in denen Umweltpolitik gemacht wird, analysiert und mit Blick auf ihre Problemlösungsfähigkeit bewertet werden (siehe unten D.). Zum zweiten soll der Blick auf neue Steuerungskonzepte in der Umweltpolitik gerichtet werden, mit der die Umweltpolitik versucht, ihre Handlungsmöglichkeiten zu erweitern und zu verbessern (siehe unten E.). In beiden Bereichen gilt dabei den Rechtsstrukturen eine besondere Aufmerksamkeit. In einem abschließenden Teil wird der Blick noch einmal gesondert auf die Institution Recht gerichtet und dabei auch auf die Rolle der Rechtswissenschaft in der Governanceforschung eingegangen (siehe unten F.).
Der Beschreibung der Regelungsstrukturen und der neuen Steuerungskonzepte vorangestellt wird eine Analyse der Aufgaben und der Probleme der Umweltpolitik (siehe unten C.). Zuvor aber sind einige Bemerkungen zum Governancebegriff und zum Governanceansatz in den Sozialwissenschaften notwendig (siehe unten B.).

---

* Prof. Dr. iur., UFZ-Umweltforschungszentrum Leipzig-Halle, Department Umwelt- und Planungsrecht, Universität Leipzig – Juristenfakultät.

B. *Über den Governancebegriff und den Governanceansatz in den Sozialwissenschaften*

I. *Governance als analytischer Begriff und Forschungsansatz*

Governance ist zunächst ein analytischer Begriff, der seit Anfang der neunziger Jahre innerhalb der Sozialwissenschaften geprägt worden ist, um neue empirische Beobachtungen über die Regelung öffentlicher Sachverhalte adäquat auszudrücken. Zu diesen empirischen Beobachtungen gehört
- die Veränderung von Regelungsstrukturen durch die Einbeziehung nichtstaatlicher Akteure in unterschiedlichen Politikfeldern (»government with society«) (Kooiman 1993, 35 ff.),
- der Aufbau von Regelungsstrukturen in den internationalen Beziehungen nach dem Zerfall der alten – durch den Ost-West-Konflikt geprägten – Weltordnung (»governance without government«) (Rosenau/Czempiel 1992; Zürn 1998),
- die wachsende Bedeutung von Mehrebenensystemen mit Politikverflechtungsstrukturen (Scharpf 1976; 1985) (multilevel-governance) (Benz 2004a).

All diese Beobachtungen eint, dass bindende Entscheidungen über Allgemeininteressen nicht mehr ausschließlich von staatlichen Akteuren durch Mittel hierarchischer Steuerung getroffen werden, sondern dass sie innerhalb einer institutionellen Struktur zustande kommen, in der eine Vielzahl von Akteuren agieren und in der die hierarchische Steuerung nur ein Handlungselement unter anderen bildet. Die Governanceperspektive innerhalb der Sozialwissenschaften soll helfen, Struktur und Prozess der Regelung öffentlicher Sachverhalte adäquater zu fassen und deren Wirkungen auf das Handeln der Akteure zu analysieren (Benz 2004, 20).

Ursprünglich entstanden ist der Governancebegriff allerdings nicht in der Staats-, Verwaltungs- und Politikwissenschaft, sondern in der institutionenökonomischen Theorie (Williamson 1979; 1985). Hier ist er zur Bezeichnung institutioneller Regelungen in Unternehmen, die der Verringerung von Transaktionskosten dienen, verwendet worden (Benz 2004, 15). Von diesem Ursprung ausgehend, hat sich die Begriffsverwendung mittlerweile gewandelt. Sie erfasst nun alle Formen sozialer Handlungssteuerung und -koordination *zur Regelung öffentlicher Sachverhalte* und bezieht sich damit auf »absichtsvolles Handeln im öffentlichen Interesse«, unabhängig davon, ob dieses absichtsvolle Handeln von staatlichen oder anderen Akteuren ausgeht (Mayntz 2004, 66 f.)[1]. Geblieben ist allerdings die »institutionalistische« Perspektive der Governanceforschung: Im Vordergrund steht nicht das handelnde Steuerungssubjekt, sondern die Regelungsstruktur (Interaktionsformen und institutioneller Kontext der Interaktion; Scharpf 2000) und ihre Wirkungen auf das Handeln von Akteuren (Mayntz 2004a).

---

1   Teilweise wird der Begriff auch enger verwendet und insbesondere auf Regelungen jenseits hierarchischer Regelungsformen bezogen.

II. *Governance als normatives Konzept*

Governance ist aber nicht nur ein *analytischer* Begriff und ein Ansatz sozialwissenschaftlicher Forschung. Der Governancebegriff wird auch zur Bezeichnung *normativer* Konzepte benutzt. Deutlich wird das beim »Good Governance«-Konzept der Weltbank, der auf die Schaffung institutioneller Voraussetzungen für eine wirkungsvolle Entwicklungshilfe in den Nehmerländern gerichtet ist (siehe nur Schuppert 2003, 403 f.).
Normative Governancekonzepte können ihre Wurzeln in Ideologien haben, etwa dann, wenn abendländische Werte kurzerhand mit universellen Werten gleichgesetzt werden. Vielfach sind normative Governancekonzepte aber in Reaktion auf bestehende oder erwartete Regelungsprobleme entwickelt worden und ziehen Konsequenzen aus Erkenntnissen, die aus empirischen Analysen und deren theoretischer Verarbeitung im Rahmen der Steuerungstheorie (Mayntz 1997; 2004, 67 ff.) und der Governancetheorie sowie komplementären Theorien, wie der Theorie der internationalen Beziehungen und der neueren Staatstheorie (Schuppert 2003), gewonnen worden sind.

- Dies gilt etwa für die Konzepte des »kooperativen Staates« (Ritter 1979), des »aktivierenden Staates« (Schuppert 2000, 920 ff.) und des »Gewährleistungsstaates« (Hoffmann-Riem 2000, 15 ff., 24 ff.; Franzius 2003), die allesamt auf die abnehmende Handlungsfähigkeit von Staat und Verwaltung (Scharpf 1991) angesichts komplexer Problemlagen, wachsender öffentlicher Aufgaben und zunehmender grenzüberschreitender Interdependenz nicht einfach mit staatlicher Aufgabenentlastung im Sinne eines kompletten Rückzugs antworten, sondern mit der Entwicklung neuer Regelungsstrukturen (Schuppert 1989).
- Dies gilt auch für das nicht unumstrittene »European Governance«-Konzept der Europäischen Kommission, mit dem den wachsenden Problemen europäischer Integration während und nach der Vollendung des Binnenmarktes begegnet werden soll, u.a. durch eine Erneuerung der bisherigen Gemeinschaftsmethode europäischen Entscheidens. Gestärkt werden soll u.a. die Einbindung aller Akteure (Private, Unternehmen, Kommunen, Regionen) in die Politikformulierung der Kommission, die Nutzung kombinierter Politikinstrumente, die Rolle der Kommission bei der Durchführung des Rechts und die Koregulierung durch EG-Institutionen und hauptbeteiligte Adressaten (Europäische Kommission 2001; kritisch: Joerges 2002).

Auch im Bereich der Umweltpolitik sind neue Steuerungsansätze entwickelt worden, die als normatives Konzept qualifiziert werden können. Mit ihnen wird versucht, auf die stets knappen staatlichen Ressourcen für die Entwicklung (Agenda-Setting) und die Durchführung (Implementation) der Umweltpolitik zu reagieren (siehe unten C.). Der Rat von Sachverständigen für Umweltfragen (SRU) hat diese Ansätze in seinem neuesten Umweltgutachten mit dem Label »Environmental Governance« versehen (SRU 2004, Tz. 1189 ff.) (siehe unten E.).

C. Aufgaben und Probleme der Umweltpolitik

Umweltpolitik ist Politik zum Schutz der natürlichen Lebensgrundlagen vor Zerstörung, Verschmutzung und sonstiger Beeinträchtigung und zur Sanierung eingetretener Umweltschäden. Ihre Aufgabe ist es, Wohlstandsentwicklung und Umweltzerstörung zu entkoppeln, um die natürlichen Lebensgrundlagen langfristig zu sichern und die Ressourcen dauerhaft nutzbar zu erhalten bzw. wiederherzustellen.

Trotz sichtbarer Erfolge insbesondere in der Luftreinhalte- und Gewässerschutzpolitik (OECD 1993), die maßgeblich durch eine am Stand der Reinigungstechnik orientierte Regulierung der Punktquellen erreicht worden ist, sind »persistente Umweltprobleme« (SRU 2002, Tz. 32), also »Probleme, bei denen umweltpolitische Maßnahmen über einen längeren Zeitraum hinweg keine signifikanten Verbesserungen herbeizuführen vermochten« (SRU 2004, Tz. 1177), unübersehbar. Zu diesen Problembereichen zählt der SRU die weltweit nach wie vor ungebremsten Emissionen von Treibhausgasen, den Verlust an biologischer Vielfalt, die anhaltende hohe Flächenneuinanspruchnahme für Siedlungs-, Industrie- und Verkehrszwecke, die Kontamination von Böden und Grundwasser, die Verwendung gefährlicher Chemikalien und eine Reihe umweltbedingter Gesundheitsbelastungen (SRU 2004, Tz. 1177). Der SRU hat in seinem Umweltgutachten 2004 diese Probleme auf insbesondere vier Faktoren zurückgeführt (SRU 2004, 1177):

(1) auf den Eigensinn umweltbelastender Sektorpolitiken: Bei den persistenten Umweltproblemen handelt es sich zumeist um »Umwelt- und Gesundheitsgefährdungen, deren Ursachen außerhalb des traditionellen Kompetenzbereichs der Umweltpolitik liegen«. Soweit diese Ursachen nicht durch technische Lösungen oder andere einfache Ausweichoptionen beseitigt werden können, sondern eine »nachhaltige Veränderung der Funktionslogik der verursachenden Wirtschaftssektoren« erfordern, muss nicht nur der Widerstand der betreffenden Wirtschaftssektoren (insbes. Energie-, Verkehr-, Bau- und Agrarsektor) überwunden, sondern auch die auf Wachstums- und Beschäftigungssicherung angelegten Sektorpolitiken verändert werden.

(2) auf das »schleichende Moment« vieler Umweltgefährdungen: Persistente Umweltprobleme sind zumeist hochgradig komplex; sie entwickeln sich langsam und führen zu »schleichenden Katastrophen« (Böhret 1990). An ihnen sind eine Vielzahl von Verursachern beteiligt, deren Beiträge je für sich genommen unbedenklich sind. Die Bewältigung dieser Problemlagen erfordert die Umstellung des Wissensmodus von Erfahrungswissen auf Risikowissen und eine darauf bezogene weit ausgreifende vorsorgende Handlungsstrategie, die nicht nur tief in Strukturen unterschiedlicher Wirtschaftssektoren eingreift, sondern auch gewohnte Lebensstile breiter Schichten der Bevölkerung tangiert.

(3) auf die begrenzte Akzeptanz einschneidender umweltpolitischer Maßnahmen: Diese resultiert sowohl aus den befürchteten Einschnitten in Wirtschafts- und Konsummuster, als auch aus der Fehlbewertung der Probleme. »Schleichende Katastrophen« entziehen sich einer direkten Wahrnehmbarkeit. Sie bedürfen der Vermittlung durch Experten. Öffentliches Problembewußtsein lässt sich aber zu-

meist nur für manifeste, offensichtliche Umwelt- und Gesundheitsgefährdungen herstellen (Jänicke 1996, 13 f.).
(4) auf die globale Natur vieler persistenter Umweltprobleme, deren Lösung ein abgestimmtes internationales Vorgehen erfordert, das unter den Bedingungen der Politikkoordination im internationalen Mehrebenensystem nur langsam voran kommt.

Die genannten Ursachen verweisen in hohem Maße auch auf defizitäre institutionelle Handlungsbedingungen der Umweltpolitik. Ihnen ist im Folgenden nachzugehen.

D. *Politische und institutionelle Handlungsbedingungen: Die Governance der Umweltpolitik*

Historisch und praktisch betrachtet ist die nationalstaatliche Ebene für die Analyse von Umweltpolitik von besonderer Relevanz. In den meisten Ländern der fortgeschrittenen Industriestaaten sind staatliche Institutionen über viele Jahre der alleinige Träger der Umweltpolitik gewesen und die Industrie der primäre Politikadressat (siehe unten I.). Mittlerweile haben sich die Akteurskonstellationen, das institutionelle Gefüge, die Interaktionsformen und auch die Politikadressaten gewandelt: Umweltpolitik wird zunehmend in Mehrebenensystemen entwickelt und muss in den Institutionen der vertikalen Politikkoordination abgestimmt werden. Insbesondere hat die Politikentwicklung in der EU eine prägende Bedeutung auch für die nationale Umweltpolitik bekommen (siehe unten II.). Gesellschaftliche Akteure wirken lokal, regional, national, supranational und international an der Politikentwicklung mit und schaffen teilweise auch eigene Umweltschutzregelungen (Vereinbarungen) ohne Beteiligung staatlicher Akteure. Auch die Wissenschaft spielt eine wachsende Rolle im Agenda-Setting-Prozess, am deutlichsten sichtbar in den internationalen Aktivitäten zur »Ozonloch-« und zur Treibhauseffekt-Problematik. Die Entwicklungen spiegeln sich auch wider in einem Wandel der Handlungsformen (Instrumente) umweltbezogener Regelungen.

I. *Bundesrepublik Deutschland*

Eine explizite und kohärente Umweltpolitik ist in Deutschland erstmals zu Beginn der siebziger Jahre von der Bundesregierung formuliert worden (Bundesregierung 1971). Gesellschaftliche Akteure, insbesondere politische Parteien oder (Umwelt-)Verbände, spielten in der Phase des ersten Agenda-Setting noch keine nennenswerte Rolle (Jänicke 1999, 30). Bestimmend waren die staatlichen Institutionen und insbesondere die Ministerialbürokratie des Innenministeriums, in dessen Zuständigkeitsbereich die Kerngebiete des Umweltschutzes damals gehörten (Hartkopf/Bohne 1983, 144). Notwendige Abstimmungen mit anderen Bundesressorts waren zwar noch von untergeordneter Bedeutung, zentrale Koordinierungsgremien innerhalb der Bundesregierung, wie der »Kabinettsausschuss für Umweltfragen« und der »Ständige Abteilungsleiterausschuss für Umweltfragen« aber schon eingerichtet (Hartkopf/Bohne 1983, 146). Durch institutionelle Weichenstellungen, wie die Schaffung vielfältiger umweltbezogener Gesetzgebungskompetenzen für den Bund im Wege der Verfassungsänderung 1972 und die Etablierung einer wissenschaftlichen Umweltpolitikberatung (Einberufung des Rates von Sachverständigen für Umweltfragen, 1972; Errichtung des Umweltbundesamtes, 1974), sind Anfang der Siebziger Jahre wichtige Grundlagen für eine effektive Programmformulierung geschaffen worden. In kurzer Zeit wurden zentrale Gesetze eines eigenständigen Umweltfachrechts verabschiedet[2], die konzeptionell dem im Umweltprogramm 1971 niedergelegten Verursacherprinzip und auch dem Vorsorgeprinzip Rechnung trugen. Insbesondere durch die spezifische Methode umweltbezogener Rechtsetzungsarbeit (Delegation von Rechtsetzungsbefugnissen durch Ermächtigungen des Gesetzgebers an die Exekutive/Administration)[3] wurde darüber hinaus sichergestellt, dass die Ministerialbürokratie – kontrolliert durch die Justiz – ihren prägenden Einfluss auf die Politikformulierung (konkretisierende Rechtsetzung) auch in der Folgezeit behielt (Petersen/Faber 2000).

Die in den siebziger Jahren entwickelte Umweltpolitik beruhte auf einem hierarchischen Ansatz (Jänicke 1999, 39 f.), auf dem hoheitlichen Rechtsbefehl, auf Umsetzung und Überwachung der Rechtsbefehle durch die Umweltverwaltung der Bundesländer und auf Kontrolle und (behutsame) Fortbildung des Systems durch die Gerichte. Sie setzt dabei wesentlich auf ordnungsrechtliche Instrumente, wie Genehmigungen sowie Ge- und Verbote, sowie auf räumlich-sachlich eingegrenzte Umweltplanungen (z.B. Festsetzung von Schutzgebieten). Diese Politik kam spätestens in den achtziger Jahren an ihre Grenzen. Auch hierfür sind institutionelle Aspekte bedeutungsvoll. Hinzuweisen ist insbesondere:

(1) auf die gestiegene Isolierung der Umweltverwaltung infolge der gewachsenen »Politisierung« (Malunat 1994, 6) des Umweltschutzes: Die Entdeckung des Umweltschutzes durch die Gesellschaft und die politischen Parteien hat zwar zur Etablierung eigenständiger Umweltressorts in Bund und Ländern geführt. Diese Ressorts verfügen aber – anders als das Innenressort in der Initiierungsphase der Umweltpolitik – kaum mehr über Bündnis- und Tauschpotenzial, um anderen Politikressorts Zugeständnisse abzuringen. Die verschärften Wettbewerbsbedingungen in einer globalisierten Welt, kulminierend in der »Standort Deutschland«-Debatte der neunziger Jahre (Koch 1997), haben zudem den Handlungsspielraum für die Umweltpolitik insgesamt eingeschränkt. Auch die frühe Allianz von Ministerialbürokratie und Wissenschaft trägt nur noch bedingt Früchte, weil Umweltschutz nicht nur eine Wissens-, sondern auch eine Wertfrage ist und

---

2 Luftreinhaltung: Bundes-Immissionsschutzgesetz (1974); Gewässerschutz: Novellierung des Wasserhaushaltsgesetzes (1976); Naturschutz: Bundesnaturschutzgesetz (1976); Abfallbeseitigung: Abfallbeseitigungsgesetz (1976); Gefahrstoffschutz: Chemikaliengesetz (1980).

3 Überspitzt ist deshalb einmal gesagt worden, dass im Umweltrecht die »umgekehrte Wesentlichkeitstheorie« gelte. Alles Wesentliche stehe nicht im Gesetz, sondern in untergesetzlichen Rechtsvorschriften bzw. Regelwerken, die von der Ministerialbürokratie in Bund und Ländern häufig in gemeinsamen Fachgremien – Bund-Länder-Kommissionen; Länderarbeitsgemeinschaften – ausgearbeitet werden.

weil wissenschaftliche Expertise nur noch begrenzt zur Legitimation angeführt werden kann, wenn und soweit über die zunehmende Vorsorgeorientierung des Umweltschutzes unsicheres Wissen einbezogen werden muss (Weingart 2001, 154 ff.)[4].

(2) Hinzuweisen ist weiter auf die Auswirkungen wachsender Politikverflechtung zwischen Bund und Ländern: Bestand die Ausgangslage in der Initiierungsphase der Umweltpolitik noch in der Arbeitsteilung zwischen primärer Rechtsetzungsarbeit durch den Bund (siehe die Gesetzgebungskompetenzverteilung in Art. 74 Abs. 1 Nr. 24 und Art. 75 Abs. 1 Nrn. 3 und 4 GG) und Ausführung der Gesetze durch die Länderverwaltungen (Art. 83 GG), so sind die Möglichkeiten der Länderregierungen, auf die Rechtsetzung wirksam Einfluss zu nehmen, durch die Inflationierung von Zustimmungserfordernissen insbesondere infolge der Rechtsprechung des Bundesverfassungsgerichts, aber auch durch GG-Änderungen, erheblich gestiegen (Koch/Mechel 2004, 278). Ständige Konsensrunden mit suboptimalen Ergebnissen oder künstliche Zuschneidungen des Gesetzes, um der Zustimmungspflichtigkeit zu entgehen, sind die Folgen, die zu Lasten einer effektiven Politikformulierung gehen. Gravierend sind zudem die Auswirkungen der Verfassungsreform 1994, die die Gesetzgebungsrechte der Länder stärken sollte. Insbesondere durch die Rechtsprechung des Bundesverfassungsgerichts zum neugefassten Art. 72 Abs. 2 GG[5] sind die Verschiebungen zu Lasten des Bundes in einer Weise zugespitzt worden, dass Programmformulierungen durch den Bund in hohem Maße für verfassungsrechtliche Auseinandersetzungen anfällig geworden sind (Koch/Mechel 2004, 283 f.). Auch dies wirkt sich zu Lasten des Umweltschutzes aus, da unter den Bedingungen des angestrebten »Wettbewerbsföderalismus« (Haug 2004, 190 ff.; Bauer 2002, 837 ff.) kaum damit zu rechnen ist, dass dieser von den Ländern auf dem Felde innovativer Umweltprogrammgestaltung ausgetragen wird. Die aktuelle Debatte um die Föderalismusreform lässt befürchten, dass die Handlungsbedingungen weiter zu Lasten eines effektiven Umweltschutzes verschlechtert werden, weil die gegenwärtigen politischen Vorschläge zur Stärkung der Länderrechte (z.B. Bertelsmann-Kommission 2002) in einem diametralen Gegensatz zu den Problemanalysen der Umweltexperten stehen (Koch/Mechel 2004; Kloepfer, Hrsg. 2002; Köck 2004; Ring 2004).

(3) Hinzuweisen ist auch auf Defizite der Implementation (Mayntz et.al. 1978; SRU 1978; Lübbe-Wolff 1996), die viele Ursachen haben: Hingewiesen sei nur auf auf die hohen Vollzugslasten ordnungsrechtlicher und umweltfachplanerischer Instrumente, auf Dysfunktionalitäten in der Organisation der Umweltverwaltung (Lübbe-Wolff 1995, 56 ff.), auf das Widerstandspotenzial der Normadressaten (Winter 1975) und defizitäre Anreizstrukturen (Lübbe-Wolff 1993, 217 ff.;

---

4 Zu Recht ist daher Forderungen widersprochen worden, das politische System der Bundesrepublik Deutschland um einen »ökologischen Rat« anzureichern (SRU 1994, Tz. 81 f.).
5 Siehe Bundesverfassungsgericht, Urt. v. 24.10.2002, in: BVerfGE 106, 37 – Altenpflegegesetz; Bundesverfassungsgericht, Urt. v. 27.7.2004, abgedruckt u.a. in: Deutsches Verwaltungsblatt 2004, 1233 ff. – Hochschulrahmengesetz (Juniorprofessur).

1995), auf eine Normprogrammierung, die zu wenig das Problem der Vollzugseignung mitbedenkt (Lübbe-Wolff 1995; Koch/Mechel 2004, 282), auf Probleme der Stimmigkeit und des Zusammenwirkens von Instrumenten und von Koordinationsmechanismen, die insbesondere infolge der Europäisierung des Umweltrechts prekär geworden sind (Breuer 1997, 833 ff.; Hansmann 1995, 320 ff.; Moss 2004) und nicht zuletzt auch einem Rechtsschutzsystem, dass es Drittbetroffenen schwer macht, die Gerichte im Interesse des Umweltschutzes anzurufen. Viele dieser Probleme sind »hausgemacht« und können systemimmanent, z.B. durch Arbeit für ein »effizientes Umweltordnungsrecht« (Gawel/ Lübbe-Wolff, Hrsg. 2000) korrigiert werden (siehe unten), insgesamt aber dürfte unabweisbar sein, dass dem veränderten Institutionengefüge in der Umweltpolitik auch konzeptionell Rechnung getragen werden muss.

(4) Hinzuweisen ist schließlich auf die wachsende Asymmetrie von Auswirkungsreichweiten und Steuerungsreichweiten: in zunehmenden Maße ist die Umweltpolitik mit Umweltproblemen konfrontiert, die globale Auswirkungen haben (Treibhauseffekt; Meeresverschmutzung; Ozonschichtzerstörung; Regenwaldzerstörung und Verlust der biologischen Vielfalt) und durch den Nationalstaat nicht mehr effektiv bewältigt werden können.

Ein prägendes Resultat dieser Regelungsstrukturen ist die deutliche Zunahme kooperativer und informaler Elemente des Agenda-Settings und der Implementation (Bohne 1981; Hoffmann-Riem/Schmidt-Aßmann, Hrsg. 1990; Dose 1997; Kippes 1995; Hansjürgens/Köck/Kneer, Hrsg. 2003) sowie die sinkende Bereitschaft, hierarchische Steuerungsinstrumente anzuwenden.
In der diese Entwicklung reflektierenden umweltpolitischen Debatte, die stark durch umweltökonomische Kritik und Vorschläge beeinflusst worden ist (Hansmeyer/ Schneider 1990), sind eine Reihe ökonomisch-instrumenteller Ansätze entwickelt worden, um die Steuerungswirkungen staatlicher Umweltpolitik zu verbessern (indirekte Steuerung, insbesondere durch Umweltabgabenerhebung und anreizorientierte Stimulierung des Umweltverhaltens). Nachhaltige Wirkungen auf die Politikformulierung konnten diese Vorschläge allerdings bislang nicht erzielen. Die sinkende Bereitschaft der Politik, hierarchische Instrumente anzuwenden, erstreckt sich auch auf das ökonomische Instrumentarium, weil es – insoweit ähnlich der regulativen Politik – die Setzung eines klaren Ordnungsrahmens verlangt. Die Verfechter einer Ökonomisierung der Umweltpolitik hatten in diesem Diskussionsprozess aber nicht nur mit den Vorbehalten anderer Politiksektoren und der Wirtschaft zu kämpfen, sondern auch mit Vorbehalten der Umweltadministration (»Pfadabhängigkeit«), der es primär um Verbesserungen im System ging (»second best«). Diese erforderten allerdings einen Grad der Durchdringung des Institutionengefüges, der bislang nur sehr partiell, und auch nur von wenigen Umweltökonomen erreicht worden ist[6].

---

6 Siehe die Kritik von Hansjürgens 2002. Siehe auch schon Köck 1999, 331 ff. Für eine vertiefte Befassung der Umweltökonomie mit dem Umweltverwaltungsrecht bzw. sonstigen institutionellen Aspekten: Gawel 1994; Gawel, Hrsg. 1996; Dombrowsky 2004.

Durchsetzbarer waren demgegenüber kooperative, prozedurale, partizipative und reflexive (kontextorientierte) Handlungsstrategien. Hierbei handelt es sich einerseits um Ergänzungen hierarchischer Steuerung, die die Verwaltung von bestimmten Ermittlungen und Entscheidungen entlasten und das Selbststeuerungspotenzial aktivieren soll, zum anderen aber auch um neue Kapazitätsbildung in bislang wenig erschlossenen Feldern der Umweltpolitik durch Einbeziehung neuer Akteure, die durch Information und mobilisierende Rechtezuweisung »ermächtigt« werden.

Beispielhaft für beide Ausprägungen sei hier hingewiesen auf
- die so genannte »kooperative Gesetzeskonkretisierung« (Lamb 1995), in dessen Zentrum das Zusammenwirken von ordnungsrechtlicher Regulierung und privater technischer Normung im Anlagen- und Produktrecht steht. Gut eingespielt ist diese Kooperation mit Blick auf das Problemfeld Anlagen- bzw. Produktsicherheit: Die Regierungen entlasten sich von Detailregulierungen, müssen andererseits aber durch Verfahrens- und Rezeptionsregeln sicherstellen, dass sich die Normungsarbeit an den gesetzlichen Sicherheitszielen orientiert[7].
- neue Formen der Verwaltungsentlastung bei so genannten »komplexen Verwaltungsentscheidungen« (Schmidt-Aßmann 1976), wie etwa die Genehmigung von Großvorhaben oder die Entscheidungen in der sog. »Risikoverwaltung« (Di Fabio 1994; Köck 2003). Zu nennen sind in diesem Zusammenhang die Institutionalisierung eines beratenden externen Sachverstandes (z.B. in der Entscheidung über die Zulassung der Freisetzung von gentechnisch veränderten Organismen), Neuverteilungen der Ermittlungslasten im Verwaltungsrechtsverhältnis (z.B. bei der Stoffprüfung in der Chemikalienregulierung oder bei der UVP), die mit dem klassischen Verständnis von Amtsermittlung nicht mehr in Einklang zu bringen sind (Di Fabio 1996; Schneider 1996) und »Verfahrensprivatisierungen« bei der Vorbereitung komplexer Genehmigungs- und Planungsentscheidungen (Hoffmann-Riem/Schneider 1996).
- neue prozedurale Pflichten, die darauf zielen, die Adressaten der Pflicht zu einer verbesserten Wahrnehmung oder auch Planung der Umweltrelevanz ihrer Aktivitäten anzuhalten, ohne ihnen ein bestimmtes Verhalten oder Ergebnis vorzuschreiben, wie etwa Konzeptpflichten im Störfall- und Abfallrecht oder Organisationspflichten im Anlagenrecht; auch die Rücknahmepflichten im Abfallrecht, die durch die Etablierung privat organisierter Rücknahmesysteme abgelöst werden können, oder die auf europäischen Rechtsvorschriften beruhende UVP sind in diesem Zusammenhang zu nennen,
- die Mobilisierung von Kommunen, Unternehmen, Verbänden und Bürgern für den Umweltschutz durch Informationsinstrumente (»Best Practices«; Umweltzeichen, EMAS, »Blauer Engel«; Kennzeichnungspflichten; Empfehlungen; Zugangsrechte zu Umweltinformationen),

---

7   Hier haben insbesondere Rechtswissenschaft und Rechtsprechung mittlerweile Maßgebendes zur Klärung der Frage geleistet, unter welchen Voraussetzungen eine technische Norm als sekundäre Regelung zur konkretisierenden Umsetzung einer gesetzlichen Generalklausel herangezogen werden kann (Marburger 1979; Falke 1997; Sendler 2000).

– die »Ermächtigung« von Umweltverbänden und Bürgern durch Erweiterung von Partizipations- und Klagerechten.

All diese Anreicherungen zielen im Wesentlichen noch auf eine verbesserte Implementation des hierarchischen Steuerungsprogramms und nur in geringem Maße schon auf die Politikformulierung selbst. (Diese hat sich in den letzten Jahren stärker nach Europa verschoben, wo die Handlungsbedingungen für eine anspruchsvolle Politikformulierung mittlerweile insgesamt besser sind; siehe unten II.)
Ob die neuen Instrumente der Umweltpolitik zu der Handlungskapazität verhelfen können, die sie angesichts der angeprochenen »persistenten Umweltprobleme« benötigt, ist zweifelhaft (näher unten E.). Nach wie vor scheint die historische Beobachtung, dass die größten Erfolge der Umweltentlastung durch Politiken erzeugt worden sind, die auf ganz anderen Motiven beruhen (McNeill 2003, 374 f.)[8], zutreffend zu sein. So beruht die international beachtliche deutsche Reduktion der CO_2-Emissionen nur in geringem Maße auf umweltpolitische Maßnahmen, sondern ist im Wesentlichen Resultat der Politik der Wiedervereinigung und der im »Aufbau Ost« angelegten Industriepolitik.
Relativ erfolgversprechend erscheinen immerhin die flankierenden Instrumente, mit denen vorhandenen hierarchischen Steuerungsinstrumenten zu mehr Effektivität verholfen werden soll. Allerdings zeigen auch in diesem Bereich Studien, dass die neue Rolle gesellschaftlicher Akteure in der Durchführung der Umweltpolitik noch auf Widerstände in Staat und Verwaltung stoßen (Knill 2003, 186 ff.). Insbesondere die Umsetzung des auf europäische Rechtsetzung beruhenden Zugangsrechts für jedermann zu behördlichen Umweltinformationen bereitet der deutschen Verwaltung, die auf dem Grundsatz der beschränkten Aktenöffentlichkeit zum Schutz der Ausübung subjektiv-öffentlicher Rechte gegründet ist (Scherzberg 2003), Probleme (Wegener 2001, 93 ff.). Auch bei der Erweiterung der Klagerechte, die ebenfalls durch europäische Rechtsetzung in Umsetzung der Aarhus-Konvention vorangetrieben wird, ist aufgrund der an die Verletzung subjektiver Rechte gekoppelten deutschen Rechtsschutztradition mit Widerständen zu rechnen.

II. *Europäische Union*

Auf der Ebene der Europäischen Gemeinschaft als Staatengemeinschaft wird ebenfalls seit den Siebziger Jahren des vergangenen Jahrhunderts eine explizite Umweltpolitik betrieben[9]. Ihre politische und (sekundär-)rechtliche Umsetzung konnte in den ersten anderthalb Dekaden allerdings lediglich auf die EWG-Kompetenzen zur Angleichung der Rechtsvorschriften für den Binnenmarkt (Art. 100 EWGV; heute:

---

8   John R. McNeill führt in seiner Umweltgeschichte des 20. Jahrhunderts das Beispiel an, dass in Großbritannien die Reduktion der Schwefeldioxidemission wesentlich darauf zurückzuführen war, dass »Margret Thatcher in ihrem Bestreben, die politische Macht der Gewerkschaften zu brechen, die Kohleindustrie ruinierte« (McNeill 2003, 374).
9   Als deren Ausgangspunkt wird gewöhnlich die Pariser Erklärung der Staats- und Regierungschefs vom Oktober 1972 genannt; vgl. Epiney 1997, 10; Knill 2003, 18.

Art. 94 EGV) und auf die besondere Kompetenzerweiterungsvorschrift des Art. 235 EWGV (heute: Art. 308 EGV) gestützt werden. Erst mit der Verabschiedung der Einheitlichen Europäischen Akte (EEA) im Jahre 1987 wurde der EWG-Vertrag um eine explizite Umweltschutzkompetenz erweitert (Art. 130 r-t EWGV; heute: Art. 174 ff. EGV). Das Primärrecht verpflichtet den Gemeinschaftsgesetzgeber seitdem ausdrücklich, in seiner Umweltpolitik auf ein hohes Schutzniveau abzuzielen und der Politikformulierung den Vorsorgegrundsatz, den Grundsatz, Umweltbeeinträchtigungen mit Vorrang an ihrem Ursprung zu bekämpfen, und das Verursacherprinzip zugrunde zu legen (Art. 174 Abs. 2 EGV).

Mit dem Vertrag von Maastricht zur Gründung einer Europäischen Union aus dem Jahre 1992 ist die alte Europäische Wirtschaftsgemeinschaft (EWG) in eine mehr Politiken einbeziehende Europäische Gemeinschaft (EG) überführt worden. Über den Umweltschutz kann seitdem – genauso wie vorher schon über die Binnenmarktregulierung – mit qualifizierter Mehrheit entschieden werden (Art. 130s Abs. 1 EGV; heute: Art. 175 Abs. 1 EGV) und nicht mehr nur einstimmig, wie es noch Art. 130s EWGV in der Fassung der EEA 1987 vorgesehen hatte. Zugleich hat der Umweltschutz erstmals in die Zielbestimmungen des EG-Vertrages (Art. 2 EGV) Eingang gefunden, allerdings nur als restriktive Determinante des Wachstumsziels. Erst durch den Amsterdamer Vertrag aus dem Jahre 1997 ist der Umweltschutz zum eigenständigen Ziel erhoben worden (Schröder 2003, 205). Zudem ist im Amsterdamer Vertrag durch die sog.»Integrationsklausel«, die die Integration der Umweltpolitik in andere Politikbereiche der Gemeinschaft vorschreibt (Art. 6 EGV), ein wichtiges Einfallstor der Umweltpolitik in andere Politiksektoren gemeinschaftsvertragsrechtlich verankert worden.

Die prominente primärrechtliche Fundierung des Umweltschutzes hat die Umweltpolitik aber nicht zu einem reinen Rechtsanwendungsprogramm gemacht. Zwar hat der EuGH kürzlich in einem Gundsatzurteil zu den Rechtsgehalten des Art. 174 Abs. 2 EGV festgestellt, dass die Ziele und Politikgrundsätze dieser Vorschrift keine bloßen Programmsätze sind, sondern von den EU-Institutionen rechtlich beachtet werden müssen, er hat aber zugleich deutlich gemacht, dass die Umweltziele mit den Zielen anderer Sektorpolitiken abzuwägen sind und dass den zuständigen Rechtsetzungsinstitutionen ein weiter Bewertungsspielraum zur Verfügung steht, der gerichtlich nur begrenzt überprüfbar ist[10].

Auf die Politik und die Bedingungen ihres Handelns kommt es somit an. Diese Bedingungen sind allerdings durch eine Reihe wichtiger institutioneller Weichenstellungen mittlerweile so ausgestaltet worden, dass anspruchsvolle Programme entwickelt und in Sekundärrechtssätze überführt werden konnten. Vielen Beobachtern erscheint es daher heute fast leichter, auf der europäischen, als auf der nationalen Ebene Umweltschutzanliegen durchzusetzen (SRU 2004, Tz. 1255). Die politiksektorübergreifende Integration der Umweltpolitik bereitet demgegenüber jenseits der Binnenmarktpolitik, die stets spillover-Effekte für den Umweltschutz hervorgebracht hat, noch große Schwierigkeiten (vgl. Knill 2003, 91; SRU 2004, Tz. 1253).

---

10 Vgl. EuGH, Urt. v. 14.7.1998, Slg. 1998, I-4329 ff. – Safety High Tech.

Die ansprechende Umweltpolitikformulierung wird in erster Linie auf die »kooperationsförderliche und umweltpolitisch vergleichsweise günstige Dreieckskonstellation« (SRU 2004, Tz. 1262) der Entscheidungsbildung zwischen der GD Umwelt der Kommission, dem Umweltministerrat und dem Umweltausschuss des Parlaments zurückgeführt:
(1) Die Kommission hat das Initiativmonopol. Rechtsetzungsvorschläge im Umweltbereich gehen stets von der Kommission aus (Art. 175 i.V.m. Art. 251 EGV). Dies kommt dem Agenda-Setting der Umweltpolitik zugute; denn anders als der Ministerrat, der über die Kontrolle durch die Nationalparlamente stärker von den Partikularinteressen der Mitgliedsstaaten geprägt ist, ist die Kommission der Träger des europäischen Allgemeininteresses. Da die Kommission – anders als der Ministerrat und das Europäische Parlament – nur über eine schwache mittelbare demokratische Legitimation verfügt, ist sie in besonderem Maße um eine Sachhaltigkeit (Verwissenschaftlichung) ihrer Vorschläge bemüht und leitet die Legitimation ihrer Vorschläge aus deren wohlfahrtssteigernden Wirkungen ab (Jachtenfuchs 1996, 438). Dabei greift sie auf assistierende Institutionen, insbesondere auf die 1990 errichtete Europäische Umweltagentur (EEA), zurück[11], befindet sich aber auch über bestehende Netzwerke in permanentem Austausch mit Fachvertretern der Mitgliedsstaaten (Héritier 1996, 479 ff.). Vorschläge werden erarbeitet von der entsprechenden Fachabteilung der Kommission, im Umweltbereich also der Generaldirektion Umwelt (GD 11). Der in der Kommission abgestimmte Vorschlag bildet die Grundlage des gesamten weiteren Entscheidungsprozesses. Für den SRU liegt im Initiativmonopol der Kommission auch eine wichtige Bedingung für den in der jüngeren Zeit beobachteten »regulativen Wettbewerb« (Héritier 1996, 479) der Mitgliedsstaaten um leistungsfähige Konzepte, Instrumente und Regulierungsstile, weil als Belohnung die Vergemeinschaftlichung des eigenen umweltpolitischen Steuerungsansatzes und damit die Senkung von Transaktionskosten winkt (SRU 2004, Tz. 1257). Erwähnenswert ist schließlich im Zusammenhang mit der entscheidungsfreundlichen Struktur auch die zunehmende Bedeutung der Tertiärrechtsetzung durch Ausschüsse der EU (»Komitologie«) (Joerges/Vos, Hrsg. 1999). Die primär- und sekundärrechtlichen Ermächtigungen für eine Durchführungsrechtsetzung durch Entscheidungen im Ausschussverfahren erleichtert die Entscheidungsbildung, weil der Rat nun nur noch in problematischen Fällen einbezogen werden muss, im übrigen aber Durchführungsentscheidungen (technische Entscheidungen) durch Regelungsausschüsse ständiger Vertreter der Mitgliedsstaaten, häufig unterstützt durch beratende Sachverständigenausschüsse, ergehen können.
(2) Zentrales Entscheidungsgremium ist der Ministerrat, der in Umweltangelegenheit als Umweltministerrat, also als Rat der Fachminister entscheidet. Entscheidungen der Umweltpolitik müssen im Rat nicht mehr einstimmig getroffen werden, sondern ergehen – von den Ausnahmen des Art. 175 Abs. 2 EGV abgesehen – mit qualifizierter Mehrheit. Ein Großteil der Ratsarbeit wird zudem schon im

---

11 Siehe zu den »satellites« der Kommission: Krämer 2000, 31 f.

Ausschuss der ständigen Vertreter (COREPER[12]) und seinen Arbeitsgruppen erledigt (Epiney 1997, 37), die in enger Interaktion mit der Kommission agieren (Demmke 1994). Auch diese Tendenzen zur »Ministerialbürokratisierung« der Ratsentscheidung begünstigen eine sachhaltige, effektive Umweltpolitik. Untersuchungen haben zudem gezeigt, dass die Zusammenarbeit der Fachvertreter im ständigen Ausschuss nicht selten auch dazu benutzt wird, um nationale Widerstände im eigenen Staat auszuschalten (Lewis 2000; Scharpf 2002, 80).
(3) Das Europäische Parlament verfügt im Umweltschutz seit 1997 (Amsterdamer Vertrag) über ein Mitentscheidungsrecht (Art. 251 EGV). Dieses Mitentscheidungsrecht hat sich bislang schutzverstärkend ausgewirkt (SRU 2004, Tz. 1260). Dies wird u.a. darauf zurückgeführt, dass die Parteibindungen der Abgeordneten vergleichsweise gering und die Fachausschüsse stark sind (SRU 2004, ebenda). Ausschussempfehlungen passieren zumeist ohne Abstriche das Plenum des EP.

Die für die Umweltpolitik günstige Dreieckskonstellation der Entscheidungsfindung erzeugt aber auch negative Rückwirkungen und ist wegen ihrer weitgehenden »Ministerialbürokratisierung« zudem mit dem ständigen Vorwurf des Demokratiedefizits (Scharpf 2002, 80) konfrontiert.
Die »Versäulung« der Politikformulierung auf der europäischen Ebene begünstigt zwar Fachpolitiken, bildet aber eine »institutionelle Barriere für eine effektive Umweltpolitikintegration« (SRU 2004, Tz. 1262; Hey 1998). Mangelnde Kohärenz und Stimmigkeit kennzeichnen insbesondere das Verhältnis von Agrar-, Verkehrs- und Umweltpolitik; auch der bisherige weitgehende Gleichklang von Binnenmarkt- und Umweltpolitik ist unter den verschärften Wettbewerbsbedingungen im Welthandel brüchig geworden. Dies zeigen die Auseinandersetzungen zwischen der GD Umwelt und der GD Unternehmen bei der gegenwärtigen Reform der Chemikalienregulierung deutlich.
Zunehmende negative Rückwirkungen ergeben sich auch aus der wachsenden Europäisierung der national geprägten Umweltrechtsordnungen. Insbesondere die Bundesrepublik Deutschland mit ihrem entwickelten Umweltrecht hat erhebliche Probleme mit der Einpassung europäischer Bestimmungen in die nationale Umweltrechtsordnung (Hansmann 1995; Breuer 1997; Kloepfer 2002). Die zunehmende Europäisierung des Umweltschutzes kann zwar insgesamt als umweltschutzverbessernd bewertet werden, dies gilt aber nicht für jede Strategie, die sich im »regulativen Wettbewerb« europäischer Politikfestlegung durchgesetzt hat. So erzeugen beispielsweise der integrative Umweltschutz im Anlagenrecht und die integrierte Flussgebietsbewirtschaftung nach der Wasserrahmenrichtlinie, die beide auf britische Konzepte zurückgehen, einen Aufwand, bei dem doch höchst fraglich ist, ob die Ergebnisse nennenswert über die insgesamt vollzugsfreundlichen Konzepte des deutschen Immissionsschutz- und Gewässerschutzrechts hinausgehen werden. Die hehren Ansprüche eines ganzheitlichen Flussgebietsmanagements nach der Wasserrahmen-

---

12 Comité des représentants permanents.

richtlinie passen jedenfalls nicht zu den institutionellen Handlungsbedingungen der Gewässerschutzverwaltung (Moss 2003).
Vollzugsdefizite kennzeichnen nicht nur die nationale, sondern auch die europäische Umweltpolitik. »Es gibt nur wenige Gebiete des Gemeinschaftsrechts, in denen der Unterschied zwischen dem geschriebenen Recht und der Praxis so groß ist wie beim gemeinschaftlichen Umweltrecht« (Krämer 1996, 7). Die EU verfügt über keine Umweltverwaltung, mit der sie die Implementation selbst betreiben könnte. Demgemäß legt der EG-Vertrag fest, dass die Durchführung der Umweltpolitik Aufgabe der Mitgliedstaaten ist (Art. 175 Abs. 4 EGV). Der Kommission, die für die Anwendung der Umweltbestimmungen Sorge zu tragen hat (Art. 211 EGV), stehen zwar Auskunfts- und Feststellungsrechte (insbesondere das Instrument des Vertragsverletzungsverfahrens; Art. 226 EGV) zur Verfügung, insgesamt aber ist das Kontrollinstrumentarium noch unterentwickelt. Berücksichtigt man zudem, dass auch das europäische Umweltrecht, genauso wie das nationale Recht, ordnungsrechtlich geprägt ist und damit in besonderem Maße vollzugsanfällig (Holzinger/Knill/Schäfer 2003), ist ein Politikwandel notwendig. Auch die EuGH-Rechtsprechung über die Direktwirkung nicht fristgerecht bzw. nicht ausreichend umgesetzter Richtlinien[13] und über die mitgliedstaatliche Haftung für verspätet umgesetzte Richtlinien[14], die einen wichtigen rechtsfortbildenden Beitrag zur Minderung des Vollzugsdefizits geleistet hat, ändert nichts an dieser Bewertung.
Die Probleme der Implementation, insbesondere auch die Umsetzung der in der Agenda 21 niedergelegten Rio-Strategie für Umwelt und Entwicklung, haben Anfang der neunziger Jahre in der Europäischen Union zur Entwicklung einer neuen Strategie der Umweltpolitik geführt, die darauf zielt, mit der europäischen Umweltpolitik nicht mehr nur die Mitgliedsstaaten zu verpflichten, sondern unmittelbar und mittelbar Unternehmen, Verbraucher und Öffentlichkeit anzusprechen und aktiv einzubeziehen (EG-Kommission 1992). Dieses Konzept ist von der EG-Kommission erstmals im Fünften Umweltpolitischen Aktionsprogramm aus dem Jahre 1992 verankert worden. In der Folgezeit sind eine Reihe gemeinschaftlicher Rechtsakte verabschiedet worden, die dieses Vorhaben umsetzen sollen. Hinzuweisen ist in diesem Zusammenhang auf:
– die Öko-Audit-VO und die Umweltzeichen-VO, die Unternehmen zu einer unternehmensstandortbezogenen Umweltpolitik bzw. zu einer umweltbezogenen Produktpolitik motivieren sollen (Köck 1996);
– die Umweltinformations-Richtlinie, die dem einzelnen EG-Bürger das Recht auf Zugang zu behördlichen Umweltinformationen auch jenseits eigener Rechtsbetroffenheit gewährt[15];

---

13 Siehe EuGH, Rs. 8/81, Slg. 1982, 53 Ziff. 17 ff. – Becker; EuGH, Rs. C-431/92, Slg. 1995, I-2189 Ziff. 39 f. – Großkrotzenburg.
14 EuGH, Urt. v. 19.11.1991, DVBl. 1992, 1017 – Francovich.
15 Die Umweltinformations-RL ist bereits 1990 verabschiedet worden (RL 90/313/EWG) und gehört damit nicht zum Konzept des Fünften Umweltpolitischen Aktionsprogramms. Sie ist allerdings im Jahre 2003 neugefasst worden (RL 2003/4/EG), um den Erfordernissen des UN/ECE-Übereinkommens« über den Zugang zu Informationen, die Öffentlichkeitsbeteiligung an Entscheidungsverfahren und den Zugang zu Gerichten in Umweltangelegenheiten (sog. »Aarhus-Konvention) zu genügen.

- die im vergangenen Jahr verabschiedete Beteiligungs-RL, die der Öffentlichkeit – unter Einbeziehung von Verbänden, Organisationen und Gruppen, insbes. auch Nichtregierungsorganisationen – bei der Ausarbeitung bestimmter umweltbezogener Pläne, Programme und Projekte ein Beteiligungsrecht einräumt und die Mitgliedstaaten dazu verpflichtet, das Ergebnis der Öffentlichkeitsbeteiligung bei der Entscheidung angemessen zu berücksichtigen[16].
- den Vorschlag der Kommission für eine Richtlinie über den Zugang zu Gerichten in Umweltangelegenheiten, die die sog. »dritte Säule« der Umsetzung der Aarhus-Konvention bildet und neue Klagebefugnisse für »qualifizierte Einrichtungen«, also Umweltverbände, die bestimmten Anforderungen genügen, eröffnen soll[17].

Zugleich sind erste Schritte unternommen worden, um den neuen Anforderungen des Sustainability-Konzepts im Rahmen der Agenda 21-Strategie zu genügen. Hierbei handelt es sich um Neuorientierungen in der Umweltpolitikformulierung, die der Rat von Sachverständigen für Umweltfragen (SRU) unter den Begriff der »Environmental Governance« gefasst hat (SRU 2004, Tz. 1189 ff., 1198). Zu ihnen gehören (SRU 2004, Tz. 1263 ff.): neue ziel- und ergebnisorientierte Ansätze (»management by objectives«; Prioritätensetzung), Ansätze der Politikintegration in andere Sektoren (»Cardiff-Prozess«)[18] und Sektorstrategien, Formen kooperativen Regierens und die aktivierte Selbstregulierung und Partizipation (siehe unten E.).

III. *Internationale Umweltpolitik*

Auf die internationale Umweltpolitik, die ebenfalls seit Anfang der siebziger Jahre betrieben wird (Bothe 2001), sei an dieser Stelle nur noch kurz eingegangen. Auf sie trifft das, was für viele den Kern der Governance-Diskussion ausmacht, nämlich Regelungen öffentlicher Sachverhalte jenseits der hierarchischen Entscheidung durch eine autorisierte Institution herbeizuführen (Young 1994), am offensichtlichsten zu. Internationale Umweltpolitik beinhaltet immer noch im Wesentlichen intergouvernementale Verständigung über gemeinsame Anliegen und deren Festlegung in völkerrechtlichen Verträgen. Sie ist aber heute auch nicht mehr ausschließlich intergouvernementale Politik. Nichtregierungsorganisationen, zu denen nicht nur Interessensverbände, sondern auch wissenschaftliche Einrichtungen gehören, wirken in hohem Maße an der Politikformulierung mit (Beyerlin 2000, 30 ff.; Gehring/Oberthür, Hrsg. 1997). Und auch zwischenzeitlich durch intergouvernementale Verständigung eingerichtete internationale Organisationen, wie die FAO, die WHO oder die IMO haben, von ihren spezifischen Fachaufgaben her kommend, eigene Zugänge zur Umweltpolitik entwickelt und gestalten diese mit.

Eine Weltumweltorganisation oder verwandte organisatorische Einrichtungen mit eigener Völkerrechtspersönlichkeit und eigenen Rechtsetzungsbefugnissen – analog

---

16 Art. 2 Abs. 2 Buchst. c) der RL 2003/35 EG v. 26.5. 2003, ABl.EG Nr. L 156/17.
17 Art. 5 i.V.m. Artt. 8 und 9 des RL-Vorschlags vom 24.10. 2003: Kom (2003) 624 endg.
18 Dazu näher SRU 2002, Tz. 255 ff.

der UN-Sonderorganisationen FAO, UNESCO, WHO, WMO, IAEA und IMO – ist bislang nicht errichtet worden (siehe den Überblick bei Beyerlin/Marauhn 1997, 49 ff.; siehe auch Biermann/Simonis 1998; Simonis 2002). Immerhin aber sind auf der Grundlage einer Resolution der UN-Vollversammlung das Umweltprogramm der Vereinten Nationen (UNEP) sowie durch Resolution des Economic and Social Council (ECOSOC) die Kommission für nachhaltige Entwicklung (CSD) geschaffen worden. Beide Organisationen sind bedeutende Akteure der Umweltpolitik. Sie können zwar kein Recht setzen, wirken aber in vielfacher Hinsicht an der Politikformulierung und -implementation mit (Beyerlin 2000, 68 ff.).
Auch »internationale Organisationen im kleinen« (Beyerlin 2000, 79), wie Vertragsstaatenkonferenzen und andere spezifische Vertragsgremien, haben eine wachsende Bedeutung für die internationale Umweltpolitik bekommen. Ihre Einrichtung beruht auf konkreten völkerrechtlichen Übereinkommen und ihr Auftrag besteht darin, für die Implementierung des jeweiligen Übereinkommens zu sorgen und an der Weiterentwicklung mitzuwirken. Dies ist ein wichtiger Schritt für die Verbesserung internationaler Entscheidungsbildung, weil der so genannte »Framework convention and protocol approach« dabei hilft, den Einstieg in den Abschluss von Übereinkommen zu erleichtern (Beyerlin/Marauhn 1997, 31). Eigene (implementierende) Rechtsetzungsbefugnisse stehen den Vertragsstaatenkonferenzen nicht zu; ihre empfehlenden Guidelines zur Konkretisierung bestehender Abkommen wirken aber auf die Regelbildung in den Vertragsstaaten zurück und helfen die Ausarbeitung bindender Protokolle vorzubereiten[19].
Für die Governanceanalyse der internationalen Umweltpolitik ist die Institutionalisierung von Vertragsstaatenkonferenzen und anderer dauerhafter Strukturen zur Implementierung von Umweltschutzabkommen von besonderem Interesse, weil hier Regelungsstrukturen geschaffen worden sind, die auf einen dynamischen, dauerhaft angelegten, kollektiven Kommunikations- und Entscheidungsprozeß über Regelungen des bearbeiteten Problemfeldes gerichtet sind (siehe für die institutionellen Strukturen der Implementation des Übereinkommens über die biologische Vielfalt: Korn 2004). Verglichen mit den institutionellen Strukturen der Entscheidungsbildung in der Europäischen Union sind die Ansätze allerdings sehr bescheiden (zu den Reformüberlegungen im Hinblick auf die Verbesserung des Normerzeugungsprozesses und Rechtsdurchsetzung: Beyerlin/Marauhn 1997).

E. *Neue Steuerungskonzepte der Umweltpolitik: Governance in der Umweltpolitik (Environmental Governance)*

Problemstruktur (Anerkennung »persistenter Umweltprobleme«) und Regelungsstruktur der Entscheidungsbildung haben auf den unterschiedlichen Ebenen der Umweltpolitikformulierung mittlerweile zur Herausbildung neuer Politikansätze

---

19 Siehe am Beispiel des Problemfeldes der invasiven gebietsfremden Arten im Rahmen des Übereinkommens über die biologische Vielfalt: Köck 2004a, 109, 113 f.

geführt. Der SRU hat sie in seinem jüngsten Umweltgutachten in vier Gruppen unterteilt:
(1) Zielorientierte Ansätze,
(2) Umweltpolitikintegration,
(3) kooperatives Regieren und
(4) aktivierte Selbstregulierung.

Durch sie sollen »schwierige, in aller Regel globale Problemlagen bei einer Vielzahl von Handlungsebenen (global bis lokal), Sektoren (Politikintegration), beteiligten Interessen (stakeholder) wie auch konkurrierenden Instrumentarien besser als bisher bewältigt werden können« (SRU 2004, Tz. 1178).

Es ist hier nicht der Raum, um auf diese Ansätze näher eingehen zu können. Insofern muss an dieser Stelle auf die Analyse des SRU verwiesen werden. Hinsichtlich der Bewertung dieser Ansätze kommt der SRU zu einem zurückhaltenden Ergebnis: Er erkennt zwar an, dass die Suche nach wirksameren Steuerungsformen unabdingbar ist und dass die neu entwickelten Ansätze in die richtige Richtung gehen (SRU 2004, Tz. 1296); er weist aber zu Recht darauf hin, dass sie höchst voraussetzungsvoll sind und ohne zusätzliche Vorkehrungen die Gefahr kontraproduktiver Wirkungen bergen (SRU 2004, Tz. 1223). In diesem Zusammenhang macht er darauf aufmerksam, dass in der Diskussion um neue Steuerungskonzepte die institutionellen und prozeduralen Erfolgsvoraussetzungen bislang nur unzulänglich berücksichtigt worden sind. Insbesondere betont er, dass mit den neuen Steuerungsformen Verbesserungen nur dann zu erwarten sind, wenn eine entsprechende Kapazitätsbildung gegeben ist (z.B. durch den Aufbau von Management-, Kommunikations- und Monitoringkapazitäten; aber auch durch Schaffung von Kompetenzregeln, die an einem effektiven Umweltschutz orientiert sind), wenn staatliche Instanzen die Gewährleistungsverantwortung für eine dauerhaft-umweltgerechte Entwicklung behalten und wenn der Nationalstaat gerade auch im Rahmen internationaler und europäischer Umweltpolitikentwicklung und -durchsetzung seine Kompetenzen behält[20] (SRU 2004, Tz. 1224-1232). Dem ist zuzustimmen. Umweltpolitik bleibt anders als viele andere Fachpolitiken in besonderem Maße auf den Staat als Träger angewiesen. Die richtige und wichtige Diskussion um neue Steuerungskonzepte darf diese Verantwortung nicht in Frage stellen. Daher sollte den neuen Steuerungskonzepten nicht mehr als eine Ergänzungsfunktion zukommen (SRU 2004, Tz 1319), bzw. anders formuliert: »Environmental Governance« als neues Steuerungskonzept kann die gouvernementale, supragouvernementale und intergouvernementale Umweltpolitik sinnvoll ergänzen, nicht aber ersetzen.

---

20 Zu Recht weist der SRU darauf hin, dass sich der Nationalstaat durch eine Reihe wichtiger Eigenschaften auszeichnet, für die es kein funktionales Äquivalent auf den anderen Handlungsebenen gibt (fiskalische Ressourcen; Monopol legitimen Zwanges, ausdifferenzierte Fachkompetenz, hochentwickelte Netzwerkstrukturen; Existenz politischer Öffentlichkeit; SRU 2004, Tz. 1232.

F. *Recht und Governance*

Abschließend soll kurz noch einmal explizit der Zusammenhang von Recht, Rechtswissenschaft und Governance in der Umweltpolitik angesprochen werden. Ich sehe im Governancekontext drei Perspektiven für die Befassung mit dem Recht:
- (1) Recht als Gegenstand der Governanceforschung,
- (2) Recht als Maßstab für die Beurteilung von Regelungsstrukturen, insbesondere der neuen Steuerungskonzepte der Umweltpolitik und
- (3) Recht als Instrument zur Verbesserung der Problemlösungskapazität der Umweltpolitik.

(1) *Recht als Gegenstand der Governanceforschung:* Die Governanceforschung befasst sich mit der Regelung öffentlicher Sachverhalte (siehe oben B). Analysiert werden die Regelungsstrukturen (Interaktionsformen und institutioneller Kontext) und deren Auswirkungen auf die handelnden Akteure. Recht ist ein Bestandteil der zu analysierenden Regelungsstruktur. Recht begrenzt die Interaktionsformen der Akteure, Recht begründet aber auch neue Akteurskonstellationen[21]. Und schließlich lenkt die Befassung mit dem Recht den Blick noch auf andere Akteure: auf die Gerichte und auf die Teilnehmer des juristischen Diskurses. Den Gerichten und den sonstigen Teilnehmern des juristischen Diskurses (hierin eingeschlossen nicht zuletzt auch die Rechtswissenschaft) kommt eine umso größere Bedeutung zu, je mehr ein Rechtsprogramm die Form eines Konditionalprogramms (statt eines Finalprogramms) hat und je mehr mit unbestimmten Rechtsbegriffen statt mit Ermessenbegriffen gearbeitet wird. Im Umweltrecht der Bundesrepublik Deutschland ist dies in hohem Maße der Fall. Mit Abstrichen gilt dieser Befund auch für das Umweltrecht der EU[22]. Rechtsprechungsanalysen und Analysen der juristischen Argumentation bilden deshalb ein unverzichtbares Handwerkszeug für die Analyse der Governance der Umweltpolitik.

(2) *Recht als Maßstab für die Beurteilung von Regelungsstrukturen:* Der Bedeutungsgewinn kooperativer und informaler Regelungsstrukturen sowie die Beobachtung wachsender aktivierter Selbstregulierung, bzw. anders formuliert: der Wandel der Regelung öffentlicher Sachverhalte von »government« zu »government with society«, ist im demokratischen Rechts- und Verfassungsstaat auch

---

21 Beispielhaft kann insoweit auf die städtebaurechtliche Eingriffsregelung nach dem Baugesetzbuch verwiesen werden. Sie weist die Aufgabe, für die Kompensation von Eingriffen in Natur und Landschaft zu sorgen, der Kommune als Trägerin der Bauleitplanung zu und etabliert damit eine neue Akteurskonstellation, die eine enorme Bewegung in die Konzeption und Durchführung von Kompensatinsmaßnahmen gebracht hat; siehe dazu näher Köck 2004b, 2.

22 In der Bundesrepublik Deutschland mit seiner vergleichsweise hohen Verrechtlichung des Umweltschutzes und einer Gesetzgebungstechnik, die unbestimmte Rechtsbegriffe in generalklauselhaften Normen verwendet, sind die Gerichte und die übrigen Teilnehmer des juristischen Diskurses bedeutungsvoll für die Implementation fast jeden fachgesetzlichen Programms. Für die EU als Rechtsgemeinschaft gilt ähnliches. Auch hier ist der Verrechtlichungsgrad der Umweltpoitik hoch. Durch die stärkere Finalorientierung der EU-Rechtsetzung konzentrierte sich die rechtliche Befassung hier demgegenüber bis in die jüngste Vergangenheit hinein sehr viel mehr auf die Vereinbarkeit von umweltbezogener Rechtsetzung mit dem europäischen Primärrecht.

ein Rechtsproblem, das am Maßstab der Verfassung zu prüfen und zu lösen ist. Hier geht es um Aufklärung über die Rechtsverträglichkeit der beobachteten neuen Steuerungskonzepte, eine Aufgabe der sich Rechtswissenschaft und Rechtspraxis in vielfältiger Weise angenommen haben[23], und um rechtliche Anpassungen zur Kompensation der demokratischen Verluste, die mit den neuen Steuerungsformen einhergehen (näher dazu: Steinberg 1999).

(3) *Recht als Instrument zur Verbesserung der Problemlösungskapazität der Umweltpolitik:* Das Nachdenken über neue Steuerungskonzepte zur Verbesserung der Problemlösungskapazität ist nicht nur eine Herausforderung für die dazu legitimierten Institutionen, sondern auch für Recht und Rechtswissenschaft. Recht ist im demokratischen Verfassungsstaat zum wichtigsten Steuerungsinstrument avanciert. Veränderte Steuerungsbedürfnisse erfordern die Bereitstellung adäquater Rechtsstrukturen, die sowohl auf die Problemlagen, als auch auf die Handlungskapazitäten von Staat und Verwaltung antworten und dabei so beschaffen sind, dass deren Steuerungsleistung noch als »*rechtliche Steuerung*, also rechtlich kanalisierte und disziplinierte Steuerungsprozesse qualifiziert werden können« (Schuppert 1993; Ritter 1990; Scherzberg 2002). Für diese Bereitstellung kann das Rechtssystem allerdings nur höchst unvollkommen selbst sorgen. Zwar verfügt es über eigene Mechanismen, um auf eine gewandelte Wirklichkeit reagieren zu können, die Anpassungen, die das Recht aus sich selbst heraus erbringen kann, erfolgen allerdings nur langsam (und im modernen Verfassungsstaat auch nur mit geringer Stabilität[24]). Die Vorschläge aus der Rechtswissenschaft und der Praxis, angefangen bei den Überlegungen zur Rechtsverfassung einer kooperativen Umweltpolitik (Schuppert 2003a), über Arbeiten zur Etablierung eines Verwaltungskooperationsrechts (Bauer 1999) bis hin zur abgestimmten Kodifikation in einem Umweltgesetzbuch (Kloepfer et.al. 1990; Sachverständigenkommission 1996) benötigen stets den demokratischen Gesetzgeber.

Literaturverzeichnis

Bauer, Hartmut (1999): Zur notwendigen Entwicklung eines Verwaltungskooperationsrechts, in: Schuppert, Gunnar Folke (Hrsg.), Jenseits von Privatisierung und »schlankem Staat«, Baden-Baden, S. 251-272.
Bauer, Hartmut (2002): Entwicklungstendenzen und Perspektiven des Föderalismus in der Bundesrepublik Deutschland, in: Die Öffentliche Verwaltung 55, S. 837-845.

---

23 Die Literatur ist nahezu unüberschaubar. Siehe für den Bereich der aktivierten Selbstregulierung nur Di Fabio 1996; für den kooperativen Umweltschutz: Fehling 2003; für die Probleme des informalen Staats- und Verwaltungshandelns: Di Fabio 1993.
24 »Drei berichtigende Worte des Gesetzgebers und ganze Bibliotheken werden zu Makulatur.«; v. Kirchmann 1988.

Benz, Arthur (2004): Einleitung: Governance – Modebegriff oder nützliches sozialwissenschaftliches Konzept?, in: Benz, Arthur (Hrsg.), Governance – Regieren in komplexen Regelsystemen, Wiesbaden, S. 11-28.

Benz, Arthur (2004a): Multilevel-Governance – Governance in Mehrebenensystemen, in: Benz, Arthur (Hrsg.), Governance – Regieren in komplexen Regelsystemen, Wiesbaden, S. 125-146.

Bertelsmann-Kommission (2000): Entflechtung 2005, Gütersloh.

Beyerlin, Ulrich (2000): Umweltvölkerrecht, München.

Beyerlin, Ulrich/Marauhn, Thilo (1997): Rechtsetzung und Rechtsdurchsetzung im Umweltvölkerrecht nach der Rio-Konferenz 1992, UBA-Berichte 3/97, Berlin.

Biermann, Frank/Simonis, Udo Ernst (1998): Plädoyer für eine Weltorganisation für Umwelt und Entwicklung, WZB-Papers FS II 98-406.

Böhret, Carl (1990): Folgen. Entwurf für eine aktive Politik gegen schleichende Katastrophen, Opladen.

Bohne, Eberhard (1981): Der informale Rechtsstaat, Berlin.

Bothe, Michael (2001): Die Entwicklung des Umweltvölkerrechts 1972/2002, in: Dolde (Hrsg.), Umweltrecht im Wandel, Berlin, S. 51-70.

Breuer, Rüdiger (1997): Zunehmende Vielgestaltigkeit der Instrumente im deutschen und europäischen Umweltrecht – Probleme der Stimmigkeit und des Zusammenwirkens, in: Neue Zeitschrift für Verwaltungsrecht 16, S. 833-845.

Bundesregierung (1971): Umweltprogramm vom 29.9.1971, BT-Drs. VI/2710.

Demmke, Christoph (1994): Umweltpolitik im Europa der Verwaltungen, in: Die Verwaltung 27, S. 49-68.

Di Fabio, Udo (1993): Grundrechte im präzeptoralen Staat am Beispiel hoheitlicher Informationstätigkeit, in: Juristenzeitung 48, S. 689-697.

Di Fabio, Udo (1994): Das Arzneimittelrecht als Repräsentant der Risikoverwaltung, in: Die Verwaltung 27, S. 345.

Di Fabio, Udo (1996): Verwaltung und Verwaltungsrecht zwischen gesellschaftlicher Selbstregulierung und staatlicher Steuerung, in: Veröffentlichung der Vereinigung Deutscher Staatsrechtslehrer, Band 56, S. 235-282.

Dombrowsky, Ines (2004): Integriertes Wasserressourcen-Management als Koordinationsproblem, in: Neumann/Scheumann/Edig/Huppert (Hrsg.), Integriertes Wassermanagement, ein Konzept in die Praxis überführen, Baden-Baden (i.E.).

Dose, Nicolai (1997): Die verhandelnde Verwaltung, Baden-Baden.

EG-Kommission (1992): Fünftes Umweltpolitisches Aktionsprogramm: Für eine dauerhafte und umweltgerechte Entwicklung, in: Kom (92), 23 endg.

Epiney, Astrid (1997): Umweltrecht in der Europäischen Union, Köln u.a.

Europäische Kommission (2001): Regieren in Europa – ein Weißbuch, Kom (2001), 428 endg. v. 25.7.2001.

Falke, Josef (1997): Der rechtliche Status technischer Normen in der Bundesrepublik Deutschland, Bremen.

Fehling, Michael (2003): Verfassungs- und europarechtliche Rahmenbedingungen kooperativer Umweltpolitik, in: Hansjürgens, Bernd/Köck, Wolfgang/Kneer, Georg (Hrsg.), Kooperative Umweltpolitik, Baden-Baden, S. 139-159.

Franzius, Claudio (2003): Der »Gewährleistungsstaat« – ein neues Leitbild für den sich wandelnden Staat?, in: Der Staat, S. 493-517.

Gawel, Erik (1994): Umweltallokation durch Ordnungsrecht, Tübingen.

Gawel, Erik (Hrsg.) (1996): Institutionelle Probleme der Umweltpolitik, Bonn.

Gehring, Thomas/Oberthür, Sebastian (Hrsg.)(1997): Internationale Umweltregime, Opladen.

Hansjürgens, Bernd (2002): Wofür braucht die Ökonomik andere Wissenschaften?, in: Bizer/Führ/Hüttig (Hrsg.), Responsive Regulierung, Tübingen, S. 61-80.

Hansjürgens, Bernd/Köck, Wolfgang/Kneer, Georg (Hrsg.) (2003), Kooperative Umweltpolitik, Baden-Baden.
Hansmann, Klaus (1995): Schwierigkeiten bei der Umsetzung und Durchführung des europäischen Umweltrechts, in: Neue Zeitschrift für Verwaltungsrecht 14, S. 320-325.
Hansmeyer, Karl-Heinrich/Schneider, Hans Karl (1990): Umweltpolitik. Ihre Fortentwicklung unter marktsteuernden Aspekten, Göttingen.
Hartkopf, Günter/Bohne, Eberhard (1983): Umweltpolitik, Band 1, Opladen.
Haug, Volker (2004): Die Föderalismusreform, in: Die Öffentliche Verwaltung 57, S. 190-197.
Héritier, Adrienne (1996): Muster europäischer Umweltpolitik, in: Diekmann, Andreas/Jaeger, Carlo C. (Hrsg.), Umweltsoziologie. Sonderheft 36 der Kölner Zeitschrift für soziologie und Sozialpsychologie, S. 472-486.
Hey, Christian (1998): Nachhaltige Mobilität in Europa. Akteure, Institutionen und politische Strategien, Wiesbaden.
Hoffmann-Riem, Wolfgang (2000): Modernisierung von Recht und Justiz, Frankfurt/M.
Hoffmann-Riem, Wolfgang/Schmidt-Aßmann, Eberhard (Hrsg.) (1990): Konfliktbewältigung durch Verhandlungen, 2 Bde, Baden-Baden.
Hoffmann-Riem, *Wolfgang/Schneider, Jens-Peter* (Hrsg.) (1996): Verfahrensprivatisierung im Umweltrecht, Baden-Baden.
Holzinger, Klaus/Knill, Christoph/Schäfer, A. (2003): Steuerungswandel in der Europäischen Umweltpolitik?, in: Holzinger, K./Knill, C./Lehmkuhl, D. (Hrsg.), Politische Steuerung im Wandel: Der Einfluss von Ideen und Problemstrukturen, Opladen, S. 103-129.
Jachtenfuchs, Markus (1996): Regieren durch Überzeugen: Die Europäische Union und der Treibhauseffekt, in: Jachtenfuchs, Markus/Kohler-Koch, Beate (Hrsg.), Europäische Integration, Opladen, S. 429-454.
Jänicke, Martin (1996): Erfolgsbedingungen von Umweltpolitik, in: ders. (Hrsg.), Umweltpolitik der Industrieländer, Berlin, S. 9-28.
Jänicke, Martin (1999): Umweltpolitik, in: ders./Kunig/Stitzel, Umweltpolitik, Bonn, S. 30-157.
Joerges, Christian (2002): Das Weissbuch der Kommission über »Europäisches Regieren«: Ein mißglückter Aufbruch zu neuen Ufern, in: Integration 25, S. 187-199.
Joerges, Christian/Vos, Ellen (Hrsg.): EU Committees: Social Regulation, Law and Politics, Oxford.
Kippes, Stephan (1995): Bargaining. Informales Verwaltungshandeln und Kooperation zwischen Verwaltungen, Bürgern und Unternehmen, Köln.
von Kirchmann, J.H. (1988): Die Wertlosigkeit der Jurisprudenz als Wissenschaft (Erstausgabe 1848), Heidelberg.
Kloepfer, Michael (2002): Die europäische Herausforderung – Spannungslagen zwischen deutschem und europäischem Umweltrecht, in: Neue Zeitschrift für Verwaltungsrecht 21, S. 645-657.
Kloepfer, Michael (Hrsg.) (2002): Umweltföderalismus, Berlin.
Kloepfer, Michael/Rehbinder, Eckard/Schmidt-Aßmann, Eberhard/Kunig, Philip (1990), Umweltgesetzbuch – Allgemeiner Teil, UBA-Berichte 7/90, Berlin.
Knill, Christoph (2003): Europäische Umweltpolitik, Opladen.
Koch, Hans-Joachim (1997): Beschleunigung, Deregulierung, Privatisierung. Modernisierung des Umweltrechts oder symbolische Standortpolitik?, in: Zeitschrift für angewandte Umweltforschung 10, S. 45-57 und 210-221.
Koch, Hans-Joachim/Mechel, Friederike (2004): Naturschutz und Landschaftspflege in der Reform der bundesstaatlichen Ordnung, in: Natur und Recht 26, S. 277-286.
Köck, Wolfgang (1996): Das Pflichten- und Kontrollsystem des Öko-Audit-Konzepts nach der Öko-Audit-Verordnung und dem Umweltauditgesetz, in: Verwaltungsarchiv 87, S. 644-680.

Köck, Wolfgang (1999): Umweltordnungsrecht – ökonomisch irrational? Die juristische Sicht, in: Gawel, Erik/Lübbe-Wolff, Gertrude (Hrsg.), Rationale Umweltpolitik – Rationales Umweltrecht, Baden-Baden, S. 323-359.

Köck, Wolfgang (2003): Risikoverwaltung und Risikoverwaltungsrecht – Das Beispiel des Arzneimittelrechts, UFZ-Diskussionspapiere 8/2003.

Köck, Wolfgang (2004): Föderalismusreform: Neuordnung der Umweltkompetenzen – Tagung des Bundesumweltministeriums am 29. März 2004, in: Zeitschrift für Umweltrecht 15, S. 250-251.

Köck, Wolfgang (2004a): Invasive gebietsfremde Arten. Stand und Perspektiven der Weiterentwicklung und Umsetzung der CBD-Verpflichtungen unter besonderer Berücksichtigung der Umsetzung in Deutschland, Wolff, Nina/Köck, Wolfgang (Hrsg.), 10 Jahre Übereinkommen über die biologische Vielfalt – eine Zwischenbilanz, Baden-Baden, S. 107-125.

Köck, Wolfgang (2004b): Die städtebauliche Eingriffsregelung, in: Natur und Recht 26, S. 1-6.

Kooiman, Jan (1993): Governance and Governability: Using Complexitiy, Dynamics and Diversity, in: Kooiman, Jan (Hrsg.), Modern Governance. New Government. society Interactions, London, S. 35.

Korn, Horst (2004): Institutioneller und instrumenteller Rahmen für die Erhaltung der Biodiversität, in: Wolff, Nina/Köck, Wolfgang (Hrsg.), 10 Jahre Übereinkommen über die biologische Vielfalt – eine Zwischenbilanz, Baden-Baden, S. 36-54.

Krämer, Ludwig (1996): Defizite im Vollzug des EG-Umweltrechts und ihre Ursachen, in: Lübbe-Wolff, Gertrude (Hrsg.), Der Vollzug des europäischen Umweltrechts, Berlin, S. 7-35.

Krämer, Ludwig (2000): EC Environmental Law, 4th Edition, London.

Lamb, Irene (1995): Kooperative Gesetzeskonkretisierung, Baden-Baden.

Lewis, Jeffrey (2000): The Methods of Community in EU Decision Making and Administrative Rivalry in the council's Infrastructure, in: Journal of European Public Policy 7, S. 261-289.

Lübbe-Wolff, Gertrude (1993): Vollzugsprobleme der Umweltverwaltung, in: Natur und Recht 15, S. 217-229.

Lübbe-Wolff, Gertrude (1995): Modernisierung des umweltbezogenen Ordnungsrechts, in: Enquete-Kommission »Schutz des Menschen und der Umwelt« des Dt. Bundestages (Hrsg.), Umweltverträgliches Stoffstrommanagement, Band 2: Instrumente, Bonn.

Lübbe-Wolff, Gertrude (1996): Stand und Instrumente der Implementation des Umweltrechts in Deutschland, in: dies. (Hrsg.), Der Vollzug des europäischen Umweltrechts, Berlin, S. 77-105.

Lübbe-Wolff, Gertrude/Gawel, Erik (Hrsg.) (2000): Effizientes Umweltordnungsrecht, Baden-Baden.

Malnnat, Bernd M. (1994): Die Umweltpolitik der Bundesrepublik Deutschland, in: Aus Politik und Zeitgeschichte, B 49, S. 3-12.

Marburger, Peter (1979): Die Regeln der Technik im Recht, Köln u.a.

Mayntz, Renate (1997): Politische Steuerung: Aufstieg, Niedergang und Transformation einer Theorie, in: dies., Soziale Dynamik und politische Steuerung, S. 263-291.

Mayntz, Renate (2004): Governance im modernen Staat, in: Benz, Arthur (Hrsg.), Governance – Regieren in komplexen Regelsystemen, Wiesbaden, S. 65-76.

Mayntz, Renate (2004a): Governance Theory als fortentwickelte Steuerungstheorie? (in diesem Band).

Mayntz, Renate/Derlien, Hans-Ulrich/Bohne, Eberhard/Hucke, Burkhard/Müller, Axel (1978): Vollzugsprobleme der Umweltpolitik. Empirische Untersuchung der Implementation von Gesetzen im Bereich der Luftreinhaltung und des Gewässerschutzes, Stuttgart.

McNeill, John R. (2003): Blue Planet. Die Geschichte der Umwelt im 20. Jahrhundert, Frankfurt/New York.

Moss, Timothy (2003): Induzierter Institutionenwandel »von oben« und die Anpassungsfähigkeit regionaler Institutionen: Zur Umsetzung der EU-Wasserrahmenrichtlinie in Deutschland, in: ders. (Hrsg.), Das Flussgebiet als Handlungsraum, Münster, S. 129-175.

OECD (1993): Umweltpolitik auf dem Prüfstand. Bericht der OECD zur Umweltsituation und Umweltpolitik in Deutschland, Bonn.

Petersen, Thomas/Faber, Malte (2000): Bedingungen erfolgreicher Umweltpolitik im deutschen Föderalismus. Der Ministerialbeamte als Homo Politicus, in: Zeitschrift für Politikwissenschaft 10, S. 5-41.

Ring, Irene (2004): Naturschutz in der föderalen Aufgabenteilung: Zur Notwendigkeit einer Bundeskompetenz aus ökonomischer Perspektive, in: Natur und Landschaft 79, S. 494-500.

Ritter, Ernst-Hasso (1979): Der kooperative Staat, in: Archiv des öffentlichen Rechts 104, S. 389-413.

Ritter, Ernst-Hasso (1990): Das Recht als Steuerungsmedium im kooperativen Staat, in: Grimm, Dieter (Hrsg.), Wachsende Staatsaufgaben – sinkende Steuerungsfähigkeit des Rechts, Baden-Baden, S. 69-112.

Rosenau, James N./Czempiel, Ernst Otto (1992): Governance without Government: Order and Chance in World Politics, Cambridge.

Sachverständigenkommission (1996): Entwurf der Unabhängigen Sachverständigenkommission zum Umweltgesetzbuch beim BMU, Berlin.

Scharpf, Fritz (1976): Theorie der Politikverflechtung, in: ders./Reissert/Schnabel, Politikverflechtung. Theorie und Empirie des kooperativen Föderalismus in der Bundesrepublik, Kronberg/Ts., S. 13-70.

Scharpf, Fritz (1985): Die Politikverflechtungsfalle. Europäische Integration und deutscher Föderalismus im Vergleich, in: Politische Vierteljahresschrift 26, S. 323-356.

Scharpf, Fritz (1991): Die Handlungsfähigkeit des Staates am Ende des zwanzigsten Jahrhunderts, in: Politische Vierteljahresschrift 32, S. 621-634.

Scharpf, Fritz (2000): Interaktionsformen: Akteurszentrierter Institutionalismus in der Politikforschung, Opladen.

Scharpf, Fritz (2002): Regieren im europäischen Mehrebenensystem – Ansätze zu einer Theorie, in: Leviathan, S. 65-92.

Scherzberg, Arno (2002): Wozu und wie überhaupt noch öffentliches Recht?, Berlin.

Scherzberg, Arno (2003): Von den arcana imperii zur freedom of information – Der lange Weg zur Öffentlichkeit der Verwaltung, in: Thüringische Verwaltungsblätter, S. 193-203.

Schmidt-Aßmann, Eberhard (1976): Verwaltungsverantwortung und Verwaltungsgerichtsbarkeit, in: Veröffentlichungen der Vereinigung Deutscher Staatsrechtslehrer, Band 34, S. 221-274.

Schneider, Jens-Peter (1996): Kooperative Verwaltungsverfahren, in: Verwaltungsarchiv 87, S. 38-67.

Schröder, Meinhard (2003): Umweltschutz als Gemeinschaftsziel und Grundsätze des Umweltschutzes, in: Rengeling, Hans-Werner (Hrsg.), Handbuch zum europäischen und deutschen Umweltrecht, Band 1, 2. Aufl., Köln u.a., § 9.

Schuppert, Gunnar Folke (1989): Zur Neubelebung der Staatsdiskussion: Entzauberung des Staates oder »Bringing the State Back In«?, in: Der Staat, S. 91-104.

Schuppert, Gunnar Folke (2000): Verwaltungswissenschaft, Baden-Baden.

Schuppert, Gunnar Folke (2003): Staatswissenschaft, Baden-Baden.

Schuppert, Gunnar Folke (2003a): Zur Rechtsverfassung einer kooperativen Umweltpolitik, in: Hansjürgens, Bernd/Köck, Wolfgang/Kneer, Georg Hsrg.), Kooperative Umweltpolitik, Baden-Baden, S. 113-137.

Sendler, Horst (2000): Techniksteuerung und verwaltungsgerichtliche Rechtsprechung, in: Vieweg (Hrsg.), Techniksteuerung und Recht, Köln u.a., S. 307-324.

Simonis, Ernst Udo (2002): Global Environmental Governance – Speeding up the Debate on a World Environment Organization, WZB-Papers FS II 02-404.

SRU- Rat von Sachverständigen für Umweltfragen (1978): Umweltgutachten 1978, Stuttgart und Mainz.

SRU- Rat von Sachverständigen für Umweltfragen (1994): Umweltgutachten 1994. Für eine dauerhaft-umweltgerechte Entwicklung, Stuttgart.

SRU- Rat von Sachverständigen für Umweltfragen (2002): Umweltgutachten 2002. Für eine neue Vorreiterrolle, Stuttgart.

SRU- Rat von Sachverständigen für Umweltfragen (2004): Umweltgutachten 2004 – Umweltpolitische Handlungsfähigkeit sichern, Baden-Baden.

Steinberg, Philipp (1999): Governance-Modelle in der Politikwissenschaft und Möglichkeiten ihrer verfassungsrechtlichen Umsetzung, Walter Hallstein-Institut für Europäisches Verfassungsrecht, WHI-Paper 6/99, Berlin.

Wegener, Bernhard (2001): Freischwimmen für die Informationsfreiheit – Rechtsprechung zum Umweltinformationsgesetz, in: Zeitschrift für Umweltrecht 12, S. 93-100.

Weingart, Peter (2001): Die Stunde der Wahrheit? Zum Verhältnis der Wissenschaft zu Politik, Wirtschaft und Medien in der Wissensgesellschaft, Weinheim.

Williamson, Oliver E. (1979): Transaction Cost Economics: The Governance of Contractual Relations, in: Journal of Law and Economics 22, S. 233-261.

Williamson, Oliver E. (1985): The Economic Institutions of Capitalism, New York.

Winter, Gerd (1975): Das Vollzugsdefizit im Wasserrecht, Berlin.

Young, Oran R. (1994): International Governance. Protecting the Environment in a Stateless Society, Ithaca and London.

Zürn, Michael (1999): Regieren jenseits des Nationalstaates, Baden-Baden.

Zum Werden und Vergehen von Institutionen
Vorschläge für eine dynamische Governanceanalyse

Sigrid Quack

Im Mittelpunkt dieses Beitrags stehen Prozesse des Werdens *und* Vergehens gesellschaftlicher Institutionen. Das mag zunächst überraschen, ist doch in diesem Band vor allem von »neuen« Governanceformen und mithin von der Institutionengenese die Rede. Neue Formen der Governance setzen sich aber nicht automatisch, wie von selbst oder aufgrund ihrer höheren Effektivität durch. Sie werden vielmehr von bestimmten Akteursgruppen propagiert und müssen zumindest von der Mehrzahl der einflussreichen Akteure geduldet, wenn nicht sogar aktiv unterstützt werden, um über längere Zeiträume handlungsorientierend zu wirken. Dies setzt wiederum voraus, dass andere, vormals als gegeben oder wünschenswert angesehene Steuerungs- und Koordinationsformen aus der Perspektive wichtiger Akteure Überzeugungskraft verlieren, nicht mehr länger als anstrebenswert betrachtet, mit anderen Worten: unmodern werden. Erst indem sie existierende Koordinations- und Steuerungsarrangements verdrängen, in ihrem Geltungsanspruch verblassen lassen, sie auf eine transformierende Weise überformen, an ihnen an- oder auf ihnen aufbauen, können neue Formen der Governance Wirkung entfalten.

Folgt man Renate Mayntz (in diesem Band), so besteht der Übergang von der klassischen Steuerungstheorie zu Governancekonzepten vor allem in einer Akzentverschiebung von den Akteuren hin zu den Strukturen gesellschaftlicher Koordination. Eine Fokussierung der Forschung auf institutionalisierte Regelungs*strukturen* und deren Wirkungen eröffnet zwar gegenüber der klassischen Steuerungstheorie neue analytische Zugriffsmöglichkeiten auf komplexe, dezentralisierte und vernetzte Koordinationsformen. Zugleich läuft sie aber Gefahr, die soziale Gewordenheit und Wandelbarkeit eben jener neuen Regulierungsarrangements aus den Augen zu verlieren, die sie zum zentralen Forschungsgegenstand ihrer Betrachtungen erhebt.

Dieser Beitrag plädiert für eine stärkere Berücksichtigung der Prozesshaftigkeit und Dynamik von Governance. Es wird vorgeschlagen, den Wandel gesellschaftlicher Koordinations- und Steuerungsformen aus der Perspektive eines akteursorientierten Institutionalismus (Clemens and Cook 1999; Mayntz und Scharpf 1995; Mayntz 2002) als Prozess »gradueller institutioneller Transformation« (Streeck und Thelen 2005) oder, in einer anderen Formulierung, als graduellen, aber »folgenreichen Institutionenwandel« zu reinterpretieren (Djelic und Quack 2003). Dabei wird insbesondere auf die Verknüpfung von Prozessen der Institutionalisierung und De-Institutionalisierung und Verschiebungen der Geltungsbereiche konkurrierender institutioneller Regeln abgestellt. Der Beitrag verfolgt dabei eine doppelte Zielsetzung: Zum einen kann eine dynamische und akteursorientierte Betrachtung der Governance helfen, dem von Renate Mayntz konstatierten »Problemlösungsbias« zu begegnen und dazu beitragen, Gestaltungsoptionen gesellschaftlicher Akteure im Rahmen neuer Governanceformen deutlicher zu machen. Zum anderen bietet eine institutionentheoretische Betrachtung des Wandels von Governanceformen auch die Möglichkeit, das Konzept graduellen institutionellen Wandels weiterzuentwickeln. Von Interesse ist hier insbesondere die Frage, in welcher Weise soziale Konventionen, freiwillige Standards und andere Formen informeller Koordination zu Ausgangspunkten des Wandels formaler Institutionen werden können.

Dabei ist zu berücksichtigen, dass Institutionen neben einer regulativen immer auch eine symbolische Funktion erfüllen. In ihrer regulativen Funktion wirken sie ermöglichend oder hemmend auf das Handeln konkreter Akteure. In ihrer symbolischen Funktion wirken sie als Leitbilder für die gesellschaftliche Öffentlichkeit. Als »sedimentierte public codes« (Schuppert in diesem Band) verkörpern sie vergangenes Erfahrungs- und Deutungswissen der Gesellschaftsmitglieder und ermöglichen zugleich eine Orientierung auf das, was als zukünftig machbar und wünschenswert angesehen wird. Solche institutionell sedimentierten Leitbilder sind das Ergebnis sozialer und politischer Auseinandersetzungen zwischen unterschiedlichen Akteursgruppen und werden als solche immer auch von den jeweiligen Machtverhältnissen geprägt. Institutioneller Wandel ist somit auch immer sprachlich und diskursiv vermittelter Wandel. Akteure ergreifen Partei, bringen Argumentationen und Begründungen für oder gegen bestimmte Institutionen vor und können unter bestimmten Voraussetzungen, in den Worten Max Webers (1978: 252) die »Weichen« für die Bahnen stellen, in denen sich Interessen der Akteure formieren. Will man also den Prozessen des Werdens und Vergehen von Institutionen auf die Spur kommen, so empfiehlt es sich, auch die sprachliche Repräsentation und Vermittlung dieser Prozesse im Auge zu behalten. Aus diesem Grunde wird in diesem Beitrag Bezug auf die wissenssoziologische Behandlung von Institutionen bei Berger und Luckmann ({1966} 1980) genommen.

Das Konzept »gradueller institutioneller Transformation«

Eine wichtige Erkenntnis der sozialwissenschaftlichen Institutionentheorie besteht darin, dass gesellschaftliche Strukturen nicht einfach aus der Aggregation individuellen und korporativen Handelns resultieren, sondern ganz wesentlich von Institutionen geprägt werden. Als Institutionen werden im Folgenden verobjektivierte gesellschaftliche Strukturen und Regeln wie auch die in ihnen symbolisch zum Ausdruck gebrachten normativen und kognitiven Leitideen gesellschaftlicher Ordnung verstanden, welche dem sozialen Handeln der Akteure eine gewisse Regelmäßigkeit und Stabilität verleihen.[1] Institutionen werden durch Akteure in gesellschaftlichen Prozessen

---

1 Diese Definition orientiert sich im wesentlichen an den Ausführungen Bergers und Luckmanns ({1966} 1980), versucht dabei aber den zunächst mikrosoziologisch ausgerichteten Ansatz auf eine Analyse von Institutionen auf der gesellschaftlichen Mesoebene übertragbar zu machen.

geschaffen. Einmal existent, prägen und ermöglichen Institutionen soziales Handeln, aber sie determinieren es nicht. Die gesellschaftliche Anerkennung von Institutionen basiert auf verallgemeinerten wechselseitigen Verhaltenserwartungen, die nicht nur von den unmittelbar an einer Interaktion beteiligten Akteuren, sondern von ihrem weiteren sozialen Umfeld (aber nicht notwendigerweise von der Gesellschaft als Ganzes) geteilt werden. In diesem Sinne können auch »neue« Governanceformen als institutionalisierte Arrangements gesellschaftlicher Handlungskoordination verstanden werden.

Analytisch wird zumeist zwischen den regulativen, normativen und kognitiven Wirkungen von Institutionen unterschieden (Scott 1995). Alle drei Dimensionen lassen sich auch auf das Wirken von Governanceformen anwenden. Indem institutionalisierte Regeln Anreize und Hemmnisse für Handlungsweisen setzen, ja, manche Handlungsweisen sogar unter Androhung von Sanktionen verbieten, regulieren sie soziales Handeln. Darüber hinaus entfalten sie aber weiterreichende Wirkungen, wenn Individuen sie im Verlauf von Sozialisationsprozessen als wünschenswerte Normen internalisieren und/oder als kognitive Deutungsmuster in ihre gesellschaftlichen Weltbilder integrieren. Die wechselseitige Verstärkung dieser Wirkungen wurde bislang in der Institutionentheorie als Grundlage für eine vergleichsweise hohe Stabilität und Eindeutigkeit institutioneller Regeln betrachtet.

Dieser verstärkende Effekt hängt aber wesentlich von der internen Homogenität gesellschaftlicher Kontexte, der Stabilität der Umweltbedingungen und der Abgeschlossenheit gesellschaftlicher (Teil-)Systeme ab. Lässt man diese Grundannahmen als unrealistisch fallen, so eröffnen sich weit größere Unsicherheitsspielräume für die Handlungsorientierung sozialer Akteure in institutionellen Systemen. Zugleich steigt die Wahrscheinlichkeit, dass institutionalisierte Regeln zum Gegenstand gesellschaftlicher Konflikte und Aushandlungsprozesse über ihre Sinnhaftigkeit und Anwendbarkeit werden. Angesichts wirtschaftlicher Internationalisierung, veränderter makroökonomischer Rahmenbedingungen, raschen technologischen Wandels und wachsender gesellschaftlicher Differenzierung scheinen diese Voraussetzungen realistischer für eine Betrachtung von Institutionen in entwickelten Industriegesellschaften zu sein. Sie implizieren auch eine Verschiebung des Fokus der Institutionenanalyse von der Untersuchung der Stabilität hin zu den Voraussetzungen und Prozessen institutionellen Wandels. Dabei zeigen sich zunehmend die Grenzen von Modellen, in denen lange Phasen institutioneller Stabilität mit kurzen Einschnitten abrupter institutioneller Umbrüche kontrastiert wurden (Campbell 2004; Djelic und Quack 2003: 20; Streeck und Thelen 2005; Thelen 2003).

Neuere sozialwissenschaftliche Beiträge zur Institutionentheorie weisen darauf hin, dass die Aneinanderreihung und Kumulation von vergleichsweise geringfügigen institutionellen Anpassungen über einen längeren Zeitraum hinweg zu weit reichenden institutionellen Transformationen führen können. Djelic und Quack (2003) verdeutlichen anhand von Fallstudien, wie es im Zuge von Internationalisierungsprozessen zu inkrementellen, aber folgenreichen Veränderungen nationaler Institutionen kommt. Dabei veranlasst häufig eine Zangenbewegung von exogenen und endogenen Veränderungen die Akteure dazu, institutionelle Arrangements allmählich neu zu bewerten und schrittweise zu verändern. Grenzüberschreitende Prozesse der Diffusion führen in der Regel nicht zu einfacher Adaption; vielmehr verknüpfen Akteure Elemente ausländischer Modelle auf neuartige Weise mit eigenen institutionellen Regeln mit dem Resultat einer Hybridisierung. Die Autorinnen bezeichnen diesen Prozess als institutionelle Rekombination. So veränderte sich zum Beispiel das finnische System der Unternehmensgovernance in den 1990er Jahren unter dem wachsenden Einfluss ausländischer Investoren ohne dabei die in internationalen Finanzmärkten vorherrschende *Shareholder-Value*-Orientierung vollständig zu übernehmen (Tainio et al. 2003).

Der von Wolfgang Streeck und Kathleen Thelen (2005) beschriebene Trend zur Liberalisierung der Wirtschaftssysteme in entwickelten Industrienationen stellt ein weiteres markantes Beispiel für graduelle institutionelle Veränderungen mit weitreichenden Folgen dar. Streeck und Thelen bezeichnen solche Prozesse als »graduelle institutionelle Transformationen« und verorten ihre Ursachen vor allem in sich wandelnden Interessen, Akteurskonstellationen und Machtverhältnissen innerhalb von Gesellschaften. Sie arbeiten zugleich heraus, wie die Vernachlässigung der in institutionellen Regeln angelegten Handlungsspielräume in der Vergangenheit zu einer Überbetonung institutioneller Stabilität führte. Auf Basis detaillierter Fallstudien spezifizieren sie fünf unterschiedliche Mechanismen gradueller institutioneller Transformation: Verschiebung (*displacement*) bezeichnet Prozesse des institutionellen Wandels, bei denen zuvor unter- oder nachgeordnete institutionelle Arrangements allmählich zu dominanten Institutionen werden. Werden neue institutionelle Elemente an bereits existierende Institutionen angefügt und tragen durch raschen Legitimitätsgewinn dazu bei, alte Institutionen strukturell zu verändern oder zu verdrängen, so wird dies Anbau (*layering*) genannt. Weiterhin kann gradueller institutioneller Wandel durch Vernachlässigung der Anpassung (*drift*), Umwidmung der Zielsetzung (*conversion*) und Erschöpfung (*exhaustion*) erfolgen.

Unter dem Stichwort »graduelle institutionelle Transformation« wurden bisher vor allem Veränderungen formaler politisch-rechtlicher Institutionen behandelt, die zur Durchsetzung bestimmter Verhaltenserwartungen auf Sanktionen dritter Parteien angewiesen sind. Demgegenüber lenkt die Debatte um Governanceformen die Aufmerksamkeit auf noch weitgehend unbearbeitetes Terrain: Welche Bedeutung kommt zum Beispiel informellen Regeln, wie sie in der Entstehungsphase von Produktionsnetzwerken oder bei der Herausbildung sozialer Konventionen üblich sind, in Prozessen des institutionellen Wandels zu? Inwieweit treten sie in Konkurrenz zu existierenden formalen Regeln, repräsentieren Vorformen oder liefern Spielmaterial für Prozesse der institutionellen Verschiebung, des institutionellen Anbaus oder der institutionellen Rekombination? Welche Mechanismen stellen in dezentralisierten Koordinationssystemen die Einhaltung wechselseitiger Verhaltenserwartungen sicher, wenn – wie im Falle der Standardisierung – eine größere Zahl eher diffuser Akteure an die Stelle einer klar identifizierbaren Sanktionsinstanz tritt? Wird in solchen Konstellationen der »Legitimitätsglaube« der beteiligten Akteure nicht ebenso wichtig wie die »Legitimitätsdurchsetzung« durch anerkannte Drittparteien? Ein Brückenschlag zur Governancedebatte kann somit den Blick für die Bedeutung von Übergängen und

Wechselwirkungen zwischen informellen und formellen, freiwilligen und verbindlichen Regeln in Prozessen des institutionellen Wandels schärfen.

Governance aus institutionentheoretischer Perspektive

Gemeinhin werden mit dem Konzept der Governance neue Formen der gesellschaftlichen Regulierung assoziiert, insbesondere solche, die sich aus Verschiebungen von politisch-administrativer Steuerung hin zu gesellschaftlicher Selbstregulierung ergeben.[2] Ein entscheidender Faktor ist dabei die wachsende Bedeutung von Entscheidungskompetenzen jenseits des Nationalstaates sowohl auf lokaler als auch auf inter- und supranationaler Ebene, die zu einer zunehmenden Verflechtung nationalstaatlicher Handlungskapazität in Mehrebenensystemen führt. Damit geht eine Multiplikation von Verhandlungs- und Entscheidungsarenen einher, die zwar zum Teil in einem hierarchischen Verhältnis zueinander stehen, häufig aber nebeneinander, in Überlappung und auch in Konkurrenz zueinander existieren. An die Seite, z. T. auch an die Stelle, staatlicher Instanzen tritt eine Vielzahl von Akteuren, angefangen von Unternehmen, Berufsverbänden, Expertengruppen bis hin zu Gewerkschaften und NGOs. Staatliche Akteure bleiben jedoch als »gatekeeper« von Regulierungsprozessen, in letzter Instanz auch als Sanktionsgewalt, an Governanceprozessen beteiligt. Anstelle des ehemals eindeutigen und hierarchisch strukturierten Verhältnisses von Steuerungssubjekt und Steuerungsobjekt treten vermehrt Netzwerke der wechselseitigen Beeinflussung zwischen Akteuren in Erscheinung.
Die Debatte über neue Governanceformen versucht zugleich eine neue Herangehensweise an die Steuerung gesellschaftlicher Belange einzufangen. Schlagwörter wie der »regulierende Staat« und die »Prozeduralisierung des Rechts« verweisen darauf, dass in vielen Bereichen Akteure innerhalb eines durch gesetzliche Regeln und prozedurale Vorgaben abgesteckten Rahmens Koordinationsaufgaben selbst übernehmen. Zugleich ist eine Verschiebung von der klassisch-regulativen Steuerung, die auf spezifischen staatlichen Ge- und Verboten beruhte, hin zur Koordination von Akteurshandeln durch Regeln, deren Befolgung freiwillig ist, zu beobachten. Von der Tendenz her ist eine Zunahme institutionalisierter Regeln festzustellen, die eher einen Wahl- als einen Zwangscharakter haben. Die wachsende Verbreitung von optionalen Standards und Verhaltenskodices in vielen Bereichen der Wirtschaft verdeutlicht den Bedeutungszuwachs solcher Orientierungsinstitutionen. Standards und Verhaltenskodices beinhalten Angebote zur freiwilligen Regelbefolgung, können aber im Verlauf ihrer Diffusion durchaus von Organisationen zur verbindlichen Anforderung an ihre Mitglieder erhoben werden (Brunsson et al. 2000). Auch hier wird die Vielzahl der an der Schaffung von Governancestrukturen beteiligten Akteure und das Verschwimmen der Grenzen zwischen den klassischen Rollen von Regelsetzer und Regelbefolger deutlich.

---

2   Für einen Überblick über verschiedene Governancekonzepte vgl. Botzem (2002) und die Beiträge in diesem Band.

Dieser kurze Überblick zeigt bereits, dass viele der mit dem Begriff »neue« Governanceformen bezeichneten Phänomene Teil eines graduellen, aber potentiell folgenreichen Institutionenwandels sind. So kann der in der Governancedebatte thematisierte Bedeutungsgewinn von Formen der marktförmigen Koordination und der Selbststeuerung zulasten staatlicher Steuerungskapazitäten als Teil einer graduellen institutionellen Transformation durch »Verschiebung« von vormals kooperativen oder etatistischen zu stärker liberalisierten Marktwirtschaften gesehen werden. Die Herausbildung komplexer Koordinations- und Vernetzungsmuster in Systemen europäischer und internationaler Mehrebenengovernance[3] stellt ebenso einen Fall gradueller institutioneller Tranformation durch »Anbau« dar wie die Auslagerung staatlicher Regelsetzungskompetenzen an neu gegründete private Organisationen (Augsberg 2003). »Neue« Governanceformen verweisen auch häufig auf graduellen, aber folgenreichen Institutionenwandel durch »Rekombination« verschiedener, bereits existierender Koordinationsmodi, sei es in Form von *Public-Private Partnerships* an der Schnittstelle von öffentlichem und privatem Sektor (Oppen et al. 2005), der Entwicklung einer europäischen Sozialpolitik durch rechtlich verbindliche Direktiven und offene Methoden der Koordination (Falkner 2000; Börtzel in diesem Band) oder der Etablierung internationaler kommerzieller Schiedsgerichtsverfahren unter Rückgriff auf eine Mischung von anerkannten Rechtsquellen und unverbindlichen Empfehlungen und Standards (Lehmkuhl 2003).

Reinterpretiert man die Verschiebungen zwischen Governanceformen als »graduelle institutionelle Tranformationen«, so stellt sich die Frage nach den Bedingungen, Akteuren und Prozessen, die »neue« Governanceformen hervorbringen bzw. zum Bedeutungsverlust und Verschwinden »alter« Steuerungs- und Koordinationsformen beitragen. Für eine zukünftige Erforschung dieser Zusammenhänge halte ich drei Fragen für besonders wichtig, die im Folgenden kurz umrissen werden sollen.[4] Zunächst einmal erscheint mir eine systematische Konzeptualisierung und empirisch-vergleichende Untersuchung von Prozessen der Institutionalisierung und De-Institutionalisierung von Governancestrukturen erforderlich. Weiterhin sollten Veränderungen in den Grenzziehungen zwischen den Geltungsbereichen verschiedener institutioneller Arrangements als konstitutivem Element des Institutionenwandels eine größere Aufmerksamkeit geschenkt werden. Schließlich wäre zu untersuchen, wie verschiedene Governancemodi als nebeneinander existierende und zum Teil konkurrierende Orientierungsangebote in Zukunft Akteurshandeln zu strukturieren vermögen. Keine dieser Fragen kann im Rahmen dieser Abhandlung umfassend behandelt werden. Es geht vielmehr darum, zukünftige Forschungsperspektiven anzureißen.

---

3   Zusätzlich zu den in diesem Band versammelten Beiträgen wird auf Jachtenfuchs und Kohler-Koch 1996; Fligstein und Stone Sweet 2002; Plehwe und Vescovi 2003; Sandholtz und Stone Sweet 1998; Schmidt 2003; Windhoff-Héritier 2003 verwiesen.
4   Einige dieser Fragen haben sich in intensiven Diskussionen mit den Mitgliedern der Governance-Querschnittsgruppe am Wissenschaftszentrum Berlin für Sozialforschung herausgeschält. Ich danke insbesondere Sebastian Botzem, Jeanette Hofmann, Gunnar Folke Schuppert und Holger Strassheim für anregende Debatten.

Prozesse der Institutionalisierung und De-Institutionalisierung

Neue Governancestrukturen fallen nicht vom Himmel. Sie werden von gesellschaftlichen Akteuren geschaffen und ihr Wirksamwerden setzt soziale Akzeptanz und Anerkennung auf Seiten der beteiligten Akteure voraus. Sie entstehen auch selten in einem institutionellen Vakuum. Im Gegenteil, meist existieren bereits bestimmte Steuerungs- und Koordinationsformen, zu denen sie in Konkurrenz treten und die sie – soweit erfolgreich – verdrängen, überformen oder verändern.[5] Der Wandel von Governanceformen lässt sich somit als andauernder Vorgang der Institutionalisierung und De-Institutionalisierung von gesellschaftlichen Koordinationsmustern und -erwartungen begreifen. Wie laufen aber solche Prozesse der Ablösung alter durch neue Institutionen ab? Welche Phasen lassen sich unterscheiden und welche Faktoren beeinflussen den Verlauf dieser Prozesse?

Prozesse der Institutionalisierung und De-Institutionalisierung werden in der Literatur aus makro- und mikrosoziologischer Sicht thematisiert.[6] Lepsius (1997) als Vertreter der erstgenannten Richtung geht von der Koexistenz unterschiedlicher und teilweise widersprüchlicher gesellschaftlicher Leitideen aus. Die Institutionalisierung dieser Leitideen beinhaltet ihre Konkretisierung in praktisch anwendbare Verhaltensorientierungen (»Rationalitätskriterien«), die Ausdifferenzierung eines Handlungskontextes, in dem diese Regeln als Verhaltensnorm Relevanz beanspruchen und Durchsetzung der in ihnen verkörperten Leitidee mittels Sanktionen bzw. Verinnerlichung. Die Institutionalisierung einer bestimmten Leitidee findet immer in Auseinandersetzung mit anderen Leitideen statt. Institutionenwandel unter »normalen« Bedingungen stellt sich somit als »andauernder Vorgang der Institutionalisierung und Entinstitutionalisierung von Leitideen« dar (Lepsius 1997: 63). In diesem »Institutionenkampf« (Lepsius 1995: 399) entscheiden rechtliche Zulässigkeit und wirtschaftliche Möglichkeit, aber auch Organisations- und Mobilisierungsfähigkeit der Träger über die Institutionalisierung oder De-Institutionalisierung einer Leitidee. Letztendlich bestimmt die Art und Weise, wie die Konflikte zwischen den einzelnen Institutionen durch Vermittlungsstrukturen geregelt werden, den Charakter einer Gesellschaft. Ohne dass Lepsius dies explizit anspricht, sind auch gesellschaftliche Auseinandersetzungen über die Institutionalisierung und De-institutionalisierung bestimmter Leitideen in diesen Vermittlungsinstitutionen denkbar. Ja, man könnte sogar die Governancediskussion selbst als »Streitgespräch« über die positiven und negativen Implikationen verschiedener Abstimmungs- und Vermittlungsmechanismen und somit als »Institutionenpolitik« begreifen.

Während bei Lepsius die Existenz abstrakter Leitideen vorausgesetzt wird, entwickeln Peter Berger und Thomas Luckmann ({1966} 1980) im Rahmen ihrer wissenssoziologischen Arbeit, wie das Alltagshandeln der Individuen institutionelle Leitideen durch Prozesse der Institutionalisierung hervorbringt oder sie durch Prozesse der De-

---

5 Wie Finnemore und Sikkink (1998) zeigen, gilt dies auch für internationale Normen, wenn diese zu bereits existierenden internationalen oder nationalen Normen hinzutreten.
6 Ich danke Bernhard Ebbinghaus für klärende Diskussionen zu diesem Punkt.

institutionalisierung verschwinden lässt. Berger und Luckmann unterscheiden dabei zwischen drei Phasen der Institutionalisierung.[7] In der ersten Phase, der Habitualisierung, entwickeln Akteure spezifische Denk- und Verhaltensmuster zur Lösung bestimmter Aufgabenstellungen. Hierbei handelt es sich um lokale Experimente, die – soweit sie zur Zufriedenheit der Beteiligten funktionieren – nicht weiter begründungsbedürftig sind. Man könnte auch von sozialen Konventionen sprechen.

In der zweiten Phase folgt die Objektivierung. Es werden Argumentationen zur Legitimierung der Denk- und Verhaltensmuster vorgebracht, die dazu beitragen können (aber nicht müssen), dass diese über den lokalen Kontext hinaus von anderen Akteuren akzeptiert und übernommen werden. Während den an der Habitualisierung beteiligten Akteuren der Sinn der Regeln noch in Erinnerung ist, muss er neuen Akteuren erst verständlich gemacht werden. Berger und Luckmann betrachten dabei insbesondere die Weitergabe institutionalisierter Regeln zwischen Generationen. Objektivierung findet aber auch statt, wenn Regeln von einer Teilgruppe auf die Gesellschaft insgesamt verallgemeinert werden sollen. Die »sich weitende institutionale Ordnung [braucht] ein ihr entsprechendes Dach aus Legitimationen [...], das sich in Form kognitiver und normativer Interpretationen schützend über sie breitet« (ebd.: 66).

Eine vollständige Institutionalisierung erfordert als dritten Schritt die Sedimentierung, d.h. die Verinnerlichung und Naturalisierung als »sozialem Fakt«. Bei Berger und Luckmann stehen kognitive Prozesse der reziproken Typisierung und ihre Routinisierung und Weitergabe über Sozialisationsprozesse im Vordergrund. Sanktionsinstanzen entstehen, wenn solche Internalisierungprozesse nicht für die allgemein verbindliche Weitergabe von Regeln mit gesellschaftsweiter Relevanz ausreichen. Der soziale Kitt institutionaler Ordnung besteht aus Sicht dieser Autoren aber in erster Linie in ihrer sprachlich vermittelten Legitimation. Sie erklärt die institutionale Ordnung, indem sie ihrem objektivierten Sinn kognitive Gültigkeit und ihren pragmatischen Imperativen normative Würde verleiht. Legitimierung als sekundäre Objektivierung des Sinns von Handlungskoordination nimmt dabei umso mehr die Form verallgemeinerter Leitideen (im Sinne von Lepsius) an, als sie sich von der Begründung einzelner Regeln hin zur Erklärung symbolischer Sinnwelten bewegt.

Wie bei der Institutionalisierung divergieren die Ansätze von Lepsius sowie Berger und Luckmann auch im Hinblick auf die Konzeptualisierung der De-Institutionalisierung. Lepsius beschreibt De-Institutionalisierung als »*Top-down*«-Prozess, der seinen Ausgang nimmt, weil Akteure durch Konkretisierung von Rationalitätskriterien und Geltungsbereichen alternative Leitideen in Konkurrenz zu den vorherrschenden Regeln institutionalisieren. Hingegen verstehen Berger und Luckmann De-Institutionalisierung in erster Linie als einen »Bottom-Up«-Prozess, in dessen Verlauf Akteure im Lichte wiederholt auftretender neuer Problemkonstellationen die Selbstverständlichkeit und Legitimität bestehender Institutionen kritisch hinterfragen. Aufgrund der engen Verwobenheit von Alltagshandeln und Alltagswissen geschieht dies zumeist

---

7 Vergleiche auch Tolbert und Zucker (1996) für eine organisationstheoretische Weiterentwicklung des Phasenmodells.

durch parallel verlaufende Prozesse der Habitualisierung neuer Handlungs- und Koordinationsformen in lokal begrenzten Kontexten und einer allmählich nachlassenden Unterstützung institutioneller Regeln auf gesellschaftlicher Ebene.

In beiden Fällen hängt der Ausgang des Prozesses aber entscheidend davon ab, ob es interessierten Akteursgruppen gelingt, andere gesellschaftliche Gruppen davon zu überzeugen, dass existierende Institutionen angesichts veränderter Umweltbedingungen weniger effizient, angebracht oder wünschenswert sind als die von ihnen propagierten alternativen Vorschläge und Modelle.

Unsicherheitsspielräume trotz Institutionen [8]

Den beiden vorgestellten Ansätzen ist gemeinsam, dass sie (De-)Institutionalisierung als Prozess und nicht als Zustand begreifen und dabei gesellschaftliche Heterogenität als Quelle institutioneller Veränderungen in Rechnung stellen. Institutionale Ordnungen beinhalten verallgemeinerte Regeln und Normen. Sobald diese in vergegenständlichter Form Akteuren gegenübertreten, die nicht an ihrer Herausbildung beteiligt waren, stehen diese Akteure immer wieder vor der Aufgabe, sich die institutionellen Regeln anzueignen, sie zu interpretieren und zu adaptieren. »Was genau bedeutet diese Regel in dieser Situation und in welchen Grenzen ist sie in welcher Form anwendbar?« Diese Frage stellt sich den Akteuren unabhängig davon, ob sie eine stark instrumentell am Nutzenkalkül oder eher eine kognitiv-normativ durch Sozialisationsprozesse geprägte Handlungsorientierung verfolgen. Es macht dabei auch nur einen graduellen Unterschied, ob es sich um eine rechtlich verbindliche Regel oder einen auf freiwilliger Befolgung basierenden Standard handelt. Die Anwaltschaft wäre eine brotlose Kunst, wenn Rechtsparagraphen nicht auslegungs- und interpretationsbedürftig wären. Das Verdienst der beiden vorgestellten Ansätze liegt somit darin, dass sie – obwohl aus ganz unterschiedlichen soziologischen Theorierichtungen kommend – auf die prinzipiell vorhandenen Interpretations- und Handlungsspielräume der Akteure in institutionellen Kontexten hinweisen. Sie machen deutlich, dass auch in dem, was Denis Wrong ({1961} 1997) als die »übersozialisierte Konzeption des Menschen in modernen Gesellschaften« bezeichnet hat, Akteure einen substantiellen Rest von Zweifeln oder kritischer Reflexion gegenüber den normativ mächtigsten oder kognitiv selbstverständlichsten Institutionen behalten. Die Orientierung ihrer Handlungen an diesen Institutionen beinhaltet jeweils eigenständige (und damit potentiell eigenwillige) Interpretations- und Anpassungsakte. Internalisierung institutionalisierter Regeln führt demzufolge nicht zwangsläufig zu Konformität, sie kann ebenso zur Basis für Lern- und Innovationsprozesse werden.[9]

---

8   Ich danke Wolfgang Streeck für wichtige Anregungen zum folgenden Teil, die ich während eines Gastaufenthaltes am Max-Planck-Institut für Gesellschaftsforschung in Köln erhielt.
9   Diese bei Berger und Luckmann durchaus angelegte Sichtweise wurde in der Folge in soziologischen neo-institutionalistischen Studien häufig zugunsten einer übersozialisierten Sichtweise des »*taken-for-granted*« vernachlässigt. Vergleiche aber die skandinavische Organisationstheorie für eine stärkere Berücksichtigung der Interpretations- und Übersetzungsleistungen von Akteuren (Czarniawska und Sévon 2003).

Zu ähnlichen Schlussfolgerungen gelangt man übrigens auch, wenn eine eher untersozialisierte Handlungstheorie als Ausgangspunkt gewählt wird. James March und Herbert Simon ({1993} 2004) zufolge führt die Begrenztheit der intellektuellen menschlichen Fähigkeiten dazu, dass Akteure vereinfachte Modelle zur Definition und Lösung von Problemen anwenden, um die Komplexität der Realität auf ein mit »begrenzter Rationalität« bearbeitbares Maß zu reduzieren. Die Rationalität der Problemlösung wird demnach nicht nur durch den situativen Kontext, sondern auch durch die den Akteuren verfügbaren Repertoires an routinisierten Handlungsprogrammen begrenzt. Aus der Sicht dieser Autoren ist das Handeln der Akteure zielorientiert und adaptiv, aber aufgrund des graduellen und fragmentierten Charakters von Problemlösungsprozessen werden zu einem gegebenen Zeitpunkt jeweils nur wenige Elemente eines Systems angepasst, während das Gros anderer Elemente als gegeben angesehen wird. Die Akteure streben nach einer für sie befriedigenden Lösung ohne dabei den Anspruch auf eine optimale Lösung zu erheben. Im Rahmen der Theorie begrenzter Rationalität sind es somit die Grenzen der menschlichen Kognition, die eine Komplexitätsreduktion durch Routinisierung und Programmierung des Problemlösungsverhaltens und – damit verknüpft – die Entwicklung von Argumenten über ursächliche Zusammenhänge zwischen Problemsituationen und den auf sie anzuwendenden Problemlösungsroutinen erfordern. Legt dieser Ansatz auch einen sehr sparsamen Umgang der Akteure mit Neuerungen nahe, so können die Problemlösungsroutinen dennoch einer kritischen Revision unterzogen werden: Nicht nur, dass Akteure bei jedem konkreten Problem sich erneut für eine von mehreren Problemlösungsroutinen entscheiden und damit Ursache-Wirkungsverhältnisse neu interpretieren müssen; ihnen bleiben aufgrund der Unterteilung in Teilprobleme und der Entkopplung ihrer Lösungsprozesse auch Spielräume für experimentelles Lernen und die Entwicklung neuer Problemlösungsroutinen.

Sowohl in der über- als auch in der untersozialisierten Variante einer Handlungstheorie ist somit die Bedeutung institutioneller Leitideen und Arrangements für die Akteure keineswegs evident. Ebenso wenig sind die Präferenzen, Rollen und Identitäten der Akteure immer klar und eindeutig. Nicht selten stehen Akteure mit ambivalenten Präferenzen, diffusen Rollen und multiplen Identitäten vor der Aufgabe, bei der Interpretation, Anwendung und Adaption institutionalisierter Regeln zur Lösung konkreter Problemstellungen erhebliche Unsicherheitsspielräume zu bewältigen. Ungeklärte Verhältnisse sind von den Akteuren in bearbeitbare Erwartungssicherheiten zu transformieren.

So betrachtet, ähneln institutionelle Handlungskontexte unter Bedingungen der Heterogenität und Dezentralität den Situationen aggregierter Unsicherheit, die Michael Cohen, James March und Johan Olsen (Cohen et al. 1972) ihrem »Mülltonnen«-Modell organisationalen Entscheidungsverhaltens zugrunde legten. Die Autoren argumentieren, dass Entscheidungsprozesse in Situationen hoher Unsicherheit keineswegs immer einer klaren Logik von der Problemstellung zur Problemlösung folgen, sondern dass Problemstellungen, Problemlösungen, Entscheidungssituationen und Akteure jeweils ein gewisses Eigenleben führen. Problemstellungen produzieren nicht zwangsläufig neue Lösungen. Vielmehr legt das Sparsamkeitsprinzip der Theorie begrenzter Rationalität nahe, dass Akteure zunächst versuchen, bereits vorhandene, aber bislang ungenutzte oder in Vergessenheit geratene Lösungen aus der »Mülltonne« hervorzuholen und mit ihrer Hilfe eine akzeptable Bearbeitung des Problems im Rahmen bestehender Institutionen zu entwickeln. Die Tendenz, mit vorhandenen Mitteln zur Lösung neuartiger (oder zumindest als solcher wahrgenommener) Probleme zu gelangen, wird auch durch die häufig anzutreffende Entkopplung organisatorischer oder gesellschaftlicher Teilbereiche befördert. Lösungen können sich aber auch passende Probleme suchen. Akteure entwickeln möglicherweise eine Präferenz für bestimmte Lösungen und werden zu deren Promotoren. Schließlich kommen Entscheidungen nicht nur zustande, weil ein Problem nach einer Lösung oder eine Lösung nach einem Problem verlangt, sondern auch weil organisatorische und politische Entscheidungsträger aus Status- oder Machtgründen eine vorzeigbare Entscheidung benötigen.

Lokale Experimente –
Teil des Status Quo oder Ausgangspunkt institutionellen Wandels?

Es liegt also nahe, dass Akteure beim Auftreten neuer Problemstellungen zunächst einmal versuchen werden, diese durch Aktivierung ihres Repertoires von Lösungsroutinen zu bearbeiten und/oder institutionelle Regeln so um zu interpretieren und zu dehnen, dass sie passfähig werden. Dabei handelt es sich aber nicht lediglich um reaktives Handeln. Vielmehr können einzelne Akteure auch mit neuen Handlungsmustern experimentieren und sie durch reziproke Typisierung in einem lokalen Bereich habitualisieren. Auf diese Weise können in den institutionellen Nischen einer Gesellschaft eine Vielzahl von verschiedenen habitualisierten Mustern der Handlungskoordination koexistieren. Partielle Entkopplung ermöglicht ein Nebeneinander widersprüchlicher und gegensätzlicher Modelle der Handlungskoordination, solange keine Akteursgruppe den Vorrang oder eine Allgemeinverbindlichkeit für ihr Modell beansprucht. Durch Dehnung und Reinterpretation lassen sich – zumindest für eine Weile – viele lokale Experimente unter dem Dach des gegebenen Institutionenrahmens unterbringen. Vorab ist nur selten absehbar, ob es sich dabei um Veränderungen im Rahmen bestehender institutioneller Regeln oder um den Beginn eines De-Institutionalisierungsprozesses handelt.
Im Folgenden soll der Frage nachgegangen werden, wann solche lokalen Experimente Akteure veranlassen, existierende institutionelle Regeln offen in Frage zu stellen und auf deren Veränderung hinzuarbeiten. Dazu sollen einige Beispiele aus dem Bereich der Unternehmensgovernance diskutiert werden.
Der Wandel der Unternehmensgovernance in Deutschland seit den 1980er Jahren bietet in seiner frühen Phase eine Vielzahl von Beispielen für die Koexistenz unterschiedlicher lokaler Handlungsorientierungen und -muster unter dem institutionellen Dach eines »nicht-liberalen Kapitalismus« (Streeck und Yamamura 2001). So bildete sich in den deutschen Großbanken (insbesondere in der Deutschen Bank) bereits seit Ende der 1980er Jahre eine Gruppe von Führungskräften heraus, die eine konsequen-

tere Orientierung der Banken auf internationales Investmentbanking betrieb (Hildebrandt 2000; Vitols 2003). Die Aktivitäten entwickelten sich zunächst als – durch Ressorteinteilungen abgekoppelte – organisationale Nische neben der Fortführung des als zentral angesehenen Unternehmenskreditgeschäfts.
Ein zweites Beispiel stellt die Entwicklung betrieblicher Bündnisse für Arbeit dar. Wie Britta Rheder (2003a) kenntnisreich darlegt, blieb der Pionierfall der Ford AG in der Öffentlichkeit weitgehend unbemerkt, als dieses Unternehmen im Rahmen eines Investitionswettbewerbs – wie im Rahmen des »*concession bargaining*« in den US bereits praktiziert – eine solche Vereinbarung abschloss. In der Rezession 1992 vereinbarten einige andere Unternehmen, wie die Deutsche Lufthansa, die Ruhrkohle AG und schließlich auch die Volkswagen AG Betriebsvereinbarungen und Standortsicherungsverträge. Rehder hebt hervor, dass alle Pionierunternehmen Regulierungsinseln waren. Da sie traditionell nicht dem Flächentarifvertrag unterlagen, sondern eigene Haustarifverträge abschlossen, konnten sie in dieser frühen Phase betriebliche Vereinbarungen zur Standardortsicherung, Konzernsanierung etc. abschließen, ohne dass dies von den beteiligten Akteuren, den Gewerkschaften oder der Öffentlichkeit als Konkurrenz zum Flächentarif wahrgenommen wurde.
Lokale Habitualisierung von Koordinationsformen kann auch über die nationalen Grenzen hinaus greifen, wie die Entwicklung Internationaler Rechnungslegungsstandards (International Accounting Standards, IAS) illustriert. Deutsche Wirtschaftsprüferverbände beteiligten sich schon in den 1980er Jahren durch Delegation von Experten – häufig gesponsert durch die großen internationalen Wirtschaftsprüfungsunternehmen – an der Entwicklung der IAS. In Verbandsveröffentlichungen wurde Mitgliedern die Nutzung dieser Standards für die Bilanzierung multinationaler Konzerne erläutert und empfohlen, ohne dass die Verbände zu dieser Zeit die Prinzipien des deutschen Rechnungslegungsmodells in Frage gestellt hätten (Botzem und Quack 2004).
Neue habitualisierte Handlungsmuster können sich, wie die oben vorgestellten Beispiele zeigen, auf ganz unterschiedlichen Ebenen herausbilden. Dabei kann es sich um lokale Experimente in Teilen einer Organisation, in institutionellen Teilbereichen oder in internationalen Regelungsarenen jenseits nationalstaatlicher Grenzen handeln. Wann aber werden sie zum Ausgangspunkt von De-Institutionalisierungsprozessen? In der amerikanischen neo-institutionalistischen Literatur wird an dieser Stelle häufig auf Diffusionsprozesse durch freiwillige Imitation verwiesen (vgl. Tolbert und Zukker 1996). Dieser Mechanismus kann im Einzelfall auch durchaus wirksam sein, insbesondere wenn im Rahmen lokaler Experimente entwickelte soziale Konventionen einen drängenden und von einem breiten Publikum wahrgenommenen Handlungsbedarf abdecken. Diffusion durch Imitation mag auch von einem gewissen Verbreitungsgrad an (d.h. jenseits eines in der amerikanischen Politikwissenschaft als »*tipping point*« bezeichneten Umschlagpunktes (Finnemore und Sikkink 1998)) für Akteure als Nachzügler eines bereits erfolgten Wandels wirksam sein. Interessanter für die hier behandelte Fragestellung ist allerdings die Phase vor dem Umschlagspunkt. Denn in der Regel verbreiten sich »lokale Modelle« in der Anfangsphase nicht einfach nur, weil sie eine Problemlösung anbieten oder ein gutes Beispiel geben.

Dagegen spricht schon allein das »Sparsamkeitsprinzip« in den Handlungsorientierungen der Akteure und ihre daraus resultierende Vorliebe für vertraute Lösungen. Meist bedürfen neue Modelle der Handlungskoordination, wie z.B. soziale Konventionen oder Standards, jedoch der Unterstützung, Werbung und Bekanntmachung durch Akteure oder soziale Bewegungen, in vielen Fällen auch der Legitimierung durch Drittparteien mit Reputation und/oder Einfluss, um allgemeine Verbreitung zu erreichen.

Dass dies sogar dann gilt, wenn eine lokal entwickelte Lösung auf ein bereits von den Akteuren erkanntes offenes Problem trifft, ohne dabei in Konkurrenz zu existierenden Regeln zu treten, illustrieren Oppen et al. (2005) an einem *Public-Private Partnership* aus dem Gesundheitsbereich. In diesem Fall entwickelten Akteure mittels eines netzwerkartigen Zusammenschlusses von Krankenhäusern, nicht-profitorientierten Organisationen und privaten Unternehmen eine neue Pflegedienstleistung für den Übergang schwerkranker Kinder von der stationären in die familiäre Versorgung. Dieser Pflegedienst wurde zunächst auf freiwilliger Basis, finanziert durch Sponsoring, angeboten. Obwohl das Angebot dieser Dienstleistung eine von der Politik und den Betroffenen bereits lange beklagte Lücke im Versorgungssystem schloss, waren intensive Lobbying-Aktivitäten und die Legitimierung durch eine wissenschaftliche Begleituntersuchung erforderlich, um das Gesundheitsministerium davon zu überzeugen, diese Pflegeleistung im Jahre 2004 auch gesetzlich zu verankern und Finanzierungsformen zu entwickeln.

Von der Selbstgenügsamkeit zum Geltungsanspruch

Um andere Akteure zu überzeugen, müssen die Promotoren alternativer Lösungsvorschläge deren Überlegenheit gegenüber existierenden institutionellen Regeln darlegen und begründen. Die Werbung für einen alternativen Vorschlag als das effizientere, angemessenere oder bessere Modell kann sich über längere Zeiträume hinziehen und diffus verlaufen. In vielen Fällen lassen sich aber im Rückblick spezifische Schlüsselsituationen identifizieren, in denen bestehende institutionelle Arrangements erstmals von einer einflussreichen Gruppe von Akteuren oder der Öffentlichkeit in Frage gestellt wurden.

Dies lässt sich illustrieren, wenn wir die Entwicklung in den drei bereits angesprochenen Teilbereichen der Unternehmensgovernance weiterverfolgen. Die friedliche Koexistenz von Hausbank- und Investmentbankaktivitäten innerhalb der Deutschen Bank wurde von den Vertretern des Investmentbankings im Jahre 1997 öffentlichkeitswirksam aufgekündigt, als sie sich im Vorstand zugunsten der Unterstützung einer feindlichen Übernahme Krupps durch den Thyssen-Konzern durchsetzten und damit die Aktualität althergebrachter Hausbankprinzipien in Frage stellten. Laut Rolf Breuer (Vorstandsmitglied; zuständig für Investmentbanking) wollte man am Finanzplatz Deutschland »ein Exempel« setzen und »Investmentbanking am Hochreck« demonstrieren (zitiert in Höpner und Jackson 2003: 159). Bei der Ausweitung des ertragversprechenden Investmentbankings über ein Nischendasein hinaus erwies sich das Hausbankprinzip als Hemmschuh, denn es verursachte nicht nur zunehmend Interessenkonflikte, sondern minderte auch das Ansehen der Deutschen Bank als Neuling und Außenseiter im Club der international führenden Investmentbanken.

Einen ähnlichen Kristallisationspunkt markiert die Entscheidung der Gewerkschaft IG Metall im Jahre 1995, ein politisches »Bündnis für Arbeit« zu initiieren, um die Ausbreitung betrieblicher Bündnisse einzudämmen (Rehder 2003a). Damit wurde öffentlich eingestanden, dass betriebliche Bündnisse sich zu einer Konkurrenz für den Flächentarifvertrag entwickelt hatten. Durch diese Entscheidung wurden die betrieblichen Bündnisse bekannt, erhielten auch erst diesen Namen und wurden als innovativ gepriesen. Wie Britta Rehder zeigt (2003b), wurden in der Folgezeit verstärkt Öffnungsklauseln in den Flächentarifvertrag integriert, welche die weitere Verbreitung der Bündnisse beförderten. Mit dem Scheitern des politischen Bündnisses für Arbeit zeigte sich, dass die betrieblichen Entwicklungen den Gewerkschaften zunehmend aus den Händen glitten. Die Zielsetzung der betrieblichen Bündnisse verschob sich von lokaler Problemlösung in Nischen des Flächentarifvertrags zur Zurückdrängung der Wirkungsgrenzen des Flächentarifvertrags – eine Entwicklung, die Rehder unter Bezug auf die von Streeck und Thelen (2005) vorgeschlagenen Mechanismen gradueller institutioneller Transformation als »Konversion durch Verschiebung« charakterisiert.

Im Bereich der Rechnungslegung markiert die Entscheidung des Daimler-Benz-Konzerns, sich im Jahre 1993 als erstes deutsches Unternehmen an der New Yorker Börse listen zu lassen, den Wendepunkt, an dem Akteure im Lichte neuer Erfahrungen begannen, die bis dato akzeptierten HGB-Bestimmungen zur Unternehmensrechnungslegung in Frage zu stellen. Besonders die weit auseinander klaffenden Ertragswerte der Daimler-Benz-Konzernbilanzierung – ein Gewinn von 165 Millionen DM nach HGB stand ein Verlust von 1,8 Billionen DM nach US-GAAP gegenüber – zogen die Aufmerksamkeit von Finanzanalysten, Banken und Börsenvertretern wie auch der gesamten Öffentlichkeit auf sich (Glaum 2000: 37). Im Zuge weiterer internationaler Börsengänge deutscher Unternehmen begannen Vertreter der Wirtschaft und der Rechnungslegungsprofession auf eine Anpassung der deutschen gesetzlichen Anforderungen für die Konzernrechnungslegung an internationale Standards zu drängen (Botzem und Quack 2004).

In allen Fällen wurden von den beteiligten Akteursgruppen Argumente und Begründungen entwickelt, weshalb die als soziale Konventionen in einem begrenzten Kontext entwickelten Handlungs- und Koordinationsmuster besser, angemessener oder effizienter für die Lösung existierender Koordinations- und Steuerungsprobleme seien als bislang vorherrschende Muster. In den Worten Berger's und Luckmann's wurde eine neue Phase der Objektivierung eingeleitet. Vertreter alternativer Lösungsmodelle sind, so ist auf Basis der vorgestellten Beispiele zu vermuten, insbesondere dann erfolgreich in der Ausdehnung des Geltungsbereichs ihres Modells, wenn ihre Adressaten eine wiederholt auftretende neue Problemkonstellationen im Rahmen bestehender Regeln nicht zu lösen vermögen. Sie können sich mit ihren Vorschlägen nur selten *ad hoc* durchsetzen. Der graduellen Transformation von institutionellen Regeln auf der Mesoebene gehen häufig vielfältige und langwierige Veränderungen individueller und kollektiver Handlungsorientierungen auf der Microebene voran. In vielen Fällen ist gradueller institutioneller Wandel ohne eine Veränderung der Präferenzen der beteiligten Akteure nur schwer denkbar, und diese setzt wiederum das Verlernen internalisierter Handlungsorientierungen und -bewertungen und die Entroutinisierung routinisierter Handlungsabläufe voraus (vgl. Feick 2004 zur Rolle solcher allmählicher Lernprozesse und Präferenzänderungen bei der europäischen Regulierung der Pharmaindustrie).

In Situationen mit hoher Entscheidungsunsicherheit kann, wie Cohen et al. (1972) argumentieren, nicht ausgeschlossen werden, dass Prozesse der De-Institutionalisierung auch durch veränderte Sichtweisen der Akteure bei unveränderten Problemstellungen angestoßen werden. Aufgrund der Internationalisierung von Handlungshorizonten, aber auch der Zunahme spezialisierter Beraterprofessionen, sind eine Vielzahl von Lösungsvorschlägen im Umlauf, die – sofern von Akteuren propagiert – dahin tendieren, sich passende Probleme zu suchen (vgl. Jürgens, in diesem Band zur Karriere des »*Shareholder-Value*«-Konzeptes, das von Unternehmensberatungen und Finanzmarktakteuren zur Lösung einer Vielzahl von Problemen angepriesen wird).

Von lokalen Experimenten zum Wandel formaler Institutionen

Ob und inwieweit aus diesen Entwicklungen eine institutionelle Verfestigung resultiert, hängt davon ab, ob es den Akteuren gelingt, diese Handlungsmuster in allgemeinverbindlichen Regelungen zu verankern, die von den beteiligten Akteuren über Sozialisationsprozesse verinnerlicht oder deren Befolgung durch eine im weitesten legitimierte Drittpartei sicher gestellt wird. Auf dem Weg vom lokalen Experiment zur institutionalisierten Leitidee haben lokal habitualisierte Formen der Handlungskoordination eine Vielzahl von Klippen zu umschiffen. Zunächst einmal stellt sich die Frage, ob lokal entwickelte Handlungsmuster oder -orientierungen in der Lage sind, genügend »schlafende« Interessen- und Erfahrungshorizonte bei anderen gesellschaftlichen Akteuren anzusprechen, um sie für die neue Leitidee zu gewinnen. Als nächste Klippe können sich offene Interessen- und Machtkonflikte zwischen verschiedenen Gruppen mit unterschiedlichen Leitvorstellungen erweisen. Neben solchen Interessenkonflikten können aber auch Norm- und Wertvorstellungen Ablehnung und Denkblockaden auslösen. Schließlich verursachen funktionale Komplementaritäten zwischen verschiedenen institutionellen Teilsystemen eine gewisse Beharrlichkeit.[10]

Sich neu herausbildende Governanceformen dienen demnach in den ersten beiden Lebensphasen, d.h. der Habitualisierung und Objektivierung, als Orientierung für einen möglichen Verhaltenswandel anderer, an der Herausbildung des alternativen Modells der Handlungskoordination nicht beteiligter Akteure. Die Herausbildung

---

10 Ebbinghaus (2004) arbeitet in einem instruktiven Papier zur Pfadabhängigkeit heraus, dass Mechanismen institutioneller Selbstverstärkung unter veränderten Umweltbedingungen auch zu Ansatzpunkten von Prozessen der Entinstitutionalisierung werden können.

eines neuen lokalen Modells der Handlungskoordination kann bislang allgemein akzeptierte Institutionen vor allem dann infrage stellen, wenn die Legitimationsgrundlagen der darin sedimentierten Leitideen bereits in Auflösung begriffen waren und vorhandene Schwächen und Defizite durch die neuen Handlungsmuster verdeutlicht werden. In vielen Fällen verbleiben Leitideen für neue Muster der Handlungskoordination auf dem Niveau einer Semi-Institutionalisierung. Hier entwickeln Akteursgruppen Vorschläge zur Handlungskoordination in gesellschaftlichen Teilbereichen und bringen Begründungen und Argumentationen zu deren Gunsten vor. Lokal praktizierte Governanceformen können »in Mode« kommen und zur Nachahmung anregen, sie sind aber noch nicht allgemein akzeptiert. Allein schon die Koexistenz von Alternativen weist darauf hin, dass sie etwas Flüchtiges sein können. In Zeiten zunehmend kurzlebiger Modezyklen von Politik- und Managementkonzepten ist deshalb durchaus kritisch zu fragen, wie viele solcher Handlungsmuster und -konzepte letztlich über den Status von Orientierungspunkten auf Abruf hinauskommen.

Zugleich sind sie aber als mögliche Ausgangspunkte für Veränderungen formaler Institutionen im Auge zu behalten, wie die in diesem Papier angeführten Beispiele zeigen: Die strategische Neuausrichtung deutscher Großbanken auf das Investmentbanking verstärkte bereits vorhandene Erosionstendenzen im deutschen Unternehmensnetzwerk (Höpner und Krempel 2003). Mit der zunehmenden Orientierung deutscher Banken und Wirtschaftskonzerne stieg der politische Druck, die deutsche Finanzmarktregulierung internationalen Standards anzupassen. Vormals von einem Teil der Unternehmen freiwillig befolgte Standards der Anlegertransparenz, Rechnungslegung und Unternehmensgovernance fanden Eingang in das 1998 verabschiedete Kapitalaufnahmeerleichterungsgesetz (KapAEG) und das Gesetz zur Kontrolle und Transparenz im Unternehmensbereich (KonTraG). Die Zunahme betrieblicher Bündnisse für Arbeit führte zur Vereinbarung von Öffnungsklauseln im Tarifvertrag. Lokale Experimente mit informellen und freiwilligen Modi der Handlungskoordination fanden in diesen Fällen Eingang in die graduelle Transformation formaler verbindlicher Institutionen.

Veränderte Grenzziehungen zwischen institutionellen Geltungsbereichen

Eine Institutionalisierung von Regeln beinhaltet auch Festlegungen über die Handlungskontexte, in denen sie Gültigkeit beanspruchen und von Akteuren als geltende Regel angesehen werden. Dieser Sachverhalt, der explizit von Lepsius (1997), implizit aber auch von Berger und Luckmann ({1966} 1980) angesprochen wird, verdient meines Erachtens sowohl bei der Konzeptualisierung institutionellen Wandels als auch in der Governancedebatte verstärkte Beachtung. Institutionen und Governanceformen werden bislang häufig abstrakt, ohne konkrete Bestimmung ihres Geltungsbereiches behandelt – mit der Konsequenz, dass die in institutionellen Systemen existierenden Unsicherheitsspielräume der Akteure bei der Interpretation institutioneller Regeln als Ausgangspunkt für institutionellen Wandel unterschätzt werden. Ich möchte demgegenüber vorschlagen, dass viele Prozesse des Institutionen- oder

Governancewandels mit einer Kritik der Geltungsgrenzen existierender Regeln und der Verschiebung oder Neubestimmung dieser Grenzen beginnen.
Nur wenige institutionelle Regeln, wie etwa Verfassungsnormen und Strafgesetze, haben Gültigkeit für alle Mitglieder der Gesellschaft, und selbst ihre Anwendung wird im Einzelfall durch eine Vielzahl von konkreten Auslegungsbestimmungen und Interpretationen (etwa durch Gerichte) für spezifische Handlungskontexte präzisiert. Die Arbeitsteilung und Differenzierung in entwickelten Industrienationen hat zur Folge, dass die Mehrzahl institutionalisierter Regeln sich auf spezifische Akteursgruppen und abgegrenzte Handlungskontexte, wie etwa konkrete Wirtschaftssektoren, individuelle Unternehmens- oder Organisationsformen oder besondere Wirtschaftsaktivitäten bezieht.
Selbst in Phasen relativ großer gesellschaftlicher Stabilität sind die Geltungsbereiche institutioneller Regelungen für die Akteure keineswegs immer evident. Die Geltungsbereiche institutioneller Regelungen unterliegen ebenso wie ihre Regelungsinhalte der ständigen Interpretation durch Akteure. Um abstrakte Bestimmungen über den Geltungsbereich einer Regel auf spezielle situative Handlungskontexte anwenden zu können, bedürfen sie der interpretativen Auslegung durch die Akteure. Zugleich beobachten Akteure den Umgang anderer Akteure mit den Geltungsgrenzen institutioneller Regeln und vergewissern sich, ob ihre Auslegung der Geltungsgrenzen von diesen geteilt wird, und reagieren bei wiederholten Abweichungen.
In diesem Sinne beinhaltet die Alltagspraxis der sozialen Akteure ständig Interpretations- und Aushandlungsprozesse über die Demarkationslinien der Geltungsgrenzen institutioneller Regeln (Hofmann in diesem Band). Zumeist bilden Gesellschaften im Zuge zunehmender Arbeitsteilung Spezialisierungen für diese Interpretations- und Auslegungsaufgaben heraus. Anwälte und Richter sind nur das offensichtlichste Beispiel für eine Berufsgruppe, deren Hauptaufgabe darin besteht, die Geltung institutioneller Regeln für unterschiedliche situative Handlungskontexte auszulegen. Zugleich eröffnet die Konkretisierung institutioneller Regeln für bestimmte Handlungskontexte Akteuren Spielräume für strategisches Handeln. So etwa, wenn Unternehmer entscheiden, ob sie ihre wirtschaftlichen Aktivitäten unter dem Dach der gesetzlichen Bestimmungen für Aktiengesellschaften, Stiftungen oder GmbHs verfolgen wollen, oder Unternehmen in Produktionsnetzwerken zwischen verschiedenen informellen oder rechtlichen Konstruktionen für ihre Kooperation wählen. Die Auslegungs- und Interpretationsspielräume bei der Bestimmung der Geltungsbereiche unterschiedlicher institutioneller Regeln sind Teil des weiter oben beschriebenen Unsicherheitsbereichs, in dem Akteure sich in differenzierten Gesellschaften bewegen. Gerade deshalb können sie auch zum Ausgangspunkt für institutionellen Wandel werden.

Von Regulierungsinseln zu neuen Ufern

Die weiter oben vorgestellten Beispiele für De-Institutionalisierungsprozesse nahmen ihren Ausgang häufig in Regulierungsinseln oder »Regulierungslücken«. Akteure habitualisierten neue Verhaltens- und Koordinationsmuster in gesellschaftlichen Teilbereichen, die nicht der für diese Handlungskontexte dominanten Regulierung unterlagen (z.B. Unternehmen mit Haustarifvertrag) oder insgesamt einen nur geringen Grad an institutioneller Strukturierung aufwiesen (wie z. B. bei der Standard- und Regelsetzung im internationalen Bereich). Die Frage des Geltungsbereichs stellte sich erst im zweiten Schritt, als Promotoren begannen Argumente und Begründungen für eine breitere Anwendung der in diesen Nischen entwickelten Regeln vorzubringen. Dabei wurde die Angemessenheit dominanter Regelungen in Frage gestellt, und zwar häufig in einer Weise, die sie nicht in ihrer Gesamtheit verwarf, sondern kritische Fragen über die Ausdehnung ihres Geltungsbereichs formulierte. Die Einengung bzw. Erweiterung des Geltungsbereichs institutioneller Regeln erweist sich somit als konstitutives Moment – soweit von den Akteuren strategisch genutzt auch als Instrument – des graduellen institutionellen Wandels durch »Verschiebung« und »Anbau«.

Sehr deutlich zeigt sich das in der Debatte um betriebliche Bündnisse und den Flächentarifvertrag. Betriebliche Bündnisse wurden von Unternehmen nicht als Alternative zum Flächentarifvertrag propagiert, sondern zunächst als Insellösung und dann im Rahmen von Öffnungsklauseln als Flexibilisierung des Flächentarifs für Unternehmen in wirtschaftlich schwierigen Situationen angepriesen. Im Resultat führten sie aber zu einer deutlichen Einengung des Geltungsbereichs von Flächentarifverträgen und damit zur Schwächung ihrer institutionellen Wirksamkeit (Rehder 2003b).

Die Bedeutung der Verhandlungen um Geltungsbereiche in Prozessen des institutionellen Wandels lässt sich auch am Beispiel der Auseinandersetzungen um die Verabschiedung eines neues Wettbewerbsrechts in der Zeit nach dem zweiten Weltkrieg zeigen. Den amerikanischen Besatzungsbehörden ging es dabei, in Koalition mit deutschen ordo-liberalen Kräften, um eine möglichst weite Zurückdrängung von Kartellen und anderen wettbewerbsmindernden Kooperationsformen von Unternehmen, während Vertreter der deutschen Industrie – in durchaus unterschiedlichem Grade – für eine Beibehaltung oder eine nur sehr allmähliche Eingrenzung der Kartelle plädierten. Der »siebenjährige Krieg« um das Gesetz gegen Wettbewerbsbeschränkungen, das schließlich 1957 in Kraft trat, speiste sich in weiten Teilen aus einem Tauziehen der Kontrahenten um die genauere Bestimmung der konkreten Handlungskontexte, auf die dieses Gesetz Anwendung finden würde. Im Resultat bleiben ganze Wirtschaftsbereiche, wie etwa der öffentliche Sektor, die Versicherungs- und Finanzwirtschaft und das Transportwesen ausgespart. Erst in den 1990er Jahren wurden diese Grenzziehungen von der CDU und Teilen der Wirtschaft im Zuge von Liberalisierungsbestrebungen wieder in Frage gestellt, und interessanterweise unter Bezugnahme auf den weiteren Geltungsbereich des europäischen Wettbewerbsrechts reformiert (Djelic und Quack 2005; Quack und Djelic 2005). In diesem Fall wurde der Geltungsbereich einer institutionellen Regel unter Bezugnahme auf abweichende Grenzziehungen in anderen Regulierungskontexten (USA bzw. EU) kritisch hinterfragt und neu ausgehandelt.

Der Ausgangspunkt für veränderte Grenzziehungen zwischen den Geltungsbereichen unterschiedlicher institutioneller Regeln liegt aber nicht immer in Regulierungsinseln oder »Regulierungslücken«. Akteure können auch in direkter Opposition zu vorherrschenden Regeln abweichende Verhaltensweisen und Koordinationsmuster entwickeln. In der Industriegovernance sind es oft Akteure an der Peripherie, die neue Strategien erproben. Im europäischen Transport- und Postsektor waren es jedoch, wie Dörrenbächer und Plehwe (2002) zeigen, die großen Staatsunternehmen selbst, die im Zuge ihrer Privatisierung in angrenzende Wirtschaftssektoren expandierten. Dabei wandten sie sich gegen althergebrachte Argumentationen, dass Daseinsfürsorge in diesen Bereichen nur durch den Staat zu garantieren sei und hoben stattdessen die Bedeutung wirtschaftlicher Effizienz- und Wettbewerbsfähigkeit im europäischen Binnenmarkt hervor (Plehwe 2002). Restrukturierungen auf Unternehmens- und Sektorebene führten zu einer Neuformierung der Interessengruppen und Wirtschaftsverbände entlang einer völlig neuen sektoralen Grenzziehung (Plehwe und Vescovi 2003). Alte Sektorgrenzen wurden zunehmend verwischt und ein neuer »europäischer« Logistiksektor durch Rekombination vormals getrennt regulierter Sektoren geschaffen, der nicht zuletzt durch die Institutionalisierung neuer Regeln gegenüber anderen Sektoren abgegrenzt wurde.

Die Auseinandersetzungen um die Reichweite staatlicher Steuerungsansprüche im Vergleich zur Zulassung marktförmiger Koordination im Zuge der Liberalisierung ehemaliger staatsnaher Sektoren (Mayntz und Scharpf 1995) stellen ein weiteres Beispiel für die gesellschaftliche Verhandlung von neuen Grenzziehungen im Zuge von Prozessen des Institutionenwandels dar. Illustrationen für Aushandlungsprozesse über Geltungsbereiche institutioneller Regeln und ihre Grenzen lassen sich auch an der Schnittstelle zwischen nationalen und internationalen Institutionensystemen finden. So hat der Europäische Gerichtshof beispielsweise in den 1970er und 1980er Jahren mit zahlreichen Grundsatzentscheidungen den Geltungsbereich der Römischen Verträge und darauf Bezug nehmender Direktiven in einem von den Gründern der EWG nicht vorhersehbaren Ausmaß in den zuvor den Mitgliedsstaaten vorbehaltenen Rechtsraum ausgedehnt (Alter 1998; Burley und Mattli 1993; Mattli und Slaughter 2000) und zugleich den Geltungsbereich nationalen Rechts eingegrenzt und dieses damit letztlich auch ein Stück entwertet.

Die genannten Beispiele legen die Vermutung nahe, dass die allmähliche Verschiebung von Geltungsgrenzen graduellen institutionellen Wandel begünstigen und in manchen Fällen auch erst ermöglichen kann. Veränderungen, die en bloc von den Akteuren zu einem bestimmten Zeitpunkt mit hoher Wahrscheinlichkeit abgelehnt worden wären, finden, wenn sie durch schrittweise Lern- und Anpassungsprozesse erfolgen, eher Akzeptanz bei anderen, zunächst ablehnend eingestellten Akteuren (vgl. Feick 2004). Solche Veränderungen der Grenzziehungen von Geltungsbereichen verschiedener institutionalisierter Muster der Handlungskoordination scheinen mir insbesondere für die unter dem Stichwort »neue Governanceformen« diskutierten Phänomene charakteristisch. Eine dynamische Governanceanalyse würde von einer historisch-vergleichenden Untersuchung veränderter und neuer institutioneller Grenzziehungen Einsichten darüber gewinnen, inwiefern es sich dabei um völlig neue Steuerungs- und Koordinationsarrangements oder um eine neuartige Verknüpfung bereits bekannter Mechanismen handelt, und ein besseres Verständnis gradueller Veränderungen von Governanceformen entwickeln. Im Rahmen einer solchen Analyse wäre zu fragen, welche Akteure ein Interesse an der Durchlöcherung dieser Abgrenzung hatten, mit welchen Argumentationsmustern und verbalen »Rahmungen« es bestimmten Akteuren gelang, eine neue Agenda für institutionellen Wandel zu definieren, wie im Verlauf gesellschaftlicher Debatten und Verhandlungsprozesse andere Grenzziehungen thematisiert wurden, wie sich Präferenzen der Akteure veränderten und welche Interessenkonstellation letztendlich für eine veränderte Grenzziehung des Geltungsbereiches ausschlaggebend wurde.

Governanceformen als konkurrierende Orientierungsinstitutionen

Eine institutionalistische Analyse der Veränderungen in Governanceformen verdeutlicht, wie diese jeweils als Durchsetzung eines einzelnen oder einer spezifischen Mischung von Steuerungs- und Koordinationsprinzipien zustande kommen, die miteinander konkurrieren und umkämpft sind. Mit Rehberg (1995: 102) könnte man formulieren, dass spezifische Governancestrukturen ihren Erfolg aus »der (temporären) Herausgehobenheit aus einem Komplex oftmals unvereinbarer Orientierungsmöglichkeiten« ziehen. Ihre Vorrangstellung gegenüber alternativen Steuerungs- und Koordinationsmustern ist das Ergebnis von Aushandlungsprozessen und häufig Synthese von widersprüchlichen Elementen, deren konkurrierende Ordnungsentwürfe aber im Resultat weitgehend verleugnet oder umgedeutet werden.

Die Verschiebung von der staatsorientierten Steuerungstheorie hin zur Governancedebatte lässt sich aus dieser Sicht als eine Diskussion um die Lern- und Wandlungsfähigkeit von strukturierten Handlungssystemen in zunehmend dezentralisierten und heterogenen Kontexten lesen. Die Handlungsorientierungen gesellschaftlicher Akteure wie auch spezifische Akteurskonstellationen und die Interaktionsformen werden weiterhin von institutionellen Kontexten geprägt (Mayntz und Scharpf 1995), aber die Grenzziehungen zwischen spezifischen (staatlichen und privatwirtschaftlichen, nationalen und internationalen, um nur einige Beispiele zu nennen) institutionellen Domänen sind womöglich durchlässiger und unschärfer geworden, unterschiedliche institutionelle Leitideen treten stärker in Konkurrenz zueinander, verschiedene Regelsysteme überlappen in ihrem Geltungsbereich. Nicht zuletzt führt die Zunahme von Wissen aus zweiter Hand im Kontext eines internationalisierten Wissensaustauschs zur Abnahme normativer Eindeutigkeit und zur Vermehrung von Alternativvorstellungen.

Diese Entwicklungen bieten den Akteuren einerseits größere Handlungsspielräume, stellen aber andererseits höhere Anforderungen hinsichtlich der Bewältigung von Unsicherheiten über wechselseitig erwartbare Handlungsorientierungen und -muster. Ob deshalb heute weniger die explizite Anerkennung als das Geltenlassen von Regeln Ordnungsfunktionen übernimmt, wie Rehberg (1997: 111) vorschlägt, sei dahingestellt. Es erscheint mir jedoch plausibel, dass »neue« Governanceformen die Funktion von Orientierungsinstitutionen übernehmen. Dieser Charakter begründet sich nicht nur darin, dass die in ihnen sedimentierten »*public codes*« mehr den Charakter von Empfehlungen als von klaren Ge- und Verboten haben, sondern auch in der Tatsache, dass ihr Geltungsanspruch häufig in Konkurrenz zu dem anderer Institutionen steht. Gerade deshalb sind die Akteure ja in vielen Bereichen in andauernde Debatten und Aushandlungsprozesse über die Grenzziehung der Geltungsbereiche für unterschiedliche Koordinations- und Steuerungsformen verstrickt.

Von strukturzentrierter zu akteursstrukturierter Governanceforschung

Am Ausgangspunkt dieses Beitrags stand die Überlegung, dass eine zu starke Ausrichtung der Governanceformen an Strukturen zu falschen Schlussfolgerungen über ihre Genese, Funktionsweise und zukünftige Entwicklung verleiten könne. Ich habe deshalb für eine stärkere Berücksichtigung der Akteure, ihrer Interessen und Verhandlungsprozesse im Hinblick auf den Wandel von institutionalisierten Mustern der Handlungskoordination plädiert. Ein zentrales Argument dieses Artikels ist dabei, dass wir Institutionenwandel als doppelten Prozess der Institutionalisierung und De-Institutionalisierung von Regeln und Normen untersuchen sollten. Häufig macht erst die De-Institutionalisierung althergebrachter Regeln den Weg frei für die Institutionalisierung neuer Muster der Handlungskoordination.

Darüber hinausgehend habe ich vorgeschlagen, das Instrumentarium des akteursorientierten Institutionalismus durch eine stärkere Berücksichtigung der normativ-kognitiven Dimensionen von Institutionalisierungs- und De-Institutionalisierungsprozessen weiterzuentwickeln. Insbesondere De-Institutionalisierungsprozesse scheinen mir in vielfältiger Weise sprachlich vermittelt: Die Wahrnehmung und Deutung der Akteure von Veränderungen in der gesellschaftlichen Realität und im institutionellen Kontext werden (nicht nur, aber auch) durch Begriffe und Diskurse, durch Metaphern und Mythen vorgefiltert und strukturiert. Die Verbreitung solcher Begriffe und Diskurse, das »Framing« konkreter Problemzusammenhänge in Argumentations- und Begründungszusammenhänge allgemeiner Natur können zu einem intervenierenden Faktor für institutionelle Veränderungen werden.[11] Vermehrte Aufmerksamkeit gebührt ebenfalls der Veränderung von Präferenzen und Handlungsorientierung durch graduelle Prozesse des Lernens und Verlernens internalisierter Sichtweisen und Handlungsroutinen. Dies könnte ebenso wie die Einbeziehung »vor-« und »semi-institutioneller« Formen reziproker Handlungskoordination, d.h. sozialer Konventionen, freiwilliger Standards und informeller Regelsysteme, dazu beitragen, ein besseres theoretisches Verständnis der Ausgangspunkte und Prozessverläufe gradueller institutioneller Transformation zu entwickeln.

---

11 In diesem eher pragmatischen Sinne erscheint es lohnend, einmal genauer der Frage nachzugehen, ob der Begriff »Governance« nicht selbst im Weber'schen Sinne zu einem »Weichensteller« für institutionelle Veränderungen geworden ist, insbesondere wenn er mit dem Vorzeichen der »good« Governance versehen wurde (Botzem 2002).

Eine dynamische Governanceanalyse in der von mir vorgeschlagenen Form wird in der empirischen Umsetzung mit komplexen Wechselverhältnissen, multikausalen Entwicklungen und sozialwissenschaftlich nur schwer rekonstruierbaren Kontingenzen konfrontiert werden. Insbesondere in komplexen Verflechtungssystemen und bei komplexen Wechselwirkungen mag es intellektuell verlockend erscheinen, auf eine strukturelle Beschreibung von Governanceformen auszuweichen. Trotz der erwartbaren Komplikationen erscheint es mir aber ein lohnendes Unterfangen, soweit wie möglich im Sinne einer »kausalen Rekonstruktion« (Mayntz 2002) herauszuarbeiten, in welcher Weise und mit welchen Handlungsorientierungen verschiedene Akteursgruppen an der Deinstitutionalisierung existierender und der Institutionalisierung neuer Formen der Handlungskoordination beteiligt sind. Dieser Beitrag schließt deshalb mit einem Plädoyer für eine Goveranceforschung, die den strukturierenden Effekten des Handelns der Akteure eine größere Bedeutung einräumt.

Literaturverzeichnis

Augsberg, Steffen (2003): Rechtsetzung zwischen Staat und Gesellschaft: Möglichkeiten differenzierter Steuerung des Kapitalmarktes. Berlin: Duncker & Humblot
Alter, Karen J. (1998): Who are the »Masters of the Treaty«?: European Governments and the European Court of Justice. International Organization, 52(1): 121-147
Berger, Peter L./Luckmann, Thomas (1980 {1966}): Die gesellschaftliche Konstruktion der Wirklichkeit. Eine Theorie der Wissenssoziologie. Frankfurt/M.: Fischer Taschenbuch Verlag
Botzem, Sebastian (2002): Governance-Ansätze in der Steuerungsdiskussion. Steuerung und Selbstregulierung unter den Bedingungen fortschreitender Internationalisierung. Discussion Paper FS I 02-106. Berlin: Wissenschaftszentrum Berlin für Sozialforschung
Botzem, Sebastian/Quack, Sigrid (2004): Contested rules: The development of international accounting standards. Paper presented at the EGOS Colloquium in Ljubljana, July 2004. Berlin: Wissenschaftszentrum Berlin für Sozialforschung
Brunsson, Nils/Jacobsson, Bengt (Hg.) (2000): A World of Standards. New York: Oxford University Press
Burley, Anne-Marie/Mattli, Walter (1993): Europe before the Court: A Political Theory of Legal Integration. International Organization, 47(1): 41-76
Campbell, John L. (2004): Institutional Change and Globalization. Princeton: Princeton University Press
Clemens, Liz/Cook, James (1999): Politics and Institutionalism: Explaining Durability and Change. Annual Review of Sociology, 25: 441-466
Czarniawska, Barbara/Sévon, Guje (Hg.) (2003): The Northern Lights. Organization Theory in Scandinavia. Copenhagen: Copenhagen Business School Press
Cohen, Michael D./March, James G./Olsen, Johan P. (1972): A Garbage Can Model of Organizational Choice. Administrative Science Quarterly, 17(1): 1-25
Djelic, Marie-Laure/Quack, Sigrid (eds) (2003): Globalization and Institutions. Redefining the Rules of the Economic Game. Cheltenham: Edward Elgar

Djelic, Marie-Laure/Quack, Sigrid (2005): Rethinking Path Dependency: The Crooked Path of Institutional Change in Postwar Germany. In: Morgan, Glenn/Whitley, Richard/Moen, Eli (eds): Changing Capitalisms? – Internationalism, Institutional Change, and Systems of Economic Organization. Oxford: Oxford University Press.

Dörrenbächer, Christoph/Plehwe, Dieter (2002): Ab geht die Post! Zur Reorganisation europäischer Postorganisationen in den 1990er Jahren. Internationales Verkehrswesen, 54(1+2): 46-48

Ebbinghaus, Bernhard (2004): Can Path Dependence Explain Institutional Change? Deterministic and Open Approaches Applied to Welfare State Reform. Paper presented at the Workshop on Path Dependence organized by the Arbetslivsinstitutet in Stockholm in August 2004. Köln: Max-Planck-Institut für Gesellschaftsforschung

Falkner, Gerda (2000): EG Sozialpolitik nach Verflechtungsfalle und Entscheidungslücke. Politische Vierteljahresschrift, 41(2): 279-301

Feick, Jürgen (2004): Learning and interest accommodation in policy and institutional change: EC risk regulation in the pharmaceuticals sector. Manuscript for the Working Paper Series of CARR (LSE). Köln: Max-Planck-Institut für Gesellschaftsforschung

Finnemore, Martha/Sikkink, Kathryn (1998): International Norm Dynamics and Political Change. International Organization, 52(4): 887-917

Fligstein, Neil/Stone Sweet, Alec (2002): Constructing Polities and Markets: An Institutionalist Account of European Integration. American Journal of Sociology 107(5): 1206-43

Glaum, Martin (2000): Bridging the GAAP: the Changing Attitude of German Managers towards Anglo-American Accounting and Accounting Harmonization. Journal of International Financial Management and Accounting, 11(1): 23-47

Hildebrandt, Swen (2000): Jenseits globaler Managementkonzepte. Betriebliche Reorganisationen von Banken und Sparkassen im deutsch-französischen Vergleich. Berlin: edition sigma

Höpner, Martin/Jackson, Gregory (2003): Entsteht ein Markt für Unternehmenskontrolle? Der Fall Mannesmann. In: Streeck, Wolfgang/Höpner, Martin (Hg.): Alle Macht dem Markt? Fallstudien zur Abwicklung der Deutschland AG. Frankfurt/M.: Campus Verlag: 147-168.

Höpner, Martin/Krempel, Lothar (2003): The politics of the German company network. MPIfG Working Paper. Köln: Max-Planck-Institut für Gesellschaftsforschung.

Jachtenfuchs, Markus/Kohler-Koch, Beate (1996): Europäische Integration. Opladen: Leske + Budrich

Lehmkuhl, Dirk (2003): Structuring dispute resolution in transnational trade: competition and coevolution of public and private institutions. In: Djelic, Marie-Laure/Quack, Sigrid (eds): Globalization and Institutions. Redefining the Rules of the Economic Game. Cheltenham: Edward Elgar: 278-301

Lepsius, M. Rainer (1995): Institutionenanalyse und Institutionenpolitik. Kölner Zeitschrift für Soziologie und Sozialpsychologie, Sonderheft 35, Politische Institutionen im Wandel: 392-403

Lepsius, M. Rainer (1997): Institutionalisierung und Deinstitutionalisierung von Rationalitätskriterien. In: Göhler, Gerhard (Hg.): Institutionenwandel. Leviathan, Zeitschrift für Sozialwissenschaft, Sonderheft 16/1996. Opladen: Westdeutscher Verlag: 57-69

Mattli, Walter/Slaughter, Anne-Marie (2000): The role of National Courts in the process of European integration. In: Slaughter, Anne-Marie/Stone Sweet, Alec/Weiler, Joseph (eds): The European Court and National Courts. Oxford: Oxford University Press: 253-276

March, James G./Simon, Herbert A. (2004 {1993}): From Organizations: Cognitive Limits on Rationality. In: Dobbin, Frank (ed): The New Economic Sociology. A Reader. Princeton: Princeton University Press: 518-532

Mayntz, Renate (2002): Zur Theoriefähigkeit makro-sozialer Analysen. In: Mayntz, Renate (Hg.): Akteure – Mechanismen – Modelle. Frankfurt/M.: Campus Verlag: 7-43

Mayntz, Renate/Scharpf, Fritz W. (1995): Steuerung und Selbstorganisation in staatsnahen Sektoren. In: Mayntz, Renate/Scharpf, Fritz W. (Hg.): Gesellschaftliche Selbstregelung und politische Steuerung. Frankfurt/M.: Campus Verlag: 9-38.

Oppen, Maria/Sack, Detlef/Wegener, Alexander (2005): German public-private partnerships in personal services: New directions in a corporatist environment. In: Greve, Carsten/Hodge, Graeme (eds): The challenge of public-private partnerships. Learning from international experience. Cheltenham: Edward Elgar

Plehwe, Dieter (2002): Europäische Universaldienstleistungen zwischen Markt und Gemeinwohl. In: Schuppert, Gunnar Folke/Neidhardt, Friedhelm (Hg.): Gemeinwohl – Auf der Suche nach Substanz. WZB-Jahrbuch 2002. Berlin: edition sigma: 389-420

Plehwe, Dieter/Vescovi, Stefano (2003): Europe's special case: the five corners of business-state interactions. In: Djelic, Marie-Laure/Quack, Sigrid (eds): Globalization and Institutions. Redefining the Rules of the Economic Game. Cheltenham: Edward Elgar: 15-34

Quack, Sigrid/Djelic, Marie-Laure (2005): Adaptation, Recombination, and Reinforcement: The Story of Antitrust and Competition Law in Germany and Europe. In: Streeck, Wolfgang/Thelen, Kathleen (eds) Beyond Continuity – Institutional Change in Advanced Political Economies. Oxford: Oxford University Press

Rehberg, Karl-Siegbert (1997): Institutionenwandel und die Funktionsveränderung des Symbolischen. In: Göhler, Gerhard (Hg.): Institutionenwandel. Leviathan, Zeitschrift für Sozialwissenschaft, Sonderheft 16/1996. Opladen: Westdeutscher Verlag: 94-118

Rehder, Britta (2003a): Betriebliche Bündnisse für Arbeit in Deutschland. Mitbestimmung und Flächentarif im Wandel. Frankfurt/M.: Campus Verlag

Rehder, Britta (2003b): Konversion durch Überlagerung. Der Beitrag betrieblicher Bündnisse zum Wandel der Arbeitsbeziehungen. In: Beyer, Jürgen (Hg.): Vom Zukunfts- zum Auslaufmodell? Wiesbaden: Westdeutscher Verlag: 61-77

Sandholtz, Wayne/Stone Sweet, Alec (eds) (1998): European Integration and Supranational Governance. Oxford: Oxford University Press

Schmidt, Susanne K. (2003): Die nationale Bedingtheit der Folgen der Europäischen Integration. Zeitschrift für internationale Beziehungen, 10 (1): 43-68

Scott, Richard W. (1995): Institutions and Organizations. London: Sage

Streeck, Wolfgang/Thelen, Kathleen (2005): Institutional Change in Advanced Political Economies. In: Streeck, Wolfgang/Thelen, Kathleen (eds) Beyond Continuity – Institutional Change in Advanced Political Economies. Oxford: Oxford University Press

Streeck, Wolfgang/Yamamura, Kozo (eds) (2001): The Origins of Nonliberal Capitalism. Germany and Japan in Comparison. Ithaca, New York: Cornell University Press

Tainio, Risto/Huolman, Mika/Pulkkinen, Matti/Ali-Yrkkö, Jyrki/Yla-Antilla, Pekka (2003): Global investors meet local managers: shareholder value in the Finnish context. In: Djelic, Marie-Laure/Quack, Sigrid (eds): Globalization and Institutions. Redefining the Rules of the Economic Game. Cheltenham: Edward Elgar: 37-56

Thelen, Kathleen (2003): How Institutions Evolve. Insights from Comparative Historical Analysis. In: Mahoney, James/Rueschemeyer, Dietrich (eds): Comparative Historical Analysis in the Social Sciences. Cambridge, MA: Cambridge University Press: 208-240

Tolbert, Pamela S./Zucker, Lynne G. (1996): The Institutionalization of Institutional Theory. In: Clegg, Stuart R./Hardy, Cynthia/Nord, Walter R. (eds): Handbook of Organization Studies. London: Sage: 175-190

Vitols, Sigurt (2003): From banks to markets. The political economy of liberalization of the German and Japanese financial systems. In: Yamamura, Kozo/Streeck, Wolfgang (eds): The End of Diversity? Ithaka, New York: Cornell University Press: 240-260

Weber, Max (1978): Gesammelte Aufsätze zur Religionssoziologie, Band 1. Tübingen: Mohr

Windhoff-Héritier, Adrienne (2003): New modes of governance in Europe. In: Börzel, Tanja A./Cichowski, Rachel A. (eds): Law, politics and society. Boulder: Lynne Rienner: 105-125

Wrong, Dennis H. (1997 {1961}): The Oversocialized Conception of Man in Modern Sociology. In: Alexander, Jeffrey/Boudon, Raymond/Cherkaoui, Mohamed (eds): The Classical Tradition in Sociology. The American Tradition. Volume III. London: Sage: 25-39

V. Governance im Spiegel der Wissenschaftsdisziplinen

Gunnar Folke Schuppert

I.	Der Governance-Begriff als interdisziplinärer Brückenbegriff	373
II.	Governance als fortentwickelte Steuerungstheorie – die politikwissenschaftliche Perspektive	375
	1. Systemtheoretische und akteurszentrierte Steuerungstheorie als sozialwissenschaftliche Grundposition	375
	2. Neo-korporatistische und netzwerktheoretische Steuerungskonzepte als Varianten einer akteurszentrierten Steuerungstheorie	378
	3. Von Steuerung zu Governance oder von Akteuren zu Regelungsstrukturen	380
III.	Governance in und durch Regelungsstrukturen – die rechtswissenschaftliche Perspektive	382
	1. Rechtswissenschaft als Steuerungswissenschaft	382
	a) Der steuerungswissenschaftliche Ansatz im Verwaltungsrecht	382
	b) Rechtliche Steuerung als Struktursteuerung	384
	2. Bereitstellungsfunktion des Rechts und Design von governancetauglichen Regelungsstrukturen	386
	a) Recht als kooperationsfördernde Infrastruktur	386
	b) Zur Infrastrukturverantwortung der Rechtsordnung	388
	aa) Der Strukturierungsauftrag des Rechts oder zur notwendigen Strukturierung von Kooperation	388
	bb) Strukturierungsauftrag des Rechts als staatliche Strukturschaffungspflicht	389
	3. Die staatliche Infrastrukturverantwortung »at work«: zwei Beispiele	391
	a) Bereitstellung eines Rechtsrahmens für Public Private Partnership als Design von Governance-Strukturen	391
	b) Bausteine eines Gewährleistungsverwaltungsrechts als Design von Governance-Strukturen	391
	4. Die Rolle des Rechts im Prozeß der Globalisierung oder Verrechtlichung als Baustein von Global Governance	393
IV.	Regulatory Governance – die regulierungstheoretische Perspektive	395
	1. »Governance-choice« als »regulatory choice«: konzeptionelle Überlegungen	396
	a) Von instrumental und institutional choice zu regulatory choice	396
	b) Voraussetzungen des regulatory choice-Konzepts	398
	aa) Recht als Produkt	399
	bb) Pluralisierung und Entstaatlichung der Rechtsproduktion im Gefolge der Transnationalisierung	399
	cc) Institutionelle Wahlnormen als dritter Weg zwischen Gesetz und Vertrag	400
	2. Regulatory Governance and Regulatory Choice: fünf Anwendungsfelder	401
	a) Das Grundmodell einer Skalierung von Regulierungstypen mit den Endpunkten staatlich und privat	401
	b) Das OECD-Modell von Regulatory Governance zwischen Markt und Staat	402

		c) Zur Binnendifferenzierung des Bereiches der Selbstregulierung	404
		d) Rechtsetzung zwischen Staat und Gesellschaft	406
		e) Konsequenzen von Global Governance: von »soft law« zu »soft institutions«	410
	3.	Bilanzierende und weiterführende Überlegungen	412
		a) Designing regulatory institutions oder das Konzept von »responsive regulations«	412
		b) Regulatory Governance als Bereitstellung einer Regulierungs-Infrastruktur	413
		c) Verfassungsrechtliche Rahmenbedingungen nicht-staatlicher Normsetzung	415
V.	Organisation, Organisationsprinzipien und Organisationsrecht als Governance-Ressourcen – die organisationstheoretische Perspektive		416
	1.	»Organization does matter« – auch und gerade für Governance	416
	2.	Governance-Entscheidungen als Organisationswahl-Entscheidungen (organizational choice)	418
	3.	Governance-Strukturen im Wandel: von der Hierarchie zum Netzwerk	420
		a) Hierarchie als zentrale Governance-Struktur klassischer Staatlichkeit	420
		b) Netzwerke als zentrale Governance-Struktur gewandelter Staatlichkeit	424
		aa) Innovationen in und durch Netzwerkorganisationen	426
		bb) Transnationale Netzwerkorganisationen als Erscheinungsform zivilgesellschaftlicher Selbstorganisation	428
		cc) Zum Verhältnis nationaler und europäischer Politiknetzwerke	430
	4.	Zusammenfassung	431
VI.	Governance als Handlungskoordination in und durch Institutionen – die institutionentheoretische Perspektive		432
	1.	Governance als institutionelle Steuerung	432
	2.	Funktionsweise und Funktionslogik institutioneller Steuerung	433
		a) The Three Pillars of Institutions	433
		b) Die kulturelle Dimension institutionellen Denkens	434
		c) Institutionen aus geschichtswissenschaftlicher Perspektive	436
		d) Zusammenfassung	437
	3.	Von Institutionenkultur zu Governance-Kultur	438
		a) Begriff der Institutionenkultur	438
		b) Begriff der Governance-Kultur	439
	4.	Governance und Institutionenökonomik	443
		a) Principal-Agent-Problem, Gewährleistungsverwaltungsrecht und Staatsaufsicht	443
		b) Transaktionskostenansatz und Tendenzen der Verwaltungsentwicklung	445
		aa) Begriff und Arten von Transaktionskosten	445
		(1) Such- und Informationskosten	445
		(2) Verhandlungs- und Entscheidungskosten	445
		(3) Überwachungs- und Durchsetzungskosten	446
		bb) Zur Übertragung des Transaktionskostenansatzes auf die öffentliche Verwaltung (exemplarisch)	446
		(1) Such- und Informationskosten: Amtsermittlungs- oder Beibringungsgrundsatz?	446
		(2) Verhandlungs- und Entscheidungskosten	447
		(3) Überwachungs- und Durchsetzungskosten: von der Fremd- zur Eigenüberwachung	447

	c) Zusammenfassung: Organisations- und Verfahrensänderungen als Spiegelbild eines Neuzuschnitts von öffentlichem und privatem Sektor	448
VII.	Governance als Kommunikationsprozeß – die kommunikationstheoretische Perspektive	449
	1. Von Steuerung durch Kommunikation zu Governance als Kommunikationsprozeß	449
	a) Steigender Kommunikationsbedarf bei der Politikformulierung und Politikdurchsetzung – die steuerungstheoretische Perspektive	449
	aa) Der soziologische Befund: der argumentierende Staat	449
	bb) Der politikwissenschaftliche Befund: die Kommunikationsfunktion der öffentlichen Verwaltung	451
	cc) Der rechts- und verwaltungswissenschaftliche Befund: Partizipation durch Kommunikation	452
	b) Governance als kommunikative Interaktion	453
	2. Modi und Organisationsformen von Governance als Kommunikationsprozeß	455
	a) Top-down-Kommunikation: aufgedrängte Kommunikation durch edukatorisches Staatshandeln	455
	b) Bottom-up-Kommunikation: Selbstkoordination Betroffener	456
	c) Netzwerke als institutionalisierte Kommunikationsprozesse	457
VIII.	Ausblick	458

I. Der Governance-Begriff als interdisziplinärer Brückenbegriff

Für interdisziplinäres Arbeiten, das bekanntlich besonders anspruchsvoll ist und deshalb jede nur denkbare Hilfestellung gut gebrauchen kann, kommt solchen Typen von Begriffen eine besondere Bedeutung zu, die einen Dialog zwischen den Disziplinen ermöglichen, ohne ihnen dabei allzu große Überfremdungserlebnisse zuzumuten. Solche Begriffe, die wir – etwas umständlich – als Schlüsselbegriffe der Perspektivenverklammerung bezeichnet haben (Schuppert 1999), nennt Hans-Heinrich Trute (1999) wesentlich eleganter und daher vorzugswürdig **interdisziplinäre Verbundbegriffe** oder auch **Brückenbegriffe**. Interdisziplinäre Verbundbegriffe bzw. Brückenbegriffe zeichneten sich durch ihre Eigenschaft aus, verschiedene **disziplinäre Fachdiskurse** und ihre Ergebnisse **miteinander zu verkoppeln**, also aufeinander zu beziehen und nicht einfach nur in berührungsloser Parallelität nebeneinanderher zu führen. Als Beispiel für einen solchen Brückenbegriff nennt Trute den Begriff der Verantwortung und merkt dazu folgendes an: » . . . ist der Begriff der Verantwortung, wie alle fruchtbaren Begriffe, in der Lage, sozial- und verwaltungswissenschaftliche sowie rechtswissenschaftliche Erkenntnisse zu strukturieren und dem jeweiligen Fachdiskurs als **Katalysator** und zugleich als Brückenbegriff zu dienen. Das war bei einem so einflußreichen Begriff wie dem der Daseinsvorsorge nicht anders, als es heute bei dem der Verantwortung ist.« Wir selbst hatten in unserem Beitrag (1999) neben dem Begriff der Verwaltungsverantwortung die Begriffe Steuerung sowie Entscheidung und Kommunikation als zu interdisziplinärem Dialog einladende Brückenbegriffe ausgemacht. Inzwischen ist das **Brückenbild** von Wolfgang Hoffmann-Riem in seinem Einleitungsbeitrag zu den »Methoden einer anwendungsorientierten Verwaltungsrechtswissenschaft« (2004) weiter ausgebaut worden, indem er neben Brückenmethoden, Brückendaten und Brückentheorien gerade auch Brückenbegriffe für hilfreich hält, deren Funktion er wie folgt charakterisiert:

> »**Brückenbegriffe** (im Bereich der Rechtsanwendung z. B. Begriffe wie Steuerung, Information, Kooperation, Anreize, Organisation, Vernetzung, Transparenz, Effektivität, Effizienz, Innovation, Verantwortung, Legitimation) **bündeln den Ertrag trans- und interdisziplinärer Kommunikation** in Sprachform und transportieren – so auf den Begriff gebracht – auch normative Konzepte, Plausibilitätsstrukturen, Faktenannahmen u. ä. und können dadurch eine **Verständigung** über das Gemeinte **erleichtern** und damit möglicherweise auch das Verstehen.«

Wenn wir diese Überlegungen und Beispiele noch einmal Revue passieren lassen, so ist leicht erkennbar, daß der Governance-Begriff ein geradezu idealer Kandidat für die Aufnahme in den »Club« der Brückenbegriffe darstellt: es ist kaum eine Disziplin ersichtlich, in der Governance nicht inzwischen eine prominente Rolle spielt, und der von Werner Jann (in diesem Bande) geschilderte, geradezu raketenartige Aufstieg des Governance-Begriffs dürfte vor allem darin seine Erklärung finden, daß der Begriff »Governance« genau das zu leisten scheint, was Brückenbegriffe auszeichnet, nämlich unterschiedliche Disziplinen miteinander ins Gespräch zu bringen. Für uns ergeben sich daraus die folgenden zwei Konsequenzen: erstens erscheint es reizvoll und wichtig, der üblicherweise dominierenden **Bereichsperspektive** (vgl. Benz 2003) – Local Governance, Regional Governance, European Governance, Global Governance auf der einen Seite und Governance von Finanzmärkten, Internet-Governance etc. auf der anderen Seite – eine **disziplinenorientierte Betrachtungsweise** zur Seite zu stellen und dabei – zweitens – danach zu fragen, worin eigentlich **der spezifische Beitrag der jeweiligen Disziplin** zur Governance-Forschung besteht, welcher der vielen Brückenpfeiler also der Politikwissenschaft, der Rechtswissenschaft, der Institutionentheorie etc. zugerechnet werden kann.

Dies ist kein einfaches Vorhaben und birgt die Gefahr, von den verschiedenen Disziplinen als in ihrem Gebiet nur dilettierender Akteur wahrgenommen zu werden; für einen **Grenzgänger von Beruf**, der sich – wie wir – auf den Feldern der Verwaltungswissenschaft und gar der Staatswissenschaft versucht hat, ist dies nicht nur ein inzwischen zur Gewohnheit gewordenes Berufsrisiko, es macht vielmehr genau denjenigen »Reiz« aus, der die für die Inangriffnahme eines solchen Unterfangens notwendigen Energien freisetzt.

Bei der nun folgenden **Befragung der Disziplinen** wollen wir – was naheliegt – mit der Disziplin der Politikwissenschaft beginnen und werden dabei lernen, daß sich durch die Governance-Perspektive eine gegenüber der Steuerungstheorie nicht unerhebliche Akzentverschiebung ergeben hat, nämlich **von der Akteurszentriertheit zur Betonung von Regelungsstrukturen**, die das Verhalten der Akteure beeinflußt. Dies lädt dazu ein, dann der Rechtswissenschaft einen ungewohnt prominenten Platz einzuräumen sowie nach dem Beitrag der Regulierungstheorie zu fragen. Beginnen wir daher zunächst mit diesem »Dreierpack«.

II. Governance als fortentwickelte Steuerungstheorie – die politikwissenschaftliche Perspektive

Unsere zentrale These ist, daß es sich bei der in Umrissen abzeichnenden Governance-Theorie um eine Fortentwicklung der Steuerungstheorie handelt, aber nicht im Sinne einer linearen Fortschreibung, sondern im Sinne einer Modifikation der bisherigen steuerungstheoretischen Ansätze durch eine **Neufokussierung des Forschungsansatzes**. Um diese mit dem Wandel von Steuerung zu Governance verbundene Veränderung des Forschungsansatzes besser verstehen zu können, erscheint es hilfreich, einen kurzen Blick zurück auf die »alte« oder klassische Steuerungstheorie zu werfen, wie sie in der Politik- und Verwaltungswissenschaft diskutiert worden ist.

1. Systemtheoretische und akteurszentrierte Steuerungstheorie als sozialwissenschaftliche Grundposition

Als zwei durch die Skepsis gegenüber staatlicher Steuerung verbundene sozialwissenschaftliche Grundpositionen in der Steuerungstheorie kann man – in wohl im Ganzen zulässiger Vereinfachung – die **systemtheoretische Steuerungstheorie** und die **akteurszentrierte Steuerungstheorie** unterscheiden (informative Darstellung bei Florian Becker 2004).

Was zunächst die **autopoietische Richtung der soziologischen Systemtheorie** angeht, so ist sie nicht nur skeptisch gegenüber den Möglichkeiten staatlicher Steuerung, insbesondere durch regulatives oder interventionistisches Recht, sie stellt einen solchen staatlichen Steuerungsanspruch vielmehr als illusionär in Abrede, da die **Selbstreferenzialität der ausdifferenzierten Subsysteme** der Gesellschaft diesem entgegenstehe; Becker formuliert diese Position zusammenfassend und unter Bezugnahme auf Teubner (1989) und Willke (1987, 1992) wie folgt (S. 15/16):

»Komplexe, selbstorganisierende autonome Systeme finden ihre Identität und Eigenständigkeit in der Aufrechterhaltung einer spezifischen, regenerativen »basalen Zirkularität«. In dieser produziert ein System diejenigen Elemente, die ihrerseits diesen Prozeß wieder aufbauen. Dieser Vorgang wird als **Selbstreferenz** bezeichnet. Die in der Selbstreferenz liegende Zirkularität führt dazu, daß die Systeme in ihrem Kernbereich, in ihrer inneren Steuerungsstruktur geschlossen, unabhängig von ihrer Umwelt und nicht unmittelbar von außen beeinflußbar sind. Die Politik, die selbst nur ein Subsystem unter anderen ist, kann andere operativ geschlossene Systeme nicht kausal steuern, sondern lediglich Selbständerungen anregen.«

In der Konsequenz bedeutet dies, daß die **Vorstellung eines steuerungsfähigen Staates als Illusion enttarnt werden muß** (Willke 1984), der Staat nur noch als semantischer Rückstand für die Selbstbeschreibung des politischen Systems gelten kann (Luhmann 1970); in der Beckerschen Zusammenfassung liest sich dies so (S. 17):

> »In dieser Theorie verfügt die in ausdifferenzierte Funktionssysteme gegliederte moderne Gesellschaft über keine Zentralorgane mehr. Sie hat weder Spitze noch Zentrum. **Der Staat wird** vor dem Hintergrund einer unaufhörlichen Ausdifferenzierung der Gesellschaft und einer autopoietischen Abschottung dadurch entstehender Teilsysteme **als übergeordnete Steuerungsinstanz obsolet**. Von der ›Gesellschaft‹ wird nicht mehr der ›Staat‹, sondern das ›politische System‹ unterschieden, das innerhalb des umfassenden Sozialsystems ›Gesellschaft‹ nur eines neben vielen Teilsystemen darstellt. Der Staat – so die berühmte Formulierung – ist nur noch ein semantischer Rückstand für die Selbstbeschreibung des politischen Systems. Dementsprechend dienen Begriffe wie Interventions- oder Sozialstaat nur noch der Verschleierung einer nicht (mehr) vorhandenen oder realisierbaren Verantwortung des Staates für die Gesellschaft, als Suggestion unmittelbar gesellschaftsbezogenen Handels des Staates begriffen. Die Vorstellung eines steuerungsfähigen Staates gilt als Illusion – zumindest soweit man als staatliches Steuerungsmedium Rechtsnormen mit einem interventionistischen, auf hierarchischen Vollzug ausgerichteten Konditionalprogramm zugrundelegt.«

Diese Position der autopoietischen Systemtheorie, die man vielleicht als **Entzauberung des staatlichen Steuerungsanspruchs** bezeichnen kann, ist – jedenfalls in ihrer systemtheoretischen Radikalität – auch in den Sozialwissenschaften nicht unwidersprochen geblieben (Scharpf 1989, Mayntz 1987) und auch von Juristen skeptisch kommentiert worden (Schuppert 1990). Dabei sind die dagegen erhobenen Einwände empirisch-praktischer wie theoretischer Natur.

Man kann einmal fragen, ob denn die systemtheoretisch reklamierte Steuerungsunfähigkeit in der praktischen Steuerungsunfähigkeit des politischen Systems seine Entsprechung findet, also die **empirische Probe** machen. Daran zu zweifeln, daß diese bestanden werden kann, besteht lebhafter Anlaß. Zu Recht hat Scharpf (1989: 12) darauf hingewiesen, daß »das intellektuelle Widerstreben gegen Luhmanns Theorieprojekt . . . wohl eher aus einer empirischen Irritation erwachse«. Überhaupt wird man sagen können – und hier stimmen wir mit unserer Kritik (Schuppert 1990) mit Scharpf fast nahtlos überein – daß »die systemtheoretische Argumentation . . . trotz der häufigen Verwendung des Wortes ›hochkomplex‹ die Komplexität der Verflechtungen und Interaktionen von staatlicher, nicht-staatlicher und quasi-staatlicher Organisation und die zum Teil symbiotischen Verhältnisse von Staat und Nicht-Staat und schließlich die in unterschiedlichen Politikbereichen gänzlich unterschiedlichen Interventionsinstrumente und Interventionsintensitäten nicht angemessen zu erfassen« vermag.

Die **theoretischen Einwände** gegen die systemtheoretische Variante der Steuerungstheorie zu formulieren, wollen wir an dieser Stelle Renate Mayntz überlassen, die in ihrem bilanzierenden Aufsatz über Aufstieg und Niedergang der Steuerungstheorie (Mayntz 1995) nicht nur – wie schon in früheren Beiträgen (Mayntz 1986) – die Wichtigkeit der Steuerungsakteure hervorgehoben, sondern vor allem beklagt hat, daß

die Systemtheorie der Steuerungstheorie keinerlei positive Impulse zu geben vermöge (1995: 154, 155):

»Die systemtheoretische Einbettung der Steuerungsdiskussion war zwar geeignet, die fragwürdigen Prämissen der verbreiteten Klagen über staatliche Steuerungsmängel aufzuweisen. Die autopoietische Variante der Systemtheorie konnte jedoch lediglich den vermeintlichen Rückzug des Staates erklären, vermochte aber der politikwissenschaftlichen Diskussion keine positiven Impulse zu geben. Der Grund hierfür liegt darin, daß zentrale politische Steuerung im systemtheoretischen Modell nicht nur unmöglich ist, sondern daß es dafür **im Grunde auch keinen Bedarf** gibt . . .
Daß diese systemtheoretischen Ansätze steuerungstheoretisch in eine Sackgasse führen, blieb nicht unbemerkt (. . .). Um den systemtheoretischen Ansatz politikwissenschaftlich fruchtbar zu machen, müssen seine blinden Flecken erkannt und durch **positive Theoriebildung** beseitigt werden. Erstens müssen die negativen Konsequenzen einer ungezügelten funktionellen Differenzierung explizit thematisiert werden. Die funktionelle Spezialisierung erzeugt nicht nur ein hohes Maß an wechselseitigen Abhängigkeitsbeziehungen zwischen ihnen, sondern auch unabsichtliche negative Nebenwirkungen der verschiedenen Teilsysteme füreinander. Außerdem sind die Abhängigkeitsbeziehungen zwischen ihnen typischerweise asymmetrisch, so daß kein spontaner Ausgleich divergierender Interessen stattfindet. Die Steigerung teilsystemischer Rationalität durch funktionelle Spezialisierung erzeugt damit, wie u. a. Offe (1986) betont, ungelöst bleibende Kompatibilitätsprobleme und Koordinationsmängel, in deren Folge auf der Ebene des Gesamtsystems die Irrationalität steigt. Die Senkung des Steuerungsanspruches ist angesichts solcher Probleme **eine bloße Verzichtsreaktion** . . .
Ein zweiter blinder Fleck der Systemtheorie Parsonscher und Luhmannscher Provenienz ist die **Vernachlässigung struktureller Aspekte** und speziell der Binnenstruktur der verschiedenen funktionellen Teilsysteme. Grad und Formen sektoraler Organisation sind jedoch entscheidende Voraussetzungen sowohl für die Möglichkeit der Selbstregelung wie auch für das Entstehen von **Politiknetzwerken und anderen Verhandlungssystemen mit staatlicher Beteiligung**. Das typische makro-korporatistische Dreieck aus Staat, Arbeitgeber- und Arbeitnehmerorganisationen etwa setzt eine vertikal integrierte, monopolistische Organisation antagonistischer gesellschaftlicher Interessen voraus. Eine Systematisierung der verschiedenen Regelungsformen jenseits von Markt und Hierarchie und damit auch der Vernetzung zwischen verschiedenen Teilsystemen ist ohne Bezug auf derartige strukturelle Aspekte gar nicht möglich. Soll der system- bzw. modernisierungstheoretische Ansatz nicht nur das alte Paradigma politischer Steuerung destruieren, sondern ein neues begründen helfen, dann **bedarf es mithin einer institutionalistischen Wende** . . .«

Auf diese angemahnte **institutionalistische Wende** ist unter dem Stichwort »Von Steuerung zu Governance« sogleich noch einmal zurückzukommen.
Von diesem Ausgangspunkt aus – der Zurückweisung der wenig hilfreichen Steuerungsabstinenz der Systemtheorie und der Betonung von mehrpoligen Steuerungsstrukturen einschließlich des Staates als eines besonderen, nämlich über Rechtsetzungsmacht verfügenden Akteurs – gelangt Renate Mayntz zu einer durchaus positiven Einschätzung staatlichen Steuerungspotentials, das nicht als Rückgang, sondern als Formwandel staatlicher Machtausübung verstanden werden müsse, eine Einschätzung, die wir in unserem »Rückzugsbeitrag« (Schuppert 1995) in ganz ähnlicher Art und Weise vertreten haben; die entsprechende Passage bei Renate Mayntz lautet wie folgt (1995: 163):

»Die jüngste politikwissenschaftliche Diskussion läßt in der Tat erkennen, daß von einem **resignierten Rückzug des Staates keine Rede sein kann.** Zu den klassischen ›Staatsaufgaben‹, treten im wachsenden Maße Aufgaben des gesellschaftlichen Interdependenzmanagements, und gerade diesen Aufgaben sind die gegenwärtig im Zentrum des Interesses stehenden neuen Regelungsformen angemessen. Deren Aszendenz ist insofern keine Reaktion politischer Schwäche, sondern ein Korrelat gesellschaftlichen Strukturwandels, der staatlichen Akteuren auch in manchen traditionellen Regelungsfeldern neue Einflußmöglichkeiten eröffnet. Wir haben es **nicht mit einem Rückgang, sondern mit einem Formwandel staatlicher Machtausübung** zu tun, durch den sich das Spektrum der nebeneinander existierenden Regelungsformen verbreitert hat.

Das entscheidende Element dieses Formwandels ist das Zusammenwirken, die **Kombination von gesellschaftlicher Selbstregelung und politischer Steuerung.** Eine solche Kombination beruht allerdings auf spezifischen Voraussetzungen, die nicht in allen modernen Staaten gleich ausgeprägt sind.«

Auch auf diesen Gesichtspunkt der Kombination von staatlicher Steuerung und gesellschaftlicher Selbststeuerung werden wir noch zurückkommen, und zwar unter dem Gesichtspunkt »Governance als Regulierung«.

2. *Neo-korporatistische und netzwerktheoretische Steuerungskonzepte als Varianten einer akteurszentrierten Steuerungstheorie*

Innerhalb der akteurszentrierten Steuerungstheorie kann man mit Sebastian Botzem (2002) neo-korporatistische und netzwerktheoretische Steuerungskonzepte unterscheiden.

Was zunächst die **neo-korporatistischen Steuerungskonzepte** angeht, so verdanken sie ihre Popularität dem zunehmenden Bedarf nach konsensualen Lösungen politischer Probleme – dies ist etwa die These von Gerhard Lehmbruch (1996) – oder können als Ausdruck einer neuen Bescheidenheit in Bezug auf staatliche Steuerungsansprüche interpretiert werden, wobei korporatistische Arrangements als Hilfsinstrumente staatlicher Steuerung eingesetzt werden, die zugleich eine gesellschaftliche Selbstkoordination ermöglichen (von Beyme 1991: 128 f.). Kurz gesagt, hat neo-korporatistische Steuerung die Funktion, möglichst frühzeitig Sachverstand und Widerstand in den politischen und administrativen Entscheidungsprozeß zu integrieren, um **konsensfähige Entscheidungen** herbeizuführen (Streeck 1994: 18).

Interessant an der Darstellung dieser neo-korporatistischen Steuerungskonzepte bei Botzem ist die starke Betonung der überaus wichtigen **Rolle des Akteurs »Staat«**, der zwar nichts oder wenig im Wege direkter Steuerung bewirken kann, aber **als flankierender und organisierender Akteur** erstaunlich präsent ist; bei Sebastian Botzem heißt es dazu wie folgt (2002: 11/12):

»Neo-korporatistische Steuerungsansätze haben . . . in den letzten Jahrzehnten einen Perspektivwechsel von der Makro- zur Mesoebene vollzogen. Dabei werden zunehmend dezentrale und nichtöffentliche (private) Regelungsarrangements berücksichtigt. Ein vermehrtes Tätigwerden privater Akteure im Rahmen autonomer Selbststeuerungsarrangements steht dabei jedoch nicht ihrer Orientierung am öffentlichen Wohl entgegen, zumal sie letztlich von staatlicher Seite ermächtigt sind. Die Bedeutung (neo-)korporatistischer Ansätze für den Steuerungsdiskurs liegt darin, daß sie die **konstitutive Rolle des Staates bei der Organisierung kollektiver gesellschaftlicher Interessen ausdrücklich betonen**. Zwar wird von der Handlungsautonomie korporativer Akteure ausgegangen, ihre Handlungskapazität ist aber eng mit der Beleihung durch staatliche Autorität verknüpft (Streeck 1994: 10). Auch wenn sich erfolgreich selbstregulierende, teilweise sogar marktgesteuerte Ausprägungen durchgesetzt haben, basieren diese letztlich doch auf **staatlichen Organisationshilfen** ...

Das Interesse gilt dabei der Vielfalt der real existierenden Steuerungsmodi. Aus der Perspektive des Staates geht es in neo-korporativen Arrangements darum, organisierte soziale Gruppen dazu zu bewegen, sich aus Eigeninteresse heraus gemeinwohlverträglich selbst zu regulieren (Streeck 1994: 17). **Der Staat** selbst spielt im Zuge mesokorporatistischer Konfigurationen **eine flankierende und garantierende Rolle** (Lehmbruch 1996: 740).«

Während also bei den neo-korporatistischen Steuerungskonzepten die beteiligten Hauptakteure vergleichsweise übersichtlich sind – die wichtigsten »corporate actors« einer Politikarena und der flankierende und garantierende Staat – und die Koordination der Handlungen dieser Akteure ebenfalls vergleichsweise übersichtlich ist, da sie sich überwiegend durch Verhandlungen vollzieht (Scharpf 1993), öffnet das Netzwerkkonzept die Arena für eine Vielzahl von Akteuren mit weniger klar definierten Rollen; Botzem formuliert diesen Befund wie folgt (2002: 13):

»Im Gegensatz zu korporatistischen Arrangements können Netzwerke eine breitere Palette des Zusammenspiels von Steuerung und Selbstregulierung ausdrücken. Da sie nicht durch die Beleihung durch staatliche Autorität gekennzeichnet sein müssen, ist eine pauschale Antwort auf die Frage, ob sie ein Beispiel für den Bedeutungsverlust des Staates darstellen, nicht möglich. Eine Aussage kann nur anhand des jeweils untersuchten Netzwerkzusammenhangs getroffen werden. Zudem ist vielen Netzwerkansätzen gemein, **daß informelle und dezentrale interorganisatorische Beziehungen von Bedeutung** sind (Messner 1995: 196). Neo-korporatistische Arrangements hingegen, insbesondere bezogen auf die Delegation von Verhandlungsmacht auf bestimmte Akteure, sind geprägt von Formalität und Exklusivität. So sind denn auch die Ähnlichkeiten zwischen beiden Konzepten eher in ihrer Funktion zu suchen, die ihre steuerungskonzeptionellen Unterschiede überdecken.«

Die Stärke von Netzwerkkonzeptionen sieht Botzem in ihrer Fähigkeit, auf vielfältige Art und Weise Interaktionen zwischen den Beteiligten zu analysieren, ein enges Zusammenspiel zwischen privaten und öffentlichen Akteuren zu ermöglichen und durch diese Integration die Steuerungsressourcen auf eine größere Zahl von Akteuren zu verteilen. Neben der Kapazität, »schon immer vorhandene private Regulierungsformen auszudrücken, erlauben sie es vorbehaltlos, private und **öffentlich-private Steuerungskonfigurationen** abzubilden. Damit sind sie in der Lage, reale Veränderungen zu berücksichtigen und neue Akteure einzubeziehen« (Botzem 2002: 14).

Aber auch in Netzwerkkonfigurationen ist und bleibt **der Staat ein wichtiger Akteur**, der »gatekeeper«-Funktionen wahrnimmt und – wie wir es an anderer Stelle formuliert haben (Schuppert 2000: 384 f) – als **Netzwerkknüpfer** unterwegs ist; Botzem zieht insoweit die folgende Bilanz (2002: 14/15):

»Ob Netzwerke als Vehikel dienen, staatliche Autorität zu unterlaufen oder ob sie durch die Einbeziehung privater Akteure gerade dafür sorgen, daß politisch-administrative Steuerung stattfinden kann, bleibt an dieser Stelle offen. Zumindest für den nationalstaatlichen Aktionsraum ist zu berücksichtigen, daß der Staat in vielfacher Weise **Organisationsleistung** übernimmt, die das Handeln der Akteure ermöglicht oder erleichtert. Zu diesen ›**gatekeeper**‹-**Funktionen** gehört die Bereitstellung öffentlicher Güter, insbesondere ein funktionierendes Justizwesen. Staatliche Autorität greift zudem durch eine Vielzahl anderer Mechanismen in Entscheidungsprozesse ein, etwa durch gesetzliche Auflagen, finanzielle Anreize, Förderungsmaßnahmen sowie Ge- und Verbote im weitesten Sinne (Lindberg/Campbell/Hollingsworth 1991: 30 f.).«

Wenn wir an dieser Stelle eine erste Zwischenbilanz ziehen wollen, so können wir festhalten, daß neo-korporatistische Ansätze und Netzwerkkonzepte sich zwar nicht unwesentlich unterscheiden, aber letztendlich durch ihre **Akteurszentriertheit** verbunden sind. Die Akteure sind die zentralen Figuren und »nur« die Konstellationen unterscheiden sich, in denen sie miteinander interagieren, sei es in korporatistischen Arrangements von einer gewissen Formalität, die als Verhandlungsarenen dienen, sei es in netzwerkartigen Konfigurationen deutlich informelleren Charakters und unübersichtlicherer Anzahl und Beschaffenheit der Akteure. Damit bilden aber die Netzwerkkonzepte gewissermaßen schon die Brücke, über die Beschäftigung mit den Konstruktionsprinzipien von Netzwerken den Forschungsfokus der Regelungsstrukturen allmählich hervortreten zu lassen.

3. *Von Steuerung zu Governance oder von Akteuren zu Regelungsstrukturen*

Es wird niemanden wirklich überraschen, daß es gerade Renate Mayntz ist, die nunmehr – um es etwas überspitzt zu formulieren – das Ende der Steuerungstheorie und den Anbruch der neuen Ära von Governance ausgerufen hat (Mayntz 2005). Wie erinnerlich, hatte sie bereits 1995 die Notwendigkeit einer institutionalistischen Wende reklamiert und 1998 die Akzentverschiebungen geschildert (Mayntz 1998), die mit dem Wandel von Steuerung zu Governance einhergehen. Mit der Inthronisierung des Governance-Ansatzes sieht sie diese institutionalistische Wende vollzogen und einen **neuen Forschungsansatz** etabliert. Ihre These ist, »daß der mit dem Leitbegriff Governance arbeitende analytische Ansatz **eine andere Perspektive** repräsentiert als der mit dem Leitbegriff Steuerung arbeitende Ansatz. Governance-Theorie, d. h. die im Rahmen des Ansatzes entwickelte substantielle Theorie, ist **keine einfache Fortentwicklung im Rahmen des steuerungstheoretischen Paradigmas**; sie befaßt sich mit einem eigenen Satz von Fragen und lenkt dabei das Augenmerk auf andere Aspekte der Wirklichkeit als die Steuerungstheorie.«
Wie nun – so fragt sich der diesen Paradigmenwechsel begreifen wollende Betrachter – läßt sich dieser Wechsel von Steuerung zu Governance erklären? Die Antwort ist eigentlich ziemlich einfach: wie wir geschildert hatten, ist die klassische Steuerungstheorie akteurszentriert und dachte (wie man wohl formulieren muß) in Steuerungssubjekten und Steuerungsobjekten, wobei dem Staat – selbst in den Varianten des

Neokorporatismus und der Netzwerktheorie – eine nach wie vor überaus prominente Rolle zukam. **Diese kognitiven Prämissen sind** – so erklärt es uns Renate Mayntz – schlicht **entfallen**, ein Befund, der durch den Prozeß von Transnationalisierung bzw. Globalisierung unübersehbar geworden ist. Schon im **kooperativen Staat** sei zu beobachten gewesen, daß die Grenzen zwischen Steuerungssubjekt und Steuerungsobjekt zu verschwimmen begannen: ». . . lassen sich Steuerungssubjekt und Steuerungsobjekt nicht mehr eindeutig unterscheiden, weil die Regelungsadressaten selber am Entwerfen der Regeln und ihrer Durchsetzung mitwirken.« Vor allem aber sei im Gefolge der Transnationalisierung der Staat als Akteur einer zentralen Steuerung abhanden gekommen, so daß es schlicht keinen Sinn mehr mache, von zentraler politischer Steuerung zu sprechen: »Mit dem Übergang von der europäischen zur sogenannten ›globalen‹ Ebene wird die Governance-Perspektive schließlich dominant. Auf der globalen Ebene kann man von zentraler politischer Steuerung sinnvollerweise überhaupt nicht mehr sprechen.«

Als Konsequenz dieser Entwicklung bleibt kein anderer Weg als sich von der Akteurszentriertheit als Schlüssel zum Verständnis der Probleme der Handlungskoordination zu verabschieden und **Strukturen und Institutionen** in den Mittelpunkt der Analyse zu rücken:

> ». . . nicht die Intervention, das Steuerungshandeln von Akteuren, sondern die wie auch immer zustande gekommene **Regelungsstruktur** und ihre Wirkung auf das Handeln der ihr unterworfenen Akteure steht nun im Vordergrund. Die Governance-Perspektive geht damit nahtlos in eine **institutionalistische Denkweise** über. Das wird bereits am Konzept der corporate governance gut nachvollziehbar, mit dem bestimmte Aspekte der Unternehmensverfassung gemeint sind – also gerade nicht das ›Steuerungshandeln‹ von Managern, sondern die Institutionen, die rationales Handeln über situative Anreize lenken.«

Diesen hier nur kurz skizzierten Wandel von Steuerung zu Governance hat Renate Mayntz in ihrem jüngsten Beitrag selbst so präzise zusammengefaßt, daß wir ihr zum Abschluß dieses Gliederungspunktes auch das Schlußwort geben wollen:

> »Faßt man nach diesem Überblick über die Entwicklung der Steuerungstheorie und der Governance-Theorie den Unterschied der beiden Perspektiven noch einmal grob zusammen, dann kann man die **Steuerungstheorie als akteurzentriert** und die **Governance-Theorie als institutionalistisch** bezeichnen. Die Steuerungstheorie ist dabei ihrer Genese her an eine kontinentaleuropäische Staatsvorstellung geknüpft. Bei ihr steht das handelnde Steuerungssubjekt im Vordergrund, bei der Governance-Theorie dagegen die **Regelungsstruktur**, eine Schwerpunktsetzung, die in beiden Fällen mit der Genese des Ansatzes zusammenhängt. Die Steuerungstheorie hat nie die Nabelschnur zu ›Politik‹ in einem relativ engen Sinn des Begriffs gekappt; sie läßt sich nicht von dem lösen, was von Anfang an mitgedacht wurde – Gesellschaftsgestaltung durch dazu legitimierte politische Instanzen. Die auf die Regelung öffentlicher oder kollektiver Sachverhalte bezogene Governance-Theorie kann umgekehrt ihre Herkunft aus der Wirtschaftswissenschaft nicht verleugnen: sie schaut vor allem auf die Wirkung von verschiedenen **Regelungsstrukturen** und interessiert sich weniger für ihr Entstehen, das in ökonomischer Perspektive durch rationale Wahl oder den evolutionären Erfolg **effizienter Regelungsformen** bestimmt ist. Der den Perspektivenwechsel anzeigende, semantische Umschlagspunkt liegt dort, wo die

Politikwissenschaft beginnt, sich intensiv mit den politisch zunehmend bedeutsamen Vorgängen auf der europäischen und der internationalen Ebene zu beschäftigen, jenen Ebenen also, auf denen ein ›Steuerungssubjekt‹ nur noch in generalisierter und zugleich fragmentierter Form erscheint. Der Begriffswechsel von Steuerung zu Governance verweist damit auch auf **Veränderungen in der politisch relevanten Wirklichkeit**, die eben diese neue Sichtweise ›realitätsgerechter‹ erscheinen lassen.«

Läßt man diese Passage noch einmal Revue passieren, so ist unübersehbar, daß die Akteure das Siegertreppchen verlassen mußten, um den **Regelungsstrukturen** Platz zu machen; ist aber der Begriff der Regelungsstruktur das neue Zauberwort, so drängt es sich geradezu auf, nach dem Beitrag einer als Regelungswissenschaft verstandenen Rechtswissenschaft zur Governance-Forschung zu fragen.

III. *Governance in und durch Regelungsstrukturen – die rechtswissenschaftliche Perspektive*

Die Disziplin der Rechtswissenschaft hat sich – soweit wir sehen – bisher noch nicht explizit als **Governance-Wissenschaft** präsentiert (wenn man von Beiträgen zu Fragen des deutschen Corporate Governance Kodex einmal absieht) und sich daher auch noch nicht in programmatischer Weise zu der Frage geäußert, welche Governance-Leistungen von der Rechtswissenschaft erwartet werden können. Aber es wird – so vermuten wir – nur eine Frage der Zeit sein, bis der soeben skizzierte Wandel von Steuerung zu Governance auch von der Rechtswissenschaft explizit rezipiert wird und sie an Überlegungen anknüpft, die sie schon zum Thema »Rechtswissenschaft als Steuerungswissenschaft« angestellt hat. Wir wollen an dieser Stelle zunächst an dieses Verständnis von Rechtswissenschaft als Steuerungswissenschaft erinnern und sodann – anknüpfend an ein Verständnis von Rechtswissenschaft als Regelungswissenschaft (Schuppert 2001) – in systematischer Weise die These zu entfalten versuchen, daß der Rechtswissenschaft bei der Würdigung von »Governance in und durch Regelungsstrukturen« eine zentrale Rolle zukommt und sie hierbei auf Bausteine zugreifen kann, die gewissermaßen schon bereitliegen und »nur noch« unter dem Blickwinkel der Governance-Forschung zu einer Architektur von Governance zusammengefügt werden müssen.

1. *Rechtswissenschaft als Steuerungswissenschaft*

a) *Der steuerungswissenschaftliche Ansatz im Verwaltungsrecht*

Daß die Rechtswissenschaft – zumindest auch – als Steuerungswissenschaft verstanden werden kann und sollte, dieser Gedanke ist insbesondere in einem Kreis von sozialwissenschaftlich interessierten Öffentlichrechtlern diskutiert worden (Hoffmann-

Riem/Schmidt-Aßmann/Schuppert 1993) und wir selbst haben uns an dieser Diskussion mit dem Beitrag »Verwaltungswissenschaft als Steuerungswissenschaft« (Schuppert 1993) maßgeblich zu beteiligen versucht. In diesem Beitrag waren wir der Frage nachgegangen, wie man sich Steuerung durch Recht eigentlich vorzustellen habe und hatten dazu unter Bezugnahme auf die Arbeiten von Franz-Xaver Kaufmann (1983) und Ernst Hasso Ritter (1990) die Auffassung vertreten, daß die rechtliche Steuerung des Verwaltungshandelns vor allem als eine eher mittelbare Steuerung fungiert, indem die Rechtsordnung für das Verwaltungshandeln bestimmte Handlungsformen, Entscheidungstypen, Verfahrensarten und Organisationsformen zur Verfügung stellt, die dann als Gußformen des Verwaltungshandelns (Pauly 1991) zur Verfügung stehen. Wir haben dafür den sich inzwischen freundlicher Anerkennung erfreuenden Begriff der **Bereitstellungsfunktion des Rechts** vorgeschlagen und dazu folgendes ausgeführt (1993: 96/97):

> »Mustert man noch einmal aufmerksam durch, was Franz-Xaver Kaufmann als Normierungstypen aufgelistet und was Ernst-Hasso Ritter als notwendiges Rechtsgerüst beschrieben hat, so scheint mir die Bereitstellungsfunktion des Rechts in den Vordergrund zu rükken, also – bezogen auf die Verwaltung – die Funktion des Verwaltungsrechts, ein Verwaltungshandeln zu ermöglichen, das als legitim empfunden wird, das rechtsstaatlich geordnet und diszipliniert ist, das sachrichtige Entscheidungen hervorbringt, das bürgernah und effektiv ist usw. Dazu ... genügt nicht das Bereitstellen von Anspruchsnormen oder Eingriffsermächtigungen in Gesetzen des Besonderen Verwaltungsrechts, vielmehr bedarf es der Bereitstellung geeigneter Entscheidungsverfahren, geeigneter Handlungsformen, geeigneter Organisationstypen und – nicht zuletzt – eines geeigneten öffentlichen Dienstrechts. Auch hier erweist sich erneut, wie unverzichtbar eine Zusammenschau von handlungsrechtlichem Verwaltungsrecht, Verwaltungsorganisations- und Verwaltungsverfahrensrecht für die Beurteilung von Steuerungsleistungen durch Recht ist.«

Dieses damals durchaus neue Verständnis von Verwaltungsrechtswissenschaft als Steuerungswissenschaft ist keine modische Eintagsfliege geblieben, sondern hat die Debatte über die Reform des Verwaltungsrechts nachhaltig befruchtet – wie an zwei Beispielen verdeutlicht werden kann.

Das erste Beispiel ist die intensive Diskussion über das später noch genauer zu würdigende **Konzept der regulierten Selbstregulierung.** Dieses Konzept der regulierten Selbstregulierung, das mit dem britischen Modell der »enforced self-regulation« eine gewisse Verwandtschaft aufweist (Hutter 2001), ist als **Steuerungskonzept des Gewährleistungsstaates** ausgeflaggt worden (vgl. Schuppert 2001), womit ganz deutlich wird, daß das dort zugrundegelegte Verständnis von Verwaltungsrecht sich einmal ganz bewußt auch als Bestandteil einer übergreifenden Steuerungstheorie definiert und zum anderen sich gerade aus steuerungstheoretischer Perspektive in die Debatte um die dem Wandel von Staatlichkeit angemessene Steuerungskonzepte einzubringen versucht.

Das zweite Beispiel ist das von Wolfgang Hoffmann-Riem, Eberhard Schmidt-Aßmann und Andreas Voßkuhle in Angriff genommene Vorhaben, ein dreibändiges Handbuch der Verwaltungsrechtswissenschaft herauszugeben. In der programmatischen Skizze dieses Projektes (Hoffmann-Riem u.a. 2002) heißt es ausdrücklich, daß das Forschungsprojekt sich dem Verständnis von »Verwaltungsrechtswissenschaft als Steuerungswissenschaft« verpflichtet fühle und daß gerade in dieser Perspektive das Neuartige des Zugangs liege: »Der **steuerungswissenschaftliche Ansatz** geht von der Erkenntnis aus, daß es zwar wichtig ist, Rechtsregeln, Figuren, Institute und Lehrsätze dogmatisch auszuformen, daß die Rechtswissenschaft es dabei aber nicht belassen darf, sondern sich zugleich mit den Wirksamkeitsbedingungen des Rechts zu beschäftigen hat. Er führt damit zu einer **grundsätzlichen Neuausrichtung** verwaltungsrechtswissenschaftlicher Forschungstätigkeit...«.

Zur **Leitbildfunktion** dieses steuerungswissenschaftlichen Ansatzes und ihrer Funktion für die rechtswissenschaftliche Systembildung heißt es in der Projektskizze ebenso anspruchsvoll wie vorwärtsweisend folgendermaßen:

> »Seine erkenntnisfördernde, rationalisierende und anleitende Kraft im rechtswissenschaftlichen Kontext erhält der Steuerungsansatz ... erst durch die **Verknüpfung mit dem juristischen Systemdenken**, das darauf angelegt ist, die gewonnenen Einsichten über das Handlungsgefüge der Verwaltung in die bestehende Systematik des Rechts einzupassen, überkommene Systemzäsuren zu überwinden und neue verallgemeinerungsfähige Strukturen zu gewinnen. Dies geschieht grob betrachtet in drei Schritten: Erstens durch die **Ordnung der diffusen Verwaltungsrealität** unter bestimmten Gesichtspunkten im Wege einer typologischen Aufbereitung, der primär heuristische Funktion zukommt. Zweitens durch **Ausbildung neuer erkenntnisleitender Schlüsselbegriffe**, die das paradigmatische Problemlösungspotential übergreifender Ordnungsideen für rechtliche Argumentationszusammenhänge überhaupt erst fruchtbar machen, und schließlich, drittens, durch die **Entwicklung neuer allgemeiner Rechtsgedanken, Prinzipien, Wertentscheidungen und Institute**. Vor allem in letzterem wird seit jeher die Aufgabe des rechtswissenschaftlichen Systemdenkens gesehen. Während die dogmatisch orientierte Systembildung jedoch primär die Auslegung von Normen und die Rechtsfortbildung zum Gegenstand hat, **bezieht die steuerungswissenschaftlich inspirierte Systematik ausgehend von der Realanalyse von Staat und Gesellschaft, Organisation, Personal, Verfahren usw. in die Systembildung mit ein**. Sie greift damit deutlich weiter und führt nicht nur zu einer Entlastung der Rechtspraxis, sondern vermag darüber hinaus Orientierung und Impulse für eine umfassende Neuordnung staatlicher Aufgabenbewältigung zu vermitteln.«

Ersetzen wir in den beiden zitierten Passagen den Begriff der Steuerungswissenschaft durch den der Governance-Forschung, so zeichnet sich hier bereits ab, worin der spezifische Beitrag der Rechtswissenschaft zur Konzeptualisierung von Governance liegen könnte, nämlich in der systematischen Herausarbeitung von Regelungsstrukturen, die als Rahmenordnung von Governance fungieren können. Bevor wir diesen Gedanken näher entfalten, wollen wir noch einen kurzen Blick auf den Beitrag der sozialwissenschaftlich aufgeschlossenen Verwaltungsrechtslehre und der Verwaltungswissenschaft zur Steuerungstheorie werfen.

b) *Rechtliche Steuerung als Struktursteuerung*

Sucht man nach einem Begriff, der das Spezifische von Steuerung durch (Verwaltungs-)Recht, insbesondere durch Verwaltungsverfahrens- und Verwaltungsorganisationsrecht, einfangen soll, so kann man von rechtlicher Steuerung als **Struktursteuerung sprechen, ein Begriff, den wir an anderer Stelle (Schuppert 1990) zur Kennzeichnung der Wirkungsweise von Steuerung durch Verwaltungsorganisation und Verwaltungsorganisationsrecht vorgeschlagen haben: »Mit diesem auf die Steuerungsebene Organisation zielenden Begriff der **strukturellen Steuerung** ist der Zusammenhang von Verwaltungsorganisation und Verwaltungshandeln angesprochen, und zwar im Sinne von **strukturellen Handlungsprämissen**, die nicht Einzelentscheidungen, aber **Handlungskorridore** definieren.« In Anknüpfung an diesen Begriff und in sachlicher Übereinstimmung mit dem damit Gemeinten hat Eberhard Schmidt-Aßmann (1997: 20) die Funktionsweise von Steuerung durch Organisation wie folgt beschrieben:

> »Ein Recht, das Organisationen von innen heraus steuern soll, muß auf die Spezifik von Organisationen antworten. Es muß die Vielfalt der in ihnen wirksamen Faktoren erfassen und ihrem Zusammenspiel einen flexiblen, aber verläßlichen Rahmen geben. Organisationsrecht ist durch seinen **Rahmencharakter** gekennzeichnet. Es bringt seine **Steuerungsansprüche mediatisiert** zur Geltung. Unschärfen der Steuerungsgenauigkeit und Verzögerungen der Steuerungseffekte sind folglich unvermeidbar. Verwaltungsorganisationsrecht setzt Prämissen des Verwaltungshandelns, ohne es inhaltlich genau zu determinieren; es hat dafür aber eine beachtliche Breitenwirkung. Organisationsnormen beeinflussen die ›**strukturellen Voraussetzungen des Verwaltens**‹.«

Man kann und sollte aber den Begriff der strukturellen Steuerung aus seiner engen Verknüpfung mit der Steuerungsschiene Verwaltungsorganisation und Verwaltungsorganisationsrecht lösen und **allgemein zur Kennzeichnung rechtlicher Steuerung fruchtbar machen**; ganz in diesem Sinne heißt es bei Wolfgang Hoffmann-Riem unter Bezugnahme auf die Bereitstellungsfunktion des Rechts wie folgt (1997: 435):

> »Im Regelfall interveniert der Staat nicht so in den gesellschaftlichen Prozeß, daß er selbst erwünschte Ergebnisse produziert – sei es durch ergebnisbezogene Gebote oder die Bereitstellung von Leistungen –, sondern daß er einen Rahmen bereitstellt, innerhalb dessen die Gesellschaft ihre Angelegenheiten in möglichst gemeinwohlverträglicher Weise selbstverantwortlich erledigt (Bereitstellungsfunktion des Rechts). Der Staat übernimmt Verantwortung in dem Sinne, daß mit **Hilfe der rechtlich bereitgestellten Strukturen** angemessene gesellschaftliche Problemlösungen erreicht werden. Dies versucht er – ggf. durch Änderungen des Rahmens – zu gewährleisten. Prototyp für eine bloße Rahmenverantwortung ist das Privatrecht – etwa das BGB . . . Auch im Verwaltungsrecht tritt der Staat keineswegs stets als Garant bestimmter Ergebnisse auf. Vielmehr konzentriert er sich in vielen Fällen auf die Steuerung des Verhaltens Dritter – d.h. Privater oder von ihm gebildeter oder mit staatlichen Aufgaben betrauter ›Trabanten‹ –, und zwar **durch Rahmensetzung und strukturierende Vorgaben**, so auch für die Ziele ihrer Tätigkeit. Er garantiert nicht die Erfüllung bestimmter Aufgaben in bestimmter Weise, aber steuert die Möglichkeit der Verfolgung und Errichtung gemeinwohlorientierter Ziele (›enabling‹ statt ›providing‹).«

Bereitstellungsfunktion des Rechts und rechtliche Struktursteuerung bilden also ein zusammengehöriges Begriffspaar und wir wollen nun im nächsten gedanklichen Schritt versuchen, das, was mit der Bereitstellungsfunktion des Rechts gemeint ist, und das, was von Renate Mayntz mit dem Begriff der Regelungsstrukturen in unser

Governance-Gepäck getan worden ist, aufeinander zu beziehen und füreinander fruchtbar zu machen.

2. *Bereitstellungsfunktion des Rechts und Design von governance-tauglichen Regelungsstrukturen*

Bisher hatten wir immer nur das Öffentliche Recht vor Augen, und hier insbesondere das Verwaltungsrecht, weil hier der steuerungswissenschaftliche Ansatz besonders intensiv diskutiert wurde und weil der Autor dieser Zeilen ebenfalls aus dieser Ecke kommt. Um so wichtiger – und gewissermaßen als Kontrollüberlegung einsetzbar – ist die Frage, wie das **Zivilrecht** das Problem von Steuerung/Governance durch Regelungsstrukturen sieht. Bei der diesbezüglichen Recherche sind wir in einer Weise fündig geworden, die unsere Denkrichtung nicht nur bestätigt, ihr vielmehr einen zusätzlichen Schub verleiht.

a) *Recht als kooperationsfördernde Infrastruktur*

In seiner soeben vorgelegten Habilitationsschrift, die sich den Grundlagen ziviler Regelsetzung widmet, hat Gregor Bachmann (2004) der freiheitlichen und der begrenzenden Funktion des Zivilrechts eine dritte Funktion zugesellt, die er den **ermöglichenden Charakter des Privatrechts** nennt. Die zentrale Funktion des Privatrechts bestehe darin – und wir finden das ohne weiteres einleuchtend – eine **Infrastruktur zu schaffen**, die den Rechtsgenossen die Realisierung von Kooperationsgewinnen ermögliche (S. 70/71):

> »Ein so verstandenes Privatrecht trägt die Schranken privater Regelungsmacht nicht von außen an die Privatautonomie heran, sondern versteht sie als Vorbedingung, damit Zivilrecht seine gesellschaftliche und ökonomische Aufgabe erfüllen kann. Privatrecht gewinnt damit nicht nur – wieder – Anschluß an ordnungsökonomische Einsichten; es erlaubt auch ein Verständnis, welches die über die Zeit entstandenen **rechtsgeschäftlichen Gestaltungsformen in ihrer instrumentalen Bedeutung funktionsadäquat zu deuten und fortzubilden weiß**. Damit, und das ist an dieser Stelle entscheidend, gelingt der Brückenschlag zu einer **gestaltungsorientierten Normsetzungslehre**, wie sie uns in Gestalt des verwaltungswissenschaftlichen Modells einer ›regulatory choice‹ entgegentritt.«

Abgesehen davon, daß uns der Verweis auf unsere Überlegungen zum Modell einer »regulatory choice« gefällt (Schuppert 2001), sind hiermit zwei ganz wesentliche Gesichtspunkte herausgearbeitet, die an dieser Stelle noch einmal hervorgehoben werden sollen, nämlich das **Verständnis von Recht als kooperationsfördernder Infrastruktur** und die **Inpflichtnahme einer gestaltungsorientierten Normsetzungslehre** (siehe dazu nunmehr Schuppert 2004) für die Pflege und Fortentwicklung dieser Infrastruktur, was dem bekannten Begriff der **Infrastrukturverantwortung** eine vollkommen neue und andere Bedeutung verleiht.

Weil wir den Gedanken von »Recht als Infrastruktur« so wichtig finden, wollen wir Gregor Bachmann noch einmal zu Wort kommen lassen, und zwar mit seinem Beitrag »Privatrecht als Organisationsrecht« (2003), in dem es zu diesem Infrastrukturgedanken zusammenfassend wie folgt heißt (S. 20/21):

»Lassen Sie mich zur Veranschaulichung einen Gedanken herausgreifen, der nicht bei Gierke, sondern bei Ihering seine Wurzeln findet. Eine seiner maßgebenden, die Neue Institutionenökonomik unserer Tage in verblüffender Weise vorausnehmende Einsicht liegt darin, das Privatrecht und dessen Institute in ihrer sozialen Bedeutung zum **Aufbau arbeitsteiliger Kooperationsstrukturen** erkannt und beschrieben zu haben. Das Privatrecht zieht danach nicht lediglich Grenzen, innerhalb derer der Einzelne frei schalten kann, und es beschränkt sich auch nicht auf die Zuweisung von Rechtsgütern. Vielmehr **schafft es eine Infrastruktur**, die den Rechtsgenossen jenseits des trivialen Handtausches voraussetzungsvolles Handeln ermöglicht, als dessen Ertrag sich wohlfahrts- und – weil neue Gestaltungsspielräume eröffnend – freiheitsfördernde Kooperationsgewinne einstellen.«

Was die Funktionsbedingungen für einen solchen **Aufbau arbeitsteiliger Kooperationsstrukturen** angeht, so werden sie von Bachmann wie folgt skizziert (S. 21):

»Grundbedingung für den freiwilligen Aufbau derartiger Kooperationsbeziehungen ist zunächst die Möglichkeit, auf künstlichem Wege **Erwartungssicherheit (›Vertrauen‹) zu generieren**. Das Privatrecht erreicht dies, indem es den Akteuren die Aufstellung von Regeln ermöglicht, die morgen noch gelten und nach denen sie heute schon planen können, oder, um mit Ihering zu sprechen, die es möglich machen, die ›Zukunft zu diskontieren‹. **Zum Aufbau komplexerer privater Ordnungen** reicht die Verbindlichkeit des einfachen Versprechens aber nicht aus. Hinzukommen muß die Möglichkeit, andere Akteure in der Zukunft zur Setzung von Regeln zu ermächtigen, deren Inhalt heute noch nicht zu bestimmen ist. Derart hierarchische Beziehungen müssen ihrerseits gewährleisten, daß der Regelsetzer von seiner Befugnis nur in einer Weise Gebrauch macht, die dem Wohle der ganzen Gruppe zugute kommt und nicht zu einer ›Ausbeutung‹ einzelner führt.«

Interessant und vielleicht auch etwas überraschend ist nun, daß Bachmann **das Privatrecht** wegen seiner Aufgabe, die Legitimation privater Regeln irgendwie organisieren zu müssen, **als Organisationsrecht** bezeichnet, womit wir wieder bei unserem Ausgangspunkt – der Steuerung durch Organisationsrecht und ihre Charakterisierung als Struktursteuerung – angelangt sind, was unsere These stützt, daß es sich hierbei nicht um eine Besonderheit des Verwaltungsorganisationsrechts handelt, sondern Steuerung durch Recht in allgemeiner Weise kennzeichnet; bei Bachmann heißt es zum Privatrecht als Organisationsrecht zusammenfassend wie folgt (S. 21):

»Damit besteht die Aufgabe des rechtsgeschäftlichen Privatrechts in einem zweifachen: Zum einen darin, privat gesetzte Regeln durch formalen Geltungsbefehl zu sanktionieren und damit verläßlich zu machen, zum anderen in der Gewährleistung, daß nur solche Regeln sanktioniert werden, deren Legitimation sichergestellt ist. Während der Geltungsbefehl eine rechtstechnisch anspruchslose Angelegenheit ist, die das Gesetz gleichsam nebenbei erledigt, muß die Legitimation der privaten Regeln ›organisiert‹ werden. Indem das Privatrecht das leistet, ermöglicht es den **freiwilligen Aufbau hierarchischer Sozialstrukturen**. In diesem Sinne ist es als ›**Organisationsrecht**‹ zu verstehen.«

387

Nach diesen weichenstellenden Vorüberlegungen wollen wir uns jetzt etwas mit dem beschäftigen, was wir vorschlagen, die Infrastrukturverantwortung des Rechts zu nennen.

b) *Zur Infrastrukturverantwortung der Rechtsordnung*

Was mit diesem von uns vorgeschlagenen Begriff der Infrastrukturverantwortung des Rechts gemeint sein könnte, läßt sich am besten klarmachen, wenn wir einen näheren Blick auf zwei neuere Beiträge werfen, die sich mit den **angesichts kooperativer Aufgabenerfüllung notwendigen Strukturierungsleistungen des Rechts** beschäftigen.

aa) *Der Strukturierungsauftrag des Rechts oder zur notwendigen Strukturierung von Kooperation*

Als ein wichtiger Beitrag zum Strukturierungsauftrag des Rechts (Begriff bei Schmidt-Aßmann 2001) erscheinen uns die Überlegungen Hans-Heinrich Trutes (1999) zum Wandel »Vom Obrigkeitsstaat zur Kooperation«. In diesem Beitrag setzt sich Trute mit der Frage auseinander, ob sich nicht ein **gewandeltes Staatsverständnis** – vom Obrigkeitsstaat zum kooperativen Staat – auch in einem **gewandelten rechtlichen Instrumentarium** niederschlagen müsse und führt dazu folgendes aus (S. 15):

> »Nach der ›Entzauberung des Staates‹ steht nunmehr offenbar seine Umrüstung und die Neukonstruktion der Modalitäten der Aufgabenerfüllung im Vordergrund ... Im Vordergrund steht die Zielvorgabe für privates Handeln, die **Institutionalisierung von Strukturen gemeinsamer Aufgabenerfüllung**, die Verfassung von Organisation und Verfahren privater Selbstregulierung und weichere Formen der Steuerung, die auf Partizipation, Kooperation, Information und auf Akzeptanz setzen. Ganz in diesem Sinne betont das Fünfte Umweltpolitische Aktionsprogramm der EG die Notwendigkeit des Zusammenwirkens aller Beteiligten.«

Geht es also bei der die gewandelte Staatlichkeit kennzeichnenden arbeitsteiligen Gemeinwohlverwirklichung um eine **kooperative Aufgabenerledigung**, so fragt sich, welche Anforderungen sich daraus an die Rechtsordnung ergeben, z. B. bei der Ausgestaltung des Umweltrechts und der Bestimmung der zukünftigen Rolle des klassischen Umweltordnungsrechts, bei Trute heißt es dazu wie folgt (S. 26):

> »Kooperatives Handeln entsteht zumal im Umweltrecht nicht aus sich heraus, sondern bedarf eines Organisationsrahmens, der Anreize zur Kooperation schafft, der diese strukturiert und die aufgaben- und maßstabsgerechte Verarbeitung der Interessen sicherstellt ... Damit entstehen **komplexe Regelungsstrukturen**, die ein Zusammenwirken öffentlicher Stellen und privater Interessenträger im Schatten des Ordnungsrechts konzipieren. Das verändert den Blick auf das Ordnungsrecht, das nun nicht mehr (allein) in seiner vollzugsorientierten Perspektive erscheint, sondern darauf befragt werden kann, ob und wie es Koope-

ration ermöglicht oder begrenzt, diese strukturiert und die Ergebnisse der Kooperation in staatliche Entscheidungen transformiert.«

Geht es also um die Frage, was das Recht (hier: das Umweltrecht) zur Ermöglichung, Strukturierung und Begrenzung von Kooperation leistet, so tritt – und dies ist **aus der Governance-Perspektive** der zentrale Punkt – **eine andere Funktion von Recht** ins Rampenlicht, nämlich die **Strukturierungsfunktion von Recht**; Trute formuliert dies so (S. 26/27):

> »Es geht darum, wie das Recht den Rahmen für Kooperationen umschreibt, wie es die Interessen bewertet und damit Positionen in Kooperationsprozessen verteilt, die Gemeinwohlverträglichkeit von Prozeß und Ergebnissen der Kooperation sichert und damit deren Rezeptionsfähigkeit sichert. Es geht also nicht um die zu einfache Alternative von Ordnungsrecht und Kooperation, sondern um die **rechtliche Strukturierung von Kooperation**, die ebenfalls durch Ordnungsrecht erfolgen kann.
> Dies ist mit einer Verrechtlichung von Kooperation und informalen Verwaltungshandeln nicht gleichzusetzen. Vielmehr tritt eine **andere Wirkung von Recht** in den Vordergrund, nämlich die Ermöglichung, die Strukturierung und Begrenzung von Kooperation.«

Geht es also insoweit um die **Strukturierungsfunktion des Rechts**, so denkt das Recht insoweit auch nicht in Geboten oder Verboten, in Anspruchsnormen oder Haftungstatbeständen, sondern – und jetzt sind wir wieder beim Mayntzschen Zauberwort – in **Regelungsstrukturen**. Dies gilt nicht nur für das Umweltrecht, sondern – um ein anderes Referenzgebiet zu nennen – auch für das Wissenschaftsrecht; die darauf bezogene Passage Trutes in seinem Beitrag über Steuerung durch Organisation (1997: 257) liest sich – befreit von der damals üblichen Steuerungsterminologie – wie ein aktueller Beitrag zu **Governance im Wissenschaftsbereich**:

> »So geht es bei der staatlichen Institutionalisierung von Forschungseinrichtungen nicht um die Steuerung der einzelnen wissenschaftlichen Kommunikationen und Handlungen, sondern um die Beeinflussung des Entscheidungsprozesses über Forschung mit dem Ziel, diesen so **zu strukturieren**, daß staatliche oder sonstige externe Interessen einen bestimmten, der Aufgabenstellung entsprechenden Einfluß auf die organisationsinternen Entscheidungsprozesse ausüben. Staatliche Steuerung über das Organisationsrecht zielt daher auf die **Gestaltung von Interaktionszusammenhängen**, deren Veränderung nicht notwendig zu einem veränderten Inhalt von Entscheidungen der Organisation führt. Organisatorische Gestaltung verändert vielmehr die Formen, in denen die Interaktionen gleichsam kondensieren. In diesem Sinne mag man davon sprechen, daß es dem Organisationsrecht um die **Gestaltung von Strukturen** geht. Entsprechend fällt es einer an einzelnen Handlungen der Verwaltung orientierten Dogmatik schwer, für das Organisationsrecht geeignete Formen zu entwickeln, die dem strukturellen Steuerungsansatz Rechnung tragen.«

bb) *Strukturierungsauftrag des Rechts als staatliche Strukturschaffungspflicht*

Martin Burgi ist unlängst der Frage nachgegangen (Burgi 2000), was die Rechtsordnung an Regelungen und Strukturen bereitstellen muß, wenn sie duldet oder ausdrücklich zuläßt, daß Dritte, nämlich nicht-staatliche Akteure, an der Erfüllung öffentlicher Aufgaben mitwirken, insbesondere dadurch, daß sie **staatliche Entschei-**

dungen – wie z.B. Planungsentscheidungen – **vorbereiten** und damit natürlich auch **weichenstellend** tätig werden.
Die zentrale These Burgis ist, daß in dem Moment, in dem der Staat **private Vorbereitungsbeiträge** zuläßt, an sie anknüpft und sie sich z. T. auch zu eigen macht, eine **Strukturschaffungspflicht entsteht**, um aus der praktizierten Aufgabenverteilung auch eine gemeinwohlverträgliche Verantwortungsteilung werden zu lassen. Dazu führt Burgi folgendes aus (S. 201/202):

»Bildet der in Frage stehende Vorbereitungsbeitrag ein seinerseits klar erkennbares Teilstück, das gezielt verselbständigt und aus dem Entscheidungsprozeß herausgegliedert worden ist, dann knüpft sich an die von einem Amtsträger auf dieser Basis getroffene Entscheidung die Rechtsfolge, bestimmte formale Strukturen gegenüber dem betreffenden privaten Aufgabenträger zu schaffen. Mit einem Rechtsinstitut der ›**Strukturschaffungspflicht**‹ könnte der besonderen Situation nach einer **Verantwortungsdiversifizierung** im vorbereitenden Bereich, in der zwar nicht der Tatbestand der verfassungsrechtlichen Formalbestimmungen erfüllt ist, aber doch eine eindeutig erkennbare und bestimmbare Abweichung vom Normal- und Regelfall staatseigener Entscheidungsvorbereitung vorliegt, Rechnung getragen werden, durch eine Lösung zwischen den Extremen des Alles oder Nichts. Damit könnte den geschilderten Gefahren entgegengewirkt werden, ohne daß die von einem ›Zukauf‹ gesellschaftlicher Handlungsrationalität erhofften Vorteile verloren gingen. Etwaigen Dysfunktionalitäten könnte bei der inhaltlichen Ausgestaltung der Strukturschaffungspflicht begegnet werden.«

Wann aber liegen nun die tatbestandlichen Voraussetzungen für die Rechtsfolge – das Entstehen der Strukturschaffungspflicht – vor? Dazu heißt es bei Burgi wie folgt (S. 202/203):

»Wie bereits anderenorts nachgewiesen, sind sie stets erfüllt in den Fällen der funktionalen Privatisierung. Das gilt sowohl dann, wenn ein ›echter‹ Privater handelt, als auch bei Tätigwerden einer ihrerseits organisatorisch dem Staat zuzurechnenden Organisation, wie etwa die im Bereich der Straßenplanung tätige DEGES. Dritte als Verfahrensmittler, als sachverständige Berater sowie als Vorplaner erbringen einen klar abgrenzbaren Teilbeitrag auf explizite staatliche Veranlassung, zumeist in den Formen des Verwaltungsvertrags, hin. **Wenn der Staat auf diese Weise Teile der Gesamtverantwortung abspaltet, wandelt sich seine Pflicht zur Einhaltung der verfahrensmäßig-organisatorischen Verfassungsanforderungen in eine Strukturschaffungspflicht gegenüber den eingeschalteten Privaten um**. Die staatliche Strukturschaffungspflicht ist in diesem Bereich einer von mehreren Bestandteilen einer normativ zu verstehenden ›Leitungsverantwortung des Staates‹.«

Nach diesen doch noch sehr allgemeinen und abstrakten Überlegungen zum Strukturierungsauftrag des Rechts scheint es uns an der Zeit zu sein, an zwei Beispielen zu zeigen, wie man sich die soeben skizzierte Infrastrukturverantwortung »at work« vorzustellen hat:

3. *Die staatliche Infrastrukturverantwortung »at work«: zwei Beispiele*

a) *Bereitstellung eines Rechtsrahmens für Public Private Partnership als Design von Governance-Strukturen*

Das Kooperationsmodell »Public Private Partnership« ist – obwohl oder gerade weil unklar ist, was darunter genau zu verstehen ist (Naschold 1997) – in aller Munde und mit hohen Erwartungen befrachtet. Das für die »Betreuung« des Verwaltungsverfahrensgesetzes des Bundes zuständige Bundesinnenministerium überlegte daher, ob nicht im Rahmen der Verwaltungsmodernisierung auch ein eigenständiger Rechtsrahmen für die vielfältigen Erscheinungsformen von PPP bereitgestellt werden sollte und beauftragte daher Jan Ziekow und mich selbst, um sich gutachterlich zur Realisierbarkeit eines solchen Vorhabens zu äußern. Beide bei dieser Wahrnehmung der staatlichen Infrastrukturverantwortung tätigen Helfer (Schuppert, Ziekow, jeweils 2001) kamen zu dem Ergebnis, daß das Verwaltungsverfahrensgesetz ergänzt und mehrere Vorschriften zur Regelung der Zusammenarbeit von Verwaltung und Privaten im Sinne von PPP aufgenommen werden sollten. Was beide Gutachter mit ihren Vorschlägen also machten, war der Sache nach nichts anderes als **Regelungsstrukturen zu entwerfen**, um »**Governance von Public Private Partnership**« zu erleichtern und rechtsstaatlich zu kanalisieren.

Der beim Bundesministerium des Innern bestehende Beirat »Verwaltungsverfahrensrecht« hat sich die Vorschläge der Gutachter jedenfalls insoweit zu eigen gemacht, als er empfiehlt, den eigenständigen Typus eines **Kooperationsvertrages** vorzusehen; die empfohlene Regelung lautet:

§ 56 a
Kooperationsvertrag

Ein öffentlich-rechtlicher Vertrag im Sinne des § 54 Abs. 3 kann geschlossen werden, wenn die Behörde sicherstellt, daß ihr ein hinreichender Einfluß auf die ordnungsgemäße Erfüllung der öffentlichen Aufgabe verbleibt. Die Behörde darf nur einen Vertragspartner auswählen, der fachkundig, leistungsfähig und zuverlässig ist.

Das ist sowohl ein Beispiel für den Entwurf einer governance-geeigneten Regelungsstruktur wie für die Wahrnehmung der staatlichen Infrastrukturverantwortung.

b) *Bausteine eines Gewährleistungsverwaltungsrechts als Design von Governance-Strukturen*

In der immer intensiver werdenden Diskussion über den Gewährleistungsstaat als Leitbild gewandelter Staatlichkeit (zusammenfassend Schuppert 2004) geht es u.a. um die Frage, ob dem Typus des Gewährleistungsstaates nicht auch ein entsprechendes **Gewährleistungsrecht** zur Seite zu stellen wäre, für ihn also ein rechtliches Instrumentarium bereitzustellen ist (Bereitstellungsfunktion des Rechts), das ihm ermöglicht, seiner Gewährleistungsverantwortung gerecht zu werden; ganz in diesem Sinne heißt es bei Claudio Franzius (2002: 7) wie folgt:

>»Aus der instrumentell offenen, aber mit der privaten Freiheitsbetätigung neue Steuerungsressourcen des Privatrechts aufgreifenden Gewährleistungsverantwortung des Staates folgt die Aufgabe, ein öffentliches Gewährleistungsrecht **zur Bereitstellung rechtlicher Infrastrukturen** für das Zusammenspiel von staatlicher Regulierung und gesellschaftlicher Selbstregulierung zu entwickeln.«

Inzwischen hat es Andreas Voßkuhle (2003) unternommen, erste Bausteine eines – wie er es nennt – **Gewährleistungsverwaltungsrechts** zu entwerfen, von denen wir vier kurz vorstellen wollen:

- **Qualifikation und Auswahl privater Akteure**
  Wie am Beispiel der Kooperation mit privaten Sicherheitsdiensten verdeutlicht werden kann, spielt die Auswahl der in die öffentliche Aufgabenerledigung einzubeziehenden privaten Akteure für eine nachhaltige Qualifikationssicherung eine zentrale Rolle. Es bedarf – wie im Vergaberecht – der Entwicklung eines fairen, transparenten und wettbewerbsorientierten Auswahlverfahrens.
- **Ergebnissicherung durch Lenkung und Kontrolle**
  Eine nachhaltige Qualitätssicherung privater Leistungserbringung setzt ferner voraus, daß das Leistungsniveau der nichtstaatlichen Anbieter einer ständigen Kontrolle unterliegt (Gewährleistungsaufsicht). In den die Einbeziehung Privater regelnden Verwaltungs- bzw. Gesellschaftsverträgen ist daher die Vereinbarung bestimmter Leistungsverpflichtungen sowie die Einräumung entsprechender Informations- und Kontrollrechte vorzusehen.
- **Evaluation und Lernen**
  Zur Sicherung der Gesamtfunktionsfähigkeit des Konzepts der Beteiligung Privater an der Erfüllung öffentlicher Aufgaben ist es erforderlich, daß sich alle beteiligten Akteure am Anfang der Zusammenarbeit auf Methoden und Maßstäbe der Leistungsmessung verständigen und sich einer daran orientierten periodischen Evaluierung unterwerfen.
- **Effektive staatliche Rückholoptionen**
  Für den Fall der Schlechterfüllung von Aufgaben durch private Anbieter muß sichergestellt sein, daß ihre Mitwirkung beendet und die Aufgabe in den Schoß der öffentlichen Verwaltung zurückgeholt werden kann. Dies setzt voraus, daß die öffentliche Verwaltung weiterhin so viel an Sachverstand und Kompetenz behält, daß sie nach einer gewissen Übergangszeit in der Lage wäre, die Aufgabe auch wieder selbst wahrzunehmen.

Da von manchem das Gewährleistungsverwaltungsrecht wegen seiner regulativen Zielsetzung auch als **Regulierungsverwaltungsrecht** bezeichnet wird (Masing 2003), scheint schon fast das Stichwort gefallen zu sein, um zum nächsten Gliederungspunkt – der regulierungstheoretischen Perspektiv – überzugehen.

Bevor wir dies aber tun, wollen wir noch auf einen anderen Aspekt eingehen, der der Rechtswissenschaft die Rolle einer governance-relevanten Wissenschaft zuweist.

4. Die Rolle des Rechts im Prozeß der Globalisierung oder Verrechtlichung als Baustein von Global Governance

Wenn man über die Rolle des Rechts im Prozeß der Globalisierung nachdenkt, so drängt sich die Beobachtung auf, daß wir es bei der sog. Globalisierung oder Transnationalisierung mit **zwei gleichzeitig ablaufenden Prozessen** zu tun haben, nämlich mit einem **Prozeß der Entstaatlichung** einerseits und einem **Prozeß der Verrechtlichung** andererseits. Da wir gewohnt sind, Recht »staatlich zu denken«, d. h. als im Regelfall staatlich gesetzt und auch durchgesetzt, schlagen wir vor, insoweit von einem **Globalisierungsparadox** zu sprechen, das das Recht und die Disziplin der Rechtswissenschaft vor neue Herausforderungen stellt.

Was zunächst den **Prozeß der Entstaatlichung** angeht, so ergreift er das Recht in all seinen Teilgebieten, wenn auch mit unterschiedlicher Wucht. Besonders betroffen scheint auf den ersten Blick die **Verfassung und das Verfassungsrecht** zu sein, kommt ihnen doch mit dem Bedeutungsverlust des Staates der »konstitutionsfähige Gegenstand« (Grimm 2003) abhanden; es erscheint daher nur konsequent, wenn Gunther Teubner (2003) zur Abkehr von einer »staatszentrierten Verfassungstheorie« auf- und den Beginn einer Ära von entstehenden Zivilverfassungen (lex mercatoria, lex electronica, lex sportiva) ausruft. Aber auch das Völkerrecht bangt angesichts von Globalisierung und Transnationalisierung um die Fortgeltung seiner scheinbar so fest tradierten Grundpfeiler (von Bogdandy 2003) und sieht sich einem tiefgreifenden Wandel der Völkerrechtsnormen ausgesetzt (Tietje 2003). Schließlich ist auch das Strafrecht dem Sog der Globalisierung ausgesetzt, was Überlegungen zur Notwendigkeit und den Chancen eines interkulturellen Strafrechts provoziert (Hassemer 1999). Am ehesten scheint das Zivilrecht mit den Herausforderungen der Globalisierung fertig zu werden; gibt es doch schon seit längerem die Entwicklung einer »lex mercatoria« als einer besonderen Erscheinungsform eines globalisierten, entstaatlichten Handelsrechts (Schroeder 2003). Aber nicht nur die Teilgebiete der Rechtsordnung werden von Globalisierung und Transnationalisierung »aufgemischt«, sondern das Recht und die Rechtswissenschaft insgesamt (Schapiro 1993, Lutterbeck 2000), so daß es eine der wichtigsten Aufgaben der Rechtswissenschaft wäre, über die zukünftige Beschaffenheit der »Welt des Rechts« systematisch nachzudenken.

An dieser Stelle aber interessiert uns mehr der gleichzeitig verlaufende **Prozeß der Verrechtlichung**, der von Bernhard Zangl und Michael Zürn (2004) als einer der wichtigsten Bausteine für global governance angesehen wird. Ihre zentrale These ist, daß es im Gefolge der Globalisierung zu einer **Vergesellschaftung und Verrechtlichung des Regierens** kommt, was sie wie folgt erläutern:

»Durch die Entwicklung in Richtung auf Global Governance wird das intergouvernmentale Regieren – der sogenannte exekutive – Multilateralismus – transformiert. Global Governance zeichnet sich dadurch aus, daß die Regierungen das Regieren nicht mehr vollständig kontrollieren. Zum einen findet eine **Vergesellschaftung** des Regierens jenseits des Staates statt. Demnach wird internationales Regieren nicht mehr allein als Sache der Regierungen angesehen. Vielmehr sind gesellschaftliche Gruppen vermehrt am Regieren jenseits des Staates beteiligt oder nehmen dieses Regieren sogar selbst vor. . . . Dementsprechend sind

393

es nicht mehr nur die von den Regierungen vertretenen nationalen Interessen, sondern vermehrt auch andere gesellschaftliche Interessen, die in das Regieren eingebracht werden können. **Zum anderen zeichnet sich eine Verrechtlichung des Regierens jenseits des Staates ab.** Der Streit über unterschiedliche Regelanwendungen und Regelauslegungen erfolgt nicht mehr ausschließlich in an Interessen und Konsens orientierten politischen Verhandlungsprozessen, sondern wird immer mehr durch ein an Recht orientiertes juristisches Argumentieren geprägt. Dafür sorgen nicht zuletzt supranationale, quasi-gerichtliche Organe, die von den Staaten partiell unabhängig das Regieren beeinflussen können. ...«

Graphisch läßt sich dieser Prozeß mit Zangl und Zürn wie folgt darstellen:

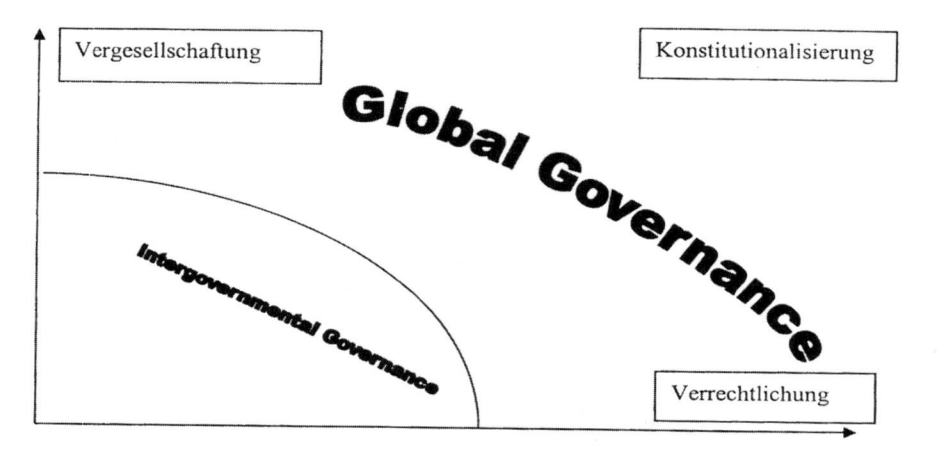

Zur Ermittlung des **Grades der Verrechtlichung** in verschiedenen Politikfeldern benutzen Zangel und Zürn **drei Indikatoren,** nämlich
- **die Bedeutung verrechtlichter Streitschlichtungsverfahren durch gerichtliche oder quasi-gerichtliche Instanzen,**
- **die Bedeutung einer institutionalisierten Rechtsdurchsetzung durch internationale oder damit beauftragte nationale Vollstreckungsinstanzen sowie**
- **das Ausmaß deliberativer Rechtserzeugung, d. h. einer Rechtserzeugung in einem öffentlichen Verfahren mit einem Mindestmaß von Betroffenenbeteiligung.**

Ohne hier näher ins Detail gehen zu können, wird doch schon anhand dieser wenigen Bemerkungen klar, welch zentrale Rolle der Disziplin der Rechtswissenschaft im Prozeß der Globalisierung zukommen wird. Sie wird sich einmal beherzt von ihren nationalen Eierschalen befreien müssen und wird verstärkt über Prozesse der Verrechtlichung und Konstitutionalisierung sowie über funktionale Äquivalente zum Recht (Ronge 1986) nachzudenken haben.

IV. *Regulatory Governance – die regulierungstheoretische Perspektive*

Wenn Governance – und wir kommen hier noch einmal auf Renate Mayntz zurück – als Versuch der Handlungskoordination durch Regelungsstrukturen verstanden werden kann, die ihrerseits das Verhalten der ihnen unterworfenen Akteure rahmenhaft steuern, dann ist **Governance vor allem Regulierung**. Wenn dies richtig ist, dann wäre Governance-Theorie vor allem als **Regulierungstheorie** zu betreiben und käme der regulierungstheoretischen Perspektive innerhalb der governance-relevanten disziplinären Zugänge ein besonders prominenter Platz zu.
Wenn Governance also auch und vor allem Regulierung ist, dann muß eines der zentralen Aufgabenfelder der Governance-Forschung darin bestehen, sich über die **angemessenen Regulierungsinstrumente** zu vergewissern, die in einem bestimmten Politikfeld entweder allein oder in Verbindung mit anderen Regulierungsinstrumenten – **regulatory mix** – zum Einsatz kommen sollen. Wenn dies wiederum richtig ist, dann können wir das Governance-Problem auf die Frage zuspitzen, welche Regulierungsinstrumente unterschieden werden können – dies ist die **Frage des Instrumentenkastens** – und wie unter ihnen die **richtige Regulierungsart** auszuwählen ist – dies ist eine Choice-Problematik. Dann geht es nicht primär um die Frage »to regulate or not« und auch nicht um die für jede Regulierungstheorie zentrale Frage der **Legitimität der Regulierung** (dazu unten), sondern vor allem um die Frage, »how to regulate«? Wir fühlen uns in dieser Einschätzung bestätigt durch die zusammenfassenden Bemerkungen Gregor Bachmanns zur Regulierung/Deregulierung im öffentlichen Sektor, in denen er folgendes ausführt (2004: 45):

»Während die **normative Theorie** der Regulierung staatliche Eingriffe unter dem Gesichtspunkt des Marktversagens untersucht, geht es der Chicago-School-geprägten **positiven Theorie** (›capture theory‹) um den Nachweis, daß Regulierung in der Wirklichkeit den Interessen der regulierten Industrie dient, die sich damit z.B. gegen unerwünschte Newcomer abschirmen kann. Staatliche Regulierung kann sich, so gesehen, als ineffizient oder kontraproduktiv erweisen. Beide Theorien haben sich rechtspolitisch als fruchtbar erwiesen, weil sie vermeintlich selbstverständliches oder unvermeidliches staatliches Eingreifen in das Marktgeschehen **unter Rechtfertigungszwang stellten** und zugleich zum Nachdenken über Alternativen zwangen. Historisch lösten sie eine Deregulierungswelle aus, die ihren Höhepunkt in Europa in den achtziger und neunziger Jahren erlebte und zum Aufbrechen zahlreicher ›natürlicher‹ Monopole führte. Insgesamt brachte die sog. Deregulierung (besser: Liberalisierung) **keinen vollständigen Rückzug** des Staates, sondern **veränderte das Gesicht der Regulierung**. Im Bereich der ›natürlichen‹ Monopole findet sie überwiegend nicht mehr in Form der Eigenvornahme statt, sondern reduziert sich auf staatliche Regelsetzung und Aufsicht. Allgemein gesprochen lautet die Frage nicht mehr: ›Staat oder Markt?‹, sondern konzentriert sich auf **das sektorspezifische Herausfinden angemessener Regulierungsinstrumente** (Bardach 1989; Möschel 1988; Roßkopf 2000).«

Dieser letzte Satz scheint uns der Wiederholung wert zu sein: es geht nicht mehr um die ewige Dichotomie Markt oder Staat, sondern um das Herausfinden (und auch die Entwicklung, dazu sogleich), **sektorspezifisch angemessener Regulierungsinstru-**

mente; ersetzen wir nunmehr das Wort »Herausfinden« durch »Auswahl«, so kommen wir zwanglos zu derjenigen Überschrift, unter der wir die Fruchtbarkeit der regulierungstheoretischen Perspektive für die Governance-Forschung ausloten wollen:

1. *»Governance-choice« als »regulatory choice«: konzeptionelle Überlegungen*

Geht es – wie soeben dargelegt – um die Auswahl der sektorspezifisch angemessenen Regulierungsinstrumente, so geht es um einen Vorgang, den wir als »regulatory choice« bezeichnen (Schuppert 2001, 2004) und dessen einfachen Grundgedanken wir zunächst kurz vorstellen wollen.

a) *Von instrumental und institutional choice zu regulatory choice*

In nahezu jedem Politikbereich stellt sich die Frage, mit welchen Mitteln das angestrebte Politikziel am besten erreicht werden kann. Soll man auf die selbstregulativen Kräfte des Marktes vertrauen, soll man sich darauf beschränken, vorhandene Selbstregulierungspotentiale zu unterstützen und zu fördern oder soll man hoheitlich-regulierend tätig werden und – wenn ja – wie? Renate Mayntz hat die dabei auftretenden Auswahlsituationen – die wir, dem sozialwissenschaftlichen Sprachgebrauch folgend, als **Choice-Situationen** bezeichnen wollen – in einem Schaubild wie folgt zusammengefaßt (Mayntz 1988: 285):

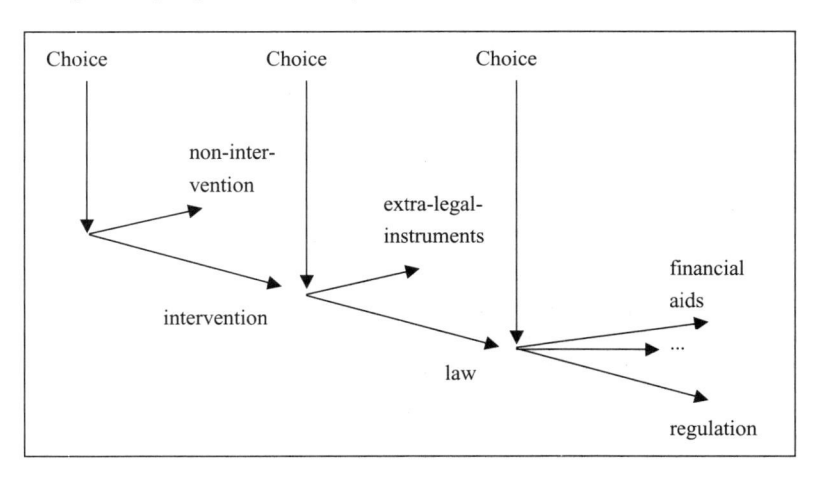

```
Choice          Choice          Choice

        non-inter-
        vention
                        extra-legal-
                        instruments
                                        financial
                                        aids
        intervention
                                        ...
                        law
                                        regulation
```

Diese noch relativ abstrakt wirkenden Auswahlsituationen lassen sich besser verstehen, wenn wir sie an einem bestimmten Politikbereich konkretisierend veranschaulichen: das Beispiel des Politikbereichs Umweltschutz scheint uns dafür besonders geeignet zu sein. Wir brauchen dazu nur einen Blick in einen neueren Aufsatz von Gertrude Lübbe-Wolff über die Instrumente des Umweltschutzes zu werfen (2001) und den dort präsentierten **Instrumentenkasten** – unter Einbeziehung eigener Überlegungen zur Entwicklung eines Institutionenatlanten für eine kooperative Umweltpolitik (Schuppert 2003) – in eine graphisch aufbereitete Übersicht zu übernehmen, die die in Betracht kommenden Auswahlsituationen (choices) auflistet:

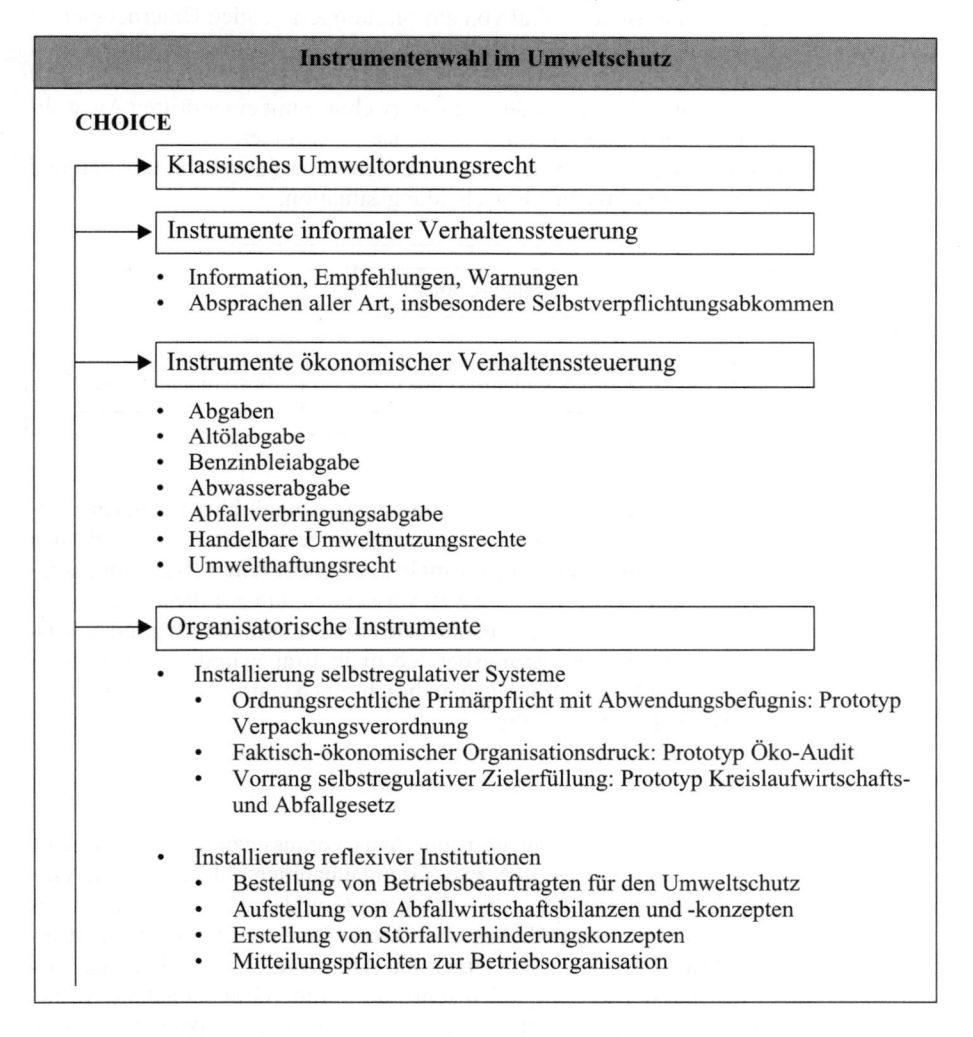

Instrumentenwahl im Umweltschutz

CHOICE

→ Klassisches Umweltordnungsrecht

→ Instrumente informaler Verhaltenssteuerung
- Information, Empfehlungen, Warnungen
- Absprachen aller Art, insbesondere Selbstverpflichtungsabkommen

→ Instrumente ökonomischer Verhaltenssteuerung
- Abgaben
- Altölabgabe
- Benzinbleiabgabe
- Abwasserabgabe
- Abfallverbringungsabgabe
- Handelbare Umweltnutzungsrechte
- Umwelthaftungsrecht

→ Organisatorische Instrumente
- Installierung selbstregulativer Systeme
  - Ordnungsrechtliche Primärpflicht mit Abwendungsbefugnis: Prototyp Verpackungsverordnung
  - Faktisch-ökonomischer Organisationsdruck: Prototyp Öko-Audit
  - Vorrang selbstregulativer Zielerfüllung: Prototyp Kreislaufwirtschafts- und Abfallgesetz
- Installierung reflexiver Institutionen
  - Bestellung von Betriebsbeauftragten für den Umweltschutz
  - Aufstellung von Abfallwirtschaftsbilanzen und -konzepten
  - Erstellung von Störfallverhinderungskonzepten
  - Mitteilungspflichten zur Betriebsorganisation

Wie an dieser Übersicht deutlich wird, liegen die in einem bestimmten Politikfeld zu treffenden Auswahlentscheidungen eng beieinander und lassen sich daher auch nicht trennscharf auseinanderhalten. So ist etwa die Auswahlentscheidung für eine ökonomische Verhaltenssteuerung – wie etwa das Beispiel des Umwelthaftungsrechts zeigt

– nicht nur ein **Vorgang der Instrumentenauswahl**, den man als instrumental choice bezeichnen kann, sondern zugleich eine Entscheidung für eine bestimmte rechtliche Regelung, also eine Auswahlentscheidung, die wir »**regulatory choice**« nennen. Wie das Beispiel des Öko-Audit zeigt, ist die Entscheidung für dieses Modell eine Entscheidung, die das ökonomische Kalkül von am Markt operierenden Unternehmen in ein bestimmtes Organisationsmodell umzusetzen sucht – Matthias Schmidt-Preuß spricht von einem faktisch-ökonomischen Organisationsdruck (1997) – und damit Elemente des instrumental choice und des regulatory choice mit einer dritten Auswahlebene – dem organizational oder institutional choice – verbindet.

Alle drei Choice-Situationen lassen sich also nicht trennscharf auseinanderhalten und bilden Teilelemente einer politischen Entscheidungssituation,

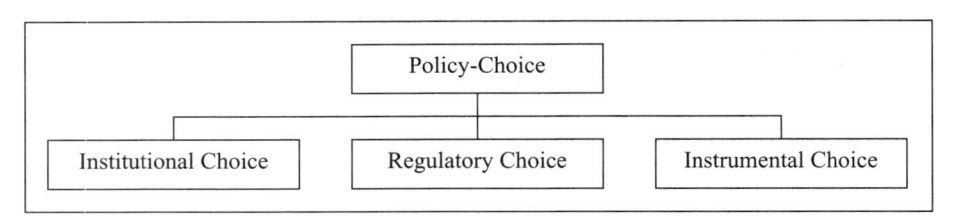

```
                    ┌─────────────────┐
                    │  Policy-Choice  │
                    └────────┬────────┘
         ┌───────────────────┼───────────────────┐
┌────────┴──────────┐ ┌──────┴──────────┐ ┌──────┴──────────┐
│ Institutional     │ │ Regulatory      │ │ Instrumental    │
│ Choice            │ │ Choice          │ │ Choice          │
└───────────────────┘ └─────────────────┘ └─────────────────┘
```

sollten aber – wenn man sich ihrer engen Verbindungen bewußt bleibt – aus analytischen Gründen getrennt untersucht werden. In diesem Sinne schlagen wir vor, für den Bereich von **Auswahlentscheidungen unter mehreren rechtlichen Regelungsmöglichkeiten** den Begriff des regulatory choice zu verwenden, um auf diese Weise vertraute Einsichten aus dem **Bereich der Instrumentenwahl** und von **Organisationswahlentscheidungen** auf den Regulierungsbereich zu übertragen und zu fragen, ob es auch hier Auswahlentscheidungen gibt, die man beschreiben kann und für deren Betätigung Kriterien entwickelt werden sollten.

b) *Voraussetzungen des regulatory choice-Konzepts*

Das regulatory choice-Konzept ist insofern durchaus voraussetzungsvoll, als seine Plausibilität und Überzeugungskraft von zwei Grundannahmen abhängt, deren Vorliegen durchaus nicht selbstverständlich ist. Die erste Grundannahme ist, daß wir es zunehmend – und dies ist ein wesentliches Charakteristikum sich wandelnder Staatlichkeit – mit einer **Pluralität von normsetzenden Akteuren** zu tun haben, die wiederum zu einer Pluralität der Rechtsquellen führt; die zweite Grundannahme ist die, daß wir es zunehmend – und dies ist ein weiteres wesentliches Charakteristikum sich wandelnder Staatlichkeit – mit einer **Pluralität von Normen** zu tun haben, einer Pluralität, die nicht nur Gesetz, Verordnung oder Satzung umfaßt, sondern neben Rechtsnormen im klassischen Sinne auch Kodices, voluntary agreements und andere Arten von »soft law«. Regulatory choice ist also – um es auf eine kurze Formel zu bringen – um so spannender und hilfreicher, je mehr wir die einfache Welt des staatlichen

Rechtsetzungsmonopols mit ihrem feststehenden Kanon von Rechtsetzungstypen verlassen und in die unübersichtliche Welt von staatlichen, halb-staatlichen und privaten Normproduzenten eintauchen, die unterschiedliche Normen von unterschiedlicher Reichweite und Beschaffenheit produzieren.

Um in dieser unübersichtlichen Welt nicht die Orientierung zu verlieren, scheint es uns hilfreich zu sein, **drei verschiedene theoretische Zugänge** zu unterscheiden, die den Zutritt zu dieser Welt erleichtern:

aa) *Recht als Produkt*

Aus der Privatisierungsdiskussion ist die Frage mehr als geläufig, welcher Anbieter für bestimmte Dienstleistungen der richtige ist – von der Müllabfuhr über die Bereitstellung von Bildung bis zur Produktion von Sicherheit. Werden **öffentliche Dienstleistungen** – aus ökonomischer Sicht nur konsequent – als **Produkte** behandelt, dann kann man – was in der Diskussion über eine effizientere Verwaltung eine zentrale Rolle gespielt hat und spielt – nicht nur die Kosten ihrer Erstellung exakt ermitteln und zurechnen, man wird auch danach fragen müssen, welcher Anbieter für welches Produkt zum Zuge kommen sollte: die öffentliche Hand, private Anbieter und/oder Organisationen des Dritten Sektors (Schuppert 1994). In diesem Bereich der Produktion öffentlicher Dienstleistungen ist uns also die Vorstellung einer **Pluralität von Anbietern** – wie etwa bei Kindergärten und Krankenhäusern – völlig vertraut, was auch für **Auswahlentscheidungen** unter ihnen gilt, die entweder direkt den Konsumenten oder in gewissen rechtlichen Grenzen (z. B. kommunaler Versorgungsauftrag) dem politischen Prozeß überlassen werden.

Von da ist es nur ein kleiner Schritt, auch **Rechtsregeln als Produkte** zu verstehen, für deren Produktion verschiedene Anbieter in Betracht kommen, sei es als alleinige Anbieter – wie etwa bei der monopolistischen DIN-Normung – sei es als miteinander konkurrierende Anbieter wie bei verschiedenen Accounting Standards, die von verschiedenen Accounting Standards Setting Committees formuliert werden (Achleitner 1995). Ausgangspunkt dahingehender Überlegungen ist »die Vorstellung, rechtliche Normen als Produkt anzusehen, bei dem sich, **wie bei jedem anderen Produkt auch**, die Frage stellt, warum seine Herstellung nicht dem Markt überlassen bleiben kann. Im Sinne der normativen Regulierungstheorie bedeutet dies eine **Infragestellung des ›natürlichen‹ Rechtsetzungsmonopols des Staates**, wie es namentlich in der stark ökonomisch geprägten angelsächsischen Gesellschafts- und Kapitalmarktrechtsliteratur geschieht.« (Bachmann 2004: 46).

bb) *Pluralisierung und Entstaatlichung der Rechtsproduktion im Gefolge der Transnationalisierung*

Ein weiterer Zugang zur Welt einer pluralisierten Rechtsordnung ergibt sich – wegen der Abwesenheit eines transnationalen oder globalen Regelungsmonopolisten – aus der Perspektive der Transnationalisierung bzw. Globalisierung.

Daß die sogenannte Globalisierung zwangsläufig zu einer Pluralisierung der Rechtserzeugung und Rechtsdurchsetzung führt, ist als Befund gänzlich unstreitig und auch leicht zu erklären: der **Normenhunger der globalisierten Gesellschaft** muß irgendwie gestillt werden, und zwar – wenn die nationalen Gesetzgeber dies nicht leisten und ein internationaler Gesetzgeber nicht existiert – am Staat vorbei (Teubner 2000: 438). Dieter Grimm (2003) erläutert uns diesen Zusammenhang wie folgt:

> »Gleichwohl kommen auch die globalisierten Bereiche nicht ohne rechtliche Regelungen aus. Sie sind angewiesen auf ein transnationales Recht, das folglich kein nationaler Gesetzgeber bereitstellen kann. In Ermangelung eines globalen Gesetzgebers haben die Staaten auf dieses Bedürfnis teilweise reagiert mit der Einrichtung einiger internationaler Regulierungsinstanzen, also insbesondere der Welthandelsorganisation, der Weltbank, des Internationalen Währungsfonds, auf die sie selber aber meist nur einen außerordentlich schwachen Einfluß ausüben können. Aber jenseits der Nationalstaaten und jenseits dieser internationalen Organisationen breiten sich Formen der Rechtsentstehung aus, auf die die Staaten und diese Organisationen gar keinen Einfluß mehr erhalten. Globale Märkte schaffen sich rechtliche Regulierungen ganz unabhängig von der Politik.«

Eine zukünftig notwendig »globalisierte Jurisprudenz« (Möllers 2001: 41 ff., 46) wird es daher mit einer zugleich pluralisierten wie entstaatlichten Rechtsordnung zu tun haben:

> »Die graduelle Entkopplung der Rechtsproduktion von der Nationalstaatlichkeit ist die vielleicht zentrale institutionelle Bedingung einer globalisierten Rechtsordnung. Mit gradueller Entkopplung ist keine vollständige Trennung des Rechts von den Nationalstaaten, aber doch seine Verselbständigung bezeichnet. Verselbständigt sich das Recht gegenüber den Nationalstaaten, so wird die Rechtserzeugung und Rechtsbewältigung anderen Akteuren ermöglicht oder zugemutet. Dies führt zu einer Pluralisierung der Rechtsquellen.«

Die Kandidaten einer solchen pluralisierten Rechtsproduktion ohne Staat sind zunächst die internen Rechtsordnungen multinationaler Konzerne, die Rechtsetzung von Unternehmen und Gewerkschaften im Arbeitsrecht sowie die informale Koordination im Bereich der technischen Standardisierung und der professionellen Selbstkontrolle (Teubner 1996). Rechtstheoretisch bedeutet all dies, daß es zur Bewältigung eigenständiger staatenloser Rechtsphänomene einer **pluralistischen Theorie der Normproduktion** bedarf: »Globales Recht läßt sich nur durch eine Theorie des Rechtspluralismus und durch eine entsprechend pluralistisch konzipierte Rechtsquellenlehre angemessen interpretieren«.

Für eine globalisierte Welt ist dies alles unmittelbar einsichtig; aber es läßt sich cum grano salis auch auf die für unser Thema nach wie vor besonders wichtige nationalstaatliche Ebene übertragen, auch wenn hier der Bruch des Tabus der Einheit von Staat und Recht (Teubner 1996: 267) noch deutlicher hervortritt.

cc) *Institutionelle Wahlnormen als dritter Weg zwischen Gesetz und Vertrag*

In der Zivilrechtswissenschaft ist die verengende Dichotomie zwischen hoheitlichem Gesetz und privatautonomem Vertrag schon lange als unbefriedigend und nicht realitätsgerecht empfunden worden. Insbesondere Ulrich Meyer-Cording mit seiner Monographie »Die Rechtsnormen« (1971) empfand es als unangemessen, private Regeln, die in Entstehung und Wirkungsweise eher Normen als Verträgen gleichen, wegen ihres privaten Ursprungs mit rechtsgeschäftlichen Mitteln erfassen zu müssen. Da es sich auch nach seiner Ansicht nicht um hoheitliches Recht handeln konnte, suchte Meyer-Cording nach einem **dritten Weg zwischen Gesetz und Vertrag**; Gregor Bachmann berichtet uns über das Ergebnis seiner Suche das folgende (2004: 87):

> »Er fand ihn in einer Theorie der Rechtsnorm, die diese nicht nach ihrer Herkunft von der staatlichen Legislative, sondern von ihrer sozialen Funktion her definiert. Rechtsnormen seien danach all **diejenigen Regeln, die ihrer Funktion nach dazu bestimmt seien, Institutionen als dauerhafte Strukturelemente zu dienen**. Hervorgebracht würden sie von den Institutionen selbst, die Meyer-Cording in soziologischem Sinne als von einem ›Wir-Gefühl‹ zusammengehaltene Gruppen und Verbände versteht, welche sich vom Kooperationsverhältnis des Marktaustauschvertrages durch eine mehr hierarchische Ordnung unterschieden. Die Anerkennung als Recht könne die von derartigen Institutionen – Vereine, Unternehmen, Verbände, Betriebe – geschaffene Ordnung aber nur erfahren, wenn diese ›vertrauenswürdig‹ seien. ›Vertrauenswürdigkeit‹ wiederum sei dann gewährleistet, wenn der Beitritt zu der betreffenden Institution freiwillig erfolge, denn dann gelte der Grundsatz ›volenti non fit iniuria‹. Da die Geltung der Norm vom Individuum durch Beitritt frei gewählt werde, handele es sich bei **den privaten Rechtsnormen um ›Wahlnormen‹**. ›Zwangsnormen‹ im Sinne von heteronom geltenden Regeln seien hingegen nur hoheitlich begründbar.«

Diese Stimme Meyer-Cordings, die vielen Einwänden ausgesetzt war und dessen Theorie hier nicht zu diskutieren ist, ist aber in unserem Zusammenhang überaus interessant. Die Sichtweise Meyer-Cordings öffnet den Blick nicht nur für unterschiedliche Arten von Rechtsnormen – privatrechtliche wie hoheitliche – sondern bezieht auch die Choice-Problematik mit ein, und zwar unter dem später noch einzubringenden zentralen Gesichtspunkt der **Legitimation nicht-staatlichen Rechts**.
Nunmehr scheint es uns aber an der Zeit zu sein, mit der Idee von »Governance-choice« als »regulatory choice« Ernst zu machen und uns einige Anwendungsfelder dafür näher anzusehen.

2. *Regulatory Governance and Regulatory Choice: fünf Anwendungsfelder*

a) *Das Grundmodell einer Skalierung von Regulierungstypen mit den Endpunkten staatlich und privat*

In der Rechtswissenschaft, die sich dem Regulierungsbegriff nur zögerlich aufgeschlossen hat (Spoerr/Deutsch 1997; Ruffert 1999), wie in der Verwaltungswissenschaft erfreut sich ein relativ einfaches Grundmodell großer Beliebtheit, das von Wolfgang Hoffmann-Riem (1996) vorgeschlagen worden ist und die folgenden vier Grundtypen der Regulierung unterscheidet

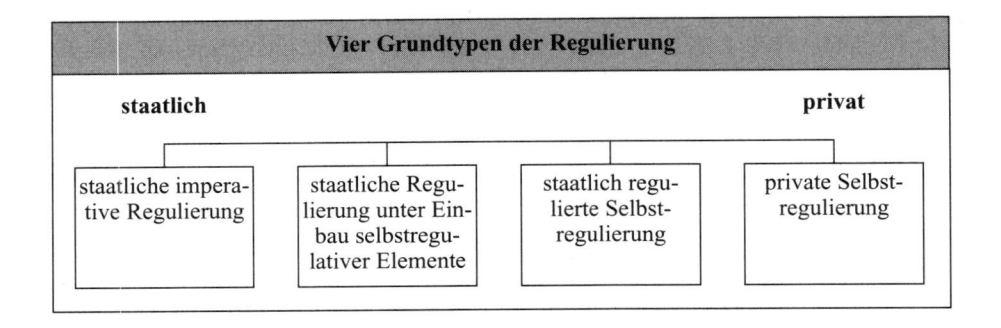

Vier Grundtypen der Regulierung			
staatlich			**privat**
staatliche imperative Regulierung	staatliche Regulierung unter Einbau selbstregulativer Elemente	staatlich regulierte Selbstregulierung	private Selbstregulierung

Interessant an solchen **Skalierungsmodellen** sind immer die Zwischentöne, die »twilight-zones« oder »halfway houses«, also die **Übergangsbereiche**, die die starren Dichotomien von staatlich und privat, von Markt und Staat, von hierarchisch und konsensual zu überwinden vermögen. In diesem Sinne besonders spannend ist der **Typ der staatlich regulierten Selbstregulierung**, dem wir schon weiter oben begegnet sind und dessen **Funktionslogik zwischen staatlicher Regulierungsdrohung und gleichzeitig eröffneter Option zur Selbstregulierung** von Hoffmann-Riem wie folgt beschrieben worden ist (1996: 264):

> »Die Übergänge sind fließend zu dem dritten Typ, in dem das Vertrauen auf Selbstregulierung – und zwar unter Einfluß privatautonomer Zielsetzung – im Vordergrund steht und der Staat keine Erfüllungsverantwortung übernimmt oder sie zumindest zurückstellt. **Er schafft aber einen besonderen regulativen Rahmen für die Selbstregulierung.** Durch diesen wird der Möglichkeitsraum beengt: **Der Rahmen strukturiert die verfügbaren Optionen** vor, beläßt aber Spielraum bei der Optionenkonkretisierung und -wahl ... Zur Kategorie regulierter Selbstregulierung gehören auch Konstruktionen, bei denen eine privatautonome Regelung möglich ist, aber mit Erwartungen konfrontiert wird, deren Nichterfüllung den staatlichen Akteur in die Arena beordert. Ein bekanntes Beispiel ist § 14 AbfG, der zunächst auf die private Verantwortungsübernahme setzt, aber neben der Möglichkeit appellartiger Zielvorgaben vor allem ein **staatliches Auffangnetz** – dokumentiert in der Ermächtigung zum Erlaß einer Verordnung nach Abs. 2 Satz 3 – bereithält, dessen potentielle Existenz Vorwirkungen entfalten soll. Es vermittelt nämlich **Drohmacht** zur Aktivierung der Bereitschaft zur privaten Verantwortungsübernahme. In ähnlicher Weise arbeitet die staatliche Förderung von Selbstbeschränkungsabkommen der beteiligten Wirtschaftskreise, wenn bei deren Scheitern staatliche Regulierung droht. Die im Umwelt-, insbesondere Abfallrecht aktuell verfolgten Bemühungen, Umweltlasten und Entsorgungsrisiken durch Kreislaufkonzepte auf die Verursacher zurückzuverlagern, bauen ebenfalls auf einen regulierenden Rahmen, innerhalb dessen vorrangig, aber nicht notwendig, auf privatautonomes Handeln gesetzt wird.«

b) *Das OECD-Modell von Regulatory Governance zwischen Markt und Staat*

In ihrem Bericht über »Regulatory Policies in OECD Countries« mit dem zu unseren Überlegungen passenden Untertitel »From Interventionism to Regulatory Governance« hat die OECD (2000: 52 f.) ein gegenüber dem soeben vorgestellten Grundmodell ausdifferenzierteres Skalierungsmodell vorgelegt, mit dem das gesamte Spektrum zwischen klassischer staatlicher Regulierung und »non-regulatory policy instruments« ausgeleuchtet wird:

The spectrum of regulatory and non-regulatory policy instruments

	Competition							Monopoly				No formal economic activity
Market-driven solution ◄─────►				Government-driven Solution								
Free market	Free market governed only by general competition polcy	Mandatory information	Private sector voluntary regulation (voluntary agreements, Private standards)	Market Incentives established by government (taxes, pricing, signals, property rights)	Process regulation (requiring firms to assess risk and take most cost-effective action	Performance regulation (standard objectives set by government)	Command-and-Control regulation	Regulated private monopoly	Contracting out monopoly to the private sector	Corporatised public monopoly	Public monopoly	Government ban on economic activity
	disclosure (to enhance consumer choice)											

Interessant ist natürlich einmal diese Übersicht selbst, die hier aber nicht näher kommentiert werden muß; noch interessanter aber finden wir die erläuternden Bemerkungen im Anschluß an diese Übersicht, und zwar in zweierlei Hinsicht. Einmal in der Hinsicht, daß mit großer Entschiedenheit die zentrale Rolle **neuer Zwischentöne** herausgearbeitet wird (2002: 53):

> »While governments have always employed a range of policy tools, it is certain that considerable experimentation, ›cross-fertilisation‹ between policy areas and ›policy learning‹ have taken place in recent years, as **regulators seek new and improved tools** to enable them to meet growing expectations of what regulatory action can achieve. The result of this learning is that many new tools, as well as new forms of regulation, are now available to policy-makers. In addition, the level of understanding of many policy tools has improved greatly, allowing them to be applied in new contexts. Understanding **of the possibilities for combining different policy instruments** has also increased. This means that innovative approaches to policy objectives very often involve complementing traditional regulation with other instruments, rather than replacing traditional regulation completely.«

Zum anderen in der Hinsicht, daß das, was wir als regulatory choice bezeichnen, in den größeren Rahmen eines »Choice of policy instruments« gestellt wird, ein Zusammenhang, den wir schon eingangs dieser regulierungstheoretischen Überlegungen aufgezeigt haben; in dem OECD-Papier heißt es dazu wie folgt (2002: 53):

»All of these advances mean that the potential benefits of moving toward **more systematic choices among policy instruments** have substantially increased. At the same time, rapid change, globalisation and more demanding citizens have all put greater pressure on traditional regulation and reduced its ability to meet expectations. Hence, the use of appropriate alternative policy instruments is fundamental to the regulatory policy agenda.«

Nachdem wir nunmehr zwei Skalierungsmodelle kennengelernt haben, die verschiedene Regelungstypen zwischen Markt und Staat und zwischen staatlicher und privater Regulierung verorten und damit sehr stark der choice-Perspektive verhaftet sind, wollen wir nunmehr einen Blick auf den immer wieder ins Spiel gebrachten Bereich der Selbstregulierung (Latzer u.a. 2002) werfen und fragen, wie eine Binnendifferenzierung dieses regulierungstheoretisch interessanten Bereiches aussehen könnte.

c) *Zur Binnendifferenzierung des Bereiches der Selbstregulierung*

Unter Selbstregulierung wird im allgemeinen der Bereich des sozialen Lebens verstanden, der aus an dieser Stelle noch nicht zu diskutierenden Gründen nicht dem freien Spiel der Marktkräfte überlassen bleiben, aber auch nicht der unmittelbaren Gestaltung durch den Staat zugeordnet werden soll. Da es an einem einheitlichen und allgemein anerkannten Darstellungsschema dieses Bereiches fehlt, wollen wir mit Hilfe Gregor Bachmanns (2004) unseren nach Differenzierungen suchenden Blick schärfen und seinen Systematisierungsversuch darstellen, mit dem er die folgenden, einander bisweilen überschneidenden **Selbstregulierungs-Felder** identifiziert, die in der rechts- und verwaltungswissenschaftlichen Literatur als unterschiedliche Bereiche diskutiert werden (S. 24 f.):

Erscheinungsformen von Selbstregulierung
• Selbstverwaltung
• Selbstverpflichtung
• Kollektivverträge
• Private Regelwerke und Kodices
• Freiwillige Selbstkontrolle
• Transnationales Privatrecht (Lex mercatoria)

Wir beschränken uns im folgenden auf einige wenige erläuternde Bemerkungen, die wir entweder selbst als vereinfachende Zusammenfassungen formulieren oder direkt Gregor Bachmann überlassen:
- Unter dem Begriff der **Selbstverwaltung** verbirgt sich die Wahrnehmung von sachlich begrenzten Verwaltungsaufgaben durch besondere, gegenüber dem Staat

verselbständigte, öffentlich-rechtlich organisierte **Verwaltungseinheiten** (vgl. die Beiträge in von Mutius 1983). Innerhalb des Bereiches der Selbstverwaltung pflegt man zwei Bereiche zu unterscheiden, nämlich die **kommunale Selbstverwaltung** durch Gemeinden und Gemeindeverbände sowie die sog. **funktionale Selbstverwaltung** (Kluth 1997), insbesondere durch Berufs- und Wirtschaftskammern.

- »Eine vor allem im Umweltrecht intensiv diskutierte Form der Selbstregulierung stellen sogenannte **Selbstverpflichtungen** oder **normersetzende Absprachen** dar. Dabei geht es darum, das Erreichen bestimmter politischer Ziele (etwa der Reduzierung von Emissionen) nicht durch einseitiges, befehlendes Staatshandeln (Gesetz, Rechtsverordnung), sondern dadurch sicherzustellen, daß sich Unternehmen oder Verbände gegenüber dem Staat freiwillig dazu verpflichten, definierte Zielvorgaben zu erfüllen« (Bachmann 2004: 27).
- Bei **Kollektivverträgen** handelt es sich um Vereinbarungen privater Verbände, mit denen Vorgaben für das Verhalten ihrer Mitglieder oder Dritter gemacht werden. Das bekannteste Beispiel ist der **arbeitsrechtliche Tarifvertrag**, mit dessen Hilfe die sog. Sozialpartner die Arbeitsbedingungen ihrer Mitglieder festlegen (vgl. § 1 TVG). Ähnliche Kollektivvereinbarungen kennen das Betriebsverfassungsrecht mit der Betriebsvereinbarung (vgl. § 77 BetrVG), das Sozialrecht mit öffentlich-rechtlichen Gesamt-, Mantel- und Rahmenverträgen sowie der Entwurf eines Umweltgesetzbuches, das in seinen §§ 36 und 37 (UGB-KomE) den Abschluß normersetzender Verträge vorsieht.
- Ebenso breit wie das **Spektrum privater Regelwerke**, und insbesondere von **Kodices**, ist der Kreis der Produzenten dieser Regelwerke; zu ihnen bemerkt Bachmann folgendes (2004: 31):

»Er reicht von einzelnen Gruppen und Personen über Interessenverbände und ›neutrale‹ Handels- oder Standesorganisationen bis zu Expertengremien, die mit Billigung oder gar auf Anlaß des Staates tätig werden. Rein privaten Ursprungs sind etwa die Regelwerke des Sportes oder der privaten Finanzmarktplätze, staatlich veranlaßt und anerkannt sind der von einer ›Regierungskommission‹ verfaßte ›Deutsche Corporate Governance Kodex‹ (vgl. § 161 AktG), die ›Empfehlungen‹ des ›Deutschen Rechnungslegungs Standards Committee‹ (vgl. § 342 HGB), die ›Richtlinien‹ der privatrechtlich organisierten ›Bundesärztekammer‹ (vgl. § 16 Abs. 1 TPG) sowie die auf Veranlassung der Bundesregierung von einer pluralistisch besetzten ›Arbeitsgruppe‹ erstellte sog. ›Patientencharta‹. In der Mitte siedeln Regelwerke, die zwar privaten Ursprungs sind, aber staatliche Anerkennung oder Förderung erfahren haben, namentlich die ... DIN-Normen und ihre europäischen Pendants.«

- Anwendungsbereich und Funktionsweise der **freiwilligen Selbstkontrolle** skizziert Bachmann wie folgt (2004: 31, 32):

»Als Selbstregulierung im engeren Sinne kann man die in Deutschland so genannte ›Freiwillige Selbstkontrolle‹ (FSK) bezeichnen, die insbesondere im Medienbereich, aber auch im Finanzdienstleistungssektor eine beachtliche Rolle spielt. Brancheninterne Kontrollgremien wie der Deutsche Presserat legen dabei (unverbindliche) Standards fest, deren Beachtung von den in der Branche Tätigen erwartet wird. Gleichzeitig werden Kontroll-, Schieds-, oder Beschwerdestellen eingerichtet, welche das Wohlverhalten der einzelnen Akteure überwachen sollen. Die unverbindlichen Standards stützen ihre Autorität vor allem auf den Berufsethos der Branche, dessen Kodifizierung sie darstellen wollen. Gängiges Sanktionsmittel der Kontrollgremien ist die Rüge, u. U. verschärft durch Publizität des Normverstoßes (›naming and shaming‹).«

- Ein besonders interessanter Fall von Selbstregulierung sind die im Gefolge von Transnationalisierung und **Globalisierung** zunehmenden Versuche von **nichtstaatlichen Akteuren**, im Wege der Standardsetzung **Grundzüge eines transnationalen Privatrechts** zu schaffen, das den Akteuren einer globalisierten Weltwirtschaft gewisse rechtliche Orientierungsmarken vermittelt; Bachmann beschreibt diese Entwicklung so (2004: 333, 34):

»Aufwind durch die Globalisierung haben schließlich Bemühungen erhalten, durch private Initiative zu einem internationalen Einheitsrecht zu gelangen. Traditionell in anderem Kontext erörtert, zeigt sich ihre Verwandtschaft zur Selbstregulierung darin, daß es sich ebenfalls um **nicht-staatlicher Seite vorformulierte Standards** handelt. Zu nennen sind namentlich die sog. ›Principles of International Commercial Contracts‹ des römischen UNIDROIT-Instituts sowie die ›Principles on European Contract Law‹ (PECL) der europäischen Lando-Kommission, aber auch die vom deutschen Center for Transnational Law (CENTRAL) erstellte und fortgeführte ›List of Principles, Rules and Standards of the Lex Mercatoria‹. Alle drei Kodifikationen nehmen für sich in Anspruch eine kodifizierte Version der sog. Lex Mercatoria darzustellen. Dabei handelt es sich um Regeln und Prinzipien, die sich im internationalen Handelsverkehr und seiner Schiedsgerichtsbarkeit im Laufe der Jahrzehnte herausgebildet haben, deren Rechtscharakter aber nicht allgemein anerkannt ist. Als moderne Variante einer solchen ›lex mercatoria‹ werden heute vor allem die spontan entstandenen Verhaltensregeln des Internets (›Cyberlaw‹, ›nettiquette‹) und die Standards guter Unternehmensführung erörtert, wie sie in sog. ›Corporate Governance Codices‹ ihren Niederschlag gefunden haben. Mit einem dem Völkerrecht entlehnten Begriff bezeichnet man sie auch als ›soft law‹, ohne damit mehr zu verbinden als die Vorstellung, daß es sich eben nicht um rechtlich, sondern allenfalls um moralisch oder kraft Überzeugung verpflichtende Normen handelt.«

Nach diesem kurzen Überblick über die vielfältigen Formen von Selbstregulierung wollen wir uns dem juristischen Pendant von Regulierung zwischen Markt und Staat zuwenden, nämlich der Rechtsetzung zwischen Staat und Gesellschaft.

d) *Rechtsetzung zwischen Staat und Gesellschaft*

Wie wir eingangs unserer regulierungstheoretischen Überlegungen schon erwähnt hatten, beruht das Modell von regulatory choice u.a. auf der Prämisse, daß wir es in einer gewandelten Staatlichkeit mit einer **Pluralität von Normproduzenten** und einer **Pluralität unterschiedlicher Normen** zu tun haben. Rechtsetzung findet also – so können wir es auch formulieren – nicht mehr allein oder fast ausschließlich durch den Staat statt, **Rechtsetzung hat ihren Platz zwischen Staat und Gesellschaft.**

Wenn dies richtig ist, dürfen alle Arbeiten auf unser Interesse stoßen, die sich – wie jüngst die von Steffen Augsberg (2003) – mit der Rechtsetzung zwischen Staat und Gesellschaft beschäftigen und dieses Problem anhand der Möglichkeiten einer differenzierten Steuerung des Kapitalmarktes diskutieren; von besonderem Interesse für uns ist die von Augsberg vorgelegte **Typologie von Normsetzungsverfahren**, die wir kurz vorstellen möchten:

Typologie der Normsetzungsverfahren

- »Verstaatlichte« private Normsetzung
  - Öffentlich-rechtliche Satzungen
  - Normsetzung durch die Wirtschaftsprüferkammern
  - Normsetzung durch die Börse
- Staatliche Rechtsnormsetzung unter Inbezugnahme privater Normen
  - Inkorporation
  - Verweisungen
  - Harmonisierung der Rechnungslegung in der EU
- Private Rechtsetzung innerhalb einer staatlichen Rahmenordnung
  - Verbandsrecht
  - Vertragsrecht
- Private Normsetzung ohne Rechtsverbindlichkeit
  - Der Übernahmekodex
  - Die Zuteilungsgrundsätze
  - Corporate Governance Kodex
  - Ehrenkodex für Finanzanalysten

Was hier – in einer juristischen Dissertation – als Typologie von Normsetzungsverfahren daherkommt, kann genauso gut, wenn nicht treffender, als **Typologie von Regulatory Governance** gelesen werden, die einen Überblick über die verschiedenen **Regulierungsinstrumente**, die verschiedenen **Regulierungsakteure** und ihre **Einbindung in das Legitimationskonzept des Verfassungsstaates** gibt. Zur Erläu-

terung beschränken wir uns auf einige wenige Bemerkungen, wobei wir den Autor selbst möglichst oft zu Wort kommen lassen.
- Was zunächst die **»verstaatlichte« private Normsetzung** angeht, so ist der Hauptanwendungsfall die sog. **Satzungsautonomie** von öffentlich-rechtlichen Körperschaften: das typische Rechtsetzungsinstrument von mitgliedschaftlich strukturierten Selbstverwaltungskörperschaften ist die Satzung. Als Beispiel dafür dient Augsberg die Normsetzung durch die Wirtschaftsprüferkammer, die deswegen auch für uns ein besonders interessanter Akteur ist, weil es über das Institut der Wirtschaftsprüfer in Deutschland e.V. (IDW) einen Regelungsvorschlag für ein **Qualitätskontrollsystem** erarbeiten ließ, das vom Gesetzgeber weitgehend unverändert übernommen wurde – sog. **Gesetzgebung on demand** (Kluth 2000). Zu dieser Governance-Technik einer gesetzlich vorgesehenen Peer-Review heißt es bei Augsberg wie folgt (2003: 148, 149):

»Der dem anglo-amerikanischen Rechtskreis entstammende und von dort übernommene Begriff Peer Review bezeichnet eine Überwachungsform, in der nicht eine staatliche Stelle (sog. Monitoring), sondern ein anderer Berufsangehöriger (der peer) als Kontrollinstanz fungiert. Wirtschaftsprüfer und vereidigte Buchprüfer müssen nunmehr, sofern sie gesetzliche Abschlußprüfungen durchführen, ihre Praxis in einem dreijährigen Turnus einer externen Kontrolle durch einen speziell registrierten Berufsangehörigen (sog. Prüfer für Qualitätskontrolle) unterziehen lassen. Dabei wird keine zweite Abschlußprüfung durchgeführt. Es findet vielmehr eine **Überprüfung des internen Qualitätssicherungssystems** der jeweiligen Praxis statt, das auf seine Angemessenheit und Funktionsfähigkeit überprüft wird. **Kontrollobjekt** ist somit nicht die Abschlußprüfung selbst, sondern **ihre Methodik**; die Organisation der jeweiligen Praxis muß eine ordnungsgemäße Abwicklung der Aufträge und die interne Nachschau sicherstellen. Über die Ergebnisse der Prüfung wird ein Bericht angefertigt, der der geprüften Praxis ausgehändigt und in Kopie an die Wirtschaftsprüferkammer gesandt wird. Die externe Qualitätskontrolle schließt mit einer von der Kommission für Qualitätskontrolle ausgegebenen Teilnahmebescheinigung, deren Fehlen ist als neuer Ausschlußtatbestand für die Annahme von gesetzlichen Abschlußprüfungen in § 319 II 2 Nr. 2 und III Nr. 7 HGB aufgenommen worden.«

Das andere interessante Beispiel ist die **Normsetzung durch die Börse**, die nach herrschender Auffassung eine öffentlich-rechtliche Einrichtung ist, während die sog. Börsenträger in Privatrechtsform als Vereine oder AG organisiert sind. Nach § 13 I BörsG erläßt der Börsenrat die sog. Börsenordnung als Satzung. Damit wird es den Börsen ermöglicht, anstelle des schwerfälligen staatlichen Gesetzgebungsverfahrens selbst die erforderlichen Reglementierungen vorzunehmen und schnell und flexibel auf Marktveränderungen zu reagieren.

- Was die **staatliche Rechtsnormsetzung unter Inbezugnahme privater Normen** angeht, so werden gemeinhin zwei gesetzgeberische Regelungstechniken unterschieden: die **Inkorporation** und die **Verweisung**. Im Falle der verfassungsrechtlich unbedenklichen **Inkorporation** wird entweder der gesamte Text einer privaten Norm in eine Rechtsnorm aufgenommen oder dieser als Anlage beigefügt: »bei dieser weitestgehenden Form der Rezeption fungiert die private Norm lediglich als ein Textbaustein zur Erstellung der staatlichen Rechtsnorm« (Augsberg

2003: 174). Die Verweisung ist das klassische Beispiel des Zusammenspiels von privater Norm und staatlicher Rechtsnormsetzung. Während die sog. statische Verweisung als verfassungsrechtlich unproblematisch gilt, wird die sog. **dynamische Verweisung** generell als verdächtig angesehen, weil **auf ein nicht-statisches Regelwerk in seiner jeweils aktuellen Form und Geltung** – also gewissermaßen »blind« – **verwiesen wird**. Augsberg nennt zwei interessante Beispiele. Das erste Beispiel – für eine normergänzende dynamische Verweisung – ist die Übergangsvorschrift des § 292 a HGB, der es börsennotierten deutschen Unternehmen gestattet, ihre Konzernrechnungslegungspflicht dadurch zu erfüllen, daß sie anstelle der Rechnungslegung nach §§ 290-315 HGB ihren Konzernabschluß nach »international anerkannten« Rechnungslegungsgrundsätzen aufstellen. Das zweite Beispiel – für eine normkonkretisierende dynamische Verweisung – ist die Vorschrift des § 342 HGB, wonach das Bundesjustizministerium eine privatrechtlich organisierte Einrichtung mit der Erarbeitung von Standards der Konzernrechnungslegung betrauen kann: »Parallel zum Gesetzgebungsverfahren haben Anfang 1998 Unternehmensvertreter, Finanzintermediäre und Wirtschaftsprüfer als Nutzer bzw. Prüfer der Rechnungslegung als eingetragenen, selbstlos tätigen Verein das ›DRSC – Deutsches Rechnungslegungs Standards Committee e.V.‹ gegründet. Sein zentrales Gremium bildet der ›Deutsche Standardisierungsrat (DSR)‹, dem die eigentliche Standardsetzung obliegt. Durch den Standardisierungsvertrag vom 3. September 1998 zwischen dem Bundesjustizministerium und dem DRSC ist der DSR als Rechnungslegungsgremium im Sinne des § 342 HGB anerkannt worden« (Augsberg 2003: 187).

- Was die **private Rechtsetzung innerhalb einer staatlichen Rahmenordnung** angeht, so sind zwei Erscheinungsformen zu unterscheiden, nämlich das **Verbandsrecht**, also die Aufstellung von Verbandsnormen durch private Vereine und das **private Vertragsrecht** als der geläufigsten Form privater Rechtsetzung, z. B. durch »Allgemeine Geschäftsbedingungen« (AGB). Für beide Bereiche nennt Augsberg ausgesprochen spannende Beispiele. Als ein Beispiel kapitalmarktrelevanter verbandlicher Normsetzung sind etwa die Standesrichtlinien der Deutschen Vereinigung für Finanzanalyse und Asset Management e. V. (DVFA) zu nennen, die die Berufsangehörigen verpflichten, ihren Beruf unabhängig und in ethisch einwandfreier Weise auszuüben und sich als Richtschnur ihres Handelns am Anlegerinteresse zu orientieren. In Struktur und Inhalt ähnliche Regelwerke existieren »beispielsweise bei der German Association of Investment Professionals e.V. (GAIP), dem Deutschen Verband Financial Planners e.V. (DEVFP), der Vereinigung Technischer Analysten in Deutschland e.V. (VTAD) und dem Bundesverband Finanzdienstleistungen e.V.«
Als Beispiel für Regelungen im Wege privaten Vertragsrechts nennt Augsberg die Richtlinien für den Freiverkehr an der Frankfurter Wertpapierbörse sowie das »Regelwerk Neuer Markt«.
- Als Typus **privater Normsetzung ohne Rechtsverbindlichkeit** haben sich in den letzten zehn Jahren die sog. **Kodices** entwickelt, wofür als Anschauungsmaterial

der Übernahmekodex, die Richtlinien zur Corporate Governance, die Zuteilungsgrundsätze der Börsensachverständigenkommission sowie der Ehrenkodex für Finanzanalysten herangezogen werden können. Ein besonders interessanter Anwendungsfall ist der sog. **Übernahmekodex**, der von der Börsensachverständigenkommission erstellt wurde, einer beim Bundesfinanzministerium angesiedelten, diesem jedoch organisatorisch nicht eingegliederten Institution mit der Aufgabe der Beratung der Bundesregierung in Fragen des Kapitalmarkt- und Börsenrechts. Interessant an diesem Übernahmekodex ist nun, daß sein Inhalt nahezu unverändert in Gesetzesform gegossen wurde (durch das Wertpapiererwerbs- und Übernahmegesetz, WpÜG), ein Vorgang, der eine Regelungstechnik illustriert, bei der **bisherige selbstregulative Mechanismen staatlich okkupiert** und in Gesetzesform überführt werden:

»Am Beispiel des WpÜG läßt sich die Verdrängung von Normen der privaten Selbstregulierung durch staatliches Recht nachvollziehen. Aber erst die Erfahrungen mit dem Übernahmekodex ermöglichten es, in relativ kurzer Zeit ein derart komplexes Regelwerk zu schaffen. Dessen Ausgestaltung wiederum zeigt, daß die hoheitliche Okkupation des Regelungsbereiches nicht vollständig ist, sondern weiterhin die Interaktion und Kommunikation mit den Betroffenen gesucht wird. Die Vorzüge der Selbstregulierung, namentlich ihre Flexibilität und Praktikabilität, sollen jedenfalls teilweise erhalten bleiben. Die private Normsetzung muß damit, auch wenn sie durch eine ordnungsrechtliche Lösung ersetzt wird, nicht unbedingt als gescheitert angesehen werden, wirkt sie doch in den Normen des Gesetzes inhaltlich und in seiner Verfahrensausgestaltung strukturell fort.«

Nach diesem Kennenlernen verschiedener nationaler Kodices ist es nur ein kleiner Schritt zu den sog. »codes of conduct« multinationaler Unternehmen, die im fortschreitenden Prozeß der Globalisierung ein immer wichtiger werdendes Governance-Instrument darstellen.

e) *Konsequenzen von Global Governance: von »soft law« zu »soft institutions«*

Daß »**codes of conduct« multinationaler Unternehmen** unter den Bedingungen der Globalisierung eine **wichtige Governance-Option** darstellen, ist insbesondere im »Schlußbericht der Enquete-Kommission Globalisierung der Weltwirtschaft« klar herausgearbeitet worden (2002: 443):

»Die Idee solcher privaten Regelungsansätze ist es, nichtstaatliche Akteure, insbesondere international agierende Unternehmen, in die Um- und Durchsetzung von Menschenrechts-, Sozial- und Umweltstandards einzubeziehen. Der Rückgriff auf ›Soft law‹ erfolgt vor dem Hintergrund der Globalisierung von Produktionsketten, durch die auch solche Produkte auf den Weltmarkt gelangen, die andernorts unter Mißachtung sozialer, ökologischer und menschenrechtlicher Mindeststandards gefertigt wurden. Dies ist der mangelnden Um- und Durchsetzung bestehender nationaler und internationaler Standards bzw. Regelungslücken in manchen Bereichen geschuldet. Unter dem wachsenden Druck von NGOs, Verbrauchergruppen und der öffentlichen Meinung haben daher v. a. Unternehmen von Markenprodukten seit Beginn der 1990er Jahre **Verhaltenskodizes** verabschiedet, die die **Einhaltung**

einer Reihe von Mindeststandards im Unternehmen gewährleisten sollen und die sie ebenso auf ihre ausländischen Zulieferer und Unterhändler anwenden . . .«

Der Schlußbericht der Enquete-Kommission nennt auch eine Reihe von Beispielen für solche Verhaltensregeln, auf die hier einfach – ohne über den »Wert« solcher Vereinbarungen zwischen freiwilligem Gemeinwohlbeitrag und geschickter Public-Relations-Arbeit richten zu wollen – verwiesen werden soll. (S. 443):

> »Ein Beispiel für eine solche private Initiative ist etwa der von ›**Social Accountability International**‹ (SAI) ausgearbeitete Verhaltenskodex ›Social Accountability 8000‹, der das erste international auditierbare Sozialverträglichkeitssystem im Bereich des Wareneinkaufs umfaßt. Der 1999 vom UN-Generalsekretär Kofi Annan lancierte ›Global Compact‹ verfolgt die Idee, multinationale Unternehmen in den Bereichen Menschenrechte, Arbeit und Umwelt zu einem verantwortlichen Handeln zu verpflichten. Die dem **Global Compact** beitretenden Unternehmen erklären, seine Prinzipien sowohl in ihrem Unternehmensbereich als auch in ihren Beziehungen zu den öffentlichen Institutionen der Länder, in denen sie tätig sind, anzuerkennen. Mit den ›OECD-Leitsätzen für multinationale Unternehmen‹ . . . liegt der bisher einzig multilateral anerkannte Katalog von Verhaltensempfehlungen der Unterzeichnerregierungen für unternehmerisch verantwortliches Verhalten vor. Die im Jahr 2000 revidierten Leitlinien decken dabei nicht nur fast die gesamte Bandbreite unternehmerischer Aktivitäten ab (von Wettbewerbspolitik über Arbeitsstandards bis Technologietransfer und Verbraucherschutz), sondern sind auch in ihrem Anwendungsbereich umfassend formuliert. Angesichts der steigenden Vielzahl verschiedener Verhaltenskodizes erscheint eine gewisse Standardisierung der Basisnormen und ihrer Ausgestaltung sinnvoll. Erste Ansätze hierzu versucht die ›Global Reporting Initiative‹.«

Abschließen möchten wir diesen Überblick mit den Empfehlungen des Schlußberichts, die sich dafür aussprechen, das Eigeninteresse der nicht-staatlichen Akteure in ein **übergreifendes Governance-Konzept von soft law und soft institutions** einzubinden und damit – wie wir es an anderer Stelle formuliert haben (Schuppert 2002) – deren »an sich« eigennützige Beiträge auf die Mühlen des Gemeinwohls zu lenken; im Bericht der Enquete-Kommission heißt es dazu wie folgt (S. 445):

> »Die Umsetzung des **Ziels einer verstärkten Einbindung privater Akteure** sowie der Idee miteinander verkoppelter politischer Arenen mit unterschiedlichen Funktionen sollte nach dem Muster ›form follows function‹ im Verlauf des politischen Prozesses schrittweise erprobt werden. Dabei sind Zwischenlösungen denkbar, die man in Anlehnung an die Figur des ›Soft law‹ als ›**Soft institutions**‹ bezeichnen könnte. Hierbei geht es um die bereits weithin praktizierten Formen von Runden Tischen, Koordinierungsgesprächen und Vereinbarungen, deren Ergebnisse von den Beteiligten als verpflichtend verstanden und befolgt werden, ohne formelle Entscheidungen zu sein. Als Sicherheit dient dabei nicht die rechtliche Einklagbarkeit, sondern **das stabile Eigeninteresse aller Beteiligten** an Verhaltens- und Erwartungssicherheit. Entscheidend ist die ernsthafte Bereitschaft zur **Öffnung gegenüber der Zivilgesellschaft,** zur Suche nach Formen, in denen bürgergesellschaftliche Anliegen, Mitspracheansprüche und Ressourcen zu einem festen Bestandteil von Global Governance werden können. Dies ist nicht selbstverständlich, denn es geht hier um die Teilung von politischer Macht.«

3. Bilanzierende und weiterführende Überlegungen

Da wir bisher den Aspekt von »regulatory choice« so sehr in den Mittelpunkt gestellt haben, könnte der mißverständliche Eindruck entstehen, als ginge es bei »regulatory governance« lediglich um die Auswahl unter verschiedenen, feststehenden oder bereitliegenden Regulierungs- bzw. Governance-Optionen; dies würde eine Verkürzung des Problems auf eine reine Zweckmäßigkeitsfrage bedeuten und die politische und verfassungsrechtliche Dimension von »regulatory governance« völlig ausblenden. Einige allgemeinere Überlegungen, die geeignet sind, den Problemhorizont etwas weiter zu öffnen, scheinen uns daher zum Abschluß unserer regulierungstheoretischen Überlegungen hilfreich zu sein; beginnen möchten wir aber zunächst mit der Ausräumung des potentiellen Mißverständnisses, daß es nur um die Auswahl unter bestehenden, nicht aber um die Entwicklung und das Design von neuen oder alternativen Regulierungsoptionen gehe.

a) *Designing regulatory institutions oder das Konzept von »responsive regulations«*

Unter den Bemühungen, eine zeitgemäße, d.h. dem beobachtbaren Wandel von Staatlichkeit Rechnung tragende Regulierungstheorie zu entwickeln, ragt die **Theorie einer responsiven Regulierung** (Ayres/Braithwaite 1992) deutlich hervor. Dieses Konzept von »responsive regulation« – das bisweilen auch unter dem Label von dezentraler Regulierung (Black 2001) oder »smart regulation« (Gunningham/Grabosky 1998) gehandelt wird – zielt darauf ab, »to design regulatory institutions and processes which stimulate and **respond to the regulatory capacities which already exist within regulated firms**, attempting to keep regulatory intervention to the minimum level necessary to secure the desired outcomes, while retaining the capacity to intervene more (in terms of more stringent enforcement or the introduction of a more interventionist regime)« (Scott 2004).

Es handelt sich also um eine Regulierungstechnik, die **die Regulierungspotentiale nicht-staatlicher Akteure stimulieren** und einbeziehen will und deswegen nicht primär mit der Durchsetzungskraft hoheitlicher Anordnung und Vollstreckung arbeitet. Das insbesondere von Ayres und Braithwaite (1992: 35) verwendete Bild ist das einer »**enforcement pyramid**«, an dessen Spitze sich die hoheitliche Sanktion befindet und deren unterste Stufe aus »informal interactions« besteht. Die Funktionslogik dieser am Pyramidenmodell orientierten responsiven Regulierung wird uns von Colin Scott wie folgt erläutert (2004: 157):

> »One might say that responsive regulation **brings the idea of law back into governance**, irrespective of whether law is actually invoked or actually perceived **as a reason for cooperating with regulators or making self-regulation work**. Central aspects of the theory are the development of pyramidal approaches to enforcement and the application of regulatory technique. The enforcement pyramid, reasoned inductively from empirical analyses, has regulators using low-level sanctions such as advice and warnings at the base of the pyramid and only escalating to more drastic remedies in the event that regulatees are unresponsive at the lower level. Higher-level sanctions might include application of fines, prosecutions und

revocation of licences. Within the theory a regulator with the credible capacity to escalate to high-level sanctions should be able to operate mainly at the lower levels of the pyramid – ›speaking softly while carrying a big stick‹. The technique pyramid has governments encouraging businesses to self-regulate at the base of the pyramid with the potential for escalating to more intrusive techniques should self-regulation prove ineffective (Ayres and Braithwaite, 1992).«

Es ist leicht erkennbar, daß hier eine gewisse Verwandtschaft zu der schon weiter oben behandelten, für den Typus des Gewährleistungsstaates signifikanten **regulierten Selbstregulierung** besteht, die ebenfalls die Selbstregulierungskräfte nicht-staatlicher Akteure mit dem Instrument des eine schärfere Regulierung androhenden Gesetzes zu mobilisieren sucht.

Was nun die Beschaffenheit der schon erwähnten »enforcement pyramid« angeht, so ist sie insofern mehrdimensional, als sie es mit drei Arten von Akteuren zu tun hat, nämlich den staatlichen Regulierungsinstanzen, den zu regulierenden nicht-staatlichen Wirtschaftssubjekten und selbsternannten Wächtern des Gemeinwohls (vgl. Schuppert 2003), wie NGOs; Scott liefert dazu die folgende Beschreibung der Pyramide (2004: 159):

»This objection has been addressed by reconceiving the enforcement pyramid in three dimensions, with government and agencies on one face, regulated businesses on the second face and third parties (whether NGOs or other businesses) on the third face (Gunningham and Grabosky, 1998, 398). This elaboration of the enforcement pyramid has the merit of modelling empirical evidence in a manner truer to the multi-party environments which typically characterize regulatory regimes. It demonstrates that control may be exercised even where state bodies are unable or unwilling to use their powers. So, for example, the capacity of an NGO to ›name and shame‹ or to take direct action against a business may constitute the peak sanctions in an enforcement pyramid. It envisages not only different Parties, but also different instruments of control (Gunningham and Grabosky, 1998, 399-400). This pluralist reconception of the pyramidal approach makes clear the limitations for instrumental or integrated regulatory action. The potential for multiple and overlapping control possibilities which might operate indirectly is reminiscent of the approach within autopoietic theory which seeks to rebalance Checks already within the systems – referred to as ›collibration‹ (Dunsire, 1996).«

Nach diesem kurzen Blick auf das Konzept der responsiven Regulierung wollen wir uns zum Abschluß Legitimationsfragen staatlicher Regulierung zuwenden und dabei auch die verfassungsrechtliche Dimension des Problems nicht außer acht lassen.

b) *Regulatory Governance als Bereitstellung einer Regulierungs-Infrastruktur*

Wenn gewandelte Staatlichkeit dadurch gekennzeichnet ist, daß der Staat in die Aufgabenwahrnehmung und Problemverarbeitung zunehmend nicht-staatliche Akteure einschaltet, er aber die Verantwortung dafür behält, die Funktionsfähigkeit dieses Weges der Problemlösung zu gewährleisten – der moderne **Staat als Gewährleistungsstaat** (Schuppert 2004 b) – so bedarf er bestimmter Gewährleistungsinstrumente, mit denen er diese Gewährleistungsaufgabe erfüllen kann. Dies ist vor allem das Instrument der Regulierung, das sich als **Instrument der Gemeinwohlsicherung** (Trute 2002) im Rechtsstaat geradezu anbietet. Statt an dieser Stelle auf den schon sattsam diskutierten Zusammenhang von Privatisierung und Regulierung eingehen zu müssen – Privatisierung und Regulierung als zwei Seiten einer Medaille – wollen wir einen kurzen Blick auf den die Rolle des Staates in einer sich ändernden Welt thematisierenden Weltbankbericht des Jahres 1997 werfen (Weltbank 1997): in dem Teil des Weltbankberichts, der sich an der Entwicklung einer **Staatsaufgabenlehre** versucht, werden in besonderem Maße die **Regulierungsfunktion** und die **Bereitstellungsfunktion** des Staates hervorgehoben. Neben der notwendigen Bereitstellung von öffentlichen Gütern und von Einrichtungen einer sozialen Infrastruktur – wie z. B. einer funktionsfähigen Sozialversicherung – sei es vor allem die **Regulierungsfunktion**, die einen Staatstyp kennzeichnet, der die Gemeinwohlbewirkung in möglichst großem Umfang nicht-staatlichen Instanzen überlassen will und den wir hier Gewährleistungsstaat nennen.

Diese staatliche Regulierung wird nicht etwa – und dies verdient, hervorgehoben zu werden – als negativ angesehen, etwa im Sinne einer lästigen Reglementierung, sondern im Gegenteil als »**Bereitstellung eines die Wettbewerbsmärkte unterstützenden regulatorischen Rahmenwerkes**«. Im Bericht heißt es dazu wie folgt (Weltbank: 30):

> »Eine geschickte Regulierung kann dazu beitragen, Marktergebnisse zu beeinflussen, um öffentliche Ziele zu erreichen. Sie kann die Umwelt schützen. Sie kann auch Konsumenten und Abnehmer vor den Auswirkungen asymmetrischer Informationen schützen ... Regulierung kann auch die Effizienz der Märkte erhöhen, indem sie den Wettbewerb und die Innovationskraft fördert und den Mißbrauch von Monopolmacht verhindert. Und im weiteren Sinne kann sie zu einer breiten öffentlichen Akzeptanz der Fairneß und Rechtmäßigkeit von Marktergebnissen führen. Deshalb können die Aufgaben auch nicht darin bestehen, Regulierungen möglichst flächendeckend abzuschaffen, sondern vielmehr darin, für jedes Land Regulierungsansätze zu finden, die den jeweiligen Bedürfnissen und Fähigkeiten entsprechen.«

Regulierung und Bereitstellung erscheinen geradezu als die staatlichen Zentralfunktionen schlechthin (Weltbank: 31):
- »In den meisten Volkswirtschaften ist die Regulierungsfunktion des Staates heutzutage umfassender und komplexer als jemals zuvor und erstreckt sich sowohl auf solche Gebiete wie die Umwelt und den finanziellen Sektor als auch auf traditionellere Bereiche wie die Monopole. Die Struktur der Regulierungen muß dem Leistungsvermögen der staatlichen Regierungsbehörden und dem Entwicklungsstand der Märkte angepaßt sein und die persönliche Verantwortlichkeit stärker betonen.
- Obwohl der Staat weiterhin eine zentrale Rolle dabei spielt, die Bereitstellung grundlegender sozialer Leistungen zu sichern – Erziehungs-, Gesundheitswesen, Infrastruktur –, ist es nicht selbstverständlich, daß der Staat deren alleiniger Anbieter oder überhaupt ein Anbieter sein muß. Die Wahlmöglichkeiten des Staates hinsichtlich der Bereitstellung, Finanzierung und Regulierung dieser Dienstleistungen müssen sich auf die relative Stärke der Märkte, auf die Gesellschaft und die staatlichen Behörden stützen.«

Wenn wir an dieser Stelle einen Moment innehalten, so erkennen wir leicht, daß gerade der den nicht-staatlichen Akteuren und den Märkten die Erfüllung gemeinwohlwichtiger Aufgaben überlassende **Gewährleistungsstaat notwendig Regulierungsstaat** ist, daß damit die Rolle des Rechts als Regulierungsinstrument und die Rolle staatlicher Institutionen als Regulierungs- und Aufsichtsinstanzen an Bedeutung gewinnt. Wenn das richtig ist, dann bedarf es der **Entwicklung einer entsprechenden Theorie der Regulierung**, eine Entwicklung, die nach unserer Wahrnehmung schon in Gang gekommen ist (Spoerr/Deutsch 1997; Ruffert 1999; Müller/ Sturm 1998) und in eine übergreifende Rechtsetzungslehre zu integrieren wäre.

c) *Verfassungsrechtliche Rahmenbedingungen nicht-staatlicher Normsetzung*

Da wir uns an dieser Stelle nicht ausführlich mit den verfassungsrechtlichen Anforderungen und Grenzen privater Normsetzung auseinandersetzen können, dieser Aspekt aber von großer, auch rechtspraktischer Bedeutung ist, wollen wir zu dem Hilfsmittel greifen, die entscheidenden Gesichtspunkte von Steffen Augsberg vortragen zu lassen, der sie in der Zusammenfassung seiner Dissertation in – wie wir finden – großer Präzision und Klarheit zusammengetragen hat (2003: 342 ff.); es heißt dort auszugsweise wie folgt:

- »Rechtsetzung als Staatsaufgabe bedeutet lediglich, daß die Rechtserzeugung eine genuin staatliche Aufgabe ist. Eine Krise des Rechts läßt sich nicht attestieren; vielmehr behält das Recht auch in Zukunft seine bestimmende und ordnende Funktion, auch wenn sich der Regelungsinhalt möglicherweise **von der inhaltlichen Steuerung auf die Vorformung privater Handlungsbeiträge** verlagert.
- Von der Privatisierungsdebatte kann die Erkenntnis übernommen werden, daß staatliche Aufgaben sich jedenfalls in Teilbereichen auf gesellschaftliche Gruppen verlagern lassen, sofern der Staat die Überwachungs- bzw. **Gewährleistungsverantwortung** beibehält. Private Normsetzung könnte insoweit als Verfahrensprivatisierung umschrieben werden …
- Die Bestimmung des Gemeinwohls ist grundsätzlich eine staatliche Aufgabe, die weitgehend durch Verfahrens- und Organisationsvorschriften erfüllt wird. **Kooperative Gemeinwohlverwirklichung** erscheint möglich, setzt aber eine gewisse vorfindliche Interessenkonvergenz voraus. Die Begriffe der Verantwortung und des Gemeinwohls können in neuen Konstellationen Handlungsanleitung bieten und Pflichtenzuordnung erleichtern.
- Der Verfassung läßt sich kein klares Argument für oder wider private Normsetzung entnehmen. Ein verfassungsrechtliches Subsidiaritätsprinzip ist nicht anzuerkennen. Das Demokratieprinzip widerstreitet der Einbeziehung Privater in den Normsetzungsprozeß nicht, verlangt sie aber auch nicht …
- Die Verfassung enthält keine unmittelbaren Anforderungen an Private. Soweit diesen jedoch staatlicherseits Aufgaben übertragen werden, folgt aus der staatlichen Legitimationsverantwortung die Pflicht, durch transmissive Vorgaben einen Ausgleich für den Verlust an unmittelbarer Verfassungsbindung zu schaffen und insbesondere die **Gemeinwohlkompatibilität der privaten Handlungsbeiträge**

sicherzustellen. Hierfür sind verschiedene **kompensatorische Sicherungsmechanismen** denkbar . . .
- Organisatorisch kommt der **pluralistischen und repräsentativen Besetzung der Gremien** eine besondere Bedeutung zu. Diese muß sich auch in umfassenden Berücksichtigungspflichten und einem binnendemokratischen Vorgehen niederschlagen. Distanz- und Neutralitätspflichten an Private zu stellen ist hingegen entbehrlich, soweit eine produktive Spannung durch Berücksichtigung unterschiedlicher Interessenvertreter hergestellt werden kann. Unabdingbares Erfordernis ist hingegen die Herstellung möglichst umfassender **Transparenz und Publizität,** um die Beteiligung der Öffentlichkeit sicherzustellen.
- Im Rahmen staatlicher Rahmenordnungen kann eine hinreichende Gemeinwohlkompatibiltät der privaten Handlungsbeiträge dadurch erreicht werden, daß auf den Aushandlungsprozeß vertraut wird. Staatliche Eingriffe brauchen nur bei **schwerwiegenden Disparitäten** zu erfolgen . . .
- Rechtsstaatlichkeit verlangt die Überprüfung staatlicher Entscheidungen. Sofern diese auf Private übertragen werden, ist nach den Kontrollmöglichkeiten zu fragen. Dabei stehen neben der Eigen- und Selbstkontrolle jedoch die administrative wie auch die gerichtliche Kontrolle vor dem Problem fehlenden Verständnisses. Häufig werden sie sich auf eine materielle Plausibilitätskontrolle und eine strikte Überprüfung der Einhaltung der organisatorischen und verfahrensrechtlichen Vorgaben beschränken müssen. Stärker als Kontrollorgan einbezogen werden sollte die Öffentlichkeit.«

V. Organisation, Organisationsprinzipien und Organisationsrecht als Governance-Ressourcen – die organisationstheoretische Perspektive

Wenn wir an dieser Stelle die organisationstheoretische Perspektive einführen, so kann dies nicht bedeuten, daß wir in grundsätzlicher und umfassender Weise die neuere Organisationstheorie (vgl. die Überblicke bei Kieser 1995 und Bea/Göbel 1999) nach ihrem Beitrag zur Governance-Forschung befragen. Wir wollen uns vielmehr darauf beschränken, einige wenige, aber vielleicht wichtige Stichworte einzubringen, an denen die Governance-Relevanz von Organisation, Organisationsprinzipien und Organisationsrecht besonders deutlich wird.

1. »Organization does matter« – auch und gerade für Governance

Sich mit der Governance-Ebene Organisation zu beschäftigen, also der Frage nachzugehen, inwieweit insbesondere das Handeln von Regierung und Verwaltung durch Organisation und Verfahren der Aufgabenerledigung gesteuert wird, macht nur Sinn, wenn die **Organisation der Aufgabenerfüllung** auch etwas mit der **Art und Weise**

der Aufgabenerfüllung zu tun hat, Organisation und Verfahren politischen Handelns also nicht »egal« sind, sondern mit der Entscheidung über die Organisation der Aufgabenerfüllung zugleich eine **Vorentscheidung über die Art der Erbringung öffentlicher Leistungen** getroffen wird. Was diese Frage nach der Relevanz institutioneller und auch organisatorischer Rahmenbedingungen für das Regierungs- und Verwaltungshandeln angeht, so wird sie in aller Regel mit den Worten »Does Organization Matter?« (Scharpf 1977) oder »Do Institutions Matter?« (Weaver/Rockmann 1993) gestellt und – bei aller Unterschiedlichkeit der Standpunkte – mit einem kräftigen »ja« beantwortet. Gemünzt auf die **Steuerungsebene Organisation**, hatten wir daher an anderer Stelle den folgenden eindeutigen Befund erheben können: (Schuppert 2000: 544):

> »Es entspricht heute allgemeiner Auffassung, daß Organisationsfragen keine beliebigen Zweckmäßigkeitsfragen, sondern zugleich inhaltliche und häufig hochpolitische Fragen sind und daß für die Gestaltung und Durchführung von Politik den institutionellen Rahmenbedingungen ein durchaus eigenständiges Gewicht zukommt, was insbesondere von den Vertretern des sogenannten Neuen Institutionalismus hervorgehoben wird: ›Without denying the importance of both the social context of politics and the motives of individual actors, the new institutionalism insists on a more autonomous role for political institutions ... They are political actors in their own right.‹ (March/Olsen 1984)«

Wenn dieser Befund, daß »organization does matter« schon für die Steuerungsdiskussion Geltung beanspruchen konnte (vgl. Schmidt-Preuß 2001), so kann er es gewissermaßen **erst recht** für die Governance-Debatte: denn geht es bei der Steuerungstheorie vor allem um Akteure und ihre Konfigurationen, bei Governance aber eher um Strukturen und Prozesse, so rücken die **institutionellen und organisatorischen Rahmenbedingungen der handelnden Akteure** ganz automatisch immer mehr in den Mittelpunkt des Forschungsinteresses.

Es erscheint daher nicht ohne Reiz, aus dem Vorwort des Bandes »Verwaltungsorganisationsrecht als Steuerungsressource« aus der Feder von Eberhard Schmidt-Aßmann und Wolfgang Hoffmann-Riem zu zitieren und sich dabei die Freiheit zu nehmen, den dort verwendeten Begriff »Steuerung« jeweils durch »Governance« zu ersetzen; die entsprechende Passage würde sich dann wie folgt lesen (1997: 5):

> »›Verwaltungsorganisationsrecht als [Governance]ressource‹ fragt danach, wie die in Organisationen angelegten Regulierungsstrukturen rechtlich so erfaßt, abgestützt und beeinflußt werden können, daß sie ihrerseits auf die für rechtliches Entscheiden wichtigen Prämissen eingehen und einen Entscheidungsprozeß fördern können, der dem Ziel der Entscheidungsrichtigkeit dient. Dabei muß man sich freilich vor simplifizierenden [Governance]vorstellungen hüten. Organisationen sind sehr komplexe Gebilde ... Formelle und informelle Elemente, Ablauf- und Aufbaustrukturen und Selbstverständnisse verbinden sich und bringen ein Potential ins Spiel, das externe [Governance]vorgaben auf eine eigenständige und eigenwillige Art aufnimmt und verarbeitet. Verwaltungsorganisationsrecht steuert nicht unmittelbar die einzelne Verwaltungsentscheidung, sondern beeinflußt **die strukturellen Voraussetzungen des Verwaltens**. Wie es auf ein komplexes Gebilde einwirken soll, so muß es seinerseits ein hinreichend breites Spektrum von Regelungsansätzen in sich aufnehmen. Es muß sich Erkenntnisse der Organisationswissenschaften zu eigen machen und komplementäre [Governance]leistungen benachbarter Rechtsgebiete, insbe-

sondere des Haushaltsrechts und des öffentlichen Dienstrechts, in seine Überlegungen einbeziehen.«

2. *Governance-Entscheidungen als Organisationswahl-Entscheidungen (organizational choice)*

Wenn es richtig ist, daß mit Organisationsentscheidungen zugleich eine Vorentscheidung über die Art und Weise politischen Handelns erfolgt, dann sind **Organisationswahl-Entscheidungen** in hohem Maße **governance-relevante Entscheidungen**. Wenn dies wiederum zutrifft, so müßte es ein wichtiges Anliegen der Governance-Forschung sein, sich über die **Kriterien solcher Auswahlentscheidungen** im Organisationsbereich zu vergewissern (vgl. zu solchen Organisationsentscheidungen Müller 1993; Reichard 1996); es bedürfte daher – zumindest in Umrissen – einer **Theorie von organizational choice**, zu der wir einige Vorüberlegungen beizusteuern versucht haben (Schuppert 1994 b).
Statt diese Überlegungen hier zu wiederholen, wollen wir die Governance-Relevanz von Organisationswahl-Entscheidungen im öffentlichen Sektor lieber an einem Beispiel verdeutlichen, nämlich anhand der inzwischen »verschiedenen« **Treuhandanstalt**, eines der interessantesten Organisationsgebilde, die im Zusammenhang der Wiedergewinnung der deutschen Einheit geschaffen worden sind. Die Treuhandanstalt ist deswegen besonders interessant, weil ihrer Ausgestaltung eine Organisationswahl-Entscheidung zugrunde lag, die sich nicht klar für eines der in Betracht kommenden Organisationsmodelle entscheiden konnte, also weder für eine rein öffentlich-rechtliche Privatisierungs**behörde** noch für eine in privatrechtlichen Kategorien denkende Einrichtung des Liquidations**managements**, sondern für ein Zwittergebilde, und dadurch all diejenigen in tiefe Ratlosigkeit stürzte, die die Aufgabe hatten, das Organisationsgebilde Treuhandanstalt und ihr Handeln rechts- wie verwaltungswissenschaftlich zu qualifizieren. Was sollte man von einer Institution halten, die – so Roland Czada (1993) – »rechtlich kein Unternehmen und faktisch keine staatliche Behörde« ist, offenbar »zugleich bundesunmittelbare Anstalt des öffentlichen Rechts wie qualifizierter faktischer Konzern, von der Rechtsform her Einheit der mittelbaren Staatsverwaltung, vom Selbstverständnis her eher Konkursmanagement« (Schuppert 1992). Diese rechtlichen Klassifizierungsschwierigkeiten spiegeln nichts anderes als die Besonderheit der gestellten Transformationsaufgabe und die zu ihrer Bewältigung gewählte Organisationsform, nämlich die absichtsvolle **Kreuzung von Elementen eines Wirtschaftsunternehmens mit Elementen einer Verwaltungsbehörde**. Man kann insoweit – mit einem durchaus verbreiteten Sprachgebrauch (Birkinshaw/Hardan/Lewis 1990) – von **hybriden Organisationsformen** sprechen, wobei die davon erhoffte besondere **institutionelle Kompetenz** im Falle der Treuhandanstalt offenbar darin liegen sollte, daß sie die Tugend einer durch die Rechtsform der Anstalt vermittelten öffentlich-rechtlichen Rückbindung an die öffentliche Verwaltung und das politische System mit der Tugend einer wirtschaftlich orientierten Aufgabenerfüllung verbindet.

Hybride sind nach Meyers Lexikon (1927) Produkte der Zeugung zwischen zwei verschiedenen Pflanzenarten mit bemerkenswerten Eigenschaften: sog. Bastardpflanzen sind demnach »kräftiger als die Eltern, sie bilden stärkere Stengel, zahlreichere Blätter und bisweilen ungewöhnlich viele Blüten, die überdies oft größer, schöner gefärbt, wohlriechender sind und Neigung haben, sich zu füllen.« Die verschiedenartigen Pflanzen sind im Falle der Treuhandanstalt **Wirtschaftsunternehmen und Behörde**, und zwar vom **Selbstverständnis** der Treuhandanstalt her – und dies ist für das tatsächliche Organisationsverhalten von entscheidender Bedeutung – mit einer deutlichen Bevorzugung und Akzentuierung der Unternehmenskomponente.

Die Zwitterstellung der Treuhandanstalt ist besonders von Roland Czada hervorgehoben worden, wenn er schreibt (1993: 155):

> »**Die THA ist rechtlich kein Unternehmen und faktisch keine staatliche Behörde**. Ihre Aufgabe und Praxis der Aufgabenerfüllung verorten sie vielmehr an der Schnittstelle von Staat und Ökonomie. Sie fungiert als ›Agentur‹ des Staates zur Entwicklung der privaten Wirtschaft. Insofern erinnert sie – auch der Rechtsform nach – an die Kreditanstalt für Wiederaufbau (KFW), die aus der Verwaltung der Marshallplanmittel nach dem Zweiten Weltkrieg hervorging...«

Darüber hinaus hat Czada – meines Erachtens vollkommen zutreffend – eine **Mutation der Treuhandanstalt** diagnostiziert, und zwar parallel zur Veränderung ihrer Aufgabenschwerpunkte:

> »Die Treuhandanstalt wurde **als Behörde konzipiert**. Die ersten 150 Beschäftigten kamen aus DDR-Ministerien. Später, mit der Verabschiedung des Treuhandgesetzes vom 17. Juni 1990, trat dann der **Unternehmenscharakter in den Vordergrund**. Die politische Rolle, in die das ›Unternehmen‹ hineinwachsen sollte, hatte zu dieser Zeit niemand vorausgesehen. Wie weit ihre politische ›Verstrickung‹ reicht, davon zeugt die hohe Verantwortung der Treuhandanstalt für die Beschäftigungsentwicklung und soziale Abfederung des Strukturwandels in den neuen Bundesländern. Sie ist ihr teils aus sachlicher Notwendigkeit, teils aus politischen Gründen zugewachsen – im Treuhandgesetz ist diese Aufgabe jedenfalls nicht vorgesehen.«

Der Unternehmenscharakter der Treuhandanstalt kommt besonders klar in ihrer **Binnenstruktur** zum Ausdruck, nämlich in der am **Vorbild der Aktiengesellschaft** orientierten Zuordnung von Vorstand und Verwaltungsrat, sowie in der Zusammensetzung des Verwaltungsrates selbst sowie auch in der **Rekrutierung des Personals**, zu der Wolfgang Seibel folgendes bemerkt (1993: 46):

> »Was den beruflichen Hintergrund betrifft, so mischen sich in der Treuhandanstalt Beamtenkarrieren und Industriekarrieren, allerdings rein quantitativ mit deutlicher **Dominanz des privatwirtschaftlichen Bereichs**. Diese Konstellation, die der institutionellen Zwitterstellung der Treuhandanstalt zwischen Markt und Staat entspricht, hat allem Anschein nach zu keinen nennenswerten Reibungen geführt.«

Diese kurze Skizze der Treuhandanstalt mag ausreichen, um zu zeigen, wie durch bestimmte organisatorische Arrangements – nämlich die Verwendung einer hybriden Organisationsform – **ein bestimmtes Organisationsverhalten programmiert wer-**

den sollte, von dem man sich eine flexible und ökonomischer Rationalität folgende Privatisierungspolitik versprach.
Nach diesem kurzen Blick auf die Wichtigkeit von Organisationswahl-Entscheidungen wollen wir uns zwei Organisationsprinzipien bzw. Organisationsformen zuwenden, die unter Governance-Gesichtspunkten von besonderer Bedeutung sind.

3. *Governance-Strukturen im Wandel: von der Hierarchie zum Netzwerk*

a) *Hierarchie als zentrale Governance-Struktur klassischer Staatlichkeit*

Wer nach einer Regelungsstruktur sucht, die als Grundvoraussetzung für effektives Regieren taugt, wird ebenso unweigerlich wie zufrieden beim Organisationsprinzip der Hierarchie fündig werden. Nicht von ungefähr sieht Michael Zürn (1998) im **hierarchischen Regieren** eine der drei Grundformen des Regierens und bezeichnet sie als »**governance by government**« (im Unterschied zu governance with government and without government): »In diesem Fall wird die Regelung von einer übergeordneten Zentralinstanz hierarchisch festgelegt und umgesetzt. Es handelt sich mithin um hierarchisches Regieren. Diese bestimmt bis heute das politische Denken, auch und gerade im demokratischen Wohlfahrtsstaat« (1998: 169, 170).
Es kann daher auch kaum überraschen, wenn das Hierarchie-Prinzip der Staats- und Verwaltungslehre als **das** natürliche Bauprinzip der Exekutive schlechthin gilt; ganz in diesem Sinne heißt es im Werk G. Wehnerts mit dem schönen Titel »Über den Geist der Preußischen Staatsorganisation und Staatsdienerschaft« (1833) wie folgt:

> »Die **natürlichste Verwaltungsform scheint eine Pyramide zu seyn**; [...] unmittelbar und frei muß der Blick vom Haupt zur Grundfeste reichen [...] Grundregel einer wohl überdachten planmäßigen Organisation der Staatsverwaltung ist Erhaltung der Einheit bei unvermeidlicher Trennung; die Aufgabe ist, formelle Einfachheit mit innerer Lebendigkeit und organischem Zusammenhang zu verbinden; das System besteht in durchgreifender Theilung nach Realbeziehungen, Centralisirung der Hauptmassen in den Händen Einzelner, und in hierarchischer Ordnung der Mittel- und Unterbehörden nach geographisch gebildeten Verwaltungsbezirken und in Wechselwirkung gesetzten Attributionen.«

Aber nicht nur bei einer solchen organischen Betrachtungsweise erscheint eine hierarchisch-pyramidale Regierungs- und Verwaltungsorganisation als die einzig natürliche; auch für ein eher mechanistisch-technisches Staatsmodell, das – wie für das Ideal des absolutistischen Fürstenstaates typisch – den **Staat als Maschine** betrachtet, erscheint die Existenz eines höchsten Gestaltungswillens, der von oben nach unten die regelhafte, mechanische Apparatur ordnet, inspiriert und dirigiert, als gewissermaßen modellimmanentes Organisationsprinzip. Anschaulich heißt es dazu in dem grundlegenden Werk von Horst Dreier (1991: 40,41):

> »Das Gefüge der Verwaltungsorganisation mit seiner gegliederten Struktur und dem Personal eines gehorsamen und treuen Beamtentums erscheint als ein großer **mechanischer Apparat**, durch den der Regent von einem ›Centralpunkte‹ aus durch Anordnung vieler und

verschiedener genau ineinandergreifender Räder den Staat in allen Theilen und nach allen Branchen regieren kann‹. Der allgemeinen Vorstellung und dem Prinzip zufolge funktionierte der absolutistische Fürstenstaat mithin nach dem **Maschinenmodell**, war die Verwaltung alleiniges ›Vollzugsinstrument des landesherrlichen Willens‹. Und für die Umsetzung dieses Willens wie die Struktur der Gesamtgesellschaft war das ›**Prinzip hierarchischer Abstufung**‹ kennzeichnend.«

Wer nun – unter dem Eindruck dieser beiden ausführlicheren Zitate – meinen wollte, das Hierarchieprinzip könnte in die Traditionskompanie staatsorganisatorischer Vorstellungen abgeschoben werden, ginge vollständig fehl. Wie insbesondere Max Weber (1976) herausgearbeitet hat, ist es gerade das Hierarchieprinzip, das als unverzichtbare Korsettstange einer bürokratischen, und das heißt modernen Verwaltungsorganisation, fungiert; in seiner zusammenfassenden Darstellung spricht Dreier – den Begriff der Regelungsstruktur haben wir dabei im Hinterkopf – von der **durch das Hierarchieprinzip gebotenen strukturellen Chance, die Rationalität politischer Herrschaft zu befördern** (S. 45):

»Das . . . Rationalisierungspotential eines hierarchisch zentralisierten Behördenapparates, das sich in seiner absolutistischen Genese keineswegs erschöpft, erscheint so ungeheuer, daß Max Weber die universelle Bürokratisierung der Welt als ihren wirkungsmächtigsten Entwicklungszug und den Gang in ihr ›stählernes Gehäuse der Hörigkeit‹ als nahezu unausweichlich bezeichnen konnte. Neben dieser eher spekulativen Seite kennzeichnet es den in seine Herrschaftssoziologie eingebetteten wirklichkeitswissenschaftlich-komparativ-kontrastierenden Bürokratiebegriff Webers, daß **bürokratisches Verwaltungshandeln die strukturelle Chance bietet, das Handeln des Verwaltungsstabes verbindlich und verläßlich festlegen** und so die **Rationalität politischer Herrschaft steigern zu können**. Mit eben dieser Umschreibung ist der sich im fürstlichen Absolutismus entfaltende bürokratische Amtsbetrieb im Kern erfaßt.«

Ebenso verfehlt aber, wie das Hierarchieprinzip als vormodern abzustempeln (vgl. Wallerath 2000), wäre es, den Organisationsbaustein »Hierarchie« als vor- oder undemokratisch zu stigmatisieren. Das Gegenteil ist richtig. Vollkommen zu Recht bezeichnet Horst Dreier eine **hierarchische Verwaltung als Funktionserfordernis demokratischer Staatlichkeit** (S. 125 f.) und sieht in ihr die »komplementäre Figur des demokratischen Willensbildungsprozesses« (Eschenburg 1956); bei Dreier heißt es dazu in steuerungstheoretischer Diktion überzeugend wie folgt (S. 125/126):

»Auch im demokratischen Staat behält demzufolge – nur **scheinbar paradox** – die hierarchische Organisation der Verwaltung ihren Sinn. Wegen **des Zieles, den Willen des demokratischen Gesetzgebers möglichst unverfälscht zu realisieren**, erweist sich das auf Bürosystem, striktem Weisungsrecht und Berufsbeamtentum beruhende hierarchische Modell mit seinen plausibel zu vermutenden Vorteilen größerer Sachlichkeit, höherer Unparteilichkeit und reiner Rechtlichkeit **auch für die Demokratie als geeignet und adäquat**. Gerade hier ist der Regelungskreis des Gesetzes nicht länger durch monarchische Eigenrechte beschränkt; gerade der demokratische Gesetzesbegriff zielt auf eine möglichst präzise Steuerung von Exekutive und Judikative; gerade dem Bündnis von rechtsstaatlichliberalem Sicherheitsdenken und demokratisch-politischem Impetus zur aktiven Gestaltung von Staat und Gesellschaft entspringt das Bedürfnis nach ebenso präziser **wie umfassender Direktion des Verwaltungshandelns**.«

Aber nicht nur der Gesichtspunkt der Gesetzesbindung »punktet« für das Hierarchieprinzip, sondern auch das das parlamentarische Regierungssystem prägende Prinzip parlamentarischer Kontrolle und Verantwortlichkeit der Exekutive; insoweit ist also der Organisationsbaustein »Hierarchie« gleich in zweifacher Weise verfassungsrechtlich fundiert (S. 139):

> »Deutlich wird insgesamt die **doppelte Fundamentierung** des hierarchischen, besser: **demokratisch-hierarchischen Kontrollsystems**, das der Verwaltungsorganisation im parlamentarischen Regierungssystem ein spezielles Profil gibt. Es wurzelt zum einen im Gedanken der Gesetzesbindung der Verwaltung und der **Kontrolle der Regierung durch das Parlament**: Beides untermauert die These vom instrumentellen Charakter der Exekutive und trägt in sich wechselseitig stützender und ergänzender Weise dem Erfordernis demokratischer Legitimation des gesamten staatlichen Handelns Rechnung.«

Will man den Charme der nahezu »erdrückenden Plausibilität« (Dreier, S. 143 mit zahlreichen Nachweisen aus der organisationswissenschaftlichen Literatur) des Hierarchieprinzips nicht gänzlich erliegen, so hilft die grobe Keule des Vorwurfs der Vormodernität oder des Undemokratischen offenbar nicht; vielmehr muß man an den von Dreier ins Feld geführten Fundamenten selbst ansetzen und sie genauer in den Blick nehmen: dabei zeigt sich sehr schnell, daß dieses scheinbar so stabile Fundament einige deutliche Risse aufweist, die nicht ohne Konsequenzen für den Stellenwert des Hierarchieprinzips bleiben können. Wir wollen dies am Beispiel des ersten Fundaments – der perfekten Durchsetzung des gesetzgeberischen Willens mit Hilfe eines hierarchisch organisierten Verwaltungsstabes – zu erläutern versuchen und stützen uns dabei auf Überlegungen, die wir an anderer Stelle zum Thema »Verfassungsrecht und Verwaltungsorganisation« angestellt haben (Schuppert 1993 b):
»Versteht man das Organisationsprinzip der Hierarchie als Konsequenz einer durchgängigen Gesetzesbindung der Verwaltung, so kann ein Funktionswandel des Gesetzes oder eine Schwächung des Gesetzes als Steuerungsinstrument auf diesen Ableitungszusammenhang nicht ohne Einfluß bleiben. Je mehr das Gesetz – so könnte man als These formulieren – als zentrales Steuerungsinstrument des modernen Staates an Bedeutung verliert, um so weniger zwingend erscheint das am Bild der Verwaltung als reinem Gesetzesvollzug orientierte Hierarchieprinzip.«
Nun zeigt das Gesetz als Steuerungsinstrument zwei deutliche Schwächen, die von Dieter Grimm (1992), den wir hier als besonders formulierungsgewandten Argumentationshelfer bemühen dürfen, noch einmal auf den Punkt gebracht worden sind. Die eine Schwäche ist eher ein Funktionswandel des Typs der Gesetzesbindung, wie er in der zunehmenden Bedeutung von die Verwaltung nur an der langen Leine steuernden Finalprogrammen zum Ausdruck kommt. Dazu bemerkt Grimm (1992: 1069 f.) zutreffend:

> »Die Aktivitäten des Wohlfahrtsstaates lassen sich ... rechtlich weit weniger einbinden als die Garantenfunktionen des Ordnungsstaates. Das schwächt sowohl die Grundrechte als auch das Gesetz. Im Unterschied zur Ordnungswahrung wirkt die Ordnungsgestaltung prospektiv statt retrospektiv, flächendeckend statt punktuell, löst diffuse statt individuelle Betroffenheiten aus und hängt, was ihre Erfüllung angeht, nicht nur von dem Durchset-

zungswillen des Staatsapparates, sondern von zahlreichen gesellschaftlichen Ressourcen ab, über die der Staat nicht nach Belieben verfügen kann. Da die Verfassung gleichwohl auch die Erfüllung dieser Aufgaben von gesetzlichen Grundlagen abhängig macht, hat sich hier ein Gesetzestyp ausgebreitet, der gewöhnlich als Finalprogramm bezeichnet wird und sich von dem klassischen Konditionalprogramm dadurch unterscheidet, dass er die staatliche Verwaltung nicht nach Voraussetzungen und Rechtsfolgen abschließend determiniert, sondern ihr lediglich Ziele setzt und Gesichtspunkte nennt, die sie bei der Zielerreichung zu beachten hat. Das weitere ist Sache der staatlichen Verwaltung selbst, die dann freilich keine generell und abstrakt schon vorbestimmte Rechtsfolge im Einzelfall ausspricht, sondern ihre gesetzlich nur schwach bestimmten Entscheidungen originär fällt.«

Die zweite Schwäche liegt darin begründet, daß das Gesetz als typisches Mittel einseitiger Anordnung an die Funktionsgrenzen der sog. regulativen Politik stößt (Teubner 1983), deren Instrumente, wie Gebote und Verbote, zunehmend durch konsensuale Steuerungstechniken (Ritter 1990) ergänzt werden. Ist für den Verwaltungsstil der heutigen Verwaltung das Motto »Aushandeln statt Entscheiden« (Kunig/Rublack 1990) die richtige Beschreibung, so kann dies für das Verhältnis von Gesetz und Verwaltung nicht ohne Rückwirkung bleiben. Dazu bemerkt Grimm (1992: 1070):

»Aber auch dort, wo imperative Steuerung faktisch möglich und rechtlich zulässig wäre, erzeugt sie oft einen so hohen Konsensbedarf, daß der Staat es vorzieht, auf den Einsatz imperativer Mittel zu verzichten, und statt dessen zu indirekt wirkenden Steuerungsmitteln greift. Im Unterschied zu Befehl und Zwang lassen diese ihrem Adressaten freilich Entscheidungsfreiheit. Der Staat wird dadurch bei der Verfolgung des Gemeinwohls von der Folgebereitschaft partikularer Interessenträger abhängig. Bei hinlänglicher Vetomacht können sie ihre Folgebereitschaft von staatlichen Konzessionen abhängig machen. Der Staat hat auf diese Entwicklung mit der Ausbildung ausgedehnter Verhandlungssysteme zwischen öffentlichen und privaten Akteuren reagiert, aus denen bereits heute ein Großteil staatlicher Entscheidungen hervorgeht.«

Die Grimmsche Schlußfolgerung sollte zu denken geben:

»Beide Entwicklungen lassen die Verfassung [und wir können hinzufügen: das Gesetz] nicht unberührt. Wo das Gesetz staatliches Handeln nur noch schwach determiniert, fällt sowohl die demokratische Legitimation der Verwaltung als auch ihre rechtsstaatliche Bindung und Kontrolle aus.«

Zusammenfassend können wir daher feststellen, daß das Hierarchieprinzip nach wie vor ein wichtiges Governance-Instrument darstellt, daß man aber gut daran täte, die in der Verabsolutierung des Hierarchieprinzips liegende Verengung des Blickwinkels zu vermeiden und dem Organisationsprinzip »Hierarchie« andere Organisationsprinzipien – wie etwa das Kollegialprinzip oder die Selbstverwaltung – zur Seite zu stellen und nach ihren genuinen Steuerungsleistungen zu befragen; dies zu tun, fehlt es uns hier aber an Raum und Zeit.

b) *Netzwerke als zentrale Governance-Struktur gewandelter Staatlichkeit*

Netzwerkstruktur und Governance hängen offenbar so eng miteinander zusammen, daß einem das Kinderbuch »Das doppelte Lottchen« unwillkürlich in den Sinn kommen will. Wir können zum Beleg dieses Befundes der Einfachheit halber auf ein working paper des »Centre for Democratic Network Governance« verweisen, in dem die Autoren (Torfing/Soerensen/Christensen 2003), aus Beiträgen der Governance-Literatur herausgesucht haben, was sich in ihnen zu den Begriffen »Governance«, »Meta-Governance« und – wie selbstverständlich – »Governance-Networks« findet; wie dies aussieht, zeigt die nachstehende Übersicht:

Author/ Title/Year	March, J. G. & Olsen, J. P. (1995), Democratic Governance, New York: The Free Press.
Governance	By emphasizing the arrangement of Pareto-improving coalitions and policies, exchange theories tend to lose sight of those aspects of governance that focus on the development and transformation of constraints, on the ways the rights, rules, preferences, and resources that structure political outcomes are created, sustained, and reformed. (p. 26)
Governance networks	Like earlier political systems, contemporary democratic polities seem to be collections of loosely coupled institutional spheres with different purposes, logics, principles, and dynamics. They involve relatively stable, self organizing networks of interdependent but partly autonomous actors with resource bases and rule structures of their own. (p. 70)
Meta-governance	From an institutional perspective the craft of governance is organized around four tasks: 1) Governance involves developing identities of citizens and groups in the political environment. Preferences, expectations, beliefs, identities, and interests are not exogenous to political history. They are created and changed within that history. 2) Governance involves developing capabilities for appropriate political action among citizens, groups, and institutions. Democracy requires that political actors act in ways that are consistent with and sustain the democratic system, fulfilling the expectations of the relevant rules, norms, and duties, and adapting them to changing experience. 3) Governance involves developing accounts of political events. Meanings and histories are socially constructed. Political myths are developed and transmitted. Accounts of what has happened, why it happened, and how events should be evaluated to provide a key link between citizens and government. 4) Governance involves developing an adaptive political system, one that copes with changing demands and changing environments. (pp. 45-46)

Wir beschränken uns darauf, aus dieser hilfreichen Übersicht drei weitere Autoren herauszusuchen, die wir aber nur zu dem Punkt »Governance networks« zu Wort kommen lassen wollen:

Author/ Title/Year	Kickert, Klijn & Koppenjan (1997) »Introduction: A Management Perspective on Policy Network«, in Kickert, Klijn & Koppenjan (eds): Managing Complex Networks, London: SAGE Publications Ltd.
Governance network	The concept policy ›network‹ connects public choices with their strategic and institutionalized context: the network of public, semi-public, and private actors participating in certain policy fields. (p. 1) The network approach considers public policy making and governance to take place in networks consisting of various actors (individuals, coalitions, bureaus, organizations) none of which possesses the power to determine the strategies of the other actors. The government is no longer seen as occupying a superior position to other parties, but as being on equal footing with them. Public policy making within networks is about cooperation or non-cooperation between interdependent parties with different and often conflicting rationalities, interests and strategies. Policy processes are not viewed as the implementation of ex ante formulated goals, but as an interaction process in which actors exchange information about problems, preferences and means, and trade off goals and resources. Improving the conditions for collective actions can be done by network management: the management of the interaction processes within networks or the changing of the structural and cultural characteristics of the network. (p. 9)
Author/ Title/Year	Milward, H. Brinton & Keith G. Provan (2000): »How Networks Are Governed« in Heinrich & Lynn (eds): Governance and Performance: new perspectives, Washington, D.C.: Georgetown University Press.
Governance networks	A variety of government agencies have chosen to share their authority for networks collective action with non-profit agencies and private firms in a network of mutual dependence – governments have chosen networks of providers to deliver taxpayer funded services. (p. 239) The fact that a hollow state relies on networks is a weakness as well as a strength. Because of hierarchy, bureaucracies are more predictable and stable over time. Networks – the mainstay of the hollow state – are inherently weaker forms of social action. Because they must coordinate production jointly, networks are inherently unstable over time. (p. 241)
Author/ Title/Year	Peters, B.G. & Pierre, J. (2000), Governance, Politics and the State, Basingstoke: Macmillan
Governance networks	Most familiar form contemporary governance is policy networks. Such networks comprise a wide variety of actors – state institutions, organized interests etc. in a given policy sector. Networks vary from coherent policy communities to single-issue coalitions. Networks facilitate coordination of public and private interests and resources and, in this respect, enhance efficiency in the implementation of public policy. Networks in the ›new governance‹ thus regulate and coordinate policy sectors more according to the preferences of the actors involved than with consideration to public policy. From the point of view of the state, networks embody considerable expertise and interest representation and hence are potentially valuable components in the policy process. However, networks are held together by common interests which tend to challenge the interests of the state. (pp.19-20)

Wenn wir uns fragen, woran es liegen mag, daß »**policy networks are the most familiar form of contemporary governance**« (Peters/Pierre 2000), so scheint uns eine Funktion von Netzwerken von besonderer Bedeutung zu sein, die **Funktion** nämlich, **Akteure aus den verschiedensten Sektoren zusammenzuführen** und sie miteinander agieren zu lassen. Seit je vertreten wir die These, daß man am meisten über eine sich verändernde Staatlichkeit erfährt, wenn man die Grenz- und Gewichtsverschiebungen im Verhältnis von öffentlichem, privatem und drittem Sektor untersucht und daß die Eigenart moderner Staatlichkeit gerade darin besteht, daß es zu **Sektorenverschränkungen und -überlappungen** kommt (Schuppert 2000). Hierbei nun kommt Netzwerken eine prominente Rolle zu, und zwar nicht nur auf nationaler Ebene, sondern zunehmend auch auf der transnationalen Bühne.

Jan Martin Witte, Wolfgang H. Reinicke und Thorsten Brenner haben in ihrem Artikel »Beyond Multilateralism: Global Public Policy Networks« (2000) einen **speziellen Netzwerktypus** ausgemacht, der genau dieses leisten soll, nämlich das **Governance-Potential der verschiedenen Sektoren** zu bündeln und die genannten drei Sektoren miteinander zu verknüpfen. Unsere Autoren nennen sie **Trisectoral Networks** und beschreiben ihre besondere »institutionelle Kompetenz« (Schuppert 1994 b) wie folgt:

> »Trisectoral networks create **bridges on a transnational scale among the public sector** (national, regional or state, and local governments as well as intergovernmental groups), **the private sector and civil society**. They (a) reflect the changing roles and relative importance among them; (b) pull diverse groups and resources together; and (c) address issues that no group can resolve by itself.
> Global public policy networks **are not just another institution**. What gives them their distinctive flavor is their ability to bring actors from diverse backgrounds together – actors that before often had been working against each other.
> In addition, networks do not merely aggregate resources, but are structured to take advantage of the fact that **each participating sector brings different resources to the fore**. A typical network (if there is such a thing) combines the voluntary energy and legitimacy of the civil society sector with the financial muscle and interest of businesses and the enforcement and rule-making power and coordination and capacity-building skills of states and international organizations. Collaboration in networks creates regularity and predictability in the participants' relationships, generating a viable institutional framework for fruitful cooperation. By spanning socioeconomic, political and cultural gaps, networks manage relationships that might otherwise degenerate into counterproductive confrontation, something we have seen too often in recent years with the growing presence of both business and civil society in the global policy arena.«

Nach diesen Vorüberlegungen wollen wir nunmehr einen Blick auf drei Beispielsbereiche werfen, in denen Netzwerke eine besonders wichtige Rolle spielen:

aa) *Innovationen in und durch Netzwerkorganisationen*

Netzwerke gelten vielen als »new paradigm for the architecture of complexity« (Kenes/Schneider 1991) und besonders geeignet, um Innovationsprozesse zu befördern (Kowol/Kron 2000). Diese besondere Rolle von Netzwerken im Innovationsprozeß gründet nach Martin Eifert (2002) vor allem auf drei ihnen zugeschriebenen Eigenschaften: der **Sicherung von Flexibilität**, der **Reduktion von Unsicherheit** sowie der **Ermöglichung von Lernen**. Es erscheint am einfachsten, wenn wir uns diese drei Vorteile von Netzwerken durch Martin Eifert kurz erläutern lassen (S. 95 – 97):

- **Flexibilität**
  »Die Flexibilität der Netzwerke beruht zunächst naheliegenderweise auf der veränderlichen Zusammensetzung der jeweils mit verschiedenen Ressourcen ausgestatteten Netzwerkteilnehmer ... Selbst innerhalb eines sich verfestigenden Akteurskreises ergibt sich jedoch eine erhebliche Flexibilität, indem die Komponenten neu kombiniert oder die Gewichte zwischen ihnen verlagert werden können. Auch kennt das Netzwerk zwar übergeordnete Verhaltensnormen, deren Vagheit läßt aber Raum für Innovationen ... Nicht zuletzt deshalb findet sich die Netzwerkstruktur im wirtschaftlichen Bereich oftmals gerade in Branchen mit schnellen Marktveränderungen oder Technologiewechseln (Ebers 1997).«
- **Reduktion von Unsicherheit**
  »Die Reduktion von Unsicherheit basiert zunächst darauf, daß die Netzwerkteilnehmer das Risiko der Unsicherheit teilen. So können beispielsweise Forschungs- und Entwicklungskosten in Branchen mit hoher Innovationsrate und kurzen Produktlebenszyklen unter strategischen Partnern aufgeteilt werden ... Überdies verbreitert der Zugang zu weiteren Informationen die Wissensbasis der einzelnen Akteure und erlaubt den Abgleich des vorhandenen eigenen know-hows mit fremdem Wissen ....«
- **Lernfähigkeit**
  »Diese informationelle Verknüpfung führt zum Lernen als dritter zentraler Fähigkeit von Netzwerken. Im Zentrum der innovationsrelevanten Netzwerkeigenschaften und als Verbindungsglied zwischen den skizzierten Fähigkeiten steht ihre besondere Kapazität der Informationsgenerierung und -verbreitung. **Netzwerke kombinieren Informationsbestände auf neue Weise** und ermöglichen so Innovationen. Sie haben dabei gegenüber Organisationen eine höhere Zahl an Informationsquellen, umfassen häufig gerade auch Akteure der verschiedenen Realisationsstufen eines (Innovations-) Programms und neigen weniger zur frühzeitigen Reduktion der Informationsquelle durch Ausgrenzungen. Auf Grund der Einbettung der Kommunikation in einen sozialen Kontext und ›vertrauensvolle‹ Beziehungen ist die weitergegebene Information reichhaltiger als in Marktbeziehungen. Während in den letzteren regelmäßig nur Preis und Qualität der ausgetauschten Produkte von Bedeutung sind, erlaubt die Netzwerkkooperation auch den Austausch von sogenanntem ›stummen Wissen‹, also von Informationen, die in praktischen Übungen, Erfahrungen u. ä. begründet und deshalb nur schwer zu dokumentieren und zu transportieren sind. Die Netzwerkkommunikation ist jedoch zugleich freier als jene in Hierarchien, da die Netzwerke einen Kontext für ›learning by doing‹ bieten. Letztlich erhöhen und verstärken damit die offenen Beziehungen mit einem nicht unmittelbar auf Gegenleistung gerichteten Verhalten die Fähigkeit zu Vermittlung wie Lernen von neuem Wissen und neuen Fähigkeiten. Ein solches Lernen beinhaltet auch die Modifikationen eigener Annahmen und Verhaltensmuster (Willersmann 1995).«

Interessant ist nun, was diese »**institutionelle Kompetenz**« (Begriff bei Schuppert 1994 b) von Netzwerken für den Akteur »Staat« bedeutet, wenn man unterstellt, daß ihm an der Innovationsfähigkeit seiner Wirtschaft in besonderem Maße gelegen ist. Eifert nennt in seinem Beitrag exemplarisch zwei denkbare Strategien:
Die eine Strategie nennt er »**Netzwerkunterstützung als Regulierungsziel**«, wobei gemeint ist, daß der Staat einerseits Netzwerkbildung rechtlich ermöglicht (z.B. durch

eine innovationsorientierte Kartellrechtsanwendung – zum anderen die Entstehung von Netzwerken durch die Bereitstellung von Ressourcen stimuliert – z.B. durch eine innovationsoffene Forschungs- und Entwicklungsförderung.
Die zweite Strategie nennt Eifert »**Netzwerkteilhabe als Regulierungsform**« und sieht den Staat als Netzwerkteilnehmer hier in drei Rollen, die er wie folgt bezeichnet:
- **der moderierende Staat im Netzwerk,**
- **der kooperative Staat im Netzwerk** und
- **der informelle Staat im Netzwerk.**

Wir wollen es an dieser Stelle mit den wenigen Stichwort bewenden lassen; deutlich dürfte jedoch geworden sein, ein wie interessantes Governance-Instrument Netzwerke sein können, sei es als Modus der Selbstkoordination, sei es als staatliche Governance ihrer institutionellen Kompetenz.

bb) *Transnationale Netzwerkorganisationen als Erscheinungsform zivilgesellschaftlicher Selbstorganisation*

Transnationale Netzwerke – wie z. B. das gleich noch zu erläuternde »Forest Stewardship Council« – stellen ein wichtiges Instrument zur Lösung globaler Problemstellungen dar und sind – wegen ihres selbstorganisatorischen Charakters – eine besonders interessante Form von global governance. Kristine Kern (2004) hat vorgeschlagen, drei für die Lösung globaler Probleme in Betracht kommende Typen globaler Governance zu unterscheiden, um auf diese Weise den Typus des transnationalen Netzwerkes besser einordnen zu können (S. 226):

Formen globaler Governance

Art der Institutionalisierung	Normsetzung und Normdurchsetzung	
Internationale und intergouvernementale Kooperation	ohne Selbstorganisation	durch Nationalstaaten
Globale Politiknetzwerke	mit Selbstorganisation	mit Nationalstaaten
Transnationale Netzwerkorganisationen	durch Selbstorganisation	ohne Nationalstaaten

Ihr Fallbeispiel für ein transnationales Netzwerk ist das schon erwähnte »Forest Stewardship Council (FSC)«. Dabei handelt es sich um ein weltweit vergebenes Umweltzeichen (Label) für die Zertifizierung nachhaltig bewirtschafteter Wälder. Dieses FSC-System kann als ein vergleichsweise etabliertes Selbstorganisations-Label gelten (Bizer 2003), da es bereits seit 1993 existiert und sich zwischenzeitlich auf ca. 60 Länder ausgebreitet hat.
Wie Kristine Kern überzeugend herausgearbeitet hat, ist entscheidend für den Erfolg des FSC-Systems als einer Governance-Form zwischen Markt, Staat und Selbstorga-

nisation die Kombination von zivilgesellschaftlicher Selbstorganisation mit Marktmechanismen; denn die ganze Sache funktioniert – vereinfacht besprochen – nur deshalb, weil umweltbewußte Käufer zertifizierte Möbel bevorzugen und auf diese Weise der Marktdruck an die in der Regel weit weniger umweltbewußten Holzproduzenten weitergegeben wird. Kristine Kern beschreibt die **Funktionslogik dieses Zertifizierungssystems** unter der Überschrift »Zivilgesellschaftliche Selbstorganisation und Markt« anschaulich wie folgt (2004: 296):

> »Beim FSC handelt es sich um eine Form von Governance durch transnationale Netzwerkorganisationen, die auf einem Zusammenspiel zivilgesellschaftlicher Selbstorganisation mit Marktmechanismen beruht. Entscheidend für die dynamische Ausbreitung der FSC-Zertifizierung ist die Abhängigkeit von ausländischen Märkten, auf denen FSC-zertifiziertes Holz nachgefragt wird ... Gerade in Ländern, in denen – wie z.B. in Polen – die Verbraucher kaum an zertifizierten Produkten interessiert sind, kann die Abhängigkeit vom Export der Holzprodukte zur Einführung und zur Einhaltung der vom FSC geregelten Verfahren beitragen. Man kann daher davon ausgehen, daß sich das FSC-Label deshalb so rasch verbreitet hat, weil es eine **wahrnehmbare Nachfrage nach zertifiziertem Holz** bzw. zertifizierten Holzprodukten gibt. Diese Nachfrage hat unmittelbare Rückwirkungen auf die Länder, aus denen das Holz stammt.«

Interessant ist nun, daß dieses Netzwerk seinerseits zur Gründung eines **Folge-Netzwerkes** geführt hat, nämlich eines vom World Wildlife Fund (WWF) ins Leben gerufene **Mega-Netzwerkes** mit dem Titel »Global Forest and Trade Network« (S. 296/297):

> »Der WWF hat versucht, diese Rückwirkungen durch Netzwerkbildung zu verstärken und daher das ›Global Forest and Trade Network‹ (GFTN) gegründet – eine Plattform für Firmen, die am Verkauf von zertifizierten Holzprodukten interessiert sind ... Dieses vom FSC formell unabhängige Netzwerk dient dem Zweck, die Zusammenarbeit zwischen Unternehmen und NGOs zu verbessern. Derzeit besteht dieses **Meta-Netzwerk** aus 19 nationalen und regionalen ›Forest and Trade Networks‹, die Mitglieder in 30 Ländern haben, z. B. in Großbritannien, Deutschland und Belgien. Drei weitere Netzwerke in Bolivien, Südostasien und Westafrika befinden sich gerade im Aufbau. Hier zeigt sich eine starke Konzentration auf Europa und Nordamerika, da 14 Netzwerke auf die Länder in diesen Regionen ausgerichtet sind. Diesen nationalen und regionalen Netzwerken gehören derzeit fast 900 Unternehmen an. Sie sind die eigentliche Zielgruppe des FSC.«

Beide Netzwerke funktionieren letztlich aufgrund des ökonomischen, durchaus eigennützigen Kalküls der beteiligten Wirtschaftssubjekte und sind lehrreiche Beispiele für die Technik, die ökonomische Handlungsrationalität der Akteure für den Gemeinwohlbelang des Umweltschutzes nutzbar zu machen; in den Worten Kristine Kerns liest sich dies so (S. 297):

> »Es ist eine grundlegende Strategie des FSC-Systems, **Marktdruck zu mobilisieren**, um die Formulierung und Umsetzung eines Nachhaltigkeitsregimes zu ermöglichen. Notwendige Voraussetzung dafür ist ein potenziell politisierter Markt bei den Nachfragern der Holzprodukte – also den Produzenten von Möbeln etc. Die Unterstützung einer solchen politisierten Nachfrage ist die gemeinsame Basis für die Unternehmen und den WWF.

Wichtig ist, daß der Konsens über die Ziele der Nachhaltigkeit nicht allein von politisch-moralischer Verantwortung abhängt, sondern **mit Kalkülen des Eigennutzes**, Konkurrenzüberlegungen etc. **verbunden werden kann**. Das bedeutet nicht, daß Unternehmen nicht ökologische Verantwortung übernehmen können, aber eine ökonomische Begründung ist in jedem Fall eine wichtige Ressource für die Stabilität und den Erfolg des selbstorganisierten Regimes.«

cc) *Zum Verhältnis nationaler und europäischer Politiknetzwerke*

Eines der interessanten Felder der Governance-Forschung besteht in der Frage, wie sich nationale und europäische Governance-Strukturen zueinander verhalten und miteinander agieren und konfligieren (siehe dazu Kohler-Koch 2003). Ein Ausschnitt aus diesem Problemfeld bildet das Verhältnis nationaler und europäischer Netzwerke zueinander, über das Roland Sturm (2005) unter Auswertung neuerer Literatur folgendes berichtet:

»Nationale Politiknetzwerke werden in den Kontext europäischer Politiknetzwerke gestellt bzw. verbinden sich mit diesen bei entsprechend fortgeschrittener Integration einzelner Politikfelder in einem Mehrebenenentscheidungssystem. Chris Ansell spricht im Hinblick auf die Regionalpolitik in Europa sogar von einer harmonisch zusammen wirkenden ›networked polity‹, einem vernetzten Gemeinwesen. Gerda Falkner hat demgegenüber zurecht darauf hingewiesen, daß die Netzwerkthese häufig übersieht, daß es zu einfach ist zu behaupten, nationale Politiknetzwerke würden durch ihre Europäisierung schlicht geographisch erweitert. Europäische und nationale Netzwerke müssen nicht automatisch gleichgerichtet agieren. Aus nationalen Netzwerken kann ebenso effizienter Widerstand gegen die Europäisierung von Politikfeldern entstehen wie andererseits auch ein Beschleunigungseffekt für den ›Durchgriff‹ europäisch vorgedachter Regelungskulturen.«

Für genauere Aussagen – so macht Sturm geltend – müsse man einzelne **Typen von Politiknetzwerken** unterscheiden, und zwar je nachdem, ob »sie quasi interessengruppenfrei agieren (Staatscluster), ob sie sich an einem bestimmten Thema ausrichten mit relativ offenem, pluralistischem Zugang für gesellschaftlich organisierte Interessen (Issue Netzwerk), ob sie eine festgefügte Fachgruppe sind mit langer Entscheidungstradition (Policy community), oder ob sie exklusive Mitgliedschaft kennen und die Interessengruppen zu Mitentscheidern machen (Korporatismus).«

Was die Interaktion dieser Netzwerktypen angeht, die es sowohl auf der europäischen als auch auf der nationalen Ebene gebe, so verweist Sturm auf die nachstehende Übersicht, die aus dem Beitrag von Gerda Falkner (2000) entnommen ist (S. 105):

Der Einfluß europäischer Netzwerkstrukturen auf nationale Entscheidungsnetzwerke

EU Nationalstaat	Staatscluster	Issue Network	Policy Community	Korporatismus
Staatscluster	bestätigend und evtl. bestärkend	Tendenz zum Lobbyismus	Tendenz zur Stabilität und zur Beteiligung	Tendenz zur Stabilität und zur Beteiligung
Issue Network	Tendenz zur Verringerung des Lobbyismus	bestätigend und evtl. bestärkend	Tendenz zur Stabilität und zur Beteiligung	Tendenz zur Stabilität und zur Beteiligung
Policy Community	Tendenz zur Verringerung der Stabilität und der Beteiligung	Tendenz zur Verringerung der Stabilität und der Beteiligung	bestätigend und evtl. bestärkend	Tendenz zur Stabilität und zur Beteiligung
Korporatismus	Tendenz zur Verringerung der Stabilität und der Beteiligung	Tendenz zur Verringerung der Stabilität und der Beteiligung	Tendenz zur Verringerung der Stabilität und der Beteiligung	bestätigend und evtl. bestärkend

4. Zusammenfassung

Die bisherigen Überlegungen haben gezeigt, daß Organisation, Organisationsprinzipien und Organisationsrecht zentrale Governance-Ressourcen darstellen. Insoweit kann man mit Fug formulieren: »for governance organization does matter«. Dies gilt nicht nur für das seit Jahrhunderten erprobte Governance-Instrument der Hierarchie, sondern gleichermaßen für die Governance-Struktur des Netzwerkes, einem Organisationstyp, der manchem gar als »Grundstruktur« der postetatistischen Gesellschaft gilt (Messner 2000).

Dies bedeutet für die Governance-Forschung, sich intensiver mit der **Governance-Kompetenz** unterschiedlicher Organisationstypen und Organisationsprinzipien beschäftigen zu müssen. Dabei sollte nicht nur – wie bei den Netzwerken – die politikwissenschaftliche Perspektive im Vordergrund stehen, sondern es bedürfte – wie bei der Beschäftigung mit dem Organisationsprinzip der Hierarchie – einer verstärkten Mobilisierung der Organisations-Theorie und Organisations-Soziologie, um in einem noch ausgeprägteren systematisch-theoretischen Zugriff die Konstruktionsprinzipien und die Funktionslogik von Netzwerken – etwa nach dem Vorbild von Powell (1990) und Marin/Mayntz (1991) – zu ergründen.

VI. *Governance als Handlungskoordination in und durch Institutionen – die institutionentheoretische Perspektive*

1. *Governance als institutionelle Steuerung*

Wie vom Beginn unseres Beitrages sicherlich noch in Erinnerung ist, hatte Renate Mayntz schon 1995 eine **institutionalistische Wende der Steuerungsdebatte** gefordert, eine Wende, die sie durch den Perspektivenwechsel von Steuerung zu Governance in gewissem Umfang vollzogen sieht: denn die Governance-Perspektive gehe – so macht sie geltend – »nahtlos in eine **institutionalistische Denkweise** über« – wie sich am Konzept von corporate governance sehr gut belegen lasse. Wenn Governance-Forschung also ein institutionalistisches Denken nahelegt, wenn nicht gar erfordert, erscheint es geradezu unverzichtbar, einen Blick auf die neuere Institutionentheorie zu werfen und nach ihrem spezifischen Governance-Beitrag zu fragen.
Governance als institutionelle Steuerung zu verstehen, wird uns auch durch den Beitrag von Volker Schneider und Patrick Kenis über »Institutionelle Steuerung in modernen Gesellschaften« (1996) nahegelegt, in dem sie die Begriffe »Governance« und »institutionelle Steuerung« ausdrücklich synonym verwenden, d. h. Governance mit institutionelle Steuerung übersetzen; in der entsprechenden Passage heißt es dazu wie folgt (S. 11/12):

»In dem hier präsentierten Band geht es um solche Strukturen, die moderne Gesellschaften ›steuern‹ und ›regeln‹. Alle der hier zusammengetragenen Aufsätze gehen letztlich der klassischen sozialwissenschaftlichen Grundfrage nach, wie die soziale Ordnung im ›Raumschiff Erde‹ (Boulding) möglich ist – insbesondere bei eigensinnigen Akteuren mit eigenständigen Handlungskapazitäten ... Die Mehrzahl der hier auftretenden Autoren stimmt ... darin überein, daß die Antwort darauf nicht in hintergründigen Systemprogrammen oder Programmcodes, sondern in empirisch identifizierbaren, **institutionellen Arrangements** zu suchen ist, über welche die jeweiligen sozialen und politischen Steuerungs- und Regelungsstrukturen bereitgestellt werden.
Institutionen bilden aus der dargestellten Perspektive einen kybernetischen Steuerungszusammenhang, der Steuerungsimpulse und Signale erzeugt und übermittelt. **Der angelsächsische Begriff Governance wird in den hier vorliegenden Aufsätzen insofern mit ›institutionelle Steuerung‹ übersetzt**, weil es im Deutschen keine direkte Entsprechung gibt. Anders als in der technischen Kybernetik meint Steuerung keine präzise Festlegung von Verhaltenszuständen, sondern eher eine **Form von Handlungskanalisierung**. Steuerungsinstitutionen sind aus dieser Perspektive aus unterschiedlichsten ›Kanalisatoren‹ zusammengesetzt, wobei zu einer spezifischen Steuerungsmixtur gewisse Anreizstrukturen zählen, die Handlungen motivieren, oder Akteure zur Unterlassung bestimmter Handlungstypen veranlassen. Dies ist jedoch nicht alles. Über Anreize hinaus gibt es **institutionelle Komponenten**, die Handlungsrechte zuteilen, Handlungsspielräume limitieren und unerwünschte Handlungsmöglichkeiten ausgrenzen. Schließlich gibt es Steuerungselemente, die bestimmte Signalisierungsmedien, Koordinationstechniken und kognitive Rationalisierungsinstrumente bereitstellen, über die sich Rationalität und Leistungsfähigkeit individuellen und kollektiven Handelns beträchtlich steigern lassen. Hierzu zählen Arrangements, die Wahrnehmung strukturieren, Aufmerksamkeit fokussieren und erfolgreiche Such- und Optimierungsverfahren auf Dauer stellen.«

Wie an dieser Passage sehr schön deutlich wird, geht es nicht nur darum, Governance als institutionelle Steuerung zu definieren, sondern sich darüber zu vergewissern, **wie institutionelle Steuerung eigentlich funktioniert**, so daß wir hier vor der gleichen Erkundungsaufgabe stehen wie bei der Frage, wie man sich Steuerung durch Recht denn vorzustellen habe.

2. *Funktionsweise und Funktionslogik institutioneller Steuerung*

Wenn wir uns jetzt darüber vergewissern wollen, wie institutionelle Steuerung eigentlich funktioniert, so wollen wir nicht so vorgehen wie in dem schon zitierten Band von Patrick Kenis und Volker Schneider, nämlich »Netzwerke, Hybride und andere alternative Steuerungsformen« bzw. »Organisationsnetzwerke als integrierte Steuerungskomplexe« in den Blick nehmen, sondern wir wollen fragen, **was Institutionen eigentlich sind** und was sich daraus für Steuerung durch Institutionen ergeben könnte. Dabei gehen wir so vor, daß wir uns drei institutionentheoretische Ansätze kurz ansehen, bevor wir allgemeinere Schlußfolgerungen formulieren, beginnen wollen wir mit W. Richard Scotts Buch »Institutions and Organizations« (1995).

a) *The Three Pillars of Institutions*

Scott schlägt vor, drei Säulen zu unterscheiden, die eine Institution ausmachen und die nicht unbedingt in einem Gegensatz zueinander stehen, sich vielmehr gegenseitig ergänzen, denen aber – je nach Betrachtungsweise – ein unterschiedliches Gewicht zukommt. Graphisch stellt sich dies wie folgt dar (1995: 35):

Three pillars of institutions

	Regulative	**Normative**	**Cognitive**
Basis of compliance	Expedience	Social obligation	Taken for granted
Mechanism	Coercive	Normative	Mimetic
Logic	Instrumentality	Appropriateness	Orthodoxy
Indicators	Rules, laws, sanctions	Certification, accreditation	Prevalence isomorphism
Basis of legitimacy	Legally sanctioned	Morally governed	Culturally supported, conceptually correct

Was den »**regulative pillar**« angeht, so stehen bei ihm die Funktion von Institutionen im Vordergrund, soziales Verhalten zu kanalisieren und zu regulieren: »A stable system of rules backed by surveillance and sanctionary power is here the prevailing view of institution« (S. 37). Diese Sichtweise werde gern von Ökonomen bemüht, insbesondere wenn es um die Rolle des Staates im Verhältnis zur Wirtschaft gehe: »the state as rule maker, referee and enforcer.« Der »**normative pillar**« betont den Charakter von Institutionen als normative Systeme, die auf **Werten und Normen** beruhen und in denen spezialisierte »values and norms« zur **Ausprägung von Rollen** und rollengerechtem Verhalten führen. »Institutional behavior« ist in diesem Institutionenverständnis »morally governed behavior«, das sich an wertefundierten Regeln orientiert, wobei innerhalb dieser Regeln »cultural rules« eine wichtige Rolle spielten; damit sind wir aber schon beim »cognitive pillar.«

Was den von Scott für besonders wichtig gehaltenen »**cognitive pillar**« angeht, so dient er ihm dazu, den in der Gesellschaft, vor allem aber in der Geschichtswissenschaft, vollzogenen »cultural turn« (Reckwitz 2000) in seine Überlegungen zu integrieren und für sie fruchtbar zu machen. Während – um diese Zäsur einfach beizubehalten – vor dem »cultural turn« die Welt der Deutungen und Bedeutungen im Bereich des Subjektiven verortet wurde, herrsche nunmehr ein Verständnis vor, das Institutionen als »**sedimentations of meanings**« begreife (S. 40/41):

> »Social scientists have long recognized the importance of symbolic systems and shared meanings, but earlier work – for example, symbolic interactionism – treated such matters as primarily internalized and subjective. In keeping with the **new work on culture** ... an important change embodied in neo-institutional theory in sociology is its **treatment of symbolic systems and cultural rules as objective and external to individual actors**. As I noted in Chapter 1, Berger and Luckmann (1967) were largely responsible for connecting this new work on culture to a conception of institutions. As summarized by Berger and Kellner (1981): ›Every human institution is, as it were, **a sedimentation of meanings** or, to vary the image, a crystallization of meanings in objective form ...
> This is not at all inconsistent with an activist view of human actors. Individuals do construct and continuously negotiate social reality in everyday life, but they do so within the context of wider, preexisting cultural systems: symbolic frameworks, perceived to be both objective and external, **that provide orientation and guidance** ... ‹«

Dieses **Verständnis von Institutionen als sedimentierten Deutungsmustern** unterscheidet sich deutlich von der regulativen wie von der normativen Betrachtungsweise und läßt sich mit Scott wie folgt skizzieren (S. 44):

> »Whereas the emphasis by normative theorists is on the power of roles – normative expectations guiding behaviour – the **cognitive framework** stresses the importance of social identities: our conceptions of who we are and what ways of action make sense for us in an given situation. And rather than focusing on the constraining force of norms, cognitive theorists point to the **importance of scripts**: guidelines for sensemaking and choosing meaningful actions.«

b) *Die kulturelle Dimension institutionellen Denkens*

Diese Überlegungen zum **kulturellen Eingebettetsein von Institutionen** werden durch einen Beitrag von Marie-Laure Djelic und Sigrid Quack (2003) eindrucksvoll bestätigt, der sich mit Fragen der Bildung und des Wandels von Institutionen im Prozeß der Globalisierung beschäftigt. Wie kann man sich und wie muß man sich – so fragen sie – das Entstehen, das Funktionieren und den Wandel von Institutionen in einem transnationalen Raum vorstellen, der ja als »transnational space« nicht eine irgendwie entfernte Galaxis darstellt, sondern einen Raum, der zwar kein nationalstaatlicher (mehr) ist, aber andererseits nicht ohne Rückgriff und Bezugnahme auf die nationalstaatlichen Akteure und ihre jeweilige kulturelle Einbettung verstanden werden kann. Vor dem Hintergrund dieser Fragestellung legen sie eindrücklich dar, daß institutionentheoretisches Denken immer auch eine kulturelle Dimension aufweist, was sich insbesondere an den nachfolgenden zwei Punkten gut festmachen läßt: Erstens an einer Typologie institutionentheoretischer Argumente, innerhalb derer sie – wie die nachfolgende Übersicht zeigt – drei Betrachtungsweisen von Institutionen unterscheiden wollen, nämlich »rational choice institutionalism«, »cultural institutionalism« and »historical institutionalism« (S. 16):

Towards a typology of institutional arguments

	»Rational choice institutionalism«	»Cultural institutionalism«	»Historical institutionalism«
Definition of institutions	Formal and structural economic and political frames	Wider cultural and symbolic patterns	Formal and structural political, legal, societal frames backed up by coercive mechanism
Origins	Rational interest of actors, calculus	Long term evolution – external reality	Nationally shaped path dependencies – external reality
Logic of actions	Rational interest of actors, calculus	Appropriateness	Constraint

Zweitens an den **Funktionen von Institutionen**, und zwar insbesondere an der Art und Weise, wie sie das **Verhalten von Akteuren rahmen und steuern**, nämlich nicht nur durch Vorgabe verbindlicher Regeln – was Scott den »regulative pillar« nennt –, sondern auch und vor allem durch von den Akteuren internalisierte Werte und ihnen entsprechende kulturell fundierte Verhaltensregeln (S. 19/20):

> »A second way in which institutions constrain behaviour is through processes of persuasion that operate in the absence of formal and centralized sanctioning authorities. These processes reflect essentially **normative and cognitive logics** and we identified ›Culture‹ institutionalists as focusing more particulary on these types of logics. **Norms and values become appropriated and internalized by individuals, groups or organizations**, which motivates them to respect and defend the status quo even in the absence of controls or sanctions. Educational and professional organizations are good examples of societal bodies relying on these types of logics to ensure homogeneity and stabilization of behaviours . . .
> We propose that the stability, robustness and self-reproducing character of institutions will be all the more pronounces that regulative pressures and **systems of control combine with normative and cognitive frames** and reinforce each other. Legal institutions, for example,

would hardly be as effective if they were not strengthened by ›actors‹ internalized beliefs of what is ›right‹ and ›wrong‹, of what is ›honesty‹ and ›fraud‹, and so on.«

Zusammenfassend kann man feststellen, daß die Befunde doch weitgehend übereinstimmen: Institutionen sind nicht nur kulturell eingebettet, sondern als **Sedimentierungen von kulturellen public codes** zu verstehen und gerade diese institutionalisierten public codes sind es, die den spezifischen Beitrag von **institutioneller Governance** ausmachen.

c) *Institutionen aus geschichtswissenschaftlicher Perspektive*

In seinem Beitrag über »Institutionen als geschichtswissenschaftliches Thema« hat Gerd Melville (1992) den Gedanken entwickelt, daß Institutionalität schon deswegen als genuiner geschichtlicher Faktor angesehen werden müsse, weil Institutionen etwas mit Regelmäßigkeit, Gleichförmigkeit, Bestand und Verfestigung zu tun hätten, also so etwas wie ein ruhender Pol von Dauerhaftigkeit »im vergänglichen Fluß der Zeit« darstellten. Melville zitiert hier zunächst den Historiker Alfred Heuss (1973):

»Ordnungsnormen und Institutionen bestehen darin, daß gleiche Akte wiederholt werden und deshalb auch wiederholbar sein müssen. Sie bestehen geradezu in der Wiederkehr des Gleichen. Es ist bezeichnend, daß der Mensch, den wir ein geschichtliches Wesen nennen, sich vorwiegend nach dieser Gleichheit verhält und **sich aufgrund der Gleichheit von Situationen zurechtfindet**.«

um den Faden dann fortzuspinnen und zu fragen, ob Institutionen als handlungskanalisierende soziale Gefüge eigentlich nur freiheitsbeschränkend wirkten oder ob nicht im Gegenteil auf ihre **Sinnvermittlungs- und Orientierungsfunktion** (Quack 2005 spricht von **Orientierungsinstitutionen**) abgestellt werden müsse; die einschlägigen, hier komprimiert zusammengezogenen Passagen lauten wie folgt (S. 10, 11, 12):

»Angesichts einer solchen Eingrenzung müßte man eigentlich davon ausgehen, daß Beschränkung von Freiheit eine Kompensation verlangt. Doch das trifft nur zum geringen Teil zu. Vielmehr steht den normativen, die Handlungsfreiheit eingrenzenden Verhaltensmustern eine **Fundierung in Sinnesvorstellungen** gegenüber, die zu realisieren prinzipiell für notwendig gehalten wird . . .
Es bedarf der Umsetzung der Sinnvorstellungen in ›Leitideen‹ des g e m e i n s a m e n Handelns, die wiederum zur Pragmatik normativer Verhaltensmuster führen. Hierin aber liegt umgekehrt die Transzendenz des Institutionellen. Institutionalität zeigt sich im wesentlichen als **Instrument zur Verwirklichung von Sinnesvorstellungen**, indem es kontinuierlich dahinführende Interaktionen erwarten läßt. Da in den institutionellen Formen die beruhigende Perspektive ›sinn‹-vollen Handelns liegt, **geben sie Halt in der Kontingenz des geschichtlichen Seins**. Genau dies bewirkt die Akzeptanz, sich ihnen zu unterwerfen. Durch sie v o n der Banalität und Widrigkeit des Alltags f ü r das Eigentliche entlastet zu werden, grenzt Freiheit nicht ein, sondern schafft sie . . .
Die Schaffung von institutionellen Formen – und damit die Schaffung von Beständigkeit zielgerichteten Handelns, denn nichts anderes heißt dies – ist die einzige Möglichkeit des Menschen als Sozialwesen, jeweilig **Identität im Wandel** zu gewinnen, mehr noch: diese schon zu übernehmen und dann auch weiterzugeben, nicht immer wieder von neuem anfan-

gen und ausgestalten zu müssen, solange bestimmte Sinnesmuster und Bedürfnislagen bestehen.«

d) *Zusammenfassung*

Wenn wir diese drei institutionentheoretischen Stimmen noch einmal Revue passieren lassen, so scheint uns der Ertrag in der Einsicht zu bestehen, daß es für die Beschreibung und Analyse des Steuerungsmodus von Institutionen nicht damit getan ist, sich nur auf den »regulative pillar« – Steuerung durch Regelsetzung und Regeldurchsetzung – oder den »normative pillar« – Steuerung durch Normen und Werte – zu konzentrieren, sondern daß es für jede Steuerungs- wie Governance-Theorie unerläßlich ist, auch die kulturelle Dimension im Sinne der **kulturellen »embeddedness«** von Institutionen in den Blick zu nehmen. Für die Governance-Forschung ist diese kulturelle Verankerung deswegen von zentralem Interesse, weil **Governance** – wie neuere Arbeiten eindrücklich belegen (Kooimann 2003 a, Bang 2003) – **als Prozeß der Interaktion und Kommunikation** verstanden werden kann, Prozesse also, die sich nicht nur, aber in großem Umfang auch in und durch Institutionen vollziehen. Denn die »cultural embeddedness« von Institutionen äußert sich vor allem in Kommunikation und Interaktion unter den Mitgliedern eines Kollektives, wobei diese Austauschprozesse nur deswegen funktionieren, weil die Mitglieder des Kollektivs über gemeinsame **Deutungsmuster** und **Sinnvorstellungen** verfügen, die ihrerseits als **public codes der gemeinsamen Verständigung** dienen (vgl. Geertz 1995, Goffman 1971, Hansen 2000). Bezogen auf unsere Thema von »institutional governance« können wir daher von **Institutionen als institutionalisierten public codes** sprechen: dieses Verständnis von Institutionen als zu institutionellen Verfestigungen geronnenen public codes ermöglicht es, all diejenigen Funktionen leicht zu erklären, die Melville hervorgehoben hat – Verwirklichung von Sinnvorstellungen, Gewinnung von Identität im Wandel, Entlastung – ohne dabei der Gefahr zu erliegen, einer allzu engen instrumentellen Kopplung von bestimmten Wertvorstellungen und ihrer institutionalisierten Umsetzung das Wort zu reden.
Denn dies würde die Wirkungsweise und Funktionslogik von Institutionen verkennen: steuerungstheoretisch gesprochen wirken Institutionen/Organisationen nicht im Sinne einer direkten, instrumentell geradlinig gedachten Steuerung, sondern sie **steuern Verhalten mittelbar**, d. h. vor allem durch strukturelle Vorgaben, so daß wir – in auffälliger Parallelität zur oben besprochenen Steuerung durch Recht – von **Struktursteuerung** als der Institutionen eigenen Wirkungsweise sprechen können. Mit einer oben schon erwähnten und wie wir finden – geglückten Begriffsbildung Walter Paulys (1991) könnte man daher Institutionen auch als **Gußformen** bezeichnen, die ihrerseits – wie bei den Handlungs**formen** der Verwaltung (Verwaltungsakt, Vertrag, Verordnung, Satzung) – nicht den Inhalt dieser Handlungen präjudizieren, aber als **formale Strukturen bereitstehen**, von denen jeweils mit dem einen oder anderen Inhalt Gebrauch gemacht werden kann.
Wenn diese Überlegungen richtig sind, daß Governance im weiten Umfang »institutional governance« ist und Institutionen ihrerseits als kulturell verankerte Gebilde zu

verstehen sind, liegt der Gedanke nahe, den Begriff der **Institutionenkultur** auf den Bereich von Governance zu übertragen und es als einen legitimen Zweig der Governance-Forschung anzusehen, sich mit **governance culture** und ihren unterschiedlichen Erscheinungsformen zu beschäftigen. Dem wollen wir uns jetzt zuwenden.

3. *Von Institutionenkultur zu Governance-Kultur*

a) *Begriff der Institutionenkultur*

In dem mit der Überschrift »Herrschaftsaufbau und Institutionenbildung« versehenen Kapitel seiner vielbeachteten Geschichte der Staatsgewalt hat Wolfgang Reinhard (1999) die uns unmittelbar einleuchtende These aufgestellt, daß **einer bestimmten Kultur oder Epoche auch eine bestimmte Institutionenkultur** entspricht und dazu folgendes ausgeführt (S. 125):

> »In einem solchen allgemeinen Verständnis sind Institutionen relativ dauerhafte, durch Internalisierung ausgebildete **Verhaltensmuster und Sinnorientierungen** (Karl Acham), die zwischen **kultureller Sinnproduktion** und sozialem Verhalten vermitteln wie die Sozialisation zwischen Kultur und Person (M. Rainer Lepsius). Insofern können wir unterstellen, daß einer bestimmten Kultur oder Epoche auch eine bestimmte Institutionenkultur entspricht.«

Als Historiker in geschichtlichen Zäsuren denkend, schlägt Reinhard vor, zwei Epochen der Institutionenkultur zu unterscheiden, nämlich eine **vormoderne und eine moderne Institutionenkultur**. Während Reinhard die moderne Institutionenkultur mit dem Namen Max Webers verbindet und in diesem Zusammenhang den modernen Amtsbegriff und den Typus legaler Herrschaft referiert – das braucht hier nicht vertieft zu werden – interessiert uns an dieser Stelle, wie Reinhard die **vormoderne Institutionenkultur** charakterisiert. Zwei Eigenschaften sind es, die seiner Meinung nach die Vormodernität dieser Institutionenkultur ausmachen, nämlich das **personale Band** von Herrschaft sowie die **Informalität** dieser persönlichen Beziehungen (S. 133):

> »Vormoderne Institutionenkultur läßt ... bestimmte Leitmotive erkennen, die ihr einen unverwechselbaren Charakter verleihen. Grundlegend ist die relativ geringe, wenn auch zunehmende Bedeutung von formaler, organisationsbezogener Sachorientierung gegenüber **informellen persönlichen Beziehungen**. Ihr entspricht eine **Rechtsauffassung**, die eine allgemeine Gerechtigkeitsidee unmittelbar mit den Rechten von Gruppen und Individuen verbindet, aber kaum Rechtsgleichheit für alle kennt. Was überall fehlt, ist jene systematische Gleichförmigkeit und Einheitlichkeit, jener Wille zur allumfassenden Rationalität, die seit dem 18. Jahrhundert zum wichtigsten Merkmal der Moderne werden sollte, ein Sachverhalt, der uns erst mit ihrem Schwinden im kulturellen Übergang zur Postmoderne richtig bewußt geworden ist.«

Wichtig erscheint uns an dieser Passage die Verknüpfung von Institutionenkultur und Rechtsauffassung oder von Institutionenkultur und Rechtskultur, eine Verknüpfung, die an einem der Hauptbeispiele Reinhards für vormoderne Institutionenkultur – dem Lehnswesen – besonders deutlich wird. Das mittelalterliche **Herrschaftsnetzwerk des Lehenswesen** (Wesel 2001) hat zur Voraussetzung seiner Funktionsfähigkeit ein entsprechendes **Lehensrecht**, das genau diejenigen **Regelungsstrukturen** bereitstellt – Treueid und Belehnung mit Grundbesitz (Mitteis 1958) – die wir heute als **Governance-Strukturen** bezeichnen würden.

b)   *Begriff der Governance-Kultur*

Hält man sich noch einmal das instruktive Beispiel des Lehnswesens vor Augen, bei dem die Verzahnung von Institutionen und Rechtskultur durch die lehenspezifischen Regelungsstrukturen so plastisch wird, so kann man nicht nur von lehensrechtlichen Governance-Strukturen sprechen, sondern – entsprechend der These von der »cultural embeddedness« von Institutionen – vom **Lehnswesen als einer Governance-Kultur**. Governance-Kultur würde dann all das bezeichnen, was über die reine Instrumentalität von Governance-Modi hinausgeht, was also ihre kulturelle Verankerung widerspiegelt und repräsentativ ist für einen gewissen »spirit« einer Epoche oder eines Zeitabschnittes.

In diesem Sinne kann sicherlich – um nun das Terrain des Mittelalters zu verlassen – auch von der **hierarchisch-bürokratischen Verwaltung** als einer bestimmten **Governance-Kultur** gesprochen werden, als einer Governance-Kultur nämlich, die den Typus der regelgebundenen, fachlich orientierten und rechtsstaatlich disziplinierten Herrschaftsausübung meint; in dem Beitrag von Maximilian Wallerath (2000) über »Die Änderung der Verwaltungskultur als Reformziel« heißt es dazu resümierend wie folgt (S. 364):

> »Die Vorstellung von der besonders zweckmäßigen ›bürokratischen‹ Organisation bestimmte bis in die Gegenwart **das Bild deutscher Verwaltung** (Ellwein 1981), auch wenn der Realtypus öffentlicher Verwaltung nie identisch mit dem Idealtypus bürokratischer Organisation im Sinne Max Webers war. Dennoch war und ist der Realtypus in vielem dem Idealtypus angenähert – so in der starken Regelgebundenheit, der Betonung des hierarchischen Prinzips, dem vorgeschriebenen Dienstweg oder der Abstraktion des Amtes von der Person.«

Wenn man nicht in so großen historischen Abschnitten denken will, sondern eher – Stichwort: Änderung der Verwaltungskultur als Reformziel – in **Reformschüben** von einer gewissen Wellenlänge, so kann man – je nach dem obwaltenden »spirit« der Verwaltungskultur, der sich in Leitbildern niederschlägt, die als Reformkompaß fungieren – verschiedene Gonvernance-Kulturen unterscheiden (vgl. Joergensen 1993). Was damit gemeint ist, läßt sich an dem einflußreichen, fast zu Bibelrang aufgerückten Werk von David Osborne und Ted Gaebler veranschaulichen, deren Buch »Reinventing Government« (1992) den bezeichnenden Untertitel trägt: »How the Entrepreneurial Spirit is transforming the Public Sector«. Worum es ging, war ein **neues Verwaltungsverständnis** – »Von der Behörde zum Dienstleistungsunternehmen« (Banner 1991) –, das von dem Transfer von der Gedankenwelt des Manage-

ments in den Bereich der öffentlichen Verwaltung – New Public Management (NPM) – gekennzeichnet war (Reichard 1995, Budäus 1998).
Ihren prägnantesten Ausdruck fand dieses gewandelte Aufgabenverständnis im sog. »Neuen Steuerungsmodell« (zusammenfassend Jann 2001) mit seinem Leitbild einer ergebnisorientierten, transparenten und dezentralen Steuerung: »Motivation statt Alimentation für das Personal (z. B. leistungsgerechte Bezahlung), Eigenverantwortung statt Hierarchie für die Organisation (dezentrale Ressourcenverantwortung, flache Hierarchie etc.), Resultate statt Regeln für die Verfahren (Kontraktmanagement, Leistungsvergleiche, Produktorientierung) und Kostenrechnung statt Kameralistik für die Finanzen.«

Für das Funktionieren dieses Neuen Steuerungsmodells bedurfte es – und hier sind wir wieder mitten im Governance-Thema – der **Entwicklung und Bereitstellung anderer Regelungsstrukturen als bisher**, sei es im Organisationsrecht, im öffentlichen Dienstrecht oder im Haushaltsrecht.

Solche gewandelten Verwaltungsverständnisse finden also ihr Abbild in **verschiedenen Vorstellungen von Governance-Kultur**: so erscheint es angesichts der einflußreichen Ideen des New Public Managements durchaus nicht übertrieben, von einer **managementorientierten Governance-Kultur** zu sprechen, einer Governance-Kultur übrigens, die – nicht unwesentlich – immer neue Impulse durch den großen Einfluß von Unternehmensberatungsfirmen erhält. Insoweit kann man das Schaubild Werner Janns (2003), mit dem er Management und Governance kontrastiert, auch **als eine Übersicht über verschiedene Formen von Governance** lesen:

Erscheinungsformen von Governance-Kultur

	Management	Governance
Wissenschaft	• Institutionenökonomie • Managerialismus	• Kommunitarismus • Politikwissenschaft
Analysefokus	• einzelne Organisationen • Binnensteuerung • ergebnisorientiertes Management (z. B. einzelner Ämter) • Privatisierung, Outsorcing	• Koordination öffentlicher und gesellschaftlicher Akteure • Kombination verschiedener Steuerungsformen • Netzwerkmanagement • Steuerbarkeit
Kausalität	• fehlende Anreize • Anreizkompatibilität	• Interdependenz • externe Effekte
Handlungsmodell	• Dezentralisierung • Verselbständigung • Kontraktsteuerung	• neue Aufgabenteilung • Gewährleistung • Koproduktion
Koordinationsmechanismen	• (Quasi)Markt und Wettbewerb • Geld	• Selbstregelung • autonome, selbststeuernde Akteursnetze • Vertrauen

Wer weder in verschiedenen Epochen denken will, die zu verschiedenen Governance-Kulturen führen, noch in verschiedenen Reformschüben, die unterschiedliche Ausgestaltungen der Governance-Kultur zur Folge haben, der mag vielleicht an verschiedene Governance-Ebenen denken, also an das Phänomen, daß wir es in sog. **Mehrebenensystemen** mit verschiedenen **ebenen-spezifischen Governance-Kulturen** zu tun haben, die sich gegenseitig beeinflussen und modifizieren (Kohler-Koch 2003). Dies soll an zwei Beispielen verdeutlicht werden:

Das erste Beispiel bezieht sich auf einen Prozeß, der gemeinhin als »Europeanization of Governance« bezeichnet wird (vgl. die Beiträge in Schuppert 2004 a) und dadurch gekennzeichnet ist, daß sich auf der europäischen (EU-)Ebene neue Formen von Governance herausbilden (Kohler-Koch u. a. 2004), die entweder nationalstaatliche Governance-Strukturen modifizierend überlagern oder aber durch ihre Vorbild- oder Anstoßfunktion ohnehin schon auf mitgliedstaatlicher Ebene in Gang befindliche Prozesse verstärken oder beschleunigen. Welche neuen Formen von Governance auf EU-Ebene damit gemeint sind, die in der einen oder anderen Weise auf die nationalstaatliche Governance-Kultur einwirken, hat Adrienne Héritier (2002) kompetent herausgearbeitet; die entsprechende Tendenzen der Entwicklung von »new modes of governance« hat sie wie folgt skizziert (S. 181):

> »There has been an increase in the political salience of the new modes of governance (CEC White Paper), in particular, of target definitions and the publications of performance, on the one hand, and of voluntary accords with and by private actors, on the other. These new modes of governance are guided by the principles of voluntarism (non-binding targets and the use of soft law), subsidiarity (measures are decided by member states) and inclusion (the actors concerned participate in governance). The mechanism of governance are diffusion and learning, persuasion, standardization of knowledge about policies, repetition (iterative processes of monitoring and target readjustment are employed) and time management (setting of time-tables).«

Das klassische Gesetz ist damit zwar noch kein Auslaufmodell, es verändert aber seine Funktion und wird immer mehr zur Drohgebärde, um konsensuale Lösungen anzustoßen oder gar zu erzwingen (S. 181):

> »These modes are thought to have specific advantages. They evade the lengthy, unwieldy, and cumbersome process of legislative decision-making. At the same time, the threat of legislation is used to increase the willingness of actors to act voluntarily. Since these new forms of governance avoid regulatory requirements, it is expected that they will meet with less political resistance from the decisions-makers and the implementing actors alike. After all, the latter would have to carry the costs of regulation. At the substantive level the advantage are seen in the greater flexibility of the policy measures and the greater adaptability of those measures to a rapidly changing social, economic, and technological environment.«

Diese europäische Tendenz zu »governance without legislating« verstärkt entsprechende Tendenzen auf der mitgliedstaatlichen Ebene, wie insbesondere am Beispiel der Bundesrepublik gezeigt werden kann; auch hier häufen sich – wie wir in unserem Gutachten über »Gute Gesetzgebung« haben zeigen können (2003) – die Fälle strategisch eingesetzter konsensualer Normvermeidung oder Normersetzung.

Das zweite Beispiel verdanken wir der lehrreichen Arbeit von Johannes Masing über »Die Mobilisierung des Bürgers für die Durchsetzung des Rechts« (1997); bei dieser Mobilisierung des Bürgers als Anwalt des Gemeinwohls (Schuppert 2002) handelt es sich um eine Mobilisierung durch das Europarecht, und zwar im deutlichen Gegensatz zur tradierten deutschen Rechtskultur.

Ursächlich für die europarechtliche **Mobilisierung des Bürgers als Anwalt des Gemeinwohlbelanges Umweltschutz** ist die für das deutsche Recht ungewohnte und vielbeachtete Richtlinie über den freien Zugang zu Informationen über die Umwelt (Umweltinformationsrichtlinie vom 7. Juni 1990), der die folgende Leitvorstellung zugrunde liegt (Masing 1997: 33):

> »Das damit verfolgte Konzept ist deutlich. Umsetzung und Ausgestaltung des gemeinschaftlichen Umweltrechts sollen nicht in das Arkanum nationaler Verwaltungsbehörden gehüllt werden können, sondern durch die Beteiligung wachsamer Bürger öffentlich gemacht werden. Man will die Verantwortung nicht allein dem staatlichen Exekutivapparat überlassen, sondern die Bürger selbst als Sachwalter der Umwelt mobilisieren. Auch sie sollen auf ihre Umwelt aufpassen. Durch die Öffentlichkeit der Umweltdaten rücken so Bürger und Verwaltung näher zusammen: Nicht nur die Verwaltung wacht, sondern auch der Bürger. Nicht nur die öffentliche Hand überlegt und ergreift Initiativen, sondern auch private Verbände.«

Die dem deutschen Verwaltungsrecht zugrundeliegende Verhältnisbestimmung von staatlicher Verwaltung und Bürger stützt sich hingegen maßgeblich auf die Lehre des subjektiv-öffentlichen Rechts, was insbesondere bedeutet, daß der einzelne Bürger gerichtlichen Schutz nur in Anspruch nehmen kann, wenn er in seiner eigenen subjektiv-öffentlichen Rechtsstellung verletzt ist (Prinzip des Individualrechtsschutzes, Ausschluß der sogenannten Popularklage). Masing kommentiert dies mit den Worten: »Eigene Rechte hat der Bürger in bezug auf konkrete Verwaltungsentscheidungen nur in Rücksicht auf die eigene Privatsphäre. Er wird als Rechtssubjekt nur zur Verfolgung seiner individuellen Interessen anerkannt, als unpolitischer Verfechter eigener Belange, als Bourgeois.« (S. 219).

Durch seine europarechtliche Mobilisierung für den Gemeinwohlbelang des Umweltschutzes und seine **Instrumentalisierung für einen effektiven Vollzug des Gemeinschaftsrechts** kommt dem Bürger nunmehr eine andere Rolle zu, die ihn zur Mitwirkung im privaten und öffentlichen Interesse einlädt und für die Masing den Begriff des »status procuratoris« vorschlägt (S. 225):

> »Der Bürger braucht verwaltungsrechtlich nicht mehr auf seinen Status als Bourgeois reduziert zu werden, sondern kann in bezug auf konkrete Verwaltungsentscheidungen als Staatsbürger oder Funktionsträger anerkannt werden. Sein Status läßt sich insoweit als ›status procuratoris‹ bezeichnen. Die Anerkennung eines solchen Status erscheint als konstruktive Antwort des ... gewandelten Verhältnisses des einzelnen zur Staatsgewalt auf die geschichtsbedingte Einseitigkeit der subjektiv-rechtlichen Lehre. Sie konterkariert deren entpolitisierende Individualbezogenheit und materialisiert, daß der einzelne auch gegenüber konkreten Verwaltungsentscheidungen Subjekt nicht nur in bezug auf die Wahrung seiner eigenen Belange ist. Dem status procuratoris entspricht eine eigene Kategorie individueller Befugnisse, die weder den subjektiv-öffentlichen Rechten noch öffentlichen Ent-

scheidungsbefugnissen zuzurechnen ist. Gemeinbezogene Individualbefugnisse oder, wie man solche Befugnisse nun auch bezeichnen könnte, prokuratorische Befugnisse.«

Nachdem wir uns nun relativ ausführlich mit demjenigen Zweig der Institutionentheorie beschäftigt haben, der die »cultural embeddedness« von Institutionen betont, wollen wir uns nunmehr einer ganz anderen Art von Institutionentheorie zuwenden, nämlich der unter Governance-Gesichtspunkten besonders wichtigen und ergiebigen Institutionenökonomik.

4. *Governance und Institutionenökonomik*

Daß der neueren Institutionenökonomik (als Einführung Schenk 1992; grundlegend Richter/Furubotn 1996) in der Governance-Forschung ein ganz besonders prominenter Platz gebührt, ist gänzlich unbestritten. Es ist deswegen unbestreitbar, weil die beiden wohl bekanntesten Anwendungsfelder der Institutionenökonomik – das principal-agent-Problem und die sog. Transaktionskosten – eigentlich Governance-Probleme sind und von der Institutionenökonomik – wenn auch in der Sprache der Ökonomie und nicht der von public governance – auch so behandelt werden. Dazu können hier nur einige wenige Stichworte beigesteuert werden.

a) *Principal-Agent-Problem, Gewährleistungsverwaltungsrecht und Staatsaufsicht*

Im Mittelpunkt der Agenturtheorie stehen Austauschbeziehungen – meist vertraglicher Art – zwischen einem Auftraggeber, dem sog. Prinzipal, und einem Auftragnehmer, dem sog. Agenten. Typische Beispiele für solche Auftrags- oder Agenturbeziehungen im Kontext von Unternehmungen sind die Beziehungen zwischen Arbeitgeber und Arbeitnehmer, Käufer und Verkäufer, Eigentümer und Geschäftsführer, Aufsichtsrat und Vorstand, Vorstand und Führungskraft, Fremdkapitalgeber und Geschäftsführer, Vorgesetztem und Untergebenem. Die in dieser Principal-Agent-Beziehung typischerweise auftretenden Probleme werden von Mark Ebers und Wilfried Gotsch (1995) wie folgt geschildert:

> »In all diesen Fällen überträgt ein Auftraggeber (›Prinzipal‹) zur Realisierung seiner Interessen bestimmte Aufgaben und Entscheidungskompetenzen auf der Basis einer Vereinbarung an einen beauftragten Partner (›Agenten‹), der für seine Dienste eine Vergütung erhalt. Die **Übertragung von Aufgaben** bietet für den Prinzipal den Vorteil, daß er sich die **spezialisierte Arbeitskraft** und **den Informationsvorsprung des Agenten** zunutze machen kann. Allerdings wirft die **Aufgabendelegation** für den Prinzipal auch ein Problem auf. Je weniger Informationen der Prinzipal über die Motive, die Handlungsmöglichkeiten und das faktische Leistungsverhalten des Agenten hat, desto größer ist für ihn das Risiko, daß der Agent nicht nur gemäß des vereinbarten Auftrags handelt, sondern die **eigenen Interessen zum Nachteil des Prinzipals** verfolgt. Der Prinzipal ist somit mit dem Problem konfrontiert, wie vertraglich sichergestellt werden kann, daß der Agent eine Leistung erbringt, die der Vereinbarung bestmöglichst entspricht.«

Insbesondere das Informationsungleichgewicht zwischen Prinzipal und Agenten wird dabei zum zentralen Problem:

> »Weiterhin schreibt die Agenturtheorie den verfügbaren Informationen und insbesondere der ungleichen Informationsverteilung zwischen den Vertragspartnern eine bedeutende Rolle zu. Sie unterstellt einen Informationsvorsprung des Agenten in bezug auf die sachliche Bearbeitung der Aufgaben. Eine solche Annahme wird als realistisch erachtet, da gerade in den besseren Kenntnissen, Fähigkeiten und Erfahrungen des Agenten ein wesentlicher Grund für das Interesse des Prinzipals an den Diensten des Agenten liegt. Zugleich besteht ein Informationsdefizit des Prinzipals in bezug auf das eigeninteressierte Verhalten des Agenten. Dieses **Informationsdefizit des Prinzipals** ergibt sich aus der mangelnden Beobachtbarkeit der Handlungssituation der Absichten und der Aktivitäten des Agenten. Ein weiteres Informationsdefizit des Prinzipals betrifft die Ergebniskontrolle. Der Prinzipal verfügt nicht immer über alle Informationen darüber, in welchem Ausmaß das Ergebnis dem Leistungsverhalten (›effort‹) des Agenten oder aber Umwelteinflüssen zuzurechnen ist. Insbesondere in komplexen und unsicheren Situationen ist eine exakte Zurechnung der tatsächlichen Leistung und damit eine **Effizienzkontrolle** der Dienste des Agenten **sehr erschwert**.«

Es ist leicht erkennbar, daß die geschilderten Probleme keine spezifischen Unternehmensprobleme darstellen, sondern daß sie ebenso gut, wenn nicht erst recht im Bereich einer sich pluralistisch ausdifferenzierenden und entgrenzenden öffentlichen Verwaltung bestehen. Dies gilt einmal für die **zunehmende Einbeziehung Privater in die Erfüllung öffentlicher Aufgaben**, sei es durch Contracting Out, durch Begründung von PPP-Beziehungen oder durch Privatisierung; eine »responsive Verwaltungsrechtswissenschaft« versucht darauf durch die Entwicklung eines Gewährleistungsverwaltungsrechts (Voßkuhle 2003) zu antworten, indem sie **Governance-Strukturen** erarbeitet, die gewährleisten sollen, daß die in die Aufgabenerfüllung eingeschalteten nicht-staatlichen Akteure auf Gemeinwohlkurs bleiben. Wiederum ist das Privatisierungsproblem hier ein lehrreiches Beispiel: versteht man richtigerweise Privatisierung als Prozeß, so werden die Produktionskostenprobleme ersetzt durch Vertragsgestaltungs-, Monitoring- und Rückholbefugnis-Probleme, also typische Principal-Agent-Konstellationen.

Aber auch der zweite, die moderne Verwaltungsentwicklung kennzeichnende Megatrend belegt die Relevanz des Prinzipal-Agent-Ansatzes eindrücklich: die zunehmende Binnendifferenzierung der Verwaltungsorganisation durch **Ausgliederung und Verselbständigung von Verwaltungseinheiten** macht diese Trabanten des Verwaltungssystems überwachungsbedürftig; die von uns an anderer Stelle dafür vorgeschlagene Entwicklung einer **Steuerungsaufsicht** (Schuppert 1998) ist nichts anderes als eine in die Sprache des Staats- und Verwaltungsrechts übersetzte Governance-Problematik vom Principal-Agent-Typus.

b) *Transaktionskostenansatz und Tendenzen der Verwaltungsentwicklung*

aa) *Begriff und Arten von Transaktionskosten*

Zu den sog. Transaktionskosten gehören all jene Ressourcen, »die für die Schaffung, Erhaltung, Benutzung, Veränderung usw. von Institutionen oder Organisationen aufzuwenden sind«. Es sind also Kosten, die bei allen Organisationen, auch solchen des öffentlichen Sektors anfallen, obwohl sie vor allem als »Betriebskosten eines Wirtschaftssystems« bzw. als »Marktbenutzungskosten von Unternehmen« untersucht worden sind. Im folgenden sollen daher auch die sog. **Markttransaktionskosten** im Vordergrund stehen, deren Herkunft von Richter/Furubotn wie folgt erklärt werden (1996: 51):

»In der Wirklichkeit erfolgt im allgemeinen kein anonymer Tausch auf vollkommenen Wettbewerbsmärkten. Die möglichen Tauschpartner müssen einander ausfindig machen, und sobald Interessenten miteinander Kontakt aufgenommen haben, müssen sie versuchen, mehr übereinander in Erfahrung zu bringen. Im einzelnen muß jeder der beiden herausfinden, wer der andere ist und ob er willens und fähig ist, einer allfällig getroffenen Vereinbarung nachzukommen. Es bedarf der Verhandlungen, um eine effiziente Tauschbeziehung zu finden und die Tauschbedingungen im einzelnen festzulegen. Es ist durchaus möglich, daß rechtliche Absicherungen sich als notwendig erweisen. Da Irrtümer auftreten können, muß die Erfüllung des Vertrages überwacht werden. In einzelnen Fällen kann es sogar notwendig werden, die Erfüllung vertraglicher Verpflichtungen durch Rechtsmittel oder andere Sanktionen zu erzwingen.«

Demgemäß kann man drei Arten von **Markttransaktionskosten** unterscheiden:

(1) *Such- und Informationskosten*

Wer eine spezifische Markttransaktion in Erwägung zieht, muß nach einem geeigneten Verhandlungspartner suchen, und durch diese Suche entstehen unvermeidlich Kosten. Man kann sie auch allgemein als **Kommunikationskosten** bezeichnen; zu den Such- und Informationskosten rechnen auch die Kosten der Überprüfung der Befähigung und Eignung eines bestimmten Anbieters oder die Kosten, die im Dienstleistungsbereich durch die Suche nach qualifizierten Arbeitskräften entstehen.

(2) *Verhandlungs- und Entscheidungskosten*

Verhandlungskosten entstehen bei der Aushandlung von Verträgen zwischen den Parteien. Dieser Vorgang erfordert nicht nur Zeit, sondern es können auch teure Rechtsberatungen und anderes mehr nötig werden. **Entscheidungskosten** umfassen die Kosten der Aufbereitung sämtlicher Informationen, die Entlohnung von Beratern, die Kosten der Entscheidungsfindung innerhalb von Gruppen etc.; dabei ist – ebenso wie in anderen Bereichen – die Komplexität und Kostspieligkeit von Verträgen von der Wettbewerbssituation abhängig.

(3) Überwachungs- und Durchsetzungskosten

Diese Kosten ergeben sich aus der Notwendigkeit, vereinbarte Lieferfristen zu überwachen, Qualität und Menge von Produkten zu messen usw. »Hier spielt die Information eine wichtige Rolle. Es kostet etwas, die wertvollen Attribute des Tauschgegenstandes zu messen, und es kostet etwas, Rechte zu wahren und Vertragsbestimmungen durchzusetzen« (Richter/Furubotn: 52).
Diese wenigen Stichworte mögen genügen, um eine Anschauung von sog. Transaktionskosten zu vermitteln; nunmehr geht es darum, diesen Analyseansatz für den Bereich der öffentlichen Verwaltung fruchtbar zu machen.

bb) *Zur Übertragung des Transaktionskostenansatzes auf die öffentliche Verwaltung (exemplarisch)*

(1) *Such- und Informationskosten: Amtsermittlungs- oder Beibringungsgrundsatz?*

Nach traditionellem Verständnis ist die Sachverhaltsermittlung Aufgabe der zuständigen Verwaltungsbehörde – sog. Amtsermittlungsgrundsatz, § 24 VwVfG. Mitwirkungspflichten der Bürger bezogen sich allenfalls auf Angaben zu Umständen in ihrer eigenen persönlichen, betrieblichen oder organisatorischen Sphäre. Dieses allein die Verwaltung mit den Informationsbeschaffungskosten belastende Prinzip der Amtsermittlung befindet sich – wie es scheint – in einem ständig zunehmenden Prozeß der Verdrängung durch eine den Antragstellern (Projektträgern, Investoren) abverlangte **Sachverhaltsaufbereitung durch Eigenbeiträge**. Jens-Peter Schneider hat diese Entwicklung wie folgt beschrieben (1995: 40):

> »In einigen neueren Umweltgesetzen ist der Antragsteller demgegenüber zu umfassenden Ermittlungen außerhalb seiner eigenen Sphäre, z. B. zur Umweltsituation und den voraussichtlichen Umweltauswirkungen der zu errichtenden Anlage oder des in Verkehr zu bringenden Stoffes verpflichtet, so daß seine Vorlagepflicht den gesamten entscheidungsrelevanten Sachverhalt umfaßt. Die originäre Amtsermittlung wandelt sich so zu einer nachvollziehend kontrollierenden Amtsermittlung.
> Die Sachverhaltsaufbereitung in der Form der nachvollziehenden Amtsermittlung soll behördliche Informationsbeschaffung in der Sphäre des Vorhabenträgers überhaupt erst ermöglichen und außerhalb derselben erleichtern, d. h. einen **Beitrag zur Staatsentlastung** leisten. Es geht aber nicht nur um die **Nutzung der sachlichen und personellen Kapazitäten des Vorhabenträgers**. Das Konzept enthält auch ein reflexives Moment, weil sich mit ihm die Hoffnung verbindet, daß der Vorhabenträger aufgrund seiner eigenen Ermittlungen das Vorhaben mit größerer Rücksicht auf die Umwelt plant bzw. modifiziert.«

Was hier in scheinbar kleinen Schritten vonstatten geht, ist eine **Teilprivatisierung der Verfahrensverantwortung** durch einen **Transfer der Informationskosten vom öffentlichen in den privaten Sektor**, den Wolfgang Hoffmann-Riem (1994) als charakteristisch für die Entwicklung des Verwaltungsverfahrensrechts bezeichnet hat.

(2) Verhandlungs- und Entscheidungskosten

Was die Verhandlungs- und Entscheidungskosten angeht, so lassen sich auch insoweit **Verlagerungen dieser Art von Transaktionskosten vom öffentlichen auf den privaten Sektor** nachweisen. Ein besonders schönes Beispiel für die **Verlagerung von Transaktionskosten in Form von Entscheidungskosten** ist die Verlagerung der Planaufstellungsvorbereitung von der öffentlichen Verwaltung auf den Investor. Jens-Peter Schneider hat die **Funktionsweise dieser Transaktionskostenverlagerung** wie folgt beschrieben (S. 42/43):

»Ein besonders ausdifferenziertes Modell der Kooperation von Gemeinde und privatem Investor bietet die aus § 55 BauZ-VO-DDR in § 7 BauGB-MaßnG übernommene Regelung der Satzung über den Vorhaben- und Erschließungsplan (VEP), die sich durch ein **Geflecht von Abstimmung, Vertrag und hoheitlicher Satzung** auszeichnet. Der Vertrag übernimmt die Funktion eines vereinbarten Baugebots, die Satzung sichert das Vorhaben in Form eines Einzelfallbebauungsplans planungsrechtlich ab. Der Kooperationsprozeß beginnt mit der Erarbeitung eines VEP-Entwurfs durch den Vorhabenträger in Abstimmung mit der Gemeinde. Es folgt der Abschluß eines Durchführungsvertrages zwischen Vorhabenträger und der Gemeinde.
Zweck dieses kooperativen Instituts ist es, vertragliche Baugebote zu ermöglichen und die **finanziellen und planerischen Kapazitäten des Vorhabenträgers zu nutzen**, um insbesondere in den neuen Ländern mit ihrer noch geringen Verwaltungskompetenz eine zügige städtebauliche Entwicklung zu ermöglichen. Der Vorhabenträger kommt nämlich nur in den Genuß des bestehende Baurechtswidrigkeit beseitigenden und gegenüber dem Bebauungsplanverfahren beschleunigten VEP-Satzungsverfahrens, wenn er sich im Durchführungsvertrag zur **Kostenübernahme verpflichtet**, wobei ihm auch sonst nicht beitragsfähige Kosten angelastet werden können.«

(3) Überwachungs- und Durchsetzungskosten: von der Fremd- zur Eigenüberwachung

Für jeden aufmerksamen Beobachter der Veränderungsprozesse im Verhältnis der an der Erfüllung öffentlicher Aufgaben beteiligten Sektoren – also von öffentlichem, privatem und drittem Sektor – liegt auf der Hand, daß sich gerade im Bereich der Überwachungs- und Durchsetzungskosten »spannende« Verlagerungsprozesse abspielen, die wir am Beispiel des Trends von der Fremd- zur Eigenüberwachung veranschaulichen wollen.
Im Bereich des Technik- und Umweltrechts haben sich für die dort eine wichtige Rolle spielenden Überwachungsaufgaben interessante Organisationsstrukturen herausgebildet, an denen sich die Rolle der Überwachung im Umwelt- und Technikrecht »zwischen staatlicher Regulierungsverantwortung und unternehmerischer Eigeninitiative« ablesen läßt. Zwei Organisationsmodelle lassen sich dabei unterscheiden (Reichardt 1993):
Das »klassische« Organisationsmodell ist das der **privaten Fremdüberwachung**, d. h. der Kontrolle des Normadressaten durch eine natürliche oder juristische Person

des Privatrechts kraft **öffentlicher Beauftragung**. Diese Einschaltung Privater erfolgt wiederum in zwei Varianten, nämlich entweder als Verwaltungshelfer oder als sog. Beliehene. Die bloße Verwaltungshilfe unterscheidet sich von der Beleihung dadurch, daß im Falle der Verwaltungshilfe der Private nur in vorbereitender und unterstützender Funktion herangezogen wird, während dem Beliehenen Verwaltungsaufgaben zur selbständigen Wahrnehmung, d. h. zur Wahrnehmung in eigener Kompetenz und in eigenem Namen übertragen sind.

Neben dieser klassischen Drittkontrolle hat sich im Umwelt- und Technikrecht die **gesetzliche Verpflichtung zur Selbstkontrolle** herausgebildet, indem für die Überwachung der jeweiligen Rechtsvorschriften **innerbetriebliche Kontrollstrukturen** geschaffen worden sind. Das Paradebeispiel für diese gesetzgeberische Auferlegung innerbetrieblicher Kontrollpflichten ist der durch verschiedene umweltrechtliche Gesetze seit Mitte der 70er Jahre ausführlich geregelte **Umweltschutzbeauftragte**, dessen Funktion sich wie folgt beschreiben läßt (Reinhardt 1993: 636):

»Bei der Konstruktion des Umweltschutzbeauftragten wird der Private nicht wie eine Behörde einem – ebenfalls privaten – Dritten gegenüber kontrollierend eingesetzt, sondern ist gehalten, durch die Erfüllung besonderer, im Gesetz geregelter Organisationspflichten die Gesetzeskonformität des eigenen Handelns sicherzustellen. Es liegt also ein Fall der **Eigenüberwachung** vor. Im Rahmen des umweltrechtlichen Kooperationsprinzips soll der Umweltschutzbeauftragte den durch die Fachgesetze manifestierten betrieblichen Umweltschutz institutionalisieren und damit fördern ... In Zielsetzung und Tätigkeitsrahmen folgen die verschiedenen Umweltschutzbeauftragten im wesentlichen denselben Grundzügen, die sich schlagwortartig mit den Aufgabenfeldern Kontrollfunktion, Informationsfunktion, Initiativfunktion und Berichtspflicht skizzieren lassen.«

c) *Zusammenfassung: Organisations- und Verfahrensänderungen als Spiegelbild eines Neuzuschnitts von öffentlichem und privatem Sektor*

Die jetzt wieder abzusetzende Brille des Transaktionskostenansatzes hat unseren Blick geschärft und uns Verlagerungsprozesse im Verhältnis von öffentlichem und privaten Sektor erkennen lassen, und zwar im Bereich der Informationsbeschaffung, der Planungs- und Entscheidungsvorbereitung sowie der Überwachung und Kontrolle. Sieht man nicht nur diese Einzelpunkte, sondern versucht man, darin ein generelleres Muster zu erkennen, so ist dies der Prozeß der **fortschreitenden Verzahnung von Staat, Gesellschaft und Wirtschaft** mit den staats- und verwaltungsrechtlich noch weitgehend unbearbeiteten Folgeproblemen einer **zunehmenden Verantwortungsteilung** (Trute 1996) **zwischen öffentlichem und privatem Sektor**. Geht es also um **Staatsentlastung durch Verantwortungsteilung** und verbirgt sich hinter der immer intensiver werdenden Diskussion über den »schlanken Staat«, den angeratenen »Rückzug des Staates« oder den »überforderten Staat« bei näherem Hinsehen das Problem eines überfälligen Neuzuschnitts von öffentlichem und privatem Sektor, so bestünde **innovative Organisationspolitik** darin, die Verwaltung strukturell und personell in die Lage zu versetzen, diesen Neuzuschnitt-Prozeß sowohl abzubilden wie zu verstärken: dazu wären organisatorische Arrangements hilfreich, die **Verant-**

wortungsteilung organisatorisch umsetzen und **binnenorganisatorisch** flexibel und offen genug sind, um am **Dialog zwischen den Sektoren** ertragreich mitzuwirken.

Hierin läge – um damit zu schließen – eine wichtige Aufgabe zukünftiger Governance-Forschung.

VII. *Governance als Kommunikationsprozeß – die kommunikationstheoretische Perspektive*

1. *Von Steuerung durch Kommunikation zu Governance als Kommunikationsprozeß*

Wenn wir zum Schluß unserer Überlegungen zu »Governance im Spiegel der Wissenschaftsdisziplinen« auch noch den Punkt »Governance als Kommunikationsprozeß« bedenken, so können wir dabei zunächst an Überlegungen anknüpfen, die wir in unserer »Verwaltungswissenschaft« (2000: 722 ff.) in dem Kapitel »Kommunikation, Entscheidung, Verfahren« angestellt haben; dort hatten wir vor allem drei Autoren in den Zeugenstand gebeten, um sich zu dem Thema zu äußern:

a) *Steigender Kommunikationsbedarf bei der Politikformulierung und Politikdurchsetzung – die steuerungstheoretische Perspektive*

aa) *Der soziologische Befund: der argumentierende Staat*

In ihrem programmatischen Beitrag mit dem Titel »Regierung durch Diskussion – Über Versuche, mit Argumenten Politik zu machen« haben Wolfgang van den Daele und Friedhelm Neidhardt (1996) zunächst einen steigenden Kommunikationsbedarf bei der Politikformulierung diagnostiziert und dazu folgendes ausgeführt (S. 14):

> »In der politik- und staatsrechtlichen Diskussion werden Anzeichen dafür registriert, daß **verständigungsorientierte Kommunikationen wachsende Bedeutung** im Prozeß der Politikformulierung gewinnen und hierarchische Entscheidungen ersetzen bzw. ergänzen können. Zugleich geraten die im Entscheidungssystem bislang etablierten Formen von Deliberation und Verhandlung zunehmend unter Demokratisierungsdruck ›von unten‹. Es wird eine breitere Beteiligung und Inklusion von Entscheidungsbetroffenen und Entscheidungsinteressierten eingefordert. Politikdialoge, ›Runde Tische‹, Mediationsverfahren, Planungszellen, Konsensuskonferenzen werden als Modelle für eine erweiterte Repräsentation von Bürgerkommunikation und als Mechanismen ›alternativer‹ Konfliktbewältigung ins Spiel gebracht.«

Für den Trend zu mehr Verhandlung, Dialog und Partizipation würden – so berichten van den Daele/Neidhardt zusammenfassend – im wesentlichen zwei Erklärungen angeboten. Der **erste Erklärungsansatz** ist **steuerungstheoretischer Natur** und begreift den steigenden Kommunikationsbedarf als Konsequenz eines Wandels der Steuerungsformen von hierarchischen zu konsensualen Steuerungstechniken (S. 14/ 15):

> »Zum einen gilt er als Reaktion auf die **steigende Komplexität politischer Problemlagen** und die relativ dazu **sinkende Steuerungskapazität des Staates**. Wirksame Interventionen in ausdifferenzierte soziale Systeme (Wirtschaft, Wissenschaft, Gesundheitswesen etc.) und Koordination über Systemgrenzen hinweg setzen Kooperation mit und zwischen den Akteuren der Systeme voraus. Mit den ordnungsrechtlichen Mitteln von Befehl und Zwang lassen sich die notwendigen Informationen und Motivationen nicht mobilisieren.
> Unter diesem Gesichtspunkt erscheint die zunehmende Einbindung der Politikformulierung in Verhandlungssysteme als eine Fortsetzung und Verallgemeinerung neokorporatistischer Formen der Interessenvertretung in neuen Netzwerkstrukturen mit organisierten gesellschaftlichen Akteuren. Ihrer Funktion nach bedeutet sie zugleich **Staatsentlastung wie Machtgewinn des Staates**. Als Teilnehmer und Moderator solcher Verhandlungssysteme mit dem Vorbehalt, daß die Ergebnisse formalrechtlich ratifiziert werden müssen, **gewinnt der Staat eine Steuerungskapazität**, die er ›von außen‹ nicht hat.«

Der **zweite Erklärungsansatz** ist zwar letztlich ebenfalls steuerungstheoretischer Natur, greift aber einen Aspekt besonders heraus, nämlich die Aufgabe, die **Abnahme beschlossener Politiken durch Akzeptanzmanagement** abzusichern bzw. zu gewährleisten (S. 15):

> »**Probleme der Akzeptanz** sind die zweite wichtige Erklärung für den Trend zu mehr Verhandlung, Dialog und Partizipation. In wichtigen Problemfeldern ist die **Abnahme beschlossener Politiken** offenbar nicht mehr gewährleistet. Größere Planungs- und Standortentscheidungen lösen häufig Bürgerproteste und rechtlichen Dauerstreit aus, der alles blockiert. Die Ursachen für die gestiegene Konfliktintensität dürften in der Sensibilisierung für die Umweltprobleme und für die Ambivalenzen von Modernisierungsdynamik bei der Bevölkerung im allgemeinen liegen sowie in der Mobilisierung von lokalem Widerstand durch die Umweltbewegung oder ihre Organisationen. Der in den westlichen Gesellschaften beobachtete Wandel der Wertorientierungen dürfte ebenfalls zu Buche schlagen. Die Betonung von ›Selbsterfahrungswerten‹ erhöht die Wahrscheinlichkeit, daß Entscheidungsbetroffene sich wehren. Konfliktbewältigung durch Verhandlungen wird als Lösung angeboten. Akzeptanzprobleme entfallen, wenn eine von allen Konfliktbeteiligten gemeinsam getragene Lösung gefunden wird, die eine hoheitliche Verwaltungsentscheidung überflüssig macht bzw. durch die diese Entscheidung im wesentlichen noch bestätigt wird.«

So unstrittig der Befund und die Erklärungsansätze sein mögen, die Bewertung muß eher ambivalent und differenziert ausfallen, denn es geht einmal um das schwierige Verhältnis von **Legitimationsgewinnen** – Aufwertung kommunikativer und partizipativer Politikformen – und **Entscheidungskosten** – Entscheidungsblockaden durch Partizipation –, vor allem aber um die in der Steuerungsdiskussion nach wie vor nicht eindeutig beantwortete Frage, ob es bei **konsensualen Steuerungstechniken** eigentlich um **Effizienzgewinn** oder **Demokratiegewinn** geht; van den Daele/Neidhardt geben dazu – aus unserer Sicht zu Recht – folgendes zu bedenken:

»Die Erweiterung der Partizipation gesellschaftlicher Akteure in den Arenen einer kooperativen Politik ist aus demokratietheoretischer Sicht ambivalent. An den neokorporatistischen Verhandlungssystemen wurde kritisiert, daß sie Entscheidungen in kleinen exklusiven Zirkeln vorprogrammieren und im Ergebnis die öffentliche Transparenz und Kontrolle von Politik verringern. Auch wenn in solchen Arenen Konsens zwischen den beteiligten Akteuren erzielt wird, heilt das den demokratischen Makel nicht, da die Akteure nur für sich oder ihre Klientel, nicht aber für ›die Bürger‹ sprechen können. Das Problem wird auch durch eine Pluralisierung solcher Arenen nicht ausgeräumt. Die Einbeziehung der Umweltverbände kann eingespielte Elitenkartelle der politischen Deliberation aufbrechen; wenn sie aber zu einem erweiterten Kartell führt, das für noch mehr Felder der Politik im kleinen Kreis vorprogrammiert, reproduziert sich das Problem auf neuer Stufe.
Die Verlagerung von Politikgestaltung in besondere Verfahren der Kommunikation und Kooperation mit gesellschaftlichen Akteuren kann ein **Effizienzgewinn** sein, sie ist **kein Demokratiegewinn**. Damit sie nicht zu einem Demokratieverlust wird, muß gewährleistet sein, daß die verbindlichen Entscheidungsprozesse nicht nur normativ, sondern faktisch durch wirksame Unterbrechungen von solchen Verfahren getrennt gehalten werden, so daß, was immer in diesen ausgehandelt wird, in jenen geprüft, ratifiziert, veröffentlicht und begründet werden muß.«

bb) *Der politikwissenschaftliche Befund: die Kommunikationsfunktion der öffentlichen Verwaltung*

In seinem Beitrag über »Strukturen und Funktionen der Verwaltungskommunikation« hat Edwin Czerwick (1997) den zu konstatierenden Bedeutungszuwachs von Kommunikation als administrativer Aufgabe in den größeren Kontext der Entwicklung zur Informations- und Kommunikationsgesellschaft gestellt und dazu folgendes ausgeführt (S. 973):

»Mit der rasanten Entwicklung zur Informations- oder Kommunikationsgesellschaft hat nicht nur die gesellschaftliche Bedeutung von ›Kommunikation‹ zugenommen, sondern parallel dazu hat auch die Kommunikationsfunktion der öffentlichen Verwaltung an Gewicht gewonnen. Ebenso wie die Verwaltung von sich aus den Dialog mit ihrer Umwelt seither intensiviert hat, so sucht auch die Umwelt immer mehr den Kontakt zum administrativen Geschehen. Selbst wenn die Ursachen und Motive zur Aufnahme der Kommunikation recht unterschiedlich waren, so änderte dies doch nichts daran, daß die Kommunikation zwischen der Verwaltung und ihrer Umwelt inzwischen zu einer wichtigen Bedingung für die Stabilität und Leistungsfähigkeit der gesellschaftlichen Ordnung geworden ist. Die Verwaltungskommunikation wird demgemäß immer häufiger als eine **zentrale administrative Funktion** verstanden, über die staatliche Prozesse vorbereitet, gesteuert, durchgesetzt und gerechtfertigt werden. Kommunikation ist insofern zu einer unverzichtbaren Aufgabe administrativer Instanzen geworden.«

Die Ursachen für diesen Bedeutungszuwachs der Verwaltungskommunikation sieht auch Czerwick im Problem der **Akzeptanzsicherung** sowie im **Wandel der Steuerungsinstrumente** (S. 975):

»Anstöße, die die Bedeutung der Kommunikationsfunktion in der öffentlichen Verwaltung ansteigen lassen werden, ergeben sich aus verschiedenen Richtungen. Zum einen muß sich die Verwaltung in dem Maße, wie ihr die Bürger weniger als Untertanen, sondern als

Anspruchsberechtigte und Kunden gegenübertreten, immer häufiger und intensiver selbst um die Rechtfertigung ihres Handelns und die **Akzeptanz ihrer Maßnahmen in der Öffentlichkeit bemühen** . . .
Daneben tragen Veränderungen in den Handlungsformen der Verwaltung, die jetzt nicht mehr nur einseitig-hoheitlich, sondern ›**kooperativ**‹, das heißt unter Einbeziehung und Mitwirkung der vom Verwaltungshandeln Betroffenen, ihre Entscheidungen trifft, sowie ein geschärftes Risikobewußtsein ebenfalls mit dazu bei, daß die Verwaltung ihre kommunikativen Kapazitäten ausbaut. Und schließlich sollte auch nicht vergessen werden, daß die derzeitigen Diskussionen über Verwaltungsreformen sowie die Forderungen nach einer stärkeren Dienstleistungsorientierung der öffentlichen Verwaltung einen Ausbau der Kommunikationsfunktion sowohl nach innen als auch nach außen zwingend voraussetzen.«

Was die **Erscheinungsformen der Verwaltungskommunikation** angeht, so schlägt Czerwick vor, zwei große Bereiche zu unterscheiden, nämlich die **inneradministrative Kommunikation** – die wir hier vernachlässigen – und die **externe Verwaltungskommunikation**, die sich wie folgt ausdifferenzieren läßt (S. 976):

Komponenten der Vewaltungskommunikation	Zentrale Funktionen und Ziele	Hauptadressaten
»**Externe**« **Verwaltungskommunikation**	Meinungslenkung und Information	Öffentlichkeit
Medienarbeit	Resonanzerzeugung und -verstärkung	Journalisten; Amtliche Pressestellen
Öffentlichkeitsarbeit	Selbstdarstellung und Werbung; Akzeptanzmanagement	Öffentlichkeit
Informationsarbeit	Unterrichtung	Öffentlichkeit
Auskünfte	Vermittlung konkret nachgefragter Informationen	Auskunftsuchende
Aufklärung	Einleitung von Verhaltensänderungen	Teil-Öffentlichkeiten (z. B. Raucher)
Warnungen	Abwehr unmittelbar drohender Gefahren (z. B. Medikamentenbenutzer)	Teil-Öffentlichkeiten
Beratung	Betreuung und Hilfen	Antragsteller

cc) *Der rechts- und verwaltungswissenschaftliche Befund: Partizipation durch Kommunikation*

Hermann Hill hat sich aus juristischer wie verwaltungswissenschaftlicher Sicht mit der zunehmenden Verwendung kommunikativer Handlungsformen im Bereich der öffentlichen Verwaltung beschäftigt (Hill 1994) und dafür den Begriff des **integrati-**

ven Verwaltungshandelns vorgeschlagen, worunter er ein Verwaltungshandeln versteht, »das darauf abzielt, durch eine angemessene Mitwirkung am Verfahren und der Vorbereitung von Entscheidungen den Bürger in den Staat zu integrieren«. Seine Beobachtungen und sein Anliegen hat er wie folgt zusammengefaßt (S. 357):

> »Eine zentrale Aufgabe des modernen Staates liegt darin, die Kommunikation prinzipiell möglichst vieler Akteure zu erhalten und zu fördern. Diese Kommunikation führt nicht nur zum Abbau von Komplexität, zu Transparenz und zur Einbeziehung neuen Wissens, sondern vor allem zur politisch-demokratischen Integration des Bürgers.
> Die Komplexität moderner Entscheidungen in vernetzten System- und Interessenzusammenhängen bedarf der dogmatischen Entsprechung und Wechselwirkung, etwa durch Anerkennung **neuer kommunikativer Strukturen** (Organisations-, Handlungs- und Entscheidungsverfahren). Der Bürger verfügt zudem über wesentliche **Ressourcen**, wie etwa Informationen, Vollzugsbedingungen und -hilfen, Nutzenpotentiale, Engagement und Akzeptanz, über die die Verwaltung nicht verfügt, auf die sie aber bei ihrer Entscheidungsfindung angewiesen ist.
> Struktur- und ressourcenbedingt wird daher die Erfüllung von Staatsaufgaben in vielen Fällen zur **Gemeinschaftsaufgabe** zwischen Staat und Bürger und bedarf einer kooperativen Abstimmung über Informationen, Verfahren und inhaltliche Konzeptionen. Neuere, insbesondere von der Europäischen Gemeinschaft initiierte Entwicklungen, wie etwa die Umwelt-Informations-Richtlinie, tragen dazu bei, daß das Interesse, die Aufmerksamkeit und die Mitwirkung des Bürgers immer stärker auch zu einer Kontrolle der Verwaltung mit herangezogen werden.«

b) *Governance als kommunikative Interaktion*

Steht in der skizzierten verwaltungs- und politikwissenschaftlichen Diskussion der **steuerungstheoretische Aspekt** im Vordergrund, wie politische und administrative Steuerung durch kommunikative Einbeziehung der Steuerungsadressaten effektuiert werden kann, geht es in der **governance-theoretischen Perspektive** um das Verständnis von Governance als eines kommunikationsintensiven Interaktionsprozesses.

Ausgangspunkt für dieses Verständnis ist der insbesondere von Jan Kooiman (1993, 2003 a) herausgearbeitete **Charakter von Governance als Interaktion**, nicht nur, aber vor allem mit nicht-staatlichen Akteuren. Kooiman nennt dies »**government with society**« und führt dazu unter der Überschrift »New Forms of Governance?« folgendes aus (1993: 28 f.):

> »In this chapter I will try to argue that recent changes in patterns of interactions between the public and the private sector may have to do with the growing realization of the complex, dynamic and diverse nature of the world we live in . . .
> In this situation governing systems try to reduce the need for governing (e.g. by deregulation) or shift the need (e.g. privatisation). But a third way seems to be developed and not in terms of more ›neo-corporatist arrangements‹. These also seem to be victims of boundaries as the ones just mentioned. In the new forms of governance one can see **a shift from unilateral (government or society separately) to an interactionist focus (government with society).**«

Jüngst hat Jan Kooiman diesen interaktionistischen Zug von Governance in seinem Beitrag »Activation in governance« (2003 b) noch einmal betont und zugleich den sektoren- und damit grenzüberschreitenden Charakter von »modern governance« hervorgehoben (S. 79):

> »In the last few decades, alongside traditional patterns of governance, in which governing was basically regarded as ›one-way-traffic‹, we have seen multiple traffic models developing, making ›inter‹ aspects of governing and governance more apparent. **New forms of interactions** between governors and governed, between governing bodies, and even between institutions as state, market and civil society attract more and more scholarly curiosity. The bilateral or multilateral aspects of modern governance are emphasised in public-public, in public-private as well as in private-private interrelations. Thus we see not only the locus of **boundaries between state an society changing**, but also those boundaries themselves alter in character and become increasingly permeable. The demarcation line of where the state begins and civil society ends, or where the market begins and the state ends, and even where the market ends and civil society begins, becomes more diffuse. The borderline between public and private responsibilities itself becomes an object of interaction.«

Von diesem interaktionistischen Ansatz her ist es nicht weit, die **mit Interaktionen notwendig verbundenen Kommunikationsprozesse** als Merkmal von Governance auszuflaggen und dem gar die anspruchsvolle Redeweise vom »communicative turn of political analysis« zuzugesellen. Ganz in diesem Sinne schlägt Henrik P. Bang (2003) eine »reconception of governance as political communication« vor und erläutert dies wie folgt (S. 5):

> »However, although the book thus provides various accounts of how to understand and explain **transitions from government to governance within a communicative conception** of political authority as an **interactive, dialogical, negotiable, cultural, ironic, strategic and tactical relationship of knowledge and power**, there are several warnings, against closing the door on representative government.«

Und wenn wir uns den Beitrag von Bob Jessop in dem Bangschen Bande ansehen, so definiert er Governance geradezu als **fortlaufenden dialogischen Prozeß** (Jessop 2003: 101):

> »Thus governance is defined as the reflexive self-organisation of independent actors involved in complex relations of reciprocal interdependence, with such self-organisation being **based on continuing dialogue and resource-sharing** to develop mutually beneficial joint projects and to manage the contradictions and dilemmas inevitably involved in such situations. Governance organised on this basis need not entail complete symmetry in power relations or complete equality in the distribution of benefits: indeed, it is highly unlikely to do so, almost regardless of the object of governance or the ›stakeholders‹ who actually participate in the governance process. All that is involved in the preliminary definitions is the commitment on the part of those involved to reflexive self-organisation in the **face of complex reciprocal interdependence**.«

Wenn die bisherigen Überlegungen richtig sind, dann wäre es natürlich von Interesse, sich über unterschiedliche Modi und Organisationsformen von Governance als Kommunikationsprozeß zu vergewissern; dies wollen wir jetzt anhand dreier Beispiele tun.

2. Modi und Organisationsformen von Governance als Kommunikationsprozeß

a) Top-down-Kommunikation: aufgedrängte Kommunikation durch edukatorisches Staatshandeln

In seiner interessanten Arbeit mit dem Titel »Edukatorisches Staatshandeln« beschäftigt sich Jörn Lüdemann (2004) mit der sog. **Abfallmoral als Steuerungsinstrument des Umweltschutzes** und untersucht die Techniken, mittels derer der Staat diese Abfallmoral heben könnte. Als Strategien einer staatlichen Einflußnahme auf die Abfallmoral, die sich der Unterstützung durch die Sozialpsychologie versichern sollte, nennt er die folgenden vier:
- **Überzeugungsstrategie,**
- **Appellstrategie,**
- **Rückmelde- und Vertrauensstrategien** sowie
- **Auszeichnungs- und Prangerstrategie.**

Bei der **Überzeugungsstrategie** geht es um die staatliche Vermittlung von Problem- und Handlungswissen. Das **Problemwissen** bezieht sich auf die Vermittlung von Einsichten in die ökologische Notwendigkeit der Ressourcenschonung und die negativen Folgen wachsender Müllberge. Das sog. **Handlungswissen** wird durch die Versorgung mit Informationen über die wichtigsten Sortierregeln, Abfuhrtermine und Wertstoffsammelstellen vermittelt: »Dieser Aspekt der Informationsstrategie ist auch ausdrücklich gesetzlich geregelt. Das Kreislaufwirtschaftsgesetz stellt in § 38 Abs. 1 die sogenannte Abfallberatungspflicht auf. Danach haben die Entsorgungsträger über Möglichkeiten der Vermeidung, Verwertung und Beseitigung von Abfällen zu informieren« (S. 69).
Im Gegensatz zur Überzeugungsstrategie geht es bei der **Appellstrategie** nicht darum, das Individuum durch Argumente zu einer inhaltlichen Auseinandersetzung zu bewegen. Statt dessen wird der Bürger mit moralischen Appellen konfrontiert: »Ein eindringliches Beispiel dafür, daß sich sogar der Appell an das National- oder Bürgerbewußtsein für den Aufbau einer Abfallmoral nutzbar machen läßt, bietet die Pariser Abfallpolitik. Der französische Umweltminister hat in den Jahren 1993 bis 1995 einen Aufruf an die Franzosen gerichtet, in dem er den ›éco-citoyen‹, den Umweltstaatsbürger, propagiert und einen Katalog von abfallbezogenen Verhaltensimperativen aufstellt, denen der umweltbewußte Franzose zu folgen habe« (S. 75).
Rückmelde- und Vertrauensstrategien sind in besonderem Maße für die **Erhaltung der abfallbezogenen Einstellungen** von Bedeutung: »Es geht dabei um den Aspekt der Wirksamkeit moralischen Verhaltens. Sobald Menschen zweifeln, ob ihre freiwillige Mitarbeit Wirkung zeigt, ist ihre Einstellung zu diesem Tun gefährdet. Um sol-

chen Zweifeln vorzubeugen, setzt der Staat auf eine Rückmeldestrategie. Sie muß darüber hinweghelfen, daß der Einzelne nicht unmittelbar nachvollziehen kann, ob die von ihm gesammelten Wertstoffe auch tatsächlich wiederverwertet worden sind oder die Menge des Restmülls abgenommen hat. Da eine individuelle Rückmeldung unmöglich ist, werden meist die kommunalen Erfolge publik gemacht, mit denen sich der Einzelne identifizieren kann« (S. 76).

Bei der **Auszeichnungs- und Prangerstrategie** steht die soziale Auszeichnung beziehungsweise die soziale Anprangerung des Verhaltens im Vordergrund: »Ein besonders anschauliches Beispiel bietet der Landkreis Böblingen. Dort wurden die Sammelfahrzeuge für die Abfuhr des Biomülles und des Altpapiers mit einem System zur Störstofferkennung ausgestattet. Zeigte dieses System eine falsche Befüllung der Tonnen an, mußten die Bürger nicht nur damit rechnen, daß diese nicht geleert wurden. Die Mülleimer wurden auch noch mit einer deutlich sichtbaren ›roten Karte‹ versehen. War die Befüllung hingegen nicht zu bemängeln, wurden sie mit einer ›grünen Karte‹ ausgezeichnet. Das hat dazu geführt, daß einige Bürger aus Stolz auf eine grüne Karte ihre derart dekorierten Abfallbehälter bewußt länger auf dem Gehsteig stehen ließen, damit auch die Nachbarn diesen Ausweis des Umweltbewußtseins nicht übersehen konnten« (S. 78).

Aus juristischer Perspektive werfen solche intensiven und flächendeckenden Aufklärungs- und Werbekampagnen die Frage auf, ob sich der einzelne Bürger gegen eine solche »**aufgedrängte Kommunikation**« (Lüdemann 2004: 118) etwa unter Berufung auf die negative Informationsfreiheit zur Wehr setzen kann; dies ist allerdings solange zu verneinen, als der Staat nicht auf unzulässige Methoden wie die subliminale Werbung zurückgreift, die Bürger mit gezielter Desinformation konfrontiert oder relevante Informationen bewußt zurückhält.

b) *Bottom-up-Kommunikation: Selbstkoordination Betroffener*

Ein interessantes Beispiel für Kommunikationsbeziehungen, die infolge einer Selbstkoordination Betroffener entstehen, findet sich in dem Beitrag von Jens Hoff (2003), in dem es um die dänische Region Skanderborg geht, die schon bessere Tage gesehen hatte und unter hoher Arbeitslosigkeit infolge abwandernder Industrien litt. Angesichts dieser ökonomischen Entwicklung kam es – wie in vielen deutschen Regionen auch – zum Zusammenschluß der betroffenen Akteure, um eine zukunftsweisende Standort- und Strukturpolitik in Angriff zu nehmen. Solche Projekte kann man unter dem Gesichtspunkt des »Handelns der Verwaltung im Kooperationsspektrum staatlicher und privater Aufgabenerfüllung« analysieren (vgl. Schuppert 2000: 316 ff.) oder eben – wie Jens Hoff dies tut – unter dem Gesichtspunkt von **Steuerung durch Etablierung eines kommunalen Diskurses**, der sich in einem **Kommunikationsnetzwerk** abspielt, dessen Beschaffenheit und Funktionslogik Hoff wie folgt schildert (S. 52):

»Summing up concerning the existence of a policy network around local/regional industrial policy, the reasons for its establishment and its content, we can say that we found a well developed policy network around the platforms provided by the industrial board(s) and the regional cooperations. These semi-public institutions have served as catalysts for the creation of the network – which consists of important elements of business in the region, the mayors and administrative heads of the involved municipalities, parts of the municipal administrations and the heads of the industrial boards and regional co-operations. Businesses have joined the network in order to be able to perform better in international, national and regional markets and in order to have direct access to central local political and administrative decision makers. Thus, in terms of politics and policies, the value of the network is, that it provides **a forum for the creation and exchange of ideas concerning economic and employment growth** in the region, and thereby for the formulation of a common local industrial policy . . .«

Graphisch läßt sich dies mit Hoff wie folgt darstellen:

The municipal »discourse of communality«

Skanderborg as a »common destiny«
- Economic growth
- Quality of life

The local industrial policy network

Why collaboration?
- Global competition
- Reduction of uncertainty
- Possibility of political influence

Content of collaboration
- Exchange of experience
- Courses, meetings, etc., concerning exports, marketing, technology, in order to create business growth

The actors
- Local business
- Local industrial board
- Regional co-operation
- Mayor
- Central local politicians
- Representatives of municipal administration

---

c) *Netzwerke als institutionalisierte Kommunikationsprozesse*

Schließen möchten wir unseren Streifzug durch das weite Feld von »Governance im Spiegel der Wissenschaftsdisziplinen« mit einer Übersicht von Bob Jessop (2003: 102) zu verschiedenen »modalities of governance«, in dieser Übersicht bezeichnet er den **Dialog als »mode of governance«** und nennt als typisches Beispiel für diese Form von Governance das Netzwerk.

	Exchange	Command	Dialogue
Rationality	Formal and procedural	Substantive and goal-oriented	Reflexive and procedural
Criterion of success	Efficient allocation of resources	Effective goal attainment	Negotiated consent
Typical example	Market	State	Network
Stylised mode of calculation	Homo economicus	Homo hierarchicus	Homo politicus
Spatio-temporal horizons	World market, reversible time	National territory, planning horizons	Rescaling and path-shaping
Primary criterion of failure	Economic inefficiency	Ineffectiveness	»Noise«, »talking-shop«
Secondary criterion of failure	Market inadequacies	Bureaucracy, red tape	?

VIII. Ausblick

Wenn wir unsere bisherigen Überlegungen und Befunde noch einmal Revue passieren lassen, so finden wir für unsere Eingangsthese, daß der Governance-Begriff ein geradezu idealer Kandidat für die Aufnahme in den »Club« der **interdisziplinären Brückenbegriffe** darstelle, reiche Bestätigung. Nicht nur die Politikwissenschaft, sondern auch die Rechtswissenschaft und Regulierungstheorie sowie die Institutionen- und Organisationstheorie sind – wie leicht gezeigt werden konnte – Disziplinen, die zur Erkundung des Governance-Terrains Maßgebliches beizutragen haben.

Wenn wir nun etwas genauer fragen, welche Wissenschaftsdisziplinen welche signifikanten Beiträge zur Governance-Forschung leisten bzw. leisten könnten und welchen disziplinären Zugängen von ihrer disziplinären Kompetenz her ein besonders prominenter Platz gebührt, so sind uns drei Dinge aufgefallen. Der erste Punkt bezieht sich auf die von Renate Mayntz eingeforderte institutionalistische Wende in der Steuerungstheorie, die sich in einer ausgesprochen institutionellen Denkweise der Governance-Theorie niederschlägt. Von daher kommt unter den Governance-Disziplinen der **Institutionentheorie** sicherlich ein besonders prominenter Platz zu; diese Einschätzung dürfte ferner durch den Prozeß der Transnationalisierung verstärkt werden, kommt es doch im Gefolge dieses Prozesses zur Herausbildung neuer institutioneller Arrangements, die nicht einfach als Blaupausen einer nationalstaatlichen Institutionenkultur behandelt werden können. Mit der Einsicht in die »cultural embeddedness« von Institutionen schließlich gewinnt die Institutionentheorie eine zusätzliche Dimension, die es nahelegt, in der Governance-Forschung auch »das Feld Governance-Kultur« zu pflegen und auszubauen.

Der zweite ins Auge springende Befund ist der, daß der Disziplin einer **als Regelungswissenschaft verstandenen Rechtswissenschaft** eine vielleicht ungewohnt prominente Rolle in der Governance-Forschung zufällt, und zwar vor allem aus zwei Gründen. Erstens kommt die Rechtswissenschaft gewissermaßen automatisch ins Spiel, **wenn der Begriff der Regelungsstruktur zum Zentralbegriff der Governance-Theorie avanciert**: als Regelungswissenschaft wird sich die Rechtswissenschaft mehr als bisher dazu zu äußern haben, wie durch Regelungsstrukturen gesteuert werden kann – **Governance als Struktursteuerung** – und wie Regelungsstrukturen beschaffen sein müssen, damit eine solche Struktursteuerung auch funktioniert und die erhofften Governance-Leistungen erbringt (Bereitstellungsfunktion des Rechts). Zweitens kommt die Rechtswissenschaft ins Spiel, wenn die These von Zangl und Zürn zutrifft, daß die **Verrechtlichung als ein ganz zentraler Baustein von global governance** angesehen werden muß. Dies erfordert es, die Perspektive zu weiten und genereller nach der **Rolle des Rechts im Prozeß der Globalisierung** zu fragen, ein Prozeß, der durch eine ungewohnte Gleichzeitigkeit von **Entstaatlichung und Verrechtlichung** gekennzeichnet ist.

Drittens schließlich wird man auch der **Regulierungstheorie** einen prominenten Platz zuweisen müssen, und zwar nicht nur deshalb, weil Governance sich praktisch in weitem Umfang als Regulierung vollzieht. Der zweite wesentliche Grund scheint uns darin zu bestehen, daß sich in der Regulierungstheorie in besonders deutlicher Weise ein **Wandel des Staatsverständnisses im Sinne eines gewandelten Aufgabenverständnisses** abbildet: der das gewandelte Aufgabenverständnis besonders prägnant ausdrückende **Gewährleistungsstaat** zeigt dies anschaulich. Der Gewährleistungsstaat tritt vor allem als **Regulierungsstaat** auf den Plan, der versucht, durch eine intelligente und responsive Regulierung die Handlungsbeiträge der staatlichen und nichtstaatlichen Akteure gemeinwohlorientiert zu koordinieren.

Was bedeutet nun die skizzierte Vielfalt der disziplinären Ansätze für das Betreiben von Governance-Forschung? Diese Frage erinnert uns an methodische Überlegungen, die wir im Zusammenhang mit dem Fach der **Staatswissenschaft** angestellt haben, eine Disziplin, die – wie die Governance-Forschung auch – sinnvollerweise nur interdisziplinär betrieben werden kann. Wir hatten damals zu überlegen gegeben, ob nicht die Rolle der Staatswissenschaft darin bestehen müßte, eine Ebene der Metakommunikation für den Dialog der staatsbezogenen Disziplinen bereitzustellen und hatten dazu folgendes ausgeführt (2003: 47):

> »Aber es geht nicht nur darum, daß die einzelnen Fachdisziplinen – um als Fachdisziplinen à jour zu bleiben – sich den anderen Disziplinen gegenüber öffnen müssen, um deren Impulse verarbeiten zu können und nicht als autistische Einheiten ihre Konkurrenzfähigkeit einzubüßen, es geht darüber hinaus um die Eröffnung einer über die einzelnen Disziplinen hinausgehenden **Metaebene der Kommunikation**. Denn wenn es richtig ist, daß das Thema ›Wandel von Staatlichkeit‹ sich nur multidisziplinär angemessen behandeln läßt, dann müssen sich die einzelnen Disziplinen – die natürlich . . . primär auf sich selbst bezogene **Interpretationsgemeinschaften** sind – in einen erweiterten Interpretationshorizont einbringen, so daß gewissermaßen so etwas wie ein **Mehrebenensystem der Kommunikation** entsteht: die erste Ebene dieses Systems besteht in dem Nebeneinander von discipli-

nären Interpretationsgemeinschaften, was natürlich nicht ausschließt, daß man gelegentlich Anfragen aneinander richtet. Aber dieses **Anfragesystem** reicht angesichts der beobachtbaren Entwicklungen nicht mehr aus; notwendig ist die Etablierung einer weiteren, darüber liegenden Ebene, die wir als **Metaebene** bezeichnen, die als Ort einer disziplinenübergreifenden Kommunikation fungiert. **Dem Fach ›Neue Staatswissenschaft‹ käme in dieser Architektur des Mehrebenensystems die Rolle einer institutionalisierten Metakommunikation** über die Leistungsfähigkeit und die Erträge der disziplinären Zugänge zur sich wandelnden Staatlichkeit zu; das ist in unseren Augen das eigentlich Neue an der Neuen Staatswissenschaft, daß sie auf die – abgekürzt gesprochen – **neuen Herausforderungen durch eine Neuorganisation der wissenschaftlichen Kommunikation zu antworten sucht.**«

Wenn diese Überlegungen – was wir hoffen – nicht ganz falsch sind, dann wäre auch und gerade die Governance-Forschung ein Versuch der Neuorganisation der wissenschaftlichen Kommunikation über eine den Wandel von Staatlichkeit angemessen erfassende, und d. h. zur Governance-Theorie erweiterte Steuerungstheorie. Die am Wissenschaftszentrum Berlin (WZB) eingerichtete Forschungsprofessur für »Neue Formen von Governance« und die inzwischen dort selbst etablierte »Querschnittsgruppe Governance« verstehen sich als Beiträge zu einer solchen disziplinenübergreifenden Kommunikation über Governance.

Literaturverzeichnis

Achleitner, Ann-Kristin, 1995, Die Normierung der Rechnungslegung. Eine vergleichende Untersuchung unterschiedlicher institutioneller Ausgestaltungen des nationalen und internationalen Standardsetzungsprozesses. Zürich: Treuhand-Kammer.
Ansell, Chris, 2000, The Networked Polity: Regional Development in Western Europe. In: Governance 13, S. 303 – 333.
Augsberg, Steffen, 2003, Rechtsetzung zwischen Staat und Gesellschaft. Möglichkeiten differenzierter Steuerung des Kapitalmarktes. Berlin: Duncker & Humblot.
Ayres, Ian/Braithwaite, John, 1992, Responsive Regulation. Transcending the Deregulation Debate. Oxford: Oxford University Press.
Bachmann, Gregor, 2003, Privatrecht als Organisationsrecht. Grundlinien einer Theorie privater Rechtsetzung. In: Jahrbuch Junger Zivilrechtswissenschaftler 2002, Die Privatisierung des Privatrechts. Rechtliche Gestaltung ohne staatlichen Zwang. Stuttgart u. a.: Boorberg, S. 9 – 13.
Bachmann, Gregor, 2004, Private Ordnung. Grundlagen ziviler Regelsetzung. Habilitationsschrift (noch unveröffentlicht). Humboldt-Universität zu Berlin.
Bang, Henrik P., 2003, Introduction. In: Ders. (Hrsg.), Governance as social and political communication. Manchester: Manchester University Press.
Banner, Gerhard, 1991, Von der Behörde zum Dienstleistungsunternehmen. Die Kommunen brauchen ein neues Steuerungsmodell. In: Innovative Verwaltung 1, S. 6 ff.
Bardach, Eugene, 1989, Social Regulation as a Generic Policy Instrument. In: Salomon, Lester (Hrsg.), Beyond Privatization. The Tools of Government Action. Washington DC: The Urban Institute Press, S. 197 – 229.

Bea, Franz Xaver/Göbel, Elisabeth, 1999, Organisation. Theorie und Gestaltung. Stuttgart: UTB (Lucius & Lucius).
Becker, Florian, 2004, Kooperative und konsensuale Strukturen in der Normsetzung. Habilitationsschrift (noch unveröffentlicht). Universität Bonn.
Benz, Arthur u. a., 2003, Governance. Eine Einführung. Fernuniversität Hagen. Dreifachkurseinheit 10/03.
Berger Peter L./Kellner, Hansfried, 1981, Sociology Reinterpreted. An Essay on Method and Vocation. New York: Anchor Press/Doubleday.
Berger, Peter L./Luckmann, Thomas, 1967, The Social Construction of Reality. New York: Doubleday Publishing.
Beyme, Klaus von, 1991, Theorie der Politik im 20. Jahrhundert. Von der Moderne zur Postmoderne. Frankfurt/M.: Suhrkamp.
Birkinshaw, Patrick/Harden, Ian/Lewis, Norman, 1990, Government by moonlight. The hybrid parts of the state. London/Boston: Unwin Hyman.
Bizer, Kilian, 2003, Kooperative Umweltpolitik im internationalen Kontext. Global Law Making am Beispiel Nachhaltiger Forstwirtschaft. In: Hansjürgens, Bernd/Köck, Wolfgang/ Kneer, Georg (Hrsg.), Kooperative Umweltpolitik. Baden-Baden: Nomos, S. 113 – 138.
Black, Julia, 2001, Decentring Regulation. The Role of Regulation and Self-Regulation in a »Post-Regulatory« World. In: Current Legal Problems 54, S. 103 – 146.
Bogdandy, Armin von, 2003, Demokratie, Globalisierung, Zukunft des Völkerrechts. Eine Bestandsaufnahme. In: Zeitschrift für ausländisches öffentliches Recht und Völkerrecht 63, S. 853 – 877.
Botzem, Sebastian, 2002, Governance-Ansätze in der Steuerungsdiskussion. Steuerung und Selbstregulierung unter den Bedingungen fortschreitender Internationalisierung. WZB-Discussion-Papers. Dezember 2002.
Budäus, Dietrich, 1998, Von der bürokratischen Steuerung zum New Public Management. Einführung. In: Ders./Conrad, Peter/Schreyögg, Georg (Hrsg.), New Public Management. Berlin/New York: de Gruyter, S. 1 ff.
Burgi, Martin, 2000, Privat vorbereitete Verwaltungsentscheidungen und staatliche Strukturschaffungspflicht. Verwaltungsverfassungsrecht im Kooperationsspektrum zwischen Staat und Gesellschaft. In: Die Verwaltung 33, S. 183 – 206.
Czada, Roland, 1993, Die Treuhandanstalt im Umfeld von Politik und Verbänden. In: Fischer, Wolfram/Hax, Herbert/Schneider, Hans Karl (Hrsg.), Die Treuhandanstalt. Das Unmögliche wagen. Berlin: Akademie Verlag, S. 148 ff.
Czerwick, Edwin, 1997, Strukturen und Funktionen der Verwaltungskommunikation. In: Die Öffentliche Verwaltung, S. 973 – 983.
Deutscher Bundestag (Hrsg.), 2002, Schlußbericht der Enquete-Kommission »Globalisierung der Weltwirtschaft«. Opladen: Leske + Budrich.
Djelic, Marie-Laure/Quack, Sigrid, 2003, Theoretical building blocks for a research agenda linking globalization and institutions. In: Dies. (Hrsg.), Globalization and Institutions. Redefining the Rules of the Economic Game. Cheltenham: Edwad Elgar, S. 15 – 34.
Dreier, Horst, 1991, Hierarchische Verwaltung im demokratischen Staat. Genese, aktuelle Bedeutung und funktionelle Grenzen eines Bauprinzips der Exekutive. Tübingen: Mohr-Siebeck.
Ebers, Mark, 1997, Explaining Inter-Organizational Network Formation. In: Ders. (Hrsg.), The Formation of Inter-Organizational Networks. Oxford/New York: Oxford University Press.
Ebers, Mark/Gotsch, Wilfried, 1995, Institutionenökonomische Theorie der Organisation. In: Kieser, Alfred (Hrsg.), Organisationstheorien. Stuttgart^2: Kohlhammer, S. 185 ff.
Eifert, Martin, 2002, Innovationen in und durch Netzwerkorganisationen: Relevanz, Regulierung und staatliche Einbindung. In: Ders./Hoffmann-Riem, Wolfgang (Hrsg.), Innovation

und rechtliche Regulierung. Schlüsselbegriffe und Anwendungsbeispiele rechtswissenschaftlicher Innovationsforschung, Baden-Baden: Nomos, S. 88 – 133.
Ellwein, Thomas, 1981, Geschichte der öffentlichen Verwaltung. In: König, Klaus u. a. (Hrsg.), Öffentliche Verwaltung in der Bundesrepublik Deutschland. S. 37 ff.
Eschenburg, Theodor, 1956, Staat und Gesellschaft in Deutschland. Stuttgart: Schwab.
Falkner, Gerda, 2000, Policy Networks in a Multi-Level System: Convergence Towards Moderate Diversity? In: West European Politics 23, S. 94 – 120.
Franzius, Claudio, 2002, Gewährleistung im Recht. Vorüberlegungen zur rechtlichen Strukturierung privater Gemeinwohlbeiträge am Beispiel des Umweltschutzes. Diskussionspapiere zur Staat und Wirtschaft 36/2002 des Europäischen Zentrums für Staatswissenschaften und Staatspraxis.
Geertz, Clifford, 1995, Dichte Beschreibung. Beiträge zum Verstehen kultureller Systeme. Frankfurt/M.[4]: Suhrkamp.
Goffman, Erving, 1971, Verhalten in sozialen Situationen. Strukturen und Regeln der Interaktion im öffentlichen Raum. Opladen: Leske + Budrich.
Goodin, Robert E., 1996, Institutions and their Design: Ders. (Hrsg.), The Theory of Institutional Design. Cambridge/New York: Cambridge University Press, S. 1 ff.
Grimm, Dieter, 1992, Verfassungsreform in falscher Hand? In: Merkur, S. 1059 – 1072.
Grimm, Dieter, 2003 a, Gemeinsame Werte – Globales Recht? In: Däubler-Gmelin, Hertha/Mohr, Irina (Hrsg.), Recht schafft Zukunft. Perspektiven der Rechtspolitik in einer globalisierten Welt. Bonn: Dietz, S. 14 – 30.
Grimm, Dieter, 2003 b, Die Verfassung im Prozeß der Entstaatlichung. In: Allmendinger, Jutta (Hrsg.), Entstaatlichung und soziale Sicherheit, Opladen: Leske + Budrich, S. 71 – 93.
Gunningham, Neil/Grabosky, Peter, 1998, Smart Regulation: Designing Environmental Policy. Oxford/New York: Oxford University Press.
Hansen, Klaus P., 2000, Kultur und Kulturwissenschaft. Tübingen/Basel[2]: UTB (Francke).
Hassemer, Winfried, 1999, Vielfalt und Wandel. Offene Horizonte eines interkulturellen Strafrechts. In: Höffe, Ottfried (Hrsg.), Gibt es ein interkulturelles Strafrecht? Frankfurt/M.: Suhrkamp, S. 157 ff.
Heuss, Alfred, 1973, Zum Problem einer geschichtlichen Anthropologie. In: Gadamer, Hans-Georg/Vogler, Paul (Hrsg.), Kulturanthropologie. München: Thieme, S. 170 ff.
Héritier, Adrienne, 2002, New Modes of Governance in Europe: Policy-Making without Legislation? In: Dies. (Hrsg.), Common Goods, Reinventing European and International Governance. Lanham: Rowman and Littlefield Publishers, S. 185 – 206.
Hill, Hermann, 1994, Integratives Verwaltungshandeln – Neue Formen von Kommunikation und Bürgermitwirkung. In: Blümel, Willi/Pitschas, Rainer (Hrsg.), Reform des Verwaltungsverfahrensrechts. Berlin: Duncker & Humblot, S. 339 ff.
Hoff, Jens, 2003, A constructivist bottom-up approach to governance: The need for increased theoretical and methodological awareness in research. In: Bang, Henrik P. (Hrsg.), Governance as social and political communication. Manchester: Manchester University Press, S. 41 – 60.
Hoffmann-Riem, Wolfgang, 1994, Verfahren. In: Böhret, Carl/Hill, Hermann (Hrsg.), Ökologisierung des Rechts- und Verwaltungssystems. Baden-Baden: Nomos, S. 114 ff.
Hoffmann-Riem, Wolfgang, 1996, Öffentliches Recht und Privatrecht als wechselseitige Auffangordnungen – Systematik und Entwicklungsperspektiven. In: Ders./Schmidt-Aßmann, Eberhard (Hrsg.), Öffentliches Recht und Privatrecht als wechselseitige Auffangordnungen. Baden-Baden: Nomos, S. 261 ff.
Hoffmann-Riem, Wolfgang, 1997, Tendenzen in der Verwaltungsrechtsentwicklung. In: Die Öffentliche Verwaltung, S. 433 ff.

Hoffmann-Riem, Wolfgang, 2004, Methoden einer anwendungsorientierten Verwaltungsrechtswissenschaft. In: Ders./Schmidt-Aßmann, Eberhard (Hrsg.), Methoden der Verwaltungsrechtswissenschaft. Baden-Baden: Nomos, S. 11 – 71.

Hoffmann-Riem, Wolfgang/Schmidt-Aßmann, Eberhard/Schuppert, Gunnar Folke (Hrsg.), 1993, Reform des Allgemeinen Verwaltungsrechts. Grundfragen. Baden-Baden: Nomos.

Hoffmann-Riem, Wolfgang/Schmidt-Aßmann, Eberhard/Vosskuhle, Andreas, 2002, Verwaltungsrechtswissenschaft. Förderungsantrag an die Fritz-Thyssen-Stiftung.

Hutter, Bridget M., 2001, Is Enforced Self-regulation a Form of Risk Taking? The Case of Railway Health and Safety. In: International Journal of the Sociology of Law 29, S. 379 – 400.

Internationale Bank für Wiederaufbau/Weltbank, 1997, Weltentwicklungsbericht 1997: Der Staat in einer sich ändernden Welt. Bonn.

Jann, Werner, 2001, Neues Steuerungsmodell. In: Blanke, Bernhard u. a. (Hrsg.), Handbuch zur Verwaltungsreform. Opladen[2]: Leske + Budrich, S. 82 ff.

Jann, Werner, 2003, Der Wandel verwaltungspolitischer Leitbilder: Von Management zu Governance? In: König, Klaus (Hrsg.), Deutsche Verwaltung an der Wende zum 21. Jahrhundert. Baden-Baden: Nomos, S. 279 – 303.

Jann, Werner, 2004, Von Management zu Governance? Vom Wandel verwaltungspolitischer Leitbilder (in diesem Bande).

Jessop, Bob, 2003, Governance and meta-governance: on reflexivity, requisite variety and requisite irony. In: Bang, Henrik P. (Hrsg.), Governance as social and political communication. Manchester: Manchester University Press, S. 101 – 116.

Joergensen, Torben Beck, 1993, Models of Governance and Administrative Change. In: Kooiman, Jan (Hrsg.), Modern Governance: New Government – Society Interactions. London: Sage, S. 219 ff.

Kaufmann, Franz-Xaver, 1988, Steuerung wohlfahrtsstaatlicher Abläufe durch Recht. In: Grimm, Dieter/Maihofer, Werner (Hrsg.), Gesetzgebungstheorie und Rechtspolitik. Jahrbuch für Rechtssoziologie und Rechtstheorie, Bd. 13, Opladen: Leske + Budrich, S. 65 – 108.

Kenes, Patrick/Schneider, Volker, 1991, Policy Networks and Policy Analysis: Scrutinizing a New Analytical Toolbox. In: Marin, Bernd/Mayntz, Renate (Hrsg.), Policy-Networks. Frankfurt/M.: Campus, S. 1 ff.

Kern, Kristine, 2004, Global Governance durch transnationale Netzwerkorganisation. Möglichkeiten und Grenzen zivilgesellschaftlicher Selbstorganisation. In: Gosewinkel, Dieter/ Rucht, Dieter/van den Daele, Wolfgang/Kocka, Jürgen (Hrsg.), Zivilgesellschaft – national und transnational. WZB-Jahrbuch 2003, Berlin: Edition Sigma, S. 285 – 308.

Kickert, Walter J. M./Kliijn, Erik-Hans/Koppenjan, Joop F. M., 1997, Introduction: A Management Perspective on Policy Networks. In: Dies. (Hrsg.), Managing Complex Networks. London: Sage.

Kieser, Alfred (Hrsg.), 1995, Organisationstheorien. Stuttgart u. a.[2]: Kohlhammer.

Kluth, Winfried, 1997, Funktionale Selbstverwaltung. Verfassungsrechtlicher Status – verfassungsrechtlicher Schutz. Tübingen: Mohr Siebeck.

Kluth, Winfried, 2000, Peer Review auf dem verfassungsrechtlichen Prüfstand, In: Deutsches Steuerrecht, S. 1927 – 1932.

Kohler-Koch, Beate (Hrsg.), 2003, Linking EU and National Governance. Oxford/New York: Oxford University Press.

Kohler-Koch, Beate/Conzelmann, Thomas/Knodt, Michèle, 2004, Europäische Integration – Europäisches Regieren. Wiesbaden: Polis.

Kooiman, Jan, 1993, Modern Governance: New Government-Society Interactions. London: Sage.

Kooiman, Jan, 1993 a, Governance and Governability: Using Complexity, Dynamics and Diversity. In: Ders. (Hrsg.), Modern Governance. New Government – Society Interactions. London: Sage, S. 35 ff.
Kooiman, Jan, 2003 a, Governing as Goverance. London: Sage.
Kooiman, Jan, 2003 b, Activation in governance. In: Bang, Henrik P. (Hrsg.), Governance as social and political communication. Manchester: Manchester University Press, S. 79 – 98.
Kowol, Uli/Krohn, Wolfgang, 2000, Innovation und Vernetzung. Die Konzeption der Innovationsnetzwerke. In: Weyer, Johannes (Hrsg.), Soziale Netzwerke: Konzepte und Methoden der sozialwissenschaftlichen Netzwerkforschung. München/Wien: Oldenbourg, S. 135 ff.
Kunig, Philip/Rublack, Susanne, 1990, Aushandeln statt Entscheiden? Das Verwaltungsverfahrensrecht vor neuen Herausforderungen. In: Juristische Ausbildung, S. 1 ff.
Lehnbruch, Gerhard, 1996, Der Beitrag der Korporatismusforschung zur Entwicklung der Steuerungstheorie. In: Politische Vierteljahresschrift 37, S. 735 – 751.
Lindberg, Leon N./Campbell, John. L./Hollingsworth, J. Rogers, 1991, Economic Governance and the analysis of structural change in the American economy. In: Dies. (Hrsg.), Governance of the American Economy. Cambridge/New York: Cambridge University Press, S. 3 – 34.
Lübbe-Wolf, Gertrude, 2001, Instrumente des Umweltrechts – Leistungsfähigkeit und Leistungsgrenzen. In: Neue Zeitschrift für Verwaltungsrecht 17, S. 481 – 493.
Lüdemann, Jörn, 2004, Edukatorisches Staatshandeln. Steuerungstheorie und Verfassungsrecht am Beispiel der staatlichen Förderung von Abfallmoral. Baden-Baden: Nomos.
Luhmann, Niklas, 1970, Soziologische Aufklärung I. Opladen: Leske + Budrich.
Lutterbeck, Bernd, 2000, Globalisierung des Rechts – am Beginn einer neuen Rechtskultur? In: Computer und Recht, S. 52 – 60.
March, James G./Olsen, Johan P., 1984, The New Institutionalism: Organizational Factors in Political Life. In: The American Political Sience Review 78, S. 734 ff.
Marin, Bernd/Mayntz, Renate, 1991, Policy Networks. Empirical Evidence and Theoretical Consideration. Frankfurt/M.: Campus.
Masing, Johannes, 1997, Die Mobilisierung des Bürgers für die Durchsetzung des Rechts. Berlin: Duncker & Humblot.
Masing, Johannes, 2003, Grundstrukturen eines Regulierungsverwaltungsrechts. Regulierung netzbezogener Märkte am Beispiel Bahn, Post, Telekommunikation und Strom. In: Die Verwaltung 36, S. 1 ff.
Mayntz, Renate, 1986, Steuerung, Steuerungsakteure und Steuerungsinstrumente: Zur Präzisierung des Problems. In: Discussion-Paper 70/86 des Forschungsschwerpunktes Historische Mobilität und Normenwandel, Universität Siegen.
Mayntz, Renate, 1987, Politische Steuerung und gesellschaftliche Steuerungsprobleme – Anmerkungen zu einem theoretischen Paradigma. In: Jahrbuch zur Staats- und Verwaltungswissenschaft, Band I, Baden-Baden: Nomos, S. 89 – 110.
Mayntz, Renate, 1988, Political Intentions and Legal Measures: The Determinants of Policy Decisions. In: Daintith, Terence (Hrsg.), Law as an Instrument of Economic Policy: Comparative and Critical Approaches. Berlin/New York: de Gruyter, S. 283 – 321.
Mayntz, Renate, 1995, Politische Steuerung: Aufstieg, Niedergang und Transformation einer Theorie. In: Beyme, Klaus von/Offe, Claus (Hrsg.), Politische Theorien in der Ära der Transformation. Politische Vierteljahresschrift Sonderheft 26/1995, S. 148 – 168.
Mayntz, Renate, 1998, New Challenges to Governance Theory, Jean Monnet Chair Papers 50, Robert Schuman Centre at the European University Institute, Badia Fiesolana.
Mayntz, Renate, 2005, Governance Theory als fortentwickelte Steuerungstheorie. In diesem Bande.

Melville, Gert, 1992, Institutionen als geschichtswissenschaftliches Thema. In: Ders. (Hrsg.), Institutionen und Geschichte. Theoretische Aspekte und mittelalterliche Befunde. Köln u. a.: Böhlau, S. 1 – 24.
Messner, Dirk, 1995, Die Netzwerkgesellschaft – Wirtschaftliche Entwicklung und internationale Wettbewerbsfähigkeit als Problem gesellschaftlicher Steuerung. Köln: Weltforum Verlag.
Messner, Dirk, 2000, Netzwerktheorien: Die Suche nach Ursachen und Auswegen aus der Krise staatlicher Steuerungsfähigkeit. In: Altvater, Elmar u. a. (Hrsg.), Vernetzt und verstrickt. Nicht-Regierungs-Organisationen als gesellschaftliche Produktivkraft. Münster[2]: Westfälisches Dampfboot, S. 28 ff.
Meyer-Cording, Ulrich, 1971, Die Rechtsnormen. Tübingen: Mohr Siebeck.
Meyers Konversationslexikon (1927), Sechster Band, Leipzig[7], Stichwort: »Hybride«.
Millward, H. Brinton/Keith, G. Provan, 2000, How Networks are governed. In: Heinrich, Carolyn J./Lynn, Laurence E. (Hrsg.), Governance and Performance: new perspectives. Washington D.C.: Georgetown University Press.
Mitteis, Heinrich, 1958, Lehnrecht und Staatsgewalt. Untersuchungen zur mittelalterlichen Verfassungsgeschichte. Weimar: Böhlau.
Möllers, Christoph, 2001, Globalisierte Jurisprudenz: Einflüsse relativierter Nationalstaatlichkeit auf das Konzept des Rechts und die Funktion seiner Theorie. In: Anderheiden, Michael/Huster, Stefan/Kirste, Stephan (Hrsg.), Globalisierung als Problem von Gerechtigkeit und Steuerungsfähigkeit des Rechts. Archiv für Rechts- und Sozialphilosophie, Beiheft Nr. 79, S. 41 – 60.
Möschel, Wernhard, 1988, Privatisierung, Deregulierung und Wettbewerbsordnung. In: Juristenzeitung, S. 885 ff.
Müller, Nikolaus, 1993, Rechtsformenwahl bei der Erfüllung öffentlicher Aufgaben (Institutional Choice), Köln u. a.: Heymann.
Müller, Markus M./Sturm, Roland, 1998, Ein neuer regulativer Staat in Deutschland? Die neuere »Theory of the regulatory State« und ihre Anwendbarkeit in der deutschen Staatswissenschaft. In: Staatswissenschaft und Staatspraxis, S. 507 ff.
Mutius, Albert von (Hrsg.), 1983, Selbstverwaltung im Staat der Industriegesellschaft. Festgabe zum 70. Geburtstag von Georg Christoph von Unruh, Heidelberg: v. Deckers.
Naschold, Frieder, 1997, Public Private Partnership in den internationalen Modernisierungsstrategien des Staates. In: Budäus, Dietrich/Eichhorn, Peter (Hrsg.), Public Private Partnership. Neue Formen öffentlicher Aufgabenerfüllung. Baden-Baden: Nomos, S. 67 ff.
OECD, 2002, Regulatory Policies in OECD Countries. From Interventionalism to Regulatory Governance. Paris: Organisation for Economic Co-operation and Development.
Offe, Claus, 1986, Die Utopie der Null-Option. In: Berger, Johannes (Hrsg.), Die Moderne – Kontinuitäten und Zäsuren. Göttingen: Schwartz, S. 97 – 117.
Osborne, David/Ted Gabler, 1992, Reinventing Government. How the Entrepreneurial Spirit is transforming the Public Sector. Reading u. a.: Addison-Wesley.
Pauly, Walter, 1991, Grundlagen einer Handlungsformenlehre im Verwaltungsrecht. In: Bekker-Schwarze, Kathrin u. a. (Hrsg.), Wandel der Handlungsformen im Öffentlichen Recht. Stuttgart u. a.: Boorberg, S. 25 – 46.
Peters, B. Guy/Pierre, Jon, 2000, Governance, Politics and the State. Basingstoke: Mcmillan.
Powell, Walther W., 1990, Neither Market nor Hierarchy: Network Forms of Organization. In: Research in Organizational Behaviour, Vol. 12, S. 295 – 336.
Quack, Sigrid, 2005, Globalization and Institutions. In diesem Bande.
Reckwitz, Andreas, 2000, Die Transformation der Kulturtheorien. Zur Entwicklung eines Theorienprogramms. Weilerswist: Velbrück.

Reichard, Christoph, 1995, Von Max Weber zum »New Public Management« – Verwaltungsmanagement im 20. Jahrhundert. In: Hablützel, Peter u. a. (Hrsg.), Umbruch in Politik und Verwaltung, Bern: Paul Haupt, S. 57 ff.

Reichard, Christoph, 1996, Umdenken im Rathaus. Neue Steuerungsmodelle in der deutschen Kommunalverwaltung. 5. Aufl., Berlin: Edition Sigma.

Reichard, Christoph, 1999, Institutionelle Wahlmöglichkeiten. In: Naschold, Frieder u. a. (Hrsg.), Leistungstiefe im öffentlichen Sektor. Erfahrungen, Konzepte, Methoden. Berlin: Edition Sigma, S. 101 – 126.

Reinhard, Wolfgang, 1999, Geschichte der Staatsgewalt. Eine vergleichende Verfassungsgeschichte Europas von den Anfängen bis zur Gegenwart. München: C. H. Beck.

Reinhardt, Michael, 1993, Die Überwachung durch Private im Umwelt- und Technikrecht. In: Archiv des öffentlichen Rechts, S. 618 ff.

Richter, Rudolf/Furubotn, Eirik, 1996, Neue Institutionenökonomik. Eine Einführung und kritische Würdigung. Tübingen: Mohr Siebeck.

Ritter, Ernst-Hasso, 1990, Das Recht als Steuerungsmedium im kooperativen Staat. In: Grimm, Dieter (Hrsg.), Wachsende Staatsaufgaben – sinkende Steuerungsfähigkeit des Rechts. Baden-Baden: Nomos, S. 69 ff.

Ronge, Volker, 1986, Funktionale Äquivalente zum Recht, Arbeitsmaterialien aus dem Projekt »Grenzen des Rechts«. Heft 12, Universität-Gesamthochschule Siegen.

Roßkopf, Gabriele, 2000, Selbstregulierung von Übernahmeangeboten in Großbritannien. Der City Code on Takeovers and Mergers und die dreizehnte gesellschaftsrechtliche EG-Richtlinie. Berlin: Duncker & Humblot.

Ruffert, Matthias, 1999, Regulierung im System des Verwaltungsrechts. Grundstrukturen des Privatisierungsfolgenrechts der Post und Telekommunikation. In: Archiv des öffentlichen Rechts 124 (1999), S. 238 ff.

Scharpf, Fritz W., 1977, Does Organization Matter? Task Structure and Interaction in the Ministerial Bureaucracy. In: Burack, Elmar H./Negandhi, Assant R. (Hrsg.), Organization Design: Theoretical Perspectives and Empirical Findings. Kent: Kent State University Press, S. 149 – 167.

Scharpf, Fritz W., 1989, Politische Steuerung und Politische Institutionen. In: Politische Vierteljahresschrift 30, S. 10 – 21.

Scharpf, Fritz W., 1993, Versuch über Demokratie im verhandelnden Staat. In: Czada, Roland/Schmidt, Manfred G. (Hrsg.), Verhandlungsdemokratie, Interessenvermittlung, Regierbarkeit. Festschrift für Gerhard Lehmbruch. Opladen: Leske + Budrich, S. 25 – 50.

Schenk, Karl-Ernst, 1992, Die neue Institutionenökonomie – Ein Überblick über wichtige Elemente und Probleme der Weiterentwicklung. In: Zeitschrift für Wirtschafts- und Sozialwissenschaften 112, S. 337 – 378.

Schlußbericht der Enquete-Kommission Globalisierung der Weltwirtschaft, http://www.bundestag.de/gremien/welt/glob_end/index.html.

Schmidt-Aßmann, Eberhard/Hoffmann-Riem, Wolfgang, 1997 a, Vorwort. In: Dies. (Hrsg.), Verwaltungsorganisationsrecht als Steuerungsressource, Baden-Baden: Nomos, S. 1 ff.

Schmidt-Aßmann, Eberhard, 1997 b, Verwaltungsorganisationsrecht als Steuerungsressource. Einleitende Problemskizze. In: Ders./Hoffmann-Riem, Wolfgang (Hrsg.), Verwaltungsorganisationsrecht als Steuerungsressource. Baden-Baden: Nomos, S. 11 – 63.

Schmidt-Aßmann, Eberhard, 2001, Verwaltungskontrolle. Einleitende Problemskizze. In: Ders./Hoffmann-Riem, Wolfgang (Hrsg.), Verwaltungskontrolle. Baden-Baden: Nomos, S. 9 ff.

Schmidt-Preuß, Matthias, 1997, Verwaltung und Verwaltungsrecht zwischen gesellschaftlicher Selbstregulierung und staatlicher Steuerung. In: Veröffentlichungen der Vereinigung der Deutschen Staatsrechtslehrer 56, S. 160 – 234.

Schmidt-Preuß, Matthias, 2001, Steuerung durch Organisation. In: Die Öffentliche Verwaltung, S. 45 – 55.
Schneider, Jens-Peter, 1995, Kooperative Verwaltungsverfahren. In: Verwaltungsarchiv, S. 38 ff.
Schneider, Volker/Kenis, Patrick, 1996, Verteilte Kontrolle: Institutionelle Steuerung in modernen Gesellschaften. In: Schneider, Volker/Kenis, Patrick (Hrsg.), Organisation und Netzwerk. Institutionelle Steuerung in Wirtschaft und Politik. Frankfurt/New York: Campus, S. 9 – 43.
Schroeder, Hans-Patrick, 2003, Die lex mercatoria – Rechtsordnungsqualität und demokratische Legitimation. In: Witt, Carl-Heinz u. a. (Hrsg.), Die Privatisierung des Privatrechts. Rechtliche Gestaltung ohne staatlichen Zwang. Jahrbuch Junger Zivilrechtswissenschaftler 2002. Stuttgart u. a.: Boorberg, S. 57 – 280.
Schuppert, Gunnar Folke, 1990, Grenzen und Alternativen von Steuerung durch Recht. In: Grimm, Dieter (Hrsg.), Wachsende Staatsaufgaben – sinkende Steuerungsfähigkeit des Rechts. Baden-Baden: Nomos, S. 217 – 249.
Schuppert, Gunnar Folke, 1992, Die Treuhandanstalt – Zum Leben einer Organisation im Überschneidungsbereich zweier Rechtskreise. In: Staatswissenschaften und Staatspraxis, S. 186 – 210.
Schuppert, Gunnar Folke, 1993 a, Verwaltungswissenschaft als Steuerungswissenschaft. Zur Steuerung des Verwaltungshandelns durch Verwaltungsrecht. In: Hoffmann-Riem, Wolfgang/Schmidt-Aßmann, Eberhard/ders. (Hrsg.), Reform des Allgemeinen Verwaltungsrechts. Grundfragen. Baden-Baden: Nomos, S. 65 – 114.
Schuppert, Gunnar Folke, 1993 b, Verfassungsrecht und Verwaltungsorganisation. In: Der Staat 32, S. 581 – 610.
Schuppert, Gunnar Folke, 1994 a, Die Erfüllung öffentlicher Aufgaben durch die öffentliche Hand, private Anbieter und Organisationen des Dritten Sektors. In: Ipsen, Jörn (Hrsg.), Privatisierung öffentlicher Aufgaben. Köln u. a.: Heymann, S. 17 – 37.
Schuppert, Gunnar Folke, 1994 b, Institutional Choice im öffentlichen Sektor. In: Grimm, Dieter (Hrsg.), Staatsaufgaben. Baden-Baden: Nomos, S. 647 – 684.
Schuppert, Gunnar Folke, 1995, Rückzug des Staates? Zur Rolle des Staates zwischen Legitimationskrise und politischer Neubestimmung. In: Die Öffentliche Verwaltung, S. 761 – 770.
Schuppert, Gunnar Folke, 1998, Wandel der Staatsaufsicht. In: Die Öffentliche Verwaltung, S. 831 – 838.
Schuppert, Gunnar Folke, 1999, Schlüsselbegriffe der Perspektivenverklammerung von Verwaltungsrecht und Verwaltungswissenschaft. In: Die Wissenschaft vom Verwaltungsrecht. Werkstattgespräch aus Anlaß des 60. Geburtstages von Eberhard Schmidt-Aßmann, Beiheft 2/1999 Die Verwaltung, S. 103 -125.
Schuppert, Gunnar Folke, 2000, Verwaltungswissenschaft. Verwaltung, Verwaltungsrecht, Verwaltungslehre. Baden-Baden: Nomos.
Schuppert, Gunnar, Folke, 2001 a, Das Konzept der regulierten Selbstregulierung als Bestandteil einer als Regelungswissenschaft verstandenen Rechtswissenschaft. In: Regulierte Selbstregulierung als Steuerungskonzept des Gewährleistungsstaates. Ergebnisse des Symposiums aus Anlaß des 60. Geburtstages von Wolfgang Hoffmann- Riem, Die Verwaltung, Beiheft 4, S. 201 – 252.
Schuppert, Gunnar Folke, 2001 b, Grundzüge eines zu entwickelnden Verwaltungskooperationsrechts. Regelungsbedarf und Handlungsoptionen eines Rechtsrahmens für Public Private Partnership. Rechts- und verwaltungswissenschaftliches Gutachten, erstattet im Auftrag des Bundesministeriums des Innern. Berlin.

Schuppert, Gunnar Folke, 2002, Gemeinwohl, das oder: Über die Schwierigkeiten, dem Gemeinwohlbegriff Konturen zu verleihen. In: Schuppert, Gunnar Folke/Neidhardt, Friedhelm (Hrsg.), Gemeinwohl: Auf der Suche nach Substanz. WZB-Jahrbuch 2002, Berlin: Edition Sigma, S. 19 ff.

Schuppert, Gunnar Folke, 2003, Gute Gesetzgebung. Bausteine einer kritischen Gesetzgebungslehre. Rechts- und gesetzgebungswissenschaftliches Gutachten, erstellt im Auftrag des Bundesministeriums der Justiz, Sonderheft 2003, Zeitschrift für Gesetzgebung.

Schuppert, Gunnar Folke, 2003 a, Zur Rechtsverfassung einer kooperativen Umweltpolitik – eine Skizze. In: Hansjürgens, Bernd/Kneer, Georg/Köck, Wolfgang (Hrsg.), Kooperative Umweltpolitik. Baden-Baden: Nomos, S. 113 – 138.

Schuppert, Gunnar Folke, 2004 a, (Hrsg.), The Europeanization of Governance – The Challenge of Accession. Baden-Baden: Nomos (i. E.).

Schuppert, Gunnar Folke, 2004 b, Der Gewährleistungsstaat – modisches Label oder Leitbild sich wandelnder Staatlichkeit? In: Ders. (Hrsg.), Der Gewährleistungsstaat – ein Leitbild auf dem Prüfstand. Baden-Baden: Nomos (i. E.).

Scott, W. Richard, 1995, Institutions and Organizations, London: Sage.

Scott, Colin, 2004, Regulation in the age of governance: the rise of the post-regulatory state. In: National Europe Centre Paper No. 100.

Seibel, Wolfgang, 1993, Die organisatorische Entwicklung der Treuhandanstalt. In: Fischer, Wolfram/Hax, Herbert/Schneider, Hans Karl (Hrsg.), Die Treuhandanstalt. Das Unmögliche wagen. Berlin: Akademie Verlag, S. 135 ff.

Shapiro, Martin, 1993, The Globalization of Law. In: Indiana Journal of Global Legal Studies 1, S. 37 – 64.

Spoerr, Wolfgang/Deutsch, Markus, 1997, Das Wirtschaftsverwaltungsrecht der Telekommunikation – Regulierung und Lizenzen als neue Schlüsselbegriffe des Verwaltungsrechts? In: Deutsches Verwaltungsblatt, S. 300 ff.

Staber, Udo, 2000, Steuerung von Unternehmensnetzwerken. In: Sydow, Jörg/Windeler, Arnold (Hrsg.), Steuerung von Netzwerken. Konzepte und Praktiken. Opladen: Westdeutscher Verlag, S. 79 ff.

Steinberg, Rudolf, 1979, Politik und Verwaltungsorganisation. Baden-Baden: Nomos.

Streeck, Wolfgang, 1994, Staat und Verbände. Neue Fragen. Neue Antworten? In: Ders. (Hrsg.), Staat und Verbände. Politische Vierteljahresschrift, Sonderheft 25, S. 7 ff.

Sturm, Roland, 2005, Was ist Europäisierung? Zur Entgrenzung und Einbindung des Nationalstaates im Prozeß der europäischen Integration. In: Schuppert, Gunnar Folke/Pernice, Ingolf/Haltern, Ulrich (Hrsg.), Europawissenschaft. Baden-Baden: Nomos (i. E.).

Teubner, Gunther, 1989, Recht als autopoietisches System. Frankfurt/M.: Suhrkamp.

Teubner, Gunther, 1996, Globale Bukowina: Zur Emergenz eines transnationalen Rechtspluralismus. In: Rechtshistorisches Journal, Jg. 15, S. 255 – 290.

Teubner, Gunther, 2000, Privatregimes: Neospontanes Recht und duale Sozialverfassungen in der Weltgesellschaft. In: Simon, Dieter/Weiss, Manfred (Hrsg.), Zur Autonomie des Individuums. Liber amicorum Spiros Simitis. Baden-Baden: Nomos, S. 437 – 454.

Teubner, Gunther, 2003, Globale Zivilverfassungen: Alternativen zur staatszentrierten Verfassungstheorie. In: Zeitschrift für ausländisches öffentliches Recht und Völkerrecht 63, S. 1 – 28.

Tietje, Christian, 2003, Recht ohne Rechtsquellen? In: Zeitschrift für Rechtssoziologie 23, S. 27 – 42.

Treiber, Hubert, 1983, Regulative Politik in der Krise? In: Kriminalsoziologische Bibliographie, S. 28 – 54.

Torfing, Jacob/Soerensen, Eva/Christensen, Louise Piel (Hrsg.), 2003, Nine Competing Definitions of Governance, Governance Networks and Meta-Governance. Working Paper 2003: 1, Centre for Democratic Network Governance, Roskilde.

Trute, Hans-Heinrich, 1996, Die Verwaltung und das Verwaltungsrecht zwischen gesellschaftlicher Selbstregulierung und staatlicher Steuerung. In: Deutsches Verwaltungsblatt, S. 950 ff.
Trute, Hans-Heinrich, 1999 a, Verantwortungsteilung als Schlüsselbegriff eines sich verändernden Verhältnisses von öffentlichem und privatem Sektor. In: Schuppert, Gunnar Folke (Hrsg.), Jenseits von Privatisierung und »schlankem« Staat. Baden-Baden: Nomos, S. 13 – 46.
Trute, Hans-Heinrich, 1999 b, Vom Obrigkeitsstaat zur Kooperation – Zur Entwicklung des umweltrechtlichen Instrumentariums zwischen klassischem Ordnungsrecht und moderner Verwaltung. In: Rückzug des Ordnungsrechts im Umweltschutz. Umwelt- und Technikrecht Bd. 48, S. 13 – 52.
Trute, Hans-Heinrich, 2002, Gemeinwohlsicherung im Gewährleistungsstaat. In: Schuppert, Gunnar Folke/Neidhardt, Friedhelm (Hrsg.), Gemeinwohl: Auf der Suche nach Substanz. WZB-Jahrbuch 2002, Berlin: Edition Sigma, S. 329 ff.
Voßkuhle, Andreas, 2003, Beteiligung Privater an der Wahrnehmung öffentlicher Aufgaben und staatliche Verantwortung. In: Veröffentlichungen der Vereinigung der Deutschen Staatsrechtslehrer 62, S. 266 ff.
Wallerath, Maximilian, 2000, Die Änderung der Verwaltungskultur als Reformziel. In: Die Verwaltung 33, S. 351 – 378.
Weaver, R. Kent/Rockmann, Bert A. (Hrsg.), 1993, Do Institutions matter? Government Capabilities in the United States and Abroad. Washington: Brookings.
Weber, Max, 1976, Wirtschaft und Gesellschaft. Tübingen^5: Mohr Siebeck.
Wehnert, Gottlieb J. M., 1833, Über den Geist der Preußischen Staatsorganisation und Staatsdienerschaft. Potsdam: Riegel.
Wesel, Uwe, 2001, Geschichte des Rechts. München^2: C. H. Beck.
Willke, Helmut, 1984, Gesellschaftssteuerung. In: Glagow, Manfred (Hrsg.), Gesellschaftssteuerung zwischen Korporatismus und Subsidiarität. Bielefeld: AJZ Druck, S. 29 – 53.
Willke, Helmut, 1987, Entzauberung des Staates. Grundlinien einer systemtheoretischen Argumentation. In: Jahrbuch zur Staats- und Verwaltungswissenschaft, Bd. I, Baden-Baden: Nomos, S. 285 – 308.
Willke, Helmut, 1992, Ironie des Staates. Grundlinien einer Staatstheorie polyzentrischer Gesellschaft. Frankfurt/M.: Suhrkamp.
Wilkesmann, Uwe, 1995, Macht, Kooperation und Lernen in Netzwerken und Verhandlungssystemen. In: Jansen, Dorothea/Schubert, Klaus (Hrsg.), Netzwerke und Politikproduktion. Konzepte, Methoden, Perspektiven. Marburg: Schüren, S. 52 – 73.
Witte, Jan Martin/Reinicke, Wolfgang H./Brenner, Thorsten, 2000, Beyond Multilateralism: Global Public Policy Networks. In: International Politics and Society 2, S. 5 ff.
Zangl, Bernhard/Zürn, Michael, 2004, Make Law, Not War: Internationale und transnationale Verrechtlichung als Baustein für Global Governance. In: Dies. (Hrsg.), Verrechtlichung – Baustein für Global Governance? Bonn: Dietz-Verlag, 2004.
Ziekow, Jan, 2001, Verankerung verwaltungsrechtlicher Kooperationsverhältnisse (Public Private Partnership) im Verwaltungsverfahrensgesetz. Wissenschaftliches Gutachten, erstattet für das Bundesministerium des Innern. Berlin.
Zürn, Michael, 1998, Regieren jenseits des Nationalstaates. Globalisierung und Denationalisierung als Chance. Frankfurt/M.: Suhrkamp.

Schriften zur Governance-Forschung

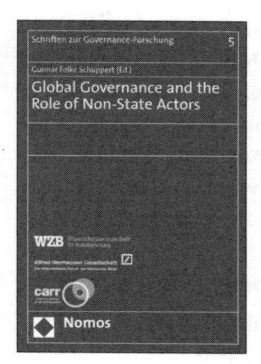

Das Werk enthält zahlreiche Beiträge zum Thema »Governance«, das unter dem Aspekt der Globalisierung beleuchtet wird. Das Buch ist anlässlich einer Konferenz entstanden, die im Jahre 2004 in London stattfand und vom Wissenschaftszentrum für Sozialforschung (WZB), Berlin, der Alfred Herrhausen-Gesellschaft, dem Internationalen Forum der Deutschen Bank und dem »Centre for the Analysis of Risk and Regulation« (CARR) an der London School of Economics and Political Science (LSE) organisiert worden ist.

Global Governance and the Role of Non-State Actors

Von Prof. Dr. Gunnar Folke Schuppert, Wissenschaftszentrum Berlin für Sozialforschung

2006, Band 5, 273 S., brosch., 54,– €, ISBN 3-8329-1737-3

The Europeanisation of Governance

Von Prof. Dr. Gunnar Folke Schuppert, Wissenschaftszentrum Berlin für Sozialforschung

2006, Band 4, 152 S., brosch., 29,– €, ISBN 3-8329-1596-6

Zeuge der Entgrenzung des Nationalstaates im Zuge der Europäisierung waren wir schon lange. Die Aufnahme neuer Mitgliedstaaten in die Europäische Union stellt das interpenetrierende europäische Mehrebenensystem nun zusätzlich vor neue Herausforderungen. In diesem Band versuchen die Autoren zu klären, was die europäische Governancearchitektur ausmacht und wie erfolgreich neue Formen von Governance diesen Herausforderungen begegnen. Die Beiträge dokumentieren eine im Mai 2004 vom Wissenschaftszentrum für Sozialforschung Berlin und der Alfred-Herrhausen-Gesellschaft für Internationalen Dialog in englischer Sprache abgehaltene Tagung in Warschau.

Schriften zur Governance-Forschung

Die Privatisierung der öffentlichen Arbeitsvermittlung: Australien, Niederlande und Großbritannien

Ein Vergleich aus neo-institutionenökonomischer Perspektive

Von Oliver Bruttel

2005, Band 3, 310 S., brosch., 58,– €,
ISBN 3-8329-1526-5

Die Arbeit analysiert die internationalen Erfahrungen bei der Beauftragung privater Anbieter mit der öffentlichen Arbeitsvermittlung. Dabei kombiniert sie gekonnt drei wesentliche und kontroverse Bereiche der Governance-Forschung mit der praktischen Politik: Arbeitsmarktpolitik, Privatisierung und Institutionentheorie.

Der Gewährleistungsstaat – Ein Leitbild auf dem Prüfstand

Herausgegeben von Prof. Dr. Gunnar Folke Schuppert, Wissenschaftszentrum Berlin für Sozialforschung

2005, Band 2, 200 S., brosch., 38,– €,
ISBN 3-8329-1356-4

Das viel diskutierte Leitbild des Gewährleistungsstaates schickt sich an, den Status des Leitbildes zu verlassen und zur Beschreibung existierender bundesrepublikanischer Staatlichkeit zu avancieren. Angesichts dieser Entwicklungen erscheint es daher angezeigt, einen Moment innezuhalten und sich über die Leistungsfähigkeit des Begriffs des Gewährleistungsstaates zu vergewissern. Dazu wollen die in diesem Tagungsband versammelten Beiträge einen Anstoß geben und zugleich vorführen, wie der »arbeitende Gewährleistungsstaat« funktioniert.

Governance-Forschung

Vergewisserung über Stand und Entwicklungslinien

Herausgegeben von Prof. Dr. Gunnar Folke Schuppert, Wissenschaftszentrum Berlin für Sozialforschung

2005, Band 1, 469 S., brosch., 69,– €,
ISBN 3-8329-1199-5

»Governance« ist das sozialwissenschaftliche Modethema par excellence. Der erste Band der Schriftenreihe untersucht disziplinenübergreifend den Stand der Forschung. Dabei werden Governance-Strukturen in wichtigen Politikbereichen vorgestellt von Internet-Governance bis zu Governance von Finanzmärkten. Zukünftige Entwicklungslinien werden bereits aufgezeigt.